제8판

대중문화와 문화이론

존 스토리 저 | 박만준 역

CULTURAL THEORY AND POPULAR CULTURE
AN INTRODUCTION

經文社

CULTURAL THEORY AND POPULAR CULTURE : AN INTRODUCTION 8th edition
(ISBN : 978-0-415-78662-1) by John Storey

옮긴이의 말

이 책은 존 스토리의 *Cultural Theory and Popular Culture* 8판을 우리말로 옮긴 것이다. 아서 에이사 버거 *Arthur Asa Berger* 교수는 그가 쓴 『문화 비평 *Cultural Criticism*』 서문 첫머리에서 이렇게 말한다. 즉, "광대한 주제에 대해 얇은 책을 쓴다는 것은 정말 어려운 일이다. 그것은 요즈음 많은 저자들처럼 작은 주제에 대해 두꺼운 책을 쓰는 것보다 훨씬 더 힘들다." 이 책을 우리말로 옮기는 과정에 이 말은 나의 뇌리를 떠나지 않았으며, 때로는 '정말 그의 말이 맞다'고 혼자서 박수를 치곤했다.

독자들은 내가 무슨 말을 하려는지 이미 짐작할 것이다. 그리고 짐짓 이렇게 짐작하고서는, 문화나 대중문화에 대한 연구가 사방에 지천으로 넘쳐나는 판국에 뭐 그리 서두가 거창하냐고 핀잔할 수도 있을 것이다. 그러나 이런 핀잔을 감수하면서 거창한 서두를 꺼낸 데는 그만한 이유가 있다. 내가 판단하기에 이 책은 문화의 '홍수'를 피해 '단비'를 만난 것이나 다름없기 때문이다. 달리 말하면, 문화에 대한 '과잉 담론'이라는 말이 나올 정도로 문화이야기나 문화연구가 홍수처럼 쏟아지고 있지만, 그 홍수를 피해 '단비'를 만날 기회란 그리 흔치 않다는 말이다.

물론 여기서 말하는 '홍수'란 단순히 양을 가리키는 것이 아니다. 오히려 그것은 '많다'라는 뜻보다는 '잡다(雜多)하다'는 의미에 더 가깝다고 해야 할 것이다. 다시 말해서 문화영역의 홍수란 각양각색의 것들이 뒤섞여 함께 흐르고 있다는 말인데, 이는 필시 문화 자체가 갖고 있는 특성 때문이기도 할 것이다.

사실 문화처럼 규정하기 힘든 말도 드물다. 그래서 레이먼드 윌리엄즈 Raymond Williams는 문화를 '영어 단어 가운데 가장 난해한 몇 개의 단어 중 하나'라고 하였다. 문화는 매우 다의적인 개념이며, 따라서 그 외연이 무척 넓다. 문학, 예술, 미디어, 대중문화, 하위문화, 이데올로기, 기호학, 사회학, 정신분석 등은 말할 것도 없고, 성의 문제를 비롯한 사회운동의 갖가지 주제들이나 심지어 일상생활의 평범한 문제들까지도 모두 문화에 포함된다. 그래서 흔히 문화연구를 '범학문적' 혹은 '초학문적' 분야라고 말한다. 다양한 학문을 포괄하고 있다는 점에서 범학문적이고, 또 기존의 학문 분류를 넘어서 있다는 점에서 초학문적이다.

아무튼 문화는 특정한 범주로 한정할 수 없는 매우 '광대한 주제'임에 틀림없다. 그리고 아서 에이사 버거 교수의 말대로 광대한 주제를 한 권의 책으로 쓴다는 것은 매우 어렵다.

그런데 이 책의 저자인 존 스토리 John Storey는 이 어려운 일을 아주 효과적으로 잘 해내고 있다. 그는 문화라는 복잡한 주제를 간단명료하면서도 비교적 쉽게 우리에게 소개해주고 있다. 더욱이 그는 끊임없이 새로운 주제를 발굴하고 보완하면서 마치 화초를 가꾸듯이 쉼 없이 책을 다듬어 왔다. 이런 점에서 이 책은 진정 살아 있는 하나의 '생물'이다. 그리고 이것이 내가 이 책을 우리말로 옮기게 된 가장 큰 이유가 되었음은 재론의 여지가 없다. 이러한 역자의 마음이 대중문화와 문화이론에 관심을 가진 독자들에게 전달되길 바라는 마음 간절하다.

마지막으로 적지 않은 원고를 세심하게 읽고 조언을 해준 부산외국어대학교 영상콘텐츠융합학과 진기행 교수, 그리고 이 책을 출판해준 도서출판 經文社 여러분에게 깊은 감사를 드린다.

2021년 봄 부산 해운대에서

박 만준

8판 저자 서문

8판을 쓰면서 나는 전반적으로 수정하고, 고쳐 쓰고, 다시 편집을 했다. 또한 나는 대부분의 장에 새로운 자료들을 첨가했다. 또한 내용면에서도 "계급과 계급 투쟁"이라는 새로운 장(7장)이 생겼다. 전체적으로 6천5백여 단어가 늘었다.

이 8판을 이 책의 자매편이라고 할 수 있는 다음 책과 함께 읽는 것이 가장 좋다. 즉, John Storey, *Cultural Theory and Popular Culture : A Reader*, fifth edition, Routledge, 2019.

초판 서문

이 책의 주제는 책 제목이 말해주고 있듯이 문화이론과 대중문화의 관계에 관한 것이다. 그러나 이 책은 어디까지나 주제에 대한 입문서로 쓰여진 것이며, 이를 위해서는 독특한 접근방식을 채택할 필요가 있었다. 본서는 문화이론과 대중문화의 조우에 관한 역사를 기술하기보다는, 대중문화 연구 역사의 특정 시기에 나타난 이론적 및 방법론적인 연관과 추이에 초점을 맞추었다.

간단히 말해서 문화이론/대중문화를 논증의 구조로 다루었으며, 역사적 기원이나 유래보다는 현재 대중문화가 어떻게 이데올로기적 작용을 하고 있는지 살펴보고자 하였다. 오해와 잘못된 전달을 피하기 위해 비평가들과 이론가들의 말을 그때그때 필요에 따라 그대로 인용하였다. 이 점에서 미국의 문학사가 월터 호튼 Walter E. Houghton의 다음과 같은 견해에 동의한다. "사고방식이나 태도는 정의하기 어려운 것이다. 정의하려고 하면 그 본질과 특색과 어조를 놓치기 쉽다. 이들은 구체적이고 살아 있는 표현 그대로 이해해야 한다."[1)]

이런 점을 고려하여 필자는 이 분야의 단순한 개관보다는 인용과 자세한 주해를 통해 대중문화를 공부하는 학생들에게 원전의 살아 있는 느낌을 주려고 하였다. 그러나 이 책은 여기서 거론된 이론가들과 비평가들의 책 읽기 대용으로 씌어진 것은 아니다.[2)] 그리고 각 장의 끝에 더 읽어볼 수 있는 책들을 제시하고 있으나 이들은 각 장에 언급된 주요 문헌을 보충해주는 것들이며, 주요 문헌은 각 장의 말미에 있는 각주에 자세히 나와 있다.

1) Walter E. Houghton, *The Victorian Frame of Mind 1830–1870*, New Haven : Yale University Press, 1957, 15쪽.

2) 이 책의 자매편을 참조하라. *Cultural Theory and Popular Culture : A Reader*, 2nd edn, John Storey와 Hemel Hempstead 편집, Prentice Hall, 1998.

이 책의 목적은 무엇보다 대중문화에 대한 학문적 연구를 소개하는 데 있다. 나는 이 책이 완벽한 설명이라거나, 이 분야를 개념적으로 그려낼 수 있는 유일한 방법이라는 환상을 갖고 있지 않다. 단지 대중문화를 공부하는 보다 많은 학생들이 이 분야에 대한 그들 자신의 '지도 그리기'를 시작하는 데 힘을 보태주고 싶을 뿐이다.

마지막으로 이 책이 이 주제와 친숙한 독자이든 생소한 독자이든 그들 모두에게 무엇인가를 제공하게 되기를 희망한다.

감사의 말

이 책에 포함된 많은 생각들에 대해 함께 논의한 선더랜드 대학교 University of Sunderland와 우한대학교 Wuhan University, 그리고 비엔나 대학교 University of Vienna 등에서 실시한 '문화이론과 대중문화' 강좌 수강 학생들에게 감사의 말을 전하고 싶다. 또한 많은 아이디어와 격려를 준 선더랜드 대학교의 미디어와 문화연구소(Center for Research in Media and Cultural Studies)의 동료들과 다른 연구소들의 여러 친구들에게도 감사한다. 또한 이 8판을 쓸 수 있는 기회를 나에게 제공해준 라우틀리지 출판사의 나탈리 포스터 Natalie Foster에게도 감사하는 마음을 전하고 싶다.

차 례

03 문화주의

04 마르크스주의

05 정신분석

06
구조주의와 후기 구조주의

07
계급과 계급투쟁

08 젠더와 섹슈얼리티

09 '인종', 인종차별과 재현

10
포스트모더니즘

11
대중문화의 물질성

12 대중의 정치학

CULTURAL THEORY AND POPULAR CULTURE
AN INTRODUCTION

01

대중문화란 무엇인가?

01

What is popular culture?

대중문화란 무엇인가?

대중문화를 정의하고 분석해 온 여러 가지 다양한 방식들이 있었다. 나는 그것들을 자세히 살펴보기 전에, 먼저 대중문화 연구가 불러일으킨 논쟁의 몇 가지 일반적인 특징부터 간단하게 정리해보고자 한다. 물론 이 책에서 소개될 구체적인 조사 결과들과 논점들을 모두 설명하려는 것이 내 의도가 아니다. 다만 여기서는 대중문화의 일반적인 개념적 지도를 펴 보이고 싶을 따름이다. 이는 여러모로 어려운 시도이다.

이 어려움은 부분적으로 '대중문화'라는 용어를 사용할 때 항상 부재적/현재적 타자의 함축적 의미 때문이다. 이 책의 본문 내용에서 볼 수 있듯이, 대중문화는 민속문화, 대량문화 mass culture, 지배문화, 노동계급문화 등과 같은 전혀 다른 개념적 범주들과 언제나 명시적으로나 혹은 암묵적으로 대비되어 정의되고 있다. 대중문화를 제대로 정의하려면 반드시 이 점을 항상 염두에 두어야 한다. 앞으로 살펴보겠지만, 어떤 개념적 범주가 대중문화의 상대개념으로 사용되든지 간에, 언제나 그것은 '대중문화'라는 개념을 사용할 때 대중문화의 함축적 의미에 많은 영향을 미치게 될 것이다.

그러므로 대중문화를 공부하기 위해서는 먼저 그 용어 자체가 가진 어려움에 직면하지 않을 수 없다. 왜냐하면 우리가 수행하는 분석의 종류와 이러한 분석을 위해 사용하는 이론적 틀은 대체로 우리가 사용하는 대중문화의 정의에 의해 만들어질 것임에 틀림없기 때문이다. 그렇다면 학생들이 이 책에서 무엇을 얻을 것인가? 핵심적인 논지는 다음이다. 즉, 대중문화란 사실상 '속이 텅 비어 있는' 개념적 범주이며, 따라서 그것을 어떤 문맥에서 사용하느냐에 따라 갖가지 모순되는 것들로 가득 채워질 수 있는 빈 그릇과도 같은 것이다.

문화

대중문화를 정의하려면 먼저 '문화'에 대한 정의부터 내려야 한다. 레이먼드 윌리엄즈 Raymond Williams(1983)의 말대로 문화는 "영어 단어 중에서 가장 난해한 서너 개 단어들 중 하나이다"(87). 윌리엄즈는 문화를 넓은 의미에서 세 가지로 정의한다.

첫째, 문화는 '지적 · 정신적 · 심미적 능력을 계발하는 일반과정'(90)을 가리킨다. 가령 서유럽의 문화발전에 대해 얘기하면서 그 중 지적이고 정신적이며 미학적인 요소들 — 위대한 철학자나 화가, 시인들 — 에 대해서만 언급하는 경우이다.

둘째, 문화는 '한 인간이나 한 시대, 혹은 한 집단의 특정한 생활방식'(같은 곳)을 가리킨다. 이 정의를 가지고 서유럽의 문화발전을 논한다면, 지적이고 미학적인 요소만이 아니라 교육 정도나 여가, 스포츠와 종교축제까지 포함하게 된다.

셋째, 문화는 "지적 산물이나 지적 행위, 특히 예술 활동을 가리킨다"(같은 곳). 바꾸어 말하면, 이는 의미를 나타내는 것, 그리고 의미를 생산하거나 의미 생산의 근거가 되는 것을 그 주된 기능으로 하는 텍스트나 문화적 행위를 말한다(문화연구의 용어로서 텍스트는 텔레비전 프로그램, 레코딩, 영화, 책 등 독자적인 미디어 형태를 지칭한다 : 역주). 이 경우 문화는 구조주의자들과 후기 구조주의자들이 말하는 '의미를 생산하는 실천행위 signifying practices'(6장 참조)와 동일하다. 이 정의를 사용한 예로 시나 소설, 발레, 오페라 그리고 순수미술을 생각할 수 있다.

일반적으로 대중문화라고 이야기할 때는 대개 두 번째와 세 번째 정의를 사용한다. 특정한 생활방식을 가리키는 문화의 두 번째 의미는 바닷가의 휴가나 크리스마스 축제, 청년문화 등을 예로 들 수 있다. 이것은 보통 '생활' 문화 또는 문화적 관습이라 불린다. 의미를 생산하는 실천행위가 문화라는 세 번째 정의의 예는 일일 연속극, 팝뮤직, 만화 등이다. 이것들이 흔히 문화적 텍스트라 불리는 것들이다. 대중문화에 대해 이야기할 때 윌리엄즈의 첫 번째 정의를 떠올리는 사람은 거의 없을 것이다.

이데올로기

대중문화에 대한 정의를 알아보기 전에 한 가지 더 염두에 둘 것은 '이데올로기 ideology'라는 용어이다. 이데올로기는 대중문화 연구에서 매우 중요한 개념이다. 그레이엄 터너 Graeme Turner(2003)는 이것을 "문화연구에서 가장 중요한 개념적 범주"(182)라고 말한다. 심지어 제임스 캐리 James Carey(1996)는 "영국의 문화연구를 쉽게, 또 더 정확하게 표현한다면 다름 아닌 이데올로기의 연구일 것"(65)이라고 하였다.

문화와 마찬가지로 이데올로기에도 많은 의미들이 얽혀 있다. 이데올로기 개념이 복잡하게 얽히는 경우가 잦은 것은 문화 분석에서 이 개념이 문화와, 특히 대중문화와 혼용되는 경우가 많기 때문이다. 이처럼 이데올로기가 문화나 대중문화와 같은 개념적 지형을 가리키기 위해 사용되어 왔다는 사실은 이데올로기가 대중문화의 성격을 이해하는 데 중요하다는 것을 보여준다. 다음은 이데올로기를 이해하는 많은 방식들 가운데 다섯 가지만 간략하게 정리한 것이다. 앞으로 우리는 문화연구와 관련이 있는 이런 의미만을 염두에 둘 것이다.

첫째, 이데올로기는 특정 집단을 통해 선명하게 드러나는 조직적인 사고체계를 가리킨다. 예를 들어, 특정 직업집단의 행위를 지칭하는 아이디어를 '직업적 이데올로기'라고 말한다. 또한 '노동당의 이데올로기'라는 말도 사용한다. 이 말은 당의 목표와 활동의 근간이 되는 정치적 · 경제적 · 사회적 사상의 집합을 가리킨다.

둘째, 이데올로기는 일정한 눈가림이나 왜곡, 은폐를 의미한다. 여기서 이데올로기는 문화적 텍스트나 문화적 행위들이 현실의 이미지들을 어떻게 왜곡시키는지 보여준다. 그리고 이로 말미암아 흔히 말하는 '허위의식 false consciousness'이 생겨나기도 한다. 이러한 왜곡은 약자의 이익과 상반되는 강자의 이익을 위하여 봉사한다고 말한다. 자본주의 이데올로기를 그 예로 들 수 있다. 이 정의는 이데올로기가 권력자들이 지배의 실체를 감추는 수단이 되고 있다는 것을 시사하고 있다. 다시 말해서 지배계급은 자신들을 착취자나 억압하는 자들로 생각하지 않으며, 더 중요하게는 이데올로기가 권력이 없는 자들에게도 피지배의 실체를 은폐함으로써, 이들 역시 자신들이 착취당하거나 억압받고 있다는 것을 느끼지 못하게 된다는 점이다.

이 정의는 텍스트 생산과 문화 행위의 정황(情況)에 관한 다음의 전제에서 이끌어낸 것이다. 즉, 이데올로기는 사회의 경제적 토대의 권력관계를 보여주는 상부구조적 '반영'이나 '표현'이다. 이것은 고전적 마르크스주의의 기본적인 가정들 중 하나이다. 마르크스(1976a)는 이렇게 말한다.

> 사회적 생산에서 사람들은 자신의 의지와 상관없이 필연적인 관계 속으로 편입된다. 그것은 생산력 발전단계에 대응하는 생산관계이다. 이러한 총체적 생산관계들이 사회의 경제구조를 이루고, 그 위에 법적 · 정치적 상부구조와 그에 따른 일정한 사회의식의 형식들이 형성된다. 물질생활의 생산방식이 일반적인 사회적 · 정치적 · 지적 생활을 좌우한다. 그러므로 의식이 사회적 존재를 결정하는 것이 아니라, 그 반대로 사회적 존재가 오히려 의식을 결정한다(3).

한 사회의 경제적 생산수단의 구성방식이 그 사회가 만들어내는 문화적 형태에 결정적인 영향을 미친다는 것이 마르크스의 주장이다. 소위 토대/상부 구조의 관계에서 만들어지는 문화적 산물들은 '이데올로기적'이기 마련이라는 것이다. 그것이 경제구조로 인해 사회적·정치적·경제적·문화적으로 이득을 보는 지배계층의 이해를 잠재적 혹은 표면적으로 뒷받침해주기 때문이다. 4장에서 우리는 이런 공식에 대해 보다 상세하게 살펴볼 것이다.

마르크스가 말하는 계급관계가 아니더라도 권력관계를 언급할 때 이 일반적 의미의 이데올로기를 사용할 수 있다. 예를 들어, 페미니스트들은 가부장적 이데올로기의 힘과 그것이 우리 사회에서 어떻게 성적 관계를 은폐하고 왜곡시키는지에 대해 역설한다(8장 참조). 9장에서는 인종차별의 이데올로기에 대해 살펴볼 것이다.

셋째, 이데올로기는(두 번째 정의와 밀접한 연관이 있고, 어떤 면에서는 상호의존관계에 있는데) 여러 '이데올로기적 형식들 ideological forms'(Marx, 1976a: 5)을 가리키는 용어로도 사용된다. 이 정의는 텍스트들(텔레비전 픽션이나 대중가요, 소설, 영화 등)은 언제나 세상에 대한 특정한 이미지를 표현하고 있다는 점에 주의를 기울인다. 이 정의는 사회를 합의적이라기보다 대립적인 것으로, 다시 말해서 불평등과 착취, 억압을 중심으로 조직되어 있는 것으로 본다. 텍스트는 의식적이건 무의식적이건 그 대립의 어느 한 편을 지지하게 된다. 독일의 극작가 베르톨트 브레히트 Bertolt Brecht(1978)는 그 핵심을 간단히 이렇게 표현한다.

> 나쁘든 좋든 연극은 항상 세상의 이미지를 포함한다. …… 관객의 성향과 생각에 어떤 방식으로든 영향을 주지 않는 연극이나 극장 공연은 없다. 아무런 영향도 주지 않는 예술이란 결코 존재하지 않는다(150~151).

이러한 브레히트의 주장은 모든 문화 텍스트에 적용될 수 있다. 이 말을 달리하면 모든 텍스트는 궁극적으로 정치적이라는 논지와 통한다. 각 텍스트는 세상이 어떻다거나 혹은 어떠해야 한다는 식으로 서로 다른 이데올로기적 의미를 부여한다. 그러므로 대중문화는 스튜어트 홀 Stuart Hall(2009a)의 말대로 '집단적인 사회적 이해가 창출되는' 장이다. 다시 말해서 대중문화는 독자에게 특별한 시각으로 세상을 보도록 하는 '의미작용의 정치 the politics of signification'가 작동하는 지형이다(122~123).

이데올로기에 대한 네 번째 정의는 프랑스의 문화이론가 롤랑 바르트 Roland Barthes의 초기 연구와 관련되어 있다(바르트에 관해서는 6장에서 상세하게 다룰 것이다). 바르트는 이데올로기가 주로 함축적인 수준에서, 즉 텍스트나 실천행위가 전달하거나 전달할 수 있는 이차적 혹은 무의식적 수준의 의미로 작용한다고 주장한다. 여기서 이데올로기(또는 바르트가 말하는 '신화')는 함축적 의미의 범위를 정하기 위해, 어떤 함축적 의미를 수정하거나 새로운 함축적 의미를 만들어내기 위한 헤게모니 투쟁이라 할 수 있다.

다음의 예가 바르트의 정의를 쉽게 설명해주고 있다. 1990년에 방송되었던 영국 보수당의 정치선전방송은 '사회주의'라는 단어를 붉은 감옥창살로 가리는 장면으로 마무리했다. 그것은 영국 노동당의 사회주의가 사회적·경제적·정치적 감옥과 같은 것임을 암시하고 있다. 그 방송은 사회주의라는 단어의 함축적 의미를 확정하려고 시도했던 것이다. 또한 그것은 보수주의가 자유를 함축하는 반면에 사회주의는 부자유를 함축한다는 양자의 대립관계를 설정하고자 했다. 바르트가 보기에 이것은 이데올로기 작용의 고전적인 예이며, 부분적이고 특이한 현상을 보편화하고 정당화함으로써 문화적인(인위적인) 현상을 자연적인(틀림없이 존재하는) 것처럼 위장하려는 시도였다.

영국사회에서 백인, 남성, 이성적인 것, 중산층 등은 그것들이 '정상적'이고, '자연적'이고, '보편적'이라는 점 때문에 유별나고 색다른 존재방식들에 비해 주목받지 못한다고 주장하는 것도 같은 맥락이다. 이것은 여성 대중가수, 흑인 저널리스트, 노동자 작가, 게이 코미디언 등과 같은 표현에 잘 나타나 있다. 이 말들은 각각 대중가수, 저널리스트, 작가, 코미디언 등의 '보편적' 범주에서 이탈한 것으로 간주하기 위해 사용되고 있다.

다섯 번째 정의는 1970년대와 1980년대 초반에 특히 강한 영향을 미친 것이다. 이것은 프랑스의 마르크스주의 철학자 루이 알튀세르 Louis Althusser가 전개시킨 이데올로기의 정의이다. 알튀세르에 대해서는 4장에서 보다 자세히 다룰 것이다. 여기서는 그의 이데올로기 정의 중 하나에 대해 간단히 요점만 언급한다. 알튀세르의 주된 논점은 이데올로기를 단순히 관념들의 집합으로 볼 것이 아니라 물질적 실천으로 보아야 한다는 것이다. 말하자면 이데올로기는 단순히 일상생활의 어떤 생각 속에서 만날 수 있는 것이 아니라 실천행위에서 찾아야 한다는 것이다.

알튀세르의 주장은 우리가 일정한 의식(儀式)이나 관습을 통해, 어떻게 부와 지위와 권력 등의 엄청나게 불평등한 요소들로 결정되는 사회질서에 얽매이게 되는지에 관한 것이다. 이 정의를 사용하면 바닷가의 휴가나 크리스마스 축제를 이데올로기적 행위의 예로 들 수 있다. 이러한 휴가나 축제는 즐거움을 주고 사회질서의 일상으로부터 해방시켜주지만, 궁극적으로는 다가올 다음 '공식적인' 휴가 때까지 기운을 되찾아 착취와 억압에 견뎌나가도록 본래의 질서 속으로 되돌려놓는 역할을 한다는 것이다. 이런 의미에서 이데올로기는 자본주의를 지속시키기 위한 경제적 상황과 경제적 관계에 필요한 사회적 상황과 사회적 관계를 '재생산하는' 역할을 한다.

이상에서 우리는 문화와 이데올로기의 여러 가지 정의에 대해 간단히 살펴보았다. 이제 문화와 이데올로기가 공유하는 개념영역이 무척 크다는 사실이 명백해졌다. 둘 사이에 차이가 있다면 이데올로기가 공통영역 내에 정치적 차원을 도입하고 있다는 점이다. 또한 이데올로기 개념을 소개함으로써 문화/이데올로기의 영역이 불가피하게 권력과 정치관계에 의해 규정된다는 사실이다. 이것은 대중문화의 연구가 단순히 오락이나 여가에 대한 논의보다 더 많은 것을 포함하고 있음을 보여준다.

대중문화

대중문화를 정의하는 방법은 다양하다. 물론 이 책도 부분적으로는 대중문화를 정의하기 위해 시도된 여러 가지 방법에 대한 비평적 연구와 그 과정에 대한 것이다. 그러므로 이 장의 나머지 부분은 대중문화 연구의 성격을 소개하는 여섯 가지 정의에 대해 간단히 살펴보려고 한다. 먼저 '대중적 popular'이라는 용어부터 살펴보자.

윌리엄즈(1983)는 현재 통용되는 다음과 같은 네 가지 의미를 제시한다. '많은 사람들이 좋아하는 것', '열등한 작품들', '일반 사람들의 선호에 일부러 맞춘 작품들', '일반 사람들이 사실상 자신들을 위해 만들어낸 문화' 등이다(237). 그렇다면 대중문화에 대해 어떤 정의를 내리더라도 그것은 '대중적'이라는 다양한 의미와 '문화'라는 다양한 의미의 복잡한 조합이 될 것이다. 그러므로 대중문화와 관련된 문화이론의 역사는 이 두 용어가 특정한 역사적·사회적 맥락에서 이론적인 작업을 통해 다양하게 연결되는 방식들에 관한 역사라고 말할 수 있다.

대중문화를 정의하려는 시도에서 가장 명확한 출발점은 대중문화는 모름지기 많은 사람들이 널리 좋아하는 문화라는 것이다. 그리고 많은 사람들이 이 정의에 동의할 것임에 틀림없다. 우리는 책이나 레코드 음반의 판매량, 또는 콘서트나 스포츠 행사, 축제의 참가율을 조사할 수 있다. 각기 다른 텔레비전 프로그램의 시청률도 면밀히 분석할 수 있다. 이와 같은 수치는 분명히 많은 것을 시사하고 있다. 역설적으로 말하면 너무 지나치게 많은 것을 말하고 있는 것이 문제이다. 우리가 어떤 수치보다 높으면 대중문화, 낮으면 그냥 문화라고 하지 않는 한, 많은 사람들이 선호하거나 좋아하는 것은 너무 많기 때문에 대중문화의 정의로는 아무 쓸모가 없다.

이런 문제점이 있는데도 불구하고, 명백한 것은 대중문화에 관한 모든 정의는 양적 범위를 포함하지 않을 수 없다는 것이다. 대중문화란 말에서 '대중'이란 용어가 이를 요구한다. 그러나 동시에 양적인 크기 그 자체만으로는 대중문화를 정의하기에 충분하지 않다는 점 또한 명백하다. 공인된 '고급문화', 즉 '고전'과 관련된 책이나 음반 판매, 또는 텔레비전 드라마의 높은 시청률도 이런 의미에서는 '대중적'이라는 판정을 받을 가능성이 높기 때문이다(Bennett, 1980: 20~21).

대중문화를 정의하는 두 번째 방법은 고급문화로 결정된 것 이외의 문화를 모아보는 것이다. 이 정의에서 대중문화는 고급문화의 수준을 통과하지 못한 나머지 문화적 텍스트와 문화적 행위들을 말한다. 달리 말하면, 이는 대중문화를 기준 이하의 문화로 정의하는 것이다. 고급문화/대중문화의 구분을 위해서는 문화적 텍스트나 문화적 행위의 가치를 판단하기 위한 영역이 반드시 포함되어야 한다. 이를테면 복잡한 형식을 요구할 수도 있고, 또 도덕적 가치를 판단기준으로 제시할 수도 있다. 또 다른 문화비평가들은 궁극적으로 중요한 것은 그 텍스트나 작품에 나타나는 비판적 통찰력이라고 주장할 수도 있다. 문화적 가치를 지니기 위해서는 반드시 어려워야 한다. 어렵다는 것이 고급문화로서 위상을 확고히 해준다. 바로 이러한 어려움이 실제로는 (대중을) '배제'시키며 그 관객의 배타성을 확고히 해준다.

프랑스의 사회학자 피에르 부르디외 Pierre Bourdieu는 계급구분을 유지시키기 위해 이런 방식의 문화구분이 사용된다고 주장하였다. 취향 taste이란 극히 이데올로기적인 범주이다. 다시 말해서 그것은 사회경제적 범주와 특정한 질적 수준을 가리키는 이중적 의미의 용어로서 계급판별의 기능을 가지고 있는 것이다. 부르디외(1984)에 따르면, 문화의 소비는 "의식적, 의도적이건 아니건 간에 계급의 차이를 정당화하기 위한 사회적 작용을 충족시키기 위해 미리 배열되어 있는 것"(5)이다. 이는 7장과 10장, 그리고 12장에서 상세하게 다루어질 것이다.

대중문화의 이러한 정의를 뒷받침하고 있는 것은 대중문화가 대량생산되는 상업적 문화인 반면에 고급문화는 개별적인 창조활동의 결과라는 주장이다. 그러므로 후자는 도덕적이고 미학적인 반응을 받을 만한 자격이 있으나 전자는 그나마 별로 내용도 없는 것을 알아보기 위해 피상적인 사회학적 조사 정도로도 충분하다. 어떤 방법을 사용하든 간에 고급문화와 대중문화를 나누고자 하는 사람들은 대체로 둘 사이의 구분이 아주 명확하다고 주장한다. 더욱이 그 구분은 명확할 뿐만 아니라 항상 고정되어 있다. 이러한 주장은 특히 양자 간의 구분이 작품 자체의 질에 근거를 두고 있을 때 제기된다. 그러나 그 확실성에는 많은 문제가 있다. 예컨대, 오늘날 셰익스피어는 고급문화의 전형적인 예로 꼽히지만 그 시대 사람들에게는 대중적인 연극 이상이 아니었다.[1] 찰스 디킨즈의 작품들도 마찬가지이다. 유사한 예로 필름 느와르 film noir는 대중문화와 고급문화의 경계를 넘나드는 듯이 보이는데, 이 또한 처음에는 대중영화로 출발했지만 지금은 아카데미와 영화협회에서 보존할 정도의 수준이 되었다.[2]

다른 영역에서도 역시 문화적 이동현상은 일어난다. 비근한 예로 루치아노 파바로티 Luciano Pavarotti가 내놓은 푸치니의 「아무도 잠들지 않으리라 Nessun Dorma」라는 음반을 들 수 있다. 아주 열렬히 고급문화를 고수하는 사람일지라도 파바로티나 푸치니를 그의 목록에서 제외시키지는 않을 것이다. 그러나 1990년 파바로티는 이 음반을 영국의 음반 판매순위 1위에 올려놓는 데 성공하였다. 양적인 면에서 그와 같은 상업적 성공은 작곡자나 연주자, 그리고 그 노래를 모두 대중문화로 만들어 놓고 말았다.[3] 실제로 내가 아는 한 학생은 그 노래가 상업적 성공을 거둠으로써 음악적 가치가 떨어질 것이라는 말에 대해 불만을 털어놓기도

1) 19세기 미국에서 이루어진 대중문화로서 셰익스피어에 대한 논의는 다음을 참조하라. Lawrence Levine, *Highbrow/Lowbrow: The emergence of cultural hierarchy in America*, Cambridge, Mass: Harvard University Press, 1988.

2) 슬라보예 지젝(Slavoj Žižek, 1991)은 필름 느와르의 현재적 위상을 확정한 소급적 평가를 확인하고 있다. "그것은 50년대 프랑스 비평가들에 의해 발견되었을 때 비로소 존재하기 시작했다(심지어 영국에서조차도 이 장르를 지칭하기 위해 사용된 용어가 프랑스어 film noir라는 것은 우연이 아니다). 미국 자체에서는 비평적 명성이 보잘 것 없는 일련의 저예산 B급 제작사들이 프랑스적 시선의 조정을 통해서 숭고한 예술로, 일종의 철학적 실존주의와 한 쌍을 이룬 영화로 기적적으로 변형되었다. 미국에서 숙련된 장인의 지위를 가졌던 연출자들이란 기껏해야 영화감독들이었으며, 그들은 제각기 그들의 영화에서 이 세계에 대한 독특한 비극적 비전을 펼친다"(112).

3) 대중문화에서 오페라에 대한 논의는 Storey(2002a, 2003) 그리고 Storey(2006, 2010a)를 참조.

했다. 그는 단지 그 노래가 'BBC 공식 월드컵 테마곡'이라는 이유 때문에 자신의 음악적 취향이 오해받을까봐 연주조차 하기를 꺼려했다고 말했다. 다른 학생들은 웃어넘기거나 말도 안 된다는 반응을 보였지만 그 학생의 불평은 고급문화/대중문화 구분에 아주 중요한 점을 밝히고 있다. 그것은 곧 그 구분이 지속되는 이면에는 엘리트주의가 자리하고 있다는 사실이다.

1991년 7월 30일, 파바로티는 런던 하이드파크에서 무료공연을 가졌다. 25만 명이 운집할 것으로 예상되었으나 폭우로 실제 참가인원은 10만 명 내외였다. 이 행사의 두 가지 점이 대중문화를 연구하는 학생들의 흥미를 끌었다.

첫째는 이 행사의 엄청난 대중성이다. 우리는 이를 파바로티의 최근 레코드 두 장(Essential Pavarotti 1과 Essential Pavarotti 2)이 영국 음반 판매순위 1, 2위를 차지했다는 사실과 연관시킬 수 있다. 이러한 대중적 인기는 고급문화와 대중문화 간의 구분에 대해 이의를 제기하기에 충분한 근거가 된다.

둘째로 그 대중성의 폭은 고급문화/대중문화 구분의 계급적 배타성마저도 위협할 수 있다. 그러므로 이 행사가 (대중)매체에서 어떤 방식으로 전달되었는지 알아보는 것도 흥미로운 일이다. 영국의 모든 일간지들은 이 행사소식을 1면에 다루었다. ≪데일리 미러 *Daily Mirror*≫의 경우에는 다섯 면을 이에 할애했다. 일간지 기사들은 이 행사를 대중문화로 규정하는 데 주저하지 않았다. ≪선 *Sun*≫지는 "나는 멋쟁이들과 멋진 오페라 하우스에 가서 자리당 100파운드씩 쓸 능력이 없다"고 말한 한 여자의 말을 인용하였다. ≪데일리 미러≫지는 파바로티의 연주회가 "부유층을 위한 것이 아니라", "오페라 스타와 하룻밤 공연을 향유할 수 없는 …… 수많은 인파를 위한 것"이라는 사설을 실었다. 그 다음날 점심 시간대의 텔레비전 뉴스 프로그램 또한 일간지 기사를 주된 내용으로 다루었다. BBC의 '1시 뉴스'와 ITV의 '12 : 30 뉴스'는 모두 일간지들이 다룬 내용을 언급했으며, 또한 일간지들이 이를 어느 정도로 다루었는지도 보도하였다.

여기서 문화적 지도에 대한 전통적 확신들이 갑자기 흔들리게 되었다. 물론 전통적인 확신을 들추어내려는 시도들도 있었다. 이를테면 "어떤 비평가들은 공원이 오페라를 할 만한 곳이 못된다고 하였다"(1시 뉴스), "어떤 오페라 팬들은 이를 약간 저속하다고 생각할 것이다"(12 : 30 뉴스) 등이다. 이러한 발언들은 고급문화의 배타적 망령을 불러일으키기는 했으나 그 행사를 보는 주요한 시각으로 보기에는 너무나 미약했다. 고급문화와 대중문화의 구분이 외관상으로는 더 이상 분명하지 않은 듯이 보였다. 갑자기 문화적인 개념이 경제적인 것으로 대체되어 '부유층'과 '수천의 보통사람들' 간의 구분으로 바뀐 듯했다.

이 행사의 대중성이 결국 이 행사를 뉴스로 다루게끔 했으며, 이는 텔레비전 뉴스가 고전음악이라는 전통적 확실성과 맞선 것이다. 이런 사실은 '대중적'이라는 용어의 모순적인 의미로 돌아가면 조금 더 설명될 수 있다.[4] 한편으로는 무엇인가 대중적이기 때문에 좋다고 할 수 있는데, 이런 용법의 예는 "그것은 대중적인 공연이었다"고 말하는 경우이다. 다른 한편으로는 똑같은 이유 때문에 나쁘다고 말할 수 있는데, 다음과 같은 반대되는 두 쌍들을 생각해보자.

〈표 1.1〉 '열등한' 문화로서 대중문화

대중신문	고급신문
대중영화	예술영화
대중오락	예술

이것은 대중적인 것 또는 대중문화는 그 정의 영역 안에 '열등하다'는 의미를 내포하고 있음을 보여준다. 매튜 아놀드 Matthew Arnold가 언급한 바와 같이 대중문화는 '인간 사고와 표현의 정수'(2장 참조)인 진정한 문화의 가치를 인정하거나 이해할 능력이 없는 자들을 위한 B급 문화라는 것이다. 홀(2009b)에 의하면, 여기서 중요한 것은 제반 대중문화의 형식들이 '(고급과 저급 사이의) 문화적 단계'를 오르내린다는 사실이 아니라, "그 양자의 차별성을 지속적으로 표시하는 데 요구되는 …… 제도와 제도의 과정들, 그리고 그 차별성을 지탱하는 힘의 관계"(514)

4) Storey(2003, 2005)를 참조.

가 더 중요하다. 이것은 주로 교육제도의 역할이며, 선별된 전통을 학생들에게 가르치고, 장려하는 것이다(3장 참조).

세 번째는 대중문화를 '대량문화'로 정의하는 것이다. 이것은 앞의 정의에 크게 의존한다. 대량문화의 관점은 2장에서 꽤 자세히 다루어지므로 여기서는 다만 이 정의의 기본적인 윤곽만을 제시하고자 한다. 대중문화를 대량문화라고 주장하는 사람들의 첫 번째 지적은 대중문화가 어쩔 도리 없이 상업문화일 수밖에 없다는 것이다. 그것은 대량소비를 위해 대량생산된 것이며, 그것의 관중은 무분별한 대량소비 집단이다. 문화 자체가 극히 상투적이고, 대중 조작적이다(누가 분석하느냐에 따라 정치적으로 좌익이 되거나 혹은 우익이 될 수 있다). 그것은 마비된 정신으로 또는 무감각한 상태에서 수동적으로 소비되는 문화이다.

그러나 존 피스크 John Fiske(1989a)가 강조하고 있듯이 "엄청난 광고에도 불구하고 80~90퍼센트의 신제품들은 실패하며, 또한 많은 영화들이 그 수익면에서 광고비조차 건지지 못하고 있다"(31). 또 사이먼 프리스 Simon Frith(1983: 147)는 레코드 음반의 80퍼센트가 손해보고 있다는 사실을 지적하기도 한다. 이러한 통계자료들은 문화소비를 기계적이고 수동적인 행위로 간주하는 것에 의문을 제기하기에 충분하다(8장과 12장 참조).

대량문화의 관점에서 연구하는 사람들은 문화의 행태가 아주 달랐던 옛 '황금시대'를 늘 염두에 두고 있다. 이 관점은 보통 '잃어버린 유기적 공동체' 또는 '사라져버린 민속문화'라는 두 형식 가운데 하나를 취한다. 그러나 피스크(1989a)가 지적하듯이 "자본주의 사회에서는 대량문화의 비정통적 성격과 대비될 만한 소위 정통적 민속문화란 존재하지도 않기 때문에 정통성의 상실을 슬퍼하는 것은 무모한 낭만적 향수일 뿐이다"(27). 이는 '사라진' 유기적 공동체에도 똑같이 적용된다. 4장에서 살펴보게 될 프랑크푸르트학파의 경우에는 '사라진 황금시대'를 과거가 아닌 미래에서 찾고 있다.

대량문화의 패러다임 내에서 연구하는 일부 문화비평가들이 볼 때 대량문화는 단순히 질적으로 낮은 문화가 아니다. 백일하에 드러나고 있듯이 그것은 바로 수입된 미국문화이다. "만약 현대적 형태의 대중문화가 어느 한 곳에서 만들어진 것이라면, 그곳은 바로 …… 미국의 대도시들, 특히 뉴욕이다"(Maltby, 1989: 11). 대중문화가 미국의 대량문화라는 주장은 대중문화의 이론적 지형에서 오랜 역사를 가지고 있다. 그것은 '미국화'라는 말에 함축되어 있으며, 그 주된 내용은 영국문화가 미국문화의 영향으로 동질화 또는 퇴화했다는 것이다. 미국과 대중문화에 대해 우리가 자신 있게 이야기할 수 있는 것은 두 가지이다.

첫째는 앤드류 로스 Andrew Ross(1989)가 지적한 바와 같이 "대중문화는 유럽보다 미국에서 더 현저하게, 그리고 더 오랫동안 사회적으로나 제도적으로 중심이 되어 왔다"(7).

둘째는 전 세계적으로 미국문화의 영향은 의심할 바가 없지만, 그것이 소비되는 방식은 어느 면으로 보나 모순적이다(10장 참조). 1950년대(미국화가 가장 활발하게 진행된 시기)에 영국의 수많은 젊은이들은 미국문화를 낡은 영국문화의 암울한 현실에서 벗어날 해방의 힘으로 여겼던 것이 사실이다. 그리고 미국화(美國化)에 대한 두려움은 부상하는 대중문화의 형태들에 대한 불신 — 그 발생 국적과는 관계없이 — 과 밀접한 관계가 있다는 것도 분명한 사실이다. 대량문화의 관점에서와 같이 여기에도 정치적 좌파와 우파가 있다. 고급문화의 전통적 가치도 위태롭지만, 노동계급의 전통적 생활방식도 '대중문화의 유혹'에 위태로운 처지가 되었다. 대량문화를 보는 온건하고 순진한 견해도 있는데, 대중문화의 텍스트와 실천행위들이 대중적 환상의 형태로 나타난다는 시각이다. 대중문화를 집단적 꿈의 세계로 보고 있는 것이다.

리처드 말트비 Richard Maltby(1989)가 주장하듯이, 대중문화는 "어디로부터 또는 어디로 도피하는 것이 아니라 우리 자신의 상상적 도피"(14)이다. 이런 의미에서 크리스마스 축제나 바닷가 휴가와 같은 문화적 행위는 꿈과 같은 기능을 한다고 볼 수 있다. 다시 말해 그것들은 집단적(그러나 억압된) 소망과 욕망을 위장된 형태로 표현하고 있는 것이다. 말트비는 이렇게 말한다.

> 대중문화의 죄가 우리의 꿈을 빼앗아서 그것을 다시 포장하여 우리에게 되판 것이라면, 대중문화의 공로는 그것이 없었다면 결코 알 수 없었을, 더 많고 다양한 꿈들을 가져다준 것이라고 할 수 있다(같은 곳).

구조주의는 대량문화의 관점에 서지도 않으며, 또 도덕적인 접근방식에서도 분명히 차이가 있다. 그럼에도 불구하고 대중문화를 지배 이데올로기를 재생산하는 이데올로기의 제조기 정도로 본다. 독자들은 이미 '읽는 입장'이 굳어 있는 것으로 간주되기 때문에, 텍스트에 대한 독자의 역할이나 텍스트의 모순성에 대한 논란의 여지는 거의 없다. 구조주의에 대한 후기 구조주의의 비판은 이런 문제들을 논의할 수 있는 여지를 열어놓고 있다. 이 점에 대해서는 6장에서 더욱 상세하게 다루게 될 것이다.

네 번째 정의는 대중문화가 '민중 the people'으로부터 생겨나는 문화라는 것이다. 이는 대중문화가 위로부터 민중에게 강요되는 것이라는 입장에 이의를 제기한다. 이 정의에 따른다면 대중문화는 민중의 '진정한' 문화를 가리킬 때만 사용될 수 있는 용어이다. 이는 민속문화로서 대중문화이며, 민중을 위한 민중의 문화이다. 대중문화의 정의로서 이 개념은 종종 "현대 자본주의 사회에 대한 상징적 저항의 주된 원천이라고 해야 할, 이른바 노동계급 문화라는 아주 낭만적인 개념"(Bennett, 1980: 27)과 거의 같이 쓰인다.

이런 접근방식에서 한 가지 문제점은 민중의 범주에 들어갈 자격이 있는 자들이 누구인가라는 것이다. 또 다른 문제점은 대중문화가 만들어진 재료 및 출처의 성격이 모호하다는 것이다. 우리가 아무리 이 정의를 고집한다 해도, 그들 스스로 만든 재료들을 가지고 자발적으로 문화를 만들지는 않는다는 사실이 남는다. 대중문화가 무엇이든 간에, 확실한 점은 그 재료 자체는 상업적으로 제공된 것이라는 점인데, 이상과 같은 접근방식은 이 결론을 비껴간다. 팝과 록음악에 대한 비평이나 분석은 이러한 대중문화의 분석방법이 흔히 적용되는 분야이다. 최근에 내가 참석한 학술회의에서 한 청중이 리바이스 청바지회사가 바지를 팔기 위해 결코 잼 Jam이라는 록그룹의 노래를 사용하지 못할 것이라는 의견을 내놓았다. 그 회사가 이미 클래쉬 Clash그룹의 노래 한 곡을 사용했다는 사실도 그의 확신을 바꾸지는 못했다. 리바이스 청바지를 위한 텔레비전 광고는 대량문화이고 잼의 음악은 대중문화라는 문화적 구분에 대한 명확한 감각이 그런 확신을 가능하게 했던 것이다. 이 두 문화가 만날 수 있는 유일한 방법은 잼을 '훼절 selling out'함으로써만 가능하지만, 이런 일이 일어나지 않을 것은 분명하므로, 리바이스 청바지는 그들의 제품을 판매하기 위해 잼의 노래를 결코 이용할 수 없을 것이라는 주장이다. 그러나 거의 비슷하게 탄탄한 정치적 신임을 받던 밴드인 클래쉬에게도 이런 일은 이미 일어났었다. 이에 대한 토론은 더 이상 진행되지 못했지만, 만일 헤게모니 개념을 문화에 사용했더라면, 보다 많은 논의가 이루어졌을 것이다(4장 참조).

대중문화에 대한 다섯 번째 정의는 이탈리아의 마르크스주의자 안토니오 그람시 Antonio Gramsci의 정치분석, 특히 그의 헤게모니 개념의 전개에서 나온 것이다. 그람시(2009)는 지배계층들이 '지적이고 도덕적인 리더십'(75)의 과정을 통해 피지배계층들의 동의를 얻어내는 것을 가리켜 헤게모니라는 용어를 사용했다. 이 내용은 4장에서 자세히 다루어질 것이다. 여기서는 그람시의 정치개념을 문화이론가들이 어떻게 받아들였고 또 대중문화의 성격과 정치성(헤게모니와 대중문화의 관계)을 설명하는 데 어떻게 적용했는지에 대해 간단히 언급하고자 한다.

이런 방식을 채택하는 이들은 대중문화를 투쟁의 장으로 보는데, 그 투쟁은 피지배계층의 저항력과 지배계층의 통합력 사이에 벌어진다. 이러한 뜻으로서 대중문화는 대량문화 이론가들이 보는 위로부터 강요된 문화도 아니며, 또 네 번째 정의에서 말하는 것처럼 아래로부터 자발적으로 일어난 '민중'의 대항문화도 아니다. 오히려 대중문화는 이 둘 사이의 교류 및 유통이 일어나는 영역이며, 그 영역은 이미 말한 바와 같이 저항과 통합을 통해 드러난다. 대중문화의 텍스트와 실천행위는 그람시(1971)의 말에 의하면 '타협적 평형 compromise equilibrium'(161) 속에서 작동하며, 그 과정은 통시적이면서 동시에 공시적이다(다시 말해서 한순간 대중문화로 불리다가 다음에는 다른 문화로 불린다는 점에서 통시적이고, 또 주어진 어느 역사적 순간에서 저항과 통합 사이를 움직인다는 점에서 공시적이다). 예를 들어, 바닷가의 휴가는 처음에는 귀족적 행사였다가 100년 후에는 대중문화가 되었다. 필름 느와르는 멸시받는 대중영화로 출발하여 30년 만에 예술영화가 되었다. 일반적으로 네오-그람시적 관점으로 대중문화를 보는 이들은 대체로 그것을 지배-피지배 계급 사이, 지배-피지배 문화 사이에 벌어지는 이데올로기적 투쟁의 영역으로 보려고 한다. 베네트(2009)는 이렇게 설명하고 있다.

> 대중문화의 영역은 지배계급이 헤게모니를 쟁취하려고 하는 시도와 이에 대한 저항의 형태로 짜여 있다. 그러므로 대중문화는 단순히 지배 이데올로기와 일치하는 강요된 대량문화로 구성되는 것도 아니고 단순히 자발적으로 발생하는 대항의 문화들로 구성되는 것도 아니다. 오히려 그것은 여러 가지 조합으로 지배적·피지배적 또는 서로 상반되는 문화적·이데올로기적 가치와 요소들이 '섞인' 두 문화 — 서로 다른 독특한 두 가지 유형의 문화 — 의 타협 장소라고 할 수 있다(96).

헤게모니의 타협적 평형은 대중문화 내부나 혹은 그 사이에서 발생하는 여러 가지 형태의 갈등을 분석하는 데에도 사용될 수 있다. 베네트는 계급갈등을 강조했지만 헤게모니 이론 역시 인종, 성, 지역, 세대, 성별 등과 같은 갈등 — 공식적 또는 지배적 문화가 동질화시키려고 하는 통합력에 대해 문화적 투쟁을 벌이고 있는 모든 형태의 갈등 — 을 탐구하고 설명하는 데 사용될 수 있다.

헤게모니 이론, 특히 포스트-마르크스주의적 문화연구(4장 참조)의 주요 개념은 '접합'(articulation : 이 말은 일시적인 관계를 '표현하다'와 '결합시키다'는 이중적 의미를 포함하고 있다)이다. 대중문화는 샹탈 무페 Chantal Mouffe(1981)가 이름 붙인 이른바 '접합-탈접합의 과정 a process of disarticulation-articulation'(231)이라는 특징을 가지고 있다. 앞에서 언급한 보수당의 정치방송은 이 과정을 잘 보여주고 있다. 이를 통해 보수당은 경제적 · 사회적 · 정치적 해방으로서 사회주의적 정치행위를 탈접합하고, 그 대신 개인의 자유를 억압하는 정치적 행위를 접합한 것이다.

또한 앞으로 8장에서 살펴볼 예정이지만, 페미니즘 역시 항상 서로 경쟁하는 대중문화 속에서 문화투쟁의 중요성을 인정해 왔다. 페미니즘 관련 출판사에서는 과학소설, 추리소설 그리고 애정소설을 출판해 왔다. 이와 같은 문화적 개입은 페미니즘 정치를 위해 대중문학의 장르와 접합하려는 시도라고 할 수 있다. 헤게모니 이론에 의하면 저항과 통합 사이의 투쟁은 개개의 대중적 텍스트와 실천행위 안에서도 일어날 수 있다.

윌리엄즈(1980)는 이렇게 말한다. 즉, 하나의 대중적 텍스트나 실천행위 안에서도 '지배적'이거나 '부상하는' 것이거나 또는 '잔여적인' 서로 다른 특성의 계기들 — 각기 그 작품을 다른 방향으로 이끌고 있는 계기들 — 이 있음을 확인할 수 있다. 그러므로 작품은 서로 다른 문화적인 힘들의 모순적 혼합으로 이루어져 있다. 이런 요소들이 접합되는 방식은 부분적으로 사회적 상황과 생산과 소비의 역사적 조건에 의해 좌우된다.

스튜어트 홀(1980a)은 윌리엄즈의 견해를 이용하여 독자반응이론 theory of reading position을 세우고 이를 '종속', '지배', '타협'으로 분류하였다. 데이비드 몰리 David Morley(1980)는 이 모델을 언술체계와 주체성이라는 요인을 염두에 두고 수정하였는데, 이 경우 읽기를 텍스트의 언술체계와 독자의 언술체계 사이에 이루어지는 상호작용으로 보았다(Storey, 2010a 참조).

대중문화에 대한 견해 가운데 네오-그람시주의의 입장에서 제시된 것이 또 하나 있다. 그것은 대중문화이론이 실은 '민중'의 구성에 대한 이론이라는 주장이다. 예를 들어, 홀(2009b)은 대중문화가 민중의 정치적 구조와 그들의 권력집단과의 관계에서 빚어지는 갈등의 장소라고 주장했다(4장 참조).

> '민중'이란 사회 속의 개개인이나 한 집단을 지칭하는 것이 아니라 다양한 사회 집단을 가리키는 말이다. 그 집단들은 (사회적 지위나 그들이 당면한 투쟁 등에

> 서) 서로 차이가 있으나, 경제적 · 정치적 · 문화적으로 권력을 쥔 집단과는 확연히 구분되며, 그들의 개별적인 투쟁이 연계된다면 '권력집단 power bloc'에 대항하는 '민중들'로 조직되어 통합될 잠재적 가능성이 있다(Bennett, 1986: 20).

이는 당연히 대중문화를 심각한 정치적 개념으로 만든다.

> 대중문화는 일상생활의 구조를 밝힐 수 있는 분야이다. 대중문화를 연구하는 것은 단지 학술적인 — 어떤 과정이나 실천행위를 이해하기 위한 시도로서 — 이유 때문만이 아니고, 일상생활의 이런 형태를 구성하는 힘의 관계를 조사함으로써 그 관계가 제공하는 이해관계를 알 수 있기 때문에 또한 정치적이라고도 할 수 있다(Turner, 2003: 6).

그람시의 헤게모니 개념을 '기호학적'으로 사용한 존 피스크에 대해서는 12장에서 살펴볼 것이다. 피스크는 관점이 약간 다르지만 폴 윌리스 Paul Willis와 같이(윌리스 역시 12장에서 다룰 것이다) 대중문화는 문화산업의 생산물로부터 대중이 만들어내는 것이라고 하였다. 즉, 대량문화가 연극의 상연목록이라면, 대중문화는 그 목록을 통해 사람들이 만들어내는 것이다. 다시 말해서 대중문화는 그들이 소비하는 상품과 상품화된 것들을 가지고 능동적으로 만들어내는 것이다.

대중문화에 대한 여섯 번째 정의는 최근 포스트모더니즘 논쟁에 의해서 소개된 것이다. 이는 10장에서 다룰 주제이다. 지금은 포스트모더니즘과 대중문화의 관계에 대한 논쟁에서 가장 기본적인 몇 가지만 지적하려고 한다. 여기서 중요한 논점은 포스트모더니즘 문화라는 것이 고급문화와 대중문화의 구분을 더 이상 인정하지 않는다는 사실이다. 앞으로 살펴볼 것이지만, 어떤 사람에게는 이것이 자의적인 문화구분에서 구축된 엘리트주의로의 귀결을 찬양하는 구실이 되고, 또 다른 사람에게는 그것이 문화에 대한 상업의 최종적인 승리에 실망하는 이유가 된다. 상업과 문화의 상호 침투('정통적' 문화와 '상업적' 문화의 구분에 대한 포스트모던적 모호성)의 예로 꼽히는 것은 텔레비전 광고와 팝음악의 관계이다. 예컨대 텔레비전 광고에 나왔기 때문에 그들의 음반이 성공을 거둔 경우는 나날이 늘어나고 있다.

이 관계가 제기하는 의문들 가운데 하나가 다음이다. 즉, 음악과 상품 중 어느 것이 팔려나가는가? 정확한 대답은 둘 다이다. 게다가 광고에 사용된 결과로 상승가도를 달리거나 혹은 다시 상승가도를 달리게 된 노래가 담긴 CD를 살 수도 있다. 여기에는 놀라운 순환성이 있다. 노래가 제품을 팔기 위해 사용되고, 그리고 이것이 성공적으로 이루어지면 제품이 노래를 팔기 위해 사용된다.

포스트모더니즘이나 그 이론에 별 관심이 없는 사람들에게 현실적인 질문은 "그 관계가 과연 문화와 어떤 연관이 있는가?"라는 것이다. 정치적으로 좌파에 속한 사람들은 대중문화의 저항적 가능성에 끼칠 영향을 걱정할 것이다. 또 우파에서는 이것이 현실문화의 지위에 끼칠 영향을 우려할 것이다. 이 문제는 결과적으로 문화연구에 지속적인 논쟁을 불러일으켰다. 그 논쟁의 중심은 대중문화의 위치와 중요성이었다. 이 문제는 다른 문제들과 함께 10장에서 다루어질 것이다. 또한 대중문화 연구자의 관점에서 물어볼 수 있는 질문, 즉 포스트모더니즘이란 무엇인가도 다루게 될 것이다.

마지막으로 이 모든 정의들이 공통적으로 함축하고 있는 것은 대중문화가 무엇이든 간에 이는 산업화와 도시화에 뒤따라 일어난 문화라는 것이다. 윌리엄즈(1963)는 『문화와 사회 *Culture and Society*』의 서문에서 이렇게 말한다. "문화라는 개념과 그 용어가 근대에 보편적으로 사용된 것은 흔히 우리가 산업혁명이라 부르는 시기에 영어권에서 비롯되었다는 것이 이 책의 주된 원칙이다"(11). 이는 자본주의 시장경제와 깊은 연관이 있는 문화 및 대중문화에 관한 정의이다. 또한 이는 역사적으로 이렇게 제한된 정의의 대중문화를 처음 만들어낸 나라가 영국임을 말해주는 것이기도 하다.

이런 특정한 역사와 상황에 의존하지 않고 정의된 대중문화도 있으나, 그것들은 이 책에서 다루는 문화이론의 범주에 벗어난다. 대중문화에 대한 이 특정한 시대구분을 뒷받침하는 것은 산업화와 도시화가 대중문화의 지형에서 문화적 관계를 근본적으로 바꿔놓았다는 사실이다. 산업화와 도시화 이전에 영국에는 두 개의 문화, 즉 모든 계층에 의해 어느 정도 공유된 공유문화와 지배계층에 의해 만들어지고 소비된 엘리트문화가 존재했다(Burke, 1994; Storey, 2003 참조). 산업화와 도시화의 영향으로 세 가지 현상이 나타났으며, 그것들은 모두 문화지도를 다시 그리는 원인이 되었다.

첫째로 산업화는 고용인과 피고용인들 사이의 관계를 변화시켰다. 이는 상호의무를 바탕으로 형성된 관계에서 철저히 토마스 칼라일 Thomas Carlyle이 말하는 '금전적인 연계'(Morris, 1979: 22에서 인용)를 요구하는 관계로 변화하였다. 둘째로 도시화는 계층 간의 주거분리를 발생시켰다. 영국 역사상 최초로 노동하는 남녀들만 사는 도시지역이 생겼다. 셋째로 프랑스 대혁명의 공포 — 영국으로 이것이 수입되어 들어올지도 모른다는 — 가 정권으로 하여금 연이어 급진주의를 분쇄하기 위한 다양한 억압을 행사하게끔 하였다. 정치적 급진주의와 노동조합주의는 파괴되지는 않았으나 중산층의 간섭과 통제를 피하기 위해 지하조직화되었다.

이 세 가지 요인의 결합이 이전의 공유문화에서 보이던 가부장적 사고 외곽에서 새로운 문화적 공간을 만들어냈다. 그 결과 지배계급의 통제권 바깥에 대중문화가 만들어지기 위한 다소간의 문화공간이 마련되었다. 그 공간이 어떻게 채워졌는가는 문화주의의 창시자들 사이의 논쟁주제들 가운데 하나이다(3장 참조). 그 내용물이 무엇이든지 이 새로운 문화공간에서 발생한 불안감이 바로 대중문화에 대한 '문화와 문명' 이론의 접근방식이 등장한 직접적인 원인이 되었다(2장 참조).

타자로서의 대중문화

지금까지 명백해진 사실은 '대중문화'라는 용어가 애초 생각한 것과는 달리 분명한 용어가 아니라는 점이다. 어떤 정의를 사용하든 간에 필연적으로 따라다니는 부재적 타자가 많은 어려움을 불러일으킨다. 대중문화 그 자체에 대한 이야기만으로는 불충분하다. 우리는 언제나 그것이 대비되고 있음을 인정해야만 한다. 그리고 대중문화에 대해 어떤 타자 개념을 사용하든 간에 — 대량문화, 고급문화, 노동계급 문화, 민속문화 등 — 그것은 대중문화의 정의에 특정한 이론적 및 정치적 변화를 가져다 줄 것이다.

토니 베네트(1982a)가 지적한 바와 같이 "이 문제를 해결하는 단 하나의 '올바른' 방법이란 존재하지 않으며, 서로 다른 의미와 영향을 가진 여러 해결책들의 시리즈만이 존재한다"(86). 이 책의 주된 목적은 대중문화와 관련된 복합적 문화이론에 나타나는 많은 문제들과 해결책을 정리하는 데 있다. 앞으로 살펴보겠지만 대중문화를 무정부상태로 규정짓는 매튜 아놀드의 견해와 딕 헵디지 Dick Hebdige(1988)의 주장 사이에는 많은 차이가 있다. 헵디지의 주장은 이렇다. 즉, "서구에서 대중문화는 더 이상 지엽적인 것이 아니며 지하의 것은 더더욱 아니다. 언제나 그리고 많은 사람들에게 그것은 단지 문화 그 자체이다."

또 제프리 노웰-스미스 Geoffrey Nowell-Smith(1987)는 "대중문화의 형태는 영국 문화생활에서 이미 중심부로 이동하였기 때문에, 고급문화 저편에 독특한 대중문화가 따로 떨어져 있다는 것은 믿기 어렵다"(80)고 말한다. 이는 물론 대중문화를 이론화하는 다양한 방법들을 이해하는 것이 더욱 중요하다는 것을 알 수 있게 해준다.

이 책은 대중문화에 대해 현재와 같은 생각을 하게 된 이론화의 과정을 다루고 있다. 이 책은 대중문화의 변화하는 영역들이 어떻게 탐구되었고, 각기 다른 문화이론가들과 상이한 이론적 접근들을 통해 그 지도가 어떻게 그려졌는지를 다룬다. 우리가 대중문화에 대해 비판적으로 생각할 때 우리는 항상 그들이 만들어 놓은 기반 위에 서 있는 것이다. 이 책의 목적은 학생들에게 대중문화를 분석하는 다양한 방법들과 이러한 문화분석의 결과로 명시화된 다양한 대중문화를 소개하는 데 있다. 대중문화는 역사적으로 고정된 인기 있는 텍스트나 실천행위도 아니며, 또 역사적으로 고정된 개념적 범주도 아니라는 사실을 기억해야 한다. 정치한 이론적 탐사의 대상인 대중문화는 역사적으로 변화하며 또 이론적인 작업 그 자체에 의해 만들어지는 부분도 있다. 이것은 상이한 이론적 관점들이 대중문화의 지형 가운데 특정 분야에만 집중해 온 경향 때문에 더욱 복잡해진다.

가장 일반적인 구분은 텍스트(대중소설, 텔레비전, 팝음악 등)에 대한 연구와 생활 문화인 문화적 실천행위들(바닷가의 휴가, 청년문화, 크리스마스 휴일 등) 사이에 일어난다. 그러므로 이 책의 목적은 학생들에게 스스로 탐구할 수 있도록, 그리고 대중문화 연구의 성격을 특징짓는 이론적 및 정치적 논쟁에 대한 지도 그리기를 시작할 수 있도록 이 분야의 지도를 제공해주는 것이다.

의미의 문맥

이 장의 서두에서, 대중문화를 정의하는 데 따른 여러 가지 어려움을 이야기하면서 이렇게 말한 적이 있다. "핵심적인 논지는 다음이다. 즉, 대중문화란 사실상 '속이 텅 비어 있는' 개념적 범주이며, 따라서 그것을 어떤 문맥에서 사용하느냐에 따라 갖가지 모순되는 것들로 가득 채워질 수 있는 빈 그릇과도 같은 것이다." 이 말이 시사하고 있듯이, 문맥 context은 언제나 어떤 것이 무엇을 의미하는가를 이해하는 데 매우 중요하다. 하지만 문맥이란 무엇인가? 문맥이라는 말은 15세기 후반에 영어에 들어왔다. 이 말의 어원은 라틴어 contextus이며, '함께 만들어낸다'는 의미이다. 그리고 contexere는 '함께 엮다'를 의미한다. 이 말의 어원을 알면 이 말이 오늘날 어떻게 쓰이는지를 이해하는 데 도움이 된다.

첫째, 문맥은 특정한 텍스트를 풍부한 의미로 유의미하게 만드는 다른 텍스트들이다. 이와 같은 텍스트들은 의미를 만들어내는 문제의 텍스트와 함께 만들어낸다. 만일 대화중에 당신이 이 말을 사용한다면, 당신이 지시하는 바를 가리키는 문맥을 제시할 경우에 비로소 당신의 의미가 분명해질 것이다. 한 학생이 나에게 '그것은 어려운 책입니다'라고 말할 때, 그 학생이 말하는 책이 마르크스의

『자본론』임을 밝힐 경우에 비로소 충분히 유의미한 말이 된다. 그 학생의 말은 『자본론』과 함께 명확한 의미를 갖게 된 것이다. 하지만 우리는 다른 텍스트와 함께 만들어내는 텍스트만을 텍스트로 생각해서는 안 된다. 우리가 어떤 텍스트를 이해하려고 할 때, 우리는 언제나 일련의 전제들을 가져오게 마련이며, 그 전제들은 우리에게 분석을 위한 하나의 틀을 제공한다. 이와 같은 전제들은 텍스트를 이해하기 위한 특수한 문맥을 만들어내는 데 도움이 된다. 다시 말해서 그것들은 분석 대상인 텍스트를 중심으로 함께 엮인다. 가령 브램 스토커 Bram Stoker의 소설 『드라큘라 *Dracula*』(1897)를 '뉴 우먼 New Woman'의 견지에서 이해하려면, 우리는 반드시 이 책의 위치를 이 책이 처음 발간된 초판의 역사적 문맥에 두어야 한다. 이러한 문맥의 설정으로 말미암아 우리는 그 소설을 매우 독특한 방식으로 읽게 된다. 하지만 그 소설을 해석하기 위해 정신분석이나 페미니즘을 이용한다면, 소설을 이해하기 위한 문맥을 만들어내는 것은 바로 이 분석의 양식이다. 이와 같은 경우에는 『드라큘라』가 특수한 역사적 혹은 이론적 관점을 통해 제공되는 다른 텍스트와의 관계 속에서 설명되거나 의미화 된다. 달리 말해서, 분석의 문맥이 페미니즘이나 정신분석의 전제들이거나 혹은 그 책의 초판이 간행된 역사적 계기에 관한 전제들이라면, 그 소설은 매우 달리 보일 것이다. 이렇듯 문맥은 어떤 텍스트의 공동-텍스트들 co-texts(우리가 특정한 텍스트와 연결시키는 텍스트들)이면서 동시에 독자가 그 텍스트에 가져오는 상호-텍스트들 inter-texts(우리가 특정 텍스트를 제대로 이해하기 위해 그것을 중심으로 엮어가는 텍스트들)이다. 전자는 문제가 되는 텍스트의 외연이고, 후자는 그 텍스트를 새롭게 이해할 수 있도록 도와주는 것이다. 예를 들어, 마르크스의 『자본론』은 학생이 나에게 한 말의 의미를 완성시켜주는 공동-텍스트이지만, 한편 페미니즘은 『드라큘라』를 특수하게 이해할 수 있도록 해주는 하나의 틀로서 활용될 수 있는 상호-텍스트들 가운데서도 중심이다.

지금까지 내가 텍스트와 문맥에 관해 말한 것은 고작 텍스트는 고유한 의미를 갖지 않는다고 말한 것이 전부이다. 의미는 텍스트가 특수한 문맥을 통해 획득되는 것이다. 달리 말해서, 문맥과 독자의 영향을 받지 않는 '텍스트 그 자체'란 존재하지 않는다. 우리는 언제나 텍스트를 다른 텍스트들과의 관계 속에서 읽고 또 이해한다. 그러나 문맥은 의미의 변화에 따라 달라지므로 문맥은 다만 일시적으로 확정된 의미일 뿐이다. 우리는 하루에 '그것(it)'이라는 말을 여러 번 사용하지만 그 말이 가리키는 각각의 경우들은 다르다. 나에게 '그것은 어려운 책입니다'라고 말한 그 학생은 그녀가 말한 책이 레이먼드 윌리엄즈의 『마르크스주의와 문학 *Marxism and Literature*』 혹은 피에르 마슈레 Pierre Macherey의 『문학생산 이론 *Theory of Literary Production*』이었다고 말함으로써 '그것'의 의미를 바꿀 수 있었다. 각 경우마다 '그것'은 전혀 다른 것을 의미할 것이다. 예컨대 영국의 국기인 유니언 잭을 보라. 그것은 여러 문맥에서 전혀 다른 것을 의미한다. 식민지 전초기지 상공에서 펄럭일 때 그것은 제국주의 혹은 문명의 사명을 의미하며, 순직한 병사의 관 위에 있을 때는 명예와 용기 혹은 무의미한 희생을 의미한다. 모드 Mod와 포스트-모드 post-Mod 청년들, 그리고 브릿팝 BritPop을 지지하는 청년들이 걸치고 있으면 그것은 '쿨 브리타니아 cool Britannia'를 의미한다(모드는 깔끔하게 유행을 따른 복장을 하고 오토바이를 타고 다니던 1960년대 영국 청년들 집단을 가리키며, 브릿팝은 영국의 다양한 음악적 전통을 되살려 영국 그룹들이 연주하던 1990년대의 대중음악이다. 쿨 브리타니아는 보수당 장기집권의 종지부를 찍고 집권한 토니 블레어가 새로운 노동당, 새로운 영국을 부르짖으면서 내걸었던 구호 : 역주). 정치 집회에 전시되어 있으면 그것은 우익 정치를 의미하고, 올림픽 경기에서 메달을 획득한 영국 선수가 어깨에 걸치고 있으면 국가의 스포츠 성취를 의미한다. 다른 나라에서 불태우고 있으면 그것은 영국의 외교정책에 대한 반대를 의미한다. 국기의 의미는 언제나 문맥과 관련되어 있으며, 그것이 놓여 있는 문맥이 다르면 그것의 의미는 달라진다.

문맥을 설정하고 있는 텍스트는 의미를 설정하고 제한할 수 있다. 가령 텔레비전 시청은 가끔은 독서와 다르다. 우리는 페이지에 나오는 단어들에 집중하면서 조용히 독서를 하려고 하는 반면에 먹고, 마시고, 잡담하고, 아이들과 장난치고, 정리정돈하는 등 다양한 활동들은 텔레비전 시청과 동시에 이루어지는 경우가 허다하다. 이것이 곧 일반적으로 말하는 텔레비전 시청의 문맥이며, 만일 우리가 그것을 진지하게 받아들이지 않는다면 '텔레비전 시청'이 무슨 말인지 이해할 수 없을 것이다. 물론 우리는 문맥을 안정적으로 고정되어 있는 것으로 생각하지 않으며, 특정한 텍스트의 내포(內包)를 수동적으로 기다리지도 않는다. 문맥이 텍스트의 의미를 설정하고 제한하는 것과 마찬가지로 텍스트는 문맥의 의미를 설정하고 제한한다. 다시 말해서 그것은 능동적이고 상호적인 관계이다. 예를 들어, 페미니즘이 『드라큘라』라는 소설과 만남으로써 그 소설의 의미가 달라졌지만, 그 소설에 대한 연구는 페미니즘에 대한 인식을 변화시키고 있다. 이와 마찬가지로 『드라큘라』의 위치를 본래 그것이 출현한 역사적 계기에 둔다면 우리가 이 특정한 역사적 시기를 바라보는 방식이 달라진다. 그리고 텔레비전 시청은 우리가 먹고, 마시고, 잡담하고, 아이들과 장난하거나 정리정돈하는 방식을 변화시킨다.

문맥에 대한 이 짧은 논의의 결론은 이렇다. 우리는 사물을 문맥에 따라 이해한다. 또한 우리는 우리가 이해하는 양식에 따라 문맥을 만들어내고, 문맥은 우리가 특정한 텍스트에 대해 가지고 있는 내포의 결과로서 변화한다. 하나의 텍스트에서 가능한 문맥들은 거의 끝이 없다. 다음 장은 문맥의 분석에 대한 수많은 사례를 제공할 것이다.

더 읽어야 할 책들

Srorey, John(ed.), *Cultural Theory and Popular Culture : A Reader*, 4th edition, Harlow : Pearson Education, 2009. 이것은 이 책의 자매편이며, 2018년에 출판된 제5판은 내용적으로 더욱 보완된 것이다. 이 책과 자매지는 대화형 웹사이트(www.routledge.com/cw/storey)를 통해 뒷받침되고 있다. 이 웹사이트에는 학생들에게 도움이 될 만한 유용한 자료들이 실려 있다.

Agger, Ben, *Cultural Studies as Cultural Theory*, London : Falmer Press, 1992. 제목이 함축하고 있는 것처럼 이는 프랑크푸르트학파와 공감하는 관점에서 쓰여진 문화연구에 관한 책이다. 특히, '2장 중요한 과제로서의 대중문화'에서 대중문화에 대해 유용한 주석을 제공한다.

Allen, Robert C.(ed.), *Channels of Discourse, Reassembled*, London : Routledge, 1992. 이 모음집은 특히 텔레비전에 초점을 맞추고 있으나 일반적으로 흥미 있는 몇 편의 뛰어난 에세이를 포함하고 있다.

Bennett, Tony, Colin Mercer and Janet Woolacott(eds.), *Popular Culture and Social Relations*, Milton Keynes : Open University Press, 1986. 이론과 분석 양쪽을 모두 포괄하는 흥미 있는 에세이 모음집이다.

Brooker, Peter, *A Concise Glossary of Cultural Theory*, London : Edward Arnold, 1999. 문화이론의 중심개념들을 모은 훌륭한 용어사전이다.

Day, Gary(ed.), *Readings in Popular Culture*, London : Macmillan, 1990. 어떤 것은 흥미있고 유용하나, 어떤 것들은 대중문화를 어떻게 심각하게 받아들여야 하는지에 대한 확신을 갖지 못한 에세이들이다.

Du Gay, Paul, Stuart Hall, Linda Jane, Hugh Mackay and Keith Negus, *Doing Cultural Studies : The Story of the Sony Walkerman*, London : Sage, 1997. 문화연구의 주요 논쟁들 가운데 일부를 소개하고 있는 훌륭한 입문서이다.

Fiske, John, *Reading the Popular*, London : Unwin Hyman, 1989. 대중문화의 상이한 예들을 분석한 에세이 모음집.

Fiske, John, *Understanding Popular Culture*, London : Unwin Hyman, 1989. 대중문화 연구에 대한 자신의 독특한 접근방법을 명쾌하게 제시하고 있다.

Goodall, Peter, *High Culture, Popular Culture : The Long Debate*, St. Neonards : Allen & Unwin, 1995. 이 책은 고급문화와 대중문화 사이의 논쟁을 오스트렐리아인들의 경험에 따라 독특하지만 배타적인 태도를 취하지 않고 18세기부터 현재까지 추적하고 있다.

Milner, Andrew, *Contemporary Cultural Studies*, 2nd edn, London : UCL Press, 1994. 현대문화이론에 대한 유용한 입문 소개서이다.

Mukerji, Chandra and Michael Schudson(eds.), *Rethinking Popular Culture*, Berkeley : University of California Press, 1991. 해박하고 흥미 있는 서문이 담긴 에세이 모음집. 이 책은 대중문화에 대한 상이한 접근방식 — 역사적 · 인류학적 · 사회학적 · 문화적 접근방식 — 에 따라 유용하게 나뉘어 있다.

Naremore, James and Patrick Brantlinger, *Modernity and Mass Culture*, Bloomington & Indianapolis : Indiana University Press, 1991. 문화이론과 대중문화에 대한 유용하고 흥미 있는 에세이 모음집이다.

Storey, John, *Inventing Popular Culture*, Malden, MA : Blackwell, 2003. 대중문화 개념에 대한 역사적 설명.

Storey, John, *Culture and Power in Cultural Studies : The Politics of Signification*, Edinburgh: Edinburgh University Press, 2010. 이 책에 나오는 많은 내용들이 더 상세하게 논의되고 있다.

Storey, John, *The Making of English popular Culture*, Edinburgh: Routledge, 2016. 영국의 대중문화가 역사적으로 어떻게 전개되어 왔는지에 관한 에세이 모음집이다.

Strinati, Dominic, *A Introduction to Theories of Popular Culture*, London : Routledge, 1995. 대중문화이론들을 명쾌하고 이해하기 쉽게 소개하는 입문서이다.

Tolson, Andrew, *Mediations : Text and Discourse in Media Studies*, London : Edward Arnold, 1996. 대중 미디어문화에 대한 훌륭한 입문서이다.

Turner, Graeme, *British Cultural Studies*, 3rd edn, London : Routledge, 2003. 여전히 영국 문화연구에 대한 최상의 입문서이다.

Walton, David, *Introducing Cultural Studies : Learning Through Practice*, London : Sage, 2008. 문화연구에 대한 탁월한 입문서이다.

CULTURAL THEORY AND POPULAR CULTURE
AN INTRODUCTION

02

'문화와 문명'의 전통

02

The 'culture and civilization' tradition

'문화와 문명'의 전통

다수의 대중문화는 항상 소수 권력층의 관심거리였다. 정치권력을 쥔 자들은 항상 권력이 없는 자들의 문화를 정치적 불안의 '징후'로 보고(6장 참조), 보호와 간섭을 통해 끊임없이 조정하고 규제해야 한다고 생각했다. 그러나 19세기에 들어 이와 같은 관계에 근본적인 변화가 일어났다. 권력을 쥔 자들은 이 중요한 시기에 피지배층의 문화를 조절하는 수단을 상실하고 말았다. 그들이 통제 능력을 되찾기 시작했을 때는 관심의 초점이 사실상 처음으로 어떤 다른 것의 신호나 징후로서가 아닌 문화 그 자체가 되어 있었다. 1장 말미에서 언급했듯이 그 변화를 이해하기 위해 알아야 할 두 가지 요소는 바로 산업화와 도시화이다. 이 두 현상은 대중문화를 만드는 데 필요한 다른 변화들도 함께 가져왔으며, 이는 과거의 문화적 관계들과 단절되는 결정적 계기가 되었다.

19세기 초의 맨체스터를 새로운 산업-도시 문명의 예로 들어보면 몇 가지 확실한 사실이 드러난다. 첫째로 도시에 계급에 따라 사는 곳이 달라지는 명확한 주거분리가 이루어졌다. 둘째로 그 주거분리는 산업자본주의의 새로운 노동관계와 함께 일어났다. 셋째로 이러한 생활과 노동관계의 변화를 바탕으로 문화적 변화가 발생했다. 아주 단순하게 말하면, 맨체스터의 노동계급에게 어느 정도 지배계급의 직접적인 간섭에서 벗어나 독자적인 문화를 펼칠 공간이 주어졌던 것이다. 산업화와 도시화가 문화지도를 다시 그린 것이다. 권력층 문화와 함께 누리는 공유문화는 더 이상 존재할 수 없었다. 이제 역사상 처음으로 도시와 산업 중심지의 피지배층만이 갖는 별도의 문화가 등장했다.

이에는 두 가지 주된 원천이 있었다. 하나는 새로운 문화기업들이 영리를 위해 제공하는 문화이고, 다른 하나는 급진적인 예술가, 새로운 도시 노동계급, 중산층 개혁론자가 정치선동을 위해, 또 그러한 정치선동에 의해 만들어진 문화이다. 톰슨 E. P. Thompson의 『영국 노동계급의 생성 *The Making of the English Working Class*』(3장 참조)은 후자에 대해 잘 설명해주고 있다. 이렇듯 문화가 각기 다른 방향에서 전개・발전되다 보니, 문화의 융합과 사회 안정이라는 전통적 개념은 위태로워졌다. 이는 우선 문화적 융합을 상업적으로 해체하여 그 권위를 약화시키고, 또 모든 형태의 정치적・문화적 권위에 직접적인 도전이 가해졌다.

권력과 특권에 기반을 둔 사회질서가 유지될 수 있을지 걱정하는 사람에게는 이런 현상들이 고무적인 발전만은 아니었다. 도리어 발전이라는 것이 사회 권위의 약화나 사회질서의 불안정으로 여겨질 수도 있었던 것이다. 이는 벤자민 디즈레일리 Benjamin Disraeli(Disraeli, 1980)가 말한 바와 같이 소위 '두 국가'의 시작을 나타내는 징표였다. 그리고 그것은 마침내 새로운 도시 노동계급의 최초의 정치・문화적 운동 — 차티스트운동 Chartism — 의 모태가 되었다. 이러한 맥락과 그것이 미친 여파로 대중문화의 '정치학적' 연구가 처음으로 대두하게 된다.

매튜 아놀드

근대 대중문화의 연구는 매튜 아놀드 Matthew Arnold의 저술로부터 시작된다. 그가 대중문화에 대해 직접적으로 언급한 것이 거의 없는 사실에 비추어 볼 때 이는 놀라운 일이다. 아놀드를 중요시하는 것은 그가 하나의 전통, 즉 대중문화를 보는 독특한 관점을 새로 열었기 때문이다. 다시 말해서 그가 일반적인 문화영역 안에 대중문화의 위치를 규정하는 독특한 방법을 처음 시작한 것이다. 그 전통은 이후 '문화와 문명'의 전통으로 불리게 되었다. 내가 보기에 대중문화에 대한 아놀드의 기여는 대개 『문화와 무정부상태 *Culture and Anarchy*』(1867~1869)에 나타나 있다. 그리고 문화비평가로서 그의 명성을 지켜주고 있는 것도 바로 이 책이다.

그는 1860년대부터 1950년대까지의 논쟁에서 확고한 우위를 지켜 온 문화적 명제를 확립했다. 그러므로 그의 중요성은 경험적 연구업적에 있다기보다는 대중문화에 대한 그의 일반적 관점 — 아놀드적 관점 — 의 깊은 영향에 있다고 볼 수 있다.

아놀드(1960)에게 있어서 문화는 두 가지 의미로부터 시작한다. 우선 가장 큰 의미로서 문화는 지식체계이다. 아놀드의 유명한 표현에 따르면 이는 "인간의 생각과 표현의 정수(精髓)"(6)를 말한다. 두 번째로 문화는 "이성과 신의 의지가 널리 퍼지도록 하는 것"(42)이다. 여기서 말하는 문화의 '빛과 신선함'은 "도덕적·사회적 이득을 주는 문화 자체의 특성을 잘 보여주고 있다"(46). 말하자면 "문화는 완벽에 대한 연구이며 …… 이 완벽은 어떤 것을 가진다는 의미보다는 어떤 것이 되어가는 것을 뜻하며, 일련의 외적 상황에서 드러나는 것이 아니라 정신과 영혼의 내면에서 이루어지는 것이다"(48). 다시 말해서 문화는 최선을 알기 위한 노력이며 또한 모든 인류를 위해 그런 지식이 널리 알려지도록 하는 노력이다.

그러면 문화는 어떻게 얻어지는 것인가? 아놀드에 의하면 '읽고, 관찰하고, 생각함으로써', '알 수 있는 최선의 것을 알려는 열망으로 활기차게 객관적으로 읽고, 사색하고, 관찰함으로써' 얻을 수 있다(179). 그러므로 문화는 더 이상 두 가지 의미가 아닌 세 번째 의미까지 갖게 된다. 문화는 이제 '인간의 생각과 표현의 정수'를 알기 위한 수단인 동시에 지식체계이며 그 지식을 '정신과 영혼의 내적 상태'(31)에 적용시킨 것이다.

그러나 염두에 두어야 할 네 번째 측면이 또 있다. 아놀드는 문화가 "우리 시대의 병든 영혼을 보살피기"를 기대한다고 말한다. 이는 문화의 세 번째 측면의 한 예로 보일 수도 있다. 그러나 곧바로 우리는 문화가 "어떤 특정한 질병을 제거하기 위한 실제의 수술로서보다는 우리 친구나 동료들이 문화를 추구하도록 만드는 데"(163~164) 더 큰 역할을 한다는 것을 알게 된다. 이것이 아놀드의 네 번째이자 마지막 정의이다. 즉, 문화는 문화를 찾는 것이며, 아놀드에 의하면 '고상한 무위 cultivated inaction'(163)를 추구하는 것이다. 그러므로 아놀드에게 있어서 문화는 (1) 최선의 것이 무엇인지 알 수 있는 능력이며, (2) 최선 그 자체이고, (3) 최선의 것을 정신과 영혼에 적용하는 것이며, 또한 (4) 그 최선을 추구하는 것이다.

대중문화는 사실상 정의되지 않았다. 그러나 아놀드의 글을 읽으면 '무정부상태'가 부분적으로 대중문화와 동의어로 쓰인다는 것이 명확해진다. 특히, 무정부상태/대중문화는 노동계급에서 만들어지는 문화의 분열적·파괴적 성격에 대한 아놀드의 개념화를 지칭하는 말이다. 이는 아놀드가 1867년 도시 남성 노동계급이 정식으로 정치에 진입하는 과정에서 으레 따르기 마련이었다고 믿고 있는 그 정치적 위험을 말한다. 결국 그 요지는 무정부상태나 문화가 극히 정치적인 개념이라는 것이다. 문화의 사회적 기능은 이러한 파괴적, 분열적 존재 — '거칠고 세련되지 않은 …… 대중'(176), '거칠고 무자비한 대중들'(176), '프랑스인들만큼이나 거칠고 세련되지 못한 …… 우리의 대중들'(76), '이 엄청나게 많고, 비참하고 다루기 힘든 천민들의 군중'(193) — 를 계도하는 것이다. 문제는 노동계급이 누리는 문화, 즉 "자신의 개인적 자유를 조금씩이나마 주장하며, 가고 싶은 데 가고, 어디서나 모이며, 아무데서나 소리 지르는 거친 행태들(the rough : 즉, 노동계급의 정치적 항의)"(80~81)이다. 다시 말해서,

> 노동자계급은 거칠고 덜 발달된 …… 가난과 지저분함 속에서 오랫동안 반쯤 잠겨 있다가 …… 이제 그 숨은 곳에서 나와 자신이 원하는 대로 할 수 있다는 영국인의 천부 인권을 주장하며 원하는 곳으로 행진하고, 집결하고, 멋대로 소리 지르고, 부수며 우리를 당황하게 만들기 시작한다(105).

이 모든 것의 내용은 1866~1867년에 걸쳐 일어난 참정권에 관한 것이다. "우

리를 당황하게 만든다"는 아놀드의 말은 그의 논의가 계급적 성격을 띠고 있음을 보여준다. 사회를 바바리아인 Barbarian(귀족층), 필리스틴 Philstine(중산층)과 서민 Populace(노동계급)으로 나눈 아놀드의 구분은 일견 이 논의의 계급적 성격을 완화시키는 것처럼 보이기도 한다. 이는 "계급을 나누는 온갖 구분에도 불구하고, 인간 본성의 기반은 같다"(같은 곳)는 그의 주장으로도 뒷받침된다. 그러나 아놀드가 공통된 기반이라고 한 것이 무엇인지 알게 되면 우리의 결론은 달라진다. 아놀드는 진화의 한쪽 끝에 인류가 다른 한쪽에 유인원과 다를 바 없는 인류의 조상이 있다고 가정하고, 마치 귀족들과 중산층이 노동계급보다 훨씬 더 진화한 것이라고 말하는 듯이 보인다. 이는 그가 인간성의 공통 기반의 예로 든 것에서 더욱 뚜렷하게 나타난다. 그는 이렇게 말한다.

> 무지와 열정으로 격렬한 주장을 외칠 때, 순전히 폭력으로 상대방을 깨부수고자 할 때, 남들을 부러워할 때, 잔인할 때, 단지 권력이나 성공만을 동경할 때, 어떤 인기 없는 인물에게 무의미한 공격을 퍼붓기 위해 자신의 목소리를 더 높일 때, 패배한 자들을 잔인하게 짓밟을 때, (우리는) 자신의 가슴 속에서 영원한 서민의 정신을 발견하게 된다(107).

아놀드에 의하면 이러한 '영원한 정신'이 바바리아인이나 필리스틴 모두를 이기기 위해서는 '상황'의 도움만이 필요할 뿐이다. 그러므로 이 시나리오에서 문화는 두 가지 기능을 갖는다. 우선 귀족층과 중산층을 그런 상황에서 조심스럽게 이끌어내야 하고, 둘째로 앞서 말한 서민의 심성을 가진 노동계급에게는 "우리를 위협하는 것처럼 보이는 무정부상태의 경향과는 반대되는 …… 그리고 꼭 필요한 권위 …… 의 원칙"(82)을 제공해주어야 한다. 이 권위의 원칙은 중앙 집권화가 강력히 이루어진 국가에서 찾을 수 있다.

그러한 '무정부상태'에 대해 문화는 국가를 제시한다. 즉, "우리는 권위를 필요로 하며 …… 문화는 국가의 이상을 제시한다"(96)는 것이다. 국가를 필요하게 만드는 요인은 두 가지이다.

첫째는 권위의 중심 역할을 하던 귀족층의 쇠퇴이며, 둘째는 민주주의의 출현이다. 이것들은 함께 무정부상태에 적합한 토양을 만들었다. 해결책은 문화와 강제의 정치를 혼합함으로써 그 토양을 제거하는 것이다. 아놀드가 말하는 문화가 있는 국가는 중산층이 이 기능을 충분히 발휘할 만큼 문화가 성숙할 때까지 노동계급의 사회적·경제적·문화적 욕구를 조절하고 통제하는 기능을 수행한다. 국가는 두 가지 방식으로 작용할 것이다. 하나는 더 이상 하이드파크에서 데모가 일어나지 않도록 억제하는 것이고, 다른 하나는 문화의 '아름다움과 빛'을 스며들게 하는 것이다.

아놀드는 왜 이렇게 생각했을까? 그 해답은 19세기에 일어난 역사적 변화와 깊은 관련이 있다. 그가 "우리를 현재의 난관에서 구해낼 수 있는 것"(6)은 문화라고 보았을 때 염두에 둔 것은 이런 역사적 변화였다. '현재의 난관'은 두 가지 맥락을 갖고 있다. 한편으로는 도시 남성 노동계급에 투표권을 줌으로써 일어난 직접적인 '문제'이고, 다른 한편으로는 최소한 17세기부터 일어난 역사적 과정을 인정하는 일이었다. 아놀드는 그 투표권이 아직 권력에 대해 교육받지 못한 자들에게 권력을 부여했다고 믿었다. '종속과 복종이라는 강한 봉건적 습관'(76)을 잃은 노동계급은 매우 위험하며, 노동계급에게 종속과 복종의 감각을 되살려주는 것이 교육의 기능이다. 간단히 말하면 교육이 노동계급의 노동조합, 정치선동, 노동계급 문화의 유혹 등을 물리칠 수 있을 '문화'를 가져다준다는 것이다. 더 짧게 말하면 '문화'는 대중문화를 제거하는 것이다.

그의 저서 『문화와 무정부상태』는 "교육이 문화를 향한 지름길"(209)임을 시사한다. 그러므로 그의 교육관에 대해 간단히 살펴보는 것도 의미 있는 일이다. 아놀드는 노동계급이나 중산층, 귀족층의 어린이들이 문화를 향해 같은 길을 걷는다고는 생각하지 않았다. 귀족층에게 교육이란 귀족층의 쇠퇴를 받아들이게 하고, 그 계급 자체가 역사 속으로 사라지게끔 만들기 위한 것이다. 노동계급에게 교육은 종속과 복종, 착취에 익숙하도록 만드는 것이다. 아놀드는 노동계급의 학교(초등학교)들을 노동계급의 야만적인 암흑의 대륙 속에 존재하는 문명의 교두보 정도로밖에 보지 않았으며, "그 학교들은 그것들이 위치한 곳의 이웃사람들을 문명화시킨다"(1973: 39)고 보았다. 1862년 그의 어머니에게 쓴 편지에서 그는 "국가는 교육기관으로서의 초등학교보다는 문명화시키는 기관으로서의 초등학교에 관심을 갖고 있다"(1896: 187)고 했다. 이를 행하는 것이 문화의 소임이었다. 중산층에게 교육은 전혀 다른 것이었다. 교육의 핵심기능이 중산층 어린이들에게 자신의 것이 될 권력에 대한 준비를 시키는 일이다. 그리고 교육의 목적은 "편협하고 무뚝뚝하며 매력 없는 중산층을 세련되고 관대하며 고상하게 탈바꿈한 중산층으로 바꿔, 결국 (노동계급의) 간절한 소망의 대상이 되도록"(1954: 343) 하는 것이다.

아놀드(1960)는 그의 다양한 제안을 웰링턴 공작의 말을 빌려 "법적 절차를 밟은 혁명"(97)이라 불렀다. 결국 이것이 뜻하는 바는 위로부터의 혁명이며, 아래로부터 혁명을 방지하기 위한 혁명이다. 이는 주어진 개혁이 언제나 빼앗은 개혁 또는 강요되거나 획득된 개혁보다 낫다는 원칙을 적용한 것이다. 일반적인 요구들은 관철되지만 더 이상의 요구들에 대한 열망을 약화시키는 방법으로서만 이루어진다. 물론 아놀드가 더 나은 사회, 즉 덜 지저분하고, 덜 가난하고, 덜 무지한 …… 사회를 원치 않았다는 것이 아니라, 그가 상상할 수 있는 더 나은 사회란 새로운 도시 중산층이 '지배하는' 더 나은 부르주아 사회밖에 없었다는 것이다(4장 참조).

지금까지 이야기한 내용의 대부분은 대중문화에 대한 최초의 위대한 이론가가 사실상 대중문화에 관해서는 그것이 심오한 정치적 무질서의 징후라는 사실 외에는 얘기한 것이 거의 없다는 것을 돌려서 말한 것이다. 아놀드의 주된 관심사는 문화연구가 아니라 문화적 복종과 종속을 통해 획득된 사회질서와 권위이다. 노동계급의 문화는 사회적·문화적 무질서와 쇠퇴, 즉 사회적 및 문화적 권위가 붕괴한 증거로서만 의미가 있을 뿐이다. 노동계급 문화가 존재한다는 사실 자체가 쇠퇴와 무질서의 충분한 증거가 된다. 노동계급의 '무정부상태'는 잘 조화된 문화의 영향들, 즉 '인간의 생각과 표현의 정수'에 의해 억제되어야 한다.

아놀드의 사상 가운데 상당 부분은 산업주의에 대한 낭만주의적 비판에서 유래한다(Williams, 1963 참조). 특히, 관계가 있는 것으로 보이는 작가는 사무엘 테일러 콜러릿지 Samuel Taylor Coleridge(1972)이다. 콜러릿지는 문명(civilisation : 더 이상 퇴폐적인 영향을 미치지 않는 한, 복합적인 선)과 교화(cultivation : 인간성을 특징짓는 특질과 기능의 조화로운 발달)를 구분하였다(33). 간단히 말해서 문명은 한 전체로서 국가이고, 교화는 적은 소수, 그 자신의 말에 의하면 '지식인 계층'의 소유이다. 문명의 발달을 이끄는 것은 교화된 지식인 계층의 기능이다.

> 완전한 질서의 목적과 의도는 이런 것이다. 즉, 과거 문명의 창고와 보물을 보존하고, 그럼으로써 과거와 현재를 연결하는 것, 나아가 이를 완성시키고 첨가하여 현재를 미래와 연결하는 것, 그러나 무엇보다도 가장 중요한 것은 법과 권리를 부여받은 모든 구성원들에게 이러한 권리의 이해와 그에 상응하는 의무 수행을 위해 필수적인 양적, 질적 지식을 전 공동체에 퍼뜨리는 것이다(34).

아놀드는 콜러릿지의 사상을 토대로 삼았다. 식자계층 대신에 그는 '외부인 aliens' 또는 '나머지 사람 the remnant'이라는 표현을 사용한다. 그러나 그 목적은 본질적으로 같다. 이를테면 군중사회의 통제하기 어려운 힘들을 규제하기 위해서는 문화를 동원해야 한다는 것이다. 아놀드에 의하면 역사는 항상 '기반이 약한 대다수의 도덕적 실패'(1954: 640)로 인해 사회가 파괴되었다는 사실을 보여준다. 역사를 이렇게 이해한다면 — 대중문화는 제쳐두고서라도 — 민주주의에 대한 확신이 있을 리 없다. 아놀드의 관점은 이상한 역설에 기반을 두고 있다. '인간의 생각과 표현의 정수'를 알고 있어도 대다수가 허약하고 항상 불건전한 상태라면 문화인들은 누구를 위해 그 보물들을 지켜오고 있는가? 이에 대한 피할 수 없는 대답은 아마도 자신들, 즉 자신 속에 안주하는 문화적 엘리트층을 위해서일 것이다. 엘리트층을 제외한 나머지 우리들에게 요구되는 것은 고작 문화의 차이를 인정하고 문화적 종속을 받아들이라는 것뿐이다. 이 점에 대해 아놀드의 입장은 명확하다.

> 인류의 대부분은 사물들의 실상을 보려는 열정적인 욕구를 결코 갖지 않으며, 언제나 아주 불충분한 생각들이 그들을 만족시키게 된다. 일반적인 세상사는 이런 불충분한 생각에 의지하며, 또 의지할 수밖에 없다. 그러므로 누구든지 사물의 실상을 보는 사람은 자신이 매우 작은 집단 안에 있다는 것을 발견하게 될 것이지만, 결국은 그 작은 집단의 사람들이 결연한 의지로 소임을 다해야만 올바른 생각들이 존재하게 되는 것이다(364~365).

또한

> 대충 교육받은 다수가 아닌, 수준 높은 교육을 받은 소수가 항상 인류의 지식과 진실의 기관 구실을 해왔다. 말의 뜻을 충분히 새겨보면 지식과 진실은 결코 인류의 대다수가 획득할 수 있는 것이 아니다(Arnold, 1960~1977: 591).

이것들은 매우 의미심장한 말들이다. 인류의 대다수가 항상 불충분한 생각만으로도 만족하고 진실과 지식을 획득할 능력이 없다면, 그 작은 집단은 누구를 위해 활동하는가? 그리고 그들이 만드는 올바른 생각들은 누구를 위해 존재하는가? 다른 엘리트 집단일까? 아놀드의 작은 집단은 자신 속에 안주하는 지적 엘리트일 뿐이다. 이들이 현실정치에 관여하지 않거나 인류의 대다수에 대해 영향을 끼치지 않게 된다면, 아놀드의 연구에 나타나는 위대한 휴머니즘적 주장들은 모두 무슨 소용이 있는가? 아놀드는 마치 자신이 만든 엘리트주의의 덫에 걸린 것처럼 보인다.

또 노동계급은 "맥주와 진(gin)과 놀이"(1954: 591)에 허우적대며 탐닉하도록 운명지워진 것처럼 보인다. 그러나 아놀드는 정치를 기존 권위의 안전한 손에 내맡길 만큼 현실정치를 거부하지는 않는다. 그러므로 그가 거부하는 정치는 항의의 정치, 즉 반대의 정치뿐이다. 이는 지배질서에 대한 매우 고루한 방어이다. 이럼에도 불구하고, 또는 아마 이것 때문에, 그의 영향은 너무나 엄청나서 아놀드적 관점은 1950년대 말까지 거의 이 분야의 대중문화와 문화정치에 대한 사고방식을 말 그대로 지도해 왔다.

리비스주의

> 매튜 아놀드에게는 어쩌면 덜 어려운 일이었다. 나는 훨씬 더 곤경에 처해 있는 오늘날의 문화를 생각한다(Leavis, 2009: 12).

리비스 F. R. Leavis에게 끼친 아놀드의 영향은 자명하다. 리비스는 아놀드의 문화정치학을 도입하여 1930년대의 이른바 '문화적 위기'에 적용하였다. 리비스와 리비스주의자들에게 20세기는 문화의 쇠퇴가 점차 뚜렷해지는 시기이다. 아놀드가 19세기의 특징으로 규정했던 것이 20세기에도 계속되고 더욱 누적된 것이다. 그것이 다름 아닌 문화의 '평준화 내지 하향화'(Leavis and Thompson, 1977: 3)이며, 그 결과 "시민들은 이를 추방하고 저항하도록 훈련받는 처지가 되고 말았다"(5).

리비스의 연구는 40여 년에 걸쳐 이루어졌다. 그러나 대중문화에 대한 그의 태도는 1930년대 초 세 권의 저서 —『대량문명과 소수문화 *Mass Civilisation and Minority Culture*』,『소설과 독자 *Fiction and the Reading Public*』(Q. D. 리비스와 공저),『문화와 환경 *Culture and Environment*』(데니 톰슨 Denys Thompson과 공저) — 의 출간과 더불어 형성되었다. 이 세 권의 책들은 대중문화에 대한 리비스주의적 태도의 기반이 된다.

리비스주의는 "문화를 지켜 온 사람들은 언제나 소수였다"(Leavis and Thompson, 1977: 3)는 논거에 뿌리를 두고 있다.

> 소수만이 과거에 있었던 최선의 인간 경험을 이용할 수 있는 능력을 갖고 있으며, 바로 그들이 전통의 가장 미약하고 여린 부분을 살려서 유지한다. 그들에게

> 한 시대를 사는 참된 삶의 질서를 세우는 무언의 기준이 달려 있다. 즉, 이것이 저것보다 가치 있다 혹은 이쪽보다는 저쪽으로 가야 한다 혹은 저기보다는 여기에 중심을 두어야 한다는 감각에 달려 있는 것이다(5).

변천해 온 것은 저 소수의 위상이다. 문화적 권위가 도전받지 않거나 문화적 복종을 요구하는 것은 이제 더 이상 불가능하다. Q. D. 리비스(1978)는 이 상황을 "여태껏 아무런 심각한 도전도 받지 않고 취향의 기준을 정해 왔던 소수계층"이 '권위의 붕괴'(185, 187)를 경험한 것이라고 했다. 아놀드가 '종속과 복종이라는 강한 봉건적 습관'(앞 절 참조)의 추이를 유감스럽게 여겼던 것처럼, Q. D. 리비스는 군중이 '권위에 대해 확실한 동의'(191)를 표했던 시절을 동경하고 있다.[1)]그녀는 에드문트 고쓰 Edmund Gosse의 말을 빌려 상황의 심각함을 다음과 같이 일깨우고 있다.

> 민주주의적 정서가 퍼져나갈 때부터 내가 오랫동안 예기해 왔던 위험은 문학적 취향의 전통에 대한 것으로, 문학의 규범이 대중투표의 결과에 따라 뒤집어지는 것이었다. 오늘날까지 세계 어느 곳에서나 대부분의 독자층을 형성해 온, 교육받지 못한 또는 반쯤 교육받은 군중들은 비록 자신들이 고전을 감상할 수는 없지만 최소한 그 고전들의 전통적 우월성을 인정하는 데 만족해 왔다. 최근에 특히 미국에서 나는 우리의 위대한 문인들에 대한 대중의 반역이 일어나고 있는 갖가지 모습들을 목격했다. …… 만약 문학이 국민투표로 평가되고 서민들 또한 그 힘을 인정한다면, 그들은 점차 자신들에게 더 이상 아무런 즐거움도 주지 않고 이해할 수도 없는 작품에 대한 명성을 지지하려 들지 않게 될 것이다. 취향에 대한 혁명이 일단 시작만 된다면, 우리는 돌이킬 수 없는 혼란에 빠질 것이다(190).

1) 존 닥커(John Docker, 1994)는 그녀를 "낯설고 잘 모르는 사람들의 야만적인 방식들을 혐오스럽게 바라보는 옛날식 식민주의적 민속지학자"(25)라고 말한다.

F. R. 리비스에 따르면 고쓰가 우려하던 일이 실제로 일어나고 말았다.

> 문화를 지켜 온 사람들은 언제나 소수였다. 그러나 그 소수가 지금은 적절치 않을 뿐만 아니라 오히려 적대적이기까지 한 환경에 둘러싸여 있음을 깨닫고 있다. …… '문명'과 '문화'는 이제 상반되는 용어로 변하고 있다. 단순히 권위의 힘과 의미가 문화에서 떨어져나가는 것에 그치는 것이 아니라, 문명에 대한 냉담한 갈망이 의식적이든 무의식적이든 문화에 해를 끼칠 가능성이 있는 것이다(1977: 26).

대량문명 mass civilization과 대량문화는 전도된 모습을 띠면서 "우리를 돌이킬 수 없는 혼란으로 이끌" 것처럼 위협하고 있다. 이 위협에 대해 리비스주의는 "(대량문화에 대한) 대항능력을 학교에서 훈련시키도록"(Leavis, 1933: 188~189) 선언하고 또 학교 밖에서는 "의식적이고도 직접적인 노력이 진작되어서 잘 무장되고 활동적인 소수가 저항의 자세를 갖춰야 한다"(Q. D. Leavis, 1978: 270)고 주장하였다. 문화 및 정치 문제에 있어서 민주주의의 위협은 리비스주의자들에게는 끔찍한 일이었다. 게다가 Q. D. 리비스는 "권력을 쥔 자들은 더 이상 지적 권위와 문화를 대표하지 못한다"(191)고 주장하였다. 아놀드와 마찬가지로 그녀는 전통적 권위의 붕괴가 대중 민주주의의 발흥과 동시에 일어난 것으로 보았다. 이 두 현상이 문화화된 소수 the cultured minority를 압박하고 '무정부상태'에 적합한 토양을 만들어주었다.

리비스주의는 대량문화의 몇 가지 핵심적인 면들을 따로 상세하게 논의하고 있다. 예를 들어, 대중소설은 '보상'과 '오락'의 중독된 형태를 제공한다는 이유로 비난을 받고 있다.

> 이런 보상의 형태는 …… 현실을 직시하는 것을 습관적으로 거부하고 아예 나약한 도피를 조장함으로써, 독자에게 삶의 집착을 강화시키고 새롭게 하기보다는

더욱 부적절하게 만드는 경향이 있다는 점에서 기운 나는 휴양이나 오락 recreation 과는 정반대의 의미를 지닌다(Leavis and Thompson, 1977: 100).

Q. D. 리비스(1978)는 이러한 독서를 '소설에 대한 약물중독'(152)이라고 했다. 그리고 연애소설의 독자들에게 저런 독서는 "환상을 꿈꾸는 습관을 키워 결국 실생활에의 부적응"(54)을 초래할 것이다. 이런 자학도 문제지만, 더 나쁜 것은 이런 탐닉이 "소수의 열망에 적합하지 않은 사회환경을 만드는 데 일조한다는 점이다. 이는 사실상 진실한 감정과 책임감 있는 사고에 걸림돌이 된다"(74).

대중소설에 빠지지 않는 사람들에게는 또한 영화라는 위험이 도사리고 있다. 영화의 치솟는 인기는 이를 매우 위험한 오락수단으로 만들고 있다. 다시 말해서 "영화는 최면술적 수용상태에서 가장 값싼 감정적 호소에 빠지게 하는가 하면, 그것도 무서울 정도로 실생활에 가까운 사실적인 환상으로 호소한다는 점에서 한층 더 교활한 성격을 띤다"(Leavis, 2009: 14). Q. D. 리비스(1978)에게 있어서 할리우드 영화들은 "자위행위와 다름없다"(165). 비록 대중용 신문은 "대중의 마음에 가장 강력하게 침투하는 비교육적 매체"(Leavis and Thompson, 1977: 138)라고 말하고, 라디오는 비판적인 생각 자체를 말살시키는 것(Leavis, 2009)이라고 주장하지만, 무엇보다도 리비스주의가 가장 격렬하게 비난하는 것은 광고인데, 그것은 광고의 '끈질기고도 침투성이 강한, 자위행위와도 같은 속임수'(Leavis and Thompson, 1977: 139) 때문이다.

광고와 그리고 광고가 소비되는 방식은 리비스주의에서 문화 쇠퇴의 가장 중요한 징후로 꼽힌다. 그 이유를 알기 위해서는 언어에 대한 리비스주의의 태도를 이해해야만 한다. 『문화와 환경』에서 리비스와 톰슨은 이렇게 말한다. 즉, "언어를 배우는 사람에게 반드시 납득시켜야 할 것은 이와 같은 언어의 질적 저하는 단지 단어만의 문제로 끝나는 것이 아니라 정서적인 삶은 물론 삶의 질을 떨어뜨린다는 사실이다"(1977: 4). 그러므로 광고는 언어의 저질화에 대한 비난뿐만 아니라 전체 언어공동체의 정서생활을 떨어뜨린다는, 다시 말해 '삶의 기준'을 격하시킨다는 비난까지 받아야 한다. 그들은 여러 가지 분석의 사례들(대개 F. R. 리비스 자신이 기록한 것)을 제공하고 있다. 그들의 문제의식은 리비스주의의 일반적 태도를 명확히 보여준다. 전형적인 예로 투 콰커스 Two Quackers 잎담배 선전을 들 수 있다.

독특한 맛의 담배

"그렇군, 정말 내가 피워본 것 중 최고군. 하지만 엄청 비싸잖아." "몇 푼 더 비싼 게 무슨 상관인가? 어쨌든, 그만큼 제값을 하는 게지. 깨끗하고 천천히 타들어가고, 또 전형적인 맛에다가 이상한 모양이야. 최신기술이라네. 이봐, 실험을 했다더군." "아, 잔말 그만하고, 다시 채워주게. 자네 꼭 광고처럼 얘기하는군 ……" 잠시 후 평온과 투 콰커스 파이프만 남는다.

그는 그 후 5, 6학년 학생들에게 다음과 같은 질문을 하도록 했다.

1) 등장인물의 유형을 묘사하시오.
2) 당신이 그에게 어떤 느낌을 갖도록 되어 있습니까?
3) 우리에 대한 그의 태도는 어떤 것 같습니까? 군중이 흥분한 상황에서는 그는 어떻게 행동할 것 같습니까?(16~17)

이 질문에서 주목할 만한 점은 두 가지이다. 첫째는 이 광고와 소위 군중심리 사이의 연관성이다. 이는 문화를 연구하는 사람들에게조차 특이한 질문이다. 둘째로, 배타적인 '우리'라는 대명사가 어떻게 교육을 받은 소수 엘리트층을 지칭하려는지 주목하자. 다른 질문들도 같은 방식으로 이루어진다. 몇 가지 예를 들어보자.

이 문구에 만족할 만한 독자의 종류를 묘사하고, 만족시키는 이유를 말하시오. 마지막 문장과 같은 호소에 반응하는 자는 어떤 부류의 인물로 여겨지는가? 그들이 셰익스피어 작품에 대해 알고 있을 가능성과 그것을 감상할 만한 능력이 어느 정도 있을 것으로 보이는가?(40)

학생들은 '사원 shrine'을 방문하는 사람들에 대한 자신들의 관찰을 되새겨보도록 요구받을 수 있다(51).

'그레샴 법칙 Gresham Law'(악화가 양화를 구축한다는 경제법칙)의 관점에 따를 때, 영화가 일반적인 취향이나 정신상태에 어떤 영향을 끼칠 것으로 생각되는가?(114)

여기서 의미하는 기준들은 어떤 것인가? 그가 읽는 '문학'의 질과 독서는 어떤 것으로 생각되는가?(119)

왜 우리는 이런 표현을 쓰는 사람의 정신을 꺼림칙하게 생각하는가?(121)

(영화를 '질을 떨어뜨리고, 왜곡시키는, 싸구려로' 묘사한 후) 여기서 제시된 것처럼 영화의 교육적 가치에 대해 논의를 진행시켜 보시오(144).

어떻게 이런 질문들이 '안목과 저항'을 고조시키기보다는 도리어 심각하게 심신을 약화시키는 자기 확증적인 속물주의만을 자초할 뿐인지 알아내기는 어렵다.

현재의 '돌이킬 수 없는 혼돈'으로부터 벗어나는 일시적 출구로서 리비스주의는 문화의 황금시대를 간절한 마음으로 되돌아보는데, 이는 전원 속의 신화적인 과거, 즉 상업적 이해관계로 오염되지 않은 문화를 함께 누리고 있었던 시기였다. 셰익스피어의 극장이 있었던 엘리자베스여왕 시대는 19, 20세기의 문화적인 분열 이전에 존재했던 문화적 통합의 시기들 중 하나로 자주 인용된다. F. R. 리비스(1933)가 보기에 셰익스피어가 살았던 사회는 "순수한 국민적 문화, 즉 교양 있는 이들과 서민들에게 동시에 호소력을 줄 수 있는 연극이 가능했던 사회였다"(216). Q. D. 리비스(1978)는 『픽션과 독자』에서 이 예상되는 쇠퇴를 도표화하였다. 서민층과 교양 있는 계층의 유기적 관계에 대한 그녀 자신의 발언도 매우 의미심장하다. "군중은 그들의 즐거움을 위로부터 전해 받았다. …… 그들은 자신들보다 나은 자들과 같은 즐거움을 받아들여야 했다. …… 다행히도 그들은 선택하지 않았다"(85). Q. D. 리비스에 의하면,

> 엘리자베스 시대의 관객들은 위대한 비극에 나타나는 '사상'을 자세하게 이해할 수는 없었을지언정, 그러한 문장구절들을 만들어낸 정신과 감수성으로부터, 즉 자신과 같은 계층이 아닌 예술가로부터 즐거움을 얻었다. 교양 있는 계층과 보통사람의 생활 사이에 …… 오늘날과 같은 완전한 분리는 없었다(264).

과거 황금시대에 대한 그들의 설명에서 흥미로운 것은 거기에 그들이 꿈꾸는 미래가 나타나 있다는 점이다. 황금시대는 비단 문화적 통합으로서 특징지어졌을 뿐만 아니라 리비스주의자들에게 이 문화적 통합은 다행스럽게도 권위와 위계질서에 기반을 둔 것이었다. 이는 한편으로 지적 자극을 주고 다른 한편으로는 감정적 즐거움을 주는 공유문화였다. 그것은 누구나 살아가면서 자신의 위치를 알았고, 또 머물 곳을 알았던 신화적인 세계였다.

F. R. 리비스(1984)는 "17세기에는 민중들의 진실된 문화 …… 풍요로운 전통문화 …… 지금은 사라져버린 바람직한 문화 …… 가 존재했다"(188~189)는 입장을 고수한다. 리비스주의자들에 의하면 그 문화의 대부분은 산업혁명으로 인한 제반 변화들과 함께 파괴되어버렸다. 그러나 살아남은 유기적 공동체의 마지막 모습을 19세기 영국의 전원공동체에서 찾을 수 있었다. F. R. 리비스는 조지 버언 George Bourne의 작품 『마을의 변화 *Changes in the Village*』와 『수레목수의 가게 *The Wheelwright's Shop*』를 그 증거로 들었다.[2)]『문화와 환경』 서두에서 F. R. 리비스와

2) F. R. 리비스가 그가 설명하려고 했던 과거에 대한 이상화된 설명을 우리에게 제시하고 있는 것은 아니다. 사실상 그는 버언의 시골생활에 대한 비판은 언급하지도 않고 버언의 설명을 이상화하고 있다.

톰슨(1977)은 우리가 잃은 것이 무엇인지를 이렇게 환기시키고 있다.

> 우리가 잃은 것은 유기적 공동체와 그것이 구현한 살아 있는 문화이다. 민속음악, 민속춤, 오두막집과 수공예 제품들은 더 나은 것을 표현한 것이며, 이것은 자연적 환경과 한 해의 리듬에 맞춰 기억할 수 없을 때부터의 경험에서 자라난 삶의 예술이자, 상호관계의 약호, 서로 반응에 적절히 맞추어가는 적응, 사회적 예술을 포함하는 질서 있고 정돈된 삶의 방식이다(1~2).

노동의 질도 유기적 공동체의 상실과 함께 떨어졌다. 이러한 상실의 신호로 여가의 필요성이 나타났다. 과거의 노동자들은 노동하면서 살았으나 현재의 노동자들은 노동을 벗어나기 위해 일을 한다. 그러나 산업화로 노동의 질이 너무 떨어져 사실 노동자들은 오히려 "노동 때문에 무능하게 될"(69) 지경이 되고 말았다. 그러므로 이제 여가는 '재(再)창조'가 아니라 '비(非)창조'이다. 이런 상황에서 사람들이 보상과 수동적 위안을 위해 대량문화로 관심을 돌리는 것은 놀라운 일이 아니며, 마약과 같은 대량문화에 몰두하다 마침내 '대리인생'에 탐닉하는 상습 복용자들이 되고 만다. 전원적 리듬의 세계는 '교외 거주'(99)의 평범하고 단조로운 일상으로 바뀌었다. 유기적 문화에서는 늘 접하던 일상문화가 개인의 건강에 지속적인 기반이 되었던 반면에, 대량문명에서는 개개인이 일상문화의 해로운 영향을 피하기 위해 항상 의식적이고도 직접적인 노력을 해야만 했다. 그러나 윌리엄즈(1963)가 지적하듯이, 리비스주의는 "빈궁함과 옹졸한 폭정, 질병과 사망률, 무지와 좌절된 지식 등도 역시 유기적 문화의 요소라는 것"(253)을 간과했다.

리비스가 제시한 것은 역사적 설명이라기보다는 상실의 참된 의미를 일깨우는 문학적 신화이다. 다시 말해서 "과거 질서에 대한 기억은 새로운 것을 자극하는 것이어야 한다"(Leavis and Thompson, 1977: 97)는 것이다. 또한 유기적 공동체는 비록 소멸되었지만 위대한 문학작품에 대한 독서를 통해 그 가치와 기준들을 접하는 것은 아직도 가능하다는 것이다. 문학은 인간 경험의 높은 가치들을 담고 있는 보물과 같다. 그러나 불행히도 문화라는 왕관에 박힌 보석이라고 해야 할 문학이 문화와 마찬가지로 그 권위를 잃고 말았다.

앞에서 이미 지적했듯이, 리비스주의는 이런 상황을 치유하기 위해 문화적 선교단, 즉 문학적 지성인들의 소수 정예부대를 급파할 계획을 세웠으며, 그들이 대학에서 문학과 문화의 전통을 수호하고 그것이 '지속적이고 협조적인 쇄신' (Leavis, 1972: 27)을 격려하는 문화의 첨병으로서, 그리고 학교에서는 학생들을 대량문화와 대량문명의 일반적 야만성에 대한 전쟁을 치루어내도록 무장시키는 역할을 하도록 만들어야 한다고 역설했다. 물론 문학의 권위가 다시 확립된다고 해서 유기적 공동체로 되돌아가지는 못하겠지만, 최소한 대량문화의 영향이 확장되는 것을 조절하여 영국의 문화적 전통의 연속성을 보존하고 지속시키게 될 것이다. 간단히 말해서 이는 '인간의 생각과 표현의 정수'를 계속 유포시키는 아놀드적 전통을 이어나갈 '교육받은 대중'을 유지하고 만들어나가는 데 도움을 줄 수 있을 것이다.

대중문화를 이해하는 리비스적 시각에 대해 비판하는 것은 매우 쉬운 일이다. 그러나 토니 베네트(1982b)가 지적하듯이,

> 1950년대 중반까지만 해도 …… 리비스주의가 유일하게 대중문화의 연구가 이루어질 수 있는 쓸모 있는 지적 토양을 제공하였다. 물론 이전에는 '진지한' 작품들만을 위해 사용되었던 문학분석의 기술을 대중적 형식에 적용한 첫 시도였다는 점에서, 리비스주의자들의 연구는 역사적 맹아로서 의의를 지닌다. …… 아마도 더 중요한 리비스주의의 일반적 영향은 기존의 미학적 판단과 가치의 기준들을 상당히 급진적이고 때로 예기치 못한 결론으로 동요시킨 점이었다. 다시 말해서 최소한 기존의 '상류층'과 '중류 지식인'의 문화를 대중적 형식 못지않게 똑같이 비판했다는 점에서 그랬다(5~6).

3장에서 리처드 호가트 Richard Hoggart와 레이먼드 윌리엄즈의 연구업적을 가

지고 이와 같은 급진적이고 때로 예기치 못한 결론에 대한 논의를 다시 시작할 것이다.

미국의 대량문화: 전후(戰後)의 논쟁

제2차 세계대전 후 15여 년간 미국의 지식인들은 이른바 대량문화에 대한 논쟁에 몰두했다. 앤드류 로스 Andrew Ross(1989)는 '대량 mass'이란 요소를 "미국적/비미국적인 것의 공식적 차이를 밝히는 주요 용어들 중 하나"(42)로 보았다. 그의 주장에 따르면, "그 차이는 미국 현대사에서 국민문화의 형성을 의미한다"(같은 곳). 제2차 세계대전 후 미국은 자유주의라든가 다원주의, 무계급주의에 토대를 두고 일시적으로 문화적·정치적 합의가 이루어지는 성공적인 경험을 했다. 그 합의는 흑인 민권운동과 정통문화에 대립되는 대항문화의 형성과 베트남전 참전 반대 등으로 인한 혼란으로 그 힘이 약화될 때까지 미국 지식인들의 문화적 권위에 상당 부분 의존한 것이었다. 로스가 지적한 바와 같이 "아마도 미국 역사상 최초로 사회내의 소집단인 지식인들이 문화적·도덕적·정치적 리더십의 국민적 대리인으로 인정받을 기회를 얻었다"(43). 이 새로이 발견된 의의와 그 중요성은 부분적으로 "1950년대 말까지 15여 년간 계속된 '대량문화'에 대한 지식인들의 강렬하고 매우 공개적인 논쟁"(같은 곳)에 기인한 것이었다.

로스는 그의 연구의 대부분을 '봉쇄 containment'라는 냉전시대의 이데올로기와 연관시켰으며, 이는 내부에서도(대량문화의 위험으로부터), 외부에서도(소련 공산주의의 위험으로부터) 건강한 정치체제를 유지하기 위해 필요한 것으로 보았다. 로스는 이 논의에서 세 가지 태도를 지적한다.

1) 선택의 기회가 주어졌을 때 다수는 고급문화의 텍스트나 그 산물보다 이류 또는 삼류를 택한다는 사실을 슬퍼하는 미학적 자유주의의 태도

2) 새로운 자본주의 소비사회에서 대중문화는 소비의 즐거움 속으로 사람들을 끌어들이는 친절한 사회화 기능을 한다는 통합적 자유주의 또는 진보적 진화론의 태도
3) 대량문화를 사회통제의 형식 또는 수단으로 여기는 급진적 또는 사회주의적 태도

1950년대가 끝나갈 무렵에는 처음의 두 태도가 논쟁을 이끌었다. 이는 부분적으로 사회주의적 분석과 유사한 것은 모조리 거부하려는 매카시적 압력 McCarthyite이 증대되고 있음을 반영하는 것이었다. 지면이 충분치 않으므로 나는 통치체제의 내부 건강에 관한 논쟁에만 초점을 맞추려고 한다. 이 논쟁의 빠른 이해를 위한 필독서는 1957년 출판된 『대량문화 : 미국의 대중예술 *Mass Culture : The popular arts in America*』이다. 이 책에 실린 논문들을 읽으면 독자는 곧바로 논쟁의 매개변수들이 무엇인지, 즉 어떤 문제가 논점이 되어 있는가 또는 주된 참가자들이 누구인가를 알게 된다.

버나드 로젠버그 Bernard Rosenberg(데이비드 매닝 화이트 David Manning White와 공동 편집)는 미국사회의 물질적 풍요와 복지가 대량문화의 비인간적 영향으로 위협받고 있다고 주장한다. 그가 가장 염려하는 것은 "최악의 경우 대량문화는 우리의 취향을 백치화할 뿐만 아니라 감성마저도 파괴하여 전체주의라는 길로 나아가게 할 위험이 있다는 것"(1957: 9)이다. 대량문화는 그 태생이나 표본 어느 쪽으로 보아도 미국 고유의 것은 아니며, 또 그것이 민주주의에 꼭 수반되는 문화도 아니라고 그는 말한다. 로젠버그에 의하면 대량문화는 소비에트 연방에서만큼 널리 퍼진 곳이 없고, 이를 만들어낸 것은 자본주의가 아니라 기술의 발달이므로 미국이 대량문화의 발생이나 존속에 대해 책임질 이유가 없다는 것이다.

화이트(1957)도 비슷한 주장을 하지만, 그 목적은 전혀 다르다. "대량문화의 비판가들은 동시대 미국사회에 대해 지극히 암울한 견해를 가지고 있다"(13~14)는 것이다. 화이트는 미국의 (대량)문화를 과거 대중문화의 양상들과 비교함으로

써 옹호적인 입장을 취하면서, 비평가들이 현재를 혹평하기 위해 과거를 낭만화한다고 주장한다. 그는 미국문화를 "마치 죽은 해충을 손에 들고 있는 것처럼 논하는"(같은 곳) 사람들이 정작 셰익스피어 연극이 처음 나타난 시기의 일상적 문화였던 동물 미끼 사냥의 잔혹한 새디즘적 실태를 망각하고 있다고 비난한다. 그의 주장은 역사상 어느 시기에서나 "서민층 대다수의 무지와 불안정을 이용하는 자들은 항상 있었으며 …… 따라서 그런 자들이 오늘날에도 존재한다는 사실에 대해 그리 경악할 것은 없다"(같은 곳)는 것이다. 이러한 옹호의 입장은 또한 미국에서 고급문화가 얼마나 융성하고 있는지를 보여주고 싶어 하는데, 텔레비전상의 셰익스피어극, 도서관의 도서대출 통계, 새들러 웰즈 발레단의 성공적인 순회공연, 야구경기보다 클래식 음악회에 사람들이 더 많이 모인다는 사실 그리고 심포니 오케스트라의 성장 등과 같은 것들이 바로 그것이다.

논쟁의 중심은 드와이트 맥도날드 Dwight Macdonald이다. 상당히 비중 있는 그의 논문 「대량문화의 이론 A theory of mass culture」은 대량문화를 여러 면에서 공격하고 있다. 첫째, 대량문화는 고급문화의 생명을 위협한다. 대량문화는 고급문화를 갉아먹으면서도 되돌려주는 것은 하나도 없는 기생적 문화이다.

> 민속예술은 아래서부터 성장했다. 이는 고급문화의 도움 없이 그들의 필요에 맞게 스스로 형성된 자발적인 민중의 표현이다. 대량문화는 위로부터 부여된 것이다. 이는 비즈니스맨들에게 고용된 기술자들에 의해 만들어진 것이며, 그 관중은 구매하느냐 마느냐의 선택만 있을 뿐인 수동적 소비자이다. '통속적인 작품'을 만드는 귀족들은 간단히 말하면 이득을 더 내기 위해, 그리고 자신들이 속한 계층의 지배를 유지하기 위해 군중의 문화적 욕구를 이용한다. 그러나 공산주의 국가에서는 이것이 두 번째 목적만으로 행해진다. 민속예술은 민중들 고유의 관습으로서, 고급문화라는 그들 주인들의 대공원과는 장벽을 둔 자그마한 사설 정원이었다. 그러나 대량문화는 이 장벽을 허물면서 군중을 묶어 고급문화의 저질적 형태로 끌어내리는가 하면, 결국은 정치적 지배의 도구로 만들고 만다(1998: 23).

이 논쟁의 다른 참여자들과 마찬가지로 맥도날드 역시 미국이 대량문화 국가라는 주장을 부인하면서, 오히려 "소련이 미국보다 더 대량문화의 나라"(같은 곳)라고 주장한다. 그는 소련 내의 대량문화에 대해 단지 '형식'에만 초점을 맞추는 비평가들은 이 사실을 늘 간과했다고 말한다. 그러나 그것은 분명히 대량문화이고(민중의 표현인 민속문화도 아니고, 개별적 예술가들의 표현인 고급문화도 아니다), 또한 미국의 대량문화와 비교했을 때 "그 질이 더욱 떨어진다"는 것과 "상업적이기보다는 정치적 동기로, 군중의 문화적 욕구를 만족시키기보다는 오히려 이용한다"(24)는 점에서 미국문화와 차이가 있다. 그러나 미국의 대량문화는 소련의 대량문화보다 우월함에도 불구하고 여전히 문제를 안고 있으며, "정치무대를 향한 군중의 폭발은 …… 끔찍한 문화적 결과"(같은 곳)를 가져왔다. 문제는 '명확한 문화적 엘리트'(같은 곳) 개념이 없다는 것이다. 만약 이것이 있었다면 군중은 대량문화를, 엘리트는 고급문화를 가질 수 있었을 것이다.

그러나 문화적 엘리트가 없는 미국은 문화에 관한 한 '악화가 양화를 구축'하는 그레샴 법칙의 위협에 처하게 되었으며, 그 결과 동질적인 문화가 발생할 뿐 아니라 "계속 번지는 진흙탕 속에서 모든 것을 삼키려고 위협하는 평균적 문화"(27)가 국민들을 최상층부터 끌어내리고 결국 국민 전체를 유치한 군중으로 변모시킬 것이다. 맥도날드의 결론은 지극히 비관적이어서 그는 "대량문화가 나아지기를 바라기는커녕 오히려 더 나빠지지 않는 것만으로도 다행"(29)이라고 말한다.

맥도날드의 절망적인 전(前)-트로츠키주의가 에르네스트 반 덴 하그 Ernest Van den Haag(1957)의 자유주의로 옮겨감에 따라 분석은 다시 변한다. 반 덴 하그에 따르면 대량문화는 대중사회 mass society와 대량생산의 불가피한 결과이다.

> 대량생산 제품들은 수준을 낮출 필요는 없으나 평균의 취향을 노려야 한다. 어떤 면에서 많은 개인을 만족시키는 것은 또 다른 면에서는 개개인의 취향을 거슬리는 것이다. 왜냐하면 적어도 지금까지는 평균적인 취향을 가진 평균적인

> 인간이란 있어본 적이 없기 때문이다. 평균이란 단지 통계적 요소일 뿐이다. 어느 정도 거의 모든 사람의 취향에 맞는 것으로 만들어진 대량생산 제품은 어떤 사람의 취향에도 완전히 맞추기 힘들다. 이것이 취향이 고의적으로 저질화되었다는 이론에 대해 불분명하게나마 문제가 제기된 이유이다(512).

그는 또 다른 이유로서 고급문화에 대한 대량문화의 유혹을 들고 있다. 특히, 두 가지 요인이 유혹적인데, 하나는 대량문화에서 나오는 재정적 보답이고 다른 하나는 잠재적으로 엄청난 수를 차지하는 관중이다. 그는 그 예로 단테를 든다. 단테는 비록 종교적·정치적 압력을 받았을지 모르나 그의 작품을 취향의 평균치에 맞도록 만들라는 유혹은 받지 않았다. 그가 "≪스포츠 일러스트레이티드 *Sports Illustrated*≫에 기고 제의"를 받았거나 "≪리더스 다이제스트≫를 위해 자신의 작품을 요약하거나" "그것을 영화로 만들자"는 제의를 받게 되었다면, 그는 과연 그 미학적이고 도덕적 기준을 유지할 수 있었을까? 단테는 그의 재능이 참된 창작의 길에서 벗어나게끔 하는 유혹을 받지 않았다는 점에서 운이 좋았다고 할 수 있으며, 사실상 "그의 재능이 허락하는 만큼 훌륭한 작가가 되는 것 외에는 다른 선택의 여지가 없었다"(521).

반 덴 하그의 말을 빌리면 이는 군중의 취향이 전보다 저하되었다기보다는, 서구사회에서 문화 제작자들의 역할이 더 중요하게 되었다는 것을 의미한다. 화이트와 마찬가지로 그는 미국에서 소비된 문화 텍스트와 그 산물의 다양성에 대해서도 주의를 기울인다. 또한 그는 고급문화와 민속문화가 대량문화에 흡수되어 결과적으로는 대량문화로서 소비되는 방식에 대해서도 주목하면서, "적은 수의 사람들만이 고전을 읽는다는 것이 큰 재난의 원인이거나 새로운 일은 아니다"(528)라고 말한다. 그는 결국 대량문화가 "사람들이 삶 자체를 제대로 음미하는 능력을 감소시키는"(529) 마약과 같은 것이라는 최종적인 귀결에 도달하지 않을 수 없었다.

대량문화는 궁극적으로 결핍의 상징이다. 이는 삶의 몰개성화를 뜻하며, 프로이트가 말하는 '대리만족'[3)]과 리비스가 말하는 '대리인생'에 대한 끝없는 갈구이다. 대량문화 비판가들에 의하면, 대리만족이 문제가 되는 것은 그것이 '진짜 만족'(532~535)을 차단하기 때문이다. 반 덴 하그는 그 연장선에서 대량문화의 소비는 억압의 한 형태이며, 내면의 공허함을 메우기 위해 대량문화의 공허한 텍스트와 생산물들을 소비하면 할수록 결국 공허감만 더 커지고, 그에 따라 대량문화의 소비는 더 늘어난다고 보았다. 이와 같은 '기본욕구'의 억압이라는 순환고리의 작용은 '진정한 만족'의 경험을 더욱더 어렵게 만든다. 그 결과 대량문화의 '중독자' 또는 '자위행위자'에게는 만족감은커녕 지루함과 산만한 시간 죽이기 사이에서 벗어나지 못하는 일종의 문화적 악몽을 초래할 따름이다.

> 지루한 사람은 자신에게 무엇인가가 일어나기를 갈망하지만, 실제로 그 무엇인가가 일어났을 때는 그것을 오락거리로 사용함으로써, 무의식적으로 갈망하던 그 의미를 지워버리게 된다. 이는 정말 실망스러운 일이다. 대중문화에서는 예수의 재림조차도 밀톤 벌(Milton Berle ; 텔레비전 버라이어티 쇼에 나오는 유명한 코미디언 사회자 : 역주)이 나올 때까지 텔레비전을 보며 시간을 때우는 또 하나의 '시시한' 전율이 될 뿐이다(535).

반 덴 하그는 역사적 과거에 대한 확신이 없기 때문에, 현재를 비난하기 위해 과거에 대한 낭만적 시각을 동원하는 '문화적 향수병자들'과는 구별된다. 그는 "대중문화는 만족함을 주지 못한 채 삶을 빈곤하게 만든다"는 것을 잘 알고 있다. "그러나 대중문화의 떨어질 수 없는 파트너인 대량생산기술을 없앤다고 '인류의 대다수'가 더 만족하게 될지 혹은 그 반대가 될지 알 수가 없다"(536)고 말한다.

그러나 에드워드 쉴즈 Edward Shils(1978)의 생각은 달랐다. 그에 의하면 저것은 충분히 알 수 있는 일이며, 더욱이 산업이 삶을 빈곤하게 했다는 반 덴 하그의

3) 반 덴 하그와 반대로 프로이트는 단지 대중문화뿐 아니라 모든 예술을 포함시켜 말하고 있다는 점을 간과해서는 안 된다.

주장은 그가 보기에 잘못된 것이었다.

> 요즘 노동계급과 중하층계급의 쾌락들은 심오한 미학적, 도덕적, 지적 존중을 받을 가치는 없으나 중세로부터 19세기까지 그들의 유럽인 조상들이 즐겼던 천박한 것들보다 더 질이 떨어지는 것은 결코 아니다(35).

또한 쉴즈는 다음과 같이 덧붙이고 있다.

> 20세기가 심각한 지적 타락의 시기이고, 소위 이러한 타락이 대량문화의 산물이라는 생각은 극히 잘못된 것이다. …… 오히려 이전 몇 세기간의 음울하고 거친 문화보다는 지금의 대량문화가 하류층에 끼치는 해악이 적다고 말하는 것이 더 정확하다고 할 수 있을 것이다(36).

쉴즈가 볼 때 문제는 대량문화에 있는 것이 아니라 대량문화에 대한 지식인들의 반응이다. 유사한 예로 D. W. 브로건 D. W. Brogan(1978)은 맥도날드의 의견에 대부분 동조하면서도 더 낙관적인 태도를 보인다. 그는 맥도날드가 "현재의 미국을 너무 비관적으로 본 탓으로 미국의 과거나 유럽의 과거 및 현재에 대해 너그러운 태도가 되었다"(191)고 믿었다. 현재에 대한 비관이 과거에 대한 지나친 낙관을 불러왔다는 것이다. 간단히 말해서 맥도날드는 "미국의 오명을 …… 과장하고"(193) 있는 셈이다.

「양쪽 극단에 대면해 있는 중간계급 The Middle Against Both Ends」에서 레슬리 피들러 Leslid Fiedler(1957)는 이 논쟁에 대해 다른 참여자들과는 달리 대량문화를 이렇게 말한다.

> 대량문화는 독특하게 미국적 현상이다. …… 이것은 미국에서만 볼 수 있는 현상이라는 뜻이 아니라 …… 어디서 발견되건 미국에서 처음 발생했으며, 충분

> 히 발달된 형태도 아직은 우리들 속에서만 찾을 수 있다는 뜻이다. 그러므로 이런 의미에서 우리들의 경험은 나머지 국가들에게 옛 귀족문화의 필연적인 해체 이후에 올 그 무엇에 대한 시연(試演)을 보여주고 있는 셈이다(539).

피들러에게 있어서 대량문화는 '제 분수를 모르는' 대중문화이다. 그의 설명은 다음과 같다.

> 동시대의 저속한 문화는 잔인하고 혼란스럽다. 이는 익명의 도시에 거주하는 뿌리 뽑히고 문화적으로 박탈당한 이들의 거짓-자발적인 표현이며, 옛날의 충성심과 영웅주의와 같은 사회기반이 파괴된 지 오래된 세상에서 새로 생겨난 과학의 위협, 전쟁의 공포, 부패의 확산과 같은 것들을 통제 가능한 형태로 축소시켜보려는 신화를 꾀하고 있다(540).

피들러는 이렇게 묻는다. 과연 미국의 대량문화가 어떤 잘못을 범하고 있는가? 그는 국내에서나 국외에서나 미국적이라는 것 자체만으로도 비난하는 비평가들이 있다는 사실에 주목한다. 피들러가 보기에 이런 비난은 무의미하다. 왜냐하면 그들이 산업주의와 대중교육, 민주주의를 한꺼번에 거부하지 않는 이상 그들도 어쩔 수 없이 미국의 경험을 겪을 것이기 때문이다. 그는 미국이 "두 개의 전선을 가진 이상한 계급전쟁" 상태에 놓여 있다고 보았다. 중앙에는 "짐짓 점잖은 체하는 중산계급의 의식"이, 꼭대기에는 "모순적인 귀족적 감수성"이 그리고 바닥에는 "거친 민중의 정신"이 흐르고 있다(545). 대중문화에 대한 공격은 두려움의 징후이며 문화에 관한 순응성을 표현한 것이다. 다시 말해서 "저속함에 대한 두려움은 뛰어난 것에 대한 두려움의 다른 한 단면이며, 둘 다 자기와 다른 것에 대한 두려움의 측면들이다. 이것은 소심하고 감상적이며 생각도 형체도 없는 중산층이 문화적 순응화를 갈구하고 있다는 것을 나타낸다"(547). 점잖은 체하는 중산층은 그들의 방식대로 문화적 평등이 일어나기를 원한다. 이는 문화적 복종을 요구하는 리비스적 접근이 아니라 문화적 차이의 종식을 요구하는 것이다. 그러므로 피들러는 미국의 대량문화를 동질적이고 평준화된 것이라기보다는 위계적이며 다원적인 것으로 보았다. 또한 그는 이런 사실에 흐뭇해한다.

쉴즈(1978)도 비슷한 유형을 제시하고 있다. 이를테면 미국문화는 각기 다른 문화인의 입장을 구현하는 세 개의 문화적 '계급'으로 나뉜다는 것이다. 꼭대기의 "'우월한' 또는 '세련된' 문화"와 "중간의 '평범한' 문화", 그리고 바닥의 "'거친' 문화"가 바로 그것들이다(206). 대중사회는 문화의 지형을 변화시켜 '우월하고 세련된 문화'의 중요성을 감소시키는가 하면, 그 대신 '평범하고' '거친' 문화의 중요성을 증대시킨다(209). 그러나 쉴즈는 이를 전적으로 부정적인 발전으로 보지 않았으며, 오히려 "이전에는 위로부터 주어진 것만을 받기만 하고 실제로 아무런 미적 표현이나 수용을 하지 못했던 계층에 미숙하나마 미학적인 자각이 일어나고 있음을 보여주는 것"(209)이라고 주장하였다.

피들러와 마찬가지로 쉴즈도 미국이 대량문화의 발상지라는 사실을 회피하지 않는다. 그는 미국을 "모든 대중사회 가운데 가장 대중적인 사회"(218)라고 말한다. 그러나 그는 여전히 낙관적이다. 그는 "사실 지적인 대중의 건강을 회복시킬 수 있는 생동감과 개성은 아마도 대중사회에 잠재해 있는 힘과 가능성이 발현된 결과일 것"(226)이라고 말한다. 1950년대와 1960년대 초의 다른 작가들이나 피들러의 에세이에서는 로스(1989)가 제안한 바와 같이,

> '계급'의 개념은 오랫동안 방황하였던 지적 황무지로부터 조건부 귀환을 하였다. 그러나 이번에는 30년대에 그랬듯이 갈등과 모순에 집중하는 계급분석이 아니라, 오히려 세계의 각기 다른 정치적 개념들이 비적대적으로 공존하는 데 대한 합의가 이루어진 헤게모니적 시기를 돕기 위한 계급분석이라 할 수 있다. 이제 문화적 계급들은 남을 침범하지 않고도 능히 존재할 수 있다(58).

문화적 선택과 소비는 이제 소속계급의 징표이자 계급차이의 표시이다. 그러나 계급 사이의 반목 대신에 내외부의 위험에 대한 일반적 합의하에서 소비자 선택의 다양성만은 존재한다. 말하자면 대량문화에 대한 논쟁이 결국 봉쇄라는 냉전시대의 이데올로기를 건설하는 터전이 된 것이다. 어쨌든 멜빈 튜민 Melvin Tumin(1957)이 지적하듯 "미국과 미국인들은 이 세상에서 가장 훌륭한 문화를 만들고 유지할 풍요한 정신적·물질적 자원을 가지고 있다"(550). 아직 그런 일이 일어나지 않았다는 점이 튜민을 그다지 실망시킨 것 같지는 않다. 다만 그는 "이를 어떻게 가능하게 할까?"라는 질문을 제기할 따름이다. 그 대답으로 그는 "지식인으로 기능을 할 수 있는 가장 좋은 자리에 처해 있는 미국의 지식인들"(같은 곳)을 꼽으며, 대량문화에 대한 논쟁을 통해 이들이 이 세상에서 가장 훌륭한 대중문화를 건설하는 데 앞장서서 돕길 바란다.

타자의 문화

문화와 문명의 전통에 입각한 접근방식은 대중문화에 대해 비판적이기 십상이다. 문화이론의 영역에서 이루어진 최근의 발전적 성과를 보면, 이러한 접근방식은 대중문화에 대한 비난을 일반인에게 소개하기에 급급하다. 그러나 역사적인 관점에서 보면, 영국의 문화연구에서 문화와 문명의 전통에 대한 연구업적은 대중문화의 연구기획에 절대적인 근거가 되고 있다는 점을 잊어서는 안 된다. 이는 결코 전통의 영향을 과대평가하는 것이 아니다. 한 세기 이상 그것이 문화분석의 지배적인 패러다임이었다는 것은 의문의 여지가 없다. 사실 그것은 아직까지도 영국과 미국의 학문적 및 비학문적 생활의 특정한 영역에서 일종의 억제된 '상식'으로 통하고 있다는 것이 일반적인 이야기이다.

비록 '문화와 문명'의 전통이 유독 리비스주의적 형식으로 대중문화를 연구할 수 있는 교육적 공간을 만들어내기는 했으나, 대중문화에 대한 이러한 접근방식은 "실제로 대중문화가 연구영역으로 발전하는 데 심각한 방해가 된다"(Bennett, 1982b: 6). 가장 큰 문제는 대중문화가 항상 문화적 쇠퇴와 잠재적인 정치적 무정부상태의 사례일 뿐이라는 속단에 있다. 이러한 속단을 가지고 행해지는 이론적 연구와 경험적 탐구는 결국 예상된 결론을 거듭 확인시켜주고 있을 뿐이다.

> 이것은 대중문화에 뭔가 잘못된 점이 있다는 이론적 추측이고, 이런 추측하에서 그 외에 다른 것은 이를 따를 수밖에 없다. 결국 사람들은 그들이 찾고자 하는 것을 찾아냈다. 정확히 말하면 그 이론이 찾고자 했던 것이 쇠퇴와 타락의 징후들이었기 때문에 그것들을 발견한 것이었다. 간단히 말해서 대중문화의 산물에 주어진 역할은 남의 죄를 뒤집어쓰는 희생양의 역할뿐이었다(같은 곳).

앞에서 지적했듯이 대중문화는 많은 비난을 받았다. 그러나 베네트가 강조했듯이 문화와 문명의 전통은 대중문화의 텍스트와 생산물을 상세히 분석하기보다는 고급문화의 위세당당한 눈으로 대중문화의 상업적 황무지를 내려다보며, 문화의 쇠퇴와 문화적 차이 그리고 문화적 복종의 필요성만을 확인하고자 하는 것이었다. 그것은

> '문화를 가진 자'들이 '문화를 가지지 못한 자'들의 문화에 대해 내리는 언술체계와 같은 것이었다. …… 간단히 말해서 대중문화는 그들이 연구하고 있는 형식에 대한 참여의식과 애정이 분명히 결여된 외부인들에 의해 손이 닿지 않는 곳에서 조심스레 관찰된 것이었다. 항상 '타자들'의 문화로서 문제시되었던 것이다(같은 곳).

'문화와 문명'이 지닌 걱정거리는 사회적·문화적 범위의 확장에 대한 고민이었다. 말하자면 문화적·사회적 배타성에 대한 도전에 어떻게 대처하는가가 걱

[사진 2.1] 1950년대 초 블랙풀로 가는 당일치기 여행 : "군중은 …… 없다. '다른' 사람들을 군중으로 바라보는 방식들만이 있을 뿐이다"(Raymond Williams, 1963: 289).

정이었다. 19세기가 지나면서 전통적인 '문화'와 '사회' 바깥에 존재했던 이들이 참여를 요구하면서, 이들을 통합하거나 제외하기 위한 전술들이 채용되었다. '상류사회'와 '고급문화'에 속한다는 것은 곧 사회와 문화 또는 더 나은 의미로 대중사회 mass society와 대량문화와의 구별을 뜻하는 것이었다.

간단히 말해서 그것은 '군중들'(사진 2.1 참조)로부터 문화적·사회적 차이와 문화적·사회적 복종이라는 두 가지 반응을 요구하는 전통이다. 앞으로(9장과 11장에서) 살펴볼 것이지만, 포스트모더니즘에 관한 논쟁들 가운데 하나는 가장 최근에 벌어지고 있는, 이른바 포스트모더니즘을 진정한 문화 Culture(대문자 C)에 포함하느냐 제외하느냐에 대한 논쟁일 것이며, 이는 궁극적으로 텍스트 그 자체보다는 민중과 일상생활 문화들에 관한 논쟁이라고 할 수 있다.

더 읽어야 할 책들

Srorey, John(ed.), *Cultural Theory and Popular Culture : A Reader*, 4th edition, Harlow : Pearson Education, 2009. 이것은 이 책의 자매편이다. 이 책에서 논의되는 연구의 사례들이 실려 있다. 이 책과 자매지는 대화형 웹사이트(www.pearsoned.co.uk/storey)를 통해 뒷받침되고 있다. 이 웹사이트는 다른 유용한 사이트 및 자료와 연결되어 있다.

Baldick, Chris, *The Social Mission of English 1848–1932*, Oxford : Clarendon Press, 1983. 아놀드와 리비스주의에 대한 흥미롭고 유용한 장들을 포함하고 있다.

Bilan, R. P., *The Literary Criticism of F. R. Leavis*, Cambridge : Cambridge University Press, 1979. 문학 비평가로서 리비스에 대한 내용이 주를 이루지만 고급/대중문화에 대한 그의 태도를 보여주는 유용한 자료들도 있다.

Bramson, Leon, *The Political Context of Sociology*, Princeton, NJ : Princeton University Press, 1961. 미국의 대량문화 논쟁에 대해 시사하는 장이 있다.

Gans, Herbert J., *Popular Culture and High Culture : An Analysis and Evaluation of Taste*, New York : Basic Books, 1974. 최근 미국의 대량문화 논쟁에 기여하고 있는 책이다. 문화적 다원론을 옹호하는 무리한 입장을 보이고 있다.

Johnson, Lesley, *The Cultural Critics*, London : Routledge & Kegan Paul, 1979. 아놀드와 리비스에 대해 유용한 장들이 있다.

Mulhern, Francis, *The Moment of Scrutiny*, London : New Left Books, 1979. 리비스주의에 대한 가장 고전적인 평가라고 할 수 있다.

Ross, Andrew, *No Respect : Intellectuals and Popular Culture*, London : Routledge, 1989. 미국의 대량문화 논쟁에 대해서 유용한 장이 있는 흥미로운 책.

Trilling, Lionel, *Matthew Arnold*, London : Unwin University Press, 1949. 아놀드에 관한 한 가장 훌륭한 개설서.

Waites, Bernard, Tony Bennett and Graham Martin(eds), *Popular Culture : Past and Present*, London : Croom Helm, 1982. 대중문화의 상이한 예들에 대한 에세이 모음집.

1~4장과 6장은 대중문화와 '문화와 문명' 전통의 불안을 야기한 바 있는 역사적 맥락을 다루고 있다.

Williams, Raymond, *Culture and Society*, Harmondsworth : Penguin, 1963. '문화와 문명' 전통에 대한 선구적인 저서로 아놀드와 리비스에 대한 장들도 있다.

03

문화주의

03

Culturalism

문화주의

이 장에서 나는 1950년대 말과 1960년대 초에 이루어진 리처드 호가트와 레이먼드 윌리엄즈, 톰슨 E. P. Thompson, 스튜어트 홀, 패디 화넬 Paddy Whannel의 업적에 대해 살펴보려고 한다. 저자들은 각기 다르지만 이 업적들은 모두 문화주의 Culturalism의 기반이 되고 있다. 홀(1978)이 지적한 바와 같이 "영국의 문화연구 중 '문화주의'가 가장 활발하면서도 토착적인 유파"(19)일 것이다. 이 장 끝부분에서는 현대문화연구소에서 이루어진 문화주의의 제도화에 대해 간략히 언급하고자 한다.

호가트와 윌리엄즈는 둘 다 리비스주의에 대응하는 입장을 전개한다. 2장에서 살펴보았듯이, 리비스주의자들은 영국에서 대중문화를 연구할 수 있는 교육의 장을 열었다. 호가트와 윌리엄즈는 리비스주의의 기본가설들 중 상당 부분에 도전하지만 일부는 수용하기도 했다. '문화와 문명'의 전통을 되돌아보면서, 동시에 문화주의와 대중문화에 대한 문화연구적 접근방식을 취하기도 하는 이러한 모순적 양상이 『교양의 효용 *The Uses of Literacy*』, 『문화와 사회 *Culture and Society*』, 『장구한 혁명 *The Long Revolution*』과 같은 책들을 '좌파-리비스주의'의 출현과 그 예가 되는 작품들로 보게 만들었다(Hall, 1996a).

한편, 톰슨은 자신의 연구를 예나 지금이나 마르크스주의에 입각한 것이라고 하였다. 문화주의라는 용어는 그의 연구와 호가트, 윌리엄즈의 연구를 통틀어 지칭한 것으로 현대문화연구소의 이전 소장이었던 리처드 존슨 Richard Johnson(1979)이 붙인 것이다. 존슨은 세 이론가의 연구를 이어주는 어떤 특정한 이론적 유사성이 존재한다는 뜻에서 이 용어를 사용했다. 그들은 각기 다른 방법으로 그들이 물려받은 전통의 중심을 깨뜨리고 있다. 호가트와 윌리엄즈는 리비스주의로부터 이탈하고, 톰슨은 마르크스주의의 기계적이고 경제적인 해석을 벗어난다. 이들을 함께 묶는 것은 그들의 방법적 태도 때문인데, 이는 한 사회의 문화—문화적 텍스트의 형태나 기록된 행위들—를 분석함으로써, 그 사회의 문화를 만들고 소비하는 사람들이 공유하는 행동과 사상의 유형을 재구성할 수 있다고 주장하는 방법적 태도이다.

이것은 문화의 수동적 소비보다는 능동적 생산, 즉 '인간의 작용'을 강조하는 관점이다. 비록 좌파 리비스주의로부터 발생한 문화주의의 형성물에는 포함되지 않지만, 홀과 화넬의 『대중예술 *The Popular Arts*』 역시 대중문화에 대한 고전적인 좌파 리비스주의적 입장으로 말미암아 여기에 포함된다. 결국 호가트, 윌리엄즈, 톰슨, 홀과 화넬의 연구들이 하나로 묶여 비로소 오늘날 대중문화에 대한 문화적 연구방식이라는 것이 등장하게 된다. 특히 1970년대와 1980년대 초에 이러한 발전의 모태가 된 기관이 바로 버밍엄대학에 있는 현대문화연구소였다(Green, 1996 참조).

리처드 호가트: 『교양의 효용』

『교양의 효용』은 2부로 되어 있다. 1부는 호가트의 어린 시절(1930년대)의 노동계급 문화를 묘사한 「'과거'의 질서」이고, 2부는 1950년대 새로운 형태로 대량 생산된 오락 때문에 위기에 처한 전통적 노동계급 문화를 묘사한 「새것에 대한 양보 Yielding Places to New」이다. 이런 식으로 내용을 나눈 것만으로도 우리는 이 책에서 취한 관점과 예상되는 결론을 충분히 가늠할 수 있다. 한편으로 우리는 1930년대의 '살아 있는 전통문화'를 볼 수 있고, 다른 한편으로는 1950년대의 문화적 쇠락을 볼 수 있다. 호가트는 이 책을 쓰는 동안 “사전에 그 자료들에 대해 향수를 느끼고” 있었다는 점과, 동시에 “그 영향을 없애기 위해 최선의 노력을 다했다”는 사실을 시인하고 있다(1990: 17).

또 그는 ‘과거’와 ‘새로운 것’을 너무 엄격히 구분함으로써 양자 사이의 연속성을 간과해버린 점도 역시 인정했다. 그리고 그의 ‘과거’에 대한 증언들은 “현재를 공격하는 데 편리한, 어렴풋한 전원적 전통을 칭송한 것이라기보다는, 20여 년 전 유년시절의 기억에 대부분 의존하고 있다”(23~24)는 사실도 주목해야 한다. 1950년대 대중문화에 나타나는 문화적 쇠퇴에 대한 자료들은 그가 대학강사 및 연구자로 있을 때 모은 자료들이다. 간단히 말해서 ‘과거’는 개인적 경험에 바탕을 둔 것이고, ‘새로운 것’은 학문적 연구에 바탕을 둔 것이다. 이것은 의미심장한 구분이 아닐 수 없다.

호가트의 연구에서 가끔 오해받는 대목을 언급하는 것도 또한 필요하다. 그가 공격하는 것은 노동계급의 ‘도덕적’ 쇠락이 아니라, 노동계급에 제공되는 문화가 ‘도덕적 성실성’을 상실하고 있다는 점이다. 그는 노동계급이 대중문화의 조작적 성격을 물리칠 충분한 능력을 갖추고 있다고 자주 말한다. 그의 말대로 “그것은 다만 수동적 저항에 그치지 않고, 논리정연하지는 않으나 적극적인 성격을 띠었다. 노동계급은 변화를 이겨내는 강한 자연력을 가지고 있어서, 새로운 것들에서 필요한 것을 얻고 나머지를 버리면서 스스로 적응하거나 동화한다”(32). 호가트의 확신은 대중문화에 대한 그들의 반응이 항상 부분적이라는 믿음에 근거하고 있다. “그들 가운데 대부분은 ‘거기’에 단지 존재하고 있는 것이 아니라 다른 곳에, 즉 신화나 은유, 그리고 의식(儀式) 등에 따라 직관적으로, 습관적으로, 언어적으로 살고 있다. 이것이 (대중문화의) 가장 나쁜 영향으로부터 그들을 지켜준다”(33).

호가트에 의하면,

> 노동계급은 전통적으로, 혹은 최소한 지난 몇 세대 동안 예술을 즐길 수는 있었으나 일상생활과는 그다지 연관이 없는 일종의 도피로 여겼다. 예술은 부차

> 적인 것이며, 놀이이다. …… '진짜' 생활은 다른 곳에 있다. …… 예술은 우리들 몫이 아니다(238).

호가트는 노동계급의 미학을 "일상의 갖가지 일들에 대한 세세한 관심들", 이미 알고 있는 것에 대한 깊은 관심, '탐구하기'보다는 '보여주기'를 원하는 문화에 대한 취향 등으로 묘사한다. 그러므로 호가트의 설명에 따르면 노동계급의 소비자는 "평범한 생활로부터 탈출을 시도하는 것"이 아니라, "평범한 생활이 본질적으로 재미있다"(120)는 믿음을 구현하고 이를 더욱 강화시켜 나간다. 그런데 1950년대의 새로운 대중오락은 이러한 미적 요소를 약화시키고 훼손한다.

> 대량생산된 오락들은 대개 로렌스 D. H. Lawrence가 말했듯이 '반생명적인 것'으로 귀결된다. 그것들은 타락한 영민함이나 부적당한 호소, 도덕적 도피로 가득 차 있다. …… 머리나 가슴을 감동시킬 만한 것들을 전혀 제공하지 않는다. 결국 많은 것을 투자해야만 얻게 되는 더욱 적극적이며 충만하고 조화로운 즐거움들이 대량 오락으로 인해 점차 메마르게 되는 것이다(340).

대량생산된 오락의 즐거움들은 '무책임'하고 '대리(만족)'일 뿐만 아니라(같은 곳), 노동계급의 오래되고 건강한 문화구조마저도 파괴한다. 호가트의 입장은 견고하다. 즉, (1950년대의)

> 우리는 대량생산 문화를 향해 나아가고 있다. 새로운 대량생산 문화는 도시 '민중'문화 가운데 일부 남아 있는 것마저도 파괴하고 있으며, 그 소중함을 따지자면 새로운 대량문화가 그것이 대체하려는 소박한 문화보다 더 해롭다(24).

호가트가 '풍요롭고 충만한 삶'이라고 불렀던 1930년대의 노동계급 문화의 특징은 강한 공동체의식이다. 그리고 그것은 대부분 민중들에 의해 만들어진 문화이다. 다음은 '바닷가의 하루'에 대한 전형적인 묘사이며, 흔히 호가트의 의중을 잘 나타낸 예로 알려져 있다.

> 마차에 탄 일행을 비웃는 듯한 술집들과 황야를 지나 바다 쪽으로 '유람마차 charas'는 달려간다. 그리고는 마부가 잘 아는 곳인 커피와 비스킷 또는 정식 아침식사인 달걀과 베이컨을 주는 집으로 향한다. 도착과 함께 그득한 점심을 먹고 일행은 흩어진다. 하지만 결코 서로 멀리 떨어지는 법이 없다. 그들은 자신들에게 익숙한 해변의 모래사장이나 시가지만 다니기 때문이다. …… 가게 앞에서 산책을 하거나 때로는 음료수도 마시고, 아이스크림이나 박하사탕을 빨며 비치의자에 앉아 쉬기도 한다. 존슨 부인이 치마를 말아 올린 채 해수욕을 하겠다고 고집을 피운다든지, 헨더슨 부인이 해변 관리인과 무슨 일이 있었다는 듯이 행동하는 것 같은 일들 때문에 숙녀 화장실 앞에서 한바탕 웃음도 어우러진다. 그리고는 가족들의 선물을 고르고 푸짐한 간식과 차를 즐긴 후 집으로 떠난다. 가는 길에서는 술을 마시기 위해 쉬기도 하는데, 이런 일은 남자들이 있거나 또는 남자들만의 소풍이라면 더 자주 일어난다. 또 마차 뒤편에는 맥주도 한두 상자 들어 있는 것이 보통이다. 황야 가운데쯤 이르면 남자들은 모두 구르다시피 뛰어내려 야단법석을 피우고 시끄럽게 지저분한 농담을 주고받는다. 노래하며 즐기는 이 따뜻하고 푸근한 승객들을 도시로 다시 데려다주면서 마부가 익히 알고 있는 사실은, 도시에 도착할 때쯤이면 이들로부터 두둑한 팁을 받게 되리라는 것이다(147~148).

이것은 공동체적이면서 자생적인 대중문화이다. 호가트의 낭만적 태도는 비판받아야 마땅하지만, 글에 담긴 유토피아적 활력으로 보아 우리는 이것을 호가트가 꾸준히 보여주려고 노력했던 것, 즉 '민중'문화와 '민중을 위한 세상'(151)을 구별하는 한 예로 보아야 할 것이다.

『교양의 효용』의 전반부는 대부분 공동체적이고 자생적인 오락에 관한 예들을 다루고 있다. 그 분석은 종종 리비스주의를 앞지르고 있다. 예를 들어, 그는 대중가요에 대한 노동계층의 인식과 이해를 옹호한다. 이는 (리비스의 관점을 취한) 세실 샤프 Cecil Sharp의 적대적인 태도와 큰 차이가 있다. 샤프는 민속음악의 '순수성'(Storey, 2003 참조)을 동경하였으며, 그리고 이 순수성이란 개념이 곧바로 그의 문화연구의 중심 과제가 되었다. 그러나 음악은 "틴 팬 앨리 Tin Pan Alley가 아무리 선전해댄다고 해도"(159) 그 청중들인 대중의 감정적 요구에 알맞게 만들어졌을 때에만 성공한다고 호가트는 말한다. 「무도회가 끝난 뒤 After the Ball is Over」가 대중적으로 도용되고 있는 것에 대해서도 그는 "그들은 그것을 그렇게 형편없는 것으로 여기지 않고 자신들의 방식으로 받아들인다"(162)고 주장한다.

관중들은 문화산업이 제공한 상품들을 그들의 목적을 위해, 그들 나름대로 조절하여 사용한다는 생각은 충분한 연구결과가 아니다. 그러나 호가트도 분명히 이런 생각을 가지고 있으며, 또 『교양의 효용』 일부분에서 제대로 써먹지도 못한 그의 이러한 궤변은 이 책을 자주 비학문적이며 향수로 가득 찬 반(半)-자서전적인 책으로 폄하시키는 빌미가 되기도 한다. 그보다 오히려 이 책의 가장 큰 약점은 1930년대의 대중문화를 다루는 시각으로는 1950년대의 대량문화를 다룰 수 없었던 그 무능함이다. 만약 그런 일이 이루어졌다면, 대조적인 두 제목인 「풍요로운 삶 The full rich life」과 「사탕발림된 세계로 초대 Invitations to a candy-floss world」가 매우 부적절하다는 것을 금방 알아챌 수 있었을 것이다.

여기서 꼭 지적해두어야 할 것은, 호가트가 지나치게 과장되고 비관적인 1950년대를 보여주기 위해 꼭 1930년대를 낭만적으로 묘사한 것은 아니었다는 점이다. 부연하자면, 일부 비판가들이 생각하듯이 1950년대에 대한 그의 시각이 잘못되었다는 것을 증명하기 위해 1930년대에 대한 것도 잘못되었다고 말할 필요는 없다는 것이다. 이를테면 1930년대에 대해서는 정확히 보았으면서, 1950년대는 잘못 볼 수도 있는 것이다. 다른 많은 노동계급 출신의 지식인들과 마찬가지로, 호가트 역시 그의 새로운 중산층 동료들의 은혜를 베푸는 듯한 태도(사실이었든 그의 상상이었든 간에)에 반발하여, 자신의 노동계급 경험을 "노동계급은 비참하지만 나의 생활은 달랐다"는 식으로 일괄 처리하고자 했는지도 모른다.

나는 이러한 동기에 대해 지나치게 강조하고 싶지는 않으나, 『교양의 효용』에 대한 윌리엄즈(1957)의 서평에서는 어느 정도 지지를 받고 있다. 여기서 그는 '행운아 호가트'가 장학생이었던 자신의 생활을 회고한 것에 대해 언급하면서 "어떤 독자들은 이를 호감을 가지고 받아들였다(사실 그러지 말란 법이 있는가? 그런 내용은 그들이 듣고 싶어 하던 것이었고, 실제로 장학생이었던 자신의 이야기를 스스로 해주는 것일 뿐인데)"(426~427)고 평하였다. 또한 지배계층 주위에 몰려드는 '낯선 동료들'에 대한 토론에서 윌리엄즈(1965)는 비슷하지만 조금 더 일반적인 주장을 펼친다.

> 우리 세대에는 같은 종류지만 새로운 계층이 생겨났다. 이는 공공 교육이 확장된 덕에 상위계층으로 진입하게 된 놀랄 만큼 많은 수의 젊은 남녀들이다. 그들은 새로운 동료들의 칭찬 속에서 그들이 떠나온 민중계층의 구제불능의 저속함을 상세하게 설명하고 기록하는 데 많은 시간을 보내고 있다. 이제 필요한 것은 한 가지, 계속적인 교육적 확장이 실용적일 것이라는 믿음을 무력하게 만드는 것이다(377~378).

책의 후반부에서 호가트는 '당시 생활의 몇 가지 특징들'(169)을 살펴보면서 노동계급 문화의 자생적인 면들을 거의 감추다시피 하였다. 1930년대 노동계급의 즐거움을 이해하는 데 그렇게 중요했던 대중미학은 1950년대의 대중문화를 비난하기 위해 서두르는 바람에 사라져버렸다. "라디오 연속극들이 노동계급의 여성들에게 크게 인기를 얻는 것은 …… 지극히 보편적이고 별 볼일 없는 우상에 대한 탁월한 재현에 그들이 매료되었기 때문이다"(181). 이런 예들은 신문 만화에서도 자주 볼 수 있는데, 이를테면 "주인공인 '작은 남자'는 자기 딸이 학교 요리 경연대회에서 우승할 수 있을까라는 별반 중요하지도 않고 별 것도 아닌 일들을 끊임없이 며칠이고 고민한다"(같은 곳). 일상생활의 본질적인 중요성은 어떻게 된 것일까? 대중미학에 대해 논하는 대신 우리는 대량문화의 조작적인 힘을 증명하는 예들만을 보게 된다.

1950년대의 대중문화는 호가트에 의하면 더 이상 풍요로운 삶의 가능성을 제시하지 못하며, 모든 것이 너무나 얄팍하고 무미건조하다. '상업문화'의 힘은 이미 성장해서 새것(대량문화의 '빛나는 야만성')(193)이라는 명목으로 오래된 것, 즉 과거(전통적 노동계급 문화)에 대한 공격을 서슴지 않는다. 그 세계에서는 "'구식'인 것은 비난받기 마련이다"(192). 이 공격은 특히 젊은이들에게 잘 먹혀들어간다. 이들 '이상한 나라의 야만인'(193)들은 그들의 아버지나 할아버지들이 가졌거나 기대했던 것보다 훨씬 더 많이 갖기를 요구한다. 그러나 얄팍하고 진부할 뿐인 무의미한 쾌락주의는 결국 사람을 약하게 만드는 무절제만을 불러일으킬 뿐이다.

> '멋진 시간을 보낸다는 것'은 너무나 중요해서 다른 요구들을 모두 묵살해도 좋을 것처럼 느끼게 한다. 그러나 그것이 허용되었을 때는 멋진 시간을 보낸다는 것도 사실 일상의 행위로 반복되는 것이다. 현대의 대중오락에 대한 가장 큰 논쟁은 취향의 질을 떨어뜨린다는 것이 아니라(차라리 저질화는 생기와 활기 있는 것일 수 있다), 오히려 그것이 취향을 과도하게 자극하여 무디게 만들고, 끝내는 취향 자체를 아예 죽여버린다는 것이다. …… 그것은 신경 자체까지 죽이지만, 관중을 매료시킬 만큼 세뇌시켜서 차마 고개를 들고 "하지만 이건 가짜잖아"라는 말조차 꺼내지 못하도록 만든다(196~197).

비록 이 단계까지 이르지는 않았으나, 호가트에 의하면 모든 징후들이 우리가 이 방향으로 진행하고 있음을 보여주고 있다. 그러나 이 '사탕발림한 이상한 나라'(206)에서도 저항의 기미가 없는 것은 아니다. 예를 들어, 대량문화가 끔찍스러운 대중가요들을 양산해 낸다고 할지언정,

> 사람들은 그 노래들을 꼭 부르거나 들을 필요가 없으며, 또 대부분의 사람들은 그렇게 하지도 않는다. 그러나 그렇게 하는 사람들도 원래 그 노래보다 더 낫게 만드는 데 …… 사람들은 그들 나름대로 그것들을 새롭게 해석한다. 그러므로 구매량이 보여주는 것만큼 사람들이 많은 영향을 받는 것은 결코 아니다(231).

이러한 진술은 호가트의 주된 공격목표가 대중문화의 소비자들이 아니라 대중문화의 생산자들임을 다시 상기시킨다. 호가트는 문화적 쇠락의 '증거'로 많은 예들을 제시하고 있지만, 그 중에서도 중요한 예는 대중소설이다. 그는 현대소설(사실은 호가트가 쓴 모작)의 한 부분과 『이스트 린 *East Lynne*』과 『아담 비드 *Adam Bede*』의 한 부분을 비교한다. 그의 결론은 이렇다.

즉, 현대물은 얄팍하고 지루하며, "든든한 포만감을 주지도 못하면서 굶주림만 잠시 잊게 하는, 이를테면 물 탄 우유가 한 방울씩 떨어지는 것과 같은 것이다"(237). 그 현대물이 모작이라는 사실(호가트가 만든 예들이 다 그렇듯)은 제쳐놓고, 호가트는 그 열등함이 다른 두 작품에서 보이는 '도덕적 어조'(236)의 부재에서 비롯된다고 주장한다. 이는 사실일지도 모른다. 하지만 더 중요한 것은 이 다른 두 작품이 너무나 도덕적 어조로 가득 차 있으며, 독자들에게 무엇을 생각할 것인가를 말해주려고 한다는 점이다. 그도 인정하듯이, 이 작품들은 '웅변적'(235)이다.

현대물은 확실히 얄팍하며, 독자들에게 무엇을 생각해야 할지 말하지 않는다. 이 세 작품의 등급을 매기는 여러 가지 기준이 있겠으나, 모름지기 소설이란 사람들이 무엇을 생각해야 할지를 가르쳐주어야 한다는 식의 도덕적 어조를 내세워 『아담 비드』를 최상위에, 현대물을 최하위에 둔다면, 이는 다시 우리를 리비스주의의 가장된 확신으로 이끄는 것이나 다름없다. 더구나 우리는 손쉽게 이 평가를 역전시킬 수도 있다. 즉, 현대물은 그의 생략적이고 암시적인 가치로 높게 평가받을 수 있으며, 우리 편에서 우리를 위해 생각하지 않음으로써 우리 스스로 생각할 수 있도록 만든다고 할 수 있다. 이것을 생각의 (또는 도덕적 어조의) 결여 때문이라고 폄하할 것이 아니라, 오히려 가능한 한 독자가 스스로 생각할 수 있는 빈 공간을 마련해주는 것으로 보아야 할 것이다.

사탕발림된 이상한 나라로 가는 여정에 나타나는 또 다른 특이한 전조는 새 밀크 바(milk bar, 청소년들이 즐겨 가는 카페)의 단골손님들, 즉 '쥬크 박스 소년들 the juke box boys'(247)이며, 이들은 테디 보이 Teddy Boy를 뜻하는 호가트 자신의 용어이다. 밀크 바는 그 자체로 하나의 징조이다. "당장 그 현대적인 실내 장식들의 끔찍스러움과 번쩍거리는 외양만으로도 완전한 미학적 파탄을 볼 수 있다"(같은 곳). 이 바의 단골들은 대부분 "유행하는 양복에다 그림이 있는 넥타이를 매고 미국식 모자를 눌러 쓴, 15세에서 20세 사이의 소년들"(248)이다. 그들이 그곳에 가는 주된 이유는 "끊임없이 자동 레코드 플레이어에 동전을 집어넣기 위한 것"(같은 곳)이다. 음악은 "충분한 규모의 무도회장을 가득 채울 만큼 쩡쩡 울린다"(같은 곳). 음악을 들으며 "젊은 청년들은 한쪽 어깨를 들썩거리거나 험프리 보가트마냥 의자 건너편을 주시한다"(같은 곳).

> 이곳은 코너의 선술집과 비교하더라도 더 얄팍하고 활기 없는 무절제의 형태이며, 끓는 우유 냄새 속에 썩어가는 정신적 고갈을 보여준다. 옷차림, 머리 스타일, 얼굴표정들이 모두 시사하듯이, 대부분의 손님들은 그들이 미국생활이라고 여기는 몇 개의 단순한 요소들로 이루어진 '신화의 세계'에 살고 있는 것이다(같은 곳).

호가트가 보기에,

> 그들은 우울한 집단이다. …… 그들 중 대부분은 필시 평균적인 노동계급 청년들보다 더 열등한 지적 수준을 가지고 있을 것이며, 따라서 사람을 약하게 만드는 현대 대량문화의 흐름에 한층 쉽게 노출될 것이다. 그들은 책임질 일도 없으며 자신들에게나 남에 대한 책임감도 느끼지 않는다(248~249).

그들은 '전형적인' 모습은 아닐지 모르나 앞으로 올 하나의 불길한 징조임에 틀림없다.

> 이들은 동시대의 어떤 강한 힘들이 창조하고자 하는 유형의 인간이며, 기계적으로 생각하며 방향도 없고 길들인 노예와 같은 계층의 모습이다. …… 50마력 버스를 3펜스에 타고, 500만 달러짜리 영화를 1파운드 8펜스에 보는, 쾌락주의적이면서도 수동적인 이 야만인은 단순히 사회적 기형아가 아니라 하나의 전조이다(250).

쥬크 박스 소년은 "인구의 대부분이 텔레비전 수상기나 포스터, 영화 스크린에 눈을 고정시킨 채 순종하고 수용하는 수동적인 상태"(316)의 사회가 올 것임을 보여주는 하나의 징후이다.

그러나 호가트는 대량문화의 행진에 대해 완전히 절망하지는 않는다. 이를테면, 노동계급은 "문학에 대한 그들의 단순한 이해 수준만큼 상상력이 빈곤한 삶을 살아가지 않는다"(324)는 것이다. 과거의 공동체적이고 자생적인 대중문화는 아직도 노동계급의 표현방식, 즉 "노동자클럽이나 노래 부르는 스타일, 관악대, 구식 잡지들, 다트게임이나 도미노와 같은 그룹게임"(같은 곳)에 남아 있다. 게다가 그는 문화산업의 생산물을 그 나름의 목적을 위해 계속 허용하고, 격려하고, 적용시키는 그들의 "대단한 도덕적 자원"(325)에 대해 믿음을 가지고 있다. 간단히 말하면, 그들은 "생각보다 훨씬 영향을 덜 받았다. 물론 이 도덕적 자원이 언제까지 남아 있을지, 그리고 그것이 과연 새로이 탈바꿈할 수 있을지가 문제이다"(같은 곳).

그러나 그는 이와 같은 신중한 낙관론에도 불구하고, 날로 늘어나는 대중문화의 "위험한 압력"(330) 속에서 "잃어버린 생기와 늘어나는 공허함"(340)이 진짜 공동체를 무너뜨리는 마당에, "이와 같은 회복력만을 지나치게 강조하는 것은 자의적 성격을 띤 민주주의적 방종의 한 형태에 불과하다"고 경고한다. 그의 궁극적인 두려움은 '경쟁적인 상업'(243)이 전체주의적인 구상을 가질 수 있다는 점이다.

> 군중의 경제적 질적 '저하'를 막을 수 없는 지금, 경쟁적 상업은 한층 더 새롭고 강력한 지배형태로 된다. 그 지배가 과거의 것보다 더 강한 까닭은 문화적 종속이 경제적 종속보다 걸치기는 쉽고 또 결별하기는 더 어렵기 때문이다(243~244).

대중문화에 대한 호가트의 접근방식은 리비스주의와 공통점이 많다(이는 대체로 2장의 대중문화 분석에서 찾아볼 수 있다). 둘 다 문화적 쇠락이라는 개념을 가지고 있고, 또 둘 다 교육을 대중문화의 조작적 영향에 저항하며 그것을 물리칠 수 있는 수단이라고 생각한다. 그러나 호가트의 접근이 리비스주의와 다른 점은 노동계급의 문화에 대한 그의 세심한 관심과, 그리고 무엇보다도 그것에 대한 그의 분명한 책임감이다.

리비스주의와 가장 뚜렷하게 구별되는 것은 호가트의 '좋은 과거/나쁜 현재'의 내용이다. 말하자면 그는 17세기의 유기적 공동체 대신 '좋은 과거'로 1930년대의 노동계급 문화를 꼽고 있다. 호가트가 1930년대 문화에서 칭송하는 것은 모순적이게도 리비스주의자들이 저항하고자 했던 바로 그 문화이다. 이것만으로도 호가트의 접근방식은 리비스주의에 대한 명백한 비판이자 동시에 하나의 진보라 할 수 있다. 그러나 홀(1980b)이 지적하듯이 호가트는 "F. R. 리비스가 각인시켜 놓은 문화적 판단을 많이 거부하기"는 했으나, 그럼에도 불구하고 리비스의 문화적 방법론을 사용함으로써 "'전통'을 이어받고, 실제로 그것을 변형시키려 했던 것이다"(18).

레이먼드 윌리엄즈: 『문화의 분석』

문화연구에 끼친 윌리엄즈의 영향은 엄청났다. 그의 연구범위만도 상상을 초월할 정도이다. 그는 문화이론, 문화사, 텔레비전, 언론, 라디오와 광고에 대한 우리의 이해에 매우 중요한 기여를 남겼다. 앨런 오코너 Alan O'Connor(1989)의 참고

문헌 목록에 나오는 인쇄된 윌리엄즈의 목록만도 39쪽에 이른다. 그의 기여는 그가 웨일즈 노동계급 출신(그의 아버지는 철도 신호수였다)이라는 것과 또 학자로서는 캠브리지 대학의 연극과 교수였다는 사실을 두고 볼 때 더욱 놀랍다. 이 단원에서는 그가 문화주의의 출발에 미친 기여와 그것이 대중문화 연구에 끼친 영향에 대해서만 살펴보려고 한다.

『문화의 분석 *The Analysis Culture*』에서 윌리엄즈(2009)는 "문화의 정의에는 세 가지 일반적 범주가 있다"(32)고 말한다. 첫째, "문화는 어떤 절대적 또는 보편적 가치의 측면에서 '이상적인 것으로', 인간이 완벽함에 이르는 과정이나 그 상태"(같은 곳)이다. 이 정의에 기반을 둔 문화분석의 역할은 생활이나 작품 속에서 "영원한 질서를 구성하거나 또는 보편적 인간의 상태와 연관을 갖는 가치들을 찾아내고 묘사하는 것"(같은 곳)이다. 이것은 아놀드와 리비스주의로부터 물려받은 정의이며, 『문화와 사회』에서 그는 문화를 "현실적인 사회적 판단과정 위에 위치하면서 동시에 완충적이며 새로운 선택을 제공하는 인간의 마지막 대법정"(Williams, 1963: 17)이라고 말한다.

두 번째 정의는 '다큐멘터리' 기록물, 즉 기록된 텍스트와 문화적 관행이나 실천이다. 이 정의에서 "문화는 인간의 생각과 경험들이 구체적인 방법으로 다양하게 기록된 지적, 상상적 작업의 유기체"(Williams, 2009: 32)이다. 여기서 문화분석의 목적은 비판적 평가이다. 이것은 '이상적인 것'을 다루는 분석과 유사한 형태를 띌 수 있으며, 결국 아놀드가 말한 이른바 '인간의 생각과 표현의 정수'(2장 참조)를 찾아낼 때까지 비판을 통해 가려내는 작업이라 할 수 있다. 이는 또한 문화를 해석적 묘사와 평가의 비판대상으로 삼는 별로 바람직하지 않은 행위도 수반할 수 있다(문학연구가 그 명백한 예이다). 끝으로 문화분석은 문학적 평가의 기능보다는 좀 더 역사적인 면을 가질 수 있는데, 이것은 문화분석이 '역사적 기록'으로서 중요성을 가진다는 관점에서 그러하다(역사연구를 이 행위의 명백한 예로 꼽을 수 있을 것이다).

세 번째로는 "문화에 대한 '사회적' 정의가 있는데, 여기서 문화는 특정한 삶의 방식에 대한 묘사"(같은 곳)를 뜻한다. 이 마지막 정의가 문화주의의 출발에 가장 핵심적인 것이다. 문화에 대한 '사회적' 정의는 문화를 생각하는 세 가지 새로운 방식을 열어주었다.

첫째는 문화가 특정한 삶의 방식의 표현이라는 '인류학적' 입장이며, 두 번째는 문화가 '어떤 의미와 가치의 표현'(같은 곳)이라는 것이고, 세 번째는 문화분석 작업이 "특정한 삶의 방식이나 특정한 문화에 내재되거나 표출된 의미와 가치를 밝히는 일"(같은 곳)이어야 한다는 주장이다. 윌리엄즈는 문화의 사회적 정의가 요구하는 분석이 "다른 정의를 따르는 자들에게는 전혀 '문화'로 보이지 않는 그런 생활방식의 갖가지 요소들을 분석하는 것"(32)이 되리라는 것을 알고 있었다. 게다가 이와 같은 분석은 '이상적인 것'과 '다큐멘터리'의 평가방식을 아직도 사용하고 있다. 또한 그것은

> 기준의 확립을 위해서 특정한 의미나 가치를 연구하고 비교한다기보다, 오히려 종합적으로 사회적·문화적 발달을 더 잘 이해할 수 있는 어떤 일반적인 '법칙'이나 '경향'을 찾기 위해, 그 변화의 형태들을 연구하는 것이 될 것이다(32~33).

통틀어 문화의 사회적 정의에 포함된 세 요소가 바로 문화주의의 일반적 관점과 기본과정들인데, 그것들은 특정한 생활방식으로서 문화, 특정한 생활방식의 표현인 문화와 그 방식을 재구성하는 방법으로서 문화분석이다.

그러나 윌리엄즈는 문화를 이해하는 위 세 가지 방식들 중 어느 것도 놓치려 들지 않는다. "이들은 제각기 중요한 것을 말해주고 있다. 만일 그렇다면, 우리의 관심을 불러일으키는 것은 바로 이들 사이의 관계이다"(33). 그는 다른 정의를 포용하지 못하는 정의는 '적절하지 못하며' '받아들일 수 없는' 것이라 말한다. "아무리 어렵더라도 우리는 그 과정을 종합적으로 보도록 노력해야 하며, 우리의 특정한 연구들이 단지 외관상으로 그칠 것이 아니라 궁극적인 연관성을 통해 실제적이고도 복잡한 구조에 연결되도록 해야 한다"(34). 그는 이렇게 이어간다.

> 그래서 나는 문화이론을 삶의 방식 전체에 내재한 여러 요소들의 관계에 대한 연구라고 정의한다. 문화분석은 이러한 관계들이 복잡하게 얽혀 있는 조직체계의 성격을 알아내려는 시도이다. 그러므로 이런 맥락에서 특정한 작품이나 제도에 대한 분석은 그 조직체계의 본질적 성격에 대한 분석이며, 이는 전체 조직체계의 부분을 구현하는 작품이나 제도의 관계이기도 하다(35).

문화의 '복잡한 조직체계'를 특정한 삶의 방식으로 보았을 때 문화분석의 목적은 그 문화가 표현하고자 하는 것을 이해하는 것이다. 이를테면 그것은 '한 문화가 겪은 실제경험'과 '중요한 공통요소', '경험을 공유한 특정한 공동체'(36)를 말한다. 한마디로 이것은 윌리엄즈가 말한 '감정의 구조 the structure of feeling'(같은 곳)를 재구성하는 것이다. 윌리엄즈에 의하면 감정의 구조란 특정한 집단이나 계급, 사회가 공유하는 가치들이다. 이 용어는 집단적·문화적 무의식과 이데올로기가 낳은 잡종을 지칭하는 데 쓰인다.

이를테면 19세기 소설들은 당대 사회에 존재했던 '윤리와 실제 경험' 사이의 공간을 메우기 위해 마치 '마법과도 같은 해결방식'을 이용하는데, 윌리엄즈는 이를 예로 들어 설명하면서 저 용어를 사용한다. 적절한 때에 배우자가 죽거나 정신이상이 됨으로써 애정이 없는 결혼에서 해방되는 남녀, 파산이 났을 때 갑작스레 나타나는 유산, 식민지에서 때맞추어 실종되는 악당들, 거대한 부를 축적하고 식민지에서 돌아오는 가난한 자들과 그리고 당시의 사회질서 아래에서는 희망이 없는 자들을 배에 태워 다른 곳으로 보냄으로써 꿈을 이루게 하는 것들이 모두 이에 해당하는 예라고 할 수 있다. 이 모두가 (그리고 더 많은 것들도) 공유된 감정구조에 대한 예로 꼽히며, 이것은 19세기 사회의 모순들로부터 벗어나기 위한 의식적·무의식적 작업이었다. 문화분석의 목적은 '시에서부터 건축물과 의상 패션에 이르기까지'(37) 광범위한 기록자료를 통해 감정의 구조를 읽어내는 것이다. 그는 이렇게 설명하고 있다.

> 항상 우리가 찾는 것은 그 조직체계 전체가 표현하고자 하는 실제 생활이다. 기록된 문화가 그 어느 것보다 중요한 이유는 살아 있는 증인들조차 언급하지 못하는 그 시대의 삶을 직접 표현해주기 때문이다(같은 곳).

그러나 이 상황은 문화가 항상 세 개의 층위로 나뉘어 있기 때문에 더 복잡해진다.

> 문화의 가장 일반적인 정의에서조차도 우리는 반드시 문화의 세 가지 층을 구별해야 한다. 그 시대와 그 공간에 살고 있는 사람들에게만 충분히 인식되는 그 시대와 그 공간의 살아 있는 문화가 있다. 또 예술에서부터 가장 일상적인 일까지 갖가지 종류의 내용들이 기록된 한 시대의 문화가 있다. 마지막으로 살아 있는 생활문화와 각 시대의 문화를 연결해주는 요소인 선별적 전통의 문화가 있다(37).

살아 있는 생활문화란 사람들이 특정한 시기에 특정한 장소에 살면서 경험하는 문화이다. 이 문화에 대해 제대로 인식할 수 있는 사람은 실제로 그런 감정의 구조 속에서 살았던 사람뿐이다. 역사적으로 이 시기가 지나면 감정의 구조는 조각나기 시작한다. 문화분석은 그 문화의 문헌적 기록을 통해서만 접근이 가능하다. 그러나 이 문헌적 기록조차도 '선별적 전통'(같은 곳)이라는 과정을 거치면서 조각나기 시작한다. 살아 있는 생활문화와 재구성된 문화분석 사이에 세세한 내용들이 많이 소실되게 마련이다.

예를 든다면, 윌리엄즈가 지적하듯이 19세기에 있었던 모든 소설을 전부 읽었다고 주장할 수 있는 사람은 아무도 없다. 그 대신에 수백 권을 읽었다고 말할 수 있는 전문가, 그보다 좀 덜 읽은 학자, 그리고 그보다도 더 적게 읽은 '교육받은 독자'는 있다. 이처럼 책의 선택 과정이 아주 명백하지만, 세 집단의 독자들은 19세기의 소설에 대해 같은 감정을 가질 수 있는 것이다. 윌리엄즈는 물론 19세기의 어떤 독자도 19세기의 모든 소설을 다 읽지는 못했을 것이라는 점 또한 알고 있다.

그러나 그가 말하고자 하는 것은, 19세기의 독자는 "후대의 어떤 독자도 완전히 재생시킬 수 없는 어떤 것 ……, 즉 그 시대의 소설들이 다룬 생활감정을 가지고 있었으며, 현재 우리에게는 그것이 선택을 통해서만 접근할 수 있는 것이다"(38). 윌리엄즈에게는 문화적 전통에 대한 선택을 이해하는 것이 핵심적인 것이다. 이러한 선택은 항상 (불가피하게) "한때는 살아 있는 문화였던 것에서 상당 부분이 배제된"(38) 문화기록이나 문화전통을 만든다. 더군다나 그가 『문화와 사회』에서 설명하고 있는 것처럼, "이러한 선택과정의 경향은 언제나 지배계급의 관심과 통제하에 놓여 있기 마련이다"(1963: 313).

> 한 사회에서 선택은 각 계급의 이해관계를 위시하여 여러 가지 특별한 이해관계들에 의해 지배될 것이다. 실제의 사회상황이 동시대의 선택을 크게 좌우하는 것과 꼭 마찬가지로, 사회의 발전, 즉 역사변화의 과정은 선택적 전통을 크게 좌우할 것이다. 한 사회의 전통적 문화는 그 사회가 가지고 있는 동시대의 관심과 가치 체계에 부합하는 경향이 있다. 왜냐하면 그것은 절대적인 작품체계가 아니라 지속적 선택과 해석이기 때문이다(2009: 38~39).

이것은 대중문화를 연구하는 사람에게 아주 중요한 부분이다. 선택이란 예외없이 '동시대의 관심과 이해관계'에 기반을 두고 있고, '많은 평가의 반전과 재발견'이 일어난다는 사실은 곧 "미래의 어떤 상황에서도 과거 작품이 미친 영향이나 그 관계를 예측할 수 없다는 점"(39)을 시사한다. 만약 그렇다면 동시대의 문화에서 무엇이 옳고 그른지, 무엇이 고급이고 대중적인지에 대한 절대적 판단은 각 시대라는 우연적 요소의 소용돌이 속에서 다시 정돈되어야 하는 것으로, 명확한 판단을 내리는 것은 금물이라 할 수 있다.

이미 지적했듯이 윌리엄즈는 "문화적 전통은 선택일 뿐만 아니라 해석"(같은 곳)이라는 것을 자각하는 문화분석의 형태를 옹호한다. 문화분석은 현대의 해석을 뒤집을 수는 없으나 해당 텍스트나 작품을 그 역사적 시기로 옮겨서 다른 각도의 '역사적 대안'을 동시대 해석과 견주어보고, 또 "그 작품이 발판으로 삼는 특정한 시대의 가치"(같은 곳)를 보여줄 수 있다. 이렇게 함으로써 우리는 '그것이 표현되었던 전체적인 역사의 조직체계'와 '그것이 사용되는 동시대의 조직체계'를 뚜렷이 구별할 수 있게 된다(같은 곳). 요컨대 이런 방식으로 작업함으로써만이 우리는 '실제의 문화과정'을 밝혀낼 수 있는 것이다(같은 곳).

윌리엄즈의 분석은 리비스주의와는 여러 가지 면에서 다르다. 첫째, 예술이 특별한 지위를 갖는 것은 아니다. 그것은 다른 인간의 활동들과 마찬가지로 하나의 인간 활동일 뿐이다. "예술은 생산, 교역, 정치, 가족 부양 등과 똑같은 하나의 활동"(34)이다. 윌리엄즈는 문화에 대한 민주적 해석, 즉 삶의 특이한 방식으로서 문화를 강조한다. 『문화와 사회』에서 그는 부르주아 문화를 "개인주의라는 근본사상과 거기서 파생되는 제도와 습관, 사고방식과 의도"로, 그리고 노동계급 문화를 "집단주의라는 근본사상과 거기서 파생되는 태도와 습관, 사고방식, 의도"로 구별한다(1963: 313). 그리고 그는 노동계급 문화의 성과에 대해 이렇게 설명한다.

> 산업혁명 이후 노동계급은 그 위치 때문에 좁은 의미로서 문화는 생산하지 못했다. 노동계급이 생산한 중요한 문화는 집합적 민주주의 제도로 노동조합이나 협력운동 또는 정치정당에서 볼 수 있다. 노동계급 문화는 그것이 거쳐 온 과정을 두고 볼 때 개인주의적(특정한 지적, 상상적 작업이란 점에서)이라기보다는 주로 사회적(제도를 만든다는 점에서) 성격을 띤다. 이런 맥락에서 볼 때 그것은 놀랄 만큼 창조적인 업적이라 할 수 있다(314).

윌리엄즈가 일상생활의 텍스트 및 실천행위들과 교류하는 데서 만들어지는 '평범한' 사람들의 '살아 있는 경험'을 문화라고 정의할 때, 그는 마침내 리비스주의와 결정적으로 결별한다. 여기에 대중문화에 대한 민주주의적 정의의 기반이 있다. 윌리엄즈는 공유문화가 필요하다는 리비스의 주장을 심각하게 받아들인다. 그러나 리비스주의와 윌리엄즈의 차이는 리비스주의가 차별과 복종이라는 위계적 문화만을 요구하는 반면, 『교양의 효용』에 대한 윌리엄즈의 서평은 이 두 관점의 차이에 대해 다음과 같이 지적하고 있다.

> 일요신문이나 추리소설, 연애소설에 대한 분석들은 …… 우리에게 매우 친숙하다. 그러나 당신 자신이 그러한 독자계층 출신일 때, 즉 아직도 그런 것들에 끌리고 있다고 느낄 때, '교육받은 소수, 저질의 군중'이라는 과거의 공식을 만족하게 여길 리가 없다. 당신은 대부분의 '대중문화'가 얼마나 나쁜지는 알고 있다. 그렇지만 당신은 동시에 버크 Burke가 빛과 지식을 짓밟아버릴 것이라고 예언했던 '돼지 같은 다수'의 분출이 실은 당신이 버리려고 해도 결코 버릴 수 없는 당신과 같은 사람들의 상대적인 힘과 상대적인 정의로 다가오고 있음을 알 수 있다(1957: 424~425).

윌리엄즈는 끊임없이 "'대중문화'가 얼마나 나쁜지" 안다고 주장하고 있으나 이는 더 이상 교육받은 소수, 저질의 군중이라는 '과거의 공식'을 통해 확신을 얻은 그 집단 내에서 비롯된 생각은 아니다. 윌리엄즈가 주장하고 있듯이 우리는 문화산업이 생산한 문화상품과 사람들이 그 상품으로 만들어내는 것을 구분할 수 있다. 그가 확인한 바로는,

> '노동계급'의 '대중문화'(상업적 신문, 잡지, 오락 등등)는 극히 위험하고 믿을 수 없는 것이다. 이러한 대중문화의 주된 원천은 온통 노동계급 외부에 있다. 왜냐하면 상업적 부르주아가 그것을 마련하고, 자금을 대고, 작동시키는가 하면, 또 생산과 분배에서 여전히 자본가가 그것을 주도하기 때문이다. 이러한 상품을 소비하는 대다수 노동자계급의 사람들은 …… 이 점을 손쉽게 확인할 수 있는데도 그것을 사실로 인정하지 않는다(425).

달리 말하면, 사람들은 그들이 소비하는 상품으로 분류될 수 없다. 윌리엄즈의 지적에 따르면, 호가트의 문제점은 그가 아놀드의 입장에서부터 '노동계급이 정치적으로 부패했다는 동시대의 보수적 시각에 이르기까지 너무 많은 옛 공식들을 채용한' 데에 있으며, 그 결과 '근본적인 개정판'이 필요하다는 논쟁이 일어났다(같은 곳). 홀(1980b)이 "전후 영국 지식인의 세계에서 맹아적 사건"(19)으로 묘사한 「문화의 연구」와 이 글이 실린 『장구한 혁명 *The Long Revolution*』이라는 책은 결국 대중문화에 대한 반리비스적 연구의 기반을 닦기 위해 필요한 근본적인 개정판을 마련하는 데 큰 도움을 주었다.

톰슨: 『영국 노동계급의 생성』

『영국 노동계급의 생성 *The Making of the English Working Class*』의 서문에서 톰슨은 이렇게 말한다.

> 이 책의 제목은 어설프기는 하지만 그 목적에는 알맞다. 왜 '생성'이냐 하면, 이는 그 상태만큼이나 작용에 의존하는 활동적 과정에 대한 연구이기 때문이다. 노동계급은 예정된 시간에 떠오르는 태양처럼 부상하지는 않았다. 노동계급은 그 자체의 생성에 즈음하여 등장한다(1980: 8).

톰슨에게 영국의 노동계급은 다른 계급과 마찬가지로 하나의 '역사적 현상'이다. 이것은 '구조'나 '범주'가 아니라 '가공되지 않은 살아 있는 경험 내에서, 또 의식 속에서 일어난 본질적으로 다르고 일견 연관성 없는 사건들'의 복합이다. 이는 "인간관계에서 실제로 일어나는(그리고 일어났다는 것을 보여줄 수 있는) 것"(같은 곳)이다. 게다가 계급은 '어떤 사물'이 아니라 항상 다른 계급이나 계급집단에 대항하기 위해 한 계급을 한데 묶는 '통합'과 '차별'의 역사적 관계이다.

톰슨의 설명대로 "계급은 어떤 사람들이 물려받거나 공유한 공통경험을 통해 자기들 사이나 또 자신들과 다른(보통 상반되는) 관심을 가진 다른 사람들에 맞서 이해관계의 정체성을 느끼거나 이를 명확히 표현하는 과정에서 발생하는 것이다"(8~9). 계급의 공통경험은 주로 "타고나거나 자기도 모르는 사이에 편입된 생산관계에 의해 결정된다"(9). 그러나 계급의 의식이나 경험을 문화로 옮기는 과정이 이런 방식으로 결정되지는 않는다. "계급은 그들의 역사를 이루어나가는 그들 자신들에 의해 정의되며, 궁극적으로는 이것이 유일한 정의이다"(10). 그러므로 톰슨에게 있어서 계급은 "역사적으로 중요한 시기에 그들 자신에 의해 이루어지는 바로 그 과정 속에서 발생하게 되는 사회적 · 문화적 형태"(11)이다.

톰슨의 『영국 노동계급의 생성』은 상이하면서도 서로 연관된 세 가지 관점에서 영국 노동계급의 정치적 · 문화적 생성을 상술하고 있다. 첫째로 이 책은 18세기 말 영국 급진주의의 정치적 · 문화적 전통 — 종교적 박해 집단, 대중적 불만과 프랑스 대혁명의 영향 등 — 을 재구성하고 있다. 둘째로 산업혁명의 사회적 · 문화적 경험을 각기 다른 노동계급 — 방직공, 농사꾼, 면사 추출공이나 장인 등 — 을 통해 살피고 있다. 마지막으로 정치적 · 사회적 · 문화적으로 '강한 기반과 자의식을 가진 노동계급의 여러 제도들'의 발달과 더불어 성장해 온 노동자의 계급의식을 분석하고 있다(212~213).

톰슨은 "노동계급은 만들어진 것만큼이나 스스로를 만들어낸다"(213)고 주장한다. 그는 그의 연구로부터 두 가지 결론을 이끌어낸다. 하나는 "1790년에서 1830년 사이의 가장 두드러진 사실은 뭐니 해도 '노동계급'의 생성"(212)이라는 것이고, 다른 하나는 "이때 이미 영국이 겪은 가장 분명한 색채의 대중문화가 등장했다"(914)는 것이다.

『영국 노동계급의 생성』은 '아래로부터의 역사'를 보여주는 고전적인 예이다. 톰슨의 목적은 1830년대에 이르기까지 수십 년에 걸친 산업자본주의 사회의 형성을 이해하기 위해 영국 노동계급의 '경험'을 그 중심에 두는 일이다. 그레고어 맥렐란 Gregor McLellan(1982)에 의하면 이것은 두 가지 의미에서 아래로부터의 역사이다. 노동계급의 경험을 역사과정에 다시 도입하고자 한 점에서 그러하며, 또 노동계급이 자신의 계급을 의식적으로 만들어왔다고 주장하는 점에서도 그러하다.[1] 톰슨은 "역사는 사람들이 만든다"는 마르크스(1977)의 입장을 따르고 있다. "사람들은 그들의 역사를 스스로 만들어가지만 그들이 원하는 방향으로만 만들지는 않는다. 그들은 그들이 선택한 상황하에서 역사를 만든다기보다는 오히려 직접 부딪치거나 과거로부터 부여받거나 계승된 상황하에서 역사를 만든다"(10).

톰슨이 강조한 것은 이 중 마르크스주의 역사가들에 의해 지나치게 강조되었던 두 번째 부분(구조적 요인)이 아니라 마르크스의 주장 중 첫 번째 부분(사람의 힘)이다. 실제로는 그렇지 않을지 모르나, 역설적이게도 톰슨 자신도 결국 구조적 요인을 무시함으로써 인간의 힘 — 인간 경험, 인간의 가치 — 의 역할을 지나치게 강조했다는 비판을 받아 왔다(Anderson, 1980 참조).

『영국 노동계급의 생성』은 여러 면에서 사회사적으로 기념비적인 저서이다(그 분량만 해도 펭귄 문고본의 경우 900쪽을 넘는다). 대중문화를 공부하는 사람들에게 이 책이 중요한 것은 그 역사적 설명방식 때문이다. 톰슨에게 있어 역사는 추상적인 경제적·정치적 과정에 대한 것이 아니며 또 훌륭한 사람들의 업적에 관한 것도 아니다. 이 책은 '평범한' 사람들과 그들의 경험과 가치, 생각, 활동,

1) '아래로부터의 역사'에 관한 또 다른 탁월한 예는 천시(Chauncey, 1994)를 참조하라. 천시는 이렇게 설명한다. "내가 젠더(gender)에 대한 길거리 수준의 정책에 초점을 맞추고 있다는 사실이 시사하듯이, 이 책의 기본적인 논의들 가운데 또 다른 것은 바로 다음이다. 즉, 호모섹슈얼리티(homosexuality) — 그리고 보다 일반적으로 성(sex)과 섹슈얼리티 — 의 역사는 그것이 엘리트의 담론에 지나치게 의존함으로써 오히려 상처를 받아 왔다. 미국사회에서 가장 영향력이 높은 요소들이 문화의 공식적인 지도를 고안했다. …… 이 책이 이러한 지도를 감안하고 있긴 하지만, 길거리에서 일상적인 관행에 의해 아로새겨지는 지도의 구성, 즉 비록 출판물로 발표되거나 혹은 달리 공식화되는 것은 아닐지라도 사람들의 실제 행동을 인도하는 길의 구성에 대해 더 많은 관심을 기울이고 있다. …… 이 책이 분석하고자 하는 것은 …… 호모섹슈얼리티가 대중문화에서 보여주는 변화의 모습들, 그리고 동성애적으로 활동하는 사람들이 스스로를 이해하고 상호 교류하는 방식이나 그들에게 꼬리표가 붙는 방식들을 만들어낸 길거리 수준의 사회적 실천과 역학관계(dynamics)이다"(26~27).

소망에 관한 것이다. 한마디로 이 책은 산업혁명으로 득을 본 자들에 대한 저항의 장으로서 대중문화에 관한 것이다.

홀(1980b)은 이 책이 리비스적 전통으로 보호받던 "편협하고 엘리트적인 '문화' 개념"에 도전하면서, 또한 윌리엄즈의 『장구한 혁명』에 자주 나타나는 진화론적 접근방식에도 도전하고 있기 때문에, 이를 "전후 세대 최초의 맹아적 사회사 연구"라 부른다(19~20).

이 책이 출판되고 십여 년 후 가진 인터뷰에서 톰슨(1976)은 그의 역사적 방법론에 대해 언급하면서, "일반화를 위해 역사가는 언제나 모든 이야기를 들어야 한다"(15)고 말한다. 물론 톰슨만이 유일하게 '듣는' 역사가는 아니다. 좀 더 선택적으로 듣는 보수적인 역사가인 영 G. M. Young은 "역사는 들을 만한 필요가 있는 사람들의 대화"(McLellan, 1982: 107에서 인용)라고 말한다. 톰슨의 경청이 본질적으로 다른 것은 누구에게서 들었느냐는 것 때문이다. 톰슨은 『영국 노동계급의 생성』 서문의 유명한 구절에서 다음과 같이 설명하고 있다.

> 나는 후대인들이 굉장히 동정하는 태도로 대하는 가난한 양말장이들, 러다이트 Luddite의 고용주, '한물간' 수직공, '유토피아적' 장인, 그리고 심지어는 조안나 사우스코트 Joanna Southcott에 혹한 맹신자들을 구해내고자 하였다. 그들의 기술과 전통은 죽어가고 있었는지도 모른다. 새로운 산업주의에 대한 그들의 적대감은 과거에 대한 회고에 불과했을 수도 있다. 그들의 공동체적 이상은 환상이었을 수 있다. 그들의 반란 음모는 바보짓일 수 있었다. 그러나 그들은 격렬한 사회불안의 시기를 살아왔고, 우리는 그러지 못했다. 그들의 소망은 그들 자신의 경험에서 보면 타당하며, 그들이 만약 역사의 피해자들이라면, 그들은 그들의 삶 자체에서 이미 피해자로 운명지워진 것이다(1980: 12).

대중문화 연구에 대한 톰슨의 기여를 살펴본 이 짧은 설명을 마무리하기 전에 꼭 지적해두어야 할 것은, 톰슨 자신은 그의 연구를 '문화주의'로 인정하지 않았다는 점이다. 이 점과 연관된 또 다른 내용들이 존슨과 홀, 톰슨 자신이 참여하여 열띤 논쟁을 벌인 '역사 워크숍'의 주제였다(Samuel, 1981 참조). 이 토론에 참여한 글들을 읽을 때 부딪히는 어려움들 가운데 하나는 문화주의가 두 가지 매우 다른 의미를 지닌 것으로 되어 있다는 점이다. 한편으로 그 용어가 (지금 여기서 내가 사용하는 것처럼) 특정한 방법론을 기술하기 위해 사용되고, 또 다른 한편으로는 비평용어(보통 더욱 '전통적인' 마르크스적 관점이나 마르크스적 구조주의의 관점에서)로 쓰이고 있는 것이다. 이는 매우 복합적인 사안이지만 호가트와 윌리엄즈, 톰슨에 대한 논의를 끝내기 위해 다음과 같이 간단히 정리할 수 있다.

긍정적으로 볼 때 문화주의는 하나의 사회구성체를 사회학적, 역사적으로 이해하기 위해 문화(즉, 인간의 힘, 인간의 가치, 인간의 경험)를 매우 중요하게 다루는 방법론이다. 부정적으로 보면 문화주의는 문화가 그 자체와는 무관한 구조의 결과이며, 완전한 인정이나 승인은 못 받았지만 궁극적으로 문화를 결정짓고, 속박하며, 생산하는 것은 구조라는 가설을 받아들이는 관점이다. 톰슨은 이 중 두 번째 의견에는 완강히 반대하며, 어떤 식으로 정의하든 문화주의는 그의 연구에 적용될 수 있지 않느냐는 제의에 대해선 전적으로 거부한다.

스튜어트 홀과 패디 화넬: 『대중예술』

『대중예술 *The Popular Arts*』의 주된 논지는 "실제로 질적인 면에서 보았을 때 …… 좋고 가치 있는 것과 허울 좋고 저질인 것 사이의 갈등은 커뮤니케이션의 현대적 형태에 대한 갈등이 아니라 이들 매체 내부에서 일어나는 갈등이라는 점이다"(Hall and Whannel, 1964: 15). 홀과 화넬의 관심사는 이러한 구별작업의 어려움에 있다. 그들은 대중문화 연구에서 "가치와 가치평가의 문제를 다루는 비평적 방법"을 고안하는 데 온 정성과 심혈을 기울인다(같은 곳). 이 작업을 수행하면서 그들은 호가트와 윌리엄즈의 연구에 경의를 표하고, 또 리비스주의의 대표적 학자들에게도 감사하게 된다.

이 책은 학교 교실에 끼친 대중문화의 영향에 대한 우려를 없애기 위해 씌어졌다. 1960년 전국교사연합 National Union of Teachers(NUT)은 한 결의안을 채택하였는데, 다음은 그 일부이다.

> 본 회의의 참석자들은 언론과 라디오, 영화, 텔레비전의 오용으로 빚어지는 가치기준의 타락을 막기 위해 모종의 조치가 있어야 한다고 믿는다. …… 이는 특히 매스컴을 활용하고 조정하는 이들과 학부모들에게, 젊은이들이 학교에서 교육받은 가치와 바깥세상에서 직면하는 가치 사이에 일어나는 빈번한 갈등을 방지하기 위한 선생님들의 노력에 동참할 것을 요구한다(Hall and Whannel, 1964: 23에서 인용).

이 결의안은 교사연합의 '대중문화와 개인의 책임'에 관한 특별회의로 이어진다. 그 회의에서 발언자였던 작곡가 말콤 아놀드 Malcolm Arnold는 이렇게 말했다. "누군가가 아담 페이스 Adam Faith보다 베토벤을 더 좋아한다고 해서 그 사람이 도덕적으로, 또는 다른 면에서 한층 우월하다고 할 수는 없다. …… 물론 둘 다를 좋아하는 사람은 그렇지 않은 사람에 비해 인생에서 더 많은 것을 즐길 수 있다는 점에서 매우 행복하다고 할 수 있다"(위의 책, 27).

홀과 화넬(1964)은 아놀드의 '진의'를 인정하면서도 '아담 페이스를 마구 예로 든 것'에 대해서는 의아해한다. 어떤 진지한 기준에 의거하더라도 "그는 대중가수로서도 삼류밖에 되지 못한다는 것"이 그들의 주장이다. 게다가 그들의 설명처럼 '진지한 기준'에 의거한다는 말은 "그 기준이 이를테면 프랭크 시나트라나 레이 찰스의 음악을 포함한 '대중음악'의 장르에도 적용되며, 합법적으로 승인받을 수 있다는 것을 뜻한다"(28). 여기서 홀과 화넬이 시도한 것은 고급문화는 모두 좋고 대중문화는 모두 나쁘다는 리비스주의나 대량문화 비판(대부분 미국에서 파생한)을 배격하고, 오히려 대부분의 고급문화는 좋으며, 리비스주의와 대량문화 비판과는 달리 일부 대중문화도 좋다는 것을 주장하려는 것이다. 다시 말해서 그것은 궁극적으로 대중들의 분별력이나 안목에 달린 문제이다.

『대중예술』의 목적 중 하나는 대중문화에 대해 공격 일변도였던 과거의 '잘못된 일반화'를 바로 잡는 것이다. 그리고 그것은 대중문화의 범위 안에서 대중들이 쉽게 식별할 수 있도록 도와줌으로써 가능하다. 다시 말해 대중문화의 '영향'에 대해 걱정만 하기보다는 '좀 더 지각 있는 관중이 되도록 훈련시키는 것'(35)이 더 중요하다는 것이다. 홀과 화넬에 의하면 지각 있는 관중들은 팝음악보다 재즈를, 리버레이스 Liberace보다 마일스 데이비스 Miles Davis를, 아담 페이스 Adam Faith보다 프랭크 시나트라를, 할리우드 주류영화보다 폴란드영화를, 그리고 「남태평양」보다 「지난해 마리앙바드에서 L'Année Dernière á Marienbad」를 선호하고, 고급문화(셰익스피어와 디킨즈, 로렌스)가 항상 최고라는 것을 직관적으로 또 본능적으로 알아본다.

그들은 대량문화는 항상 '미리 소화된 것', 즉 그 텍스트나 실천행위와의 진정한 상호 교류 없이 우리의 반응이 이미 결정되어 있다는 클레멘트 그린버그 Clement Greeberg의 생각(이는 아도르노로부터 유래된 것이다)을 받아들인다. 그들은 이것이 대중문화의 좋고 나쁨을 가리는 수단이 될 뿐 아니라, 고급문화의 예들에도 적용될 수 있다고 하였다. 다시 말해서 "(문화를 '미리 소화된 것'이라고 하는) 이런 정의의 중요한 점은 기존의 구분범위를 넘어선다는 것이다. 이는 영화에 적용되지만 모든 영화는 아니며, 텔레비전에 적용되지만 모든 텔레비전은 아니다. 이는 대중문화의 일부에, 또 전통문화의 일부에 적용되는 것이다"(36).

홀과 화넬의 접근방식은 대중문화가 교실에 소개될 때 일반적으로 일어나는 두 가지 교육방식을 거부하는 데까지 이른다. 그 첫 번째는 방어적 전략으로 대중문화를 이류문화로 비난하기 위한 것이다. 두 번째는 '기회주의적' 전략으로 학생들을 더 나은 것으로 인도하기 위한 희망에서, 일단 그들의 대중적 취향을 포용하는 것이다(37). 그들의 주장에 따르면, "그 중 어느 것도 진실된 반응이 아니며 또 진정한 평가의 기반이 될 수도 없다"(같은 곳). 어느 것도 그들이 필요하다고 주장하는 '분별력의 훈련'(같은 곳)이 되지 못한다. 여기서 분별력의 훈련이란 '나쁜' 대중문화의 잠입에 대항하여 '좋은' 고급문화를 옹호하는 리비스주의의 고전적 차별이 아니라, 대중문화 자체를 구별하는 것, 즉 좋은 대중문화를 나쁜 대중문화에서 가려내는 것을 뜻한다.

그들은 대중문화의 텍스트나 작품을 궁극적으로 진정한 문화에 이르기 위한 '취향의 디딤돌'로서 교육에 도입할 것을 주장하지는 않았으나,[2] 아직도 여전히 (호가트와 윌리엄즈처럼) 대중/고급문화 사이에는 근본적인 범주나 가치에서 차이가 있다고 고집한다. 그러나 홀과 화넬에게 있어서 그 차이는 반드시 우월/열등의 문제가 아니라 만족의 정도 차이를 뜻한다. 이를테면 "콜 포터 Cole Porter의 음악이 베토벤의 것보다 열등하다고 말해보았자 소용이 없다. 왜냐하면 포터와 베토벤의 음악은 같은 가치가 있는 것은 아니지만, 포터는 최소한 베토벤의 음악에 필적할 음악을 창조하려고 한 것은 아니었기 때문이다"(39).

동등하지 않은 것은 아니나 가치가 다르다는 것, 이는 매우 설명하기 어려운 구별이다. 그것은 문화적 텍스트와 실천행위를 그 자체로 인정해야만 한다는 것, 즉 "상이한 목적들을 인정하고 …… 그 성과를 정해진 범위에서 다양하게 평가해야 한다"(38)는 것을 의미한다. 이러한 방법은 문화활동 전반에 식별이 가능해질 수 있도록 해줄 것이며, 또 고급문화가 그 외 다른 문화에 대해 방어적으로 영토화 ghettoization하는 것을 방지할 것이다.

그들은 리비스주의의 '선구자들'에게 '엄청난 빚'을 지고 있음을 인정하고 또 과거의 유기적 문화에 대한 리비스적 관점(윌리엄 모리스의 독해를 통해 수정된)을 어느 정도 수용한다. 그럼에도 불구하고 그들은 고전적 좌파 리비스주의 경향

2) 나는 중등학교 시절의 한 선생님을 기억한다. 그 선생님은 음악수업 시간에 비틀즈, 딜런, 스톤(The Stones)의 음반을 가져오도록 하셨습니다. 음악수업은 언제나 똑같은 방식으로 끝났습니다. 이를테면 우리 청소년들의 음악적 취향에 근본적인 잘못이 있다는 것을 우리에게 확신시키려고 하셨던 것입니다.

에서 보이듯이 리비스주의의 보수주의와 비관주의를 거부하며, 현재의 문화에 대해 "의식으로 무장된 소수가 저항하도록"(Q. D. 리비스) 격려하는 대신 "우리가 진정한 대중문화를 재창조하고자 한다면 바로 현존하는 사회 안에서 그 성장점을 찾아야 한다"(39)고 강조한다. 그들은 대중이 '비판하고 평가하는 태도'(46)를 채용함으로써, 또 "대중문화에 많은 것을 요구하는 것이 어리석은 일"(40)이라는 것을 잘 알고 있으므로, 결국 "'진지한 것'과 '대중적인 것', '오락'과 '가치' 등의 헛된 구분과 결별하는 것"(47)이 가능하리라고 본다.

홀과 화넬의 논문 후반부는 결국 대중문화 속에서 대중예술의 범주를 인정해야 할 필요성에 관한 것이다. 즉, 대중예술은 '진정한' 예술이 되고자 시도했다가 실패한 예술이 아니라, 대중 속에서 작동하는 예술이다. 뮤직 홀 중 가장 나은 곳, 특히 마리 로이드 Marie Lloyd를 예로 들면서(그 외에 찰스 디킨즈나 초기의 찰리 채플린, '군 쇼 The Goon Show', 재즈 음악가들을 함께 고려하면서) 그들은 다음과 같은 정의를 내리고 있다.

> 대중예술은 민속예술과 많은 공통점을 갖고 있으면서도 세련된 상업문화 속에서 '개인적인' 예술이 되었다. 어떤 '민속적' 요소들은 계승되었지만, 익명의 민속작가 대신 예술가로 그리고 공동체적 양식 대신 연주자의 '양식'으로 바뀌기도 했다. 여기서 그 관계는 더욱 복합적이다. 예술은 더 이상 단순히 아래로부터 창조되는 것이 아니다. 그것은 상호 교류를 통해, 공연하고 느끼고 하는 관습에 의해 그들 사이의 화합을 다시 가능하게 하는 것이다. 이 예술은 비록 '유기적 공동체'의 '삶의 방식'이 만들어낸 산물도 아니고 또 '민중에 의해 만들어진 것'도 아니지만, 그렇다고 고급예술에 함께 적용될 수도 없는, 그야말로 민중을 위한 대중예술이라고 할 수 있다(59).

이 논지에 따르면, 좋은 대중문화(즉, 대중예술)는 산업화와 도시화로 인해 상실된 연주자와 관중 사이의 관계를 재확립할 수 있다. 그들은 다음과 같이 설명한다.

> 대중예술은 …… 기본적으로 이미 알려져 있는 가치와 태도를 밀도 있는 형식을 통해 다시 말하는 이른바 양식화된 예술이다. 다시 말해서 그것은 평가하고 재확인하는 것이다. 그러나 그 과정에서 예술적 경이나 인식의 충격을 겪게 된다. 이러한 예술은 관중과 연주자 사이에 접촉이 이루어진다는 점에서 민속예술과 공통적이지만, 이름 있는 연주자 개인의 예술이란 점에서는 민속예술과 다르다. 관중들은 이제 하나의 공동체로서 연주자의 기술과 그 개인의 표현양식이 그들이 공유하는 보편적 가치와 경험을 해석하고 대변해주기를 바란다(66).

예술과 대중예술에 대한 홀과 화넬의 구분이 안고 있는 한 가지 문제점은 그것이 설명을 위해 예술의 '놀라움'에 의지한다는 점이다. 그러나 이것은 모던 또는 모더니즘 시기에 내려진 예술의 정의이다. 모더니즘에 의한 예술의 혁명 이전에는 여기서 대중예술이라고 언급된 모든 것이 일반적인 예술의 범주에 해당되는 것이었다. 그들은 '대량예술 mass art'을 포함시켜 더 세부적인 분류를 했다. 즉, 대중예술 popular culture(좋은 예술과 나쁜 예술)이 있고, 예술(좋은 예술과 그렇게 좋지 않은 예술)이 있으며, 또 대량예술이 있다. 대량예술은 대중예술의 타락한 형태이다. 홀과 화넬은 무비판적으로 대량문화에 가해진 일반적 비판들 — 상투적이고, 도피적이고, 미학적으로 가치가 없으며, 감정적으로 이롭지 못하다는 등의 비판 — 을 받아들인다.

그들은 대량문화의 비판에 맞서는 대신 대중문화의 일부 텍스트와 실천행위에 면책특권을 주어 대량문화라는 비난으로부터 건져내기만을 시도한 것이다. 이를 위해 그들은 대중예술 the popular arts이라는 새로운 범주를 도입한다. 대중예술은 그 지위가 격상된 대량문화이다. '상품화된 대량예술인 보통 영화들이나 팝음악'과 달리 대중예술은, 예를 들어 '가장 훌륭한 영화'나 '가장 좋은 재즈'를 꼽을 수 있다(78). 홀과 화넬은 "일단 대중예술과 대량예술의 구분이 이루어지면, 우리는 '대량문화'라는 어설픈 일반화를 피하여 미디어가 제공하는 모든 자료들과 직접 대면하게 된다"(같은 곳)고 말한다.

『대중예술』의 주된 초점은 대중문화 텍스트의 질에 두고 있다. 그러나 청년 문화의 문제에 직면하면서 홀과 화넬은 텍스트와 관중 사이의 상호 교류에 관해 논의할 필요가 있음을 발견한다. 또한 그들은 그 교류관계의 공정한 평가를 위해서는 10대들의 생활의 다른 면들, 즉 '일과 정치, 가족과의 관계, 사회적, 도덕적 신조 등'(269)도 포함해야 한다는 것도 인정하고 있다. 물론 이에 대해 대중문화의 다른 면들을 다룰 때도 필요한 것이 아니냐는 의문이 제기될 수도 있다. 팝음악 문화—노래, 잡지, 콘서트, 페스티벌, 만화, 팝스타와의 인터뷰, 영화 등—는 청년들 사이에 동류의식을 형성하는 데 도움을 준다.

> 상업적 오락시장이 제공하는 문화는 …… 극히 중요한 역할을 한다. 그것은 기존의 태도와 감정을 반영하며, 또한 동시에 이러한 태도들이 표출될 수 있는 표현의 장과 일련의 상징들을 제공한다(276).

게다가 팝음악은

> 감정적 · 성적으로 얽힌 문제들 때문에 일어나는 청년기의 곤경을 반영한다. 팝음악은 열렬하게, 직접 인생을 경험할 필요가 있다는 것을 부추기며, 불안하고 변화무쌍한 감정의 세계에서 안정을 찾으려는 욕구를 표출한다. 그것들이 상업시장을 위해 제작되었다는 사실은 그 음악들과 배경들이 어느 정도 진실성을 결여하고 있음을 의미한다. 그럼에도 불구하고 그것들은 진실한 감정을 극적으로 과장하여, 청년들의 감정적 딜레마를 생생하게 표현한다(280).

팝음악은 '감정적 리얼리즘'을 보여준다. 젊은이들은 "이러한 집합적 재현을 자신들과 동일시하며 …… 자신들을 이끌어주는 이야기로 사용한다. 이러한 상징적 이야기들이 곧 10대들의 정신적 세계관을 구성하는 수단인 일종의 민담 folkore 인 것이다"(281). 또한 홀과 화넬은 10대들이 특별한 언어를 사용하거나 특별한 곳에 가고, 또 특별한 방식으로 옷을 입고, 특별히 다른 방식으로 춤을 춤으로써 어른들과의 차별성을 드러내고자 한다고 설명한다. 예를 들면, 그들은 옷의 스타일을 "소수의 대중예술"로 묘사하는데, 그것은 "당대의 어떤 태도 …… 이를테면, 사회적 부적응이나 반항의 강한 추세를 표현하기 위한 것"(282)이다.

이 계통의 연구는 1970년대 홀 자신이 관장으로 있던 현대문화연구소의 연구 활동에서 상당한 결실을 거두었다. 그러나 이때만 해도 홀과 화넬은 문제에 대한 충분한 답변의 가능성을 유보했다. 이는 팝문화의 기능에 초점을 맞춘 '인류학의 어설픈 상대주의'가 가치와 질에 대한 원래의 질문들, 즉 좋아하는 것("이렇게 좋아하는 것으로 충분한가?")이라든지 필요성("이들 필요성은 건강한 것인가?"), 취향("어쩌면 취향의 범위를 더 넓힐 수 있을지 모른다") 등과 같은 질문을 제기하는 데 걸림돌이 될까 염려되었기 때문이다(296).

팝음악 문화에 관한 논의에서 "젊은이들이 팝음악 산업에 의해 착취되는 순진한 소년들로 묘사되는 것"은 "지나친 단순화"(같은 곳)라고 그들은 주장한다. 오히려 그와 반대로 제작자들이 의도한 효용과 실제 관중이 활용하는 텍스트의 효용 사이에 갈등(12장의 그 차이에 관한 논의를 참조)이 자주 일어난다는 것이 그들의 주장이다. 그래서 그들은 "이러한 갈등이 상업적 의도를 지니고 있는 대량 오락 전반에 어느 정도 보편적으로 나타나는 현상이기는 하지만 …… 특히, 10대의 오락분야에서 두드러지게 나타난다"(270)는 사실을 특히 중시한다. 상품과 상품 사용 사이의 잠재적 갈등에 대한 인식으로 말미암아 홀과 화넬은 그람시의 헤게모니 개념(4장 참조)을 문화연구에 적용하는 것과 상당히 유사하게 된다. 다시 말해서 "10대의 문화는 진실한 문화와 조작된 문화의 모순적 혼합물이며, 청년들에게는 자기표현의 장인 동시에 상업적인 제공자들에게는 목초 무성한 목장이다"(276).

앞에서 지적했듯이 홀과 화넬은 불공평하게도 팝음악을 재즈와 비교하고 있다. 그들은 재즈가 "미학적으로나 감정적으로 …… 훨씬 더 풍요하다"(311)고 말한다. 그들은 또한 팝과 재즈가 모두 대중음악이기 때문에 이와 같은 비교가 팝과 고전음악 사이의 비교보다 "훨씬 더 얻는 바가 많다"고 주장한다. 이 모든 것이 사실일지도 모른다. 그러나 그 비교의 궁극적인 목적은 무엇인가? 클래식을 팝과 비교하는 경우, 이는 항상 팝의 저속함을 보여주고 팝 소비자들을 무엇인가 비판하기 위한 것이다. 그렇다면 홀과 화넬의 비교는 궁극적으로 이와 다른가?

> 이렇게 비교하는 목적은 단순히 10대들을 쥬크 박스의 영웅들로부터 떼어놓기 위해서가 아니라, 그들에게 너무나 상투적이며 또 상업시장의 기준에 맞추어 조율된 음악의 분명한 한계와 덧없는 가치를 깨닫도록 하기 위해서이다. 그것은 감수성과 감정의 폭을 넓히기 위해서이며, 이러한 취향의 확장은 곧 즐거움의 확장으로 연결되리라 믿는다. 더 단순하게 말하면, 우리가 팝음악에 대해 말할 수 있는 가장 나쁜 얘기는 그것이 저속하다거나 도덕적으로 비뚤어져 있다는 것이 아니라, 그 대부분이 별로 좋지 않다는 것뿐이다(311~312).

대체로 그들의 분석에서 드러나는 이론적 암시와 반론에 대한 항의에도 불구하고, 팝음악 문화에 대한 홀과 화넬의 관점은 아직도 리비스주의의 이론적 속박으로부터 벗어나려는 발버둥에 지나지 않는다. 말하자면 10대들에게 그들의 취향이 한심하다는 것을 인식시키고 팝 대신 재즈를 듣게 함으로써, 강요되거나 스스로 만든 한계에서 벗어나 감수성과 감정의 폭을 넓히고 더 큰 즐거움을 찾도록 해야 한다는 것이다. 결과적으로 홀과 화넬의 입장은 그들이 '기회주의적'이라고 비난했던 교육방식에 매우 근접해 있는 것처럼 보인다. 왜냐하면 대부분의 학생들이 여러 가지 이유로 말미암아 '인간의 생각과 표현의 정수'에 가까이 가보지 못했기 때문에, 학생들이 새로운 대중매체인 대중예술 속에서 '인간의 생각과 표현의 정수'에 비판적으로 접근할 수 있도록 해야 한다는 것이 그들의 주장이기 때문이다. 다시 말해 재즈와 좋은 영화들이 베토벤과 셰익스피어의 공백을 메워줄 것이라는 얘기이다. 그들의 설명은 이렇다. 즉,

> 사회의 여러 집단과 계층들이 "문화에 깃들어 있고 또 그 속에서 생산되는 최선"이라는 선택적 전통으로부터 실제로 제외되는 이 현상은 민주사회에 특히 해를 끼친다. 또 이는 전통적이든 혹은 새로운 고급예술이든 모든 형식의 예술에 적용되는 문제이다. 이러한 문제가 다음과 같은 사실을 더욱 중시하게 만든다. 즉, 심각하고 중요한 작품들을 전달해줄 수 있는 매체들은 항상 열려 있고 접근 가능해야 하며, 또한 이를 통해 전달되는 대중작품의 질도 그 나름대로 가능한 한 최고의 수준에 이르는 것들이어야 한다(75).

홀과 화넬이 리비스주의와 뚜렷이 결별하는 지점은, 그들이 비판적 인식에 대한 훈련을 대중문화에 대한 방어수단으로서가 아니라 대중문화 내에서 무엇이 좋고 나쁜지를 구별하는 수단으로서 옹호한다는 점이다. 이것이 버밍엄대학의 현대문화연구소에서 문화주의라는 기치를 내걸고 홀과 화넬, 그리고 호가트, 윌리엄즈, 톰슨의 생각들이 한데 모여 리비스주의와 결정적으로 결별하는 운동의 출발점이 되었다.

현대문화연구소

『장구한 혁명』의 서문에서 윌리엄즈(1965)는 "내가 관심 있는 문제들을 체계적으로 다룰 수 있는 학문분야는 아직 존재하지 않지만 언젠가 생기기를 바란다"(10)며 유감을 표한다. 이 책이 출판된 지 3년 후, 호가트는 버밍엄대학에 현대문화연구소를 설립하였다. 연구소 창설 기념연설 「영국과 동시대 사회의 학파들」에서 호가트(1970)는 "끌리면서도 반발하는 복합적인 감정 없이 …… 팝송 프로그램을 듣기란 매우 어렵다"(258)고 말한다. 마이클 그린 Michael Green[3](1996)

3) 마이클은 2010년 11월에 세상을 떠났다. 버밍엄대학 현대문화연구소에 있을 때 그는 나의

이 묘사하듯이, 이 연구소에서 수행한 연구들은 "호가트로부터 그람시에 이르면서"(49) 변화하기 시작했고, 특히 홀이 재직시에는 팝음악 문화와 대중문화 전반에 대해 매우 다른 태도를 견지했다. 호가트를 따라 연구소에 들어간 연구자들 중 다수는 (나를 포함하여) 팝음악을 듣는 것에 대해 전혀 반감을 갖지 않았으며, 오히려 심오한 매력을 발견하기에 이르렀다. 그들은 호가트의 다른 일면, 즉 표면적인 것 그대로를 받아들이는 것에 대해 비판적이었던 관점에, 또 문화연구에 대한 독해를 통해 결국은 울려 퍼질 그런 과정을 제안했던 관점에 초점을 맞추었다.

> 우리는 습관이 실제로 무엇을 나타내는지 알기 위해 습관의 근저를 살펴보는 노력을 해야 하며, 실제 의미(이는 어쩌면 그 정반대의 뜻일지도 모른다)를 알기 위해 그 행간을 읽어야 하며, 관용구나 의식적인 관찰 속에 깔린 서로 다른 감정들의 억압을 찾아야 한다. …… 그리고 (예컨대) 대량출판 mass publications이 일반적으로 받아들여진 태도들과 어떻게 연결되는지, 그것이 이 태도를 어떻게 변화시키는지, 그리고 이들이 어떻게 저항에 대처하는지 살펴보도록 노력해야 한다(1990: 17~19).

문화주의자들은 특정한 집단에 계급 또는 전체 사회의 경험이나 가치 등 — 감정의 구조 — 을 재구성하기 위해, 또 그 문화를 생성시킨 자들의 삶을 보다 잘 이해하기 위해 문화 텍스트와 문화적 행위를 연구한다. 각기 다른 방법들 — 호가트의 예, 문화에 대한 윌리엄즈의 사회적 정의, 톰슨의 '역사적 구출'이라는 행위, 리비스주의에 대한 홀과 화넬의 '민주적' 확대 등 여기서 거론된 각 저서들의 내용 — 은 결국 평범한 남녀의 살아 있는 생활문화로 규정지어진 대중문화가 연구

지도교수였다. (현대문화연구소에서 그리고 그 이후의) 나의 학문적 발전에 그가 기여한 바는 실로 엄청나다. 나는 그에게 제대로 감사의 마음을 전한 적이 없었다.

할 만한 가치가 있음을 보여주고 있다. 이러한 내용적 기반과 함께 영국의 전통과 사회학 및 역사학의 전통을 연계한 문화주의의 또 다른 가설 위에서 영국의 문화연구가 시작되었다. 그러나 이 연구소의 연구는 곧 프랑스 구조주의의 수입과 함께 문화주의를 복합적이고 때로 모순되거나 갈등의 여지가 있는 것으로 만들었다(6장 참조). 결국 위의 두 관점은 발전하여 루이 알튀세르와 안토니오 그람시로 대표되는 '서구 마르크스주의'로 이어졌다(4장 참조). 이렇듯 복합적이고 비판적인 혼합에서 '탈-분과학문적인 post-disciplinary' 영국의 문화연구가 태어나게 된 것이다.

더 읽어야 할 책들

Srorey, John(ed.), *Cultural Theory and Popular Culture : A Reader*, 4th edition, Harlow : Pearson Education, 2009. 이것은 이 책의 자매편이며, 2018년에 출판된 제5판은 내용적으로 더욱 보완된 것이다. 이 책과 자매지는 대화형 웹사이트(www.routledge.com/cw/storey)를 통해 뒷받침되고 있다. 이 웹사이트에는 학생들에게 도움이 될 만한 유용한 자료들이 실려 있다.

Chambers, Iain, *Popular Culture : The Metropolitan Experience*, London : Routledge, 1986. 1880년대 이후의 도시 대중문화의 성장에 대한 흥미 있고 자세한 연구로 문화주의의 관점을 따르고 있다.

Clarke, John, Chas Critcher and Richard Johnson(eds), *Working Class Culture : Studies in History and Theory*, London : Hutchinson, 1979. 문화주의적 관점으로 쓴 훌륭한 에세이 몇 편. 특히, 리처드 존슨의 '세 가지 문제 : 노동계급 문화의 이론적 요소들'에 주목할 필요가 있다.

Eagleton, Terry(ed.), *Raymond Williams : Critical Perspectives*, Cambridge : Polity Press, 1989. 레이먼드 윌리엄즈의 연구에 대해 비판적 이해를 보여주는 에세이.

Hall, Stuart and Tony Jefferson(eds), *Resistance Through Rituals*, London : Hutchinson,

1976. 청년문화에 관한 현대문화연구소의 모태가 되는 연구. 1장은 연구소의 문화주의에 대한 고전적 이론을 싣고 있다.

Hall, Stuart, Dorothy Hobson, Andrew Lowe and Paul Willis(eds), *Culture, Media, Language*, London : Hutchinson, 1980. 센터의 처음 10년간 출판물 중 선별된 에세이 모음집. 특히, 1장 홀의 「문화연구와 연구소 : 어떤 문제들과 문제점」은 연구소에서 행해진 연구의 이론적 발전에 관한 주요한 설명이므로 주목을 요한다.

Jones, Paul, *Raymond Williams's Sociology of Culture: A Critical Reconstruction*, Basingstoke: Palgrave, 2004. 흥미로운 설명이다. 하지만 윌리엄즈에게 사회학에 대한 요구를 고집하는 것은 문화연구에서의 그의 위치를 왜곡하는 것이다.

Kaye, Harvey J. and Keith McClelland(eds), *E. P. Thompson : Critical Perspectives*, Oxford: Polity Press, 1990. 역사연구에 대한 톰슨의 기여를 각기 다른 관점에서 본 비평적 에세이 모음집이며, 『영국 노동계급의 생성』에 관한 유용한 참고서이다.

O'Connor, Alan(ed.), *Raymond Williams : Writing, Culture, Politics*, Oxford : Basil Blackwell, 1989. 윌리엄즈의 연구에 대한 비판적 개괄서. 매우 훌륭한 참고문헌 목록.

04 마르크스주의

04

Marxisms

마르크스주의

고전적 마르크스주의

마르크스주의는 어렵고 또 논쟁이 많이 벌어지는 사상체계이다. 그러나 그것은 또한 그 이상이기도 하다. 다시 말해서 마르크스주의는 세상을 변화시키려는 혁명의 이론이기도 한 것이다. 마르크스(1976b)가 말했듯이, "철학자들은 세계를 다양하게 해석해 왔을 뿐이다. 문제는 세계를 변화시키는 것이다"(65). 이로 말미암아 마르크스의 분석은 매우 독특한 정치성을 띠게 된다. 물론 마르크스의 분석 이외의 다른 방법이나 접근방식은 비정치적이라는 뜻이 아니다. 모든 방법과 접근방식은 궁극적으로 정치적이라는 것이 마르크스주의의 주장이다. 미국의 마르크스주의적 문화비평가인 프레드릭 제임슨 Fredric Jameson(1981)의 말에 따르면, "정치적 관점은 …… 모든 독서와 모든 해석의 지평이다"(17).

문화에 대한 마르크스주의적 접근방식에 따르면, 텍스트와 실천행위는 반드시 그것이 생산된 역사적 상황과의 연관 속에서(또 경우에 따라서는 소비와 수용이라는 가변적 상황과의 연관 속에서) 분석되어야 한다. 마르크스주의적 방법론이 문화에 대한 여타의 접근방식과 구별되는 것은 역사에 대한 인식 때문이다. 역사에 대한 마르크스적 접근방식은 『정치경제학 비판』 「서문」과 「서론」에 잘 나타나 있다. 여기서 마르크스는 역사와 사회발전을 '토대/상부구조'로 설명하고 있다. 이미 우리는 1장에서 다른 이데올로기 개념들과 연관해서 이에 대해 간단히 살펴보았다. 이제 그것을 더 자세히 살펴보고, 나아가 그것이 대중문화의 기본 개념을 규정하는 데 어떻게 사용되는지를 알아보고자 한다.

마르크스의 주장에 따르면, 역사의 각 시기는 특정한 '생산양식'에 의해 이루어지며, 생산양식이란 한 사회가 생필품(식량, 주거 등)을 생산하기 위해 조직된 방식(예를 들어, 노예사회, 봉건사회, 자본주의 사회)을 말한다. 각각의 생산양식들은 첫째, 생필품을 획득하는 방식이 다르고, 둘째, '노동자'와 생산양식을 통제하는 자들 간의 관계가 다르며, 셋째, (문화제도를 포함한) 특수한 사회제도가 다르다. 이 분석의 핵심은 사회가 그 자신의 존재방식, 즉 그 사회의 특수한 생산양식을 만들어내는 방식이 궁극적으로 그 사회의 정치적·사회적·문화적 형태는 물론 미래의 발전까지도 결정한다는 것이다. 마르크스가 설명하고 있듯이, "물질적인 삶의 생산양식은 전반적으로 사회적, 정치적, 지적 삶의 과정을 좌우한다"(1976a: 3). 이런 주장은 '토대'와 '상부구조'의 관계에 대한 전제를 그 바탕에 깔고 있다. 문화에 대한 마르크스주의적 설명이 자리잡고 있는 터전도 바로 이 관계이다.

'토대'는 '생산력'과 '생산관계'로 이루어져 있다. 생산력은 원자재, 도구, 기술, 그리고 노동자와 그 숙련도를 가리킨다. 생산관계는 생산에 종사하는 사람들의 계급관계를 말한다. 말하자면 각 생산양식은 이를테면 그 기반이 농업이냐 혹은 공업이냐에 따라 달라지듯이 그 나름의 특수한 생산관계를 만들어낸다. 이를테면 노예제도는 주인/노예, 봉건제도는 영주/농노, 자본주의는 부르주아/프롤레타리아 등의 관계를 만들어내는 것이다. 그러므로 모든 사람의 계급적 지위는 그 사람이 생산양식과 어떤 관계를 맺느냐에 따라 결정된다.

'상부구조'는 제도이며 일정한 사회적 의식을 구성한다. 말하자면 상부구조는 일정한 생산양식과 더불어 발전하며, 정치적·법적·교육적·문화적 제도와 그리고 이런 제도에서 나오는 정치적·종교적·윤리적·철학적·미학적·문화적 의식 등을 구성한다.

토대와 상부구조의 관계에는 두 가지 측면이 있다. 한편으로 상부구조가 토대를 표현하고 정당화하는가 하면, 또 한편으로는 토대가 상부구조의 내용과 형식을 조건 짓고 결정한다. 이 관계는 다양한 방식으로 이해될 수 있다. 이를테면 원인과 결과의 기계론적 관계(경제적 결정론)로 이해될 수도 있는데, 이 경우 상부구조는 토대의 수동적인 반영일 뿐이다. 이는 종종 텍스트나 문화산물의 정치학이 생산의 경제적 조건으로만 읽히거나 축소되어버리는 유치한 마르크스주의 문화 '반영이론'으로 나타나기도 한다. 이 관계는 또한 어떤 발전은 가능한 것이고 어떤 것은 일어나지 않으리라는 특정한 틀을 만들어 제한한다고도 볼 수 있다.

1883년 마르크스가 세상을 떠난 후, 그의 친구이자 동지였던 엥겔스는 혁명의 열정에 휩싸여 마르크스의 사상을 경제적 결정론으로 환원시키려는 젊은 마르크스주의자들에게 마르크스 사상의 미묘한 부분을 설명하느라 수차례 편지를 쓰기에 이르렀다. 다음은 조셉 블로흐 Joseph Bloch에게 쓴 그의 유명한 편지의 일부이다.

> 유물론적 역사인식에 따르면, 궁극적으로 역사를 결정하는 요소는 실생활의 생산과 재생산이다. 마르크스도 또 나도 이 이상 주장한 적이 없다. 그러므로 누군가가 이 말을 경제적 요인만이 유일하게 결정적인 것이라고 바꿔 말한다면, 그는 이 명제를 전혀 엉뚱하게 무의미하고, 추상적인 것으로 변조시키는 것이나 다름없다. 경제적 상황이 바탕이기는 하지만, 상부구조의 다양한 구성요소들 역시 …… 역사적 투쟁과정에 영향을 미치며 또 때로는 그 형태를 결정짓기도 한다. …… 우리가 우리 자신의 역사를 만들어 나가지만, 무엇보다도 매우 한정적인 전제와 상황 아래서만 그러하다. 이들 중 궁극적으로는 경제적인 것이 결정적이다. 그러나 정치적인 것 등등, 그리고 심지어 인간들의 마음에 남아있는 전통도 결정적이지는 않지만 역시 그 나름의 역할을 담당한다(2009: 61).

엥겔스가 주장하는 것은 경제적 토대가 상부구조의 토양을 만들기는 하지만, 거기서 일어나는 모든 활동들이 경제적 기반을 통해서 그 토양이 생산되고 또 재생산된다는 사실에 의해서만 규정되는 것이 아니라는 것이다. (물론 이것이 명확히 한계를 짓고 영향은 주지만), 그것은 오히려 그 영역을 차지하고 있는 제도들이나 그 외 요소들 간의 상호작용에 의해 결정된다. 따라서 문화는 역사를 움직이는 주된 힘은 아니지만, 역사 변화나 사회 안정에 그 나름의 역할을 하고 있다.

이데올로기에 대한 간단한 논의가 토대와 상부구조의 관계를 조금 더 명확하게 해줄 것이다. 마르크스와 엥겔스(2009)는 이렇게 주장한다. 즉, "지배계급의 사상은 어느 시대이든 지배적인 사상이다. 한 사회에서 물질적 지배력을 갖는 계급은 동시에 지적 지배력도 갖는 것이다"(58). 이 말의 의미는 물질적 생산수단을 소유하고 통제하는 지배계급은 사실상 지적 생산수단을 통제할 힘도 함께 지니게 된다는 것이다. 그러나 이것은 지배계급의 사상이 단순히 피지배계층에게 강요된다는 뜻은 아니다. 지배계급은 "그들의 이익이 전체 사회구성원의 공통이익을 대변한다고 생각하며 …… 또 그들의 사상에 보편적 형식을 부여하여, 이 세상에 '이것만'이 이성적이고 보편적으로 유효한 것이라고 표명한다"(59). 그러나 그 시도의 불확실성 때문에 이데올로기적 투쟁은 피할 길이 없다. 실제로 이데올로기적 투쟁은 사회변동의 시기에 끊임없이 일어났으며, 마르크스(1976a)가 지적하듯이 이러한 '이데올로기적 형식' 때문에 사람들은 "갈등을 느끼고 그와 맞서 싸운다"(4).

고전적인 마르크스주의가 대중문화에 접근하는 방식은, 우선 첫째로 어떤 텍스트나 실천행위의 이해나 설명을 위해서는 반드시 그것을 그것이 생산된 역사적 시기에 놓고, 그것이 산출된 역사적 상황에 입각해서 분석해야 한다는 것이다. 그러나 여기에는 위험이 도사리고 있다. 이를테면 역사적 상황은 궁극적으로 경제적인 것이기 때문에 문화분석이 경제분석으로 전락할 가능성이 있는 것이다(그렇게 되면 문화의 요소들은 경제요소들의 수동적 반영이 되고 만다). 마르크스와 엥겔스가 경고하듯이, 또 톰슨이 입증해주고 있듯이(3장 참조) '에이전시 agency'

와 '구조' 사이에 존재하는 미묘한 변증법적 작용은 매우 중요한 것이다.

예를 들어, 19세기 멜로드라마 연극에 대해 충분히 분석하기 위해서는 멜로드라마의 관중이 생겨날 수 있었던 경제적 변화와 그러한 연극형식의 출현을 가능하게 했던 연극의 전통을 함께 고려해야 할 것이다. 이것은 뮤직홀 music hall에 대해 전반적으로 분석할 경우에도 마찬가지이다. 그 중 어느 공연도 그 사회의 경제적 구조의 변화로만 그 의미를 축소시킬 수는 없는 것이다. 그러나 이와 마찬가지로 경제적 구조의 변화로 인한 극장 관객의 변화를 감안하지 않고서는 멜로드라마나 뮤직홀에 대한 충분한 분석이 이루어질 수 없을 것이다. 이러한 관객의 변화가 결국 「나의 폴과 나의 단짝 죠 *My Poll and My Partner Joe*」[1]와 같은 연극과 마리 로이드 Marie Lloyd와 같은 연기자의 출현을 가능하게 했던 것이다. 이렇듯 마르크스주의적 분석에 따르면, 비록 간접적이기는 하지만 결국 멜로드라마 및 뮤직홀의 출현과 자본주의적 생산양식에서 일어난 여러 가지 변화 사이에는 실제적이고 근본적인 관계가 있다. 나도 19세기 '전통적인' 영국의 크리스마스의 창의성에 관하여 비슷한 주장을 한 적이 있었다(Storey, 2008, 2010a, 2016).

윌리엄 모리스의 영국 마르크스주의

E. P. 톰슨(1976)에 따르면, 윌리엄 모리스 William Morris는 영국의 첫 번째 마르크스주의자이다. 디자이너와 시인으로 가장 잘 알려져 있긴 하지만, 또한 만년의 모리스는 혁명적인 사회주의자이기도 했다. 1883년에 모리스는 영국의 최초 마르크스 정당인 영국사회민주연맹에 가입했다. 그 다음 해에 그는 사회주의 동맹을 결성했다(마르크스의 막내딸인 엘레아노르 마르크스 Eleanor Marx도 창립 멤버였다). 그는 전력을 다해 조직에 헌신했으며, 정치적 캠페인에서부터 기관지

1) Storey(1992, 2010a) 참조.

인 ≪커먼윌 *Commonweal*≫의 편집 및 판매에 이르기까지 다각적으로 그 일에 전념했다. 마르크스 사상에 대한 모리스의 기여는 광범위하다. 여기서 내가 이야기하는 것은 한 단면에 불과하다. 이를테면 예술과 소외의 측면에서 자본주의 사회에 대한 그의 비판, 그리고 대중문화가 무엇인가에 대해 이러한 그의 비판이 어떤 함축적 의미를 갖는가를 이야기하고 있을 뿐이다.

모리스는 마르크스나 엥겔스와 마찬가지로 창조적 노동은 결코 즐기거나 회피할 수 있는 활동이 아니라고 주장했다. 다시 말해서 노동은 인간이 되기 위해 필수적인 것이다. 반복적인 장시간의 노동으로 창조성을 부정해 온 산업자본주의는 마르크스가 말한 노동의 소외를 초래한다. 마르크스가 말했듯이, 노동자는 "일을 통해 자기 자신을 실현하는 것도 아니고 …… 자유롭게 육체적 및 정신적 에너지를 개발하는 것도 아니며, 오히려 육체적으로는 탈진상태이고 정신적으로는 굴욕감을 느낄 정도이다"(1963: 177). 이러한 상황은 일이 "욕구의 충족이 아니라 타자의 욕구를 충족시켜주는 수단에 불가하다"(177)는 사실과 겹쳐진다. 자신의 일에서 자기 자신을 발견하는(즉, 자신의 타고난 창조성을 표현하는) 능력을 잃어버림으로써 노동자는 그것을 불가피하게 자신의 일 바깥에서 찾을 수밖에 없다. "따라서 노동자는 오로지 여가시간에만 편안하게 지내고 일을 할 때는 한숨만 쉰다"(177). 달리 말한다면, 노동자는 소비를 통해 자신의 타고난 창조성을 표현하게 되고, 그것을 위해 돈을 벌려고 일을 한다(Storey, 2017 참조).

이와 같은 분석에 기초한다면 예술 창작은 일이 어떻게 경험되느냐에 대한 이념적 모델로 간주될 수 있다. 따라서 예술에 대한 모리스의 정의는 이를테면 예술사의 전통적인 형식들로 사용되는 좁은 의미의 정의는 아니다. 모리스에게 있어서 예술은 인간의 모든 창조적 생산을 포함한다. "나는 예술이라는 말을 일반적으로 사용되고 있는 것보다 넓은 의미로 사용한다. …… 사회주의자들에게는 사람에 의해 만들어지고 형태(형식)를 갖춘 집이나 칼, 난방시설 …… 등은 반드시 예술작품이거나 예술 파괴이거나 둘 중 하나이다"(1979: 84). 궁극적으로 모리스에게 있어서 예술은 "생산 노동에서 비롯되는 즐거움의 표현"(84)이다. "대다수의 불행한 노동과 예술 결핍 상태에 기반하고 있는 산업자본주의적 조건에서는"(85) 오직 예술가만이 이런 즐거움을 누릴 수 있다. 기본적으로 사회주의가 약속하는 것은 바로 이러한 즐거움을 인류 모두가 누릴 수 있도록 하는 것이다. 조립 라인을 이용하는 생산방식(포드의 대량생산 방식)과는 달리 사회주의적 노동은 "하나의 제품을 생산하기 위해 많은 사람들의 일부"를 사용하는 것이 아니라 "한 사람의 모든 것"(87)을 이용한다.

소외가 없는 공산주의적인 사회적 관계의 세계에서 노동자는 자기 자신을 회복하고, 노동을 통해 타고난 창조성을 표현하는 능력을 되찾게 된다. 모리스와 마찬가지로 마르크스와 엥겔스는 대중예술의 견지에서 이 점을 이해하고 있다. 즉, "예술적 재능이 특정한 개인들에게 배타적으로 집중되어 있다는 것, 그리고 이와 밀접한 연관이 있는 일이지만 예술적 재능이 광범위하게 억제되고 있는 것은 곧 분업의 결과이다. …… 공산주의 사회에서는 화가가 존재하지 않으며, 다만 다른 여러 가지 활동들 가운데 그림 그리기에 열중하는 사람이 있을 뿐이다" (1974: 109). 자본주의의 종말은 곧 분업의 종말을 의미한다. "공산주의 사회에서는 …… 어느 누구도 배타적인 활동영역을 갖지 않으며, 각 개인은 원한다면 어떤 분야든 자신의 재능을 연마할 수 있고 …… 사냥꾼, 어부, 양축가, 평론가가 되지 않고서도 내가 좋아하는 대로 오늘은 이런 일을 하고 또 내일은 다른 일을 할 수 있으며, 아침에는 사냥을 하고 오후에는 낚시를 하고, 저녁에는 소를 기르고, 저녁식사 후에는 평론을 할 수 있다"(McLellan, 1982: 36에서 인용).

달리 말한다면, 소외가 없는 공산주의 사회에서는 모든 남녀가 예술가처럼 일하게 된다. 그리고 모든 일이 창조적이기 때문에 모든 일이 사실상 대중예술을 생산하게 된다. 모리스가 주장했듯이, "모두가 공유할 수 없다면 우리에게 예술이 도대체 무슨 소용이 있을까?"(1986: 139) 더욱이 "근대의 대중예술 부재는 다른 어떤 이유보다도 바로 이러한 이유로 말미암아 더 견디기 어렵고 불온하며, 그것은 경쟁심이 강한 상업자본주의가 조장하고 발전시킨 치명적인 계급 분화의 전조, 즉 사람들을 교양 있는 계급과 저속한 계급으로 나누는 전조이다"(139). 소외가 끝난다는 것은 문화와 대중문화를 더 이상 구분하지 않는다는 것을 의미한다.

모리스(2003)의 소설 『유토피아에서 온 소식 *News From Nowhere*』(1890)은 21세기 혁명 이후의 영국을 그리고 있다. 1880년대에 잠이 들어 21세기에 깨어난 이 소설의 주인공, 게스트는 영국이 1952~1954년의 혁명을 극복하고 이제는 소외가 없는 공산주의 사회가 되었다는 사실을 알게 된다. 팔아서 이익을 얻으려고 상품을 만들었는데, 이제는 노동자를 만족시키기 위해, 그리고 공동체의 수요를 충족하기 위해 제품을 생산하는 것으로 바뀌어 있었다. 아울러 개인 소유는 공동 사용으로 바뀌었다. 더 나아가 독립적인 분야였던 예술은 사라지고, 이제 예술과 창조성은 완전히 일상의 삶과 하나가 되어 있다(Storey, 2018 참조).

이 소설을 미래 사회에 대한 문학적 묘사로 읽어서는 안 된다. 오히려 소설의 주인공인 게스트가 21세기에 경험한 사회, 바로 그런 사회를 만들려고 하는 정치적 선동으로 이 소설을 읽어야 한다. 이 소설의 목적은 "소망을 갖도록 교육하는 데"(Thomson, 1976) 있다. 다시 말해서 사람들에게 소외 없는 사회가 가능하다는 것을 깨닫게 하고, 그런 사회를 만들려는 소망을 갖도록 교육하는 것이 목적이다. 모리스가 지적했듯이, 자본주의는 "노동자를 이처럼 깡마르고 가련한 존재로 만들어버렸기 때문에, 노동자는 현재 참고 견뎌내고 있는 삶보다 더 나은 삶을 향한 소망을 어떻게 세우고 표현할 수 있는지 그 방법을 모른다"(1986: 37). 모리스는 '더 나은 삶'에 대한 소망을 갖도록 교육하기를 바라고, 사람들을 이런 삶에 대해 생각하게 함으로써 그들에게 이런 삶을 이루고자 하는 소망이 생겨나기를 희망한다(Storey, 2018 참조).

『유토피아에서 온 소식』은 모리스와 마르크스 그리고 엥겔스가 소외 없는 공산주의 사회를 꿈꾸면서 그들이 염두에 두고 있었던 것이 무엇이었는가를 보여주는 훌륭한 본보기이다. 이 소설은 소비에트 연방 스탈린주의의 독재적인 공포로부터 백만 마일이나 멀리 떨어져 있는 세상을 묘사하고 있다. 더욱이 그것은 문화와 대중문화의 구분이나 또 그에 상응하는 사회적 계급의 분화가 더 이상 존재하지 않는 사회이다.

프랑크푸르트학파

프랑크푸르트학파는 프랑크푸르트대학 사회연구소와 관련된 일련의 독일 지식인들을 지칭한다. 이 연구소는 1923년에 창설되었으며, 1933년 히틀러 정권 수립에 따라 뉴욕의 콜롬비아대학으로 자리를 옮겼다가 1949년에 다시 독일로 돌아갔다. '비판이론 Critical Theory'은 이 연구소가 마르크스주의와 정신분석학을 비판적으로 결합시킨 것에 붙여진 이름이다. 이 연구소의 대중문화 연구는 대부분 테오도르 아도르노 Theodor Adorno와 발터 벤야민 Walter Benjamin, 막스 호르크하이머 Max Horkheimer, 레오 뢰벤탈 Leo Lowenthal, 허버트 마르쿠제 Herbert Marcuse의 저술들과 연관되어 있다.

1947년 호르크하이머와 아도르노(1979)는 대량문화의 생산물과 생산과정을 지칭하기 위해 '문화산업 culture industry'이라는 용어를 만들었다. 문화산업의 생산물에는 두 가지 특징이 있다. 첫 번째는 문화적 동질성이다. "영화, 라디오, 잡지들은 전체적으로나 부분적으로나 동일한 성질로 이루어져 있으며 …… 결국 모든 대량문화는 동일하다"(120~121)는 것이다. 그리고 두 번째는 예측 가능성이다.

> 영화가 시작되자마자 그 종말이 어떻게 될 것인지, 누가 보상을 받을 것인지, 누가 벌을 받고 사라질 것인지가 분명해진다. 경음악(대중음악)에서도 일단 훈련된 귀는 히트곡의 첫 음을 듣는 것만으로도 충분히 그 뒤에 올 음조들을 예견할 수 있으며, 실제로 그런 음들이 나오면 우쭐해진다. …… 이런 결과는 동일한 일의 지속적인 재현이다(125, 134).

아놀드와 리비스주의자들이 대중문화가 문화적·사회적 권위를 위협한다고 염려했던 반면에, 프랑크푸르트학파는 오히려 대중문화가 사회적 권위를 유지시키는 반대의 결과를 초래한다고 주장한다. 아놀드와 리비스는 '무정부상태'를 보았으나 프랑크푸르트학파는 오로지 '순응'만을 보고 있다. 말하자면 '기만당한 군중'(133)이 "조종과 반동의 원환을 맴도는 상황이 유지되기 위해서는 체계의 통일성이 점차 강해져야 한다"(121). 바로 여기서 미국의 한 텔레비전 코미디시리즈에 관한 아도르노의 독해가 이루어진다. 적은 보수에다 끊임없이 교장에게 벌금까지 내야 하는(둘 중 어떤 것도 바뀔 조짐은 보이지 않는) 젊은 여교사가 그 코미디의 주인공인데, 그녀는 결국 돈이 떨어져 끼니도 해결할 수 없는 처지가 된다. 그 줄거리에서 사람들은 그녀가 친구들이나 아는 사람들에게 빌붙어서 끼니를 때우는 갖가지 해프닝을 즐긴다. 이 텔레비전 코미디를 분석하며 아도르노는 '진정한' 문화의 메시지는 명확한데도 그것을 찾아내는 것은 언제나 어려운 반면에, 대량문화의 '숨겨진 메시지'를 읽어내기란 어려운 일이 아니라는 가설로 흐른다. 아도르노(1991a)에 의하면 "그 대본은 다음을 함축하고 있다."

> 만약 당신이 그녀만큼 유머와 재치가 있고 성격도 좋고 매력적이라면 저임금을 걱정할 필요가 없다. …… 달리 말하면, 이 대본은 갖가지 굴욕적인 상황을 객관적으로 코믹하게 그림으로써, 그리고 그녀 자신의 부적절한 위치를 아무런 분노 없이 웃음거리로 여기는 한 인격체의 모습을 보여줌으로써 그 굴욕적인 상황을 조정해가는 세련된 방법이라 할 수 있다(143~144).

이것은 이 텔레비전 코미디를 보는 한 가지 방법이기는 하지만 유일한 방법은 아니다. 벤야민의 가까운 친구였던 베르톨트 브레히트라면 (아도르노는 그를 '미숙하다'고 했지만) 그보다는 덜 수동적인 방식으로 감상하는 법을 제시했을 것이다. 자신의 연극 「억척 어머니와 그 자식들 Mother Courage and Her Children」에 대해 논하면서 브레히트(1978)는 이렇게 말한다. 즉, "비록 그 어머니는 배운 게 하나도 없을지라도, 최소한 관중들은 그녀를 통해 무엇인가를 배워갈 것이다"(229). 앞에서 언급한 학교 교사의 태도에 대한 아도르노의 해석에도 같은 의미의 반론을 제기할 수 있을 것이다.

레오 뢰벤탈(1961)이 주장하듯이, 문화산업은 '규격화, 상투성, 보수성, 허위,

조작된 소비상품'(11) 등의 특징을 지니고 있는 문화를 생산함으로써, 노동계급의 정치성을 희석시키고, 그들의 지평을 억압적이고 착취적인 자본주의 사회에서 실현 가능한 정치·경제적 목표에만 한정한다. 뢰벤탈이 설명하고 있듯이, "혁명의 빛이 조금이라도 고개를 쳐들게 되면, 부나 모험, 정열적 사랑, 권력, 선정주의 같은 거짓 충족거리로 말미암아 진정되고 또 절단되고 만다"(같은 곳). 한마디로 문화산업은 '군중 the masses'을 현재의 상황 안에서만 생각하도록 조장한다. 마르쿠제(1968a)가 『일차원적 인간 *One Dimensional Man*』에서 말하듯이,

> 저항할 수 없는 오락이나 정보산업[문화산업]의 산물들은 처방된 태도 및 습관, 그리고 특정한 지적, 감정적 반응을 통하여 소비자들을 스스럼없이 생산자 또는 제작자와 묶어주거나 또는 이들을 통해 전체와 묶어준다. 그 산물들은 주입과 조작을 통해 거짓에 무감각한 허위의식을 만들어내고 …… 마침내는 그것이 삶의 방식이 되도록 한다. 이는 전보다 훨씬 나은 삶의 방식이고, 바로 그렇게 인식되기 때문에 삶의 질적 변화를 방해한다. 결국 이미 확립된 언술체계와 행동의 영역을 넘어서려는 생각이나 희망, 목적들은 무시당하거나 현수준으로 끌어내려지며, 드디어 일차원적 사고와 행동의 패턴이 출현하게 된다(26~27).

달리 말하면, 특정한 욕구에 대한 충족수단을 제공함으로써 자본주의는 더 근본적인 욕구가 형성되는 것을 예방한다는 것이다. 그러므로 문화산업은 정치적 상상력을 저해한다.

아놀드나 리비스주의는 예술이나 고급문화를 다르게 본다. 그것은 자본주의가 거부하는 사상이나 이상을 구현하고 있다. 그러므로 그것은 자본주의 사회에 대한 내재적 비판, 즉 대안이 될 수 있는 유토피아적 이상을 제시하고 있는 셈이다. 호르크하이머(1978)에 의하면, '진정한 문화 authentic culture'는 종교의 이상과 그 기능을 이어받아 현재의 한계를 뛰어넘는 더 나은 세계에 대한 인간의 욕구를 살리고, 대량문화의 감옥에서 빠져나올 수 있는 열쇠를 갖고 있다(5). 하지만 점

점 문화산업의 과정이 진정한 문화의 근본적인 가능성을 위협한다. 문화산업은 여태껏 남아 있던 흔적조차 지우려고 한다.

> 문화산업은 현실의 또 다른 차원을 구성했던 고급문화의 대립적이고, 낯설며, 초월적인 요소들을 묵살해버림으로써 문화와 사회현실 사이에 놓인 그 적대성의 흔적을 지우려고 한다. 이차원적 문화는 '문화적 가치'들에 대한 거부를 통해서가 아니라, 대량의 재생산과 전시를 통해 전적으로 기존 질서에 통합됨으로써 제거된다(Marcuse, 1968a: 58).

그러므로 '진정한' 문화가 약속하는 더 나은 미래는 이제 더 이상 불행한 현재(보다 나은 미래를 만들기 위한 자극)와 대립하지 않는다. 이제 문화는 바로 이 현재야말로 — 요컨대, 지금 여기 — 더 나은 유일한 미래임을 확증한다. 그것은 '욕망'을 증진시키기보다는 오히려 '충족감'을 제공한다. 마르쿠제는 '진정한' 문화의 '가장 진보적인 이미지와 입장'들이 이와 같은 더 나은 미래의 '흡수'에 무산되지 않고 버티면서, 더 나은 미래에 진정한 문화가 다시 살아날 것이라는 그 가능성에 대한 의식을 끊임없이 이어가리라는 희망을 품고 있다(60). 또한 그는 사회 외곽에 있는 '소외된 자들과 아웃사이더'(61), 즉 문화산업이 완전히 장악하지 못한 자들이 언젠가는 좌절을 넘어서 희망을 채워주며 자본주의가 약속했던 모든 것을 자본주의를 극복한 세계에서 이루게 해줄 것으로 기대한다. 또 호르크하이머(1978)가 주장하듯이,

> 우리는 병적 노이로제에 빠졌던 환자들이 어느 날 깨어난 후, 실은 그동안 일어난 일들을 하나도 잊지 않고 있었다는 것을 깨닫듯이, 군중들 역시 마음속 깊이에서는 진실을 알고 있었고 거짓을 믿지 않고 있었다는 것을 알게 될 것이다. 그러므로 (군중들에게) 쉽게 이해되지 않는 언어로 계속 이야기하는 것도 완전히 무의미한 것만은 아닐는지도 모른다(17).

그러나 아도르노(1991b)가 지적하듯이, 대량문화는 도전하기가 매우 어려운 체계이다.

> 오늘날 미리 처방된 유행을 따라 말하지 못하는 사람, 즉 대량문화의 공식이나 관습, 판단들을 아무런 노력 없이 제 것인 양 재생산하여 쉽게 받아들이지 못하는 자들은 그 존재조차 위협당하는가 하면, 또 바보가 아니면 지식인일 것이라는 의심을 받기도 한다(79).

문화산업은 이익추구와 문화의 동질화를 위해 '진정한' 문화로부터 비판적 기능과 부정의 방식, 즉 '위대한 거부'(Marcuse, 1968a: 63)의 기능을 박탈한다. 또 상업화는 '진정한' 문화를 또 다른 문화상품으로 개조하여 쉽게 접근할 수 있도록 만들어 그 가치를 하락시킨다.

> 대량문화에 대해 비판적인 좌파 비평가를 비난하는 신보수주의자들은 부엌의 배경음악으로 바하의 음악을 틀고, 잡화점에서 플라톤과 헤겔, 셸리와 보들레르, 마르크스와 프로이트를 파는 것에 항의하는 이들을 비웃는다. 오히려 그들은 고전이 무덤에서 다시 살아났다는 것, 또 그만큼 사람들의 교육수준이 높아졌다는 사실을 인식해야 한다고 주장한다. 이는 사실이지만, 고전으로 다시 살아났다는 것은 그 자체가 아닌 다른 무엇으로 살아난 것이다. 다시 말해서 그것의 참모습이었던 '부정의 힘'과 (현재와의) '불화'라는 성격이 박탈된 것이다. 그러므로 그 작품의 의도와 기능은 근본적으로 변해버렸다. 한때는 기존 질서와 대립하고 있었지만, 이제는 그 대립이 완전히 사라져버린 것이다(63~64).

(우리가 좌파나 신보수주의적 관점과 같이 해석하든 않든 간에) 이런 과정들에 대한 예를 찾기란 어려운 일이 아니다. 1960년대에는 체 게바라 Che-Guevara의 포스터가 없는 단칸 아파트란 가구가 없는 것이나 다름이 없었다. 그 포스터는

광고에 사용된 오페라와 클래식음악	
프로코피에프 : 피터와 늑대	벡셀 아스트라
프로코피에프 : 로미오와 줄리엣	샤넬 에고이스트
푸치니 : 오페라 〈나비부인〉	트위닝 티/델몬트 오렌지 쥬스
푸치니 : 오페라 〈쟈니스키키〉	필립스 DCC
푸치니 : 오페라 〈라보엠〉	소니 워크맨
푸치니 : 오페라 〈토스카〉	프리서브
라벨 : 볼레로	리비타
림스키-코르사코프 : 〈술탄황제 이야기〉의 音畵	블랙 앤 데커
롯시니 : 오페라 〈세빌리아의 이발사〉	라구파스타 소스/피아트 스트라다/브라운 면도기
생상 : 동물의 사육제	테스코
사티 : 짐노페디 제3번	부어네빌 초콜릿/스트랩실 기침약
슈만 : 어린이 정경	초콜릿 블레이크
스메타나 : 나의 조국	푸조 605
요한 스트라우스 : 조간신문 왈츠	TSB
차이코프스키 : 호두까기 인형 서곡	리액터리트 선글래스/캐드버리 과일/헬만 마요네즈
베르디 : 오페라 〈아이다〉	다이어트 펩시/마이클로브/이집트
베르디 : 오페라 〈일 트로바토레〉	라구파스타 소스
베르디 : 오페라 〈운명의 힘〉	스텔라 아르투와
베르디 : 오페라 〈나부코〉	브리티시 항공
베르디 : 오페라 〈리골레토〉	라구파스타 소스/리틀 시저 피자
비발디 : 사계	샤넬 No.19 향수/킹스밀 빵/시트로엥 BX/브라운

에서 노동은 감각을 무디게 하고, 문화산업은 그런 과정을 존속시켜 나간다. 다시 말해서 "문화산업은 단조롭고 고된 일상을 탈출하는 낙원을 약속하고 있다. …… 그러나 그 낙원은 …… 원점으로 다시 되돌아가도록 미리 설계되어 있다. 그래서 환희는 오히려 망각하고 싶은 체념을 더 부추길 뿐이다"(Adorno and Horkheimer, 1979: 142). 간단히 말해서 노동은 대량문화로, 또 대량문화는 노동으로 다시 돌아가게 된다. 또한 문화산업에 의해 배포되는 예술이나 진정한 문화도 비슷하게 작용한다. 문화산업의 범위 밖에서 작용하는 진정한 문화만이 그 순환작용을 깨

뜨리는 희망을 가질 수 있다.

이러한 일반적 관점들을 더 구체화하기 위해 이제 나는 아도르노(2009)의 에세이 「대중음악에 대하여 On popular music」을 살펴보고자 한다. 대중문화에 대한 프랑크푸르트학파의 접근방식에 대한 구체적인 사례라고 할 수 있는 이 에세이에서 그는 대중음악의 특징을 세 가지로 꼽는다. 첫 번째는 대중음악이 "규격화되어 있다"는 것이다. 여기서 '규격화'란 아도르노가 지적하듯이 "가장 일반적 특징부터 가장 구체적인 것까지 모두 포괄한다"(64). 일단 어떤 음악이나 시의 양식이 성공적이라고 판명되면, 그것은 인기품목으로 선정되어 상업적으로 고갈될 때까지 사용된다"(같은 곳).

게다가 한 인기가요의 내용이 다른 가요의 내용과 상호 교환될 수도 있다. 하나하나의 세부적 표현이 전체를 표현하게 되는 '진지한 음악'의 유기적 구조와는 달리, 대중음악의 세부적 표현은 전체 구조에 아무런 영향을 주지 않고도 이 곡에서 저 곡으로 옮겨질 수 있다는 점에서 기계적이라 할 수 있다. 이러한 규격화를 감추기 위해 음악산업은 아도르노가 말하는 이른바 '유사 개성화 pseudo-individualization'의 작업에 몰두한다. "히트곡의 규격화는 소비자들을 위해 그들 대신 (음악을) '들어주고', 또 그렇게 함으로써 그들을 고객으로 붙잡아둔다. 유사 개성화의 역할은 소비자들로 하여금 그들이 듣고 있는 것이 실은 그들을 위해 이미 들어준 것이거나 혹은 '미리 소화된' 것이라는 사실을 잊게 함으로써 그들을 붙잡아두는 것이다"(69).

아도르노의 두 번째 주장은 대중음악이 수동적 청취를 조장한다는 것이다. 앞서 언급했듯이 자본주의 노동은 지루하며, 따라서 탈출을 시도하게 만들지만, 바로 그 지루함 때문에 진짜 탈출―'진정한' 문화의 요구―을 위한 에너지는 거의 고갈되고, 오히려 대중음악과 같은 형식에 도피처를 찾게 되는 것이다. 대중음악의 소비는 항상 수동적이고 끝없이 반복적이며, 세계를 있는 그대로 받아들이게 만든다. '진지한' 음악(예를 들어, 베토벤)은 상상하는 즐거움을 주고, 뭔가 다른 가능적 세계에 대해 생각하게 만든다. 대중음악은 사무실이나 공장생활에 '아무런 생산적 역할도 하지 못한다'(70). 오히려 노동의 '긴장과 지루함'으로 말미암아 사람들이 여가시간에도 '노력을 회피한다'(같은 곳). 아도르노는 이 모든 내용을 (그가 그렇게 경멸하던 추리소설의 장르에서 인용한) '헤로인 중독자'의 구제불능인 의식(儀式)처럼 들리게 만든다. 노동시간 중에는 '새롭고 신선한 것'이 아예 무시당하고, 또 여가시간에는 그런 것을 찾기에 너무나 지쳐 있기 때문에, 결국 그들은 '자극적인 것을 갈망하고', 대중음악이 그 갈망을 채워주는 것이다.

> 그 자극들은 천편일률적인 단조로움 속에서 아무런 노력도 할 수 없는 무능에 직면하게 된다. 이는 또다시 지루함이 시작됨을 의미한다. 그것은 탈출이 불가능한 악순환이다. 이렇듯 탈출이 불가능하다는 것이 대중음악의 일반적인 청취 태도인 무관심의 원인이 된다. 순간적인 인식이 이루어지지만 그것은 노력 없이도 되는 감각적인 계기이다. 이 순간에 대해 갑작스러운 관심이 생겨도 그것은 그 즉시 소멸되고, 결국 청취자는 무관심과 오락의 영역으로 떨어지게 마련이다(71).

대중음악은 모호한 문답처럼 작용한다. 다시 말해서 대중음악을 소비하려면 무관심과 산만함이 요구되지만, 또한 그 소비로 말미암아 소비자는 다시 무관심해지고 산만하게 된다는 것이다.

아도르노의 세 번째 주장은 대중음악이 '사회적 유대'(72)의 기능을 한다는 것이다. 대중음악의 '사회 · 심리적 기능'은 대중음악의 소비자들이 기존 질서에 대해 '심리적으로 적응하도록' 만드는 것이다(같은 곳). 이 '적응'은 "군중심리의 두 가지 주된 사회 · 심리적 유형으로 나타나는데 …… 그것은 곧 '리드미컬한' 복종의 유형과 '감정적' 유형이다"(같은 곳). 첫째 유형은 사람들이 그 자신의 착취나 억압의 리듬에 맞추어 산만하게 춤추는 것이고, 두 번째 유형은 실제 생존의 상황은 잊고 감상적인 고통 속에서 허우적거리는 것이다.

아도르노의 분석에 대해 몇 가지 지적할 점이 있다. 첫 번째로 우리가 꼭 알아두어야 할 것은 그가 1941년에 이 글을 썼다는 사실이다. 그 당시의 대중음악은 지금과는 여러 면에서 달랐다. 그러나 아도르노는 1969년 임종 때까지 대중음악이 많은 변화를 겪었는데도 불구하고 그의 분석내용을 전혀 수정하지 않았다.

대중음악은 과연 그의 말대로 그렇게 단조로운 것인가? 예를 들어, 유사 개성화의 논리가 1956년 로큰롤의 등장이나, 1962년 비틀즈의 출현과 1965년 대항문화의 음악을 설명할 수 있는가? 1976년의 펑크 록이나 인종주의에 대항한 1970년대 록, 1980년대의 애시드 하우스 acid house와 인디 팝 indie pop, 1990년대의 레이브 rave와 힙합 hit hop을 설명할 수 있는가? 게다가 대중음악의 소비가 과연 아도르노의 주장처럼 수동적인가?

사이먼 프리스 Simon Frith(1983)는 그렇지 않다는 것을 판매통계로 보여준다. "계산상의 어려움에도 불구하고 …… 대개의 기업 경기 해설자들은 출시된 레코드의 10퍼센트(싱글의 경우는 더 적은 비율, 그리고 LP의 경우 약간 많은 비율) 정도가 돈을 번다는 데 동의한다"(147). 또 10퍼센트 정도가 제작비 정도를 건진다(같은 곳). 그러므로 이는 음반의 80퍼센트가 사실상 돈을 잃는다는 말이 된다. 또한 폴 허쉬 Paul Hirsh의 통계에 따르면, 싱글 판의 경우 최소한 60퍼센트는 아무도 틀지 않는다(Frith, 1983: 147에서 인용). 이것은 소비자들을 자유자재로 조절하는 능력을 가졌다는 문화산업과는 거리가 먼 이야기이다. 오히려 문화산업이 비판적이고 분별력 있는 공중에게 필사적으로 음반을 팔려고 애쓰는 것처럼 들린다. 이런 통계들은 소비란 것이 아도르노가 주장하는 것보다 훨씬 적극적이고 능동적인 행위임을 암시한다. 음악을 하위문화로 사용해보면 이런 현격한 차이가 가장 명확하게 드러나기는 하지만, 그렇다고 해서 그것이 유일한 예는 아니다.

끝으로, 과연 대중음악은 정말로 사회적 유대의 기능을 할까? 예를 들자면, 하위문화든 음악적 취향의 문화든 아도르노가 '진지한 음악' 소비의 이상적 방식이라고 하는 것과 그리 다르지 않은 방식으로 대중음악을 소비하는 것처럼 보인다. 리처드 다이어 Richard Dyer(1990)의 주장에 따르면 이것은 디스코에 대한 게이

〈표 4.2〉 프랑크푸르트학파가 말하는 '문화'와 '대량문화'의 차이

문 화	대량문화
진실	허구
유럽인	미국인
다차원적	일차원적
개인의 창조	대량생산
상상력	광기
부정	사회적 유대

의 소비와 다를 바 없다. 그는 디스코에 깃든 낭만적인 분위기를 간파하고 있는데, 그것은 언제나 세속적인 일상과의 갈등을 벗어나지 못하는 삶에 생기를 불어넣는다. 그가 설명하고 있듯이, "낭만주의는 일과 가정생활의 한계가 곧 경험의 한계인 것은 아니라고 주장한다"(417).

프랑크푸르트학파가 일련의 대립 쌍을 통해 제시하는 분석은 그들이 생각한 문화와 대량문화의 차이(표 4.2 참조)에 의해 입장이 정해진다.

발터 벤야민(1973)의 에세이 「기계 복제시대의 예술작품」은 자본주의의 혁명적 변모에 대해서 훨씬 더 낙관적인 견해를 보여준다. 그는 자본주의가 "궁극적으로 …… 자본주의 자체를 철폐시킬 수 있는 상황을 만들 것"(219)이라고 주장한다. 벤야민은 문화의 기술적 복제에 일어나는 변화들이 문화의 사회적 기능을 변화시킨다는 신념을 갖고 있다. 즉, "기술적 복제는 원작이 결코 도달할 수 없을 그런 상황으로 원작의 복사를 수행할 수 있다"(222). 그러므로 복제는 벤야민이 말하는, 이른바 문화 텍스트와 실천행위의 '아우라 aura'에 도전하고 있는 셈이다.

> 사람들은 복제기술이 전통의 영역으로부터 복제된 대상을 분리시킨다는 말을 통해 일반화시킬 수 있다. 많은 복제품을 만듦으로써 복제기술은 하나뿐인 것을 여러 개의 복사품으로 대치시킨다. 그리고 복제품을 그것을 감상하는 사람과 특정한 상황에서 만나게 함으로써, 복제기술은 복제된 대상을 부활시킨다.

이 두 과정은 전통에 대한 엄청난 파괴를 초래하고 있으며, 이는 곧 현재의 위기(파시즘의 대두)와 인류 재생의 표면적 현상이라 할 수 있다. 두 과정 모두 우리 시대의 대중운동과 밀접한 관련이 있다. 그 가운데 가장 강력한 대행자는 영화이다. 특히, 영화가 지니는 가장 확실한 사회적 중요성은 문화유산의 전통적 가치를 말살하는 파괴적이고 배설적인 측면을 무시하고서는 생각조차 할 수 없는 것이다(223).

문화 텍스트나 실천행위의 아우라는 '진정성 authenticity'이나 '권위', '자율성 autonomy', '거리감'과 같은 느낌이다. 아우라의 쇠퇴는 문화 텍스트나 생산물을 전통의 권위와 의식(儀式)에서 멀어지게 한다. 이는 텍스트나 행위의 다양한 해석을 허용하며 다른 맥락이나 다른 목적으로도 사용할 수 있게 해준다. 더 이상 그 중요성은 전통의 보호를 받지 못할 뿐 아니라 의문시되기까지 한다. 말하자면 의미가 소비의 문제로 되고, 수동적(아도르노에게는 심리적) 사건이 아닌 능동적(정치적) 사건이 된다. 기술적인 복제는 생산을 변화시키고, "복제된 예술작품은 복제를 위해 고안된 예술작품이 되는 현상이 더욱 심화된다"(226). 소비 또한 변한다. 말하자면 소비가 기존 종교적 의식의 위치에서 미학적 의식으로 옮겨가며, 이제는 다시 정치적 실천으로 그 기반을 옮기고 있다. 문화는 대량문화가 되었을지언정 소비는 대량소비가 된 것이 아니다.

> 예술의 기계적 복제는 예술에 대한 군중의 반응을 변화시킨다. 피카소의 그림에 대한 반동적 태도는 채플린 영화에 대한 진보적 반응으로 변한다. 진보적 반응은 전문가의 지도에 의해 이루어지는 시각적 · 감정적 즐거움의 직접적이고도 밀접한 융합을 특징으로 한다(236).

의미와 소비의 문제가 수동적 관조에서 능동적 정치투쟁의 문제로 바뀐다. '기계적 복제'의 긍정적 잠재성을 받아들인 벤야민의 입장에서 보면, '아우라'의

and Conduct of Life』(1810)은 이에 대한 정확한 예라고 할 수 있다.

> 아내와 딸, 어머니, 친구의 여러 가지 의무를 충실히 이행하도록 되어 있는 여성은 가장 중요한 책무를 비난받을 정도로 도외시한 채 철학적 및 문학적 공론이나 혹은 픽션이나 소설의 매혹적인 세계에 들떠있는 여성보다 훨씬 쓸모 있게 살고 있는 것이다(Mills, 2004: 80에서 인용).

마슈레의 분석은 이것을 여성 억압의 직접적인 징후로 보기보다는 이러한 텍스트가 또한 여성들이 전통적으로 요구하는 자세를 지키지 못하고 있다는 것을 어느 정도 시사하는가를 따져보려고 할 것이다. 달리 말해서, 여성들이 철학적 및 문학적 공론에 몰입하지 않는다면 그들에게 충고할 필요가 없을 것이다. 그러므로 철학적 및 문학적 공론에 빠져 있는 여성은 그 텍스트의 '뚜렷한 부재'이다. 이와 마찬가지로, 사라 밀즈 Sara Mills(2004)는 19세기에는 여성의 여행기가 여행이란 여성의 능력과 책무를 넘어서는 것임을 내비치는 여성성 담론을 얼마나 지속적으로 거론할 수밖에 없었는가를 지적한다. 예를 들어 알렉산드라 데이비드 닐 Alexandra David-Neel의 티벳 여행기에는 이렇게 적혀 있다. 즉, "19시간 동안 우리는 계속 걸었다. 정말 이상하게도, 나는 전혀 피로를 느끼지 않았다"(Mills, 2004: 90에서 인용). 뚜렷한 부재, 즉 텍스트의 무의식의 문제를 일으키는 불신의 남성적 담론을 지적하고 있는 것은 바로 '정말 이상하게도'라는 말이다.

마지막으로 [사진 4.2]는 텅빈 해변의 두 인물을 보여준다. 그들은 춥고 불편해 보인다. 우리가 이 사진의 의미를 결정하려고 할 때, 우리의 해석은 당연히 역사적으로 특수한 뚜렷한 부재에 의해 구성되고 구체화될 것이다. 이를테면 보통 해변을 휴가객들이 편안하게 쉬면서 즐기는 곳으로 생각하는 것이 그것이다. 특수한 역사적 순간을 포착한 그 사진의 '의미'를 부여하는 것이 바로 이 뚜렷한 부재이다. 다시 말해서 1840년대 해변 휴가의 붐이 일어나기 전에 이러한 일반적인 생각은 해석의 틀로서 활용될 수가 없었을 것이다.

[사진 4.2]
해변의 두 인물

알튀세르의 두 번째 공식에서도 여전히 이데올로기는 삶의 실제 상황과 개인의 상상적 관계를 재현하는 것이다. 다른 점이 있다면, 여기서는 단순히 이데올로기가 더 이상 사상체계로서만 인식되는 것이 아니라 이데올로기적 국가장치들 Ideological State Apparatuses(ISAs) — 교육, 조직화된 종교, 가족, 조직화된 정치, 미디어나 문화산업 등 — 의 행위와 생산을 통해 재생산된 살아 있는 육체적 행위 — 제의, 관습, 행동의 패턴, 실천적인 사고방식 — 로 인식된다. 이 두 번째 정의에 따르면 "모든 이데올로기에는 구체적인 개인을 주체로 '구성해내는' 기능(이 기능이 이데올로기를 규정한다)이 있다"(2009: 309). 이데올로기적 주체들은 '부름'이나 '질문'의 행위를 통해 만들어진다. 알튀세르는 "거기 계시는 분!" 하고 사람을 부르는 경찰관의 예를 든다. 이 부름을 받은 사람이 대답하며 돌아서면 그 사람은 질문을 당한 것이 되며 경찰관 언술의 주체가 된 것이다. 이데올로기는 이렇게 이데올로기의 육체적 행위에 종속되는 주체들을 창조하는 것이다.

문화연구와 대중문화 연구의 영역에 특히 영향을 끼친 것은 이데올로기에 대한 이 두 번째 정의이다. 예컨대 주디스 윌리엄슨 Judith Williamson(1978)은 광고에 대한 그녀의 영향력 있는 연구 『광고 해석 *Decoding Advertisements*』에서 알튀세르의 두 번째 정의를 사용하고 있다. 그녀의 주장에 따른다면, 광고 또한 우리 삶의 실제 조건과 가상의 관계를 재현한다는 점에서 이데올로기적이다. 생산과정에서의 역할에 근간을 둔 계급의 차이 대신 정말로 문제가 되는 것은 특정 상품의 소비에 근간을 둔 차이라고 광고는 끊임없이 제시한다.

따라서 사회적 정체성은 생산하는 것보다 소비하는 것과 관련된 문제이다. 다른 모든 이데올로기가 그렇듯이 광고도 부름 혹은 호명의 기능을 한다. 말하자면 광고는 그것의 의미와 소비패턴에 종속되는 주체들을 만들어내는 것이다. 소비자는 의미를 만들기 위해 호명당하며, 결국에는 사고 소비하고 다시 사고 소비하는 과정을 반복한다.

예를 들어, 광고가 '당신 같은 사람들'은 이런저런 상품으로 바꾸고 있다는 말로 나를 호명할 때, 그것은 나를 집단성원 중 하나로 호명하고 있으나 사실상 그 집단의 한 개인인 '당신'을 호명하고 있는 것이다. 나는 '당신'이란 대명사가 열어준 상상의 공간을 채우는 개인으로 호명을 받은 것이다. 그러므로 나 자신이 광고가 호명하는 상상의 '당신'이 되는 것이다. 그러나 알튀세르에 의하면 이것은 이데올로기적 '오인' 행위이다. 첫째로 이 광고가 효과를 내기 위해서는 많은 사람들이 스스로를 바로 그 '당신'으로 느끼게 해야 한다(각자 자신이 그 언술의 진짜 '당신'이라고 생각해야 한다)는 점에서 그렇다. 둘째로 이것은 다음과 같은 의미에서도 오인이다. 즉, 광고에서 내가 인식하는 '당신'은 사실 광고에 의해 만들어진 '당신'이다.

슬라보예 지젝(1992)이 지적하듯이, 질문이 이와 같은 작용을 한다. 즉, "내가 그것의 수신자이고 또 내가 그 속에서 나 자신을 인지하는 순간 나는 그것의 수신자가 되기 때문에 나는 그 속에서 나 자신을 인지하지 못한다"(12). 이런 관점에서 볼 때 광고는 우리를 그 언술의 특별한 '당신'으로 착각하도록 부추겨서, 결국 그 광고의 물질적 실천행위의 주체로 만들고 또 그것에 종속시킨다. 그러므로 광고는 그것이 작용하는 방식과 그것이 만드는 효과 어느 면을 보나 이데올로기적이다.

이데올로기에 대한 알튀세르의 두 번째 모델이나 그것을 문화이론에 적용하는 것과 관련된 문제들 가운데 한 가지는 그것이 너무 잘 끼워 맞춘 것처럼 보인다는 점이다. 사람들은 항상 자본주의적 생산양식이 요구하는 온갖 필요 불가결한 이데올로기적 습관에 맞게 성공적으로 재생산된다. 거기에는 실패나 갈등, 투쟁 또는 저항의 기미는 아예 보이지도 않는다. 대중문화의 관점에서 한 예로 광고는 항상 우리를 소비하는 주체로서 성공적으로 호출하고 있는가? 더욱이 설사 질문이 작용하고 있을지라도 이전의 질문들이 대립하면서 작용하지 못하도록 끼어들 수도 있는 것이다. 간단히 말해서 내가 인종차별이 나쁘다는 것을 알고 있다면 인종차별주의자의 농담은 나에게 전혀 질문거리가 되지 못할 것이다. 바로 이러한 이유 때문에 문화연구자들 중 많은 이들이 이탈리아의 마르크스주의자인 안토니오 그람시의 연구로 돌아서게 된다.

헤게모니

그람시를 문화연구에 적용하는 핵심은 헤게모니 hagemony 개념이다. 그람시에게 헤게모니는 정치적 개념이며, 발전된 서구 민주사회에서 자본주의의 억압과 착취에도 불구하고 왜 사회주의혁명이 일어나지 않는지를 해명하려는 것이다. 지배계층(들)은 단순히 사회를 통치하는 데 그치는 것이 아니라 '도덕적·지적 리더십'(75)을 가지고 사회를 이끌어 가는데, 헤게모니는 바로 이런 상황을 가리키기 위해 그람시(2009)가 사용한 개념이다.

헤게모니는 특수한 종류의 의식을 수반한다. 다시 말해서 사회적 집단은 그 자신의 특수한 이해관계를 사회 전체의 일반적인 이해관계로 표현하려고 한다. 이런 의미에서 이 개념은 억압과 착취에도 불구하고 다수의 합의와 고도의 사회적 안정이 이루어지고 있는 사회를 가리키는 말이다. 이런 사회에는 피지배계층이 그들을 현재의 권력구조에 묶어두는 가치나 이상, 목적, 문화적 의미들을 능동적으로 지지하고 있는 것으로 나타난다.

예를 들어, 20세기 내내 영국의 선거는 지금까지도 쌍벽을 이루고 있는 노동당과 보수당의 경합이었다. 선거 때마다 두 정당은 누가 자본주의(보통 정치성이 약한 용어로 '경제'라고 불린다)를 더 잘 관리할 수 있는가 — 국유화를 더 하느냐 덜 하느냐 또는 세금을 더 부과하느냐 마느냐 등등 — 의 문제를 둘러싸고 경쟁을 벌여왔다. 그리고 선거 때마다 주류 대중매체도 이에 협력하였다. 이런 의미에서 선거전을 둘러싼 매개변수들이란 궁극적으로 사회일반의 요구라는 가면을 쓴 자본주의적 요구와 이해관계에 의해 결정되는 것이다. 이것은 특정 계층의 이득이 사회 전체의 이득으로 '일반화'되었던 상황을 보여주는 명백한 예이다. 그 상황은 지극히 자연스러워서 전혀 논쟁의 여지가 없는 것처럼 보인다. 그러나 항상 그랬던 것은 아니다. 자본주의의 헤게모니는 최소한 300년 이상에 걸쳐 일어난 심각한 정치적·사회적·문화적·경제적 변화의 결과이다. 19세기 후반까지도 자본주의의 위치는 여전히 불안정했다.[3] 20세기에 들어서야 비로소, 특히 소련과 동유럽의 정치적·경제적 몰락, 중국의 '문호 개방' 정책 및 '시장 사회주의 market socialism'의 도입과 함께 이 체제가 승리한 듯, 아니 최소한 승리하고 있는 듯이 보이고 있다. 현재 자본주의는 어느 정도 국제적으로 헤게모니를 쥐고 있다고 할 수 있다.

헤게모니가 다수의 합의를 전제로 하긴 해도 갈등 없는 사회나 상황을 뜻하는 것은 아니다. 헤게모니 개념이 나타내는 의미는 갈등이 이데올로기적으로 안전하게 조종되어 수용되었다는 말이다. 말하자면 헤게모니는 지배계급이나 집단

3) Stedman Jones(1998) 참조.

이 피지배자들과의 타협 내지 승인을 통해 유지되고 또 그렇게 계속 유지될 수밖에 없다는 것이다.

예를 들어, 카리브 제도에서의 영국 헤게모니의 역사적 예를 생각해보자. 카리브 제도의 원주민들이나 노예로 끌려온 아프리카인들에 대한 통제를 견고히 하기 위해 영국이 시도했던 방법 중 하나는 영국문화를 그들에게 심는 것이었으며(이는 식민지 지배자들에게 공통된다), 그 과정들 중 하나가 바로 영어를 공식어로 채택하는 것이었다. 언어학적 관점에서 볼 때 결과적으로는 영어가 강요되었다기보다 대부분의 토착민에게 새로운 언어가 창조된 것처럼 되었다. 이 새로운 언어의 지배적 요소는 영어이지만 그 언어 자체는 영어만으로 이루어진 것이 아니었다. 새로 나타난 것은 새로운 억양과 새 리듬, 빠진 단어들과 새로 추가된 말(아프리카나 다른 곳의 언어에서)들로 이루어진 변형된 영어였다. 새로운 언어는 지배문화와 피지배문화 사이의 '타협'의 결과로서, '저항'과 '합병'이라는 두 측면을 모두 갖고 있다. 말하자면 그것은 위로부터 강요된 것도 아래로부터 자생적으로 일어난 것도 아닌, '저항'과 '합병'의 성격을 함께 지닌, 두 문화 간 헤게모니적 투쟁의 결과이다.

헤게모니는 단순히 위로부터 강요된 힘이 아니다. 그것은 언제나 지배집단과 피지배집단 사이에서 이루어진 '타협'의 결과이자 '저항'과 '합병'의 흔적을 남기는 과정이다. 물론 이러한 타협과 양보에는 한계가 있다. 그람시가 명확하게 설명해주고 있듯이, 그들은 지배계급의 경제적 기반에 대한 도전을 결코 허용하지 않는다. 더욱이 도덕적·지적 리더십이 지속적인 권위를 확보하기 힘든 위기 때는 일시적으로 군대, 경찰, 감옥제도와 같은 '억압적인 국가장치'의 강압적인 무력이 헤게모니의 역할을 대신한다.

헤게모니는 그람시가 지칭한 이른바 '유기적 지식인들 organic intellectuals'에 의해 조직된다. 그람시에 따르면, 지식인들은 그들의 사회적 기능에 의해 구별된다. 모든 사람들은 지적 업무를 수행할 수 있는 능력을 가지고 있으나 사회에서는 일부 사람들만이 지식인으로 기능한다. 그람시의 설명에 따르면 각 계급은 자신들의 지식인들을 '유기적으로' 창조한다.

> 하나 혹은 그 이상의 지식인 층이 경제영역뿐 아니라 사회 및 정치영역에서도 계급에 그 자체의 기능에 대한 인식과 동질성을 부여한다. (예를 들어) 자본주의 기업가는 자신의 옆에다 산업기술자와 정치적 경제전문가, 새 문화나 법체계의 조직가 등을 새로이 양성한다(2009: 77).

이렇게 볼 때 유기적 지식인들은 계급 조직가(가장 넓은 의미에서)로서 기능을 한다. 새로운 도덕적, 지적 삶을 규정하고 조직하는 것이 그들의 임무이다. 나는 이미 다른 지면[4]을 통해 유기적 지식인으로 가장 적합한 인물이 매튜 아놀드 Matthew Arnold라고 한 적이 있었다. 그람시는 유기적 지식인의 기능을 "문화인들 가운데 엘리트로서 문화나 일반적인 이데올로기 분야에서 리더십을 제공하는 것"(Storey, 1985: 217; Storey, 2010a)이라고 규정한다. 그람시는 이들을 개인적 차원에서 말하고 있지만, 문화연구에서 사용되는 이 개념은 — 특히, 알튀세르가 그람시로부터 빌려온 (그러나 시인하지는 않은) — 집합적인 유기적 지식인들, 이를테면 가족이나 텔레비전, 언론, 교육, 조직된 종교, 문화산업 등의 '이데올로기적 국가장치'를 뜻한다.

헤게모니 이론의 관점에서 보면, 대중문화는 사람들이 문화산업의 텍스트나 산물을 능동적으로 소비함으로써 만들어진다. 언더그라운드 청년문화는 이 과정 중 가장 눈여겨볼 만한 예일 것이다. 딕 헵디지 Dick Hebdige(1979)는 언더그라운드 청년문화가 이미 상업적으로 제공된 상품들을 그들의 목적과 의미에 적합하도록 바꾸는 과정('기의 변조 bricolage')에 대해 명쾌하고도 믿을 만한 설명을 해주고 있다(기의 변조 — 본래의 기능이나 의미에 새로운 의미나 암시를 주기 위해 다양하게 치환, 교환하거나 조합하는 꼴라주 : 역주). 생산물들은 그 생산자들이 의도하

4) Storey(1985, 2010a) 참조.

지 못한 방식으로 조합되거나 변형되기도 하고, 또 '정반대의' 의미를 만들어내기 위해 상품들이 재접합되기도 한다. 이런 방식으로 또 행동이나 말하는 방식, 음악에 대한 취향 등을 통해 언더그라운드 청년문화들은 지배문화와 부모세대의 문화 양쪽 모두에 대해 상징적 저항의 형태를 띠게 된다.

이 모델에 따르면 청년문화는 항상 독창성과 저항에서 시작하여, 문화산업이 일반적 소비와 이득을 위해 그 문화적 저항을 시장화하는 데 성공하면서 일어나는 상업적 합병과 이데올로기적 완화로 끝나게 된다. 헵디지가 설명하듯, "청년문화의 양식은 상징적 도전을 제기함으로써 시작되지만 결국 일련의 새로운 관습들을 확립함으로써, 즉 새로운 상품이나 산업을 만들거나 옛날 것들을 회생시킴으로써 끝날 수밖에 없다"(96).

헤게모니의 개념은 대중문화 연구자들로 하여금 대중문화에 대해 무능했던 이전의 많은 분석으로부터 자유롭게 해준다. 대중문화는 더 이상 역사의 정체가 아니며, 정치적 조작에 의해 강요된 문화(프랑크푸르트학파)도 아니다. 또 그것은 사회적 쇠퇴와 타락의 징후(문화와 문명의 전통)도 아니며, 아래로부터 자생적으로 일어나는 것(문화주의의 일부 주장)도 아니고, 또한 수동적 주체에게 주체성을 부과하는 '의미-기계'(구조주의의 일부 주장)도 아니다. 이런저런 접근방식들 대신 헤게모니이론은 대중문화를 의도와 반대 의도 사이의 '타협된' 혼합물로 생각하게끔 해주며, 또한 이것은 '위'나 '아래', '상업적'이나 '진정한' 양측 모두에서 비롯된 것이고 저항과 합병의 힘들 사이를 움직이는 저울의 추와도 같은 것이다. 이는 계급, 성, 세대, 관습, 종족, 지역, 종교, 성별 등 다양한 지형을 통해 분석이 가능하다.

이런 시각에서 보면 대중문화는 서로 상충하는 이익과 가치가 모순적으로 혼합되어 있는 것이다. 그것은 중산층도 아니고 노동자계층도 아니며, 또 인종주의도 반인종주의도 아닌, 남녀 평등론자도 남녀 차별론자도 아닌, 동성애자도 반동성애자도 아닌 …… 항상 둘 사이를 오가는 저울의 추(그람시가 말하는 '절충과 타협의 평형')와 같은 것이다(2009: 76). 문화산업이 상업적으로 제공하는 문화는 해석과 접합이라는 소비 및 생산의 전략적 행위를 통해 그 정의나, 형태, 그리고 목적이 수정되며, 또 때로는 그 생산물이 전혀 의도하거나 예측하지도 못한 방향으로 이루어지기도 한다.

포스트-마르크스주의와 문화연구

안젤라 맥로비 Angela McRobbie(1992)가 말하듯이, 마르크스주의는 문화연구에 더 이상 과거에 했던 것처럼 영향을 미치지 않는다.

> 영국에서 전반적인 문화연구의 주요 지침이었던 마르크스주의가 약화된 것은 포스트모던 비평가들의 관점 때문만은 아니었다. 포스트모던 비평가들은 마르크스주의의 목적론적 명제들, 거대 담론, 실재론, 경제주의를 공격한다. 그리고 그들은 전체 계몽주의적 기획 내에서 마르크스주의의 위치뿐만 아니라 상당 부분 사회주의적 기획의 신빙성을 상실하게 한 동유럽 사건들의 결과로서의 그 위치까지도 공격한다(719).

그녀가 설명하고 있듯이 확실한 것은 곧 다음이다. 즉, "프레드릭 제임슨(1984)과 데이비드 하비 David Harvey(1989)와 같은 비평가들에 의해 뚜렷하게 드러나게 된 프리-포스트모던 마르크스주의 pre-postmodern Marxism로의 회귀가 지지를 받지 못하는 까닭은 저 회귀의 조건들이 문화적 및 정치적 관계의 위치를 기계적이고 반영주의적인 역할에 둠으로써 이들보다 경제적 관계와 경제결정론에 우선순위를 매길 것으로 예측되기 때문이다"(같은 곳). 하지만 이보다는 오히려 문화연구는 언제나 이미 포스트-마르크스주의였다는 데 참된 의미가 있다. 홀(1992)이 지적하듯이,

> 이전에 문화연구와 마르크스주의가 이론적으로 완전히 들어맞은 적은 한순간도 없었다. 처음부터 …… 이론적으로 또 정치적으로 심각한 부적응의 문제, 완전한 침묵, 마르크스주의에 대한 엄청난 회피 — 마르크스가 말하지 않았거나 혹은 그것들이 문화, 이데올로기, 언어, 상징 등의 우리에게만 허용된 연구대상이라는 것을 이해하고 있는 듯한 일들 — 가 언제나 이미 있었다. 그 대신 언제나 이미 이것들은 마르크스주의를 사유의 한 양식으로서, 하나의 비판적 실천 — 마르크스주의의 정통적 신념, 교의상의 성격, 결정론, 환원주의, 불변의 역사법칙, 거대서사로서의 위상 — 의 활동으로서 한정해버렸던 일들이다. 다시 말해서, 영국의 문화연구와 마르크스주의의 만남은 우선은 — 하나의 이론도 아니고 심지어 하나의 문제설정도 아니라는 — 예약된 문제로서 이해될 수밖에 없었다(279).

포스트-마르크스주의는 적어도 두 가지 의미를 지닌다. 에르네스토 라클라우 Ernesto Laclau와 샹탈 무페 Chantal Mouffe(2001)가 포스트-마르크스주의에 깊이 영향을 미친 그들의 저서 『헤게모니와 사회변혁 *Hegemony and Social Strategy: Toward a Radical Democratic Politics*』에서 지적하듯이, "만일 이 책에서 우리들의 지적 기획이 **포스트**-마르크스주의자 *post*-marxist라면, 그것은 또한 명백히 포스트-**마르크스주의자** post-*marxist*이다"(4). **포스트**-마르크스주의자가 된다는 것은 보다 나은 것을 찾아 마르크스주의를 떠나는 것인 반면에, 포스트-**마르크스주의자**가 된다는 것은 최근에 발전한 이론들, 특히 페미니즘, 포스트모더니즘, 후기 구조주의, 라깡의 정신분석 등을 받아들여 마르크스주의를 탈바꿈시키는 것이다. 라클라우와 무페는 **포스트**-마르크스주의자라기보다는 오히려 포스트-**마르크스주의자**이다. 두 사람은 마르크스주의와 '새로운 페미니즘'의 제휴를 직시하고 있다. 여기서 새로운 페미니즘이란 '윤리 저항 운동, 소수 민족과 성적 소수, 사회의 주류에서 밀려난 사람들이 벌이는 반-제도적 생태 투쟁, 반핵 운동, 자본주의 주변 국가들에서 벌어지는 사회적 투쟁의 비정형적 형태들'(1)을 가리킨다. 내가 보기에 라클라우와 무페가 옹호하는 문화연구는 긍정적인 의미의 포스트-마르크스주의이다.

포스트-마르크스주의의 발전에서 핵심적인 것은 담론 개념이다. 라클라우(1993)가 설명하고 있듯이, "추론적 접근방식의 기본 전제는 지각과 사유, 그리고 행동의 가능성은 직접적인 사실에 앞서 존재하는 특정한 의미 영역의 구조에 좌우된다는 것이다"(431). 담론의 의미를 설명하기 위해 라클라우와 무페(2009)는 두 사람이 하나의 담을 쌓는 것을 예로 들고 있다. 첫 번째 사람이 두 번째 사람에게 벽돌을 그/그녀에게 건네주라고 요청한다. 벽돌을 받은 두 번째 사람은 그것을 담장에 쌓는다. 이 전체 작업은 언어적 계기(벽돌을 요청하는 것)와 비언어적 계기(벽돌로 담을 쌓는 것)로 이루어진다. 라클라우와 무페에 따르면, 담론은 언어적 계기와 비언적 계기로 이루어진다.

달리 말한다면, 라클라우와 무페는 "모든 사회적 지형은 의미를 지닌다는 사실을 강조하기 위해" 담론이라는 용어를 사용한다. "내가 둥근 물체를 길거리에서 차거나 혹은 축구경기에서 공을 차는 경우, 물리적 사실은 동일하지만 그 의미는 다르다. 그 물체는 그것이 다른 물체들과 관계 체계를 확립하는 한에서만 하나의 축구공이며, 그리고 이러한 관계는 단순히 그 물체가 가리키는 물질성을 통해 성립되는 것이 아니라 오히려 사회적으로 형성된다"(159). 게다가,

> 물체의 성격이 종잡을 수 없다고 해서 그것이 그 물체의 존재를 의문시한다는 의미는 아니다. 축구공은 그것이 사회적으로 형성된 규칙의 체계 내에 통합되어 있기 때문에 다만 하나의 축구공일 뿐이라는 사실은 그것이 물질적 대상이기를 그만둔다는 뜻은 아니다. …… 동일한 이유로, 사회적 에이전트 agent의 주체적 위치를 구성하는 것은 담론이며, 따라서 담론의 기원은 사회적 에이전트가 아니다. 이와 같은 규칙의 체계가 둥근 물체를 공이 되게 하고 나를 운동선수로 만든다(159).

이 점을 이해하기 위해 우리는 객관성과 객관적 세계를 반드시 구분해야만 한다. 객관적 세계는 그것에 대한 우리의 경험이나 생각과는 무관하게 독립적으

로 존재한다. 달리 말한다면, 사물은 논증적 표현과는 무관하게 독립적으로 존재하지만, 그러나 사물은 그것이 유의미한 대상으로서 존재할 수 있는 담론 속에서만 존재한다. 가령 지진은 실제 세계에 존재하지만, 그러나 그것이

> '자연현상'의 측면에서 해석되어야 하는 것인지 아니면 '신의 분노'로 해석되어야 하는 것인지는 논증 영역의 구성에 좌우된다. 부정해야 할 것은 이런 대상들이 사유와 무관하게 존재한다는 사실이 아니라, 오히려 그것들이 발생하는 어떤 논증적 조건과도 무관하게 그것들이 스스로를 대상으로 구성한다는 상당히 다른 주장이다(Laclau and Mouffe, 2001: 108).

그람시(2007)가 지적하고 있듯이, '비록 동(東)과 서(西)가 분석할 때는 "역사적" 혹은 "제도적 구성물"에 지나지 않는다는 것이 명확할지라도 …… 그것들은 결코 "객관적으로 실재하는 것"을 중단하지 않는다(175).

> 동과 서가 임의적이고 제도적인(역사적인) 구성물임에는 틀림이 없다. 왜냐하면 지구상의 모든 지점은 동시에 동과 서이기 때문이다. 일본은 유럽 사람들뿐만 아니라 캘리포니아에서 온 미국인에게도, 그리고 심지어 일본인 자신들에게도 아마 극동일 것이다. 일본인은 영국의 정치문화로 말미암아 이집트를 근동이라 부른다. …… 그런데도 이와 같은 지시기호들은 현실적이며, 그것들은 실제 사실들과 부합하고, 사람들이 육지와 바다로 여행하면서 예정된 목적지에 도달하도록 해준다(176).

달리 말한다면, 동과 서는 역사적 구성물이며, 서구의 제국주의적 권력과 직접적으로 연결되어 있다. 하지만 그것들은 사회적 관습으로 인식되고 구체화된 의미의 형식들이다. 다시 말해서 그것들은 문화적 구성물이지만, 그러나 그것들은 실제 지리적 위치를 표시하고 있으며 실제로 이동하는 인간의 움직임을 안내

한다.

그람시의 예가 명확하게 말해주고 있듯이, 담론 속에서 생산되는 의미가 행동을 조직하고 영향을 미친다. 예를 든다면, '종속관계'가 '억압관계'로 될 수 있고, 따라서 그 자체를 투쟁의 장으로 구성할 수 있는 것은 오로지 담론을 통해서뿐이다(Laclau and Mouffe, 153). 어떤 사람들이 '객관적으로는' 억압을 당하고 있지만, 그들이 자신들의 종속을 억압으로 인식하지 않는다면, 이러한 관계가 적대적인 것으로 되어 변화의 가능성을 열어갈 수 있는 가망은 없다. 라클라우(1993)가 설명하고 있듯이, 헤게모니는 적개심을 간단한 차이로 변형시킴으로써 작동한다.

> 계급이 헤게모니를 장악하는 것은 계급이 사회의 나머지 사람들에게 획일적인 세계 개념을 강요할 수 있는 한에서가 아니라, 오히려 계급이 그들의 잠재적 적개심이 무력화되는 방향으로 세계에 대한 다른 비전으로 명확히 밝히는 한에서이다. 19세기 영국의 부르주아 계급이 헤게모니를 장악했던 것은 다른 계급에게 획일적인 이데올로기를 강요함으로써가 아니라, 오히려 성공적으로 그의 헤게모니를 위한 기획에 다른 이데올로기를 접합하여 적대적 성향을 제거해나갔기 때문이다(161~162).

'접합 articulation'은 포스트-마르크스주의의 문화연구에서 핵심 개념이다. 라클라우와 무페(2001)가 설명하듯이, "접합 행위는 …… 부분적으로 의미를 고정하는 것이다"(113). 홀(1996b)은 문화가 이데올로기 투쟁의 지형이 되는 방식들을 설명하기 위해 이 개념을 더욱 발전시켰다. 그가 지적하듯이, "의미는 사회적 산물이며 하나의 실천이다. 세계는 의미화될 수밖에 없는 것이다"(2009a: 121). 그는 또한 러시아 출신의 이론가인 발렌틴 볼로시노프 Valentin Volosinov(1973)의 연구를 끌어온다.

볼로시노프의 주장에 따르면, 문화적 텍스트나 생산물은 다양한 악센트

multi-accentual를 지닌다. 말하자면 그것들을 다양한 사람들이 다양한 담론체계나 다양한 정책의 사회적 맥락을 위해 다양한 악센트로 이야기할 수 있는 것이다. 예를 들어, 어떤 흑인 연주자가 제도화된 인종주의를 공격하기 위해 '니그로'라는 말을 사용할 때, 그 악센트는 신-나치주의를 외치는 인종주의자와 전혀 다르다. 물론 이것은 단순히 언어적 갈등만은 아니다. 오히려 그것은 힘과 권위를 내세워 사회현실의 의미를 고착시키려는 사람들에 대한 정치적 투쟁의 징표이다.

이러한 접합 과정에 대한 재미있는 예가 라스타파리 Rastafari 문화의 레게음악 reggae music이다. 예를 들어, 밥 말리 Bob Marley는 라스타파리의 가치와 믿음에 대한 노래들을 통해 세계적인 성공을 거두었다. 그 성공은 두 가지로 이해될 수 있다. 한편으로 그것은 그의 종교적 신념의 메시지를 전 세계의 엄청난 청중들에게 표현한 것으로, 의심의 여지없이 그 청중들 중 다수가 그의 음악을 듣고 이 믿음의 원리에 대한 깨달음이나 이해를, 그리고 심지어 개종하는 효과를, 그리고 이를 이미 믿는 자들에게는 확신을 심어주는 효과를 주었을 것이다. 또 한편으로 그것은 음반산업이 흥행주들, 그리고 아일랜드 레코드사 등에 엄청난 이득을 남겨주기도 했다. 그럼에도 불구하고 그 음악은 대립적인 (종교) 정책의 표현이며, 이와 같이 순환하다 보면 특정한 정치적, 문화적 효과를 가져올 수 있다. 그러므로 라스타파리의 레게는 기존 질서의 현실적 권력기반을 역설적으로 안정시키는(최소한 경제적으로는) 힘인 동시에 또한 그것을 변화시키는 힘도 되는 것이다.

또 다른 예로서 레게보다 더 마음을 끄는 것은 미국 서부지역의 대항문화 음악이다. 이는 미국의 베트남전쟁에 반대하여 징병을 거부하도록 고취시켰으나, 동시에 베트남에서의 전쟁을 지원하는 데 쓰일 수도 있는 편리와 이득(이에 대해 음악은 아무런 통제력을 갖지 못했다)을 제공하기도 했다. "당신의 모든 재산은/당신 적들의 목표물이며/당신의 적들은/바로 우리들이다."[5] 제퍼슨 에어플레인 Jefferson Airplane이 이 노래를 더 많이 부를수록 RCA레코드사는 더 많은 돈을 벌었

5) 'We Can Be Together'. 이 노래는 <*Volunteers*>(1969)라는 앨범에 수록되어 있다.

다. 다른 말로 하면, 제퍼슨 에어플레인의 반자본주의 정치관의 확산은 그들의 자본주의적 음반회사의 이익을 증가시켰던 것이다. 이것도 역시 헤게모니 과정의 한 예로서, 사회의 지배적 집단들이 반대편의 목소리들과 타협하여 이를 한 영역에 수용함으로써 지배집단의 지속적인 리더십을 보장해주는 방식이다. 대항문화의 음악은 그 표현을 거부당하지 않았으며, 오히려 그들의 표현은 전쟁을 지원하는 자본주의 음악산업의 경제적 이익으로 접합되어 표현되었다.[6] 롤링 스톤즈 The Rolling Stones의 멤버 중 한 사람인 키스 리처즈 Keith Richards는 이렇게 말한다.

> 우리가 데카 Decca를 위해 만든 빵이 모두 북베트남에 폭탄을 투하하기 위한 미 공군 폭격기의 블랙박스 제조에 들어가고 있었다는 것을 우리는 알아냈다. 그리고 우리가 알아내기까지 수년이 걸린 것은 아니었다. 그것들은 우리가 그들을 위해 만든 빵을 싣고 그들의 관심사인 레이더 감시지역으로 투하했다. 우리가 저 사실을 알아냈을 때, 그것은 우리 가슴을 찢어놓았다. 중요한 것은 바로 이것이었다. 빌어먹을, 정말로 아무것도 모른 채 수많은 사람들을 살해하는 데 당신 스스로 도왔다는 것을 알았으니 말이다(Storey, 2010a: 28~29에서 인용).

3장에서 우리는 윌리엄즈(2009)의 문화에 대한 사회적 정의를 검토했다. 우리는 그것이 얼마나 문화에 대한 정의의 폭을 넓히게 되었는지에 대해 살펴보았다. 다시 말해서 문화는 '엘리트'의 텍스트와 문화행위(발레, 오페라, 소설, 시)로서만 정의되는 것이 아니다. 윌리엄즈는 이를테면 팝음악, 텔레비전, 영화, 광고, 휴가 등을 포함시켜 문화를 다시 정의했다. 그러나 문화에 대한 윌리엄즈의 사회적 정의의 또 다른 측면은 문화연구에서, 특히 포스트-마르크스주의의 문화연구에서 한층 더 중요한 점, 즉 의미와 문화의 관계를 입증해 보여주었다.

---

6) Storey(2010a) 참조.

> 문화에 대한 사회적 정의가 있다. 이 정의에서 문화는 예술과 학습에서뿐만 아니라 제도와 일상 행동에서도 특정한 의미와 가치를 표현하는 특수한 삶의 방식에 대한 기술이다. 이러한 정의에서 문화분석은 특수한 삶의 방식에 담긴 의미와 가치를 밝혀내는 것이다(32).

특수한 삶의 방식의 중요성은 그것이 '특정한 의미와 가치를 표현하고 있다'는 점이다. 게다가 이러한 정의의 관점에서 보면 문화분석은 특수한 삶의 방식에 담긴 의미와 가치를 밝혀내는 것이 된다. 더욱이 의미화 체계로서 문화는 '특수한 삶의 방식'으로 환원될 수 없다. 오히려 그것은 특수한 삶의 방식을 형성하고 유지하는 데 핵심이 된다. 이는 모든 것을 '위쪽으로' 의미화 체계로서의 문화에 환원시키는 것이 아니라 오히려 그것은 다음과 같이 주장하는 것이다. 즉, 이런 식으로 정의된 문화는 '모든 형태의 사회활동에 본질적으로 내포되어 있는 것으로' 이해되어야 한다(Williams, 1981: 13). 의미화 체계보다 인생에 더 많은 것이 있겠지만, 그럼에도 불구하고 '사회체계를 그 실행의 핵심 부분으로서, 그리고 하나의 체계로서 그것이 근본적으로 의존하고 있는 그것의 의미화 체계를 포함하지 않고도 제대로 논의할 수 있을 것으로 생각하는 것은 잘못임'(207)에 틀림이 없다.

이러한 정의와, 그리고 라클라우와 무페의 담론 이론에 따르면, 포스트-마르크스주의의 문화연구는 문화를 의미의 생산, 순환, 소비로 정의한다. 예를 들어, 홀(1997a)이 설명하듯이 "문화는 …… 소설, 그림, 텔레비전 프로그램, 만화 등과 같이 하나의 과정, 일련의 실천행위가 아니다. 일차적으로 문화는 의미의 생산 및 교환 — 의미를 주고받는 것 — 과 관련되어 있다"(2). 이러한 정의에서 보면 문화란 책들로 되어 있는 것이 아니다. 문화는 의미화의 가변적인 네트워크이고 이러한 네트워크 속에서 책은 의미 있는 대상으로 의미화된다. 예를 들어, 내가 중국에서 누군가에게 명함을 줄 경우 두 손으로 공손하게 건네야 한다. 내가 한 손으로 명함을 건네면 상대방에게 모욕적인 행위가 된다. 이것은 분명히 문화의 문제이다. 그러나 문화는 그 동작에 있는 것이 아니라 그 동작의 의미에 있다. 달리 말해서 두 손을 사용하는 그 자체가 본질적으로 공손한 것은 아니다. 두 손을 사용하는 것은 공손함의 의미를 나타내기 위한 것이었다. 그럼에도 불구하고 의미화는 물질적인 실천행위를 통해 구체화되어 왔으며, 결과적으로 물질적인 결과를 가져온다(나는 11장에서 이에 대해 더 상세하게 이야기할 것이다). 이와 마찬가지로 마르크스(1976c)는 이렇게 말했다. 즉, "어떤 사람이 왕이 되는 단 한 가지 이유는 다른 사람들이 그에게 복종하기 때문이다. 반대로 그들은 그가 왕이기 때문에 그들이 복종한다고 생각한다"(149). 이러한 관계가 성립하는 것은 그들이 이러한 관계가 의미를 가지는 문화를 공유하고 있기 때문이다. 이런 문화 바깥에서는 이러한 관계가 아무런 의미가 없다. 그러므로 왕이 된다는 것은 천부적인 능력이 아니라 문화를 통해 이루어지는 것이다. 그 관계에 의미를 부여하는 것은 문화이지 자연이 아니다.

그러므로 문화를 공유한다는 것은 서로 알아볼 수 있는 동일한 방식으로 세상을 해석하는 것 — 세상을 의미화하고 세상을 유의미한 것으로 경험하는 것 — 이다. 흔히 말하는 '문화 충돌'은 근본적으로 다른 의미 체계를 접했을 때, 다시 말해서 우리의 상식이 어떤 사람들의 다른 상식을 직면하게 되었을 때 일어난다. 그러나 문화가 단순히 공유한 의미의 가변적인 네트워크인 것은 결코 아니다. 오히려 반대로 문화는 공유하기도 하고 경쟁하기도 하는 의미의 네트워크이다. 다시 말해서 문화는 우리 자신들에 대한, 서로에 대한, 그리고 우리가 살고 있는 사회에 대한 의미를 공유하고 또 경합하는 곳이다.

포스트-마르크스주의의 문화연구는 문화에 관한 이러한 사고방식으로부터 두 가지 결론을 이끌어낸다. 첫째, 세계는 그것의 가능적 및 제약적인 물질성의 총체로 존재하지만, 세계는 오로지 문화 속에서만 의미화될 수 있다. 달리 말한다면 문화는 기술하기 위해 드러나는 현실을 구성한다. 둘째, 상이한 의미들이 동일한 '텍스트'(의미화될 수 있는 것)에서 비롯될 수 있기 때문에, 의미화(이를테면 문화를 만들어내는 것)는 언제나 투쟁 혹은 협상이 벌어지는 가능적 장이다. 예를 들면, 남성성은 존재의 진정한 물질적 조건이며, 우리는 이를 '생물학적'인 것으로 생각하지만, 문화에는 남성성을 표현하는 여러 가지 다른 방식들, '남성적으로 되는' 여러 가지 다른 방식들이 있다. 게다가 이 다른 방식들이 모두 똑같은 '정상상태'와 '확실성'을 요구하는 것은 아니다. 그러므로 남성성이 존재의 생물학적 조건에 좌우될 수 있지만, 그것이 의미하는 것과 그 의미를 둘러싼 갈등은 언제나 문화 속에서 일어난다. 이것은 의미론적 차이의 문제 — 단순히 세계를 다르게 보는 해석의 문제 — 가 아니라, 문화와 권력 관계에 관한 문제, 누가 사회현실을 규정하는 권력과 권위를 요구하는가에 대한 문제, 세계(그리고 세계 내의 사물들)를 특수한 방식으로 의미화하는 것에 관한 문제이다.

문화와 권력은 포스트-마르크스주의의 문화연구에서 가장 중요한 연구 대상이다. 홀(1997a: 4)이 설명하듯이, "의미(이를테면 문화)는 …… 우리의 행동과 문화행위를 규제하고 조직한다. 그것은 사회생활이 정돈되고 통제되는 규칙, 규범, 제도의 수립을 돕는다. 그러므로 그것은 …… 다른 사람들의 행동과 사상을 규제하고 통제하기를 바라는 사람들이 형성하고 조직하려고 하는 것이다." 의미는 물질적인 존재를 가지며, 이를 통해 실천적 행위를 조직한다. 그것은 행동의 규범을 확립한다. 이를테면 우리가 상이한 남성성들을 인정하는 것이나 중국에서 명함을 건네는 일이 바로 그런 것이다.

달리 말한다면, 세계를 의미화하는 지배적인 방식들은 권력을 가지고 자신들의 의미를 세상에 유통시키는 사람들에 의해 만들어지는데, 그것들은 '헤게모니적인 진리'를 생산한다. 그리고 그 진리는 우리가 이 세상에서 보고, 생각하고, 소통하고, 행동하는 방식들에 대한 권위를 기정사실화하고, 또 우리의 행동을 지도하는 '상식'이 되거나 혹은 우리의 행동이 지도되는 상식과 대립하는 것이 된다. 하지만 포스트-마르크스주의의 문화연구가 비록 문화산업이 세계를 이해하는 강력한 이미지나 기술(記述), 정의(定義), 준거틀 등을 구축한다는 것을 인정하기는 하지만, 이러한 생산물들을 소비하는 민중은 문화적인 속임수에 잘 넘어가는 사람들이라는 입장은 거부한다. 홀(2009b)이 주장하듯이,

> 저런 판단은 우리로 하여금 대중을 속이고 조종하는 당사자들 — 자본주의적 문화산업들 — 을 우리가 고발하고 있는 것에 대해 옳고 합당하게 느끼게 할 뿐 아니라 또한 자족하게 만든다. 그러나 그것이 문화적 관계에 대한 적절한 설명으로서, 또는 그나마 문화와 노동자계급의 본질에 대한 사회주의적 시각으로나마 오래 살아남을지 의문이다. 궁극적으로 민중을 순수하게 수동적인 외곽 세력으로 생각하는 것은 아주 뿌리깊은 비사회주의적 시각이다(512).

포스트-마르크스주의의 문화연구는 민중이 문화산업이 제공하는 생산물들을 통해 대중문화를 만들어낸다는 명제 때문에 널리 알려진다. 대중문화가 형성됨으로써 하위계층에게 지배적인 세계 이해에 대해 저항할 수 있는 권한이 주어지게 된다. 소비의 수동성을 부정하는 것은 가끔은 소비가 수동적일 수 있다는 사실을 부정하는 것이 아니다. 대중문화의 소비자들은 문화적인 속임수에 약한 사람들이 아니라는 것을 부정하는 것은 문화산업이 조종의 의도를 가지고 있다는 것을 부정하는 것이 아니다. 그러나 그것은 대중문화가 상업적・이데올로기적 조종으로 퇴락한 문화, 즉 이득을 얻고 사회적 안정을 도모하기 위해 위로부터 강요당한 문화에 지나지 않는다는 주장은 부정한다. 포스트-마르크스주의의 문화연구에 따르면, 이런 일들을 결정하기 위해서는 그 생산물의 내용에 대해서나 또 사람들이 문화를 만들어낼 수도 있고 그렇지 않을 수도 있는 그 생산물들의 분배와 소비에 대해 세심한 경계와 주의가 필요하다. 이것들은 섬광 같은 예지나 경멸로써 한꺼번에 통째로 결정되는 일들이 아니다. 또한 그것들은 생산의 계기로부터 해독될 수 있는 것도 아니다. 생산의 계기란 정해진 의미, 쾌락, 이데올로기적 효과, 조직 가능성, 저항 가능성, 생산목적과 수단 혹은 생산 그 자체 등이며, 이것들은 '사용 중의 생산 production in use'과 관련된 여러 측면들이다. 그리고 문제의 의미나 쾌락, 이데올로기적 효과, 조직 가능성, 저항 등이 결정되는 것은 궁극적으로 바로 이 '사용 중의 생산 production in use'을 통해서이다.

더 읽어야 할 책들

Srorey, John(ed.), *Cultural Theory and Popular Culture : A Reader*, 4th edition, Harlow : Pearson Education, 2009. 이것은 이 책의 자매편이며, 2018년에 출판된 제5판은 내용적으로 더욱 보완된 것이다. 이 책과 자매지는 대화형 웹사이트(www.routledge.com/cw/storey)를 통해 뒷받침되고 있다. 이 웹사이트에는 학생들에게 도움이 될 만한 유용한 자료들이 실려 있다.

Barrett, Michele, *The Politics of Truth : From Marx to Foucault*, Cambrige : Polity Press, 1991. '포스트-마르크스주의'에 대한 흥미 있는 개설서.

Bennett, Tony, *Formalism and Marxism*, London : Methuen, 1979. 알튀세르와 마슈레에 관한 유용한 장들이 있다.

Bennett, Tony, Colin Mercer and Janet Woollacott(eds), *Culture, Ideology and Social Process*, London : Batsford, 1981. 4부는 그람시의 글에 대한 발췌와 헤게모니 이론에 관한 세 개의 에세이로 되어 있다. 이 책은 또한 문화주의와 구조주의에 대해서도 비슷한 부분들을 가지고 있다.

Hebdige, Dick, *Subculture : The Meaning of Style*, London : Methuen, 1979. 청년 하위문화에 대한 최초의 설명으로 헤게모니 이론과 대중문화에 대한 매우 훌륭한 개설서.

Laing, Dave, *The Marxist Theory of Art : An Introductory Survey*, Hemel Hempstead : Harvester Wheatsheaf, 1978. 문화에 대한 마르크스주의 이론들을 읽기 쉽게 소개한 책. 대중문화에 대해 흥미 있는 부분을 포함하고 있다.

Marx, Karl and F. Engels, *On Literature and Art*, St Louis : Telos, 1973. 문화적 문제에 대한 마르크스와 엥겔스의 글들을 뽑아서 모은 유용한 책이다.

Nelson, Cary and Lawrence Grossberg(eds), *Marxism and the Interpretation of Culture*, London : Macmillan, 1988. 마르크스주의와 문화에 대한 최근의 에세이들을 묶은 흥미 있는 책.

Showstack Sassoon, Anne(ed.), *Approaches to Gramsci*, London : Writers and Readers, 1982. 그람시에 대한 에세이 모음집. 주요 용어에 대한 훌륭한 해설집이 수록되어 있다.

05

Psychoanalysis

정신분석

이 장에서 나는 텍스트와 문화행위를 독해하는 한 방법으로서 정신분석을 살펴보고자 한다. 이 말의 의미는 이렇다. 즉, 정신분석이 어떻게 인간의 행동을 이해하는가를 어느 정도 설명하겠지만 이는 다만 문화연구에서 문화분석으로 이어질 수 있는 한에서이다. 그러므로 내가 논의를 위해 선택하는 정신분석의 측면들은 매우 선별적인 성격을 띠게 될 것이다.

프로이트의 정신분석

지그문트 프로이트 Sigmund Freud(1973a)에 따르면 문명은 인간의 기본적인 본능에 대한 억압의 산물이다. 더욱이 "새롭게 인간 사회의 구성원이 된 각 개인은 사회 전체를 위해서 끊임없이 본능적 욕구를 희생한다"(47). 가장 중요한 본능적 충동은 성적 충동이다. 문명은 이러한 충동이 승화의 무의식적 과정을 통해 전용되기를 요구한다.

> 다시 말해서, 성적 충동은 그 본연의 성적 목표에서 벗어나 사회적으로 한층 더 고귀하고 더 이상 성적이지 않은 목표로 바뀐다. 하지만 이러한 장치는 불

> 안정하다. 성적 충동이 완전히 길들여진 상태가 아니어서, 개인적으로 누구나 문명의 건설에 관여하고 있다고 할지라도 그의 성적 본능의 승화 작업을 포기할 위험이 도사리고 있기 때문이다. 사회는 성적 본능이 해방되어 그 본래 목적으로 되돌아가는 것 이상으로 문명에 큰 위협이 되는 것은 없다고 믿고 있다(47~48).[1]

이 논의의 근본적인 핵심은 프로이트의 무의식의 발견이다. 그는 먼저 정신을 두 부분, 즉 의식과 무의식으로 나눈다. 의식은 외부 세계와 연결되어 있는 부분인 반면에, 무의식은 본능적 충동과 억압된 욕망의 영역이다. 그 다음 그는 이 이원적 모델에 전의식 preconscious을 첨가한다. 한동안 기억이 나지 않다가 어떤 정신작용과 함께 생각나게 되는 것은 전의식에서 기억이 회복된 것이다. 검열과 억압의 결과로 무의식 속에 있는 것은 언제나 왜곡된 형태로 표현될 뿐이다. 우리는 의지의 활동처럼 무의식적인 것을 의식적인 것으로 소생시킬 수 없다.[2] 프로이트가 말하는 궁극적인 정신의 모델은 세 가지 새로운 개념, 즉 자아 ego, 초자아 super-ego, 이드 id를 도입한다(그림 5.1을 참조).[3]

이드는 우리 정신 가운데서도 가장 원형적인 영역이다. 이는 '인격을 가지지 않는, 다시 말해서 자연법칙의 지배를 받는 우리 본성의'(Freud, 1984: 362) 영역이다. 이드는 "쉽게 접근할 수 없는 우리 인성의 어두운 영역이며 …… 혼돈 상태이고 흥분과 자극이 들끓는 곳이다. …… 이드는 본능에 따라 본능적으로 활동하

1) 영화 「휴먼 네이처(*Human Nature*)」는 이러한 사상을 아주 재미있게 보여주고 있다. 프로이트(1985)는 억압과 억압의 작용을 밝히는 방식을 설명하기 위한 방편으로 기원후 79년에 있었던 폼페이 화산 폭발을 활용하고 있다(65).

2) 억압과 억제의 차이로서 또 다른 방식으로 이것을 생각해 볼 수 있다. 즉, 전자는 어떤 것이 의식으로부터 차단되는 경우인 반면에, 후자는 어떤 것에 대해 생각하지 않으려는 의식의 노력이다.

3) 자아(ego), 초자아(super-ego), 이드(id)의 본래 독일어 표현은 Ich(I), über-Ich(over-I), es(it)이다.

[그림 5.1] 프로이트의 정신

는 에너지로 충만해 있지만, 그것은 결코 조직화되지도 않고 또 집단의지를 만들어내지도 않으며, 다만 쾌락 원칙에 충실한 본능적 욕구의 충족을 위해 애쓸 따름이다"(Freud, 1973b: 106).

자아는 이드에서 발달한 것이다. "자아는 처음부터 개별적인 형태로 존재할 수가 없다. 자아는 발달된 것이다"(1984: 69). 프로이트는 이어서 이렇게 말한다. 자아는

> 외부 세계의 직접적인 영향을 통해 변화되어 온 이드의 한 부분이다. …… 더욱이 자아는 이드 및 이드의 경향과 관련된 외부 세계의 영향을 초래하고자 하며, 또 이드의 영역에서 무제약적으로 지배하는 쾌락 원칙을 현실 원칙으로 대체하고자 노력한다. …… 자아는 정념과 열정을 포함한 이드와 달리 소위 이성이나 상식을 구현한다(363~364).

프로이트(1973b)는 이드와 자아의 관계를 말을 타고 있는 사람에 비유한다. "말은 운동 에너지를 제공하는 반면에, 기수는 목표를 결정하는 권한을 가지고 있으며 강력한 동물의 움직임을 지도한다. 하지만 자아와 이드 사이에는 자아가 그 자신이 가고자 하는 길을 따라 말을 이끌고 가는 이상적인 상황이 벌어지지 못하는 경우가 무척 빈번할 뿐이다"(109~110). 사실상 자아는 세 주인, 즉 '외부

세계, 이드의 리비도 libido, 엄격한 초자아'(1984: 397)를 섬기고자 애쓴다.

초자아가 등장하는 것은 오이디푸스 콤플렉스(이 장의 후반부에 논의되는)가 해소되면서이다. 초자아는 아이 부모의, 특히 아버지의 권한이 내면화 혹은 자기화됨으로써 시작된다. 첫 번째 권한은 우리가 '양심'이라고 생각하는 것을 불러일으키는 다른 권한의 목소리로 덧어씌워져 있다. 비록 초자아가 여러 가지 다양한 문화의 목소리일지라도, 그것은 여전히 이드와 결부되어 있다. 프로이트는 그것을 이렇게 설명한다. 즉, "자아는 본질적으로 외부 세계, 즉 현실의 대변자인데 반하여 초자아는 자아와 달리 내면 세계, 즉 이드의 대변자이다"(366). "그러므로 초자아는 언제나 이드와 가까이 지내면서 자아에 맞서 이드의 대변자 역할을 할 수 있다. 초자아는 이드의 깊은 내면에 도달하며, 그 때문에 자아에 비해 의식으로부터 더 멀리 떨어져 있다"(390). 한걸음 더 나아가 "정신분석은 자아에게는 알려지지 않은 채로 있는 여러 과정들의 영향을 받고 있다는 것을 보여준다"(392).

프로이트의 정신 모델에는 특기할 만한 사항이 두 가지 있다. 첫째, 우리는 이드를 가지고 태어나지만 문화와 접촉하면서 자아로 발전하고 결국은 초자아가 된다. 달리 말한다면 우리의 '본성'은 문화에 의해 통제된다(때로는 성공적으로, 때로는 그렇지 못하게). 흔히 우리가 '인간 본성'이라고 말하는 것은 '본질적으로' 타고난 것이 아니라 문화의 통제를 받은 우리의 본성이다. 이 말은 우리의 본성은 생득적이고 불변하는 것이 아니라 적어도 그 일부는 외부에서 들어오는 것이다. 더욱이 문화는 언제나 역사적이고 가변적이므로 인간의 본성도 언제나 변화의 여지가 있는 것이다.[4]

4) 프로이트가 말하는 인간 본성이라는 개념은 마르크스가 사용한 개념과 유사하다. 『자본론』 제1권에서 마르크스는 '인간 본성 일반'과 '각각의 역사적 시기에 역사적으로 변형된 인간 본성'을 구분한다(1976c: 759). 인간 본성 일반은 특정한 욕구와 능력이다. 이것들은 자연적인 것과 우리의 '유적 존재(species being)'에 속하는 것으로 구분될 수 있다. 우리는 우리의 자연적인 욕구와 능력을 다른 동물들과 공유하고 있으며(먹이, 주거, 생식), '유적 존재'로서 우리의 욕구와 능력은 인간인 우리에게 고유한 것이고, 그것들이 구체적으로 드러나는 모습에 있어서는 사회에 따라 또 역사적으로 매우 다양하다. 달리 말해서, 수많은 보수적인 설명

[그림 5.2] 프로이트가 말하는 인간 정신의 갈등 모델

둘째는 정신분석에서 한층 더 기본적인 것인데, 이를테면 정신은 끊임없는 갈등의 장으로 관찰된다는 점이다(그림 5.2 참조). 가장 기본적인 갈등은 이드와 자아 사이의 갈등이다. 이드는 문화의 요구와 무관하게 욕망이 충족되기를 원하는 반면에, 자아는 사회의 관습과 요구를 결코 외면할 수 없으며 때로는 초자아와 느슨한 동맹관계를 맺기도 한다. 이러한 갈등은 종종 '쾌락 원칙'과 '현실 원칙' 사이의 갈등으로 표현되기도 한다. 예를 들어, (쾌락 원칙의 지배를 받는) 이드는 (그것이 무엇이든) '나는 그것을 원한다'고 주장하지만, (현실 원칙의 지배를 받는) 자아는 '어떻게 그것을 획득할 것인가'를 고려하기 위해 잠시 여유를 두고 반드시 '그것'에 대해 심사숙고해 보아야만 한다.

프로이트에 따르면, "억압의 본질은 다만 어떤 것을 의식으로 들어오지 못하게 쫓아내는 것, 다시 말해서 의식으로부터 멀리 떼어놓는 데 있다"(147). 그러므로 억압이란 기억상실의 특수한 형태라고 말할 수 있다. 그것은 우리가 다룰 수 없는, 혹은 다루고 싶지 않은 모든 것을 떼어놓는다. 하지만 프로이트(1985)가 설명하듯이, 우리가 이러한 것들을 억압하지만 그것들이 정말 사라지는 것은 아니다. "사실 우리는 어떤 것도 버리지 않는다. 우리는 다만 어떤 것을 다른 것으로 대체할 뿐이다. 포기한 것처럼 보이지만 사실은 대체 혹은 대리의 형식을 취하고 있는 것이다"(133). 이러한 '대체의 형식'은 '억압된 것의 복귀'를 가능하게 한다

과는 달리 인간 본성은 고정되거나 불변하는 것이 아니다. 인간 본성은 정해져 있는 것이 아니라 언제나 생성변화의 상태에 있다. 오늘날 인간으로 존재한다는 의미는 5천 년 혹은 1만 년 전의 그 의미와는 매우 다르다. 미래에는 또한 그 의미가 달라질 것이다.

(Freud, 1984: 154). 어쩌면 꿈은 이러한 복귀를 가장 극적으로 보여주는 것일지도 모른다.[5] 프로이트(1976)가 주장하듯이, "꿈의 해석은 무의식으로 가는 지름길이다"(769).

꿈의 일차적 기능은 "잠의 방해를 막아주는 잠의 파수꾼"(Freud, 1973a: 160)이다. 잠을 방해하는 것은 세 가지, 즉 외부 자극, 최근의 사건들 그리고 '표현의 기회를 노리고 있는 억압된 본능적 충동'(45)이다. 꿈은 잠재적인 방해 요소들을 꿈의 이야기에 편입시킴으로써 잠을 보호한다. 예를 들어, 잠자는 동안 소음이 있으면, 꿈은 그 소음을 꿈의 이야기 속으로 동화시키려고 할 것이다. 이와 마찬가지로, 잠자는 사람이 신체적인 장애(소화불량이 가장 분명한 예이다)를 겪을 때, 꿈은 꿈꾸는 사람의 잠을 방해하지 않기 위해서 이러한 장애와 화해하려고 할 것이다. 하지만 이러한 종류의 외부 및 내면적 자극은 언제나 변형되기 마련이다.

프로이트가 설명하듯이, "꿈은 단순히 자극을 재생하는 데 그치는 것이 아니다. 꿈은 그것을 다시 쓰고, 그것에 관해 넌지시 암시하고, 그것을 어떤 문맥에 포함시키고, 그것을 다른 어떤 것으로 대체한다"(125). 예를 들어, 자명종은 화창한 일요일 아침 교회 종소리로 나타날 수도 있고, 또는 대규모 화재 현장으로 달려가는 소방대의 경보음으로 나타날 수도 있다. 그러므로 우리가 외부 자극이 꿈에 어떤 작용을 하는지 인지할 수 있다고 할지라도, 그것이 왜 혹은 어떻게 이러한 어떤 작용이 일어나는지 설명해주는 것은 아니다. 마찬가지로 꿈은 최근 경험들, 즉 '낮의 잔재들'(264)로 채워지기도 한다. 이것들이 꿈의 내용을 결정할 경우가 잦지만, 프로이트가 주장하듯이 이것은 소음이나 소화장애처럼 꿈을 이루는 재료에 불과할 뿐 무의식적인 바람이나 소망과 동일한 것은 아니다. 프로이트의 설명에 따르면, "무의식적인 충동이야말로 꿈을 만드는 진정한 꿈의 창조자이다.

5) 착행증(錯行症, parapraxes)은 억압에 접근하기 위한 또 다른 주요 수단들이다. Freud(1975)와 Storey(2014) 참조.

꿈이라는 건축을 위해 물리적인 에너지를 생산하는 것은 바로 무의식적 충동이다"(1973b: 47).

프로이트에 따르면, 꿈은 언제나 '타협 구조'(48)이다. 말하자면 이드의 소망과 자아의 검열이 타협을 이룬 것이다. "흔히 꿈의 의미가 우리에게 희미해지는 경우가 있는데 …… 그것은 꿈이 우리가 부끄러워하는 소망을 포함하고 있기 때문이다. 우리는 이러한 소망을 감추어야 하고, 결국은 억압되어 무의식 속으로 떠밀려 들어간다. 이와 같은 소망이나 그 파생물은 다만 아주 왜곡된 형태로 표현이 허용될 뿐이다"(1985: 136). 억압된 소망에도 검열은 이루어진다. 말하자면 그것들은 검열을 피하기 위해 암호화된다. 프로이트(1976)의 유명한 공식이 말해주듯이, "꿈은 (억제되거나 억압된) 소망의 (위장된) 성취이다"(244).

꿈은 두 단계, 즉 잠재적 꿈의 사고(무의식)와 현시적 내용(꿈꾸는 사람이 꿈을 기억하는 것) 사이를 움직인다. 꿈의 분석은 꿈의 '참된 의미'를 찾아내기 위해 이 현시적 내용을 해독하려는 것이다. 이를 위해 꿈의 분석은 잠재적 꿈의 사고가 현시적 내용으로 번역된 여러 가지 메커니즘들을 판독해야만 한다. 프로이트는 이러한 메커니즘들을 '꿈 작업 dream-work'(2009: 246)이라 부른다. 꿈 작업은 네 과정, 즉 압축, 치환, 상징화, 이차적 수정으로 이루어진다. 각각은 차례로 '꿈의 사고를 환각적 경험으로 변형'(1973a: 250)한다.

현시적 내용은 언제나 잠재적 내용보다 적다. 이것은 곧 압축의 결과이며, 압축은 세 가지 다른 방식으로 작용한다. (i) 잠재적 요소들이 생략된다. (ii) 잠재적 요소들 중 단지 일부만이 현시적 내용으로 된다. (iii) 평범한 성격의 잠재적 요소들이 '합성 구조'로 압축된다. "압축의 결과라고 해야 할 현시적 꿈의 한 요소는 잠재적 꿈 사고의 수많은 요소들과 일치할 수 있다. 그러나 또한 반대로, 꿈 사고의 한 요소가 현시적 꿈(내용)에서는 여러 가지 이미지로 재현될 수 있다"(1973b: 49). 프로이트는 다음의 예를 들고 있다.

> 당신은 당신의 꿈에서 별개의 사람들이 단 한 사람으로 압축되는 사례들을 어렵지 않게 떠올릴 수 있을 것이다. 이와 같은 타협적인 형상은 A처럼 보이지만 옷은 B처럼 입었을 수도 있고, 또 우리가 C의 행동으로 기억하고 있는 행동을 할 수도 있으며, 동시에 우리는 그가 D라는 것을 알아볼 수도 있다(2009: 같은 곳).

또한 잠재적 요소들은 프로이트가 치환이라고 말하는 일련의 연상이나 암시를 통해 현시적 내용으로 나타날 수도 있다. 이러한 과정은 두 가지 방식으로 작용한다. 즉,

> 첫째, 잠재적 요소는 그 자체를 구성하고 있는 한 부분으로 대체되는 것이 아니라 훨씬 동떨어진 어떤 것, 즉 암시로 바뀐다. 둘째, 물리적인 강조점은 중요한 요소에서 중요하지 않은 것으로 바뀌고, 결국 꿈은 중심점이 완전히 달라진 이상한 모습으로 나타난다(248).

치환의 첫 번째 측면은 현시적 내용 속에 있는 것이 암시적 꿈 사고 속의 어떤 것을 암시하는 일련의 연상을 따라 작용한다. 예를 들어, 내가 학교 선생님으로 근무하는 어떤 사람을 알고 있다면, 그녀는 내 꿈에서 학생 가방으로 나타날 수 있다. 이처럼 정서 affect(그 인물에 대한 감정의 강도)는 그 출처(학교에 근무하는 사람)로부터 그녀가 학교에 근무한다는 것을 연상시키는 어떤 것으로 바뀐다. 혹은 내가 클라크 Clarke라는 이름을 가진 어떤 사람을 알고 있다면, 그녀는 내 꿈에서 사무실에서 일하는 어떤 사람으로 나타날 수 있다. 이에 따라 정서는 일련의 연상을 따라 내가 알고 있는 어떤 사람의 이름으로부터 그 사람과 연관된 활동으로 옮겨갔다. 내가 사무실에 있는 꿈을 꾸면서 책상에 앉아 일하고 있는 어떤 사람(그 사람은 여성이 아닐 수도 있다)을 그 사무실에서 지켜보지만, 내 꿈의 '실체'는 내가 알고 있는 클라크라는 이름의 여성이다. 이 예들은 인접성의 측면에서 환유적으로 작용하며, 이 인접성은 부분이 전체를 대신한다는 축약에 기

초하고 있다.

치환의 두 번째 메커니즘은 꿈의 초점을 변화시킨다. 명시적 내용으로 나타나는 것은 "꿈 사고와 그 중심점이 다르다 — 그것의 내용은 그것의 핵심과 다른 요소를 가지고 있는 것이다"(1976: 414). "전위의 도움으로 꿈의 검열은 대체물을 만들어내는데, …… 그것은 이처럼 쉽게 인식될 수 없는 암시들이며, 그것으로부터 진짜로 되돌아가는 길도 쉽게 추적되지 않는다. 그리고 그것들은 아주 생소하고 색다른 외부 연상들을 통해 진짜와 연결되어 있다"(1973a: 272). 프로이트는 전위의 이 두 번째 측면에 대해 다음과 같은 우스갯소리를 예로 들고 있다.

> 어느 마을에 대장장이가 살고 있었다. 그는 사형죄에 해당하는 중죄를 범했다. 법정은 이 죄는 반드시 처벌되어야 한다고 판결했다. 하지만 이 마을에는 대장장이가 오직 한 사람뿐이었으며 꼭 필요한 사람이었다. 반면에 이 마을에는 재봉사가 세 사람이나 살고 있었으며, 그 세 사람 중 한 사람이 대신 교수대에 서게 되었다(2009: 249).

이 예를 보면 일련의 연상과 정서가 극적으로 변했다. 재봉사들의 불운한 운명의 원인을 찾아 대장장이에게 거슬러 올라가려면 많은 분석이 필요하겠지만, 그 핵심은 "유죄의 혐의가 없을지라도 처벌은 엄중해야만 한다"(1984: 386)는 관념이다. 더욱이, 프로이트가 설명하듯이 "꿈 작업의 다른 부분들은 꿈꾸는 사람에게 꿈이 낯설고 이해할 수 없는 것으로 만드는 데 대해 큰 책임이 없다. 전위는 꿈 왜곡 dream-distortion에 사용되는 주요 수단들이며, 꿈 왜곡은 [잠재적인] 꿈 사고가 검열의 압력 때문에 감수할 수밖에 없는 것이다"(1973b: 50).

꿈 작업의 세 번째 측면은 앞선 두 측면에서 작용하는 상징화이며, 이는 "꿈 사고를 그림문자와 같은 원형적 표현 양식으로 바꾸는 것"(1973a: 267)이다. 그리고 이러한 상징화를 통해 "잠재적인 꿈 사고는 …… 각색되기도 하고 또 삽화로 그려지기도 한다"(1973b: 47). 상징화는 "언어로 표현되는 잠재적인 [꿈] 사고를 감각적 이미지로 바꾸는데, 그 감각적 이미지는 대개 시각적 이미지이다"(1973a: 215). 그러나 프로이트가 설명하듯이, 모든 것이 이런 식으로 바뀌는 것은 아니다. 어떤 요소들은 다른 형태로 존재하기 때문이다. 그럼에도 불구하고 상징은 "꿈을 형성하는 본질적인 요소이다"(2009: 249). 더욱이, 프로이트가 말하듯이, "꿈속의 상징들은 대부분 성적 상징들이다"(1973a: 187). 예컨대 남성의 성기는 꿈에서 지팡이, 우산, 우체통, 나무 등과 같이 발기한 모습을 하고 있는 일련의 '상징적 대체물'과 '칼이나 단검, …… 소총, 권총, 연발권총'(188) 등과 같이 뚫고 들어갈 수 있는 물건들로 표현된다. 여성의 성기는 "뭔가를 담을 수 있는 움푹 파진 공간을 에워싸고 있는 모습의" 물건들로 표현된다. 이를테면 "구멍, 동굴, …… 계곡, …… 그릇, 병, …… 콘센트, 상자, 트렁크, 통, 장롱, 호주머니 등등"(189)이 그런 것들이다.

이러한 상징적 대체물들은 변화무쌍한 상징의 레퍼토리에서 나온 것들이다. 프로이트는 이것을 중력의 법칙을 무시할 수 있는 대상들이 남성의 발기를 나타내기 위해 이용되는 방식을 거론하면서 설명하고 있다. 1917년의 글에서 그는 체펠린 비행선 Zeppelin airship이 이러한 대상들의 목록에 포함되었다는 사실을 지적하고 있다(1976: 188). 비록 이런 상징들이 신화나 종교, 동화, 농담, 일상적 언어 용법 등에서 나왔을지라도, 대상들이 그 레퍼토리에서 의식적으로 선택되는 것은 아니다. 다시 말해서 "상징에 관한 인식은 꿈을 꾸는 사람에게는 무의식적이며, …… 이는 그의 정신적인 삶의 영역에 속하는 것이다"(1973a: 200).[6]

"우리가 꿈을 꾸는 사람의 연상을 마음대로 이용할 수 없다면 꿈의 해석은 불가능하다"(1973b: 36). 프로이트는 이 점에 대해 아주 단호한 태도를 보인다. 상징은 "이 꿈은 무엇을 뜻하는가?"라는 질문에 대해 예비적인 대답을 제공한다.

6) 정신분석에서 문화의 놀이에 대한 또 다른 예는 언어이다. 환자가 뭔가를 떠올리는 연상들은 그 환자가 말하는 언어를 통해 가능하기도 하고 또 억제되기도 한다. 더욱이 단어들이 그것들의 실제 의미와는 다른 어떤 것을 나타내는 것에 대해 프로이트(1976)가 제시하는 다양한 예들도 역시 환자가 이해하는 언어에 한정되어 있다.

하지만 이는 분석하고 있는 꿈의 소유자가 떠올리는 연상들에 대한 분석과 함께 이루어지는 꿈 작업의 다른 측면들에 대한 분석을 통해서든 아니면 다른 방식을 통해서든 우리가 확인될 수 있는 유일한 예비적 대답이다. 프로이트는 이렇게 말한다. 즉, "나는 꿈 해석에서 상징의 중요성을 과대평가하는 것에 대해, 다시 말해서 꿈의 번역 작업을 단순히 상징의 번역에 국한시키는 것에 대해 그리고 꿈꾸는 사람의 연상을 활용하는 테크닉을 단념하는 것에 대해 경고의 말을 하고 싶다"(477). 더욱이 상징은 "한 가지 이상이나 심지어 여러 가지 의미를 갖는 경우가 허다하며 …… 올바른 해석은 그 맥락의 각 경우에 따라 이루어질 수 있을 뿐이다"(1976: 470). 또한 맥락은 꿈꾸는 사람에 의해 확증될 것이다.

꿈 작업의 마지막 과정은 이차적 수정이다. 이것은 꿈꾸는 사람이 꿈 상징에 늘어놓는 이야기이다. 이는 두 가지 형식을 취한다. 첫 번째는 꿈을 말로 풀어놓는 것, 즉 꿈을 언어와 이야기로 번역하는 것이다. "우리는 공백들을 채우고 여러 가지 연결고리를 도입하며, 그럼으로써 종종 엄청난 오해의 과오를 저지른다"(1973b: 50). 두 번째는 한층 더 중요한 것인데, 이차적 수정은 자아가 마지막으로 규제하면서 경로를 정하는 전략이며, 이로써 (무의식의) 검열작용 속에서 일관된 의미를 만들어간다.

꿈의 해석 이후 프로이트가 가장 유명하게 된 것은 그가 말하는 오이디푸스 콤플렉스의 유래 때문일 것이다. 프로이트는 이 콤플렉스를 소포클레스의 희곡 「오이디푸스 왕 Oedipus the King」(BC 427년)을 바탕으로 전개하고 있다. 소포클레스의 희곡에서 오이디푸스는 그의 아버지를 살해하고(그가 그의 아버지인 줄 모르고) 그의 어머니와 결혼한다(그녀가 그의 어머니인 줄 모르고). 사실을 알고 나서 오이디푸스는 스스로 장님이 되어 유랑의 길을 떠난다. 프로이트는 오이디푸스 콤플렉스를 두 가지 버전으로 전개시켰는데, 하나는 남자아이에 대한 것이고 또 하나는 여자아이에 대한 것이다. 3~4세 무렵 어머니(혹은 어머니라는 상징적 역할을 하는 사람)는 남자아이의 욕망 대상이 된다. 이러한 욕망에 비추어 볼 때 아버지(혹은 상징적으로 아버지 역할을 하는 자)는 어머니의 사랑과 애정에 대한 라이벌로 간주된다. 결국 남자아이는 아버지의 죽음을 원한다. 그러나 그는 아버지의 힘, 특히 아버지가 가지고 있는 거세의 힘이 두렵다. 그래서 그는 어머니에 대한 욕망을 버리고, 아버지와 똑같은 존재가 되려고 하는 동일시 현상이 일어나기 시작하면서 언젠가 아버지와 같이 힘을 가지게 되고 또 자신의 아내(어머니를 대신하는 상징적 존재)도 가지게 되리라 확신한다.

프로이트는 오이디푸스 콤플렉스가 여자아이에게 어떻게 작용하는지 확실히 말하지 않았다. "여자아이에게 있어서 이러한 발달과정에 대한 우리의 통찰은 대체로 불만족스럽고, 불완전하며, 애매모호하다는 것을 …… 인정하지 않을 수 없다"(1977: 321).[7] 그래서 그는 이 주제에 대한 그의 생각을 계속 수정해나갔다. 한 버전은 여자아이가 아버지(혹은 상징적으로 아버지 역할을 하는 자)를 욕망하는 것으로 출발한다. 어머니(혹은 상징적으로 어머니 역할을 하는 자)는 아버지의 사랑과 애정을 위한 라이벌로 간주된다. 여자아이는 어머니의 죽음을 소망한다. 이 콤플렉스는 여자아이가 어머니와 동일시하면서, 언젠가 어머니와 같은 존재가 되는 날이 오기를 바라면서 해소된다. 그러나 이러한 동일시는 화가 나고 불만족스럽다. 어머니는 힘이 없는 존재이기 때문이다.

또 다른 설명에서 프로이트는 오이디푸스 콤플렉스는 "여자아이가 어머니의 자리를 차지하는 것이 힘들게 되자 아버지에 대한 여성적인 태도를 택한다"(같은 곳)고 주장한다. 이미 자신이 거세당했다는 것을 알고 있는 그녀는 보상을 요구한다. 즉, "그녀는 페니스에 대한 소망을 포기하고, 그 대신 아이를 소망한다. 그리고 이러한 목적에 따라 그녀는 마음속으로 아버지를 사랑의 대상으로 간주한다"(340). 아버지의 아이를 원하는 그녀의 소망은 차츰 사라진다. "오이디푸스 콤플렉스가 점진적으로 포기되고 있다는 느낌을 갖게 하는 까닭은 그 소망은 결코 실현될 수 없기 때문이다"(321). 역설적이게도, "남자아이에게 있어서는 오이디푸

7) 프로이트가 여자아이의 오이디푸스 콤플렉스에 대한 경험을 다루는 방식이나 특히 그가 사용하는 언어는 그 과정에 대한 참된 이해가 그에게 그리 중요하지 않았다는 것을 시사하는 듯하다.

스 콤플렉스가 거세 콤플렉스에 때문에 파괴되는 데 반해, 여자아이에게 있어서는 그것이 거세 콤플렉스 때문에 가능해지고 또 당연한 결과로 받아들여진다"(341).[8)]

프로이트의 정신분석이 텍스트 분석의 방법으로 활용될 수 있는 길은 최소한 두 가지가 있다. 첫 번째는 텍스트를 저자의 꿈에 상응하는 것으로 다루는 작가중심의 접근방식이다. 프로이트(1985)는 그가 "결코 꿈꾼 적이 없는 부류의 꿈들—상상력이 풍부한 작가들이 만들어낸 꿈들과 이야기 속의 창의적인 인물들의 것들로 여겨지는 꿈들"이라 부른 것을 파악하고 있다. 텍스트의 표면(말, 이미지 등등)은 명시적 내용으로 간주되는 반면에, 잠재적 내용은 작가의 숨겨진 욕망들이다. 그러므로 텍스트는 작가의 판타지를 알아내기 위해 읽혀지며, 이것들이 텍스트의 참된 의미로 간주된다. 프로이트(1973a)에 따르면,

> 예술가는 …… 내향적이며, 노이로제에 자유롭지 못하다. 그는 아주 강력한 본능적 욕구에 억눌려 있다. 그는 명예, 권력, 재산 그리고 여성의 사랑을 얻기를 소망한다. 하지만 그에게는 이러한 만족을 성취할 수 있는 수단이 없다. 결국 그는 불만족한 사람은 누구나 그렇듯이 현실로부터 등을 돌리고, 그의 모든 관심과 심지어 그의 리비도까지도 그가 소망하는 환상적인 삶을 구축하는 쪽으로 옮겨가는데, 결과적으로 그 행로는 노이로제의 원인이 된다(423).

예술가는 자신의 욕망을 승화시킨다. 이렇게 함으로써 예술가는 자신의 판타지를 다른 사람들에게 유용하게 만들며, 결국 "판타지에 대한 즐거움을 다른 사람들과 공유할 수 있게 된다"(423~424). 예술가는 "타인들이 쉽게 접근할 수 없는

---

8) 프로이트(1977)가 오이디푸스 콤플렉스로 나아가는 두 가지 길이 있다고 생각했다는 것을 간과해서는 안 된다. 하나는 이성애를 생겨나게 하는 긍정적인 길이고 다른 하나는 동성애를 생겨나게 하는 부정적인 길이다. 남자아이가 "어머니의 자리를 차지하여 아버지의 사랑을 받을 수도 있다"(318).

그들의 무의식 속에서 쾌락과 위안을 이끌어낼 수 있도록 만든다"(424). 텍스트는 "만족하지 못한 소망들을 진정시킨다—첫째는 창조적인 예술가 자신 속에서 그리고 그 다음으로는 그의 청중 혹은 관객들 속에서"(1986: 53). 프로이트가 설명하듯이, "예술가의 첫 번째 목적은 자신을 자유롭게 하는 것이며, 그리고 그의 작품을 똑같이 욕망에 사로잡혀 고통을 겪고 있는 타인들에게 전달함으로써 그들에게 똑같은 해방감을 안겨준다"(53).

두 번째는 독자 중심의 접근방식이며, 이는 작가 중심의 접근방식의 두 번째 측면에서 유래한다. 이러한 접근방식은 텍스트가 독자들에게 그들이 읽는 텍스트 속에서 어떻게 상징적으로 욕망과 판타지를 유발시킬 수 있도록 하는가에 관심을 기울인다. 이리하여 텍스트는 대체 꿈 substitute dream과 같은 작용을 한다. 프로이트는 텍스트의 즐거움이 어떤 방식으로 보다 심오한 신체적 원천으로부터 일어나는 즐거움을 훨씬 더 크게 늘리게 되는가를 설명하기 위해 '전구(前驅) 쾌감 fore-pleasure'이라는 개념을 사용한다(1985: 141). 달리 말한다면, 허구적인 텍스트가 무의식적인 쾌락과 만족의 가능성을 제공하는 판타지를 연출한다는 것이다. 이어서 프로이트는 이렇게 설명한다. 즉,

> 내 생각으로는, 창의적인 작가가 우리에게 제공하는 모든 미학적 즐거움은 전구 쾌감의 성격을 띤다. …… 실제로 우리가 상상적인 작품에서 얻는 즐거움은 우리 마음속의 긴장이 해소됨으로써 생겨나며, …… 이로 말미암아 자책감이나 수치심 없이 몽상을 즐길 수 있게 된다(같은 곳).

달리 말한다면, 비록 우리가 즐거움을 텍스트의 미학적 성질들로부터 이끌어 낼지라도, 사실 이것들은 무의식적 판타지의 보다 심오한 쾌락에 다가갈 수 있도록 해주는 메커니즘일 뿐이다.

리틀 레드케이프(Little Redcape)

옛날 마음씨 고운 어린 소녀가 있었는데, 그녀를 보기만 하면 누구나 그녀를 사랑했다. 소녀의 할머니는 특히 그녀를 사랑했으며 항상 그녀에게 줄 새로운 선물을 생각하고 있었다. 언젠가 할머니는 그녀에게 어깨에 걸치는 귀여운 붉은 우단 망토를 주었다. 그 망토가 그녀에게 워낙 잘 어울려서 이후로 다른 것은 입으려고 하지 않았기 때문에, 리틀 레드케이프(귀여운 붉은 망토)라는 말이 그냥 그녀의 별명처럼 불리었다. 어느 날 그녀의 어머니가 이렇게 말했다.

"이리 오느라, 리틀 레드케이프. 여기 케이크와 와인 한 병이 있는데 이것을 할머니께 갖다 드려라. 할머니가 병으로 허약해져 있어 이 케이크와 와인을 아주 잘 드실 게다. 케이크가 식기 전에 빨리 가거라. 그리고 가는 도중에 한눈팔지 말고 단정한 소녀처럼 조심조심 걸어가거라. 안 그러면 넘어져서 병을 깨트리고 할머니께는 아무것도 갖다드리지 못하고 말 것이다. 그리고 할머니 방에 들어가거든 먼저 방 안부터 두리번거리지 말고 아침인사부터 하는 걸 잊지 말거라."

"다 잘 할 테니 걱정하지 마세요." 리틀 레드케이프는 어머니에게 이렇게 말하면서 굳게 다짐했다. 지금 그녀의 할머니는 마을에서 30분 정도 걸어가야 하는 숲속에 살고 있었다. 리틀 레드케이프가 숲속으로 들어갔을 때 늑대가 그녀와 마주쳤다. 하지만 리틀 레드케이프는 늑대가 매우 위험한 짐승이라는 것을 몰랐기 때문에 늑대를 두려워하지 않았다.

"안녕, 리틀 레드케이프." 늑대가 아침인사를 했다.

"고마워, 늑대야."

"이렇게 이른 아침에 어딜 가니, 리틀 레드케이프?"

"나의 할머니 댁에."

"앞치마 밑에 있는 것은 뭐니?"

"어제 우리가 손수 구운 케이크와 와인이야. 나의 할머니께서 병으로 기운이 없어 다시 원기를 되찾으려면 맛좋은 음식을 드셔야 하거든."

"리틀 레드케이프, 너의 할머니가 사는 곳이 어디니?"

"숲속으로 15분쯤 더 걸어가면 아주 큰 떡갈나무 세 그루가 있는데, 그 밑에 할머니 집이 있어. 집 둘레엔 갈색 울타리가 있는데, 분명히 너도 잘 알고 있는 곳일 거야." 리틀 레드케이프가 이렇게 대답했다.

늑대는 혼자서 이렇게 생각했다. 이 연하고 어린 것은 아주 맛있는 식사거리가 될 거야. 늙은이와는 비교가 안 될 정도로 맛있겠지. 하지만 눈치 못 채게 일을 시작해야 해. 둘 다 사로잡아야지. 이렇게 생각하며 늑대는 한동안 리틀 레드케이프와 나란히 걸었다. 잠시 후 늑대는 이렇게 말했다.

"리틀 레드케이프, 주변에 만발한 저 멋진 꽃들을 좀 봐. 왜 너는 주변을 보지 않니? 내 생각에 너는 새들이 이처럼 감미롭게 노래하는 걸 본 적이 없을 거야. 너는 마치 학교 가는 것처럼 곧장 걸어가고 있구나. 여기 숲속에서 그렇게 행동하는 건 우스운 꼴이야."

리틀 레드케이프는 고개를 들고 바라보았다. 햇살이 나무들 사이를 오가며 춤추고 사방에 멋진 꽃들이 만발해 있었다. 그녀는 이런 풍경을 보면서 이렇게 생각했다. 싱싱한 꽃들을 한아름 할머니께 갖다 드리면 할머니께서도 무척 기뻐하실 거야. 이제 금방 도착할 테니 너무 이른 시간이기도 해. 이런 생각이 들자 그녀는 길을 벗어나 꽃을 꺾으려고 숲속으로 달려 들어갔다. 꽃을 하나 꺾을 때마다 더 예쁜 것을 찾을 수 있을 것 같은 느낌이 들었다. 그래서 그녀는 더 예쁜 꽃을 꺾기 위해 점점 더 깊은 숲속으로 들어갔다. 하지만 늑대는 곧장 그녀의 할머니 집으로 가서는 문을 두드렸다.

"누구세요?"

"리틀 레드케이프예요. 할머니께 드릴 케이크와 와인을 가져왔어요. 문을 열어주세요."

"내가 너무 힘이 없어 침대에서 일어날 수가 없구나. 빗장을 아래로 밀어라." 할머니가 이렇게 말했다.

늑대는 빗장을 아래로 밀고 아무 말 없이 곧장 할머니 침대 쪽으로 가서는 게걸스럽게 할머니를 삼켜버렸다. 그런 다음 늑대는 할머니의 옷을 입고 할머니가 잠잘 때 쓰는 모자도 썼다. 그리고 침대에 누워 커튼을 내렸다.

그러나 리틀 레드케이프는 꽃을 꺾으려고 사방으로 쫓아다니고 있었다. 그녀가 더 이상 운반하기 힘들 정도로 많은 꽃을 꺾고 나서야 비로소 할머니 생각이 나 다시 할머니 집으로 길을 재촉했다. 그녀는 할머니 집 문이 열려 있는 것을 보고 깜짝 놀랐다. 그녀가 방 안으로 들어갔을 때 모든 것이 그녀가 생각했던 것과는 완전 딴판이었다. 아, 맙소사. 할머니를 찾아올 때면 언제나 즐거웠는데, 오늘은 무척 불길한 느낌이 들었다.

"안녕하세요." 그녀가 큰소리로 아침인사를 했지만 아무런 반응이 없었다. 그래서 그녀는 침실로 달려가서 커튼을 걷었다. 그녀의 할머니가 모자로 얼굴 아래쪽을 가린 채 누워 있었다. 뭔가 이상한 느낌이 들었다.

"할머니, 할머니 귀가 어찌 이리 큽니까?"

"그래야 너의 말이 더 잘 들리지."

"할머니는 눈이 무엇 때문에 이리 큽니까?"

"그래야 너를 더 잘 볼 수 있지."

"할머니 손은 왜 이리 큽니까?"

"그래야 널 놓치지 않고 잡을 수 있지."

"그런데 할머니는 무지 큰 턱을 가지고 있군요!"

"그래야 널 잘 잡아먹지."

이 말이 끝나기가 무섭게 늑대가 침대에서 벌떡 일어나 가련한 리틀 레드케이프를 잡아먹었다.

식욕을 마음껏 채우고 늑대는 다시 침대에 누워 깊은 잠에 빠져 아주 큰소리로 코를 골기 시작했다. 마침 그때 사냥꾼이 이 집을 지나가면서 이런 생각이 들었다. 정말 나이든 노인이 코를 골고 있는 것일까. 노인에게 무슨 일이 있는지 보자. 이렇게 생각하며 사냥꾼은 방 안으로 들어가 침대 쪽으로 갔을 때, 늑대가 거기서 자고 있는 것을 보았다.

"결국 내가 너를 여기서 만나는구나, 이 늙은 죄인아. 나는 정말 오랫동안 널 찾아다녔다."

사냥꾼이 이렇게 말하면서 막 총을 겨누려고 하던 참에 이런 생각이 문득 떠올랐다. 즉, 늑대가 할머니를 삼키고 있는지도 모르지. 그렇다면 아직 노인을 구출할 가능성이 있는 거야. 그래서 사냥꾼은 총을 쏘지 않고 가위를 가져와서 잠자는 늑대의 배를 열기 시작했다. 그가 조금씩 가위질을 하자 어린 소녀의 붉은 망토 색깔이 선명하게 보였다. 좀 더 가위질을 하자 소녀가 뛰어나오며 소리쳤다.

"우와, 늑대의 뱃속이 너무 어두워서 정말 무서웠어요."

잠시 후 소녀의 할머니도 나왔다. 숨쉬기가 힘들긴 해도 생명에는 지장이 없었다. 그런데 리틀 레드케이프가 재빨리 큰 돌을 여러 개 가지고 왔다. 그들은 그 돌로 늑대의 배를 채웠다. 늑대가 잠에서 깨어나 달아나려고 했으나 돌이 너무 무거워 맥없이 허우적거리다 쓰러져 죽고 말았다.

늑대가 죽는 걸 보고 세 사람은 모두 마음이 놓였다. 사냥꾼은 늑대의 가죽을 벗겨 집으로 가져갔다. 할머니는 리틀 레드케이프가 가져온 케이크와 와인을 먹었다. 두 사람 덕분에 할머니는 훨씬 좋아졌다. 하지만 리틀 레드케이프는 혼잣말로 이렇게 중얼거렸다 : 어머니가 해서는 안 된다고 하면, 내가 살아 있는 한 다시는 절대로 혼자서 오솔길을 벗어나 숲속으로 들어가지 않을 거야.

이것은 19세기 초 야곱과 윌리엄 그림 Jacob and William Grimm이 수집한 동화이다. 이 이야기에 대한 정신분석적 접근방식은 이것을 오이디푸스 콤플렉스의 드라마가 연출되는 대체 꿈(꿈 작업의 과정을 찾는)으로 분석할 것이다. 리틀 레드케이프는 아버지(우선은 그 역할을 늑대가 한다)를 욕망하는 딸이다. 어머니(어머니와 할머니의 복합적인 형상으로 압축되는)를 제거하기 위해 리틀 레드케이프는 늑대를 할머니 집으로 보낸다. 이야기 속에서는 그것이 너무 간결하여, 할머니가 사는 곳을 소녀가 말하는 것이 다만 전체 이야기 가운데 아주 지엽적인 한 계기인 것으로 보인다. 늑대가 물었을 때 그녀는 이렇게 대답한다. "숲속으로 15분쯤 더 걸어가면 아주 큰 떡갈나무 세 그루가 있는데, 그 밑에 할머니 집이 있어. 집 둘레엔 갈색 울타리가 있는데, 분명히 너도 잘 알고 있는 곳일 거야." 늑대는 할머니를 잡아먹고(성교의 전위), 그 다음 리틀 레드케이프를 잡아먹는다. 이야기는 사냥꾼(오이디푸스 이후의 아버지)이 어머니(할머니)와 딸을 '정상적인' 가족관계가 회복되는 오이디푸스 이후의 세계 post-Oedipal world로 인도함으로써 끝이 난다. 늑대는 죽고, 리틀 레드케이프는 결코 다시는 "어머니가 해서는 안 된다고 하면, 절대로 혼자서 오솔길을 벗어나 숲속으로 들어가지 않을 것"을 다짐한다. 이 마지막 구절은 프로이트가 말하는 화가 나는(원통한) 동일시의 핵심을 암시하고 있다. 압축과 전위에 대한 이러한 예들 외에도 이 이야기는 상징화에 대한 많은 예들을 담고 있다. 이를테면 꽃, 숲, 오솔길, 붉은 우단 망토, 그녀의 앞치마 밑에 있는 와인 병(만약 그녀가 한눈을 팔면 넘어져서 그 병을 깨트리고 말 것이다) 등이 그것들인데, 이 모든 것들은 분명히 이야기에 상징적 흥미를 더해주고 있다.

우리가 독자(해석자)의 활동을 염두에 둔다면, 반드시 꿈의 해석에 관한 프로이트의 설명을 유념해야만 한다. 여러분들도 생각이 나겠지만, 프로이트는 "꿈꾸는 사람의 연상을 꿈의 해석에 마음대로 이용할 수 없다면 꿈의 해석은 불가능하다"(1973b: 36)고 경고했다. 이것은 텍스트의 의미와 관련하여 몇 가지 흥미로운 이론적 문제를 제기한다. 그것은 텍스트의 의미는 텍스트 그 자체 속에만 있지 않다는 것을 시사한다. 오히려 그 연상들을 텍스트와 관련짓는 것은 독자(해석자)라는 것을 잊어서는 안 된다. 달리 말해서, 프로이트 주장의 핵심은 독자는 텍스의 의미를 수동적으로 받아들이지 않는다는 것이다. 독자는 텍스트에서 접하는 이야기들을 이용하여 의미를 능동적으로 생산한다. 리틀 레드케이프라는 동화에 대한 나의 독해는 내가 프로이트의 강의 내용을 알고 있기 때문에 가능할 뿐이다. 이러한 지식이 없었다면 나의 해석은 매우 달랐을 것이다.

프로이트가 수행한 정신분석의 텍스트 분석으로의 변형은 정신생물학 psychobiology의 다소 생소한 버전에서 출발하여 어떻게 의미가 만들어지는가에 대한 아주 세련된 설명으로 결말이 난다. 하지만 독해의 진정한 즐거움에 대한 그의 언급은 정신분석적 비판을 다소 무력하게 만드는 결과를 초래할 수 있다. 다시 말해서, 만일 의미가 독자가 텍스트에 가져오는 연상에 달려 있다면, 정신분석의 텍스트 분석은 무슨 소용이 있는가? 정신분석의 비평가가 우리에게 텍스트의 실제 의미가 X라고 말하면, 프로이트 정신분석의 논리는 이것은 다만 그 텍스트가 당신에게 의미하는 것일 뿐이라고 말하는 것이 된다.

라깡의 정신분석

자끄 라깡 Jacques Lacan은 구조주의에 의해 발전된 이론적 방법으로 프로이트를 재해석한다. 그는 정신분석을 생물학보다는 오히려 문화연구에 확고하게 정착시키고자 했다. 그가 설명하듯이, 그의 목적은 "프로이트가 간절히 원했던 생물학적 원칙을 떠나서 프로이트 연구의 의미를 문화적 관계로 방향을 바꾸어놓는데"(1989: 116) 있다. 그는 프로이트의 발달구조를 후기 구조주의 정신분석으로 발전시키기 위해 구조주의에 대한 비판적 읽기를 재천명한다. 주체의 발달에 대한 라깡의 설명은 문화연구, 특히 영화연구에 지대한 영향을 끼쳤다.

라깡에 의하면 우리는 '결핍'의 상태에서 태어나 그 상태를 극복하기 위해 나머지 인생을 소비한다. '결핍'은 각기 다른 방식으로 그리고 다른 형태로 경험되지만 그것은 언제나 인간 존재의 근본조건에 대한 비-묘사적 표현 non-representable expression이다. 그 결과 상상 속에서 충족의 순간을 찾는 끝없는 추구가 이어진다. 라깡은 이를 오브제 쁘띠 아 *l'objet petit a*(the object small other)에 대한 추구라고 말한다. 말하자면 그것은 결코 도달할 수 없는 욕망의 대상이자, 시간 속의 상상적 순간을 의미하는 잃어버린 대상이다. 우리는 그저 대체된 대상이나 대체 전략으로써 위안을 삼을 뿐이다.

라깡에 의하면 우리는 세 가지 발달단계를 거친다. 첫 단계는 '거울단계 mirror phase'이고, 두 번째 단계는 '실 당기기 fort-da' 게임이며, 세 번째는 '오이디푸스 콤플렉스 Oedipus complex'이다. 우리의 삶은 라깡이 말하는 실재계에서 시작된다. 여기서 우리의 삶은 단순하다. 실재계에서 우리는 우리가 어디서 끝나고 다른 모든 것이 어디서 시작되는지 알 수가 없다. 실재계는 상징화 이전(즉, 문화적 범주화 이전)의 자연과 같다. 그것은 외부적으로는 우리가 '객관적 실재'라 부르는 것이며, 내면적으로는 프로이트가 본능적 충동이라 부르는 것이다. 실재계는 상징을 통해 매개되기 이전의 모든 것이다.

상징계는 실재계를 여러 부분으로 분리시킨다. 만일 상징계를 넘어서는 것이

가능하다면, 우리는 모든 것이 한 덩어리로 어우러지는 실재계를 보게 될 것이다. 우리가 자연적 재해라고 생각하는 것은 실재계의 침입이다. 하지만 우리가 그것을 범주화하는 것은 언제나 상징계 내에서이다. 심지어 우리가 그것을 자연적 재해라고 말할 경우에도 우리는 실재계를 상징화한다. 달리 말한다면 자연 그 자체는 언제나 문화와 접합되어 있다. 실재계가 존재하지만 그것은 언제나 문화를 통해 구성된 실재, 즉 상징계이다. 라깡이 설명하듯이, '문화의 왕국'은 '자연의 왕국'에 겹쳐 놓여 있다(73). 다시 말해서 "언어의 세계가 …… 사물의 세계를 만들어낸다"(72).

실재계에서 우리가 경험하는 어머니와의 결합은 완벽하며 아무런 결함이 없다. 자아의 분리는 상상조차 하지 못한다. 자신을 독립적인 개별자로 인식하는 것은 라깡(2009)이 말하는 '거울단계'(사진 5.1)에서 비롯된다. 라깡이 지적하듯이 우리는 모두 미숙아로 태어난다. 우리의 움직임을 통제하고 조정할 수 있기까지는 시간이 걸린다. 이는 유아가 자신을 처음으로 거울에서 알아보았을 때(태어난 지 6개월에서 18개월 사이)에도 완전히 달성되는 것은 아니다.[9] 유아는 "여전히 제대로 움직일 수 없는 상태이고 젖병에 의존하고"(256) 있으며 거울 속의 이미지와 자신을 동일시한다. 거울은 아직 존재하지 않는 통제와 조정을 나타낸다. 그러므로 유아가 처음 자신을 거울 속에서 볼 때 그는 현재 자기의 이미지뿐만 아니라 보다 완전한 자기에 대한 전망 또한 함께 본다. 자아가 형성되기 시작하는 것이 바로 이 전망을 통해서이다. 라깡에 따르면, "거울단계는 내적 추동력이 결함의 상태에서 기대의 상황으로 촉진되는 하나의 드라마이다. 그리고 그것이 주체를 만들어내고, 공간적 동일시의 유혹에 이끌려 분리된 신체-이미지로부터 그것의 전체 형상으로 옮겨가는 일련의 판타지를 따라간다"(257).

이러한 인식, 더 정확히 말하면 '오인', 즉 잘못된 인식(왜냐하면 자아에 대한

9) "재치 있는 시가 정확히 말해주듯이, 거울은 우리 자신에 대한 우리의 이미지로 되돌아오기 이전을 반영하고 있을 뿐이다"(Lacan, 1989: 152).

[사진 5.1] 거울단계

인식이 아니라 자아의 이미지에 대한 인식이므로)을 바탕으로 우리는 스스로를 분리된 개별자로 보기 시작한다. 다시 말해서 우리 자신이 주체(바라보는 자아)이면서 동시에 대상(보여지는 자아)인 것이다. 거울단계는 라깡이 상상적이라고 부르는 그 주체성의 질서로 진입하는 순간을 보여주고 있다.

> 라깡에게 상상적인 것이란 정확히 말하면 스스로를 확인하는 이미지의 영역이다. 그러나 그렇게 하는 행위 자체가 자신을 잘못 인식하고 잘못 알도록 만든다. 어린아이는 자라면서 대상에 대한 상상적 인식을 끊임없이 만들어내며 그것을 통해 에고 ego가 성장한다. 라깡에게 에고란 단지 이 세상에서 우리가 동

일시할 수 있는 어떤 것을 찾아 한 개인의 허구적 인식을 고양시키는 나르시스적 과정일 뿐이다(Eagleton, 1983: 165).

새로운 이미지를 통해서 우리는 결핍 이전의 상태로 돌아가, 우리 자신이 아닌 것에서 우리 자신을 발견하려고 시도한다. 그러나 우리는 그때마다 실패하고 만다. "주체는 …… 결핍의 장소이며, 동일시하려는 다양한 시도들이 채우려고 애쓰는 빈 공간이다"(Laclau, 1993: 436). 달리 말하면, 욕망은 우리가 결핍 상태라는 것을 발견하는 욕망이며, 또한 우리 자신을 완전히 우리가 상상계와 상징계를 접하기 이전의 상태로 발견하는 것이다. 동일시하는 우리의 모든 행동들은 언제나 오인의 행동들이다. 그것은 우리가 인정하는 우리 자신이 결코 아니며, 단지 우리 자신에 대한 또 다른 가능적 이미지일 뿐이다. "욕망은 환유이다"(Lacan, 1989: 193). 욕망은 우리에게 또 다른 것을 발견하게 하지만 결코 전체를 발견하도록 하는 것은 아니다.

발달의 두 번째 단계는 '실 당기기' 게임으로, 이는 프로이트가 자신의 손자가 실타래를 멀리 던졌다가 실타래에 달려 있는 실로 다시 끌어당기는 것을 보고 붙인 이름이다. 프로이트는 그것을 아이가 엄마의 부재를 이해하는 방법으로 보았으며, 이때 실타래는 어머니를 상징하고 아이는 이를 지배하고 있다. 달리 말하면, 아이는 그 상황을 지배함으로써 엄마의 부재를 보상한다. 아이는 엄마를 사라지게 하고 난 다음 다시 나타나게 하는 것이다.

라깡은 이를 다시 해석하여 어린아이의 상징계로의 첫 진입, 특히 어린아이와 언어의 접촉으로 이해한다. "욕망의 대상이 인간이 되는 순간은 곧 어린아이가 언어의 세계에서 태어나는 순간이다"(113). '실 당기기' 게임과 마찬가지로 언어는 "현재가 부재로 되는 것이다"(71). 일단 언어의 세계로 들어가면 실재계의 완전성은 영원히 사라져버린다. 언어는 처음으로 존재와 의미의 분리를 보여준다. 언어 이전에 우리는 다만 자기완결적인 자연으로 존재했지만 언어 이후로 우리는 주체와 객체가 된다. 이는 내가(주체) 나 자신(객체)을 생각할 때마다 명시적으로 드러난다. 달리 말하면, "나는 언어를 통해, 언어 안에서 나 자신을 확인하지만, 이는 오로지 하나의 대상처럼 언어를 통해, 언어 안에서 나 자신을 상실함으로써 이루어진다"(94). 나는 내가 당신에게 말할 때 '나'이고, 당신이 내게 말할 때에는 '당신'이다. 이것으로 보아 우리가 유일한 개인으로 존재한다는 인식은 상당히 허약한 것이다. 라깡이 설명하듯이, "그것은 내가 존재하는 바대로 내가 나 자신에 대해 말하고 있는가의 문제가 아니라, 과연 내가 내가 말하고 있는 나와 동일한가에 대한 문제이다"(182). 이러한 분열을 설명하기 위해 라깡은 "나는 생각한다, 그러므로 나는 존재한다"는 데카르트(1993)의 명제를 "나는 내가 존재하지 않는 곳에서 생각한다, 그러므로 나는 내가 생각하지 않는 곳에 존재한다"로 고쳐쓴다(Lacan, 1989: 183). 이 명제에서 '나는 생각한다'는 언명의 주체(상상계/상징계 주체)이며, '나는 존재한다'는 언명되는 주체(실재계 주체)이다. 그러므로 말하는 나와 말해지는 나 사이에는 언제나 틈이 있게 마련이다. 상징계로 들어서면 라깡(2001)이 말하는, 이른바 거세를 초래하게 된다. 거세란 상징계가 불가피하게 의미의 세계로 들어가면서 겪는 존재의 상실이다. 문화에 참여하기 위해 우리는 본래 우리의 자기 정체성은 버려야 한다. '내'가 말할 때 나는 항상 내가 말하고 있는 '나'와 다르며, 언제나 변하고 좌절 속으로 미끄러져 들어간다. "주체가 어떤 곳에 의미로서 나타나면, 다른 곳의 주체는 희미하게 사라져버린다"(218).

상징계는 의미들의 상호주관적인 연결망이며, 우리가 반드시 들어갈 수밖에 없는 구조이다. 이런 점에서 그것은 포스트-마르크스주의적 문화연구가 문화를 이해하는 방식(4장 참조)과 매우 흡사하다. 그러므로 그것은 우리가 현실을 경험하는 것이며, 현실은 실재계의 상징적 조직화이다. 일단 상징계에 들어가면 우리의 주체성은 일을 하고 의미를 만들어낼 수 있는 능력을 가짐과 동시에 억제와 억압이 주어진다. 다시 말해서 우리가 할 수 있는 일과 의미를 만들어내는 방식에 한계가 생겨나는 것이다. 상징계의 질서는 우리가 누구인가를 확증한다. 나는 내가 이렇게 혹은 저렇게 존재한다고 생각할 수 있지만, 이것이 확증되지 않는다면

—나와 타자가 상징계에서 이를 확인할 수 없다면—그것은 진실일 수가 없을 것이다. 내가 박사학위를 받기 이전에 지적이지 않았듯이 학위를 받은 이후에도 지적이지 않았다. 하지만 상징적으로는 나는 지적인 사람이었다. 이제 나는 학위를 받았고, 나는 나 자신을 박사라고 부른다. 상징계의 질서가 나의 지식인으로서의 새로운 신분을 승인했으며, 따라서 나와 타자에게 이 새로운 신분을 인정하도록 허용했다.

세 번째 단계는 오이디푸스 콤플렉스이며, 이는 성적 차이를 깨닫는 것이다. 오이디푸스 콤플렉스가 성공적으로 완성되면 우리는 불가피하게 상상계에서 상징계로 옮겨가게 된다. 그것 또한 우리의 '결핍'의 감정을 불러일으킨다. 욕구 충족이 불가능하다는 것을 하나의 기의(記意) signified로 고정하지 못하고 기표에서 기표로 옮겨가면서 경험된다. 라깡(1989)에 있어서 욕망이란 고정된 기의(즉, '다른 것', '실재', 충족의 순간, 어머니의 몸)를 찾는 허망한 추구 과정이지만, 그 기의는 영원히 다른 기표로 변하고 만다. 이는 곧 '기표 아래에서 이루어지는 기의의 순간적인 미끄러짐'(170)이다. 욕망은 메울 수 없는 자아와 타자 사이의 틈이며, 우리의 결핍을 입증하는 것이다. 우리는 어머니의 몸과 분리되지 않았던 때를 열망하며, 그때는 언어와 상징으로 매개되기 이전이었으며 모든 것이 그 자체로 존재했다. 우리가 우리 인생의 이야기로 옮겨가 보면 우리는 언제나 그 상황을 극복하려는 욕망에 이끌리고 있다. 그리고 우리는 과거를 되돌아보고, 어머니(혹은 상징적으로 어머니 역할을 하는 자)가 '결핍' 상태가 되기 이전 충족의 시기였다는 것을 계속 '믿고' 있다(이는 대체로 무의식의 과정이다). 오이디푸스 콤플렉스가 주는 '교훈'은 다음과 같다. 즉,

> 어린아이는 이제 …… 어머니의 금지된 몸으로의 직접적인 접근이 불가능하다는 사실을 알아야 한다. …… 오이디푸스의 위기 이후로는 아무리 그걸 찾아 헤매어도 결코 그 소중한 몸을 되찾지 못한다. …… 그래서 우리는 그것을 대신할 만한 대체물로 꾸려나가면서, 그걸 통해 우리 존재의 가장 중심에 놓인

> 틈을 메우기 위해 헛된 노력을 경주한다. 우리는 상상 속에서 알았던 순수한 (비록 허구라 해도) 자아와 자족 상태를 결코 찾지 못하며, 대체물들 사이로, 은유에서 은유로 끊임없이 헤맨다. …… 라깡의 이론에서는 이 근원적인 상실의 대상인 어머니의 몸이 우리 인생의 이야기를 끌어나가고, 어쩔 수 없이 끝없는 환유 속에서 욕망의 실낙원을 대신할 대체물들을 추구하도록 만든다 (Eagleton, 1983: 167, 168, 185).

이 끝없는 추구의 예로 연애소설의 이데올로기를 꼽을 수 있다. 여기서 내가 말하고자 하는 요지는 언술행위로서 연애소설(6장에서의 푸코에 대한 논의와 4장의 포스트-마르크스주의에 대한 논의를 참조)은 '사랑'이 우리의 모든 문제에 대한 궁극적 해결책이라고 믿게 만든다는 것이다. 사랑은 우리를 완전하게 해주고 충족시켜주고 우리 존재를 완성시킨다. 사랑은 결과적으로 우리에게 충족의 순간, 어머니의 따뜻한 몸과 맞닿은 그 순간의 행복을 되돌려준다. 우리는 이것을 「파리 텍사스 *Paris, Texas*」라는 남성적 로맨스에서 볼 수 있다. 이 영화는 충족의 순간으로 돌아가고자 하는 트래비스 핸더슨 Travis Henderson의 불가능한 투쟁을 형상화한 무의식의 로드무비라 할 수 있다. 우리는 충족의 순간으로 돌아가기 위한 세 가지 시도를 볼 수 있다. 처음에 그는 그의 어머니의 출생을 찾아보기 위해 멕시코로 향하며, 그 후 자신이 임신되었던 순간을 찾기 위해 파리(텍사스)로 향하며, 마지막으로 헌터를 제인에게(아들을 어머니에게) 돌려줌으로써 자신의 추구는 실패하리라는 상징적 암시를 하고 있다.

영화– 정신분석

로라 멀비 Laura Mulvey(1975)의 에세이 「시각적 쾌락과 내러티브 영화 Visual pleasure and narrative cinema」는 페미니스트적 정신분석의 시각에서 대중영화를 본

고전적 글이다. 이 에세이는 대중영화가 어떻게 '남성의 응시 male gaze'를 생산 혹은 재생산하는지에 관한 것이다. 멀비는 그녀의 접근방식을 '정치적 정신분석'이라고 말한다. 정신분석이론이 "가부장적 사회의 무의식이 영화형식을 어떻게 구성하는지를 보여주는 정치적 무기로서 …… 차용되었다"(6).

이 체계에서 여성의 이미지는 이중적으로 각인되어 있다. 첫째, 여성은 남성 욕망의 대상이며, 그리고 둘째, 여성은 거세 위협의 기표이다. 대중영화가 주는 '시각적 쾌락의 조작'을 파헤치기 위해 멀비는 그녀 자신이 명명한 이른바 "급진적 무기로서 즐거움의 파괴"(7)를 내세운다. 멀비에게 타협이란 있을 수 없으며, 이는 다음 말에서 잘 드러난다. "즐거움이나 미를 분석하는 것은 그것을 파괴하는 것이며, 이것이 곧 이 글의 목적이다"(8).

그렇다면 파괴되어야 할 즐거움은 무엇인가? 멀비는 두 가지를 지적한다. 첫째는 보는 즐거움, 즉 절시증 scopophilia('보기 scopo'와 '사랑하기 philia'를 합친 말: 역주)이다. 그녀는 프로이트를 인용하면서, 절시증은 단순히 보는 쾌락만을 의미하지 않으며, "다른 사람을 대상으로 택하고 그들을 통제적 응시하에 종속시키는 것"(같은 곳)까지도 포함한다고 주장한다. 통제적 응시 a controlling gaze라는 개념은 멀비의 주장에 핵심적 요소이다. 그러나 성적 sexual 대상화도 그렇다. "시각을 통해 다른 사람을 성적 자극의 대상으로 활용한다"(10)는 점에서 절시증 역시 성적인 것이다. 멀비는 대중영화의 전통적인 역할이 "관중의 존재는 아랑곳하지 않고 마치 마술처럼 밀봉되어 감추어진 세계"(9)를 보여주는 것이라고 말한다. 관중들의 '관음증적 환상 voyeuristic phantasy'은 영화관의 어둠과 스크린 위의 빛이 서로 대비를 이룸으로써 고조된다.

대중영화가 조성하고 만족시키는 두 번째 쾌락은 "나르시즘적 측면에서 절시증을 발전시키는 것"(같은 곳)이다. 여기서 멀비는 어린아이의 자아 구성과 영화의 동일시가 주는 쾌락이 비슷하다는 것을 주장하기 위해 '거울단계'(앞 절을 참조)에 대한 라깡(2009)의 설명을 끌어들인다. 아이가 거울 속에서 자신을 인식하고 오인하는 것처럼 관객은 자신을 스크린에서 인식하고 오인하는 것이다. 멀비는 이를 다음과 같이 설명한다.

> 거울단계는 아이의 육체적 욕망이 자신의 능력을 앞지를 때 발생하며, 아이는 자신의 거울 이미지가 스스로 자신의 몸을 경험하는 것보다 더 완벽하고 훌륭하다고 상상함으로써 결과적으로 자신에 대한 인식을 즐기는 것이다. 그리하여 인식은 오인으로 뒤덮이게 되고, 인식된 이미지는 자신의 반영된 몸이라 여겨지지만 더 우월한 것으로 여겨지는 오인은 이 (반영된) 몸을 이상적 자아로서 그리고 고립된 주체로서 부각되게 하고, (이것이) 이상적 자아로서 자기 안에 재투입되어 미래의 또 다른 정체성을 유발하는 근간이 되는 것이다(9~10).

멀비의 주장은 대중영화가 두 가지 모순된 시각적 쾌락을 만들어낸다는 것이다. 첫째는 절시증이고 둘째는 나르시시즘 narcissism이다. 이러한 모순이 발생하는 까닭은 다음과 같다. 즉, "영화의 관점에서 보면 한편으로는 주체의 에로틱한 정체를 스크린의 대상과 분리시켜야 하고(적극적 절시증), 다른 한편으로는 관객이 자기와 비슷한 이를 인식하고 좋아하는 것을 통해 스크린의 대상과 자아를 동일시하기 때문에 일어나는 것이다"(10). 프로이트의 관점에 따르면 이때의 분리는 "절시증적 본능(다른 사람을 에로틱한 대상으로 봄으로써 느끼는 쾌락)"과 '자아 리비도(동일화의 과정을 형성하는 것)'(17) 사이에 일어난다. 그러나 '성적 sexual 불평등'에 의해 구성된 세계에서는 응시의 쾌락이 두 가지로 명확하게 나뉘게 된다. 말하자면 남성은 보고 여성은 '보이기 위한 차림'을 과시한다. 둘 다 남성의 욕망에 따라 움직이고 그 의미를 나타낸다(11). 따라서 여성은 (남성의) 응시적 쾌락에 필수적인 존재일 수밖에 없다.

> 전통적으로 보여지는 여성은 두 가지 차원에서 기능을 해왔다. 즉, 영화 줄거리 안에서는 주인공을 위한 성적 대상으로, 그리고 영화관 안에서는 관객을 위한 성적 대상으로서 화면 양쪽의 시선에 교대로 긴장감을 주고 있는 것이다(11~12).

멀비는 양쪽의 시선을 의식하고 춤추는 것처럼 보이는 쇼걸을 예로 든다. 여자 주인공이 옷을 벗을 때, 그것은 남자 주인공뿐 아니라 영화관객의 성적 응시를 위한 것이다. (주인공들이) 사랑을 나누게 될 때에야 비로소 긴장이 이 두 시선 사이에서 일어난다.

대중영화는 이야기와 구경거리라는 두 가지 요소로 구성되어 있다. 전자는 능동적 남성과, 후자는 수동적 여성과 연관된다. 남성 관객은 자아형성을 만족시키기 위해 남성 주인공(주목하는 자)에 자신의 응시를 고정시키며, 성적 충동을 만족시키기 위해서는 그 남자 주인공을 통해서 여자 주인공을 향한 응시(에로틱한 시선)를 고정시킨다. 첫 번째 시선은 거울 앞에서 일어나는 인식/오인의 순간을 상기시킨다. 두 번째 시선은 여성을 성적 대상으로 못박는다. 두 번째 시선이 더욱 복잡해지는 것은 다음과 같은 주장 때문이다. 즉,

> 궁극적으로 여성의 의미는 성적 sexual 차이이다. …… 여자는 누군가가 끊임없이 보고 있다는 사실을 알면서도 이를 모른 체한다. 그것은 페니스의 부재, 즉 거세의 위협과 그에 따른 불쾌를 함축하고 있다. …… 그러므로 시선의 능동적 조정자인 남성의 응시와 즐거움을 위해 전시된 상 icon으로서 여성은 항상 그 원초적인 의미의 고뇌를 불러일으키도록 위협한다(13).

쾌락을 구하면서 원초적 거세 콤플렉스의 불쾌한 재현을 피하기 위해 남성의 무의식은 두 가지 안전한 길을 택할 수 있다. 첫 번째 도피수단은 원초적인 정신적 충격의 순간을 정밀히 조사함으로써 얻게 되는데, 이는 보통 "죄지은 대상을 격하시키거나 벌을 주거나 구조하는 것"(같은 곳)으로 이어진다. 멀비는 필름 느와르의 서사구조를 이와 같은 불안을 제어하는 방식의 전형적인 예로 꼽는다. 두 번째 도피수단은 '거세를 완전히 거부하는 것'으로, "위협에 처하기보다는 위안을 받기 위해서, 물신숭배적 대상을 대체하거나 재현된 인물 자체를 물신숭배의 대상으로 변화시키는 것이다"(13~14). 멀비는 그 예로 여성 스타에 대한 숭배를

들고 있다. "여성 스타에 대한 숭배에서 …… 물신숭배적 절시증은 대상의 육체를 아름답게 꾸며서 그 대상 자체만으로도 충분히 만족을 얻을 만한 어떤 존재로 변형시킨다"(14). 때로는 이것이 남성 주인공의 시선에 의하지 않고서도 관객의 성적인 시선을 이끌어내기도 한다. 그리하여 카메라는 노골적인 관객의 성적 시선을 위해 여성의 육체(많은 경우 파편화된)를 포착함으로써 순수한 성적 구경거리의 순간들을 만들어낸다.

멀비가 주장하는 내용의 결론은 여성을 "(능동적인) 남성 응시의 (수동적인) 소재"(17)로 삼는 것은 일종의 여성에 대한 억압이요 착취이며, 이런 억압과 착취로부터 해방되기 위해서는 그런 억압과 착취에서 비롯된 대중영화의 쾌락이 반드시 파괴되어야 한다는 것이다. 그녀는 영화 제작에 있어서 브레히트의 혁명을 제안한다.[10] 말하자면 "남성 자아의 신경증적 욕구에 전적으로 종속된"(18) 영화를 만들지 않기 위해서는, 환상주의로부터 탈피하여 카메라를 질료화하고 관객들에게 "변증법적인 것, 열정적 초연함"(같은 곳)을 심어줄 필요가 있다는 것이다. 게다가 "그 이미지가 이런 목적(남성 응시를 위한 대상)으로만 끊임없이 사용되고 도용되었던 여성들은 이와 같은 전통적 영화형식의 쇠퇴에 대해 감상적 아쉬움 이상은 느끼지 않을 것이다"(같은 곳). (멀비의 논의에 대한 페미니스트적 비판은 8장을 참조하라.)

슬라보예 지젝과 라깡의 환상

테리 이글턴 Terry Eagleton은 최근 수십 년 동안 유럽에서 활동한 슬로베니아의 문화비평가 슬라보예 지젝 Slavoj Žižek은 정신분석을 옹호하는 가장 탁월한 문화이론가라고 말한다(Myers, 2003: 1). 다른 한편, 이안 파커 Ian Parker(2004)는 이

10) 브레히트의 미학에 대해서는 Brecht(1978)을 참조하라.

렇게 주장한다. 즉, "지젝의 저작에는 이론적 체계가 없지만, 마치 이론적 체계가 있는 것처럼 여겨지는 경우가 종종 있다. …… 사실상 그는 다른 사람들의 이론에 어떤 특수한 개념을 보탠 것이 아니라 오히려 그들의 여러 개념들을 접합하고 혼합했을 따름이다"(115, 157). 지젝의 연구에 가장 큰 영향을 미친 것은 헤겔의 철학과 마르크스의 정치학, 그리고 라깡의 정신분석이다. 하지만 그의 저작에서 헤겔과 마르크스를 체계적으로 정리하게 한 것은 라깡의 영향이다. 우리가 이글턴과 파커 중 어느 쪽의 의견에 따르든, 지젝이 텍스트들을 흥미롭게 읽어가는 독해자임에는 틀림이 없다(예컨대, Žižek, 1991, 2009 참조). 이 짧은 설명에서 나는 다만 라깡의 환상 개념에 대한 그의 해석에 초점을 맞추고자 한다.

환상 fantasy은 환영 illusion과 동일하지 않다. 오히려 환상은 우리가 실재를 보고 이해하는 방식을 구성하고 조직한다. 그것은 하나의 틀 frame로 작용하며, 이 틀을 통해 우리는 세계를 보고 의미화한다. 우리의 환상이 우리 자신을 고유한 존재로 만든다. 우리의 환상은 우리에게 우리 자신의 관점을 제공하며, 우리 주변의 세계를 보고 경험하는 방식을 구성한다. 팝 음악가 자비스 코커 Jarvis Cocker(그룹 펄프의 초기 리더 싱어)가 BBC 라디오 4의 롱런 프로그램인 〈디저트 아일랜드 디스크 Desert Island Discs〉에 출연하여(2005년 4월 24일) 이런 말을 했다. 즉, "사건이 일어난 장소는 정말 문제가 되지 않는다. 인생을 즐겁게 하는 것은 당신 머리에서 무슨 일이 벌어지고 있는가에 달려 있다." 이것은 판타지의 구성적 역할에 대한 아주 훌륭한 예이다.

"'실재'는 우리로 하여금 욕망의 현실을 감출 수 있도록 해주는 환상의 구성"(45)이라고 지젝(1989)은 주장한다. 프로이트(1976)는 죽은 아들이 아버지에게 와서 '내가 불타고 있는 게 안 보이나요?'라며 책망하는 꿈을 꾼 한 남성에 대해 설명하고 있다. 그 아버지는 견디기 어려울 정도의 불타는 냄새 때문에 잠을 깼다고 프로이트는 말한다. 다시 말해서, 꿈의 일부분이 되었던 (불타고 있는) 외부 상황이 너무나 강력하여 꿈으로 나타났던 것이다. 지젝(1989)의 주장에 따르면,

> 라깡의 독해는 이와는 정반대이다. 외부의 고통이 너무 강해지면 주체는 스스로를 자각하지 못한다. 그의 자각의 논리는 전혀 다른 것이다. 첫째로 그는 그에게 그의 잠을 연장할 수 있게 해주는, 다시 말해서 실재를 깨닫지 못하게 하는 꿈, 즉 스토리를 구성한다. 하지만 그가 꿈에서 만나는 것, 그의 욕망의 현실, 라깡의 실재 — 우리의 경우에는, 아버지의 근원적인 죄를 암시하면서 "내가 불타고 있는 게 안 보이나요?"라며 아버지를 책망하는 아이의 현실 — 는 흔히 말하는 외부 현실보다 더 위협적이다. 그리고 그것은 그가 깨어 있는 이유이며, 이는 무서운 꿈속에서 스스로를 표명하는 그의 욕망의 현실을 벗어나기 위한 것이다. 그는 잠자는 상태를 계속할 수 있기 위해, 그의 맹목적인 상태를 유지하기 위해서, 그의 욕망의 현실을 깨닫지 않기 위해서 흔히 말하는 현실을 도피한다(45).

꿈이 숨기려고 하는 현실, 즉 그의 아들의 죽음을 막지 못한 것이 아버지의 죄이다. 달리 말한다면, 그가 자각하고 있는 현실은 그가 꿈에서 마주쳤던 현실보다 덜 실재적이다.

지젝(2009)은 환상이 현실을 구성하는 대중문화에서 또 다른 예를 보여준다. 환상은 욕망을 충족시키는 것이 아니라 오히려 욕망을 연출하고 조직한다. 그가 설명하듯이,

> 환상이 연출하는 것은 우리의 욕망이 완전한 만족의 상태로 충족되는 장면이 아니라, 오히려 반대로 욕망을 그 자체로서 이해하고 연출하는 장면이다. 정신분석의 근본적인 핵심은 이렇다. 즉, 욕망은 사전에 주어져 있는 어떤 것이 아니라, 반드시 구성될 수밖에 없는 것이며, 그리고 주체의 욕망에 상응하는 것을 제공하는 것은 정확히 환상의 역할이며, 또 주체의 대상을 명시하고, 주체가 그 속에서 취해야 할 위치를 정해주는 것도 환상의 역할이다. 주체가 욕망으로 구성되는 것은 오로지 환상을 통해서이다. 다시 말해서 우리는 환상을 통해서 욕

망하는 방식을 배운다(335).

그러므로 "환상의 공간은 텅빈 지평처럼 작용하며, 여러 가지 욕망이 투영되는 일종의 스크린과도 같은 것이다"(336). 지젝은 패트리샤 하이스미스 Patricia Highsmith의 단편소설 「검은 집 Black House」을 예로 들고 있다.

미국의 어느 작은 마을에 나이든 노인들이 저녁마다 선술집에 모여 과거를 되새기곤 한다. 기억들이 각양각색이긴 하지만 그들의 기억은 언제나 마을 근처 언덕 위에 있는 검은 집에 초점이 맞춰지게 된다. 그들은 제각기 이 집안에서 겪었던 특정한 사건들, 특히 성적 관계의 사건들을 떠올린다. 하지만 지금은 그들 사이에 그 집에 들어가는 것은 위험한 일이라고 암묵적인 동의가 이루어져 있다. 이 마을에 새로 이사온 한 젊은이가 그들에게 자기는 저 오래된 집에 들어가는 것이 두렵지 않다고 말한다. 그 젊은이가 그 집을 찾아갔을 때 부식되고 폐허가 된 잔해만이 보일 뿐이었다. 선술집으로 돌아온 그는 나이든 마을 노인들에게 검은 집은 다른 낡은 고가들과 다를 것이 없다고 말한다. 젊은이의 말에 노인들은 충격을 받는다. 그 젊은이가 떠나려 하자 그들 중 한 사람이 그를 공격하여, 결국 그 젊은이는 죽고 만다. 왜 그들은 젊은이의 행동에 대해 충격을 받았을까? 지젝은 그 이유를 이렇게 설명한다. 즉,

> 검은 집은 그들에게 금기였다. 왜냐하면 그것은 그들의 향수어린 욕망들을, 그들의 왜곡된 기억들을 투영시켜 연출할 수 있었던 빈 공간이었기 때문이다. '검은 집'은 단지 하나의 낡은 고가일 뿐이라고 공개적으로 언명함으로써 그 젊은 침입자가 그들의 환상 공간을 평범한 일상적 현실로 격하시켜버렸다. 그 젊은이는 환상과 현실의 차이를 없애버림으로써, 결과적으로 그 노인들로부터 그들이 그들의 욕망들을 접합할 수 있었던 장소를 박탈해버린 꼴이 되었다(337).

욕망은 결코 충족되거나 완전히 만족될 수가 없다. 그것은 끊임없이 우리의

환상 속에서 재생산된다. "불안은 욕망이 사라짐으로써 일어난다"(336). 달리 말해서 불안은 우리의 욕망이 완료된 결과이며, 바야흐로 '결핍' 자체가 소멸되고 욕망을 끝내는 것이다. 이것은 욕망의 소급적 성격 때문에 한층 더 복잡해진다. 지젝이 말하듯이, "욕망의 역설은 그것이 그 자체의 원인을 소급적으로 설정한다는 것이다. 다시 말해서 대상 a는 욕망에 의해 '왜곡된' 시선을 통해서만 지각될 수 있는 대상, 즉 '객관적인' 시선으로 보면 존재하지 않는 대상이다"(339). 달리 말한다면, 내가 욕망하는 것은 대상을 확정하여 욕망을 불러일으키는 환상의 과정을 통해 조직된다. 그리고 욕망이 나를 대상을 향해 이끌고 가는 것처럼 보이지만, 사실 욕망은 내가 처음 그 대상을 확정하기까지는 존재하지 않는다. 앞으로 나아가는 운동처럼 보이지만 언제나 소급적이다.

더 읽어야 할 책들

Srorey, John(ed.), *Cultural Theory and Popular Culture : A Reader*, 4th edition, Harlow : Pearson Education, 2009. 이것은 이 책의 자매편이며, 2018년에 출판된 제5판은 내용적으로 더욱 보완된 것이다. 이 책과 자매지는 대화형 웹사이트(www.routledge.com/cw/storey)를 통해 뒷받침되고 있다. 이 웹사이트에는 학생들에게 도움이 될 만한 유용한 자료들이 실려 있다.

Belsey, Catherine, *Culture and the Real*, London : Routledge, 2005. 라깡과 지젝에 대해 아주 쉽고 명확하게 설명하고 있다.

Easthope, Antony, *The Unconsciousness*, London : Routledge, 1999. 정신분석에 대한 훌륭한 입문서이며, 널리 추천되고 있다.

Evans, Dylan, *An Introductory Dictionary of Lacanian Psychoanalysis*, London : Routledge, 1996. 라깡을 이해하는 데 없어서는 안 될 책.

Frosh, Stephen, *Key Concepts in Psychoanalysis*, London : British Library, 2002. 훌륭한 입

문서.

Kay, Sarah, *Žižek : A Critical Introduction*, Cambridge : Polity Press, 2003. 훌륭한 입문서. 저자가 지젝이 무슨 말을 하는지 이해하지 못하는 경우가 가끔 있다는 것을 인정하는 것이 내 마음에 든다.

Laplanche, J. and J. B. Pontalis, *The Language of Psychoanalysis*, London : Karnac Books, 1988. 훌륭한 개념 소사전.

Mitchell, Juliet, *Psychoanalysis and Feminism*, Harmondsworth : Pelican, 1974. 페미니즘이 가부장제도를 붕괴시키기 위해 어떻게 정신분석을 활용하는가에 대한 고전적이고도 획기적인 설명서. 저자가 주장하듯이, "정신분석은 가부장적 사회를 권장하는 것이 아니라 오히려 가부장적 사회에 대한 분석이다."

Myers, Tony, *Slavoj Žižek*, London : Routledge, 2003. 지젝의 저작에 대한 매우 알기 쉬운 입문서.

Parker, Ian, *Slavoj Žižek : A Critical Introduction*, London : Pluto, 2004. 지젝의 저작에 대한 또 하나의 매우 훌륭한 설명서. 최근에 나온 입문서 가운데 가장 비판적이다.

Wright, Elizabeth, *Psychoanalytic Criticism*, London : Methuen, 1984. 정신분석학적 비판에 대한 아주 훌륭한 입문서.

Žižek, Slavoj, *Looking Awry : An Introduction to Jacques Lacan through Popular Culture*, Cambridge, MA : MIT Press, 1991. 지젝과 대중문화에 대한 훌륭한 입문서.

CULTURAL THEORY AND POPULAR CULTURE
AN INTRODUCTION

06

구조주의와 후기 구조주의

06

Structuralism and post-structuralism

구조주의와 후기 구조주의

이 책에서 논의된 다른 접근방식들과는 달리, 구조주의 structuralism는 테리 이글턴(1983)의 지적대로 "연구대상의 문화적 가치에는 관심이 없다. 『전쟁과 평화 *War and Peace*』에서부터 『전쟁의 절규 *The War Cry*』에 이르기까지 모두 그렇다. 이 방법은 가치평가를 위한 것이라기보다는 분석적인 것이다"(96). 이는 스위스의 언어학자 페르디낭 드 소쉬르 Ferdinand de Saussure의 이론적 연구에서 시작되었으며, 대표적 학자들은 프랑스인들로서 인류학의 끌로드 레비-스트로스 Claude Lévi-Strauss, 문학과 문화연구의 롤랑 바르트 Roland Barthes, 철학과 역사의 미셸 푸코 Michel Foucault, 정신분석의 자끄 라깡 Jacques Lacan 그리고 마르크스주의 이론의 루이 알튀세르 Louis Althusser가 있다.

이들의 연구는 서로 다르기도 하거니와 또 매우 어렵기도 하다. 그럼에도 불구하고 이들을 하나로 묶어주는 것은 소쉬르로부터 영향을 입고 또 그로부터 특정한 용어를 빌려 사용한다는 점이다. 그러므로 언어학에서 소쉬르가 남긴 업적부터 먼저 살펴보는 것이 좋을 것이며, 이것이 곧 그 핵심개념들을 밝히는 최상의 지름길일 것이다.

페르디낭 드 소쉬르

페르디낭 드 소쉬르 Ferdinand de Saussure는 언어를 두 개의 구성부분으로 나눈다. '개'라는 단어를 쓸 때 이는 그 글자도 지칭하지만 또 하나의 개, 즉 다리가 넷인 개과의 동물이라는 개념 또는 정신적 이미지도 만들어낸다. 소쉬르는 전자를 기표(기호표현) signifier, 후자를 기의(기호의미) signified라고 부르며, 이 둘은 동전이나 종이의 양면처럼 합쳐져 기호를 만들어낸다. 소쉬르는 이 기표와 기의 사이의 관계는 완전히 인위적이라고 주장한다. 다른 말로 하면, '개'라는 단어는 개와 같은 특징을 전혀 가지고 있지 않으며, 기표인 개가 개라는 기의, 즉 다리가 넷인 개과의 동물을 지칭해야 할 아무런 필연적인 이유가 없다는 것이다. 둘 사이의 관계는 순전히 관습, 즉 문화적 동의의 결과이다(표 6.1 참조). 개라는 기표는 고양이, 즉 다리가 넷 달린 고양이과의 동물을 지칭할 수도 있는 것이다.

〈표 6.1〉 '고양이(cat)'이라는 단어의 다양한 언어들

중국어	mao
영어	cat
프랑스어	chat
독일어	katze
일본어	neiko
스페인어	gato
러시아어	koska

이런 주장에 근거하여 소쉬르는 의미라는 것은 기표와 기의 사이의 본질적 교류의 결과가 아니라 오히려 차이와 관계의 소산이라고 말한다. 달리 말한다면, 소쉬르의 이론은 언어의 관계 이론이라고 할 수 있다. 의미는 세계 내 사물과의 일대일의 관계를 통해서가 아니라 차이의 확인을 통해서 생겨난다. 예컨대 '어머니'는 '아버지', '딸', '아들' 등과의 관계를 통해서 의미를 갖는 것이다. 가령 교통

신호는 네 개의 신호체계 내에서 작동한다. 즉, 빨강=정지, 초록=진행, 노랑=빨강의 준비, 노랑과 빨강=초록의 준비를 의미한다. 그러나 초록이라는 기표와 진행이라는 기의 사이의 관계는 인위적이며, 초록이라는 색깔은 진행과 아무런 관계가 없다. 교통신호는 빨강이 진행을 지시하고 초록이 정지를 지시한다고 해도 달라질 게 없는 것이다. 그러므로 그 체계는 본질적인 의미를 가짐으로써가 아니라 차이, 즉 그 체계 내에서 반대와 대조라는 구별 때문에 작동하는 것이다.

의미는 본질적인 것이 아니라 관계적이라는 것을 강조하기 위해 소쉬르는 열차 운행체계를 예로 들고 있다. 보쿰에서 브레멘으로 가는 12.11 열차는 매일 같은 시간에 운행한다. 우리는 이들 각자에 동일한 정체성('보쿰에서 브레멘으로 가는 12.11 열차')을 부여한다. 하지만 우리는 그 기관차와 객차, 승무원 등은 매일 같지 않을 것이라는 것을 잘 안다. 그 열차의 정체성은 그것의 본질을 통해서가 아니라 다른 시간에 다른 노선을 달리는 다른 열차와의 대조적 관계를 통해서 정해진다.

소쉬르에 따르면 결국 의미란 횡적 통합의 축과 종적 계열의 축을 따라 이루어지는 일련의 조합과 선택과정의 결과이다. 예를 들어 "미리엄은 오늘 닭고기 수프를 만들었다"는 문장은 그 문장의 각기 다른 부분, 미리엄(은)/오늘/닭고기 수프(를)/만들었다가 축적됨으로써 의미가 생기며, 그 의미는 마지막 단어를 말하거나 쓰게 될 때 비로소 완성된다. 소쉬르는 이 과정을 언어의 횡적 통합의 축 syntagmatic axis이라 부른다. 의미의 영역을 확장하기 위해서는 다른 부분을 첨가한다. 이를테면 "미리엄은 오늘 사랑하는 애인을 상상하면서 닭고기 수프를 만들었다"고 할 수 있다. 그러므로 의미는 언어의 횡적 통합의 축을 따라 누적된다. 이는 문장이 중단될 때 아주 분명해진다. 가령 "나는 ……을 말하려는 참이었다", "내가 보기에 분명한 것은 루이가 ……였을 것이라는 사실이다", "당신은 나에게 ……에 관하여 말해주기로 약속했다" 등이 그런 것이다.

문장의 일부를 새로운 단어로 대체함으로써 의미가 바뀔 수도 있다. 예를 들어, "미리엄은 그녀의 애인을 상상하면서 샐러드를 만들었다"거나 혹은 "미리엄은 오늘 그녀의 새 자동차를 상상하면서 닭고기 수프를 만들었다"고 할 수도 있다. 이러한 대체는 언어의 종적 계열의 축 paradigmatic axis을 따라 작용한다. 좀 더 정치적 성향이 짙은 예를 들어보자. "테러리스트들이 오늘 군기지의 공격을 감행했다." 종적 계열의 축을 따라 단어를 바꾸면 이 문장의 의미가 상당히 달라진다. 예컨대, '테러리스트' 대신에 '자유의 수호자'나 '반제국주의의 지원병'으로 바꾸면 상당히 다른 의미의 문장이 된다. 이는 문장 밖의 어떤 현실에 근거를 두지 않고서도 이루어질 수 있다. 문장의 의미는 선택과 조합의 과정을 통해 생산된다. 이런 까닭은 '기호'와 '지시대상'(앞의 예에서는 현실세계의 진짜 개)의 관계도 역시 임의적이기 때문이다. 바로 여기서 언어는 현존하는 실체를 반영하는 것이 아니라는 주장이 나오게 된다. 오히려 언어는 우리가 보고 경험하는 것에 어떤 질서를 부여하는 개념적 지도를 제공함으로써 우리에게 물질세계의 현실을 구성해주는 역할을 한다.

구조주의자들의 주장에 따르면, 언어가 우리가 가지고 있는 현실의 의미를 조직하고 구성한다. 상이한 언어들은 결과적으로 현실에 대한 다른 지도를 만들어낸다는 것이다. 가령 유럽인이 설경을 보았을 때, 그는 다만 눈을 보고 있을 따름이다. 같은 설경을 보지만 에스키모인은 이보다 훨씬 더 많은 것을 본다. 왜냐하면 그들이 눈을 묘사하는 단어가 50여 가지가 넘기 때문이다. 따라서 유럽인과 에스키모인은 같은 설경을 보면서도 사실상 두 개의 매우 다른 개념적 장면을 보고 있는 것이다. 유사한 예로 호주의 원주민들이 사막을 묘사하는 단어는 매우 많다.

구조주의자들은 이런 예들을 통해 세계를 개념화하는 방법이 언어에 달려 있다는 사실을 알게 된다. 그리고 이것은 결국 조합과 선택, 유사성과 차이의 관계 속에서 그물망처럼 짜인 상호작용의 결과이다. 의미는 결코 초언어적 실재와의 관계로써 설명될 수 없다. 소쉬르(1974)가 주장하듯 "언어에는 실명사 positive term가 없고 다만 차이가 있을 뿐이다. …… 언어의 소리나 그 관념은 언어체계 성립 이전부터 존재했던 것이 아니며, 다만 이 체계로부터 나타나는 개념적·음성적 차이일 뿐이다”(120). 그러나 에스키모인들이 설경을 우리와 다르게 부르는 것이 그들의 일상생활과 설경이 관계가 있기 때문이라는 것을 생각해보면 위의 가설에 의문을 품을 수 있다. 또한 ‘테러리스트’를 ‘자유의 수호자’로 바꾸는 것 역시 순수하게 언어학에 의해서만 설명될 수 없는 어떤 의미를 만든다는 사실도 이 가설에 대한 반대 이유가 될 수 있다(4장 참조).

소쉬르는 구조주의의 발전에 핵심이 된 또 하나의 구분을 시도하는데, 그것은 곧 언어를 랑그 langue와 파롤 parole로 구분한 것이다. 랑그는 언어의 체계, 즉 언어를 조직하는 법칙과 관습이다. 랑그는 사회적 제도로서 언어이며, 롤랑 바르트 Roland Barthes(1967)의 지적대로, “언어는 우리가 의사소통을 원하면 반드시 그 전체로서 받아들여야만 하는 집단계약이다”(14). 파롤은 개별적 발화 utterance, 즉 언어의 개별적 사용을 말한다. 이를 설명하기 위해 소쉬르는 언어를 체스경기와 비교한다. 우리는 경기 규칙과 실제 체스경기를 구별할 수 있다. 규칙의 체계 없이 실제 경기는 존재할 수 없으며, 오로지 실제 경기에서만 그 규칙들이 명백해진다. 그래서 랑그와 파롤, 즉 구조와 수행이 존재하며, 수행의 이질성을 가능하게 하는 것은 곧 구조의 동질성이다.

마지막으로, 소쉬르는 언어학에 대한 두 가지 이론적 접근방식을 구분한다. 그것들은 주어진 언어의 역사적 발전을 연구하는 통시적 접근 diachronic approach과 역사상 한 시점에서 주어진 언어를 연구하는 공시적 접근 synchronic approach이다. 그는 언어의 과학을 확립하기 위해서는 공시적 접근방식을 취해야 한다고 주장한다. 일반적으로 구조주의자들은 텍스트나 작품의 연구에 공시적 접근방식을 취했으며, 그들은 텍스트나 실천행위의 진정한 이해를 위해서는 모름지기 그 구조의 특성에만 초점을 맞추어야 한다고 주장한다. 이는 물론 적대적인 비평가들에게는 구조주의의 문화에 대한 접근방식이 비역사적이라고 비난할 빌미를 만들어주었다.

구조주의는 소쉬르의 연구에서 두 가지 기본생각을 받아들인다. 첫째는 문화 텍스트나 실천행위의 내재적 관계들, 즉 의미를 만드는 ‘문법’에 대한 관심이고, 두 번째는 의미란 항상 내재적 구조가 만들어낸 선택과 조합의 관계들이 상호 교류한 결과라는 시각이다. 달리 말해서 문화적 텍스트와 작품들 또한 언어를 연구하는 것과 유사한 방식으로 연구해야 한다는 것이다. 외계인들이 1999년 5월 유럽 축구 챔피언 결정전이 열리고 있는 바르셀로나에 착륙하여 맨체스터 유나이티드와 바이에른 뮌헨 간의 결승전에 초청을 받았다고 가정해보자. 그들은 무엇을 볼 수 있을 것인가? 그들은 빨강과 흰색, 두 가지 색의 유니폼을 입은 두 집단의 남자들이 흰 줄이 쳐진 초록 표면을 각기 다른 속도, 각기 다른 방향으로 움직이는 모습을 본다. 그 남자들은 협조와 경쟁을 하는데, 흰색 구형의 투사물이 여러 가지로 영향을 준다는 사실을 깨닫게 될 것이다. 그들은 또한 호루라기를 불어서 이 운동을 중지시키고 다시 재개시키는 검은 옷을 입은 남자를 볼 것이며, 또한 좌우 양쪽에 한 명씩 검은 옷의 남자들이 깃발을 사용하여 검은 옷의 중심인물을 도와주고 있음을 볼 것이다. 마지막으로 그들은 활동영역 양쪽에 부분적으로 그물이 쳐진 구조물 앞에 각각 한 명씩 서 있는 모습을 볼 것이며, 이들이 흰 투사물과의 접촉을 시도하는 곡예와 같은 활동에 몰두하는 것을 볼 것이다. 이 외계의 방문객들은 이 행사를 보고 서로 무엇을 보았는지 설명은 할 수 있겠지만, 누군가가 그들에게 축구의 규칙을 설명하지 않는 한 유럽 축구 챔피언 결승전은 사실 그들에게는 아무런 의미도 없을 것이다. 구조주의자들이 흥미를 느끼는 것은 바로 문화적 텍스트나 작품에 내재하는 이와 같은 규칙들이다. 의미화를 가능하게 하는 것은 구조이다. 그러므로 구조주의의 과제는 의미의 생산을 지배하는 규칙과 관습들(구조)을 밝혀내는 것이다.

끌로드 레비-스트로스와 윌 라이트 그리고 미국의 서부극

끌로드 레비-스트로스(1968)는 원시사회 문화의 '무의식적 기반'(18)을 찾아내는 데 소쉬르를 응용한다. 그는 요리, 예의범절, 의복, 미적 활동 등등 문화적·사회적 행위의 여러 형태들을 언어체계와 유사한 방식으로 분석했는데, 이들은 서로 다르기는 하지만 각기 의사소통의 방식이며 표현의 형태이다. 테렌스 호옥스 Terence Hawkes(1977)의 말대로 "그가 추구한 것은 한마디로 전체 문화의 랑그, 즉 문화의 체계와 일반법칙이다. 말하자면 그는 다양한 형태의 파롤을 통해 문화에 접근한 것이다"(39). 이를 추적해가면서 레비-스트로스는 여러 가지 '체계'를 조사하게 되는데, 그 중 대중문화 연구자에게 가장 흥미로운 것은 그의 신화분석이다. 신화의 광범위한 이질성 속에 잠재하는 동질적 구조를 발견할 수 있다는 것이다. 간단히 말해서 각각의 신화들은 잠재적 구조인 랑그를 명시화한 파롤의 예들이라는 것이다. 이 구조를 이해함으로써 우리는 특정한 신화들의 의미, 즉 '수행적 가치 operational value'(Lévi-Strauss, 1968: 209)를 진정으로 이해할 수 있게 된다.

신화는 언어와 마찬가지로 작용하며, 언어의 개별적 단위인 '형태소 morphemes'나 '음소 phonemes'와 유사한 개별적인 '신화소 mythemes'로 이루어져 있다고 레비-스트로스는 주장한다. 형태소와 음소처럼 신화소들도 특정 패턴으로 조합될 때에만 의미를 지닌다. 이러한 관점에서 보면, 인류학자의 과제는 그 속에 잠재하는 문법, 즉 신화를 의미 있게 만드는 규칙과 규정들을 찾아내는 것이다. 그는 신화도 '2항 대립 binary oppositions'으로 이루어진다고 보았다. 의미가 세계를 서로 배타적인 범주, 즉 문화/자연, 남성/여성, 흑/백, 선/악, 우리/그들로 나눔으로써 신화가 만들어진다는 것이다. 소쉬르를 근거로 하여 그는 의미란 유사성과 차이의 과정에서 일어나는 상호 교류의 결과라고 주장한다. 예를 들면, 무엇이 나쁘다고 말하기 위해서는 무엇이 좋은지에 관한 생각이 있어야 하며, 남성으로 정의되는 것은 여성으로 정의되는 것에 대조됨으로써 의미를 만들어낼 수 있다는 것이다.

레비-스트로스는 모든 신화들은 비슷한 구조를 가지며, 게다가 (이것이 그의 주된 초점은 결코 아니었으나) 모든 신화들은 유사한 사회적·문화적 기능을 가진다고 말한다. 신화의 목적은 이 세계를 설명하는 한편, 이 세계의 문제와 모순들을 마술처럼 해결하려는 데 있다는 것이다. 그의 주장처럼 "신화적 생각은 항상 그들의 목표에 반대되는 것이 존재한다는 점을 자각함으로써 진전된다. …… 신화의 목적은 모순을 극복할 수 있는 논리적 모델을 제공하는 데 있다"(224, 229). 달리 말해서 신화는 모순을 추방하고 이 세계를 이해 가능하고 살 만한 곳으로 만들기 위해 우리 자신에게 문화의 형식으로 들려주는 이야기이다. 신화는 우리 자신과 우리 존재 사이의 갈등을 진정시켜주는 역할을 한다.

『권총과 사회 *Sixguns and Society*』에서 윌 라이트 Will Wright(1975)는 할리우드 서부극을 분석하기 위해 레비-스트로스의 구조주의적 방법론을 이용한다. 그는 서부극의 서사적 힘이 대부분 2항 대립의 구조에서 비롯된다고 주장한다. 그러나 라이트가 레비-스트로스와 다른 점은 그의 관심사가 "정신의 구조를 밝히는 것이 아니라, 한 사회의 신화가 그 구조를 통해 어떻게 그 사회 구성원들에게 개념화된 질서를 전달하는가"(17)에 있기 때문이다. 간단히 말해서 레비-스트로스의 주된 관심사가 인간 마음의 구조에 대한 것이라면, 라이트의 초점은 서부극이 "미국사회의 믿음에 대해 단순하지만 상당히 깊은 개념화를 상징적으로 보여주고 있다"(23)는 데 모아지고 있다. 라이트는 서부극을 세 단계, 즉 '고전'(이는 '복수'라는 변형도 포함한다), '과도기적 주제'와 '전문적인 것'으로 나눈다. 그러나 각기 다른 장르의 상이한 유형에도 불구하고, 라이트는 대립을 이루는 기본틀이 있음을 밝히고 있다(표 6.2 참조). 그러나 라이트는 (레비-스트로스보다 한 걸음 더 나아가서) 신화의 사회적 의미를 완전히 이해하기 위해서는 대립구조뿐만 아니라 그 서사구조까지도, 즉 '사건의 진행과 갈등의 해소'(24)까지도 분석해야 한다고 주장한다. 라이트에 따르면 '고전적' 서부극은 16개의 '서사작용'으로 나뉜다(Propp, 1968 참조).

〈표 6.2〉 서부극의 대립구조

내부사회	외부사회
선	악
강	약
문명	황야(49)

1. 영웅이 한 사회집단에 들어간다.
2. 영웅은 그 사회에 알려져 있지 않다.
3. 영웅에게 뛰어난 능력이 있다는 것이 드러난다.
4. 사회는 자신들과 그 영웅 사이의 차이를 깨닫고, 영웅에게 특별한 위치를 부여한다.
5. 사회는 영웅을 완전히 받아들이지는 않는다.
6. 악당들과 사회 사이에 이해관계의 갈등이 일어난다.
7. 악당들은 사회보다 강하다. 사회는 약하다.
8. 영웅과 한 악당 사이에 강한 우정이나 존경이 생겨난다.
9. 악당들이 사회를 위협한다.
10. 영웅은 이 갈등에 연루되는 것을 피한다.
11. 악당들이 영웅의 친구에게 위협을 가한다.
12. 영웅은 악당들과 싸운다.
13. 영웅은 악당들을 물리친다.
14. 사회는 안전해진다.
15. 사회는 영웅을 받아들인다.
16. 영웅은 그의 특별한 위치를 잃거나 포기한다. (165)

「셰인 Shane」(1953)은 고전적 서부극의 예이다. 그것은 한 낯선 사람이 황야로부터 말을 타고 달려와 힘센 목장주와 싸우는 농부들을 이기도록 도와주고는 다시 황야로 사라지는 이야기이다. 고전적 서부극에서 영웅과 사회는 그 사회의 국외자인 악당에 대항해 (일시적으로) 동맹한다.

라이트에 의하면 '과도기적 주제'의 서부극은 1930년대와 1940년대, 그리고 1950년대 대부분의 고전적 서부극과 1960, 1970년대를 지배한 전문적 서부극 사이의 교량역할을 했는데, 여기서 이 2항 대립은 위치가 바뀌어 영웅은 사회 바깥에서 강력하고 부패하거나 또는 부패해가는 문명에 맞서 싸우는 것을 볼 수 있다

〈표 6.3〉 '전문적인' 서부극의 대립구조

영웅	사회
외부사회	내부사회
선	악
약	강
황야	문명(48~49)

(표 6.3 참조).

서사작용들도 또한 많이 역전되었다. 영웅은 사회 바깥에 존재하는 대신 처음부터 그 사회의 유익한 구성원으로 등장한다. 그러나 이번에는 사회가 영웅이나 그 사회 문명권 바깥에 있는 국외자들과 대조되는 진짜 '악당'임이 밝혀진다. 영웅은 그 사회 문명권 바깥에 있는 이들을 지지하고 궁극적으로 연대하기 위해 스스로 사회 내부에서 외부로, 그리고 문명에서 황야로 이동한다. 그러나 결국 대항할 힘이 없는 외부 사람들에게는 사회가 궁극적으로 너무 강한 상대임이 밝혀진다. 그들이 택할 수 있는 최선의 방법은 황야로 도피하는 것이다.

라이트에 의하면, '과도기적 주제'를 다룬 최후의 서부극은 1954년에 제작된 「쟈니 기타 Johnny Guitar」이다. 그러나 그의 2항 대립과 서사의 기능을 적용해보면, 1990년대 제작된 「늑대와 춤을 Dance with Wolves」도 이런 형식에 부합하는 완벽한 예가 될 수 있다. 뛰어난 전공을 세운 한 기병대 장교가 동부(문명)를 거부하고 서부(황야)로 배치되기를 희망한다 — 영화 선전문구에 나와 있는 대로 "1864년 한 남자는 개척지를 찾아나서 그곳에서 자신을 발견했다." 그는 수우족 내부사회도 알게 되었다. 이 영화는 "그가 어떻게 수우족의 애정과 존경이 넘치는 품으로 들어가게 되었는지 보여준다. …… 그리고 마침내 원주민 아메리칸들의 땅으로 백인 이주자들이 거칠고 잔인하게 쳐들어올 때 그가 내려야 했던 마지막 결정을 보여준다"(Guide Home Video, 1991). 그의 결정은 그가 거부한 '문명'에 대항하여 수우족의 편을 들어 싸우는 것이다. 마침내 기병대에 의해 반역자로 낙인찍힌 그는 수우족을 떠남으로써 기병대가 그들을 공격할 핑계 자체를 없애려고 한다. 그러나 미지의 세계로 떠나는 그의 모습 뒤로 기병대가 의심의 여지없이 수우족을 몰살하기 위해 포위망을 좁혀온다.

「늑대와 춤을」을 과도기적 주제의 서부극으로 볼 때 이는 신화로서의 영화에 대해 몇 가지 흥미 있는 문제를 제기한다. 라이트(1975)는 서부극의 각 양식들이 최근 미국 경제발전의 각 단계에 '대응한다'고 주장한다.

> 고전적 서부극의 플롯은 시장경제 사회에 대한 개인주의적 인식과 상응한다. …… 복수의 플롯은 시장경제의 변화를 반영하기 시작하는 한 변형이며 …… 전문적 플롯은 대기업의 계획경제에 내재하는 가치와 태도에 상응하는, 사회에 대한 새로운 인식을 노출하고 있다(15).

각 양식은 '아메리칸 드림'을 성취할 수 있는 그들 고유의 신화적 해석과 접합하고 있다.

> 고전적 플롯에서 우정이나 존경, 위엄과 같은 인간적 보상을 얻기 위한 방법은 다른 이들과 따로 떨어져 그들을 구하기 위해 자율적인 개인의 차원에서 힘을 쓰는 것이다. …… 변형된 복수극의 경우에는 개인과 사회의 양립성이 약화된다. 왜냐하면 이때 존경과 사랑을 얻는 길은 다른 이들과 떨어져 강력하고 많은 적들에게 단신으로 대항해 투쟁하는 것이지만, 결혼이나 겸양과 같은 부드러운 가치들을 되살리며 그곳으로 되돌아가고자 애쓰기 때문이다. 과도기적 주제는 사회의 편협과 무지에 대항하여 굳고 정의롭게 버티어 사랑과 우정을 얻는 대신, 자신은 그 사회의 추방자가 된다는 새로운 사회적 가치를 암시한다. 마지막으로 전문적 서부극의 플롯에서 우정과 존경은 숙련된 기술자가 됨으로써만 얻을 수 있다. 이때의 숙련기술자는 전문가들로 이루어진 엘리트집단에 들어가며, 주어진 어떤 일도 받아들이고, 어떤 다른 경쟁적인 사회나 공동체의 가치가 아닌 그 집단에만 충실한 사람이다(186~187).

「늑대와 춤을」의 비평과 흥행의 성공을 볼 때(오스카상 7개 부문 수상, 미국과 영국에서 5위의 흥행작으로 첫 해에만 각각 1억 2,250만 달러, 1,090만 파운드의 수입을 올렸다), 이것은 (라이트의 다소 환원적 성격의 대응논리를 받아들이면) 좀 덜 상업적인 사회와 공동체의 가치를 중시했던 시대로 다시 되돌아가는 '과도기적 주제'의 서부영화를 대표한다고 할 수 있다.

롤랑 바르트: 『신화』

대중문화에 대한 롤랑 바르트의 초기연구는 의미작용의 과정, 즉 의미의 생산과 순환의 메커니즘에 대한 것이다. 『신화 *Mythologies*』(1973)는 프랑스 대중문화에 대한 에세이 모음집이다. 이 책에서 바르트는 많은 것들 중 레슬링이나 가루비누 세제, 장난감, 스테이크와 감자튀김, 관광, 과학에 대한 대중의 태도를 살피고 있다. 그의 원칙은 항상 '허위 투성이의 자명성'(11)에 대해 의문을 제기하는 것이며, 대중문화의 텍스트와 실천행위들 속에 버려져 있는 의미들을 밝혀내는 것이다. 그의 목적은 정치적인 것이며, 공격목표는 '부르주아 규범'(9)이다. 1957년판 '서문'에서 그는 이렇게 말한다. "나는 자연과 역사를 혼돈된 것으로 보는 것을 언제 어디서나 거부했으며, 말없이 진행되는 화려한 전시 이면에 숨겨진 이데올로기의 남용을 찾아내고자 한다"(11). 『신화』는 대중문화에 기호학적 방법론을 적용시킨 가장 의미 있는 시도를 보인다. 기호학의 가능성을 처음 정립한 사람은 소쉬르(1974)이다.

> 언어는 생각을 표현하는 기호의 체계이므로 글쓰기의 체계나 청각장애인들의 알파벳, 상징적 의식, 예의범절, 군사 신호 등에 비길 만한 것이다. …… 그러므로 사회 내의 기호의 생태에 대해 연구하는 과학이 있을 수 있으며, 나는 이를 기호학 semiology이라 부른다(16).

〈표 6.4〉 의미작용

1. 기표 (signifier) > 기의 (signified) = 기호 (sign)

2. 기표 (signifier) > 기의 (signified) = 기호 (sign)

(1. 일차적 의미작용 primary signification 혹은 외연적 의미 denotation)
(2. 이차적 의미작용 secondary signification 혹은 내포적 의미 connotation)

『신화』는 마지막에 「오늘날의 신화 Myth Today」[1]라는 논문으로 끝을 맺고 있는데, 이는 이론적으로 아주 중요한 글이다. 이 글에서 바르트는 간략하게 대중문화를 읽는 기호학적 모델을 제시한다. 그는 기표/기의=기호라는 소쉬르의 도식을 취하면서 여기에 이차적인 의미작용의 단계를 다시 추가한다.

앞에서 말했듯이 기표 '개'는 기의인 네 다리를 가진 개과 동물 '개'라는 의미를 만든다. 바르트는 이것은 일차적 의미작용만을 지칭한다고 주장한다. 이 공식에서 만들어진 기호 '개'는 이차적 의미작용에서는 다시 기표인 '개'가 되고, 2단계에서 기의인 개, 즉 못마땅한 인간을 지칭하는 의미를 만든다. 〈표 6.4〉에서 볼 수 있듯이, 일차적 의미작용에서 만들어진 기호는 이차적 의미작용에서 다시 기표가 된다.

『기호학의 요소 *Elements of Semiology*』에서 바르트(1967)는 이를 우리에게 좀 더 익숙한 용어인 외연(denotation, 일차적 의미작용)과 내포(connotation, 이차적 의미작용)로 대체시키고 있다. "첫 번째 체계(외연화)는 두 번째 체계(내포화)의 기반 또는 기표가 된다. …… 내포화의 기표들은 외연화된 체계의 기호들(기표와 기의가 통합된)로 이루어져 있다"(89~91).

1) 바르트의 「오늘날의 신화」와 윌리엄즈의 「문화의 분석(The analysis of culture)」은 영국 문화연구의 기본적인 텍스트들이다.

바르트는 신화가 만들어지고 소비되는 것은 이차적 의미작용 또는 내포적 의미의 단계라고 말한다. 그에 의하면 신화는 그 사회 지배계급의 가치와 이득을 증진시키고 유지시키는 사상과 실천체계로서 일종의 이데올로기이다. 이러한 바르트의 주장을 이해하기 위해 우리는 기호의 다의적 성격, 즉 복수의 의미를 표현할 수 있는 그 잠재성을 이해해야 한다. 다음의 예가 이 점을 잘 설명해주고 있다. 1장에서 언급한 바 있는 보수당의 정치방송 광고에서 사회주의라는 단어가 붉은 감옥으로 변화하는 것으로 끝나던 것을 기억할 것이다. 이것은 사회주의란 단어의 이차적 의미작용 또는 내포적 의미를 자유와는 대립적이고 제한적인, 이른바 감옥으로 규정하려는 시도임이 명백하다. 바르트는 이를 신화생산, 즉 이데올로기의 생성에 나타나는 새로운 내포적 의미의 예로 본다.

바르트는 모든 형태의 의미작용이 이런 방식으로 작용한다고 주장한다. 이에 대한 연구 중 가장 유명한 예(사진 6.1 참조)는 ≪파리 마치 *Paris Match*≫(1955)라는 잡지의 표지에서 따온 것이다. 그의 분석은 의미작용의 첫 단계가 기표, 즉 색깔과 모양들로 구성된다는 것으로 시작한다. 이것이 기의, 즉 프랑스 국기를 향해 거수경례를 올리는 흑인병사의 모습을 만든다. 이들이 함께 일차적 기호를 형성한다. 이 일차적 기호는 그 다음에 프랑스 국기에 거수경례를 하는 흑인병사라는 기표가 되고, 이는 프랑스 제국주의라는 기의를 동반한다. 바르트는 이 잡지 표지와의 조우를 다음과 같이 설명한다.

> 나는 이발소 의자에 앉아 있었고, ≪파리 마치≫ 한 부가 내게 권해진다. 겉표지에 프랑스 군복을 입은 젊은 흑인이 눈을 치뜨고 — 아마도 삼색기의 줄을 향해 — 경례를 붙이고 있다. 이 모두가 이 그림의 의미이다. 그러나 내가 순진하든 아니든 이것이 내게 의미하는 바는 프랑스는 큰 제국이고 프랑스의 아들들은 그 피부색에 상관없이 프랑스 국기 아래서 충실히 복무한다는 것과 또 이 흑인 병사가 소위 '억압자'들에게 봉사하는 열정만으로도 식민주의라는 프랑스의 정책을 비난하는 자들에게 충분한 반격이 된다는 것이다. 그러므로 나는 더

[사진 6.1] 국기에 경례하는 흑인병사(출처: IZIS/Paris Match Archive/Getty Images)

> 큰 기호학적 체계와 직면한 것이다. 우선 기존의 체계로 형태 잡힌 기표가 있고(흑인병사의 프랑스식 경례), 기의가 있으며(프랑스주의와 군국주의의 의도적인 혼합) 그리고 마지막으로 기표를 통한 기의의 존재 그 자체가 있다(2009: 265).

첫 단계는 프랑스 국기에 경례하는 흑인병사이다. 두 번째 단계는 프랑스 제국주의에 대한 긍정적 이미지이다. 그러므로 그 겉표지는 프랑스 제국주의에 대하여 긍정적 이미지를 만들려는 ≪파리 마치≫의 의도를 보여주고 있다. 베트남전(1946~1954)의 패배와 당시 알제리에서 일어났던 전쟁(1954~1962)을 생각해 보면 그 이미지는 많은 사람들에게 정치적인 절박함을 암시했을 것이다. 그리고 바르트가 말하듯이 "신화의 기능은 …… 이중적이다. 무엇인가를 지적하고는 그것을 알려주며, 우리에게 무엇인가를 이해시킨 후 그것을 강요한다"(265). 이를 가능하게 하는 것은 바르트와 ≪파리 마치≫의 독자층이 문화적 코드 code를 공유하기 때문이다. 그러므로 내포된 의미는 단순히 그 이미지를 만드는 사람들에 의해서 생기는 것이 아니라, 이미 존재하고 있는 문화적 레퍼토리 속에서 활성화된다. 다시 말해서 이미지는 문화적 레퍼토리 중에서 선택되었을 뿐 아니라 동시에 그 레퍼토리에 추가되는 것이다. 게다가 그 문화적 레퍼토리는 동질적인 집단만으로 형성되지 않으며 신화는 끊임없이 대항하는 반(反)신화에 의해 견제당한다. 예를 들어, 팝음악 문화에 대한 어떤 이미지는 젊은 관중들에게는 자유와 이질성으로 보일 수 있지만, 보다 나이든 관중들에게는 조작과 동질성으로 보일 수 있다. 어떤 코드가 사용되는가는 세 가지, 즉 텍스트가 놓여진 위치와 역사적 시기 그리고 독자의 문화적 형태에 달려 있다.

『사진의 메시지 *The Photographic Message*』에서 바르트(1977a: 26)는 고려해야 할 사항들을 몇 가지 더 소개한다. 이미 언급했듯이 출판물에 실린 내용은 중요하다. 만약 국기에 경례하는 흑인병사의 사진이 ≪사회주의 비평 *Socialist Review*≫지에 실렸다면 그것의 내포적 의미(들)는 매우 달랐을 것이다. 독자들은 여기서 아이러니를 간파했을 것이며, 따라서 프랑스 제국주의에 대한 긍정적 이미지로서보다는, 제국주의적 착취와 조작이라는 기호로 보였을 것이다. 그뿐만 아니라 원래의 ≪파리 마치≫를 읽은 사회주의자 역시 프랑스 제국주의의 긍정적 이미지로 보지는 않았을 것이다. 오히려 그는 베트남전이나 전쟁이 진행 중이던 알제리전에서 프랑스의 패배라는 역사적 맥락을 그 이미지에 부여하려고 발버둥치는 시도로 보았을 것이다. 그러나 이 모든 것에도 불구하고 이미지 뒤에 감춰진 의도는 명백하다. 즉,

> 신화는 명령의 성격을 띠면서 사람을 끄는 성격을 가지고 있다. …… 이는 그 용어의 물리적 의미나 법적 의미 둘 다 포함한다. 프랑스 제국주의는 경례를 하는 흑인 청년을 도구적인 기표로 만들어버리고, 그 흑인은 내게 갑작스레 프랑스 제국주의의 이름으로 소리친다. 그러나 동시에 그 흑인의 경례는 굳어지고 동결되어 프랑스가 제국주의를 확립하려고 했다는 것을 뜻하는 영원한 증거가 된다(2009: 265~266).[2]

이것이 프랑스 제국주의에게 주어질 수 있는 유일한 긍정적 내포는 아니다. 바르트는 잡지가 사용함직한 신화적 기표를 여러 개 제시한다. "나는 흑인의 경례 외에도 프랑스 제국주의를 표현하는 기표들을 더 제시할 수 있다. 프랑스인 장군이 외팔이 세네갈 병사에게 훈장을 달아주는 장면이라든지, 병상에 누운 아랍인에게 수녀가 차를 따라주는 장면이라든지, 또는 백인 선생님이 영리해 보이는 흑인 아이들을 가르치는 장면이 그것들이다"(266).

바르트는 독자들이 이러한 이미지를 읽을 때 일어나는 세 가지 반응을 보여준다. 첫 번째는 국기에 경례하는 흑인병사를 단순히 프랑스 제국주의의 '예

2) 바르트의 공식은 몇 년 후 루이 알튀세르가 발전시킨 '호명(interpellation)'이라는 개념과 아주 비슷하다(4장 참조).

example'나 그에 대한 '상징 symbol'으로 보는 것이다. 이는 그 신화를 만든 사람의 관점이다. 두 번째는 그 이미지를 프랑스 제국주의의 '알리바이 alibi'로 보는 것이다. 이것은 위에서 언급한 사회주의 독자의 관점이다. 마지막은 신화를 읽는 독자의 관점인데, 이는 '신화-소비자'(268)의 관점이다. 이때 독자는 그 이미지를 예나 상징, 또는 알리바이로 보는 것이 아니라 국기에 경례하는 흑인병사를 '바로 프랑스 제국주의 그 자체'(267)로 보는 것이다. 다시 말해서 국기에 경례하는 흑인병사의 행동은 자연스럽게 프랑스 제국주의의 개념을 연상시켜주며, 논란의 여지없이 하나가 다른 하나의 실재를 명백히 함축하고 있는 것이다. 즉, 국기에 경례하는 흑인병사와 프랑스 제국주의의 관계가 '자연스러워지는' 것이다. 바르트가 설명하고 있듯이,

> 독자가 신화를 순수하게 받아들이는 이유는 그가 그것을 기호학적 체계로 보지 않고 귀납적 체계로 보기 때문이다. 기표가 기의와 일치할 때, 독자는 그것을 인과 casual의 과정으로 보며, 이때 기표와 기의는 자연스런 관계를 가진 것처럼 보인다. 이 혼란은 다르게 말하면, 기호학적 체계는 모두 가치의 체계이지만, 그러나 지금 신화를 읽는 사람은 그 신화에 나타난 의미화가 사실의 체계에서 연유했다고 본다. 즉, 신화는 사실적 체계로 읽혀지지만 실은 기호학적 체계인 것이다(268).

물론 바르트 자신의 관점, 즉 신화학자가 취하는 네 번째 관점도 있다. 이 관점은 그가 말한, 이른바 '구조 기술 structural description'을 만들어내는데, 이미지가 이데올로기를 만드는 방법이나 역사를 자연스러운 것으로 변화시키는 것이 무엇인지를 찾아내려는 것이다. 바르트에 의하면, "신화가 역사적 의도를 자연스럽게 정당화시키며 그리고 우발적인 일을 영구화시키도록 만드는 역할을 한다는 것을 기호학이 보여주었다는 것이다. 이것은 바로 부르주아적 이데올로기를 만드는 과정과 동일하다"(같은 곳). 요컨대, 바르트의 주장은 "신화의 구성은 어떤 일의 역

사적인 성질을 잃기 마련이라는 것, 즉 신화 속에서의 어떤 일은 그 일이 생겼을 때를 기억하지 못한다"(같은 곳)는 것이다. 그의 말에 따르면 이것이 바로 '탈정치화된 언어행위 depoliticized speech'이다.

> 흑인병사의 경우 …… 그 사진에서 제거된 것은 프랑스 제국주의가 아니다(오히려 그 존재는 더욱 부각되어야 하기 때문에). 이 사진에서는 우연적인, 역사적인, 즉 조작된 식민주의의 가치가 제거된 것이다. 신화는 무엇을 부정하기보다는 오히려 더 옹호하는 기능을 가지고 있으며, 이때 신화는 그 소재들을 정화시키고 순수하게 만들고 자연스럽고 영원한 것처럼 보이게끔 만들고 또 설명이 아닌 사실의 진술로 보이도록 명시화한다. 즉, 프랑스 제국주의를 설명 없이 사실로 인정할 수 있다면, 그것은 매우 자연스럽고 또 '말할 필요'도 없는 결론에 거의 도달했다는 것이다. …… 역사로부터 자연으로 이행하는 과정에서 신화의 작용은 매우 경제적이다. …… 말하자면 인간 활동의 복잡성을 없애고 …… 또 깊이도 없기 때문에, 그것은 모순이 없는 세계, 즉 활짝 열리고 확신에 빠진 세계를 만든다. 또 그것은 사물들이 그 스스로 어떤 의미를 가지는 것처럼 보이게 하는 유쾌한 투명성을 확립해준다(269).[3]

이미지는 어떤 종류이든 대부분 언어적 텍스트와 함께 등장한다. 예를 들어, 신문사진은 제목과 표제, 기사, 그 면의 레이아웃 따위로 둘러싸여 있다. 또 그것은 앞서 언급했듯이 특정한 신문 또는 잡지라는 맥락 속에 위치하고 있다. ≪데일리 텔레그래프 *Daily Telegraph*≫지가 제공하는 맥락은 ≪사회주의 노동자 *Socialist Worker*≫지가 제공하는 것과는 매우 다를 것이다. 독자층과 독자들의 기대가 이런 맥락을 만드는 부분적 요인이 된다.

---

3) 신화는 푸코의 권력 개념과 거의 같은 방식으로 작동한다. 권력은 생산적이다(이 장 뒷부분 참조).

> 이전에는 이미지가 텍스트를 (더 명백하게) 묘사하였다. 오늘날은 텍스트가 이미지에 문화나 도덕, 상상과 같은 짐을 안긴다. 이전에는 텍스트를 이미지로 축소시켰는데, 지금은 오히려 확대시킨다. 이제 내포적 의미는 오로지 사진적 유추로 구성된 기본적 의미와 자연스럽게 공명을 일으키는 것으로만 경험되며, 결국 여기서 문화적인 것을 자연스럽게 설명하는 전형적인 과정을 보게 된다 (Barthes, 1977a: 26).

바꾸어 말하면 이미지가 텍스트를 설명하는 것이 아니라 텍스트가 이미지의 내포적 잠재성을 증폭시키는 것이다. 바르트는 이 과정을 '교체 relay'라 부른다. 그 관계는 물론 다른 방식으로 작용할 수도 있다. 이를테면 "사진에서 이미 주어진 내포적 의미들을 증폭시키기보다 …… 텍스트는 역으로 이미지에 투사된 전혀 새로운 기의를 생산하여, 마치 본래 의미가 그랬던 것처럼 만들기도 한다"(27). 한 예로 본래 「상처받은 사랑 My Baby Done Me Wrong」이라는 노래를 선전하기 위해 어느 록 가수가 2016년에 생각에 잠긴 얼굴로 찍은 사진(사진 6.2)을 들 수 있다. 2017년 말에 이 사진은 약물남용으로 죽은 그 가수의 가까운 친구에 대한 신문기사와 함께 다시 사용되었다. 그 사진에 "마약이 가장 절친한 내 친구를 죽였다"(사진 6.3)는 새 제목이 붙어 있었다. 이 표제는 상실과 절망 그리고 록음악 문화에서 마약의 역할에 대한 우려 등과 같은 내포적 의미를 만들어 그 이미지 속에 용해시킨다.

바르트는 이 과정을 '정박 anchorage'이라고 부른다. 사진의 여러 가지 다른 의미들은 모든 기호의 다의적 성격을 보여준다. 이를테면 복수 의미작용에 대한 잠재력이다. 언어로 된 텍스트를 추가하지 않는다면 이미지의 의미를 꼭 집어 말하기 어렵다. 언어 메시지는 두 가지 방식으로 작용한다. 그것은 독자가 이미지의 외연적 의미를 확인할 수 있도록 해준다(앞의 예에서는 생각에 잠긴 가수의 모습). 두 번째로 그것은 이미지의 내포적 의미가 증식할 수 있는 잠재적 가능성을 제한한다(친구의 약물남용 때문에 이 가수가 생각에 잠겼다고 못박는 것). 그러

[사진 6.2] 록커데이 자니 : '넌 내게 실수했어'— 〈독바컷 데이즈(Dogbucket Days)〉란 앨범에서.

[사진 6.3] 록커데이 자니 : '마약이 가장 절친한 내 친구를 죽였다.'

므로 저 가수는 록음악 문화에서 마약의 역할에 대해 골똘히 생각하는 셈이 된다. 게다가 이는 독자들로 하여금 이러한 내포적 의미가 그 외연적 의미 단계에서 이미 있었다고 믿게 하려고 한다.

독자가 외연적 의미로부터 내포적 의미를 이끌어낼 수 있는 것은 독자가 그 이미지를 읽을 때 사용할 수 있는 사회적 지식(문화적 레퍼토리)의 축적 때문이다. 이 공유된 코드들(의식적이든 무의식적이든)을 사용하지 않고서는 내포적 의미의 작용은 불가능하다. 그리고 지식은 항상 역사적이고 또한 문화적이다. 말하자면 그것은 문화에 따라서도, 또 시대에 따라서도 달라진다. 문화적 차이는 또 계층, 인종, 성별의 차이에 따라서도 나타난다. 바르트가 강조하고 있듯이,

> (의미를) 읽어내는 것은 자신의 문화와 세계에 대한 자신의 지식에 크게 의존한다. 훌륭한 신문사진(선택된 것들이기 때문에 항상 훌륭하다)들이 독자들의 지식에 항상 부응하는 것은, 그 사진들이 독자들을 충분히 만족시킬 수 있도록 최대한 많은 정보를 가진, 선택된 것들이기 때문일 수도 있다(29).

또한 바르트는 이렇게 말한다. "독자의 다양한 반응은 무질서한 것이 아니라, 이미지에 부여된 지식의 차이, 즉 실용적 · 민족적 · 문화적 · 미학적 차이에 의해 좌우된다"(Barthes, 1977b: 46). 여기서 우리는 또다시 언어와의 유사성을 볼 수 있다. 개별적인 이미지는 파롤의 예이며, 내포적 의미의 코드는 랑그의 예이다. 이런 읽기 모델의 각기 다른 요소들을 모으는 최선의 방법은 직접 보는 것이다.

1991년 교육과학부는 인기 있는 영화잡지 ≪엠파이어 *Empire*≫에 광고를 실었다(사진 6.4 참조). 그 이미지는 14세 여학생 두 명을 보여주는데, 재키는 대학진학을 원하고, 수잔은 16세에 사회로 진출하고자 한다. 이 포스터의 목적은 교사라는 직업에 대한 홍보이다. 이는 또 이중 속임수의 효과를 노린다. 말하자면 우리는 두 소녀를 보고 표제를 읽은 후 둘 중 누가 진학하려는지, 누가 16세에 그만두려고 하는지를 판단한다. 그 속임수는 곧 이런 것이다. 통상적인 눈으로, 즉 문화적 반응능력을 제대로 갖추지 못한 눈으로 보면, '학구적'으로 보이는 소녀가 사회로 진출하려는 소녀로 보인다는 것이다. 이것은 또 우리를 그런 움직임에 말려들지 않도록 하려는 의도를 가지고 있기 때문에 이중 속임수이다. 우리는 우리 자신의 통찰력에 찬사를 보낸다. 다른 사람들과 달리 속아 넘어가지 않았고, 또 충분한 문화적 반응능력을 가진 것으로 판명되었기 때문이다. 그러므로 우리는 교사가 될 만한 훌륭한 자질을 가지고 있다. 이 광고는 교사가 되기 위해 필요한 지식을 광고에 이용하였으며, 그리고 우리 자신이 그런 지식을 갖고 있다는 인식을 깨우쳐준다. 따라서 우리에게 "그래, 난 교사가 되어야겠어"라는 입장을 취하게 하는 것이다.

[사진 6.4] 교사 홍보광고

교실에는 언제나 각기 다른 능력과 관심분야를 가진 학생들이 있다.

한 소녀는 대학에 가고 싶어한다.
다른 소녀는 16세에 학교를 떠나고자 한다.
이들이 동시에 관심을 받을 수 있는 방법은 무엇인가?

오른편의 재키는 장기적 목표를 생각하여 상급학교에 진학하고자 한다. 그러나 보기와는 달리 왼편의 수잔은 그런 것에 별로 관심을 기울일 필요가 없다고 생각한다.

후기 구조주의

후기 구조주의자들은 의미를 안전하고도 만족한 상태로 잡아둘 수 있는 숨겨진 구조가 있다는 생각을 거부한다. 의미는 항상 과정 속에 있다. 흔히 우리가 텍스트의 '의미'라고 말하는 것은 해석의 해석으로 이어지는 끊임없는 흐름 가운데 한순간의 정지일 따름이다. 앞서 언급했듯이 소쉬르는 언어가 기표와 기의 그리고 기호의 관계로 구성된다고 하였다. 후기 구조주의의 이론가들은 실상 이보다 더 복잡하다고 주장한다. 기표들은 기의를 만드는 것이 아니라 더 많은 기표를 만들 뿐이다. 그런 탓에 의미는 매우 불안정하게 된다. 『저자의 죽음 *The death of the author*』에서 바르트(1977c)는 텍스트를 저자의 의도가 순수하게 나타나는 매체로 보아서는 안 된다고 주장하였다. 오히려 텍스트는 독창적인 것이라고는 하나도 없는 "다양한 글들이 함께 섞이고 부딪히는 다차원적 공간이며, 수많은 문화의 근원에서부터 끌어온 인용구들의 조직일 뿐이다"(146). 독자만이 그 텍스트에 일시적인 통일성을 가져다 줄 수 있다. 도서관이나 서점에 꽂혀 있는, 분명히 완성된 것처럼 보이는 작품들과는 달리 텍스트는 "생산활동을 통해서만 경험할 수 있는 것"(157)이다. 텍스트란 텍스트를 읽는 행위 중에 일어나는 능동적인 과정들과 분리될 수 없는 작업이다.

쟈끄 데리다

후기 구조주의는 사실상 자끄 데리다 Jacques Derrida의 연구업적과 같은 말이다. 이미 언급했듯이 소쉬르에게 있어서 기호는 차이의 체계에서 그것이 차지하는 위치에 의해 의미를 갖는다. 데리다는 여기에다 의미는 항상 지연된다는 것, 즉 결코 스스로를 완전히 드러내는 법이 없이 항상 동시에 존재하고 또 부재한다는 생각을 첨가한다(1장의 대중문화에 대한 논의를 참조). 데리다(1973)는 기호의 분리된 성격을 묘사하기 위해 '지연시키다 defer'와 '다르게 하다 differ'의 두 가지 의미를 가진 차연(差延) differance이라는 새로운 단어를 만들어냈다.

소쉬르의 차이의 모델은 공간적이며, 의미는 자기규제적 구조 내에 함께 들어 있는 기호들 간의 관계를 통해 만들어진다. 하지만 데리다의 차이의 모델은 구조적이면서 동시에 시간적이다. 그러므로 의미는 구조적 차이뿐만 아니라 전후의 시간적 관계에 의존한다.

예를 들어, 사전에서 한 단어의 뜻을 찾을 때, 우리는 끊임없는 의미의 지연을 보게 된다. 'letter'라는 기표를 『콜린스 포켓 영어사전』에서 찾아보면, 다섯 가지 가능한 기의가 나온다. 글로 쓰거나 인쇄된 메시지, 알파벳의 한 글자, 동의한 내용의 엄격한 의미(이를테면, '글자 그대로 to the letter'에서처럼), 그리고 쓰거나 인쇄한 기호 등이다. 이들 중 한 기의인 '쓰거나 인쇄된 메시지'를 찾아보면 이 역시 네 개의 또 다른 기의를 가진 기표임을 알 수 있다. 한 사람이나 집단이 타인 또는 다른 집단에 보내는 소식, (예술작품 등의) 내포된 의미, 어떤 사람이 다른 사람에게 전하고자 하는 종교적 또는 정치적 신념, 그리고 이해한다는 것('to get the message'의 경우처럼)이 그것들이다.

이런 식으로 사전을 찾는다는 것은 곧 끊임없는 상호 텍스트적 의미의 지연을 확인하는 것이다. 결국 "기의의 의미를 고정시키지도 못하고 …… 언제나 다시 지시하도록 만드는 …… 기표에서 기표로 이어지는 끝없는 소개"(1978a: 25)가 있을 뿐이다. 이 끝없는 기표에서 기표로의 지연이 일시적이나마 정지되는 것은 오직 대화를 할 때나 작품의 맥락을 읽는 경우뿐이다. 예를 들어, 우리가 "아무것도 전달되지 않았다 nothing was delivered"는 말을 듣거나 읽었을 때, 이는 소설의 첫머리라든지, 시의 한 행이라든지, 변명이든지 또는 가게 주인의 장부에 적힌 메모라든지, 노래가사, 관용구를 모은 책의 예, 연극 독백의 일부, 영화대사의 일부라든지 심지어 차연을 설명하는 예이든지 그 쓰인 것에 따라 의미가 달라진다. 그러나 맥락도 완전히 의미를 통제하는 것은 아니다. 이를테면 "아무것도 전달되지 않았다"는 문구는 다른 맥락의 의미들에 대한 흔적을 동반하고 있을 것이다.

만약 내가 그 구절이 노래가사인 것을 안다면, 가게 주인의 장부에서 이를 보았을 때도 그 감흥을 느낄 것이다.

데리다에게 있어서 2항 대립은 구조주의에 매우 중요하며, 이는 결코 단순한 구조적 관계가 아니다. 그것은 언제나 하나가 다른 것에 대해 지배적 위치에 있는 권력관계이다. 더욱이 하나의 다른 것에 대한 지배는 관계와 무관하게 '자연적으로' 일어나는 것이 아니라 관계가 형성되는 도중에 일어난다. 흑백은 2항 대립으로 존재하며, 둘 중 하나가 규정될 때 하나는 언제나 부재적 타자로서 존재한다. 하지만 대부분의 권력 담론에서 어떻게 백이 흑에 비해 우위이고 특권이 있는 긍정적인 용어가 되는지를 알아내는 것은 어려운 일이 아니다.

예를 들어, 텔레비전 역사학자인 데이비드 스타키 David Starkey가 BBC2 방송의 「뉴스나이트 Newsnight」 프로그램(2011년 8월 13일)에서 영국 폭동에 대해 언급한 것은 바로 이러한 논리를 2011년에 인용한 것이다. 폭동의 사태를 규탄하면서 그는 '백인들이 흑인이 되었다'고 말했다. 그리고 다음과 같은 말을 덧붙임으로써 이러한 논리를 더 악화시켰다. 즉, "성공한 흑인의 전형인 데이빗 라미 David Lammy(노동당 하원의원)의 말을 들어보시오. 만일 당신이 텔레비전 화면을 끄고 라디오 방송을 통해 그의 말을 듣고 있었다면 당신은 그가 백인이라고 생각했을 것입니다." 양쪽 모두에서 백인은 긍정적이고 흑인은 부정적이다. 인종차별의 문제를 차치한다 하더라도, 백을 긍정적으로 그리고 흑을 부정적으로 암시한 역사는 무척 길다(9장 참조).

앞에서 언급한 교육과학부의 광고는 데리다(1978b)가 말하는 이른바 '폭력적 위계질서'(41)를 포함하고 있다. 이를테면 전자기학, 유전학, 찰스 디킨즈 등에 관심이 있는 '착한' 소녀와 음악, 옷 그리고 소년들을 더 좋아하는 '나쁜' 소녀의 대조가 바로 그것이다. 우리는 1장에서 고급문화의 정의가 대중문화에 의해 이루어지는 경우가 자주 있다는 것을 보았다. 데리다의 비평은 어떻게 그 쌍들 중 어느 한편이 다른 한편보다 특권을 가지는지, 어느 한편이 다른 한편보다 우월한 위치(순수 실재라는)가 되는지를 보여준다. 또한 그 쌍들이 순수한 반대개념이 아니라, 그것들은 각각 다른 편에 의해 자극을 받으며 궁극적으로 그것의 고유 실재와 의미는 다른 편의 부재에 의존하고 있다는 것도 보여준다. 학교에 남고자 하는 소녀가 처음부터 '착한' 것도 아니며, 그와 대조된 16세에 학교를 떠나려 하는 소녀가 처음부터 '나쁜' 것도 아니다. 단순히 그 2항 대립을 반대로 만든다고 해도 결국 상대편에 의해서 이미 만들어진 가정을 그대로 유지시키는 것이 될 뿐이다. 그러므로 "우리는 …… 단순히 그 2항 대립을 중화시키는 것만으로는 안 된다. …… 두 용어 중 하나는 다른 하나를 통제하며, 우월한 위치를 차지하고 있다. 반대개념을 해체하기 위해서는 그 위계질서를 무너뜨려야 한다"(1978b: 41). 교육과학부 광고의 이중 속임수를 받아들이는 대신에 '해체적' 관점으로 읽어보면, 대립 쌍을 분해하고 싶은 마음이 드는 것은 물론 나아가 그것이 어떤 특정한 '폭력', 즉 남성이나 여성 또는 성적 특질 같은 일련의 모호한 가정들에 의해 떠받쳐지고 있다는 것을 알 수 있을 것이다.

(이 장 앞부분에서 논의한 바 있는) 「늑대와 춤을」 역시 데리다의 해체적 방식으로 읽을 수 있다. 말하자면 이 영화를 라이트가 말하는 서술적 기능과 2항 대립의 모델을 뒤집는 것으로 보는 대신 또 다른 이론에 내재하고 있는 위계질서에 도전하는 것으로도 볼 수 있다. 데리다(1976)가 지적하듯이,

> (해체주의적 입장의) 독자는 작가가 인식하지 못하는 특정한 관계, 즉 그가 사용하는 언어양식들 중에 명령하는 것과 하지 않는 것들의 관계를 주목해야 한다. 이 관계는 의미를 만드는 구조이다. 즉, 비평적 (요컨대, 해체주의적) 독서는 '생산'해야만 하고 …… (그 생산은) 보이지 않는 것을 보일 수 있게 생산하는 것이다(158, 163).[4]

4) 이것은 피에르 마슈레의 논의와 매우 비슷하다(4장 참조).

담론과 권력: 미셸 푸코

미셸 푸코 Michel Foucault는 권력과 지식의 관계와 그리고 이 관계가 어떻게 담론과 담론형식에서 작동하는가에 깊은 관심을 가지고 있다. 푸코의 담론 개념은 알튀세르의 '문제설정'의 개념과 유사하다. 다시 말해서 둘 다 특수한 실천행위(생각하고 행동하는 방식들)를 통제하는 규칙과 규율을 지닌 조직된, 그리고 조직되고 있는 지식 체계이다.

담론은 세 가지 방식으로 작용한다. 즉, 담론은 가능하게 하고, 제약하고, 구성한다. 푸코(1989)가 설명하듯이, 담론은 '사람들이 말하는 대상을 체계적으로 구성하는 실천행위'(49)이다. 예를 들어, 언어는 하나의 담론이다. 그것은 나에게 말을 할 수 있게 하고, 내가 말할 수 있는 것을 제약하며, 나를 말하는 주체로서 구성한다(다시 말해서 그것은 나의 주체성을 규정하고 생산한다: 나는 언어를 통해 나 자신을 인식하고, 언어를 통해 생각하고, 언어를 통해 나 자신에 대해 말한다). 학문분야도 또한 담론이다. 언어와 마찬가지로 그것은 가능하게 하고, 제약하고, 구성한다.

〈표 6.5〉는 영화가 연구될 수 있는 여러 가지 다른 방식들을 개괄적으로 보여준다. 각 분야는 각기 특수한 방식으로 영화에 관해 이야기하며, 또 그렇게 함으로써 그것은 영화에 관한 이야기를 가능하게 하고, 제약한다. 하지만 그것은 단지 영화에 관해 이야기하는 것만은 아니다. 영화를 하나의 특수한 연구대상으로 구성함으로써 그것은 영화를 특수한 실체(영화의 실제 의미)로 구성한다. 네트볼 경기도 담론이다. 네트볼 경기를 하기 위해서는(개인의 기량과는 무관하게), 당신은 반드시 경기 규칙을 알아야 하며, 이러한 규칙들은 당신의 행동을 가능하게 하면서 동시에 제약한다. 그러나 그것들은 또한 당신을 네트볼 선수로 구성한다. 달리 말한다면, 당신이 네트볼 경기를 하고 있으면 당신은 다만 네트볼 선수일 뿐이다. 네트볼 선수가 되는 것은 '정해져'(자연의 표현) 있는 것이 아니다. 그것은 담론(문화의 산물)을 통해 가능해지고, 제약되고, 구성된다. 이리하여 담론은

〈표 6.5〉 연구대상으로서 영화

경제	상품
문학연구	문학 텍스트와 유사한 예술 텍스트
역사	역사 기록
예술사	시각예술의 예
문화연구	대중예술의 예
영화연구	연구 텍스트 대상
미디어연구	미디어의 특수한 유형

우리에게 요청된 주체의 위치(언어 공동체의 구성원, 영화연구자, 네트볼 선수)를 만들어낸다. 그러므로 담론은 우리가 관여하는 사회적 실천이며, 우리가 (의식적으로 그리고 무의식적으로) 연기하는 사회적 '대본'이다. 우리가 생각하는 경험이란 언제나 특수한 담론의 경험이거나 혹은 특수한 담론 속에서 이루어지는 경험이다. 게다가 우리가 우리 자신이라고 생각하는 것은 다양한 담론의 내면화이다. 바꾸어 말한다면, 우리의 존재를 나타내는 모든 것이 담론을 통해 가능하게 되고, 제약되고, 구성된다.

담론의 형식은 특수한 담론의 위계적 교차로 이루어진다. 앞에서 다룬 영화연구의 여러 가지 다른 방식들은 담론을 만들어낸다. 『성의 역사 *The History of Sexuality*』에서 푸코(1981)는 성 담론의 발전과정을 도표화하고 있다. 이를 통해서 그는 성을 '본질적인' 것으로 생각하는 소위 '억압적 가설'(10)을 거부한다. 오히려 그는 다음과 같이 다른 문제를 제기한다.

> 성은 왜 그렇게 널리 논의되었으며 또 어떤 것이 논의되었는가? 그 논의를 통해 발생한 권력의 효능은 무엇이었는가? 그 담론과 그 권력의 효능 그리고 이에 따르는 쾌락의 관계는 무엇이었는가? 그런 관계의 결과로서 어떤 지식이 형성되었는가?(11)

푸코는 약학, 인구통계학, 정신병리학, 교육학, 사회연구, 범죄학 그리고 정치체제 등 여러 영역을 통해 성에 대한 담론을 두루 살펴나간다. 그는 침묵보다는 오히려 "성에 대해 이야기하고자 하는 정치적·경제적·기술적 유인"(22~23)과 접하게 된다. 그래서 그는 이렇게 주장한다. 즉, 성에 대한 다양한 담론은 성에 '관한' 담론이 아니라, 사실상 성 그 자체를 구성하고 있다. 이는 성이 비-논증적 형태로 존재하지 않는다는 말이 아니라, 성에 대한 우리의 '지식'과 성의 '권력-지식' 관계 자체가 논증적이라는 것이다.

담론은 지식을 생산하며, 지식은 언제나 권력의 무기가 된다. "지식과 권력이 결합되는 것은 담론을 통해서이다"(Foucault, 2009: 318). 빅토리아시대가 지어낸 성은 단순히 성에 관한 지식을 생산하는 데 그친 것이 아니라 성에 대한 권력을 생산해내고자 했던 것이다. 이것이 바로 행동을 범주화하고 조직하기 위해 사용될 수 있는 지식이었다. 다시 말해서 그것은 행동을 '정상적인 것'과 용인할 수 없는 것으로 나눈다. 이런 식으로 "권력은 지식을 생산한다. …… 권력과 지식은 직접적으로 서로를 함축한다. …… 상호 관련된 지식분야를 형성하지 않는 권력관계는 없다. 또한 동시에 권력관계를 전제하지 않거나 형성시키지 않는 지식은 존재하지 않는다"(1979: 27). 하지만 권력을 어떤 것을 거부하고, 부정하고, 억압하는 부정적인 힘으로 생각해서는 안 된다. 권력이란 생산적인 것이다.

> 우리는 권력의 결과를 부정적으로 보는, 즉 '배제'시키거나 '억압'하고 '검열'하며 '발췌'하고 '가장'하며 '은폐'한다는 생각을 당장, 그리고 영원히 버려야만 한다. 오히려 권력은 현실을 만들어내고, 대상의 영역과 진리의 의식(儀式)을 만든다(194).

권력은 현실을 생산한다. 권력은 담론을 통해 '진리'를 생산하고 우리는 그 진리에 따라 살아간다. "각 사회는 저마다 그 나름의 진리 체계, 즉 진리의 '일반정치학'—그 사회가 받아들여 '진리'로 작용하는 담론의 유형들—을 가지고 있다"(Foucault, 2002a: 131). 그러므로 그의 주된 목적 중 하나는 '어떻게 사람들이 진리의 생산을 통해 (자신들과 타자를) 통제하는가'를 밝히는 데 있다. 여기서 진리란 '참과 거짓의 실행이 동시에 정리되고 타당한 것으로 되는 진리 범위의 확립'을 가리킨다(2002b: 230).

푸코가 말하는 '진리 체계'는 반드시 '참'인 것은 아니다. 그것은 다만 '참'이라고 생각되고 '참'인 것처럼 작용하고 있을 뿐이다. 사람들이 어떤 생각을 믿으면 그것은 특수한 진리 체계를 확립하고 합법화한다. 예를 들어, 지구가 둥글다는 사실이 알려지기 전에는 지구가 평면이라는 생각이 그 당시 과학의 진리 체계에 해당하는 것이었다. 당시에 지구가 둥글다고 말하면 가혹한 형벌을 받거나 죽음을 면치 못했다. 9장에서 우리는 강력한 진리 체계라고 해야 할 오리엔탈리즘 Orientalism에 대해 살펴볼 것이다.

담론이 권력의 강압에 관한 것만은 아니다. 푸코(2009)가 지적하듯이, "권력이 있는 곳에는 저항이 있다"(315).

> 담론은 완전히 권력에 영합하거나 혹은 권력에 반하여 일어나지 않으며, 더 이상 침묵하는 것이 아니다. 우리는 담론이 권력의 도구이자 그 효과일 수 있지만, 또한 방해와 장애물, 저항의 거점, 대항전략의 시발점이 될 수도 있는 복잡하고 불안정한 과정을 반드시 감안해야만 한다. 담론은 권력을 전달하고 생산하며, 권력을 강화한다. 그러나 또한 담론은 권력을 손상시키고, 권력을 폭로하고, 권력을 허약하게 만들고, 권력으로 하여금 스스로를 좌절시킬 수 있도록 만든다(318).

판옵틱 기계장치(The panoptic machine)

판옵티콘 panopticon은 1787년 제러미 벤담 Jeremy Bentham이 고안한 감옥의 한 형태이다(사진 6.5 참조). 건물 중앙에 간수가 원 둘레의 감방에 수감되어 있는

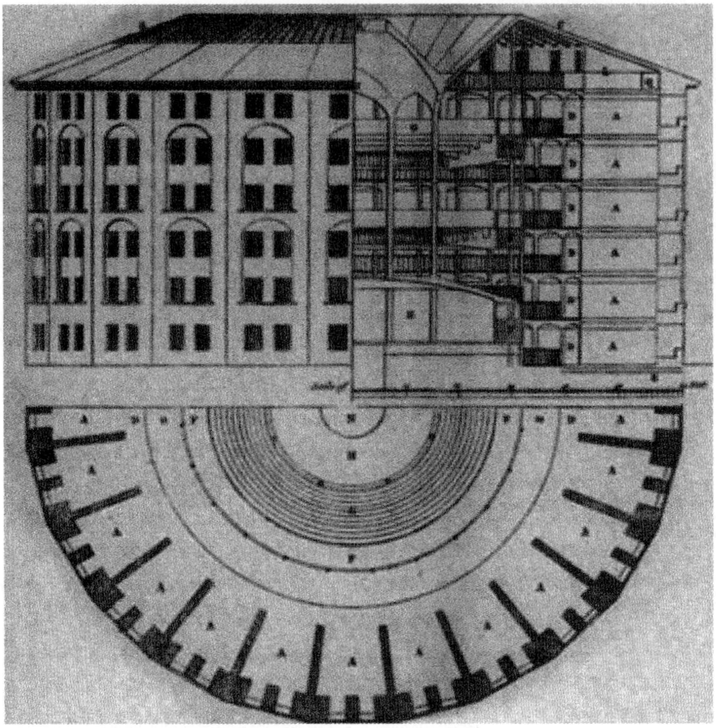

[사진 6.5] 판옵틱 기계장치

모든 죄수들을 감시할 수 있는 탑이 있는데, 죄수들은 자신들이 감시받고 있는지 아닌지를 알 수가 없다. 벤담에 따르면, 판옵티콘은 "정신이 정신을 제압하는 힘을 획득하는 새로운 양식이며, 양에 있어서도 유례가 없고 또 질적으로도 유례가 없다"(Bentham 1995: 31). 그는 또한 판옵티콘 설계는 '어떤 류의 사람이든 사람들을 감시하에 두는 모든 종류의 시설에'(29) 활용될 수 있다고 믿었다. 이를테면 '구빈원, 나병원, 산업시설, 공장, 병원, 소년원' 등이 그런 시설들이다.

푸코(1979)에 따르면,

> 판옵티콘의 주요 효과는 수감자가 권력의 자동적인 기능을 보장해주는 가시성의 지속적이고 의식적인 상태로 유도하는 것이다. …… 감시작용의 중단이 있을지라도 감시의 효과는 계속되며, 또한 권력의 완성이 그것의 현실적인 집행을 불필요하게 만든다. …… 수감자가 …… 스스로 권력의 전달자가 되는 상황 속으로 편입된다. …… 가시성의 영역에 예속되어 있고, 또한 그 사실을 알고 있는 자는 권력의 제약에 대한 책임을 떠맡아야 한다. 그는 권력이 자발적으로 자기 자신에게 작용하도록 한다. 그는 자기 스스로를 권력관계 속으로 편입시켜 두 가지 역할을 동시에 하고 있는 것이다. 그는 스스로 예속화의 원리가 되어 있다(201, 202~203).

바꾸어 말한다면, 수감자는 자신이 실제로 감시당하고 있는지 아닌지를 알지 못한다. 그러므로 수감자는 언제나 그가 감시당하고 있는 것처럼 행동한다. 이것이 곧 판옵티콘의 권력이다. 판옵티콘은 이러한 감시체계를 사회 전체로 확장한다.

푸코에 따르면, 벤담의 판옵티콘은 18세기 초부터 사회통제의 방법에서 역사적 변천의 중요한 징후가 된다. 이것이 곧 형벌(공개처형, 고문 등과 같이, 권력을 구경거리처럼 가시화함으로써 행동을 규제하는 강제적 규범들)에서 규율(감시를 통해 행동을 감시하는 규범들)로 옮겨가는 변화이다. 이는 '특별한 규율에서 일반화된 감시의 규율로, …… 일반적으로 규율 중심의 사회로 불리는 형태로'(209) 바뀌는 것이다. 푸코가 설명하고 있듯이, 판옵티콘은 "권력관계를 일상생활의 측면에서 규정하는 일반적인 모델이다. …… 그것은 이상적 형태로 압축된 권력 메커니즘의 도식이다"(205). 구경거리에서 감시로 옮겨가는 것은 '사회 전체를 지각할 수 있는 인식의 영역으로'(214) 바꾸는 것이다.

권력의 흥미로운 시선은 사회 조직체를 종횡으로 관통하면서, 인간 실존의 양상들을 점점 더 가시성의 영역으로 끌어들인다. 하지만 단순히 권력이 우리를 권력의 시야에 붙잡아두는 것이 아니라, 오히려 권력은 우리가 그것의 시선을 인지할 때 작동한다. 푸코가 극장의 비유를 통해 설명하고 있듯이, "우리는 원형극장 안에 있는 것도 아니고 무대 위에 있는 것도 아니다. 오히려 우리는 그 기계장치의 일부이기 때문에 우리는 우리들 스스로가 이끌어가는 권력의 효과에 포위된 채로 판옵티콘의 기계장치 속에 들어 있는 것이다"(217). 이리하여 감시가 권력이 작동하는 지배적인 양식이 되었다. "판옵티시즘 panopticism은 권력의 한 형태이며 …… 무엇이 정상이고 정상이 아닌지, 무엇이 옳고 옳지 않은지에 관한 규범, 그리고 우리가 반드시 해야 하거나 해서는 안 되는 것에 관한 규범을 중심으로 조직된다"(2002c: 58~59). 그리고 이것이 푸코가 말하는 '규범화'(79)의 기본적인 양상이다.

푸코의 주장은 현대사회의 감시기술에 널리 사용되고 있다. 예를 들어, 2013년에 실시된 조사에 따르면 영국에 약 6백만 개의 CCTV 카메라가 있다고 한다. 대략 11명당 하나 꼴이다.[5] 이는 벤담의 판옵티콘과 직접적인 관계가 있다. 하지만 감시의 규율은 또한 대중문화에도 깊은 영향을 미쳤다. 내가 생각하기에 최소한 네 가지 감시 매체가 있다. 가장 분명한 예들은 필시 〈빅 브라더 Big Brother〉, 〈나는 저명인사다 I'm a Celebrity〉, 〈저를 뜨게 해 주세요 Get me Out of Here〉와 같은 텔레비전 프로그램들일 것인데, 여기서 감시는 이러한 프로그램들이 어떻게 작용하는가에 대한 기본적인 양상이다. 〈빅 브라더〉는 그 대부분의 시각적 형식에서 보면 여러 면에서 판옵티콘 텔레비전이다. 〈빅 브라더〉가 흥미를 끄는 것은 그것이 우리가 벤담이 말하는 가상의 감독관 역할을 맡고 있는 것처럼 보이게 하기 때문이다. 다시 말해서 우리는 관찰되지는 않으면서 관찰하는 능력, 말려들지는 않으면서 관계를 맺는 능력, 심사 대상은 되지 않으면서 심사하는 능력을 즐기는 것처럼 보인다. 그러나 진리 체계를 만들어내는 것에 관한 푸코의 관점에서 보면, 우리는 우리가 진정으로 〈빅 브라더〉가 촉진하고 합법화하는 기준과 규범의 외

5) 이 수치는 BBC의 방송 프로그램 '선데이 모닝 라이브(Sunday Morning Live)'(2013년 7월 21일)에서 보도되었다.

부에 존재하는 것으로 추정해서는 안 된다. 달리 말한다면, 〈빅 브라더〉의 시선이 활용될 수 있느냐 하는 것은 논란의 여지가 있는 것이다. 그것은 우리가 시청하는 경쟁자들이 훈육당하고 있는 것 못지않게 우리 자신을 훈육하고 있다. 다시 말해서 우리는 감시자의 탑에 있는 것이 아니라 감방 안에 있는 것이다.

≪리빌 *Reveal*≫, ≪클로저 *Closer*≫, ≪힛 앤 뉴 *Heat and New*≫ 등과 같은 유명한 감시 잡지들이 늘어나지만 그것들은 비슷하게 작용한다. 우리에게 익명의 즐거움과 오락을 제공할 것으로 보이기 때문에 유명 인사들은 특히 신체 크기와 성적, 사회적 행동의 측면에서 모니터되고 세밀하게 조사된다. 하지만 또한 유명 인사들을 조롱하고 비판하기 위해 사용되는 기준이나 규범은 우리를 훈육하기 위해 사용되는 기준이나 규범과 동일하다. 마찬가지로, 〈제리 스프링거 쇼 The Jerry Springer Show〉, 〈제레미 카일 쇼 The Jeremy Kyle Show〉, 〈패션 불변의 법칙 What Not To Wear〉, 〈십년 더 젊게 Ten Years Younger〉와 같은 유명 인사 프로그램의 '메이커오버 make-over'와 '토크 쇼'에서도 충고나 조언이 제멋대로 욕설과 농담으로 연결되며, 대상자들이 현행의 미적 및 행동 규범의 기준을 따르도록 하기 위해 자기훈련을 기꺼이 받아들이도록 종종 지나치게, 그리고 앵커맨이 자기도취에 젖을 정도로 조장된다.[6] 우리가 스크린의 다른 측면에 서 있다고 해서 그러한 사실이 우리가 순응의 요구로부터 자유롭다거나 혹은 판옵티콘 기계장치를 안전하게 벗어나 있다는 의미는 아니다.

---

6) 만일 당신이 동영상 공유 사이트인 유튜브(YouTube)의 검색 엔진에 제레미 카일(Jeremy Kyle)을 쳐보면 존 컬쇼(Jon Culshaw)의 놀라운 패러디를 발견하게 될 것이다. 컬쇼는 공격성, 사회계급에 관한 담론, 그리고 이러한 유형의 프로그램이 가지고 있는 자기도취 등을 아주 훌륭하게 포착하고 있다.

더 읽어야 할 책들

Srorey, John(ed.), *Cultural Theory and Popular Culture : A Reader*, 4th edition, Harlow : Pearson Education, 2009. 이것은 이 책의 자매편이며, 2018년에 출판된 제5판은 내용적으로 더욱 보완된 것이다. 이 책과 자매지는 대화형 웹사이트(www.routledge.com/cw/storey)를 통해 뒷받침되고 있다. 이 웹사이트에는 학생들에게 도움이 될 만한 유용한 자료들이 실려 있다.

During, Simon, *Foucault and Literature : Towards a Genealogy of Writing*, London : Routledge, 1992. 문학에 초점을 맞추고 있기는 하나 푸코에 대해 매우 유용한 개설서이다.

Eagleton, Terry, *Literary Theory : An Introduction*, Oxford : Basil Blackwell, 1983. 후기 구조주의, 특히 라깡에 대해 훌륭한 장이 있다.

Easthope, Antony, *British Post-Structuralism*, London : Routledge, 1988. 이 분야를 정리하기 위한 야심찬 시도. 영화이론, 문화연구, 해체주의와 역사연구에 대해 유용한 개설서.

Hawkes, Terence, *Structuralism and Semiotics*, London : Methuen, 1977. 이 주제에 대한 유용한 개설서.

McNay, Louis, *Foucault : A Critical Introductio*n, Cambridge : Polity Press, 1994. 푸코에 관한 훌륭한 개설서이다.

Norris, Christopher, *Derrida*, London : Fontana, 1987. 데리다에 관한 명료하고 흥미 있는 개설서.

Sarup, Madan, *An Introductory Guide to Post-Structuralism and Postmodernism*, 2nd edn, Harlow : Prentice Hall, 1993. 후기 구조주의에 대한 뛰어난 개설서.

Sheridan, Alan, *Michel Foucault : The Will to Truth*, London : Tavistock, 1980. 푸코에 대한 개설서 가운데 가장 읽어볼 만한 책이다.

Silverman, Kaja, *The Subject of Semiotics*, Oxford : Oxford University Press, 1983. 구조주의, 기호론, 정신분석, 페니미즘, 후기-구조주의 등에 대해 재미있고 쉽게 설명하고 있는 책이다. 바르트와 라깡에 대한 설명은 특히 유익하다.

Sturrock, John(ed.), *Structuralism and Since : From Lévi-Strauss to Derrida*, Oxford : Oxford University Press, 1979. 레비-스트로스, 바르트, 푸코, 라깡과 데리다에 대한 훌륭한 개설적 에세이.

Twaites, Tony, Lloyd Davis, Mules Warwick, *Tools for Cultural Studies : An Introduction*, Melbourne : Macmillan, 1994. 문화연구에서 기호론이 차지하는 위치에 대한 설명을 담고 있다.

Weedon, Chris, *Feminist Practice and Poststructuralist Theory*, Oxford : Basil Blackwell, 1987. 페미니스트 관점에서 소개하는 후기 구조주의에 관한 흥미로운 입문서이다. 푸코에 관한 장은 아주 유익하다.

CULTURAL THEORY AND POPULAR CULTURE
AN INTRODUCTION

07

계급과 계급투쟁

07

Class and class struggle

계급과 계급투쟁

계급과 대중문화

대중문화와 문화이론을 다루는 책에서 왜 사회적 계급에 대해 관심을 갖는 것인가? 이 물음에 대한 한 가지 대답은 이 책은 끊임없이 계급에 대해 관심을 기울여왔다고 말하는 것이다. 달라진 점이 있다면 이제 계급에 관한 독립된 한 장을 마련하고 있다는 것이다. 또 다른 하나의 대답은 다음이다. 즉, 계급이 비록 '경제적' 범주이긴 하지만, 계급은 언제나 문화적으로 생동하며, 우리가 그것의 존재와 생태를 확인할 수 있는 곳 중의 하나가 바로 대중문화이다. 한마디로 대중문화는 계급을 알아보거나 계급의 자기인식을 위한 대표적인 현장이다. 대중문화에는 어디에든 계급이 존재한다. ≪다운타운 애비 *Downtown Abbey*≫ 같은 드라마나 ≪베네핏 스트리트 *Benefits Street*≫ 같은 다큐멘터리를 보면 계급은 아주 명확하게 드러난다. 계급적 묘사에 대해 아무런 생각 없이 텔레비전 프로그램을 이해한다는 것은 불가능할 것이다. 텔레비전 프로그램을 볼 때 그들이 찾아가는 휴양지나 의상 스타일, 그들이 읽는 책이나 신문, 그들이 먹는 음식, 그들이 좋아하는 음악, 그들이 나누는 대화, 그들이 사는 곳, 미래에 대한 그들의 꿈과 희망 등등 그 모든 것에서 우리는 분명하게 계급을 인식한다. 또한 사람들이 옷을 입거나 이야기하는 방식, 사람들이 휴일을 보내는 장소, 사람들이 읽는 책이나 신문, 사람들이 좋아하는 음악, 사람들이 사는 곳, 미래에 대한 사람들의 생각 등등에 관하여 어떤 판단을 하느냐를 보고서도 우리는 암암리에 계급을 인식한다. 달리 말한다면 어떤 것이 좋은 생활양식이고 어떤 것이 나쁜 생활양식이냐에 대한 추정 속에는 계급이 존재한다.

이 장은 문화연구의 창시자들 — 레이먼드 윌리엄즈, 리처드 호가트, EP 톰슨 — 의 저작에서 말하는 계급의 중요성에 대한 설명으로 시작할 것이다. 이는 칼 마르크스와 피에르 부르디외의 업적에서 파생되었으며, 문화연구에 엄청난 영향을 미친 두 가지 계급이론에 대한 논의로 이어질 것이다. 이는 계급과 대중문화의 관계를 강조하는 사례연구로 이어질 것이다. 이 장은 종종 계급을 설명 개념으로 일축해 버리는 수단으로서 활용되는 개념이라고 할 수 있는 '능력주의'에 대한 논의로 마무리하게 된다.

문화연구에 있어서 계급

최근까지 계급은 더 이상 문화연구의 핵심 범주가 아니라는 주장이 있었다. 이는 애니타 비레씨 Anita Biressi와 헤더 넌 Heather Nunn의 경험으로 설명될 수 있다. 그들은 문화와 계급에 관한 탁월한 저서를 문고판으로 출판한 적이 있는데, 그 책의 서문에서 그들은 이렇게 말한다. 즉,

> 『계급과 현대 영국 문화 Class and Contemporary Culture』가 출간되기 이전에 적어도 10년 이상 동안 우리는 계급과 문화에 관한 책을 쓰기 위한 원고의 초안을 검토하고 있었는데, 계급에 관한 학문은 특히 영국의 문화연구에 있어서는 다소 진부하다고 보는 논평자들에게 관심을 불러일으킬 만한 것은 하나도 없었다(Biressi and Nunn 2016: ix).

비레씨와 넌의 이러한 경험은 영국의 문화연구가 출현할 당시 계급의 중요성을 고려하면 이상하게 보일 수도 있지만, 포스트모더니즘의 압도적인 위세로 말미암아 그것이 다소 시대에 뒤떨어진 개념이 되었던 것만은 의문의 여지가 없다. 하지만 최근 들어 그것은 우리의 연구 대상이 고급스러운 것이든 대중적인 것이든, 생산이든 소비이든, 문화를 비판적으로 바라보려고 하면 없어서는 안 될 개념으로 다시 부상하고 있다. 포스트모더니즘이 계급을 낡은 개념인 것처럼 보이게 만들었으며, 산업공동화 deindustrialization로 말미암아 눈에 덜 띄게 되고, 신자유주의의 이데올로기가 계급의 정체성을 긍정적으로 바라볼 기회를 줄어들게 만들었지만, 2008년의 금융위기와 그에 따른 긴축 정책들은 이 모든 것을 변화시켜버렸다. 그로 인해 갑자기 계급은 다시 살아나 매우 뚜렷하게 그 정체성을 드러내게 되고, 계급이라는 개념에 새로운 해석능력을 부여하게 된다.

학문적으로 유행의 부침을 거듭하기는 하지만 계급은 문화연구의 기반을 세우는데 필수적인 것이었다. 청년 하위문화, 저항, 헤게모니, 대중문화 등에 대한 관심은 모두 계급에 대한 관심에서 비롯된 것들이다. 문화연구의 창시자들인 레이먼드 윌리엄즈, 리처드 호가트, EP 톰슨 등 세 사람의 초기 연구는 계급의 개념을 떠나서는 생각조차 할 수 없다. 이 점은 『영국 노동계급의 생성』(1980)이라는 톰슨의 책 제목을 보더라도 분명해진다. 호가트의 『교양의 효용』(1957)은 "이 책은 노동 계급 문화의 변천에 관한 것이다."(Hoggart 1990: 9)라는 말로 시작된다. 『문화와 사회』에서 레이먼드 윌리엄즈(1963)는 산업혁명의 과정을 통해 수많은 주요 단어들이 일반적으로 사용되기 시작하거나 이미 그 말이 사용되었던 곳에서 새로운 의미를 갖게 되었다고 말한다. 계급은 그 말들 중의 하나였다. 윌리엄즈(1983)가 지적하고 있듯이, "특정 계급(하위계급, 중류계급, 상류계급, 노동계급 등)에 대해 상대적으로 고정된 이름들을 갖게 된 현대적 의미에서의 계급의 발전은 본질적으로 1770년에서 1840년 사이에 이루어지는데, 이 기간은 또한 산업 혁명과 그로 인한 결정적인 사회 개편이 일어난 시기이다"(Reader 61). 이 시기 이전에는 지위, 순위, 재산, 학력 등과 같은 말로 사회를 나누고 묘사했다. 이 용어들의 공통점은 사회적 구분은 '자연적인' 것이고, 사람의 행동과는 아무런 관련이 없다는 의미를 함축한다는 것이었다. 윌리엄즈가 지적하고 있듯이, "계급의 역사는 사회적으로 구분하는 기존의 용어들을 대체할 수 있는 단어로서 사회적 지위는 단순히 물려받거나 계승되는 것이 아니라 만들어지는 것이라는 의식이 증대된 것과 관련이 있다"(같은 곳). 더욱이 거기에는 "특정한 사회 시스템이 …… 실제로 사회적 구분을 만들어냈다."(Reader 62)는 인식의 증대가 내포되어 있었다. 달리 말해서, 계급의 도입은 사회적 구분은 사람들 사이에서 만들어지고 사회가 조직되는 방식과 밀접하게 연관되어 있다는 생각의 도입이기도 하다. 이러한 생각과 가장 관련이 있는 인물이 바로 칼 마르크스이다.

계급투쟁

부유층과 권력층의 편에서 계급투쟁의 균형을 조정하기 위해 최근 가장 많은 일을 한 마가렛 대처 Margaret Thatcher는 '계급은 공산주의적 개념'이라고 주장한 적이 있었다(Biressi and Nunn 2016: 202에서 인용). 그녀가 주장한 많은 것들과는 달리 이는 전혀 근거가 없는 주장은 아니다. 우리가 살펴보았듯이, 계급의 개념은 마르크스 이전에 등장하지만, 그의 노력이 이 개념에 개념으로서의 견실성을 부여한 것은 분명한 사실이다.

4장에서 살펴보았듯이, 마르크스는 계급을 지배적인 생산양식과의 관계로 정의한다. 그는 역사상 중요한 각 시기는 특정한 생산양식을 중심으로 구성되었다고 주장한다. 다시 말해서 그것은 물질적인 생활필수품 — 식료품, 주거지 등등 — 을 생산하기 위해 사회가 조직되는 방식(이를테면 노예제, 봉건제, 자본주의)이다.[1] 일반적으로 각각의 생산양식은 (i)생활필수품을 획득하는 특수한 방식들,

1) 물론 필수품으로 간주되는 것은 역사적으로나 사회적으로 다양하다.

(ii)노동자와 생산양식을 지배하는 사람들 사이의 특수한 사회적 관계들, (iii)특수한 사회 제도들(문화적 제도를 포함한)을 만들어낸다. 이러한 분석의 핵심은 사회가 존재하는 수단(그것의 '토대')을 생산하는 방식은 궁극적으로 그 사회의 정치적, 사회적, 문화적 형태, 즉 '상부구조'를 결정한다는 주장이다. 마르크스가 설명하고 있듯이, "물질적인 삶의 생산양식은 일반적으로 사회적, 정치적, 지적 삶의 과정을 좌우한다"(1976a: 3).

'토대'는 '생산력'과 '생산관계'의 결합으로 이루어진다. 생산력은 원료, 도구, 기술, 노동자와 노동자의 능력 등을 가리킨다. 생산관계는 생산에 종사하는 사람들의 계급 관계를 말한다. 이런 의미에서 볼 때 어떤 사람의 계급적 지위는 그 사람이 생산양식과 어떤 관계를 맺느냐에 따라 결정된다. 그러므로 각각의 생산양식은 상응하는 도구와 기술을 가지고 농업이나 산업 생산에 임하는 그 토대의 측면에서도 다르지만, 이런 것 말고도 그것이 특정한 생산관계를 생성한다는 점에서도 또한 다른 것이다. 특정한 생산관계는 곧 대립적인 생산관계인데, 이를테면 노예제 양식은 주인/노예 관계를 생산하고, 봉건적 양식은 영주/농노 관계를 생산하며, 자본주의 양식은 자본가/노동자 관계를 생산한다. 명칭은 바뀌지만 그 근본적인 관계는 변함이 없다. 이와 같이 계급은 경제적 관계인 '토대'에서는 객관적으로 존재하고, 의식과 실천의 형식이라고 해야 할 '상부구조'에서는 주관적으로 존재한다.

이러한 모델에 따르면 다른 모든 계급 구분은 이 기본적인 양분법적 관계의 직접적 표현이거나 간접적 표현이다. 자본주의적 생산양식에는 생산 수단을 소유한 사람과 단지 판매할 노동력만을 가진 사람 사이의 구분이 이루어진다. 이것은 자본주의사회를 나누는 기본적은 구분이다. 하지만 현대 자본주의사회를 보면 이보다 훨씬 복잡해 보인다. 물론 그렇다. 그러나 이처럼 복잡하게 만드는 것들은 모두 이 기본적인 구분으로 이어져 있다. 예를 들어, 고위 간부는 자본가가 아닐 수 있지만, 그들이 고용되어 수행해야 할 역할은 무엇보다도 자본의 재산을 관리하는 것이므로 결국 자본의 이익단체를 위해 이데올로기적으로 그리고 물질적으로 일하고 있는 것이다. 또한 기존의 계급이 남아 있기도 하고 또 신흥계급이 출현하기도 한다. 예컨대 토지 귀족 the landed aristocracy은 봉건적 생산양식의 계급 구조가 남아 있는 것이다. 비록 경제적으로나 정치적 측면에서는 소외되어 있지만, 그들은 일종의 장식용 연막 같은 역할을 하면서 자본주의 사회에서 권력의 진정한 기반으로 숨어 있다. 자영업자(마르크스는 이를 쁘띠 부르주아지 the petite bourgeoisie라 부른다)는 또 다른 예외라고 할 수 있는데, 그들은 생산수단을 소유하고 있지만 착취할 사람이 없는 자본가이다. 그러나 하나의 계급으로서 그들은 또한 자본주의사회의 주요 계급 구분에서는 주변부에 속한다. 마르크스의 주장에 따르면, 이와 같이 구분되는 계급들도 자본주의사회의 중심적인 계급구분을 훼손하지 않는다. 왜냐하면 그들 역시 그것에 연결되어 있을 뿐 아니라 그것에 종속되어 있기 때문이다. 그러므로 19세기에 마르크스가 글을 쓸 당시보다는 21세기에 계급이 더 복잡해 보이는 것은 의심의 여지가 없지만, 오늘날 계급 구조를 설명하는 여러 가지 다른 방식들은 사회적 차이를 이야기하는 방식에 지나지 않는 경우가 많다. 마르크스에게 있어서 계급은 사회적 차이의 표식일 뿐만 아니라 지배적 생산 방식에 기반을 둔 근본적인 관계이다. 이 근본적인 관계에서 끝없는 단계적 변화를 발견한다고 해서 마르크스의 계급과 계급투쟁 모델이 조금도 무효화되는 것은 아니다.

마르크스에 따르면, 기록된 인류 역사는 계급 갈등의 역사였다. 『공산당 선언 *Communist Manifesto*』(Marx and Engels, 1998)의 서문은 이 점을 아주 명백히 하고 있다.

> 이제까지 존재하는 모든 사회의 [기록된] 역사는 계급투쟁의 역사이다. 역사적으로 억압자와 피억압자는 부단히 대립했으며, 때로는 은밀하게 때로는 공공연하게 끊임없이 투쟁을 벌여왔다. 이 투쟁은 항상 전체 사회의 혁명적인 개조로 끝나거나 투쟁 계급들의 공동 몰락으로 귀결되었다(Reader 1998: 5).

계급이 단순히 지배적인 생산양식과의 관계에서 파생된 경제적 범주일 뿐이라면 계급의식과 계급투쟁이라는 개념은 아무런 의미가 없을 것이다. 계급이 다른 무엇보다도 경제적 범주인 것은 분명한 사실이지만 그것이 생동하고 경험되는 방식은 문화적이다. 앞에서도 언급했듯이, 이런 면에서 계급은 항상 객관적이면서 또한 주관적이며 토대와 상부구조 양쪽 모두에 걸쳐 있다. 그것은 지배적인 생산양식과의 특정한 관계에 기반을 두고 있지만, 다른 계급과 대조적으로 정의할 때 비로소 온전한 모습이 드러난다. 이러한 차이와 대조를 나타내는 용어가 바로 즉자적 계급 class in itself(객관적 범주)과 대자적 계급 class for itself(주관적 범주)이다.[2] 첫 번째는 경제적 관계를 가리키고 두 번째는 의식과 실천의 형식이다. 에른스트 피셔 Ernst Fischer의 말대로 "계급은 계급투쟁을 통해 탄생하며, 그러한 투쟁을 통해서만이 사회적 및 역사적 세력으로 발전한다"(1973: 73). 19세기 프랑스 소작농에 대한 논의에서 마르크스는 이렇게 설명하고 있다. 즉, "수백만의 가족이 그들의 생활양식이나 관심사, 그리고 그들의 문화가 다른 계급들과 완전히 다르고, 또 그들이 그 다른 계급들에 대해 적대적인 반감을 갖게 되는 그러한 경제적 조건하에 살아갈 때 비로소 그들은 하나의 계급을 형성하게 된다. 이러한 소규모 소작농들이 단지 지역적으로 서로 연결되어 있을 뿐, 동질적인 그들의 관심사로 인해 그들 사이에 공동체나 국가적 유대나 정치 조직이 생겨나지 않으면, 그들은 계급을 형성하지 않는다"(1977: 106).

---

2) 즉자적 계급이란 겉으로 보기에 이미 그 사람의 계급적 지위가 드러나는 것을 말한다. 그래서 객관적 범주라고 말한다. 가령 어떤 사람이 푸른 작업복을 입었으며 얼굴과 손에는 기름때가 조금씩 묻었다면 우리는 그가 노동자 계급이라는 것을 금방 알아볼 수 있다. 하지만 그는 자신에 대해, 자신의 계급에 대해 인식하지 못하고 있으며, 계급투쟁에 대해서도 알지 못한다. 다만 열심히 일해서 번 돈으로 생계를 이어갈 뿐이다. 계급의식이 결여된 이와 같은 부류를 즉자적 계급이라고 한다. 이러한 즉자적 계급이 자기 자신에 대해 관찰하고 반성적으로 생각하기 시작할 때 대자적 존재가 된다. 자기 자신의 존재에 대해 되돌아보게 되면, 그와 관심사가 다른 사람들과는 대립적인 것을 알게 되고, 지배적인 생산양식과의 관계에 대한 의식이 생겨나게 된다. 그러므로 대자적 존재는 주관적 범주이고 의식과 실천의 형식이며, 노동자들은 즉자적 계급에서 자각과 투쟁을 통하여 대자적 계급이 된다.

달리 말하면, 계급은 그것이 지배적인 생산양식에 대한 관계의 결과라는 점에서 주관적인 범주이고, 그것이 이러한 관계에 대한 의식을 생겨나게 한다는 점에서 주관적 범주이다. 그것은 한결같이 EP 톰슨이 '역사적 현상'이라고 부른 것이다(1980: 212). 계급의 일반적인 경험은 "대체로 그 사람이 타고나거나 혹은 자기도 모르게 소속된 생산관계에 의해 결정된다"(9). 그러나 계급의식이나 그들의 경험이 어떻게 문화로 나타나느냐 하는 것은 "그들 자신의 역사를 살아가는 사람들에 의해 뚜렷하게 윤곽이 드러난다"(10). 그러므로 그것은 물질적인 '사물'이 아니다. 그것은 언제나 통일성과 차이성의 역사적 관계, 즉 다른 계급에 맞서 하나의 계급을 통합하는 것이다. 톰슨이 설명하고 있듯이, "계급은 어떤 사람들이 공통된 경험(전래되었거나 공유된)으로서 그들의 동질적인 관심사를 그들만의 것으로, 그리고 그들과는 관심사가 다른(대체로 대립되는) 사람들과는 대립되는 것으로 느끼거나 표현할 때 발생한다"(8~9). 그람시도 같은 점을 지적하고 있는데, 계급은 언제나 일정한 '동질성과 자의식과 조직구성'(1971: 181)을 보여준다. 계급은 먼저 어떤 공통된 경제적 이해관계를 기반으로 구성된다. 이러한 이해관계에 대한 자각은 계급 전체의 일반적인 경제적 이해관계에 대한 인식을 불러일으킨다. 이것은 결과적으로 그 계급이 일치된 경제적, 정치적, 문화적 필요성을 지니고 있다는 자각에 이르게 된다. 마르크스와 톰슨, 그람시 그리고 다른 여러 마르크스주의자들의 설명이 공유하고 있는 주장은 곧 다음이다. 즉, 계급은 언제나 객관적(계급은 경제적 관계에 기반을 두고 있다)이면서 또한 주관적(계급이 세계 내에 존재하는 방식이나 세계를 바라보는 방식은 특수하다)이다.

계급 구분으로서의 소비

문화이론과 대중문화에 대한 영향의 측면에서 보면 아마도 마르크스 이후 계급에 관한 연구에서 가장 흥미로운 발전은 피에르 부르디외의 업적일 것이다. 부르디외는 이렇게 말한다. 즉, 니콜라스 간햄 Nicholas Garnham과 레이먼드 윌리엄즈가 설명하고 있듯이,

> 모든 사회는 그들의 재생산을 보장하기 위해 그들의 이익을 극대화하려는 집단 그리고/혹은 계급과 계급 분파들 간의 투쟁을 특징으로 한다. 사회 구성체는 계층적으로 구성된 일련의 영역들이라고 할 수 있는데, 그 영역 내부에서 사람들은 지적 영역, 교육 영역, 경제 영역 등 그 영역에 특유한 사회적 자원에 대한 그들의 통제를 극대화하려는 특수한 투쟁에 참여하고 있다. …… 그 영역들은 물질적 자원의 생산과 분배에 대한 계급투쟁의 영역에 의해 중층적(重層的)으로 결정되는 구조 속에서 계층적으로 구성되며, 거기에 속한 각각의 하위영역은 그 자체의 구조적 논리, 즉 그 영역이 가지고 있는 계급투쟁의 논리를 통해 재생산한다(1980: 215).

부르디외는 계급은 '자본'의 세 가지 형식, 즉 경제적, 문화적, 사회적 형식으로 나타난다고 주장한다. 이 가운데 첫 번째 형식이 마르크스의 계급이론과 가장 직접적으로 연결되어 있다. 그러나 계급이 생동하고 경험되는 방식은 대체로 문화적 및 사회적 자본이 표현된 결과이다. 예컨대 부르디외는 어떻게 특정한 소비양식이 궁극적으로 계급의 차이와 계급 구분에 관한 것이 되는가를 보여주고 있다. 그는 임의의 취향과 임의의 생활방식이 어떻게 지속적으로 정당하고 합법적인 취향과 그리고 유일하게 정당하고 합법적인 생활방식으로 변해 가는지를 보여주고 있다. 궁극적으로 "'자연적인 구별'에 대한 환상은 바로 그들 자신의 존재를 통해서 그들 자신의 존재방식에 지나지 않는 탁월함의 정의를 내세우는 지배자의 힘에 근거를 두고 있다"(1992: 255). 달리 말한다면, 지배계급은 그들 자신의 취향이 진실로 보편적인 것처럼 그것을 강요하고자 한다. 부르디외가 관심을 기울이는 것은 소비양식들이 궁극적으로 경제적 불평등에 뿌리를 둔 권력과 지배의 형식을 확립하고 정당화하는 데 도움이 되는 그 과정들이다. 그는 계급 통치가 궁극

적으로 경제적 성격을 띠지만 그것이 취하는 형식은 문화적이라고 주장한다. 다시 말해서 소비양식들이 사회적 구분을 확립하기 위해, 그리고 사회적 차이를 만들어내고, 표시하고, 유지하기 위해 사용되고 있는 것이다. 따라서 사회적 차이와 사회적 권력의 원천은 상징적으로 경제 영역에서 소비 영역으로 이동하여 마치 사회적 권력이 특정한 성향이나 기질의 결과인 것처럼 보이게 한다. 그러므로 문화 공간의 생산과 재생산은 사회적 공간과 그리고 사회적 권력 및 계급적 차이를 만들어내고 재현하는 데 기여한다. 달리 말한다면, 사람들이 소비하는 것은 단순히 다른 영역에 내재된 구분과 차이를 반영하는 데 그치는 것이 아니라, 소비를 가시화하고, 오히려 소비는 그 차이와 구분이 표현되고, 유지되고, 재현되는 수단이 된다.

부르디외의 목적은 계급이 다르면 소비양식이 다르다는 자명한 사실을 입증하는 데 있지 않다. 오히려 그의 목적은 소비(고급 예술에서 식탁 위의 음식까지)가 어떻게 사회적 구분의 대조적인 양식을 만들어내게 되는지를 보여주고, 이러한 구분을 만들고 유지함으로써 본질적으로 경제적 불평등에 뿌리를 둔 계급의 권력과 통제의 형식들을 확립하고 정당화해 가는 그 과정을 확인하고 따져보는 데 있다. 그의 관심은 사실상의 차이에 있는 것이 아니라, 이러한 차이가 지배계급에 의해 사회적 재현의 수단으로 활용되는 방식에 있다.

부르디외는 취향은 언제나 미적 범주 이상이라고 주장한다. 그가 강조하듯이, "취향은 구분하여 분류하고, 또 그것은 분류하는 자를 분류한다"(6). 우리는 우리 자신의 분류에 따라 분류되고, 또 그것들을 통해 다른 사람들을 구분하고 분류한다. 그가 주장하려고 하는 것도 이와 같다. 즉, 내가 휴양지나 의복양식을 '평가할' 경우에 비슷한 일이 일어나는데, 이는 윌리엄 블레이크 William Blake의 시나 밥 딜런 Bob Dylan의 노래나 또는 베르톨트 브레히트 Bertolt Brecht의 연극을 '평가할' 때도 마찬가지다. 이러한 평가는 단순히 개인적 취향의 문제가 아니다. 소비는 사회적 구분을 알아보게 하고 그 구분을 표시할 뿐 아니라 사회적 차이를 유지시키는 기능을 한다. 이와 같은 분류 전략들은 그 자체로 사회적 불평등을 야기하지는 않지만, 그것들을 만들고 표시하고 유지하는 것은 이러한 불평등을 정당화하는 기능을 한다. 그러므로 취향은 이데올로기적 담론이다. 다시 말해서, 취향은 '계급'(경제적 범주와 특정한 수준의 질을 모두 의미하는 이중적인 의미로 사용하는 용어)의 표지(標識)로서 기능한다. 그는 소비는 본질적으로 '사회적 차이를 정당화하는 사회적 기능을 수행하는 …… 경향이 있다'(7)고 주장한다.

소비에 관한 부르디외의 연구는 그의 교육관을 통해 뒷받침되고 있다. 소비는 불평등을 줄이는 수단이 아니라 오히려 그것을 정당화하는 기능을 한다. 그는 교육 시스템이 매우 특수한 사회적 및 정치적 기능을 수행한다고 주장한다. 다시 말해서 교육 시스템은 그것이 운용되기 이전에 존재한 사회적 불평들을 정당화하는 기능을 한다. 교육 시스템은 사회적 차이를 학업의 차이로 바꾸고, 이러한 차이를 마치 그것들이 '자연에 근거한'(387) 것처럼 표현함으로써 이런 일을 성공적으로 수행한다. 지배계급의 문화적 취향은 제도의 형태로 주어지고, 능숙한 이데올로기적 손재주로 제도화된 문화(즉, 그들 자신의 문화)에 대한 그들의 취향은 그들의 문화적 우월성, 그리고 궁극적으로는 그들의 사회적 우월성의 증거로 받아들여진다. 이와 같이 사회적 구분은 '자연적인' 문화적 선호로 내재화되는, 이른바 학습된 소비양식들을 통해 만들어지고, '자연적인' 문화적 능력의 증거로 해석되고 또 동원되며, 궁극적으로 그것들은 계급 지배의 형식들을 정당화하는 데 이용된다. 문화적 및 사회적 자본은 경제적 지배를 문화적 및 사회적 위계구조의 형태로 복제하거나 재현함으로써 경제적 지배를 은폐할 수 있고 또 그것을 정당화할 수도 있다.

사회학자들은 종종 계급에 관한 부르디외의 연구를 마르크스에 대한 이론적 진보라고 하지만, 내가 보기에 부르디외가 제시하고 있는 것은 마르크스에 대한 상세한 설명이며, 그 일관성을 위해서도 근본적으로 마르크스에 의존하고 있다. 달리 말한다면, 그의 분석은 마르크스가 세운 그 기초 위에서 이루어지고 있다. 문화적 및 사회적 자본이라는 매우 흥미로운 개념 밑바탕에는 경제적 자본이 놓여 있는데, 부분적으로는 마르크스가 경제적 범주로서 계급을 의미하는 것이 바로 이것이다. 그러나 우리가 살펴본 바와 같이, 물론 마르크스는 여기서 멈추지 않는다. 그는 한걸음 더 나아가 경제적 범주로서의 계급은 언제나 사회적으로 그리고 문화적으로 표현된다고 말한다. 계급은 궁극적으로 그것이 위치한 생산 관계와 연결되어 있지만, 그것이 자연적인 것처럼 보이기 위해서는 방대한 문화적 및 사회적 작업이 필요한 위치이다. 부르디외가 이룬 빛나는 업적은 경제적 관계로서의 계급이 문화적으로 작용하는 중요한 방식들 중의 하나, 즉 그것이 일상생활의 경험 속에 어떤 방식으로 드러나는지를 보여주고 있다는 점이다.

계급과 대중문화

계급과 대중문화가 복잡하게 서로 얽혀 있다는 것을 우리는 다양한 사례들을 통해 살펴볼 수 있다. 나는 이 책의 독자들은 양자를 어렵지 않게 연결시킬 수 있을 것이라 믿는다. 최근에 나는 그것을 전통적인 영국의 크리스마스, 민속음악의 부흥 Folk Revival, 아식 축구 association football에 대한 이야기와 결부시켜 논의한 적이 있었다(Storey 2016). 그 각각의 관계마다 우리는 또 다른 지배 계급처럼 보이는 중산계급 middle class을 발견하게 되는데, 그들은 “어쩔 수 없이 …… 그들의 관심사를 모든 사회 구성원의 공통 관심사로 표현할 수밖에 없게 되고 …… 그들의 생각에 보편적인 형식을 부여하는가 하면, 그것을 유일하게 합리적이고 보편적으로 유효한 것으로 표현할 수밖에 없게 된다”(Marx and Engels 2009: 59). 지배와 종속의 관계를 바탕으로 문화적 공감대를 구축하려는 이러한 시도는 그람시(1971, 2009)가 나중에 헤게모니로 정의하는 바의 한 부분이다. 각각의 경우에서 우리는 헤게모니의 부상을 보게 되는데, 이는 중산계급이 노동 계급과의 관계에서 주도적인 지위를 확보하는 공감대의 형성을 모색함으로써 나타난 것이다. 달리 말해서, 다시 마르크스와 엥겔스의 인용문으로 돌아가 보면, 각각의 예에 ‘그들의 관심사를 모든 사람의 관심사로 표현하려는’ 중산계급의 요구가 작동하고 있다.

전통적인 축구의 역사는 네 단계를 거치면서 게임의 발전을 보여준다(Dunning 1971). 14세기부터 19세기까지의 그 첫 번째 단계에서는 축구가 모든 사회 계급이 경기를 하는 거칠고 다루기 힘든 경기였다. '축구'라는 용어는 차기와 핸들링을 포함한 구기(球技)게임을 가리키는 말이었으며, 그것은 심지어 말을 타지 않고 걸어서 하는 구기게임을 구별하기 위해 사용되는 용어이기도 했다. 이러한 구기게임의 공통점은 공과 공을 '골 goal'로 연결한다는 생각이었지만, 규칙은 구두로 정해지고 다양했다. 팀은 20명에서 최대 2,000명의 규모였으며, 경기가 벌어지는 운동장은 마을 전체이거나 혹은 마을과 마을 사이의 비어 있는 공간이었다. 게임은 하루 종일 계속되기도 하고, 때로는 마을 축제(사순절 시작 전날, 마을 장날, 마을 잔치 등) 때 게임이 벌어지기도 했다.

1750년부터 1840년까지의 두 번째 단계에는 산업혁명의 영향으로 인기 있는 대중 스포츠로서의 면모를 잃어버렸다. 다시 말해서, 엔클로저운동 enclosure movement과 도시화로 인해 게임을 할 수 있는 장소가 사라지고, 산업화는 한층 더 엄격한 업무 규율을 도입했으며, 새로운 치안 시스템은 관련법을 더 효율적으로 강화했다. 인기 있던 그 게임이 살아남은 곳은 대학과 사립학교뿐이었다. 그러나 여기서도 이 게임은 한때 대학과 사립학교 바깥에 존재했던 게임들처럼 폭력적이고 통제 불가능했기 때문에 기세가 꺾이고 말았다.

1840년부터 1860년까지의 세 번째 단계에는 스포츠의 위상이 변하기 시작했다. 이제 그것은 '엘리트' 남성들에게 쓸모 있고 좋은 것으로 간주되었다. 팀 스포츠, 특히 축구는 인격 형성과 신체 건강의 증진이었을 뿐 아니라 규율 및 도덕적 책임을 갖게 하는 운동이었다. 사립학교를 조사하기 위해 설립된 1864년의 클라렌든 위원회 Clarendon Commission는 스포츠의 이점에 대해 다음과 같이 매우 분명한 입장을 취했다. 즉,

> 크리켓 cricket과 축구 경기장은 …… 단순히 오락의 장소가 아니다. 그것들은 가장 가치 있는 사회적 자질과 남자다운 미덕을 형성하도록 돕고, 교실이나 기숙사와 마찬가지로 사립학교 교육에서 그것들은 분명하면서도 중요한 위치를 차지하고 있다(Walton and Walvin 1988: 299에서 인용).

이 시기 동안 필시 게임은 사립학교에 의해 문명화되고 또 성문화되었을 것이다.

1850년부터 1890년까지의 마지막 단계에는 사립학교 출신 남학생들이 1863년 축구협회 Football Association를 설립하고, 1871년 FA 컵 Football Association Cup을 창설한 후, 마치 식민지 선교사들처럼 일을 하면서 그들은 이 문명화되고 성문화된 새로운 게임을 점차적으로 노동자 계급으로 전파시켜 나갔다. 1906년에 작성된 이 게임의 발전에 대한 설명에서 저자는 특히 이튼 Eton, 해로 Harrow, 웨스트민스터 Westminster, 차터하우스 Charterhouse 등이 수행한 역할에 대해 다음과 같이 명확하게 밝히고 있다. 즉, "현대적인 형식의 축구는 전적으로 …… 다양한 사립학교 게임들이 만들어낸 산물이다"(Taylor 2013: 22에서 인용). 원더러스 Wanderers가 FA 컵의 첫 번째 우승자였다. 그들의 팀이 친목과 사교의 차원에서 구성되었다는 것은 FA컵 초기에 벌어진 게임에 대해 많은 것을 말해주고 있다. 이 팀에는 해로 졸업생 네 명, 이튼 출신 세 명, 그리고 웨스트민스터, 차터하우스, 옥스퍼드, 캠브리지 출신이 각각 한 명씩 포함되어 있었다.

축구가 중산계급을 위해 만들어진 게임처럼 보였지만, 그럼에도 불구하고 제임스 월빈 James Walvin(2000)이 '국민적인 게임'이라 부를 정도로 급속하게 성장했다. 주도권을 쥐고 있었던 중산계급에 대한 최초의 도전은 랭커셔 Lancashire와 블랙번 Blackburn에서 나왔다. 1882년에 블랙번 로버스 Blackburn Rovers는 FA컵 결승에 진출하여 이튼 출신으로 구성된 올드 이트니언 Old Etonians에게 1-0으로 패했다. 그러나 이듬해에 블랙번 올림픽 Blackburn Olympic 팀은 결승전까지 진출했을 뿐만 아니라 놀랍게도 올드 이트니언을 2-1로 꺾고 FA 컵에서 우승했다. 《블랙번 타임 *Blackburn Times*》(1883) 지(誌)는 블랙번 올림픽의 승리가 사회 계급과 어떤 식으로 서로 얽혀 있는지 잘 알고 있었다. 즉,

> 체력단련의 가장 혹심한 시험에서 올드 이튼 클럽처럼 …… 왕국의 상류층 가족의 자식들로 구성된 클럽이 전적으로 수공업 계층, 소상공인의 자식들, 장인, 공장 직공 등 이른바 랭커셔 녀석들 Lancashire Lads로 구성된 프로빈셜 클럽 Provincial Club을 만나 항복한 것이라고 우리는 믿고 있다(Walton and Walvin 1988: 299에서 인용).

블랙번 올림픽 팀은 세 명의 방직공, 치과 조수, 도금 기능공, 배관공, 점원, 기계직조공, 식당 주인, 두 명의 제철 노동자로 이루어져 있었다. 사립학교 출신으로 구성된 팀은 다시는 FA컵에서 우승하지 못할 것이다.

1870년대부터 친목과 사교의 차원에서 조직된 스포츠로서의 축구는 중부와 북부 (특히 랭커셔)의 노동자 계급 사이에서 빠르게 발전하였다. 축구 클럽이 설립되는 방식도 달라졌다. 즉, 기존의 스포츠 클럽을 통해서 설립되기도 하고(예: Burnley, Sheffield Wednesday, Preston North End, Derby County, Notts County), 종교 단체(예: Aston Villa, Barnsley, Blackpool, Bolton Wanderers, Everton, Manchester City, Birmingham City), 작업장(예: Stoke City, West Bromwich Albion, Manchester United, Coventry City, Crewe Alexandra), 교사와 출신 학생들(예: Blackburn Rovers, Leicester City, Sunderland)을 중심으로 설립되기도 했다.

1888년에 창설된 풋볼 리그 Football League는 프로선수 기용으로 피할 수없는 귀결이었다. 선수에게 임금을 지불하기 위해 클럽은 안정적이고 정기적인 경기가 필요했다. 1884년에 프레스턴 노스 엔드 Preston North End는 프로선수를 기용했다는 문제 제기가 있었기 때문에 FA 컵에서 축출당했다. 조사는 결론이 나지 않았지만 선수들에게 직장(이를테면 풀타임 선수들에게 제공한 한직(閑職))을 알선한 사실이 적발되었다. 프레스턴은 북부와 중부의 40개 클럽으로부터 지원을 받았

다. 그들은 힘을 합쳐 따로 브리티시 FA를 만들겠다고 위협했다. 1885년 1월에 프로선수가 합법화되었다. 풋볼 리그는 3년 후인 1888년에 설립되었다. 11개의 창립 팀 중에 6개 팀(Preston North End, Blackburn Rovers, Bolton Wanderers, Accrington, Everton, Burnley)이 랭커셔에서 왔고, 5개 팀(Aston Villa, Wolverhampton Wanderers, Derby County, Notts County, Stoke City)은 중부지역에서 왔다.

이 게임이 북부와 중부의 공업지역에서 그렇게 빠르게 발전한 이유는 무엇일까? 한 가지 설득력 있는 대답은 그것이 실제로 사라진 적이 없었다는 것이다. 앞에서도 언급했듯이, 전통적인 설명에 따르면 산업혁명 이전의 축구는 산업혁명의 영향으로 인기 게임으로서의 자취를 감추고 말았다. 그러나 사립학교들은 계속적으로 게임을 성문화하고 문명화했으며, FA와 FA 컵을 창설하여 축구를 전 세계에 알렸다. 그러나 또 다른 가능성이 있다. 다시 말해서, 그것이 사라지지는 않았지만 사립학교들과 마찬가지로 신흥 산업도시에서 계속 발전해 갔던 것이다. 달리 말한다면, 사립학교 버전은 하나의 버전에 불과하지만, 게임의 공식적인 구성과 게임의 역사 기록에 대해 그 자신을 내세울 수 있는 권한을 가진 버전이었다. 하지만 이 버전과 함께 노동자 계급의 축구라고 할 수 있는 또 다른 버전이 존재했다. 또한 이 두 번째 버전의 존재는 사립학교 게임으로 등장한 것이 어떻게 그토록 빠르게 중부와 북부의 공업지역으로 확산될 수 있었는지를 설명하는 데 도움이 될 것이다. 1838년 런던의 《벨스 라이프 Bell's Life》 지(誌)에 실린 기사는 이 게임의 인기 있는 스포츠로서의 모습이 사라졌을 때에도 이 게임의 노동자 계급 버전은 존속하고 있었다는 증거를 제공하고 있다. 즉,

> 축구 경기가 크리켓 경기장이 있는 레스터 Leicester에서 다음 번 성(聖) 금요일에 더비 Derby에서 온 11명(주로 인쇄소 직원들)과 동일한 수의 레스터 지역 선수들 사이에 열린다. 승자는 £ 25를 초과하지 않는 한 영국의 어느 도시에서 오든 동일한 숫자의 팀에 도전한다.(Walton and Walvin 1988: 299에서 인용)

1842년, 영국의 북부 광산 지역의 노동자 계급 아동들의 생활 실태에 대한 의회의 조사에서 한 증인은 다음과 같이 말한다. 즉,

> 크리스마스와 성 금요일이 요크셔 광산 지역에서 유일하게 고정된 휴일이긴 했지만, 아이들은 일주일에 최소한 하루 쉬고 저녁이 되어야 시간적인 여유를 가졌습니다. 이 시간에 아이들은 주로 인근에 있는 황무지에서 스포츠를 할 수 있었습니다. 아이들의 게임에는 크리켓, 누르-앤-스펠 nur-and-spell(배트와 볼로 하는 게임), 축구가 포함되어 있었습니다.(Harvey 2005: 59에서 인용)

광산에서 오랜 시간 일을 하고나서 황무지에서 노는 아이들이 기념할 만한 일을 한 것은 거의 없지만, 축구가 대학과 공립학교 밖에서 계속 존재해 왔다는 증거를 보여주고 있다. 그러므로 중산계급이 FA와 FA 컵을 창설하긴 했지만, 1870년대부터 북부와 중부 공업지역에서 축구가 급속하게 발전한 것은 인기 있는 그 게임이 사라진 적이 없었다는 것을 말해준다. 더 정확히 말하면, 그 게임에 대해 사립학교에서 일어났던 것과 거의 같은 방식으로 변화가 있었을 뿐이었다. 다시 말해서, 그 게임이 발전해 온 복잡한 역사를, 그리고 사회 계급이 수행한 중요한 역할을 설명의 일환으로 포함시키지 않고 어떻게 이러한 역사가 기록되어 왔는지를 완전히 이해한다는 것은 불가능하다.

능력주의의 이데올로기적 작용

능력주의는 계급 불평등에 대한 새빨간 거짓말일 것이다. 조 리틀러(Jo Littler 2013; 또한 Littler 2017을 참조)가 지적했듯이, 이는 '사회적 및 문화적 불평등을 창조할 뿐만 아니라 영속시켜 나가는 메커니즘'이다(Reader 53). 우리는 능력주의를 자명한 선으로 받아들이기보다는,

> 오히려 그것에 대해 세심한 주의를 기울여야만 한다. 왜냐하면 능력주의는 금권정치 – 혹은 부유한 엘리트에 의한 통치 – 가 신자유주의 문화를 통해 스스로를 끊임없이 이어가는 핵심적인 이데올로기적 수단이 되어 왔기 때문이다. 달리 말해서, 우리는 능력주의 시대에 살고 있다는, 혹은 능력주의 시대에 살 수밖에 없다는 통념이 현저하게 줄어든 사회적 유동성이나 세습된 기득(旣得)의 경제적 이익의 지속과 공존하는 것은 단순히 우연의 일치가 아니다(같은 곳).

리틀러는 능력주의를 뒷받침하는 다섯 가지 가정을 확인하고 있다. 첫 번째는 '지능'과 '재능'은 타고난 특성이라는 것이다. 달리 말해서, 이는 비싼 교육이 당신의 인지된 재능과 지능에 거의 영향을 미치지 않는다고 주장하는 것이다. 이것은 두 번째 가정, 즉 성공하기 위해서는 천부적인 지능과 재능이 노력과 결합되어야 한다는 가정과 연결된다. 그러므로 능력주의 사회는 오로지 노력으로 빚어지는 타고난 재능과 지능의 불평등만으로 구성되는 사회이다. 물론 재능 있고 지적인 사람들이 모두 정상에 오르는 것은 아니지만, 시스템 자체가 경쟁적이기 때문에 이는 충분히 용납 가능한 것으로 간주된다. 따라서 만약 당신이 바닥에 있다면, 그것은 당신이 성공하는 데 필요한 재능과 지능을 갖지 못했거나, 아니면 당신이 이길 만큼 충분히 경쟁적이지 않았기 때문이다(승자를 가리려면 반드시 패자가 있어야 한다). 이러한 가정은 경쟁이 궁극적인 선이라는 자본주의의 지배적인 이념과 완벽하게 들어맞는다.

세 번째 가정은 아마도 핵심적인 가정일 것이며, 이는 처음 두 가지 가정을 따르면서 또한 그것들을 뒷받침한다. 거기에는 재능과 지능에 노력이 더해지면 성과를 낳는다는 것은 정치적으로 한층 더 중요한 것을 이야기하고 있다는 생각과 그리고 출생 상황과 사회 구조는 사회적 및 경제적 성취와 무관하다는 생각이 깔려 있다. 자본주의 사회의 위대한 신화들 중의 하나는 누구나 성공의 사다리를 올라갈 자유가 있다는 것이다. 사회적 신분의 변동성은 최고가 정상에 올라갈 수 있도록 보장하고, 우리는 우리 모두가 누릴 자격이 있는 계층에 이르게 된다. 개인의 우수성만이 사회적 위치를 결정한다는 생각을 묵살한다고 해서 사회적 신분의 변동성이 존재한다는 것을 부정하는 것은 아니다. 그러나 현존하는 그 변동성조차도 때로는 매우 강력하고 안정적인 계급구조를 옹호하는 수단으로서 크게 과장되는 경우가 자주 있는가 하면, 궁극적으로는 재능과 노력에 관계없이 우리가 어디로 가는지를 결정하고 있다. 나는 노동자 계급 출신의 교수(나의 아버지는 미숙련 노동자이고 어머니는 청소부였다)이며, 따라서 사회적 신분의 변동성이 존재한다는 것을 보여준다. 그러나 대다수의 교수들이 이러한 계급 출신이 아니라는 사실은 또한 사회적 신분의 변동성이란 이런 경우 매우 제한적이라는 것을 분명히 보여준다. 따라서 우리는 항상 사회적 신분의 변동성에 대한 예들을 지적할 수 있지만 계급 구조에 미치는 그것의 영향은 과장되는 경우가 많다. 게다가, 우리의 초점이 맨 위와 맨 아래에 있다면, 사회적 신분의 변동성이란 실로 매우 제한적이다(다시 말해서, 맨 아래에서 상승하는 경우가 거의 없고 맨 위에서 떨어지는 경우도 거의 없다).

네 번째 가정은 무엇이 장점(우수성)으로 간주되는지와 연관되어 있다. 조사를 해보면, 장점은 특정 직업이 더 많은 돈과 지위를 얻는, 이른바 '시장'에 의해 결정되는 결과라는 것이 금방 밝혀진다. 이것은 사람들을 즐겁게 해주는 프로축구 선수가 생명을 구하는 간호사나 의사보다 훨씬 더 많은 수입을 올리는 상황을 낳았다. 이 마지막 가정은 바닥보다 정상에 서는 것이 훨씬 낫다는 것이다. 물론 이렇게 말할 수 있다. 하지만 그 이면에 있는 논리는 상류계급의 생활양식을 적법한 것으로 인정하고 노동자 계급의 삶을 폄하하는 것이다.

이 다섯 가지 가정은 다함께 우리가 능력주의 사회에 살고 있다는 사상을 뒷받침하고 지지하며 정당화한다. 만일 사회가 능력주의적이라면 이는 곧 다음을 의미한다. 즉, 사회적 구분과 불평등은 계급 구조와 그것이 초래하는 경제적 불평등에서 비롯된 것이 아니라 타고난 재능과 지능과 노력에 근거하고 있다. 능력주의 국가의 역할은 '최고'의 실력자가 정상에 오를 수 있는 조건들을 늘려나가는 것이다. 이것이 안고 있는 문제는 정상에 오른 사람들의 배경을 살펴보면 드러난다. 영국 인구의 7퍼센트만이 사립학교(비싼 비용을 지불하는 학교들)[3]에 다니고 있고, 고위 법관들의 71퍼센트, 군 고위 장교들의 62퍼센트, 차관급 국가 공무원의 55퍼센트, 외교관의 53퍼센트가 그런 학교에 다녔다(Acred 2016 : 16). 이것은 우리의 계급 지위는 개인적인 공로의 결과이며 상속된 특권이나 불평등 구조와는 거의 관련이 없음을 시사하는 것처럼 보이지는 않는다. 이와 같은 통계를 보면 계급의 지위는 재능이나 지능, 노력보다 훨씬 더 중요해 보인다. 그런데 이것은 정상의 자리에 있는 사람들이 재능이 없고 지적이지 않으며 열심히 일하지 않는다는 말이 아니라, 다만 그들을 그 자리에 오르게 한 것이 여기서 말하는 이른바 천부적인 자질이나 노력만은 아니었다는 것을 말하고 있을 따름이다. 달리 말해서, 만일 그러한 신화가 사실이라면, 그것은 노동자 계급의 사람들은 지능과 재능이 부족하고 열심히 일하지 않는다는 것을 의미할 것이다. 그러나 노동자 계급의 사람들이 예를 들어 예술, 과학, 정치 등에 상당한 공헌을 했을 수도 있다는 일반 사람들의 인식에는 계급의 구분과 불평등이 잠재되어 있다는 사실을 알아차리는 데는 그리 많은 상상력이 필요하지 않다. 에른스트 블로흐 Ernst Bloch가 말했듯이, '역사는 위대한 재능이 스스로를 인식하고 발전하는 것을 가로막는 불리한 상황들로 가득 차있다'(1995 : 460). 또는 시인 토머스 그레이 Thomas Gray가 말했듯이, '수많은 꽃은 피어나서 남모르게 낯을 붉히고, 그 향기를 헛되이 모래벌판에 뿌리고 간다'(1997).

능력주의 신화 아래서는 계급의 차이가 타고난 능력과 노력이 당신을 위와 중간, 또는 아래에 위치시키는 체계와 구조가 된다. 사회적 불평등은 타고난 능력이 부족하고 열심히 일하지 않은 징후이다. 달리 말하면, 능력주의 사회에서 당신은 당신이 받을 자격이 있는 것을 얻는다. 이것은 논리적이고 공평하게 들릴 수 있으

---

3) 퍼블릭 스쿨 public school은 오해의 소지가 있는 호칭이며 실제로 매우 비쌀 수 있다. 예컨대 이튼 Eton과 해로 Harrow, 그리고 윈체스터 Winchester의 수업료는 연간 £ 37,000 이상이다. 영국의 연 평균 수업료는 약 £ 26,500이다. 둘을 비교해 보면 능력주의 개념에 필요한 이데올로기적 작용에 대해 많은 것을 알 수 있다.

며, 또 종종 지배 계급에서 태어난 사람들이 생각하는 방식이기도 하지만, 실은 계급 구분과 불평등의 진정한 원인을 위장하는 이데올로기적 장막에 불과하다.

더 읽어야 할 책들

Srorey, John(ed.), *Cultural Theory and Popular Culture: A Reader*, 4th edition, Harlow: Pearson Education, 2009. 이것은 이 책의 자매편이며, 2018년에 출판된 제5판은 내용적으로 더욱 보완된 것이다. 이 책과 자매지는 대화형 웹사이트(www.routledge.com/cw/storey)를 통해 뒷받침되고 있다. 이 웹사이트에는 학생들에게 도움이 될 만한 유용한 자료들이 실려 있다.

Atkinson, Will, *Class*, Cambridge: Polity, 2015. 이 책은 마르크스주의에 대해 약간 단순하게 이해하는 측면이 있기는 하지만, 그럼에도 불구하고 계급투쟁과 계급투쟁에 대한 논의를 소개하고 있는 훌륭한 소개서이다.

Biressi, Anita, and Nunn, Heather, *Class and Contemporary British Culture*, Basingstoke: Palgrave Macmillan, 2016. 계급과 현대 문화의 복잡한 관계에 대한 훌륭한 해설서이다.

Clarke, John, et al., *Working Class Culture*, Centre for Contemporary Cultural Studies, Hutchinson University Library: London, 1979. 문화 연구의 제도적인 보금자리에서 뽑은 계급에 대한 흥미로운 에세이 모음집이다.

Edge, Sarah, *The Extraordinary Archive of Arthur J Munby: Photography, Class and Gender in the Nineteenth Century*, London: IB Tauris, 2017. 19세기에 나타난 계급 현상에 대한 흥미로운 해설서이다.

Littler, Jo, *Against Meritocracy*, Abingdon: Routledge, 2017. 능력주의 개념에 의해 수행되는 이데올로기적 작용을 이해하는 데 절대적으로 중요한 책이다.

Munt, Sally, *Cultural Studies and the Working Class*, London: Continuum, 2000. 왜 문화연구가 또다시 계급을 주요한 연구대상으로 삼아야 하는지에 대해 매우 분명한 주장을 펼치고 있다.

Skeggs, Beverley, *Formations of Class & Gender*, London: Sage, 1997. 설명 개념으로서의 계급을 특히 중시하는 문화연구에서 가장 중요한 시도 중 하나이다.

Storey, John (ed.), *The Making of English Popular Culture*, Abingdon: Routledge, 2016. 계급을 설명 개념으로 사용하는 훌륭한 에세이 모음집이다.

CULTURAL THEORY AND POPULAR CULTURE
AN INTRODUCTION

08

젠더와 섹슈얼리티

08

Gender and sexuality

젠더와 섹슈얼리티

페미니즘

"1980년대 인문학분야에서 일어난 놀라운 변화 중 하나는 성 gender이 분석의 한 범주로서 등장했다는 사실이다"(Showalter, 1990: 1). 이는 엘라인 쇼월터 Elaine Showalter가 쓴 성과 문학 연구에 관한 저서의 서문 첫 문장이다. 물론 1970년대 초 페미니즘 feminism의 대두(제2의 물결)가 없었다면 이런 말을 쓸 엄두도 내지 못했을 것임에 틀림없다. 성을 학문적 의제로 올려놓은 것은 페미니즘이다. 그러나 의제의 성격상 페미니즘 내부에도 대단히 활발한 논쟁을 불러일으켰다. 따라서 페미니즘에 관한 연구나 저서, 활동 등을 하나의 체계로 묶는 것은 사실상 불가능하다. 굳이 말한다면 여러 가지의 페미니즘(포스트-페미니즘 post-feminism을 포함한)이 있다고 해야 옳을 것이다.

최소한 네 가지 페미니즘이 있다. 급진적, 마르크스주의적, 자유주의적 그리고 실비아 월비 Sylvia Walby(1990)가 이중체계론이라 부르는 것 등이 그것들이다. 이것들은 여성의 억압에 대해 각기 다른 방식으로 대응한다. 말하자면 억압의 원인 분석과 그 해결책이 각기 다른 것이다. 급진적 페미니스트들은 여성 억압이 가부장제, 즉 집단으로서 남성이 집단으로서 여성을 지배하는 체제 때문이라고 주장한다. 마르크스주의적 페미니즘의 분석에서는 억압의 궁극적 근원이 자본주의이다. 남성의 여성 지배는 노동에 대한 자본의 지배에서 빚어진 결과로 보아야 한다는 것이다. 자유주의적 페미니즘은 여성 억압의 결정적 요인을 체제, 즉 가부장제나 자본주의로 보지 않으며, 이 점에서 마르크스주의 및 급진적 페미니즘과 구별된다. 오히려 억압의 문제를 법률이나 삶의 특정 영역에서 여성을 소외시키는 데서 나타나는, 남성의 편견이라는 관점에서 바라보고 있다. 이중체계론은 여성 억압이 가부장제와 자본주의의 복합적 결과라고 믿는다. 그러므로 이것은 마르크스주의와 급진주의 페미니즘이 혼합된 것이라 할 수 있다. 물론 그 외에 다른 페미니즘적 관점들도 있다. 예를 들어, 로즈마리 통 Rosemary Tong(1992)은 급진주의, 마르크스주의, 자유주의, 정신분석, 사회주의, 실존주의 그리고 포스트모던의 관점들이 있다고 주장하였다.

페미니즘은 마르크스주의(4장에서 논의된)와 마찬가지로 학문적 텍스트나 실천행위 이상이다. 이는 필시 더욱 근본적으로 여성 억압과 여성에게 권력을 부여할 방법과 수단에 관련된 정치적 운동임에 틀림없다. 아프리카 태생 미국인 비평가인 벨 후크스 Bell Hooks(1989)는 이를 '목소리 찾기'라고 말한다.

> 자기변화의 은유적 표현이라고 해야 할 …… '목소리 찾기'는 특히 …… 이전에 한 번도 공공의 목소리를 낸 적이 없는 여성 집단, 다시 말해서 대다수 유색인종 여성을 포함하여 처음으로 말하고 글을 쓰는 여성들에게 해당되는 것이었다. 목소리 찾기에서 페미니스트의 초점은 때때로 상투적인 소리로 들리지만 …… 그러나 억압당하는 여성들에게 …… 목소리를 내는 것은 곧 저항의 행위나 다름없다. 목소리를 내는 것은 능동적인 자기 변화의 길이자 또한 대상에서 주체로 옮겨가는 통과의례와도 같은 것이다. 오로지 주체일 때에만 우리는 비로소 우리 자신의 목소리를 낼 수 있다(12).

그러므로 페미니즘은 단순히 다른 방식으로 텍스트를 해석하거나 읽는 것이 아니다. 그럼에도 불구하고 그것은 놀라울 정도로 생산적인 방식임이 입증되었다. 쇼월터는 이렇게 말한다.

> 술잔으로 또는 두 개의 옆얼굴로도 볼 수 있는 시각적 환상이 있다. 이 이미지들은 우리 앞에서 불안하게 동요하다가 하나가 다른 하나를 압도하고, 약한 것은 의미 없는 배경으로 물러난다. 가장 순수한 페미니스트 문학이론에서 우리 시각의 급진적 변화, 즉 이전에는 아무것도 없던 것에서 의미를 보게 되는 경우를 앞의 예와 비슷하게 직면하게 된다. 정통적 플롯은 물러나고, 여태껏 배경의 익명성에 함몰되어 있던 다른 플롯이, 마침내 지문처럼 강하고 선명하게 나타나는 것이다(Modleski, 1982: 25에서 인용).

쇼월터가 페미니즘 문학비평에 대해 주장한 것은 대중문화에 대한 페미니스트의 연구에도 똑같이 적용될 수 있을 것이다. 대중문화는 수많은 페미니즘의 분석대상이 되어왔다. 미셸 바레트 Michele Barrett(1982)가 지적하듯이, "문화정치가 페미니즘에 있어 매우 중요한 까닭은 그것이 의미에 대한 투쟁을 수반하기 때문이다"(37). 라나 라카우 Lana Rakow(2009)도 거의 같은 입장을 취한다. 즉, "대중문화에 대한 페미니스트적 접근방식은 한층 더 심오한 사회 분석과 정치 의제를 지닌 다양한 이론적 입장들로부터 유래한다"(195)는 것이다. 게다가 라카우가 말하듯이,

> 비록 오늘날의 페미니스트들이 대중문화에 대해 다양한 접근방식을 취해 왔다고 할지라도, 그들은 두 가지 중요한 전제를 공유하고 있었다. 첫째는 여성들이 남성들과는 달리 대중문화와 특수한 관계를 유지한다는 것이다. …… 두 번째 전제는 만일 여성들이 자신들의 정체성을 스스로 제어할 수 있고, 또 사회적 신화와 사회적 관계를 둘 다 변화시킬 수 있다면, 어떻게 대중문화가 여성과 가부장적 문화 양쪽 모두에 작용하는가를 이해하는 것이 중요하다는 것이다. …… 페미니스트들은 이렇게 말한다. 즉, 대중문화는 가부장적 사회에 한 몫을

하고 있으며, 그리고 이러한 역할에 대한 이론적 분석은 진행중인 논의의 주요 입장을 정당화하는 것이다(186).

여성과 영화

5장에서 우리는 영향력이 아주 큰 멀비(1975)의 여성 관객에 대한 설명을 살펴보았다. 멀비의 분석은 13쪽 가량의 짧은 에세이임에도 불구하고 인상적이면서도 설득력이 있어 그 영향이 지대했다.[1] 그러나 이 에세이의 힘과 영향력에 견주어볼 때, 그녀의 '해결책'은 '문제'의 분석에 비해 설득력이 떨어진다는 것이 일반적인 평이다. 대중영화에 대한 대안으로 멀비는 아방가르드 영화를 들고 있다. 아방가르드 영화는 "정치적 관점이든 미학적 관점이든 그 어느 쪽에서 보아도 급진적일 뿐 아니라 또한 주류영화의 기본전제들에 대해 도전적인"(7~8) 자세를 취했기 때문이다. 로레인 가먼 Lorraine Gammon과 마가렛 마쉬먼트 Magaret Marshment (1988)를 비롯한 일부 페미니스트들은 멀비 논의의 '보편타당성'(5)에 대해 의문을 품기 시작했다. 그들의 문제 제기는 이런 것이었다. 즉, "그 응시라는 것이 언제나 남성의 것일까?" 그리고 여성은 물론 다른 여러 가지 응시들까지도 포함시킨다면 과연 그것들이 "단순히 지배적인 성격만을 띠는 것일까?"(같은 곳) 한걸음 더 나아가 그들은 다음과 같이 주장한다. 즉,

> 대중문화를 단순히 어리석은 군중에게 '허위의식'을 퍼뜨리는 자본주의와 가부장제의 단순한 보충적 체계로만 보아 넘겨서는 안 될 것이다. 더 나아가 우리는 그것을 의미 다툼이 벌어지는 장으로, 또 지배 이데올로기가 교란당하는 장으로 볼 수도 있는 것이다(1).

---

1) 멀비의 에세이는 최소한 열 번은 선집에 수록되었다.

그들은 중재 혹은 개입의 문화정치를 변호하며, “우리가 대중문화 바깥에 위치한다는 이유로 대중문화를 쉽게 묵살할 수만은 없다”(2)는 입장이다. 결국 대중문화로부터

> 우리 사회의 대다수 사람들이 오락과 정보를 얻는다. 그리고 거기에서 여성들(그리고 남성들)은 그들 자신의 문화가 어떤 것인지에 관해 정확한 판단을 얻게 된다. 그러므로 페미니즘의 의미들을 쾌락의 일부로 만드는 방법을 찾아내기 위해서는 대중적 형식에서 어떤 개입의 가능성과 어떤 함정이 있는가를 살피는 것이 요긴한 일일 것이다(1).

크리스틴 그레드힐 Christine Gledhill(2009)도 같은 주장을 한다. 그녀는 '일반적으로 비웃음을 사는 대중적 형식들을 사회역사적으로 구성되는 관객들의 삶에서 이루어지는 그들의 소비 상황과 결부시키는'(98) 페미니즘적 문화연구를 옹호한다. “이런 관점에서 볼 때, 여성의 영화와 연속극에 대한 페미니스트적 분석은 한층 더 부정적인 영화-정신분석 …… 즉 식민화되고, 소외되거나 마조히즘적인 동일시의 입장을 연상시키는 여성 관객에 관한 설명에 대해 역습을 가하는 시발점이 된다”(같은 곳)고 그녀는 주장한다.

『스타 응시하기 : 할리우드와 여성 관객 *Star Gazing: Hollywood and Female Spectatorship*』에서 잭키 스테이시 Jackie Stacey(1994)는 대다수 여성 관중에 대한 정신분석적 연구가 취하는 그 보편주의적 입장과 텍스트 결정론을 거부한다. 그녀가 분석의 출발점으로 삼은 것은 텍스트를 통해서 구성되는 관중이 아니라 영화관 관객들이다. 그녀의 접근방식은 전통적인 영화연구로부터 문화연구의 이론적 관심으로 옮겨간다. 〈표 8.1〉은 두 패러다임의 특징과 차이를 잘 보여주고 있다(24).

스테이시의 연구는 영국의 한 백인 여성 집단의 반응들에 대한 분석에 기반을 두고 있으며, 그 집단은 대개 60세 이상의 여성 노동자계급이고, 1940~1950년대의 열광적인 영화 애호가들이었다. 편지와 설문지 응답을 근거로 그녀는 그들

〈표 8.1〉 영화와 문화연구에서 연구대상으로서 영화

영화연구	문화연구
정해진 관람태도	관객의 해석
텍스트적 분석	민속지학적 방법
생산에 좌우되는 의미	소비에 좌우되는 의미
수동적 시청자	능동적 시청자
무의식	의식
염세주의	낙관주의

의 반응을 세 가지 담론으로 분석하고 있다. 그것들은 곧 현실도피주의, 동일시, 소비주의이다.

현실도피주의는 여성들이 극장에 가는 이유로 가장 자주 인용되는 것들 가운데 하나이다. 현실도피주의에 대한 경멸적인 함축을 피하기 위해, 스테이시는 대중오락의 유토피아적 감성에 대한 리처드 다이어 Richard Dyer(1999)의 탁월한 논증을 이용한다. 이는 다이어가 1940년대와 1950년대의 영국 여성들에게 할리우드 영화가 유토피아일 수 있었던 가능성을 설명하기 위한 것이었다. 다이어는 일련의 2항 대립을 통해서 관중이 경험하는 사회적 문제와 그리고 대중오락의 텍스트에 나오는 그 텍스트의 해결책 사이의 관계를 보여주고 있다(표 8.2).

〈표 8.2〉 대중적 텍스트와 유토피아적 해결책

사회적 문제	텍스트의 해결책
결핍	풍요
자원고갈	에너지
적막함	강렬함
조작성	투명성
분열성	공동성[2]

2) 다이어(1999: 376)의 도표를 기초로 하고 있다.

다이어가 볼 때 오락의 유토피아적 감성은 텍스트에 속한다. 스테이시는 그의 논의를 확장하여 오락이 경험되는 사회적 맥락도 포함시킨다. 편지와 설문지에 따르면 영화의 쾌락은 언제나 영화 텍스트가 안겨주는 시각적·청각적 쾌락 그 이상이라는 것이 분명했다. 상영에 동참하는 의식, 관객이 공유하는 상상이나 경험, 그리고 비교적 안락함을 안겨주는 화려한 극장 건물 자체도 영화의 쾌락에 포함되었다. 영화의 쾌락이 오로지 할리우드의 육체파 여배우를 즐기는 것만은 결코 아니다. 스테이시(1994)가 설명하고 있듯이,

> 극장의 물리적 공간은 극장 밖의 일상생활과 바야흐로 펼쳐질 할리우드의 환상적인 세계 사이를 오가는 이행공간을 제공했다. 그 공간의 설계나 장식들은 현실도피를 더욱 조장하고 여성 관객들은 그것들을 즐겼다. 이렇듯 극장은 꿈의 궁전이었으며, 그것은 단지 그들이 할리우드 판타지의 상연에 빠져 있다는 점에서만 그런 것이 아니라, 매혹적이고 신비스런 분위기를 자아내는 극장의 공간설계와 장식이 할리우드 영화를 문화적으로 소비하는 데 안성맞춤이었기 때문이기도 하다(99).

현실도피주의는 언제나 역사적으로 특수한 양면성을 지니고 있다. 스테이시가 말하는 여성들은 극장의 사치스러움과 할리우드의 매력 속으로 도피하면서 또한 동시에 전시상태인 영국의 고뇌와 위험, 속박으로부터 도피하고 있었다. 할리우드의 매력과 그리고 전쟁과 전쟁의 여파로 겪었던 궁핍과 희생에 비해 상대적으로 사치스러운 극장 내부장식이 혼연일체가 되어 "현실도피주의의 다층적 의미들"(97)을 만들어낸 것이다.

동일시는 스테이시가 주목한 두 번째 범주이다. 그녀는 그것이 정신분석적 비평의 기능을 하는 경우가 자주 있다는 것을 잘 알고 있으며, 또 그것은 영화 텍스트가 어떤 방식으로 가부장제의 관심에 따라 여성 관객의 위치를 규정하는가를 지적하기 위한 것이라는 것도 알고 있다. 이런 논지에서 보면 동일시는 여성들

이 이런 과정에 공모하고 협력하기 위한 수단이 되는 셈이다. 그러나 초점을 영화 텍스트 내에서 구성되는 여성 관객으로부터 극장 안의 능동적인 여성 관객에게로 옮겨보면, 동일시는 전혀 다른 양상을 띠는 경우가 많다고 그녀는 주장한다. 그녀의 응답자들은 끊임없이 스타가 어떻게 환상적인 힘과 자신감, 그리고 통제능력을 발휘하는가에 대해 주목한다.

그녀의 세 번째 범주는 소비이다. 물론 그녀는 소비를 언제든 마음만 먹으면 성공적으로 지배하고, 이용하고, 통제할 수 있는 것으로 보는 소박한 입장에 대해서는 거부한다(Storey 2017 참조). 오히려 "소비는 저항, 전용, 복종, 이용 등이 타협을 이루고 있는 의미의 영역"(187)이라는 것이 그녀의 입장이다. 그녀의 주장에 따르면, 영화연구는 주로 "영화산업이 어떤 방식으로 영화 관객을 영화 및 그와 연관된 다른 산업 생산물의 소비자로 양산해 왔는가"(188)에 대해서만 비판적 시선을 집중해 왔다. 이런 식의 분석으로서는 관객이 어떻게 능동적으로 소비상품을 이용하고 그로부터 의미를 만들어내는가를 (구체적으로 논의하기는커녕) 이론적으로도 규명하기 어렵다.

이에 비하면 오히려 응답자들의 설명이 관객과 그들의 소비 사이의 모순을 한층 더 잘 보여준다고 그녀는 말한다. 이를테면 그녀는 어떻게 "미국 여성들의 이상적인 모습이 억압상태인 영국 여성의 여성성을 탈피해 있는 것으로 기억되고, 결과적으로 그것을 저항의 전략으로 받아들이게 되는가"(198)를 역설하고 있는 것이다. 다수의 편지와 설문지들이 시사하듯이, 어느 정도는 할리우드 스타들이 대안적 여성의 모습이나 흥밋거리, 그리고 일탈을 대변하는 것이기도 했다. 이런 점에서 할리우드 스타들과 또 그들과 손잡고 있는 문화상품들이 억압적인 영국의 여성성으로 인식되는 것과 타협하여 그 경계를 확장하는 수단으로 이용될 수 있었던 것이다.

그녀는 이와 같은 여성들이 소비를 통해 완전히 새로운 여성의 정체성을 구축할 수 있다고 주장하는 것은 아니다. 또한 그녀는 이러한 소비 형태들이 가부장적 시선을 선동한다는 점에 대해서도 부정하지 않는다. 그녀의 입장에서 핵심적인 것은 지나친 것이 문제라는 것이다. 이를테면 할리우드 스타들이나 그 관련 상품의 소비는 자기 이미지를 바꾸기 위한 것인데 지배문화의 필요 이상으로 지나치게 생산한다는 것이다. 그녀는 이렇게 주장한다. 즉,

> 역설적이게도 1950년대 중반 영국에서 여성 관객들의 상품소비는 그 관심이 자신을 바람직한 모습으로 만드는 데 쏠려 있었지만, 또 한편으로는 그 당시 점점 더 여성다움으로 규정되기에 이른 집안일이나 어머니의 역할이라는 단조롭고 고된 일상으로부터 탈출구를 마련해 주었다. 그러므로 소비는 1950년대 영국에서 결혼과 어머니의 역할에 따른 자기희생과는 정반대로 오히려 자기주장을 의미하는 것이었다(238).

스테이스의 연구는 다수의 영화-정신분석이 취하는 보편주의적 입장에 대해 질책하고 있는 편이다. 관객을 연구해보면, "여성 관객의 태도는 할리우드 영화에 의해 수동적으로 위치지워지는 것이라기보다는 오히려 할리우드 영화의 지배적인 의미를 교섭·논의하면서 결정해가는 과정으로 간주될 수 있다"(12). 이런 관점에서 보면 할리우드의 가부장적 권력은 그 성공이 보장되어 있지도 않은 봉합적인 간극을 보는 법부터 시작해야 한다.

❙ 연애소설 읽기

『복수를 품고 사랑을 *Loving with a Vengeance*』에서 타냐 모드레스키 Tania Modleski (1982)는 '여성적인 이야기'에 대해 쓰는 여성들은 대체로 세 가지 태도 중 하나를 취한다고 말한다. 그것들은 "무시, 적대감(이는 불행히도 대체로 이 이야기를 듣는 사람을 표적으로 삼는다) 그리고 가장 많이 볼 수 있는 태도로서 가벼운 조소이다"(14). 이에 대해 그녀는 "이제 여성의 독서에 대해 페미니즘적 독

해를 할 때가 왔다"(34)고 선언한다. 모드레스키는 소위 '여성들을 위해 대량생산된 환상', 즉 할리퀸 Harlequin 연애소설, 통속소설과 연속극들에 대해 얘기하고 있다. 그녀의 주장에 따르면, 이러한 대중적 이야기들은 "여성들의 삶에 나타나는 갖가지 문제들과 불안을 아주 실감 있게 그려내고 있다"(14). 그럼에도 불구하고 그 문제나 불안을 해소하는 방식은 "현대 페미니스트의 마음에 들기는커녕 오히려 그 반대이다"(25). 그러나 이런 환상을 읽는 독자나 페미니스트 독자에게 공통점이 있다면, 그것은 곧 여성들의 삶이 만족스럽지 못하다는 것이다. 그녀는 할리퀸 연애소설의 예를 들어 "마르크스가 종교적 수난이라고 말한 것은 '로맨틱한 수난'에도 해당되며, 이는 진짜 수난의 표현인 동시에 그에 대한 항의"라고 주장한다(47).

모드레스키는 이런 소설 자체나 그것을 읽는 여자들을 비난하지 않는다. 오히려 그녀가 비난하는 것은 '이런 소설들이 필요하게 된 상황'이며, "할리퀸 소설들의 모순보다 여성들 삶 자체의 모순이 이런 소설들의 탄생에 더 큰 책임을 져야 한다"(57)고 주장한다. 그녀는 종교에 대한 마르크스의 주장(종교는 아편이라는) 쪽으로 기울었다가 다시 되돌아왔는데, 그녀의 부인에도 불구하고, 대중문화를 아편으로 보는 대량문화적 시각에 근접해 있었다. 그럼에도 불구하고 그녀는 "학생들이 자신들이 좋아하는 연속극이 어떻게 되는지 보기 위해 여성학 강의를 가끔 빼먹곤 한다"는 사실에 주목한다. "이런 일이 일어날 때, 단순히 이를 비난하기보다는 연속극과 그 외 대량생산된 환상들을 여성 연구에 포함시키도록 해야 할 것이다"(113~114).

로자린 카워드 Rosalind Coward(1984)의 『여성의 욕망 *Female Desire*』은 대중문화가 여성들에게 주는 쾌락에 관한 것이다. 이 책은 여성들을 쾌락과 가책의 끝없는 순환("가책 guilt, 이는 우리의 특기이다")으로 몰고 가는 패션과 연애소설, 팝음악, 점성술, 연속극, 음식, 요리, 여성잡지 등과 그 외 여러 가지 텍스트나 행위를 살피고 있다(14). 카워드는 이런 소재들에 대해 "(쾌락과) 가책을 모르는 이방인이나 국외자처럼" 접근하지는 않는다. "내가 설명하는 쾌락들은 대부분 나 스스로

체험한 것이며 …… 나는 그것들을 멀리서 바라보는 비평가의 입장이 아니라, 마치 내 생활을 현미경으로 들여다보듯 하는 그런 입장에서 설명하고자 한다"(같은 곳). 그러므로 카워드의 입장은 문화와 문명의 전통이나 프랑크푸르트학파의 관점과는 대조되는 것이다. 대중문화는 높은 곳에서 내려다보아 실망스럽고, 또 어느 정도는 예측 가능한 타자들의 문화가 아니다. 대중문화는 '우리 자신의' 문화에 대한 담론이다. 게다가 그녀는 대중문화의 문화적 행위와 문화적 재현들(여성 욕망에 대한 담론)을 "허위와 일부 고정관념들"을 강제로 부과시킨 것으로(16) 보지 않는다.

> 그 대신 나는 이러한 재현의 전제가 되는, 페미니스트나 비(非)페미니스트 여성들 양쪽 모두에게 해당되는 욕망을 다룬다. 그렇지만 여성의 욕망을 여성들의 조건에서 기인하는, 불변의 어떤 것으로 다루지는 않는다. 나는 여성의 쾌락과 욕망의 재현이 여성의 입장을 만들고 유지시키는 것으로 본다. 이 입장들은 외부로부터 우리에게 부과되어, 손쉽게 차버릴 수 있는 소원한 역할도 아니거니와, 또한 여성다움의 본질적 속성도 아니다. 여성다운 입장이란 우리에게 제공된 쾌락에 대해 어떻게 반응하느냐에 따라 만들어지며, 또 우리의 주체성과 정체성은 우리를 둘러싼 욕망에 대한 정의에 따라 형성된다. 이들이 바로 변화 자체를 어렵고 두려운 과제로 만드는 경험들인데, 그 이유는 여성 욕망은 항상 남성 지배를 유지시키는 논의들로 이끌려가기 때문이다(같은 곳).

연애소설에 대해 카워드가 관심을 갖게 된 것은 부분적으로 "지난 10여 년 사이 페미니즘의 상승세는 연애소설에 대한 인기의 급성장과 시기적으로 거의 정확하게 일치한다"[3]는 흥미로운 사실 때문이다. 카워드는 연애소설에 대해 두 가

---

3) 1982년 9월 13일자 ≪가디언(*The Guardian*)≫지에 실린 샬로트 램(Charlotte Lamb)의 글(Coward, 1984: 190에서 인용).

지 사실을 믿는다. 첫째, "그것은 여전히 몇 가지 결정적인 욕구를 만족시켜야 한다." 둘째, 그것은 "매우 위력적이고 보편적인 환상"(190)의 증거를 보이고 이에 기여해야 한다. 그녀는 연애소설에 나타나는 환상들은 "미성숙한 것이며, 거의 의식 이전의 상태"(191~192)라고 주장한다. 그것들은 두 가지 점에서 '퇴행적'이라고 그녀는 생각한다. 한편으로는 남성의 힘을 유아기의 아이-아버지 관계와 유사하게 숭배하기 때문에 퇴행적이며, 다른 한편으로는 여성의 성적 욕구에 대한 태도 때문에 퇴행적이다. 여기서 말하는 여성의 성적 욕구에 대한 태도란 성적 욕구의 책임은 남성에게만 있고 여성은 수동적이며 가책이 없다는 것, 다시 말해서 성적 욕구란 남성들만 가지며 여성들은 단순히 반응만 한다는 태도이다.

간단히 말한다면, 연애소설들은 소녀가 체험하는 오이디푸스적 드라마를 재연하는 것이나 다름없다. 다만 여기서는 여성의 무력함으로 끝나지 않는다는 것뿐이다. 다시 말해서 여기서는 여성이 아버지와 결혼하여 어머니의 자리를 차지한다. 그러므로 궤도는 복종으로부터 권력의 위치(어머니의 상징적 위치)로 옮겨간다. 그러나 카워드가 지적하듯,

> 연애소설이 확고한 인기를 누리는 까닭은 …… 그것이 어린 시절의 성적 관계를 회복시켜 줄 뿐 아니라 남성의 부적절함, 즉 질식할 듯한 가정이나 혹은 가부장적 권력이 안겨주는 상처 등에 대한 비판을 억누르기 때문이다. 이와 동시에 그것은 또한 어린 시절의 세계에서 올 수 있는 죄책감과 두려움으로부터 벗어날 수 있도록 해준다. 성 sexuality은 아버지의 책임으로 굳어지고, 질식할 듯한 두려움은 여성들이 연애소설에서 어떤 힘을 얻음으로써 극복된다. 연애소설은 위험부담이 없는 안락한 세계를 약속한다. 이른바 의존함으로써 안전을 그리고 복종함으로써 힘을 갖게 된다는 약속이다(196).

재니스 래드웨이 Janice Radway(1987)는 연애소설 장르의 인기가 높아진 것은 부분적으로 '책의 제작과 배포, 광고와 판매기술의 변화'(13)로 설명될 수 있다는

관점에서 연구를 시작하고 있다. 연애소설이 점점 더 성공하는 것은 여성들이 점점 더 낭만적인 환상을 요구하는 만큼 연애소설을 더 눈에 잘 띄게끔, 더 손쉽게 구할 수 있게끔 하는 출판업자들의 세련된 판매전략에도 적지 않은 영향을 받는다는 것이다.

래드웨이의 연구는 스미스턴 Smithton에 사는 42명의 연애소설 독자들(대부분 결혼하여 아이를 가진)에 대한 조사에 기반을 둔다. 그 여성들은 모두 도로시 에반스 Dorothy Evans가 일하는 서점의 단골 고객들이었다. 래드웨이를 스미스턴으로 유혹한 것은 다름 아닌 도로시의 명성이었다. 그녀는 연애소설에 대한 열정으로 뉴스레터(「도로시의 연애소설 독서일기」)를 발행했으며, 거기에는 그 가치에 따라 연애소설들의 등급이 매겨져 있었다. 이 뉴스레터와 고객들에 대한 도로시의 권유로 말미암아 사실상 연애소설 독자들 사이에 작지만 의미 있는 상징적 공동체 같은 것이 만들어졌다. 래드웨이의 연구가 초점을 맞추고 있는 것이 바로 이 상징적 공동체이다. 연구자료는 개인의 앙케이트와 격의 없는 집단토의, 인터뷰, 약간의 비공식적 토의 그리고 서점에서 일어나는 도로시와 그녀의 단골 고객들 사이의 교류 등에 대한 관찰이었다. 래드웨이는 이와 함께 스미스턴 여성들에게서 추천받은 소설들을 읽음으로써 부족한 자료를 보완하였다.

현재 유행하는 책 몇 권을 통해 이 장르에 대한 결론을 내리려고 한 래드웨이의 방법론은 도로시의 뉴스레터의 영향과 거기에 추천된 책과 그렇지 못한 책들, 독자들의 구매패턴 등으로 인해 부적절하다는 것이 밝혀졌다. 그녀는 또한 연애소설 읽기의 문화적 의미를 이해하기 위해서는 대중의 분별력('독자들의 특이성'), 즉 어떤 책은 만족스럽고 어떤 것은 그렇지 못하다는 선택과 거부의 과정에 관심을 기울여야 한다는 것을 알았다. 그녀는 또한 연애소설 읽기가 실제 어느 정도인가도 알게 되었다. 그녀가 인터뷰한 여성의 대부분은 매일 연애소설을 읽으며, 주당 11시간에서 15시간을 할애한다고 응답하였다. 1/4에 해당하는 여성들이 가사나 가족들 때문에 그만두게 되지 않는 한, 한자리에 앉아 연애소설을 끝까지 읽고 싶어 했다. 독서는 주당 한 권에서 열다섯 권에 이르렀고, 네 명의 답변

자는 실제로 주당 열다섯에서 스물다섯 권의 연애소설을 읽는다고 응답하였다.[4)]

스미스턴의 여성들에 의하면, 이상적인 연애소설에서는 지적이고 독립적이며 유머 감각까지 갖춘 여성이 많은 불신과 그리고 약간의 잔혹함과 폭력을 거친 후에, 지적이고도 부드러우며 유머 감각이 있는 남성에게 사랑의 세례를 받게 되는데, 두 사람의 관계가 진행되는 동안 그 남성은 감정적으로 덜 깨인 상태에서 전통적으로는 여성이 남성에게 해주었던 것처럼 여성을 사랑하고 보살피는 사람으로 변모해간다. 래드웨이가 설명하듯이, "낭만적 환상은 유별난 삶의 동반자를 찾는 환상이라기보다는 …… 보살핌과 사랑을 받고, 특별한 방식으로 (그것을) 확인받으려는 의례적인 소망이다"(83). 이는 교환적 보상에 대한 환상이며, 여성들이 남성들에게 베푸는 것이 당연시되는 것처럼 남성들도 여성들에게 베풀 수 있다고 믿고 싶어하는 소망이다. 그러나 이는 낭만적 환상일 뿐 아니라 독자가 사실상 강한 '모성적' 보살핌의 수혜자였던 시기를 상기시켜 준다.

래드웨이는 낸시 초도로우 Nancy Chodorow(1978)의 연구를 인용하여 낭만적 환상은 퇴행의 한 형식이라고 주장한다. 그리고 이런 형식에 있어서는 독자가 상상이나 정서적으로 "오로지 자신만이 한 개인(이를테면 어머니)의 사려 깊은 보호를 받았던"(Radway, 1987: 84) 그 시절로 옮겨지게 된다. 그러므로 연애소설 읽기는 — 남자 주인공과 여자 주인공의 관계를 통하여 — 그들 자신에게 적절한 보상 없이 매일매일 남에게 주도록 기대하는 그 감정적 구원을 간접적으로 경험하는 수단이 된다.

래드웨이는 또한 초도로우에게서 다른 사람과의 '관계 속의 자아'로 형성되는 여성 자아와, 스스로 자율적이고 독립적인 남성 자아라는 개념을 가져온다. 초도로우는 이것이 소년과 소녀가 어머니와 맺는 그 관계의 차이에서 빚어진 결과라고 주장한다. 래드웨이는 초도로우가 묘사한 심리적 사건들과 이상적 연애소설에 나오는 이야기 패턴 사이의 상호 유사성을 발견한다. 위기에 처한 정체성이

4) 재니스 래드웨이가 생각하기에 이러한 수치는 신기할 정도이다.

재정립되는 여정, 즉 "이상적인 이야기가 끝날 때쯤 되면 …… 여주인공은 이제 성숙한 여성 자아, 즉 관계 속의 자아로 복귀하는 데 성공한다"(139).

또한 래드웨이는 초도로우로부터 여성들이 '온전한 삼각 심리구조'를 가지고 오이디푸스 콤플렉스를 딛고 일어선다는 믿음도 빌려온다. 그 결과 "여성들은 반대 성과 자신을 연계시켜야 할 뿐 아니라, 모성적으로 자신을 보살피고 보호하는 어느 누군가와의 강한 감정적 연계를 지속적으로 구하고자 한다"(140). 모성적 감정충족이라는 이 퇴행을 경험하기 위해서는 세 가지를 선택할 수 있는데, 그것은 레즈비어니즘, 남성과의 관계, 또는 다른 수단을 통한 충족이다. 우리 문화의 동성애 혐오적 성격이 첫째 방식에 제한을 가하며, 남자다움이라는 성격이 두 번째에 제한을 가하고, 따라서 결국 연애소설 읽기가 아마 세 번째의 예라 할 수 있을 것이다. 래드웨이는 다음과 같이 주장한다.

> 연애소설을 만드는 환상은 반대편 성 sex의 한 사람을 사랑하고 사랑받기 위한 오이디푸스적 욕구와 함께 여성의 내면적 대상의 일부인 지속적인 오이디푸스 이전의 소망, 즉 어머니의 사랑과 그것이 함축하는 모든 것(성적 쾌락과 공생적인 완전함, 자아 확인 등)을 다시 얻고자 하는 소망이다(146).

이상적 연애소설의 해결책은 "아버지와 같은 보호, 어머니와 같은 보살핌 그리고 정열적인 어른의 사랑"(149)이라는 완벽한 삼각 만족을 제공하는 것이다.

실패한 연애소설은 지나치게 폭력적이거나 또는 슬프게 끝나거나 아니면 납득이 가지 않는 해피엔딩으로 끝나기 때문에 이상과 같은 만족을 제공할 수가 없다. 이것은 전체 연애소설의 두 가지 불안구조를 탐탁치 못한 방식으로 강조하고 있는 것이다. 첫 번째는 남성의 폭력에 대한 두려움이다. 이상적 연애소설에서는 그것이 보기보다는 두려운 것이 아니고 환영이거나 유순한 것으로 절제되어 있다. 두 번째는 "깨어난 여성의 성 sexuality과 그것이 남성에게 주는 영향에 대한 두려움"(169)이다. 실패한 연애소설에서는 여성의 성은 영원하고 애정에 찬 관계에만 국한되지 않으며 남성 폭력도 확실히 통제되고 있는 상태가 아니다. 그것들은 모조리 성적으로 난잡한 여성에게 가해지는 폭력적 처벌의 형태로 표현된다. 간단히 말해서 실패한 연애소설은 충분한 감동을 안겨주지 못하는 소설로서, 이는 자아의 위기로부터 자신을 보살펴주는 남성의 품에서 자아를 회복하는 그 여주인공과 여정을 같이 하는 듯한 공감을 불러일으킬 수가 없다. 요컨대, 연애소설이 좋은지 나쁜지는 궁극적으로 독자가 소설의 여주인공과 어떤 관계를 맺는가에 달려 있다.

> 여주인공의 이야기들이 이를테면 남성에 대한 분노, 강간과 폭력에 대한 두려움, 여성성에 대한 걱정, 재미없는 남자와 살아야 하는 걱정 등과 같이 너무 강한 감정들을 불러일으킨다면, 그 연애소설은 실패작으로 폐기되든지 또는 졸작으로 여겨질 것이다. 반면에 그런 사건들이 흥분, 만족, 자족, 자신감, 긍지, 힘과 같은 감정들을 불러일으킨다면, 어떤 사건들이 사용되었는지 그리고 어떻게 배열되었는지는 별로 문제가 안 된다. 결국 가장 중요한 것은 독자가 짧은 순간이라도 다른 사람이 되어 다른 곳에 있었다는 느낌을 받는 것이다. 그녀는 이 책을 덮으며 남성과의 결혼이 정말로 여성들에게 도움을 준다는 생각을 다시 한 번 확신해야만 한다. 또한 감정적으로 재구성되고 재충전되어, 자신의 가치에 자신감을 느끼며 그녀가 직면해야만 하는 문제들을 처리할 능력과 힘에 확신을 갖고, 일상적 의무들로 돌아와야만 한다(184).

이리하여 스미스턴의 여성들은 "그들의 용도에 따라 연애소설의 가부장적 형식을 부분적으로 교정한다"(같은 곳). 가장 주된 '심리적 이득'은 "유일하고 변치 않는 문화적 신화의 의례적 반복"(198, 199)에서 나온다. 스미스턴 독자들 가운데 60퍼센트가 그 독서와 경험이 근저에 깔린 만족에 역행하지 않음을 확인하기 위해 때로는 결말을 먼저 읽어야 하는 필요성을 느낀다고 했는데, 이는 그들의 독서 경험의 근저에 있는 '보살피는 남성'이라는 신화가 궁극적으로 가장 중요하다는 사실을 암시한다.

스미스턴 여성들로부터 일련의 의견을 들은 후, 래드웨이는 그들의 연애소설 독서관을 진심으로 이해하기 위해서는 텍스트 자체에 집착하기보다는 연애소설 읽기라는 행위 자체도 함께 고려해야 한다는 결론에 도달할 수밖에 없었다. 여성들이 연애소설 읽기의 쾌락을 묘사하기 위해 '탈출'이란 용어를 대화중에 썼을 때, 그 용어는 복합적인 의미로 작용하고 있음이 명확해졌다. 우리가 이미 보았듯이, 그것은 독자와 여주인공/남주인공 관계 사이에서 일어나는 동일시의 과정을 묘사하는 데 사용될 수 있다. 그러나 또한 그 용어는 "현재를 부정하는 행위는 말 그대로 책을 읽기 시작하고 그 스토리에 빠져 들어갈 때마다 성취될 수 있다는 믿음을 묘사할"(90) 때도 사용된다는 것이 분명해졌다.

도로시는 래드웨이에게 남성들이 여성들의 독서행위 자체를 위협적으로 느끼는 일이 잦다는 사실을 말해주었다. 즉, 남성들은 (독서만 아니었더라면) 선선히 행할 가족들의 요구와 가사 의무에서 그녀들을 빼앗긴 것으로 여기는 것이다. 실제로 스미스턴 여성의 다수는 연애소설 읽기를 스스로에게 주어진 '특별한 선물'로 묘사하였다. 이 점을 설명하기 위해 래드웨이는 가부장적 가족에 대한 초도로우의 견해를 인용한다. "일상적인 재생산에는 근본적인 비대칭이 존재한다. …… 남성은 사회적으로, 심리적으로 여성에 의해 재생산되지만 여성은 대부분 자신들에 의해 재생산되(거나 되지 못하)는 것이다"(91, 94). 그러므로 연애소설 읽기는 스미스턴 여성들의 감정적 재생산에 작지만 결코 무시할 수 없는 기여를 한다. 이를테면 "여성들이 인정하는 '보살피는 아내와 어머니'라는 핵심적 역할에 대한 요구들을 일시적으로나마 완전히 거부하는 것이다"(97). 그리고 래드웨이가 말하듯이, "그 경험이 대리경험임에도 불구하고 그것이 가져오는 즐거움은 진짜이다"(100).

> 나는 연애소설 읽기가 스미스턴 여성들에게 가치 있게 여겨지는 이유가 그 경험이 일상생활과 다르기 때문이라는 결론을 내리는 것이 논리적이라고 생각한

> 다. 그것은 일상의 문제와 갖가지 책임으로 인한 긴장에서 풀려나는 휴식이 될 뿐 아니라 여성이 자신의 필요나 욕망, 쾌락에 몰두할 시간이나 공간을 만들어 준다. 또한 그것은 이국적이거나 뭔가 이색적인 곳으로 옮겨가거나 탈출하는 수단이 되기도 한다(61).

『연애소설 읽기』의 귀결은 현재로서는 연애소설 읽기의 문화적 의미에 대해 절대적 단안을 내리기 어렵다는 것이다. 말하자면 독서하는 행위 자체나 또는 텍스트들의 환상적 이야기 중 어느 쪽에 초점을 맞추는가에 따라 각기 다르고 모순되는 답들이 나오는 것이다. 그 첫 번째로 제시될 수 있는 것이 "연애소설 읽기는 여성들이 스스로 거부하는 사회적 역할을 일시적으로 거절하게 만들기 때문에 저항적 성격을 띤다"(210)는 것이다. 두 번째로는 "연애소설의 이야기 구조는 가부장제와 그것을 구성하는 사회적 행위와 그 이데올로기를 단순히 재현하고 추천하는 구조로 되어 있다"(같은 곳)는 것이다. 연애소설 읽기의 완전한 문화적 의미를 알기 위해서는 "행동의 의미와 읽혀진 텍스트의 의미"(같은 곳)의 차이를 집중적으로 조명해야만 한다.

한 가지 래드웨이가 분명하게 말하는 것은 여성들이 가부장제에 대한 만족감으로 연애소설을 읽는 것이 아니라는 사실이다. 연애소설 읽기에는 보다 나은 세계를 원하는 유토피아적 반항의 요소가 담겨 있다. 그러나 이와 반대로 연애소설의 이야기 구조는 남성 폭력과 남성의 무관심이 실은 올바른 여성에 의해 해결되어야 할 진정한 사랑의 표현임을 말해주고 있는 것처럼 보인다. 이것은 가부장제 자체는 여성들이 그것을 제대로 읽는 법을 알기만 한다면 더 이상 문제가 되지 않는다는 것을 의미한다. 래드웨이는 이러한 복합성과 모순을 무시하거나 해결한 척하지는 않는다. 그녀가 한 가지 확신하는 것은 단지 연애소설 읽기가 현재의 가부장적 기존 질서의 대리 이데올로기로서만 언급되기에는 너무 이르다는 것이다.

> 내가 꼭 지적해두고 싶은 것은 이 연구도 그리고 지금까지 어떤 연구도 이 논쟁을 충분히 매듭지을 만한 논거를 제공하지 못하고 있다는 점이다. 우리는 반복적인 연애소설 읽기가 그들이 읽은 책을 덮고 평범한 일상생활로 돌아간 후의 행동에 실제로 어떤 영향을 미치는지는 여전히 모르고 있다(217).

그러므로 우리는 독자들의 활동 — 그들의 선택, 구매, 해석, 응용 등 — 이 문화과정의 중요한 한 부분이며 또 의미를 만드는 복합적 실천행위라는 것을 인정해야 한다. 이렇게 관심을 기울임으로써 우리는 "비록 그 범위나 영향에 한계가 있으나, 적어도 이데올로기적 형식의 지배와 싸우고 논박하는 저항행위는 이데올로기의 억압적 강요와는 다르다는 것을 밝힐 수 있는"(221~222) 가능성을 키울 수 있다. 연애소설의 이데올로기적 힘은 강할지 모르나, 힘이 존재하는 곳에는 반드시 저항도 있다. 그 저항은 선택적 소비행위 정도로 그칠 수도 있고 또 그 불만족을 이상향의 갈구나 제한된 저항이라는 방법을 통해 만족시킬 수도 있다. 그러나 페미니스트들인

> 우리는 그 기원과 그 이상향에 대한 소망을 이해하기 위해서뿐만 아니라 그것을 촉진시켜 결실을 맺을 수 있는 최선의 방법을 알기 위해서도 그것을 찾아야 한다. 그렇지 않으면 우리는 이미 승리를 양보한 것이 되며, 적어도 연애소설 읽기의 경우에는 대리만족이 필요 없는 세상을 만드는 것이 불가능함을 시인하는 꼴이 된다(222).

샬로트 브런스던 Chalotte Brunsdon(1991)은 『연애소설 읽기』를 "독서행위에 대한 가장 폭넓은 학자적 탐구"라 말하면서, 이런 연구에 "평범한 여성상"(372)을 처음 소개한 공로를 래드웨이에게 돌리고 있다. 『연애소설 읽기』의 영국판에 대한 호의적인 서평에서 이엔 앙 Ien Ang(2009)은 래드웨이의 접근방식에 대해 몇 가지 비판을 하고 있다. 첫째, 앙은 래드웨이가 페미니즘과 연애소설 읽기를 구분하

는 것에 불만을 토로한다. "연구자로서 래드웨이는 페미니스트이지 연애소설 독자는 아니며, 연구대상인 스미스턴의 여성들은 연애소설 독자들이지 페미니스트가 아니다"(584). 앙은 이로 인해 '그들'과 '우리'라는 페미니즘 정치가 만들어진다고 보는데, 여기서 비(非)페미니스트 여성들은 대의명분을 위해 국외자인 '그들'의 역할을 대신하게 된다. 그녀의 관점에 따르면, 페미니스트들은 진실의 길로 이끌어주는 보호자라도 되는 것처럼 행동하는 일을 그만두어야 한다. 앙의 관점에서 보면, "연애소설 독자들이 책읽기를 그만두고 그 대신 페미니스트 활동가가 될 때 비로소 …… 진정한 사회적 변화가 일어난다"(585)고 주장할 때 레드웨이는 이미 보호자로 행세하고 있었다.

『댈라스 감상 *Watching Dallas*』에 대한 논의에서 곧 보겠지만, 앙은 한 요소(연애소설 읽기)가 다른 요소(페미니즘)를 배척한다고 믿지 않는다. 래드웨이의 '전위적 …… 페미니즘 정치'는 "'그들'을 '우리'와 더 비슷하게 만들기 위해 날뛰는 정치적 도덕주의의 형태"를 띤다. 앙에 의하면 래드웨이의 분석의 결점은 '쾌락을 쾌락으로' 논의하지 않았다는 점이다. 쾌락은 논의되었으나 항상 비현실적인 것, 즉 대리적이며 보상을 위한 허구라는 관점에서만 논의되었다. 앙의 불만은 쾌락의 작용구조보다 그 효과에만 지나치게 치중하는 그 접근방식 때문이다. 래드웨이에게는 그것이 항상 "쾌락의 이데올로기적 기능"에 관한 문제로 귀결된다. 이와 반대로 앙은 쾌락을 "항상 여성들의 '진짜' 이득에 반하여" 일어나는 것으로 보기보다는 여성들에게 "힘을 주는" 것으로 보아야 한다고 주장한다(585~586).

재니스 래드웨이(1994)는 앙의 이런 측면을 재음미하면서 다음과 같이 결론을 맺었다.

> 비록 내가 스미스턴 여성들의 활동을 간과하지 않으려고 무척 애쓰고, 또 연애소설 읽기라는 행위를 일상생활의 여러 조건들에 대한 적극적인 반응으로 이해하려고 힘쓰기는 했지만, 내 설명은 부지불식간에 연애소설에 대한 논평을 대부분 인정해 온 성차별주의자의 주장을 되풀이하고 말았다. 말하자면 여전

히 다음과 같은 주장, 즉 누군가가 반드시 여성들에게 판타지를 불러일으킨 데 대해 …… [또 그에 따라 되풀이되는] 유사한 양태로 말미암아 주석자가 판타지에 몰두하여 빠져 있는 사람들로서는 분별할 수 없는 빈틈없는 분석가로서 자기 자신을 앞질러가는 것에 대해 책임지고 걱정해야 한다는 주장이 바탕에 깔려 있었던 것이다. …… 실은 내가 주장하고 싶은 것이 페미니즘에 있어서 연애소설임에도 불구하고, 이와 유사한 맹목적인 판타지와 영민한 인식 사이의 대립이 끊임없이 내 설명 속에 작용하고 있었다. 따라서 이제 나는 『연애소설 읽기』를 타냐 모드레스키의 『복수를 품고 사랑을』과 더불어 장르 변화, 즉 내가 생각하기에는 근본적으로 판타지나 백일몽, 그리고 도박에 대한 불신으로 특징지어졌던 문제의 무대를 이해하려고 한 초기 첫 번째 작업과 연결시키고자 한다(19).

그녀는 앨리슨 라이트 Alison Light(1984)의 승인을 받아 다음을 인용한다. 즉, 페미니스트 "문화정치는 '금서 입법기관'이 되어서도 안 되며, 또 페미니스트들이 연애소설을 논의할 때 도덕주의나 독재의 함정에 빠져서도 안 된다. '바바라 카트랜드가 당신을 페미니스트로 전향시키는 것은 충분히 예상할 수 있는 일이다. 독서는 단순한 조타(操舵) 지휘가 아니라 …… 역동적이면서도 변화의 여지를 열어놓는 하나의 과정이다'"(Radway, 1994: 220에서 인용).[5]

5) 비슷한 예가 바로 다음과 같은 경우일 것이다. 즉, 어렸을 때 에니드 블라이튼(Enid Blyton)의 『시크릿 세븐(*Secret Seven*)』의 책들을 — 그들의 집단행동의 의무들과 함께 — 읽는 것은 내가 성인이 되었을 때 사회주의에 헌신하기 위한 토대를 마련하는 것이었다.

댈라스 감상

앙의 『댈라스 감상』은 1982년 네덜란드에서 처음 출판되었다. 여기서 논의되는 것은 1985년에 영어로 번역된 수정판이다. 앙의 연구는 1980년대 초반에 국제적 성공을 거두며(90여 개국에서 시청) 출현한 미국의 '황금시간대 연속극' 「댈라스 Dallas」에 관한 것이다. 네덜란드에서는 인구의 52퍼센트가 「댈라스」를 시청하였다. 이 엄청난 성공으로 「댈라스」는 금새 수많은 화젯거리 — 대중신문의 기사에서부터 "난 제이알 JR은 싫어"라는 문구가 새겨진 기념모자에 이르기까지 — 에 휩싸이게 되었다. 이는 또한 '미국의 문화제국주의'(Ang, 1985: 2에서 인용)의 가장 최근의 예라고 말한 프랑스 문화장관 잭 랑 Jack Lang과 같은 비평가들의 관심도 끌었다. 쾌락을 위한 것이었든 '국가의 정체성'에 대한 위협 때문이었든 간에 「댈라스」는 1980년대 초 전 세계적으로 엄청난 영향을 끼쳤다.

이러한 상황에서 앙은 다음과 같은 광고를 덴마크 여성지 ≪비바 *Viva*≫에 실었다. "저는 TV 시리즈 「댈라스」를 즐겨보지만 때로는 이상한 반발감도 느낍니다. 그걸 왜 보기 좋아하는지 또는 왜 싫어하는지, 어떤 분이라도 제게 그 이유를 써 보내실 수 없을까요? 저는 이러한 반응들을 제 대학 논문에 반영하고자 합니다. 다음 주소로 보내주십시오. ……"(Ang, 1985: 10).

이 광고가 나간 후 그녀는 「댈라스」의 팬들과 혐오자 양측으로부터 42통의 편지(그 중 39통은 여성이나 소녀들의 것이었다)를 받았다. 이는 (주로 여성)시청자들이 「댈라스」를 통해 어떤 쾌락(들)을 얻는가를 연구하는 경험적 기반이 되었다. 그녀는 이미 선행하는 욕구를 만족시킨 쾌락보다는 오히려 '쾌락이 유발되는 메커니즘'(9)에 더 관심을 두었다. 그래서 그녀는 "쾌락이 주는 효과가 무엇인가?"라는 질문 대신 "쾌락의 작용구조는 무엇이며 어떻게 만들어지고 작용하는가?"라는 질문을 던진다.

앙은 '지성인이자 페미니스트'의 입장에서 글을 쓸 뿐 아니라, 또 동시에 '「댈라스」와 같은 연속극을 빠뜨리지 않고 유달리 즐겨 보는'(12) 사람의 입장에서 글을 쓰고 있다. 여기서 우리는 문화이론과 대중문화의 관계에서 흔히 나타나는 '위로부터의 관점'과는 일정한 거리를 유지하는 입장을 또다시 발견하게 된다.

> 이 즐거움(나 자신의)의 실체를 인정하는 것이 …… 연구의 출발점이 되었으며, 나는 정치적 · 사회적 · 미학적 관점에서 「댈라스」가 좋은지, 나쁜지의 판단은 일단 제쳐두고 우선 이 즐거움 자체부터 이해하고 싶었다. 내 생각에 중요한 것은 이 즐거움을 이해하지 못한 채 그러한 판단을 내리고, 그렇게 함으로써 진보적 문화정치학의 개념들을 체계화하려는 노력이 얼마나 무모한지 역설하는 일이다(같은 곳).

앙이 받은 편지에 의하면 「댈라스」가 주는 즐거움이나 불쾌는 현실 속의 여러 문제들과 밀접하게 관련되어 있다. 그들이 어떤 프로그램을 '좋다' 혹은 '나쁘다'고 보는 것은 그것을 '현실적인'(좋은) 것으로 보느냐 아니면 '비현실적인'(나쁜) 것으로 보느냐에 달려 있다. 그녀는 '경험주의적 현실주의'(34~38)와 '고전적 현실주의'(38~41) 양쪽 모두에 비판적이다. 전자는 텍스트의 외부에 존재하는 것을 얼마나 적절하게 반영하느냐에 따라 그 텍스트의 현실성이 결정된다는 것이고, 후자는 콜린 맥케이브 Colin MacCabe의 주장처럼 텍스트가 그 구조를 얼마나 성공적으로 감추느냐에 따라 만들어지는 환상에 현실성이 부여된다고 보는 입장이다.

「댈라스」는 그녀가 말하는 '감정적 사실주의 emotional realism'(41~47)로 이해하는 것이 가장 바람직하다. 「댈라스」는 두 단계, 즉 외연화와 내포화의 단계로 이해될 수 있다. 외연화 denotation의 단계에는 프로 그 자체의 내용, 기본 줄거리, 인물들 간의 상호작용이 해당된다. 내포화 connotation의 단계에는 줄거리와 인물들의 상호작용에서 발생하는 연상작용이나 함축된 의미가 해당된다(6장 참조).

> 놀랍게도 외연화 단계에서는 비실재적인 것으로 간주되고 또 비실재적인 사람

이나 관계, 상황과 같은 것들이 내포화 단계에서는 비실재적으로 보이지 않을 뿐 아니라 '인지 가능한' 것이 된다. 내포적 의미의 읽기과정에서는 텍스트의 외연화 단계를 일단 접어두고 있는 것이 분명하다(42).

다른 프로그램과 마찬가지로 「댈라스」를 시청하는 것도 텍스트를 외연화로부터 내포화로 읽어가는 선택 과정이며, 우리는 실로 천을 짜듯 이야기 안팎에 우리의 자아를 짜 넣는다. 한 답장에 이렇게 적혀 있다. 즉, "제가 왜 이걸 즐겨 보는지 아세요? 전 그게 그러한 문제와 음모들, 크고 작은 즐거움과 걱정들이 우리들에게도 일어나기 때문이라고 생각합니다. …… 실제로 저도 JR 같은 끔찍한 인간을 알고 있지만, 그는 평범한 건축가일 뿐이거든요"(43). 우리 자신의 삶을 텍사스 백만장자들의 삶과 연결시키는 이러한 능력이 바로 이 프로그램에 감정적 현실성을 부여하는 것이다. 우리는 부자가 아니더라도 이를테면 여러 인간관계와 깨진 관계들, 기쁨과 슬픔, 병고와 건강 등과 같은 근본적인 공통점을 가지고 있다. 이 프로그램을 실제로 보는 사람들은 이 이야기의 특수성(외연화)으로부터 그 주제의 보편성(내포화)으로 초점을 옮기는 것이다.

「댈라스」에서 행복과 불행이 교차하는 끊임없는 순환을 통해 감정을 조작하는 방식을 앙은 '감정의 비극적 구조'(46)라 부른다. 한 답장에는 이렇게 적혀 있다. 즉, "어떨 때 난 정말로 이들과 함께 실컷 울어버리곤 해요. …… 그러지 말란 법이 있나요? 그러고 나면 꽉 막혔던 내 감정들이 배출되거든요"(49). 이런 식으로 '도피'하는 시청자들도 "현실을 유희함으로써 현실을 거부하는 것 …… 게임 속에서는 허구와 실제의 한계를 토론대상으로 놓을 수도 있고, 또 그럼으로써 그 둘을 유동화할 수도 있다. 그리고 그 게임을 통해 허구의 세계에 상상적으로 참여하는 것이 즐거움으로 경험된다"(같은 곳).

어떤 다른 요소가 포함되었든지 간에, 「댈라스」의 즐거움(들) 중 일부는 분명히 시청자들이 그 허구적 세계와 자신들의 일상생활 사이에서 만들어내거나 또는 만들기를 원하는 유동성의 정도와 관련되어 있다. 「댈라스」에서 느끼는 이런 감정구조를 활성화하기 위해서는, 시청자가 '읽기방식'[6]의 구성에 필요한 문화적 역량을 가지고 있어야 한다. 그리고 그 역량은 피터 브룩스 Peter Brooks(1976)가 말한, 이른바 '멜로드라마적 상상력'을 통해 드러난다.

멜로드라마적 상상력이란 고전적 비극의 위대한 인간적 고통을 넘어서 평범한 슬픔과 기쁨, 승리와 패배 그리고 일상의 심오한 의미와 중요성을 간파해내는 방식을 명시화하고 접합하는 것이다. 이는 종교의 확실성으로부터 잘려 나온 현실을 유의미한 대조와 모순들로 조직하는 수단이 된다. 멜로드라마의 강한 대조와 모순, 그리고 과잉감정에 호소하는 이야기 형식으로 되어 있는 「댈러스」는 멜로드라마적 상상력을 불러일으키고 부각시키기에 아주 적합하다. 이런 방식(앙에 의하면 이는 여성들이 대부분 공유하는 문화적 역량을 필요로 한다)으로 세상을 보는 사람들에게는 "「댈러스」가 주는 즐거움이 일상생활의 단조로움에 대한 보상도 아니고 도피도 아닌, 바로 일상생활 그 자체의 한 차원이다"(Ang, 1985: 83). 멜로드라마적 상상력은 「댈러스」에 담긴 비극적인 감정구조를 활성화시키고, 그로 말미암아 실제의 감정을 수반하는 쾌락을 만들어낸다. 그러나 멜로드라마적 상상력이란 사실상 독특한 읽기방식의 구성이기 때문에 「댈러스」의 모든 시청자들이 이런 식으로 텍스트를 활성화시키는 것은 아니다.

앙의 분석에서 핵심개념은 그녀가 말하는 '대량문화의 이데올로기'(15)이다. 대량문화의 이데올로기가 명시화하고 articulate 접합하고 있는 관점은 곧 다음이다(articulate의 의미에 대해서는 4장의 그람시에 관한 내용을 참조). 즉, 대중문화는 자본주의 상품생산의 산물이므로 결국 자본주의적 시장경제의 법칙에 따르게 되어 있다. 그 결과 생산자들에게 이득을 준다는 점 외에는 진짜 중요성이라고는 전혀 없는 저질상품의 끝없는 유통이 있을 뿐이다. 앙이 보기에 이것은 '교환가치'가 '사용가치'를 은폐시킨다는 마르크스의 자본주의 상품생산 분석이 왜곡되어 그 일면만 부각시키고 있다(12장 참조). 이에 반하여 그녀는 마르크스가 그랬

6) Bennett(1983), 그리고 Storey(1992, 2010a) 참조.

듯이 생산수단으로부터 만들어진 상품이 어떻게 소비될 것이지를 예측하기는 불가능하다고 주장한다. 대량문화의 이데올로기는 다른 이데올로기적 담론과 마찬가지로 개인을 특정 주체의 위치에 놓음으로써 작용한다(4장의 알튀세르에 관한 논의 참조). 그 편지들은 「댈라스」를 소비하는 네 가지 입장을 보여주고 있다. 즉, (1) 이 프로를 싫어하는 사람, (2) 아이러니한 태도를 취하는 시청자, (3) 좋아하는 팬, (4) 민중주의자이다.

「댈라스」를 싫어하는 사람들이 쓴 답장들이 이데올로기에 대한 의존도가 가장 높고 뚜렷하다. 그들은 이데올로기를 두 가지 방식으로 사용한다. 첫 번째는 이 프로가 대량문화의 한 예로서 부정적이라고 말하고 싶을 때이고, 두 번째는 이 프로를 싫어하는 이유를 설명하고 뒷받침하기 위해서이다. 앙이 말하듯이 그들의 논리를 요약하면 다음과 같다. "「댈라스」는 확실히 나쁘다. 왜냐하면 그것이 대량문화이기 때문이며, 내가 싫어하는 이유도 바로 그 때문이다"(95~96). 이런 식으로 이데올로기는 위안도 주고 또한 동시에 재확인시켜 주기도 한다. 이를테면 "그 자체로 믿음직하고 논리적인 것 같고 타당해 보이는 완성된 설명 모델이기 때문에 더 자세한 개인적 설명을 찾는 것이 쓸모없는 것처럼 보이게 만든다"(96)는 것이다. 이는 「댈라스」를 싫어하는 것이 잘못되었다는 것이 아니라, 싫다는 고백이나 언명이 생각 없이 행해지는 경우가 많다는 것을 말하고 있을 뿐이다. 실제로 그것들은 무비판적인 생각에서 나온 확신으로 언명하는 것들이 대부분이다.

두 번째 입장의 시청자들은 「댈라스」를 좋아하면서도 대량문화의 이데올로기에 동조하고 있음을 보여준다. 이 모순은 '조롱과 아이러니'(97)로 해결된다. 그렇게 되면 「댈라스」는 조소적이고, 아이러니컬한 이야기로 보이고, "진지하게 의도된 멜로드라마에서 그 반대인 웃음거리의 코미디로 변하고 만다. 그러므로 아이러니한 태도의 시청자들은 텍스트를 있는 그대로 보지 않고 아이러니한 해석을 통해 그들이 좋아하는 의미로 뒤집는다"(98). 이런 입장에서 보면 「댈라스」의 즐거움은 그것이 나쁘다는 사실에 근거를 두고 있다. 즐거움과 나쁜 대량문화의 순간적인 화해가 이루어지는 셈이다. 어떤 편지에는 이렇게 적혀 있다. 즉, "물론

「댈라스」는 대량문화이고 그러므로 나쁜 것입니다만, 바로 이것을 제가 너무나 잘 알고 있기 때문에 진짜 즐기면서 그것을 조롱하며 볼 수 있는 것입니다”(100). 아이러니한 태도의 시청자나 싫어하는 시청자 양쪽 모두에게 대량문화의 이데올로기는 판단을 명확하고 자명하게 해주는 상식의 근거로 작용한다. 둘 다 이데올로기의 규범적 기준에 갇혀 있기는 하지만, 즐거움의 문제가 둘 사이의 차이를 만든다. 한편으로 아이러니한 태도의 사람들은 대량문화가 나쁘다는 사실을 그들이 이미 알고 있다고 확실히 알림으로써 아무런 죄책감 없이 즐거움을 누릴 수 있다. 그러나 싫어하는 사람들은 같은 것을 굳건히 믿으면서도 “(댈라스의) 유혹에서 벗어나지 못할지도 모른다는 감정적 갈등”(101)을 겪을 수도 있다.

세 번째로 「댈라스」를 사랑하는 팬들이 있다. 앞에 말한 두 종류의 시청자들 가운데 실제로 아이러니한 감정 없이 「댈라스」를 좋아하는 사람은 대량문화에 완전히 넘어간 사람으로 취급된다. 한 편지의 내용을 잠시 보자. “목표는 오직 돈, 그것도 엄청난 돈을 긁어모으는 것이죠. 그리고 사람들은 갖가지 수단—섹스, 미모, 부(富) wealth—으로 이를 얻고자 합니다. 그리고 항상 그런 것에 넘어가는 사람들은 있는 법이죠”(103). 이 말에는 이데올로기가 충분한 논증적 뒷받침이 되어줄 것이라는 자신감이 역력하다.

앙은 「댈라스」의 팬들이 그런 젠체하는 자신감을 의식적·무의식적으로 조절하는 데 사용한 몇 가지 전략을 분석해내고 있다. 첫 번째 전략은 이데올로기를 ‘내면화’하는 것, 즉 「댈라스」의 ‘위험’은 인정하지만 (보는 이가) 그 프로그램에서 즐거움을 얻기 위해 이러한 위험을 감당할 수 있는 능력이 있음을 선언하는 것이다. 이것은 곧 다가올 중독상태에 대한 경고에도 불구하고, “난 (이걸) 감당할 수 있어”라고 선언하는 헤로인 상습복용자를 묘사한 최근의 영국 마약 경고캠페인의 광고와도 비슷한 점이 있다.

또 다른 전략은 대량문화의 이데올로기와 맞서는 것인데, 이를테면 다음과 같은 편지를 쓴 경우이다. “많은 사람들은 그것은 가치 없거나 실체가 없는 것이라고 본다. 그러나 나는 그것이 실체가 있다고 생각한다”(105). 그러나 앙이 지적하듯이 이 편지를 쓴 사람은 「댈라스」를 2항 대립 — 실체가 있다/실체가 없다 또는 좋다/나쁘다 — 이라는 다른 관계로 재배치하기 위해 여전히 이데올로기적 논증의 굴레를 벗어나지 못하고 있다. "이 편지를 쓴 사람은 마치 그것이 대량문화의 이데올로기가 만들어내는 논증의 영역 안에 있는 것처럼 '협상'을 벌이며, 그녀 스스로는 이 영역 바깥에 위치하지도 않고 또 대립하는 이데올로기적 위치에서 말하는 것도 아니다"(106).

대량문화 이데올로기의 규범적 기준에 대항하는 세 번째 방어전략은 아이러니를 이용하는 것이다. 시청자의 두 번째 범주, 즉 아이러니한 태도의 사람과는 달리 이들은 표면적인 아이러니를 사용하는데, 이때 아이러니는 다른 모든 면에서는 아이러니하지 않은 즐거움을 정당화하기 위해 사용된다. 여기서 아이러니는 극중 인물들이 '끔찍하다'는 것을 비난하기 위해 사용되지만, 다른 한편으로는 그 프로에 대해 상세히 알고 있고 이야기 전개나 인물들의 상호 교류에 대해 굉장히 열중하고 있다는 것도 보여준다. 이런 전략을 구사하는 시청자는 (즐거움을) 거부하는 이데올로기의 힘과 그녀가 「댈라스」를 볼 때마다 얻는 즐거움 사이에 갇혀 있다. 그녀의 편지는 그녀가 친구들과 같이 볼 때는 전자의 태도에, 그리고 혼자서 볼 때(그리고 아마도 친구들과 볼 때도 은밀하게는)는 후자의 태도를 취한다는 사실을 암시하는 듯하다. 앙이 설명하듯이, "여기서 아이러니는 그 독자가 실은 비밀리에 '진심으로' 「댈라스」를 좋아하면서 대량문화의 이데올로기가 세운 사회적 규범을 지키고자 하는 방어적 수법에 있다"(109).

앙이 보여주듯이 「댈라스」의 팬들은 그들의 즐거움을 대량문화의 이데올로기와 연관시킬 필요성을 느낀다. 그것은 이데올로기를 내면화시키고 이데올로기와 협상하여, 자신의 즐거움을 옹호하기 위해 이데올로기에 대한 약한 거부(「댈라스」가 나쁘다는)에 대항하는 표면적 아이러니를 사용하는 양상으로 나타난다. 이 모든 방어전략들이 드러내는 것은 "대량문화의 이데올로기에 대처할 만한 뚜렷한 이데올로기가 없다는 것이다. 적어도 확신과 설득력에 있어서 대량문화의 이데올로기보다 나은 것이 없는 것이다"(109~110). 그러므로 지금까지 묘사된 「댈라스」 팬과 싫어하는 사람 사이의 투쟁은 결국 대량문화 이데올로기의 비호하에 주장하는 이들과, 그 부적절한 굴레(그들이 보기에는)에서 저항하는 이들 사이의 불평등한 투쟁이다.

> 한마디로 팬들은 영향력 있는 이데올로기적 위치를 확보할 수 없을 것처럼 보인다. 말하자면 그들은 대량문화의 이데올로기로부터 독립되어 적극적으로 '나는 「댈라스」를 이런저런 이유로 좋아한다'고 말할 수 있는 독자성을 확보하지 못할 것으로 여겨지는 것이다"(같은 곳).

편지에서 마지막으로 하나의 관점이 더 눈에 띄는데, 이는 팬들에게도 도움이 됨직한 것으로 민중주의 populism 이데올로기가 그 특징이다. 이 이데올로기의 핵심은 한 사람의 취향은 다른 사람의 취향과 똑같은 가치를 갖는다는 믿음이다. 한 답장의 글을 보자. "이상하게 반응하는 사람들을 보면 왠지 웃긴다는 생각이 들어요—사실 남의 취향에 대해선 아무 말도 할 수 없잖아요. 그리고 어쨌든 당신으로선 차마 눈뜨고 못 보거나 듣기 거북한 것이라도 다른 사람들은 즐거워할 수도 있잖아요"(113). 민중주의 이데올로기는 취향이란 자율적인 것이어서 개인에 따라 끊임없이 달라질 수 있는 것이므로, 다른 사람의 선호에 대해 미학적 판단을 내리는 것은 아무런 의미가 없다고 주장한다. 그런데 이것이 「댈라스」에서 느끼는 즐거움을 방어할 수 있는 가장 이상적인 이데올로기로 여겨진다면, 도대체 왜 극소수만이 이 생각을 하는 것일까?

앙의 대답은 이 이데올로기의 비판적 어휘가 극도로 제한되어 있기 때문이다. "취향은 설명할 수 없다"는 말을 몇 번 반복하고 나면 금방 바닥이 드러나기 시작하는 것이다. 이에 비해 대량문화의 이데올로기는 광범하고 정교한 논쟁의 범위와 이론을 갖고 있다. 그러므로 자신들이 「댈라스」를 좋아하거나 싫어하는 이유를 설명하라는 요청을 받았을 때, 이와 같은 대량문화의 규범적·이데올로기적 논증체계를 회피하기 어려웠을 것임은 당연하다.

그러나 앙에 의하면 이를 피할 방법이 없는 것은 아니다. 말하자면 그것은 다름 아닌 이데올로기적 논증의 '이론적' 본성인데, 이는 "사람들의 판단과 이성적 지각에 영향을 미치며, 더욱이 그들이 문화에 대해 남들과 이야기할 때만 그 영향을 끼친다. 그렇다고 해서 실생활에서의 문화적 실천행위까지 이런 이성적 판단에 따르는 것은 아니다"(115). 이것으로 몇몇 편지에서 볼 수 있는 모순들, 즉 "대량문화 이데올로기의 지적 권위와 민중주의 이데올로기의 '자연발생적'인 실제 매력"(같은 곳) 사이에 갇힌 사람들이 느낀 모순을 어느 정도 설명할 수 있다. 민중주의 이데올로기를 대중문화에 대한 급진적 견해로 택하기 어려운 것은, 문화산업이 이미 그것을 자신들의 이익 극대화라는 목적을 위해 도용해버렸기 때문이다. 그러나 부르디외의 연구를 끌어들여 앙은 민중주의의 부각은 '대중미학'과 연관이 있다고 주장한다. 여기서 중산층 취향의 도덕적 범주는 우연성이나 다원성을 강조하는 것으로, 그리고 특히 쾌락을 강조하는 것으로 바뀐다(12장 참조). 앙이 볼 때, 쾌락은 변형된 페미니즘 문화정치에서 핵심이 되는 개념이다. 말하자면 페미니즘은 "여성들을 …… 연속극의 기만적 메시지의 수동적 피해자로 만들고 …… 여성 입장의 즐거움을 완전히 외면하는 …… 대량문화 이데올로기인 가부장주의"(118~119)를 반드시 깨뜨려야 한다. 쾌락이 중시될 때에도 그것은 여성해방이라는 페미니즘 목표의 걸림돌로 비난의 대상이 될 따름이다. 앙이 제기하는 질문은 이렇다. 여성들이 최루성 영화나 감정적으로 자학적인 연속극과 자기 자신을 동일시함으로써 얻는 즐거움이 "자신들의 정치적 태도와는 비교적 독립적인 여성들에게도 유의미한 것인가?"(133) 그녀의 대답은 그렇다는 것이다. 환상과 허구는

> 삶의 다른 차원들(사회적 행위, 도덕적 혹은 정치적 의식)을 대신하는 것이 아니라 그것들과 병행한다. 환상과 허구가 쾌락의 원천이 되는 까닭은 …… 그것들이 현실을 잠깐 제쳐두고 진짜 모순에 대해 상상적 해결책을 구성하여, 그 허구적 단순성과 단순한 허구성을 통해 현존하는 지배와 종속의 지겹고 복잡한

사회관계로부터 시청자들을 벗어나게 해주기 때문이다(135).

물론 이것은 여성들의 의미작용이 무의미하다는 말이 아니다. 그것들은 여전히 문화정치의 진전에 역행한다고 비난받을 수 있다. 그러나 그것들을 통해 쾌락을 경험하는 것은 전혀 다른 문제이다. "우리가 사랑하는 사람들과 친구들, 직업, 정치적 이상 등과의 관계에 이러한 관점과 해결책을 반드시 사용해야 한다는 뜻이 아닌 것이다"(같은 곳).

> 허구와 환상은 현재 삶을 즐겁게 하거나 적어도 살 만하게 만들어주는 기능을 가지고 있으나, 그렇다고 급진적 정치의식이나 활동을 배제하는 것은 결코 아니다. 다시 말해서 새로운 환상을 만들어내는 것에 대항하기 위해 또는 이미 존재하는 환상을 대체하기 위해 벌이는 싸움을 자제해야 하는 것은 아니다. …… 그러나 문화적 소비라는 문제에서 환상의 '진보성'은 평가할 만한 확고한 기준이 없다. 개인적인 것이 정치적일 수도 있지만, 그렇다고 개인적인 것과 정치적인 것이 항상 손을 잡고 가는 것도 아니다(135~136).

『댈러스 감상』에 대해 상당히 적대적인 서평에서 다나 폴란 Dana Polan(1988)은 앙이 쾌락의 문제를 너무 단순하게 보고 있으며, 그 원인은 정신분석을 사용하지 않았기 때문이라고 비난한다. 그는 또한 대량문화 이데올로기에 대한 앙의 공격이 고급문화/대중문화 구분에 담긴 명시적 및 함축적 가치평가를 단순히 역전시킨 것에 불과하다고 주장한다. 고급문화 소비자들이 "고급 취향은 주체성의 자유로운 표현이며, 저속한 습관으로 인해 항상 타락의 위험에 처해 있는 것"으로 생각하는 반면에, 앙은 "대량문화의 팬을 그의 직접적인 쾌락이 위에서 부과된 인위적이고 속물적인 가치 때문에 오염될 위험이 있는 자유인"(198)으로 표현한다는 비난을 받고 있다. 폴란은 앙이 "대량문화에 대한 고답적이고 시대착오적 견해"만을 공격하고 있으며, 그렇기 때문에 아직도 "비극이나 의미로서의 문화라는 문화의 신화적 개념"(202)에만 매달려 새로운 포스트모던 감수성을 빠트리고 있다고 주장한다. 그러나 대량문화 이데올로기가 고답적이고 시대착오적이라는 생각은 미국 학계의 정신분석적 문화비평의 환상적 영역에서는 사실이겠지만, 일상생활 문화의 의식/무의식 세계에서는 여전히 유효한 것이다.

여성잡지 읽기

『여성잡지의 내부 *Inside Woman's Magazines*』의 서문에서 재니스 윈쉽 Janice Winship(1987)은 1969년 이래 여성잡지에 대한 연구가 어떻게 전개되어 왔는지를 설명하고 있다. 거의 같은 시기에 그녀는 스스로를 페미니스트로 자칭하기 시작하였다. 그녀 자신도 인정하듯이, 여성 연구와 페미니스트의 소임을 함께 잘해나가기가 때로는 무척 어렵다는 것이 판명되었고, 또 때로는 그것이 '정치적으로 더 중요한 것'을 연구해야 한다는 암시이기도 했다. 그러나 그녀는 이 두 가지가 통합되어야 한다고 주장한다. 말하자면 "여성잡지의 중요성을 묵살한다는 것은 매주 그것을 읽고 즐기는 수백만 명의 여성들의 삶을 묵살하는 것이기 때문이다. 그뿐 아니라 나도 그것들을 즐겼으며, 그것들이 유익하다는 걸 알았고, 또 그와 더불어 도피하기도 했다. 그리고 나는 내가 '벽장 속에서 비밀리에' 책을 읽는 유일한 페미니스트가 아님을 알았다"(같은 책). 그녀는 계속해서 이렇게 말한다. 즉, 이것은 자신이 여성잡지에 대해 비판적이지 않았다는(그리고 지금도 아니라는) 뜻이 아니며, 페미니즘적 문화정치에서 정말로 중요한 것은 바로 이 '매혹과 거부'(같은 책)의 변증법이라는 것이다.

> 우리는 누구나 2등이라는 지위를 벗어나고 싶어 하는데 여성잡지에 나타난 여성성의 겉모습은 대부분 2등에 묶여 있다. 동시에 ― 남성이 아니고 ― 여성이기에 느끼는 즐거움의 원인도 여성이라는 겉모습 때문이며, 또한 그것은 부분

적으로 미래에 대한 페미니즘적 전망의 원천이기도 하다. …… 그러므로 페미니스트들에게 여성잡지가 제기하는 중요한 문제는 우리가 우리를 위한, 우리의 새롭고 자유로운 이미지를 창조하기 위해 어떻게 그 여성적 토양을 인수받을 것인가의 문제이다(xiii~xiv).

『여성잡지의 내부』의 목적은 부분적으로 "잡지의 수법과 공식이 주는 호소력을 제대로 밝히고, 그 한계와 변화에 대한 잠재력을 비판적으로 검토하는 것이다"(8).

18세기 말에 시작된 이래로 여성잡지들은 그 독자들에게 조언과 오락의 혼합물을 제공하였다. 정치와 상관없이 여성잡지들은 독자들에게 가부장적 문화에서 살아남는 방법을 실질적으로 조언해주는 지침서로 작용해 왔다. 그것은 이를테면 ≪스페어 립 *Spare Rib*≫처럼 뚜렷한 페미니즘적 정치형식을 취할 수도 있고, 또 ≪여성 자신 *Woman's Own*≫처럼 역경을 딛고 일어선 여성들의 이야기 형식을 취할 수도 있다. 저마다 정치적 입장은 다르지만 그 형식은 대동소이하다.

여성잡지들은 오락과 유용한 충고를 적절히 배합하여 독자들에게 호소한다. 윈쉽에 따르면 그 호소는 여러 가지 '허구'로 포장되어 있다. 그것들은 광고의 시각적 허구이기도 하고 또 패션잡화나 요리 또는 가족과 가정에 대한 것일 수도 있다. 그것은 또한 실제 허구, 즉 연재 연애소설, 5분 소설(꽁트)일 수도 있다. 유명한 사람들의 이야기나 '평범한' 남녀의 삶에서 일어나는 사건들에 대한 이야기도 있다. 이 모두는 각기 다른 방법으로 '독자를 잡지의 세계로, 궁극적으로 소비의 세계로 끌어들이려고 시도한다. 이로 말미암아 여성들을 자주 '자신들의 여성성을 소비를 통해 정의하는 불가피한 상황'(39)으로 이끌고 간다. 그러나 즐거움이 꼭 구매에 의해서 생기는 것만은 아니다. 윈쉽은 그녀가 『여성잡지의 내부』를 쓰던 7월의 어느 무더운 날, 목욕탕 수도꼭지가 연결된 바다로 한 여성이 뛰어드는 모습을 그린 잡지광고를 보고, 그 제품을 살 엄두는 나지 않았지만 대단한 시각적 즐거움을 느꼈던 기억을 떠올리고 있다. 그녀가 설명하고 있듯이,

> 우리는 광고가 다루는 꿈의 어휘를 인정하고 만끽한다. 또 그것이 창조하는 허구에 끌리기도 하지만 그 상품들이 기대된 허구를 이끌어내지 않는다는 사실도 충분히 알고 있다. 그래도 상관없다. 그 제품을 사는 것에 구애받지 않고서도 우리는 그 이미지 자체를 통해 멋진 생활을 대신 누릴 수 있다. 이것이 바로 당신이 갖지 못한, 그리고 가질 수 없는 경험에 대한 보상이다(56).

따라서 잡지광고는 잡지와 마찬가지로 꿈꿀 수 있는 토양을 만들어주며, 이를 통해 (소비를 통해) 욕구를 충족시키려는 욕망이 일어난다. 역설적으로 이는 항상 일상생활에 노동이 존재한다는 것을 인정하기 때문에 더욱더 심오한 즐거움을 안겨준다.

> 잡지광고는 여성들이 패션이나 미용, 음식, 집 단장 등 잡다한 수고를 아끼지 않는다는 것을 당연시함으로써 즐거움을 준다. 이러한 가시적인 것들은 그런 노동을 인정하면서 동시에 독자로 하여금 그것을 피하게 도와준다. 일상생활에서 여성의 '즐거움'은 이런 노동을 행함으로써 얻어지며, 여기서 그 이미지는 일시적 대체물과 함께 그런 노동의 성취를 위한(그들의 주장에 의하면) 쉽고 즐거운 지름길을 제공한다(56~57).

욕망은 일상적이지 않은 어떤 것으로 인해 발생되지만, 여성에게 있어서 그 욕망의 성취는 대부분 일상적 활동인 '쇼핑'을 통해서만 이루어질 수 있을 뿐이다. 여성잡지의 허구들, 사설이나 광고, 패션과 가구 목록들, 요리와 화장용품들 가운데 최종적으로 팔리는 것은 성공적인 것이며, 따라서 여성을 즐겁게 하는 것이다. 이 실용적 조언을 따르고 이 제품을 사면 더 나은 연인, 더 나은 엄마, 더 나은 아내 그리고 더 나은 여성이 되는 것이다. 페미니스트의 관점에서 볼 때, 이런 형식은 어느 것 할 것 없이 모두 문제를 안고 있으며, 그 문제란 언제나 그것은 강력한 사회적·문화적 구조나 속박으로부터 벗어나 있는 한 사람의 신화적인 여성을 전제로 하여 만들어진다는 점이다.

'개인적 해결'에 대한 언질이나 약속이 자주 등장하는 것은 여성잡지들이 여성의 '허구적 집단'(67)을 만들어내고자 하기 때문이다. 이것은 사설의 '우리'라는 말의 반복에서도 볼 수 있고 또 편지란의 독자/편집자 사이에 이루어지는 상호교류에서도 볼 수 있다. 여기서 우리는 낙관주의와 운명론의 혼합을 통해 일상세계를 이해하려는 여성들을 자주 접하게 된다. 윈쉽은 여성들이 "이데올로기적으로는 개인적 토양에 묶여 있으면서 사회적 사건들에 대해서는 상대적으로 무력한 위치에 있기"(70) 때문에 그렇게 불안을 표현한다고 말한다. 소위 '비극 극복'의 이야기들처럼, 독자 편지와 편집자의 반응은 대개의 경우 '개인적 해결'을 권장하는 경우가 가장 많다. 둘 다 개인의 노력이 모든 어려움을 극복한다는 동일한 우화를 '가르친다.' 독자는 이 주제에 대해 감탄하면서(4장의 알튀세르에 관한 논의를 참조), 자신의 문제를 같은 맥락 속에 놓고 처리할 수 있다는 생각을 갖게 된다.

단편소설들의 작용도 비슷하다. 서로 다른 '허구'들이면서도 그 공통점은 "그것들이 보여주는 인간 승리가 물질적인 것이 아니라 심정적인 것"(76)이라는 사실이다. 이는 잡지들의 상상적 공동체를 지속시키기 위해 여러모로 필수적이다. 왜냐하면 심정적 문제에서 물질적 문제로 넘어간다는 것은 계급, 성, 인종 등의 분리된 현실과 만나는 위험을 감수해야 하기 때문이다.

> 그러므로 잡지가 만들어내는 '우리 여자들'이라는 느낌은 실은 상이한 문화적 집단으로 이루어져 있다. 그러나 '우리'와 '우리의 세계'라는 개념은 잡지 속에서 통일의 유사성을 주기 위해 그런 구분을 계속하여 도려낸다. 실제로 독자가 잡지를 덮었을 때, 그녀는 더 이상 에스터 란첸 Eather Rantzen이나 그와 같은 부류의 사람들과 '친구'는 아니지만, 그것이 지속되는 동안이나마 이것은 유쾌하고도 자신감을 주는 꿈인 것이다(77).

이것은 필시 '고민란'에서 더욱 명백히 나타날 것이다. 모든 고민들이 개인적이고 그러므로 개인적 해결책을 구하고 있지만, 윈쉽은 "여성들이 개인적 삶을 사회적 용어로 설명하는 지식에 접근할 수 없는 한 …… '당신의' 고민은 '당신이' 해결하라고 하는 부담은 두려운 것이 되거나 …… 또는 절망적인 '해결'만을 초래할 것이다"(80). 윈쉽은 (성적 과거를 가진) 남편이 자기 부인의 성적 과거를 잊지 못하고 용서도 못하는 편지를 예로 든다. 윈쉽이 지적하듯이, 이 문제에 대한 개인적 해결책으로 이중적 성 규범이라는 사회문화적 유산에 대한 도전을 권장할 수는 없는 것이다. 다른 방법이 있다고 가장하는 것은 (독자를) 오도하는 것이다.

> 상담을 받는 '아주머니들'(그리고 잡지들)은 여성들의 '친구'로 행세하며, 그들을 자기 책으로 끌어들인다. 그러나 이들은 그들이 공유한 사회적 상황의 과정이나 역사에 대한 지식은 주지도 않으면서 여성들 사이에 비집고 들어와서는, 그들이 함께 해야만 할 수 있는 일을, 슬프고 모순적이게도, 혼자서 하도록 격려하고 기대한다(같은 곳).

윈쉽의 저서에는 중심이 될 만한 세 장이 있다. 즉, ≪여성 자신≫에서 보이는 개인의 가치와 가족의 가치, ≪코스모폴리탄 *Cosmopolitan*≫의 (이)성 (hetero) sexual 해방 이데올로기, 그리고 ≪스페어 립≫의 페미니즘 정치이다. 나는 지면상 이 장들 중 한 가지만 언급하고자 한다. 인기 있는 영화와 텔레비전에 대한 ≪스페어 립≫의 평론을 살펴보면서, 윈쉽은 대중문화에 대한 최근의 (포스트)페미니즘 분석(이 장에서 다룬 연구의 대부분)과 비슷한 어조로 답변하고 있다.

> 이러한 평론들은 …… 평론자의 지위를 급상승시키고 페미니즘 및 페미니스트들을 드높은 좌대 위로 끌어올려 '빛을 보게' 했지만, 그 결과로 문화행사의 전 영역뿐만 아니라 흥미롭게 그것들을 즐긴 수많은 여성들의 경험까지도 함께 무시하게 된다. 의도적이든 아니든 페미니스트들은 자신들을 확실히 따로 떼어놓고 있다. 말하자면 (여성지를 포함한) 대부분의 대중문화 형식을 잘 알고서 거부

> 하는 쪽은 '우리'이고, 무지로 인해 계속 ≪여성 자신≫을 사서 읽고 「댈라스」를 시청하는 쪽은 '그들'이다. 그러나 아이러니한 것은 '우리'들 대부분이 '그들'과 느낌을 공유하고, 비밀리에 그 잡지나 드라마를 읽고, 보는 사람들이라는 사실이다(140).

『여성잡지 읽기』에서 죠크 헤르메스 Joke Hermes(1995)는 페미니스트의 여성잡지에 대한 이전 연구를 면밀히 살피고 있다. "나는 페미니스트의 일반적인 투쟁목표는 모름지기 존경할 만한 일에 두어야 한다는 점에 대해 언제나 강한 인상을 받아 왔다. 필시 그것은 내가 여성잡지에 관한 대다수 페미니스트의 연구업적에 대해 한 번도 편안한 느낌을 가져 본 적이 없는 탓일 것이다. 이런 연구들은 거의 대부분이 여성잡지를 구독하는 사람들에게 존경보다는 오히려 관심을 표명하고 있다"(1). 그녀는 이어 말하기를 (현대적 페미니즘이라 불릴 수 있는) 이런 접근방식은 페미니스트 학자는 '예언자이자 무속인'(같은 곳)이라는 미디어 비판의 형태를 초래한다. 그녀가 설명하듯이,

> 현대적 담론형식을 취하는 페미니스트는 타자들의 행동에 대해 논하며, 이 타자들이란 여성잡지와 같은 미디어 텍스트들이 얼마나 나쁜지 그들 스스로는 알 수 없는 사람들이다. 이들에게는 계몽이 필요하다. 이들을 허위의식으로부터 구출하기 위해서는, 또 나아가 여성들이 행복을 찾으려 한 그 여성잡지로 말미암아 생겨난 거짓 묘사들로부터 해방되어 자유로운 삶을 살아갈 수 있게 하기 위해서는 좋은 페미니즘적 텍스트들이 있어야 한다"(같은 곳).

이러한 사고방식이나 연구를 반대하는 헤르메스는 한층 포스트모던한 관점을 옹호한다. "포스트모던한 관점에서는 관심보다 존경 — 혹은 그 내용을 보면 찬양이며, 이것은 포스트모던 시각을 보증할 만한 용어로 자주 등장한다 — 이 중심이 된다"(같은 곳). 그녀는 "모든 독자들이(비평가들인 우리를 포함한) 우리가

다른 문맥에서 비판하는 그 맥락에서 텍스트를 즐기고 있음”(2)을 잘 알고 있다. 그러므로 그녀의 연구에서 초점은 “그녀가 인터뷰한 여성의 선호도를 인정하는 가운데서 여성잡지가 읽히는 방식을 이해하는 것이다”(같은 곳). ‘포스트모던 페미니스트의 입장’이 취한 관점을 살펴봄으로써, 그녀는 “독자는 미디어기관들의 문화 패거리가 아니라 의미를 만들어내는 문화 생산자라는 인식”을 옹호하게 된다. “미디어 텍스트들에 대해서도 우리가 지역적이고 특수한 의미를 부여한다는 것, 그리고 다른 주체성이란 실제 살아가는 다각적이고 다면적인 사회생활, 즉 미디어의 이미지와 텍스트들(여성잡지는 이들의 일부이다)에 흠뻑 젖어있는 그런 삶을 이겨내기 위해 어느 누군가가 가져온 것이라는 인식에 대해서도 옹호한다”(같은 곳).

더 정확히 말하면, 그녀는 자신의 연구를 개개의 텍스트에 대한 의미가 어떻게 만들어지는가에 초점을 맞추는 앙이나 레드웨이의 입장(예를 들어 Ang, 1985; Radway, 1987)과, 그리고 미디어 소비에 초점을 맞추는 그레이나 몰리의 입장(예를 들어 Gray, 1992; Morley, 1986) 사이의 중간 위치에 두고자 한다. 달리 말해서 그녀는 문화적 텍스트에서 출발하여 사람들이 그것을 어떻게 인식하고 의미화하는가를 보여주거나, 혹은 문화적 소비의 맥락에서 출발하여 그것이 어떻게 인식과 의미 형성의 방식들을 강요하게 되는가를 보여주고자 한 것이 아니다. 그녀는 “여성잡지라 불리는 일련의 산만한 장르를 재구성하여 그것들이 어떻게 전적으로 독자들의 지각능력을 통해 의미화되는가를 밝히고자 한 것이다”(Hermes, 1995: 6). 그녀는 이런 접근방식을 “일상의 맥락에서 이루어지는 의미생산의 이론화”(같은 곳)라고 부른다. 그녀는 자신의 관점에 대해 이렇게 설명한다. 즉,

> 나의 관점은 모름지기 텍스트는 독자와 텍스트 사이의 상호작용을 통해서만이 의미를 얻게 되며, 텍스트의 분석은 결코 의미의 재구성에서 끝나는 것이 아니라는 입장이다(10).

이런 방식의 연구가 가능하기 위해 그녀는 '레퍼토리 repertoires'라는 개념을 도입한다. 그녀의 설명에 따르면 "레퍼토리는 말하는 사람들이 의존하거나 지시하는 문화의 자원들이다. 어떤 레퍼토리를 이용하는가는 독자 개개인의 문화적 역량에 달려 있다"(8). 게다가 "텍스트는 직접 의미를 갖는 것도 아니다. 독자들이 사용하는 다양한 레퍼토리가 텍스트의 의미를 만들어낸다"(40).

헤르메스는 남녀를 대상으로 80차례의 인터뷰를 실시했다. 인터뷰에서 그녀가 먼저 실망한 것은 두 가지 이유 때문이다. 첫째는 인터뷰 대상들이 어떻게 그들이 읽은 여성잡지로부터 의미를 만들어내는가에 대해 말하기를 꺼려하는 것 같았기 때문이다. 그리고 둘째는 그들이 이 문제를 논의할 때, 흔히 미디어와 문화이론이 제시하는 '공통된 의미'와는 달리 여성잡지와의 만남이 그들에게 전혀 의미가 없었다는 듯이 이야기했기 때문이다. 이렇듯 실망하고 난 후에 이 논의는 점점 더 그녀가 말한 '유의미의 오류 the fallacy of meaningfulness'(16)를 인정하게끔 부추겼다.

이 말에서 보면, 그녀는 미디어와 문화분석의 방법, 즉 독자와 텍스트의 만남은 언제나 의미생산의 측면에서만 이해되어야 한다는 관점을 전제로 하는 그런 분석방법을 거부하고 있는 것이다. 그녀의 주장에 따르면, 의미에 관한 이러한 일반적 선입견이 생겨난 것은 유력한 연구집단이 일반인의 문화 소비행위보다는 주로 팬들(나는 여기에 청년문화까지 덧붙이고 싶다)에게 관심을 집중한 결과였다. 게다가 그것은 또한 문화 소비의 위치를 틀에 박힌 일상의 틀 속에 두지 못한 명백한 실책의 결과이기도 했다. 이런 연구집단의 영향을 무시한 채 그녀는 "미디어 텍스트는 독자들이 쓴 그들의 일상에 대한 보고서들로 채워져야만 한다"(148)는 비판적 관점에 손을 들어준다. 그녀가 설명하듯이 "일상적인 미디어 사용을 이해하고 이론화하기 위해서는 이색적인 차원의 심리학적 탐구나 심정적인 언명과 성찰을 인지하지 못하는 그런 관점보다는 차라리 의미생산에 대한 더 세련된 관점이 요구된다"(16).

헤르메스는 그녀가 고른 인터뷰 소재에서 발생하는 반복적인 문제와 되풀이

되는 주제에 대해 상세하고도 비판적인 분석을 수행함으로써, 여성잡지의 문화적 소비에 관한 인터뷰에서 채용되었던 다양한 레퍼토리를 재구성하고자 한다. 그녀는 네 가지 레퍼토리로 나누는데, 즉 '손쉽게 다루기', '기분전환', '실용적인 지식', '감정 학습과 그와 관련된 인식'이다(31).

가장 직접적으로 이해할 수 있는 첫 번째 레퍼토리는 독자에게 제한된 요구를 하는 장르의 여성잡지를 말한다. 이는 쉽게 집었다가 쉽게 팽개칠 수 있는 장르이며, 그렇기 때문에 이는 또한 일상의 틀에 잘 어울릴 수 있다.

두 번째 레퍼토리는 '긴장 완화'의 형태를 취하는 것으로, 첫 번째 레퍼토리와의 관련이 뚜렷하여 첫 번째 레퍼토리로 여겨지기도 한다. 그러나 헤르메스가 지적하듯이 휴식은(앞서 논의된 '현실도피주의'와 마찬가지로) 뜻이 단순하거나 자명한 개념이 아니다. 그녀의 주장대로 그것은 '이데올로기적인 하중이 실려 있는'(36) 개념이다. 한편으로 그것은 단순히 특정한 행위에 대한 타당한 기술로 사용될 수 있는가 하면, 또 다른 한편으로는 인격 침해에 대응하는 방어기제로 사용될 수 있다. 헤르메스가 우리에게 상기시키고 있듯이, 여성잡지의 하위문화적 지위와 상황을 염두에 둔다면 프라이버시 침해를 방어하는 수단으로서 저 개념을 사용하는 것이 이해가 간다.

세 번째 레퍼토리인 '실용적 지식'은 요리정보에서부터 영화나 서적의 논평에 이르기까지 광범위하다. 그러나 그 확실한 뿌리가 실제 응용에 있는지는 의문스럽다. 실용적 지식의 레퍼토리는 이를테면 인디언 방석 만들기 명인이 되는 법을 터득하는 요령이나 혹은 극장에 가서 볼 만한 영화가 어떤 것인지를 가르쳐주는 문화계 소식보다야 많은 것을 제공한다. 헤르메스가 주장하듯이 독자들은 이러한 실용적 정보를 "이상적인 자아"를 상상하기 위해 사용할 수 있다. 여기서 "이상적인 자아란 …… 실용적이고 해결 중심적이며, 선택의 역량이 있어 소비와 절제를 자유자재로 조절할 수 있는 사람이다"(39).

마지막 레퍼토리는 '감정 학습과 그와 관련된 인식'인데, 이것도 역시 실용적인 정보의 수집이라기보다는 학습에 관한 것이다. 말하자면 잡지 줄거리나 기사에 나타나 있는 남의 문제를 통해 자신을 자각하고 또 자신의 생활양식이나 잠재적인 문제를 인식하고 배우는 것이다. 한 인터뷰 상대가 헤르메스에게 말했듯이, 그녀는 "문제를 안고 있는 사람들에 관한 짤막한 이야기들 …… (그리고) 그 문제가 해결되는 방식들"(41)을 즐겨 읽었다. 또 다른 인터뷰 상대는 헤르메스에게 "나는 사람들이 일 처리하는 방법에 관해 읽기를 좋아한다"(42)고 말했다. 어떤 사람은 "다른 사람들의 문제에서 …… 그리고 그들(잡지)의 충고에서 많은 것을 배워라"(43)는 고민란을 눈여겨본다고 했다. 실용적인 지식의 레퍼토리와 마찬가지로 감정적 및 그와 관련된 학습의 레퍼토리 역시 이상적인 자아를 만들어낼 수 있으며, 여기서 자아는 심정적 차원의 모든 가능적 위험에 대비함은 물론 일상적인 사회생활에서 당면할 수 있는 위험들에 대해서도 방비가 되어 있다. 헤르메스가 설명하듯이, "세 번째와 네 번째의 레퍼토리는 둘 다 독자에게 주체성과 자신감, 그리고 평화로운 삶에 대한 감정이나 절제에 대한 감각을 안겨주며, 이런 감각들은 잡지를 읽는 동안은 지속되지만 그 잡지를 팽개치면 (실용적인 정보들과는 달리) 금방 사라져버린다"(48).

헤르메스의 독창성은 다음과 같은 문화분석의 접근방식과 단호히 관계를 끊은 점에 있다. 그 방식이란 전문가가 먼저 텍스트의 확고한 의미를 확립할 필요가 있으며, 독자가 텍스트를 읽고 어떻게 이런 의미를 만들어내는지는 그 다음 문제라고 역설하는 것이다. 이런 연구방식을 거부하는 헤르메스는 이렇게 주장한다. 즉, "독자들이 사용하는 레퍼토리가 여성잡지 장르에 의미를 부여하며, 그 의미부여의 방식은 여성잡지라는 텍스트로부터 상당히 독립적인 성격을 띤다. 독자들은 판타지 형식이나 상상되는 '새로운' 자아의 형태로 새로운 텍스트를 구성한다. 이는 결국 장르 연구는 전적으로 여성잡지가 어떻게 읽히는가에 달려 있으며, 텍스트 그 자체의 (서사) 구조나 내용에 전혀 구애될 필요가 없다는 결론에 이른다"(146).

널리 알려진 여성과 문화 소비에 대한 설명과는 대조적으로 레퍼토리의 역할에 대한 탐구에서 그녀는 잡지를 읽는 여성들의 행위 속에서 확실한 임파워먼트

empowerment의 형식을 보는 것조차 탐탁하게 여기지 않게 된다. 그 대신 그녀는 여성잡지의 문화적 소비를 오히려 일시적인 '임파워먼트의 순간'(51)으로 보아야 한다고 주장한다.

포스트 페미니즘

포스트 페미니즘 post-feminism은 복합적인 주제이다. 이는 페미니즘의 한 유형, 즉 페미니즘 내부의 한 가지 이론적 입장을 나타내기 위해 사용될 수도 있고, 또 현대 대중문화의 한 동향을 나타내기 위해 사용될 수도 있다. 재니스 윈쉽 Janice Winship(1987)에 따른다면, "만일 그것이 어떤 유용한 의미가 있다면," 포스트 페미니즘은 어떻게 "페미니스트와 비-페미니스트의 경계가 불분명하게 되었는지"(149)를 말해준다. 이것은 "페미니즘의 '성공'과 더불어 일부 페미니스트의 사상이 더 이상 저항적인 혐의를 받는 것이 아니라 오히려 소수가 아닌, 대다수 사람들의 상식의 일부로 되게 된"(같은 곳) 그 과정에 크게 기인하고 있다. 물론 이것은 모든 페미니스트의 요구가 충족되어 이제 페미니즘은 불필요하다는 것을 의미하는 것은 아니다. 그와는 반대로, "그것은 다음을 의미한다. 즉, 페미니즘은 더 이상 쉽게 규정되는 일련의 원칙들로 둘러싼 단순한 정합성을 갖는 것이 아니라, 오히려 과거 1970년대보다 더 풍부하고, 더 다양하고, 모순이 혼재해 있다"(같은 곳).

안젤라 맥로비 Angela McRobbie(2004)는 페미니즘의 '성공'에 관해서 결코 낙관적이지 않다. 그녀의 주장대로 현대 대중문화의 많은 부분이 적극적으로 1970년대와 1980년대 페미니즘이 거둔 수확을 약화시키고 있다는 것은 엄연한 사실이다. 하지만 이것을 페미니즘에 대한 직접적인 '역(逆) 스래시 back · slash'로 이해해서는 안 된다. 오히려 페미니즘의 토대를 허무는 그 작용은 페미니즘을 인정하면서 또한 동시에 여성들이 그들 자신의 개인적인 삶을 영위할 자유를 가지고 있는

[사진 8.1] 포스트 페미니즘과 원더브라

세계에서는 페미니즘이 더 이상 필요하지 않다고 주장함으로써 유효하게 작용한다. 포스트 페미니즘적 대중문화에서 페미니즘은 낡고, 쿨 cool하지 않고, 쓸모없는 역사적 유물일 따름이다. 그러므로 페미니즘을 인정하는 것은 그것은 더 이상 현대적 의의가 없다는 것을 실증하는 것에 지나지 않는다. 페미니즘 운동 대신에 우리에게는 페미니즘에 대한 정리와 개인적 노력의 필요성을 동시에 구현하고 있는 성공적인 개인으로서의 여성이 주어진다. 인정과 퇴짜라는 이 이중적인 행위는 포스트 페미니즘적 대중문화에서는 다방면에서 발견된다. 맥로비는 그 예로서 원더브라 Wonderbra에 대한 광고(사진 8.1 참조)를 제시하고 있다.

> 이 원더브라 광고는 모델 에바 헤르지고바 Eva Herzigova가 원더브라의 화려한 레이스로 말미암아 더욱 돋보이게 된 그녀의 크고 탄력적인 유방 사이를 감탄

> 하며 내려다보고 있는 장면을 보여주고 있는데, 이 광고는 1990년대 중반 영국의 주요 중심가에 실물 크기의 광고판으로 설치된 것이었다. 이미지의 구성은 아주 교과서적인 '성차별주의적 광고'의 차원이었기 때문에 사람들이 문화연구와 페미니스트의 광고 비판을 다소 친근하게 여기는 것도 무리가 아니었다. 어떤 의미에서 그것은 과거의 일임을 보여줌으로써, 도발적으로 '성차별주의를 연기하면서' 또한 동시에 응시의 대상(이 장 앞부분의 로라 멀비의 논의 참조)으로서, 그리고 심지어 여성적 욕망의 대상(이 장 앞부분의 로자린 카워드의 논의 참조)으로서 여성을 다루는 영화이론의 논의들을 여러모로 활용함으로써, 이 광고는 페미니즘을 고려하고 있었다. …… 이것은 시청자에게 보여주는 광고이며, 잘 알려진 페미니즘적 미디어 연구의 국면들이다. …… 동시에 이 광고는 생산적인 홍보의 수단으로서 페미니스트의 비난을 예상하고 있다. 따라서 세대 간의 차이가 또한 생겨나게 되었고, 젊은 여성 시청자는 아이러니와 시각적으로 문예에 대해 교육을 받은 그녀의 남성 동료들과 더불어 이와 같은 레퍼토리로 말미암아 분노하지는 않는다. 그녀는 그것의 다층적 의미를 제대로 알고 있다. 그녀는 그 농담을 알아듣는다(258~259).

페미니즘이 한때 성차별적인 이미지로 간주되었던 것에 대한 비판으로 작용하기보다는, 오히려 그것은 묵살과 퇴짜 그리고 탈정치화를 희생하면서까지 그 텍스트에 통합되어버린 상태이다. 그것은 역사 속의 담론이라고 해야 할 그 광고에 말려들고 말았는데, 그것의 유일한 기능이 곧 그 이미지의 기호학적 깊이를 심화시키고 그것을 아이러니하고 무해한 것처럼 보이도록 하는 데 있다. 그 광고를 불쾌하고 모욕적으로 느낀 것은 1970년대의 페미니스트 청교도뿐이었다(일부 사람들이 지금도 여전히 그렇게 느끼는 것은 그 광고의 농담 중 일부이다). 달리 말한다면, 포스트 페미니즘적 대중문화는 페미니즘 이전의 감수성으로 되돌아가는 것이 아니다. 오히려 그것은 페미니즘에 대한 하나의 응답이다. 즉, 그것은 페미니즘을 낡고 쿨하지 않으며, 또 개인적으로 해방된 현대 여성에게는 더 이상적절하지 않은 것으로 일축해버리기 위해서는 페미니즘을 받아들여야만 한다.

포스트 페미니즘적 대중문화를 제대로 이해하려면 탈(脫)-전통화 de-traditionalization (Giddens, 1992; Beck and Beck-Gernsheim, 2002)와 선택과 개인주의에 대한 신자유주의적 담론들('시장은 모든 문제에 대한 답을 가지고 있다')과 관련하여 그 위치를 규정할 필요가 있다. 전자는 이제 여성들은 전통적인 여성의 정체성으로부터 해방되고, 따라서 자기성찰을 통해 새로운 역할을 창안할 수 있게 되었다고 말하고 있으며, 한편 후자는 소비자 선택이라는 정언명법을 가지고 있는 자유시장은 새로운 여성의 정체성을 제대로 구축할 수 있도록 해주는 최상의 메커니즘이라고 주장한다. 하지만 빅키 볼 Vicky Ball이 지적하듯이, 탈전통화라기보다는 오히려 우리가 실제로 목격하고 있는 것은 재(再)-전통화 re-traditionalization의 과정이며, 이러한 과정을 통해 성 gender에 관한 자연적이고 규범적인 것에 대한 전통적인 생각들이 다시 복원되고 있다(Ball, 2012a, 2012b 참조). 이러한 움직임은 린다 라 플란테 Lynda La Plante의 텔레비전 드라마 《어바브 서스피션 *Above Suspicion*》에서 DC 안나 트라비스의 역을 맡은 켈리 라일리 Kelly Reilly와의 인터뷰에 완벽하게 포착되고 있다. 그녀의 배역이 새로운 제인 테니슨 Jane Tennison(라 플란테의 이전의 드라마 〈프라임 서스펙트 Prime Suspect〉에 나오는 경감)이냐는 질문에 그녀는 다음과 같이 대답했다. 즉,

> 아니오, 내가 맡은 배역인 DC 안나 트라비스는 경찰 초년생입니다. 제인 테니슨은 지위가 높았으며, 여느 남자에 비해 전혀 손색이 없다는 것을 입증해야만 했던 세대의 여성들 중 한 사람이었습니다. 안나는 성적인 경찰에 대해 더 이상 관여하지 않는 훨씬 현대에 살고 있습니다. 그녀는 강하고, 직관력이 있으며, 분명히 여성입니다(Ball, 2012b에서 인용).

포스트 페미니즘이라는 '감수성'의 징후를 보이는 가운데(Gill, 2007), 라일리의 언급은 페미니즘을 인정한 다음 다시 그것을 떨쳐버리고 있다. 그녀의 말

은 페미니즘은 과거의 운동이며, 현대 여성들에게는 더 이상 적절하지 않다는 것이다.

페미니즘이 포스트 페미니즘적 대중문화에 편입되어버린 것은 헤게모니 과정의 고전적인 사례이지만, 또한 그것은 마르쿠제가 확인한 바 있는, 이른바 일차원성 one-dimensionality을 조장하는 메커니즘의 한 사례로 이해될 수도 있다(이 두 가지 입장에 대한 논의는 4장 참조).

남성 연구와 남성성

페미니즘이 거둔 성과와 결실은 실로 엄청난 것이었다. 그러나 일부 페미니스트들이 그래왔듯이 남성 연구는 버려진 채로 있다. 심지어 피터 슈웬거 Peter Schwenger는 이렇게 주장한다. 즉, 남성이 "남성성에 대해 생각하는 것은 스스로 덜 남성적이 되는 것이다. …… 진짜 남성은 추상적 문제보다는 현실문제에 몰두하고, 자신이나 자신의 성적 특성이나 본질에 대해 깊이 생각하지 않을 게 분명하다"(Showalter, 1990: 7에서 인용). 그러나 슈웬거의 이런 주장에도 불구하고 많은 남성들이 남성성에 대해 생각하고 이야기하고 글을 썼다. 앤터니 이스트호프 Antony Easthope[7](1986)가 『남자가 할 일 *What a Man's Gotta Do*』에서 말하듯이, "이제는 남성성에 대해, 그것이 무엇이고 어떻게 작용하는지에 대해 이야기할 때가 되었다"(1). 이스트호프가 초점을 맞추고 있는 것은 소위 지배적 남성성(터프하고, 권위적이고, 침착하고, 아는 것이 많고, 자제력이 있는 것이 본질적이고 자명하다고 해야 할, 이른바 이성애의 남성성에 관한 신화)이다. 그의 출발점은 남성성은 문화적 구성물이라는 명제이다. 다시 말해서 그것은 '자연적'이고 '전형적'이거나

7) 앤터니는 1999년 9월에 세상을 떠났다. 나는 그를 선생님으로서 또한 동시에 동료로서 잘 알고 있다. 비록 그와 의견이 일치하지 않는 경우가 자주 있었지만, 나의 연구작업에(그리고 다른 연구작업에 있어서도) 그의 영향은 아주 컸다.

'보편적인' 것이 아니라는 것이다. 그에 의하면 남성성은 젠더 규범으로 작동하며, 다른 수많은 '살아 있는 남성성'(게이 남성성을 포함한)을 평가하려고 할 때는 이러한 기준과는 반대이다. 이러한 논의의 연장선상에서 그는 남성성이 여러 대중문화 텍스트들—팝송, 대중소설, 영화, 텔레비전, 신문—에 재현되는 일련의 방식들을 분석한 후 이렇게 결론을 지었다.

> 남성들이 지배문화의 이미지와 이야기가 부과한 남성적 신화 속에서 수동적으로 살고 있는 것은 분명히 아니다. 그러나 그 신화는 문화 속에 널리 퍼져 있어서 그것으로부터 완전히 벗어난 채로 살 수도 없다. 그 위력적인 힘은 모든 곳에, 즉 영화, 광고물, 신문뿐 아니라 우리 자신의 머릿속에서까지도 활발하게 작용하고 있다(167).

이와 비슷한 시각에서 '새로운 남성'의 남성성을 검토한 숀 닉슨 Sean Nixon(1996)은 "문화가 유통되는 네 가지 중심영역, 즉 텔레비전 광고, 신문 광고, 남성복 가게와 남성을 대상으로 한 대중잡지"에 초점을 맞추어 그것을 '재현의 조직체계'로 파악한다(4).

페미니스트들은 항상 남성들에게 그 자신의 남성성을 점검하도록 부추겼으나, 대체로 페미니스트들은 남성 연구에 대해 신통치 않은 반응을 보이고 있다. 조이스 캐넌 Joyce Canaan과 크리스틴 그리핀 Christine Griffin(1990)은 다음과 같이 선언한다.

> 광범위한 가부장적 체제를 남성들이 어떻게 구성하고 변형시키는지에 대한 이해에 다가갈 수 있다면 가부장제에 대한 페미니스트적 이해의 폭이 훨씬 더 넓어질 것임에 틀림없다. 그럼에도 우리는 그러한 연구들이 여성이 겪는 남성 및 남성성과의 경험을 왜곡하고 얕보거나 부정하지 않을까 하는 두려움 또한 버릴 수 없다. 따라서 점점 더 많은 수의 남성들이 여성에 '필적할 만한' 연구활동을

하기 시작하는 지금의 상황에서, 페미니스트들은 남성과 남성성에 대해 더 집요하게 연구해야 할 것이다(207~208).

동성애이론

동성애이론 Queer Theory은 폴 버스턴 Paul Burston과 콜린 리차드슨 Colin Richardson(1995)이 설명하듯이, "레즈비언(여성간의 동성애자)과 게이 남성들, 그리고 끊임없이 우리를 배제하는 주변문화 사이의 관계를 탐색하기 위한 틀을 제공하고 있다"(1). 게다가 "문화의 영역에서 게이와 레즈비언이 의미하는 것이 무엇인가에 대한 문제나, 문화를 통해 생겨나는 갖가지 이성애 heterosexuality 행위들에 관한 문제로부터 관심의 초점을 옮김으로써, 동성애이론은 동성애를 이성애와 동등한 것으로 생각한 기존의 위치를 회복하고자 한다"(같은 곳). 이렇듯 그들은 "동성애이론이 레즈비언과 게이를 다루는 것은 여성 연구가 여성에 관하여 연구하는 것이나 전혀 다를 바 없다"고 주장한다. "사실 동성애자의 과제 가운데 하나가 …… 젠더는 본연의 '자연성 naturalness'을 지니고 있다는 것과 그리고 강제로 동성애를 부추기는 각종 허구들을 공격하는 것이다"(같은 곳).

젠더가 지닌 것으로 생각되는 자연성이나 강제로 이성애를 부추기는 각종 허구들을 논의하기 위해서는 동성애이론의 기본 텍스트들 가운데 하나를 택해 출발하는 것이 최상책이다. 쥬디스 버틀러 Judith Butler(1999)의 매우 영향력 있는 저서 『성 갈등 *Gender Trouble*』이 바로 그것이다. 버틀러는 시몬 드 보봐르 Simone de Beauvoir(1984)의 "여성은 태어나는 것이 아니라 만들어진다"(12)는 주장에서 출발한다. 드 보봐르가 생물학적 성 sex('자연')과 젠더('문화')를 구분한 것은 분명히 탁월한 분석이다. 드 보봐르에 의하면 생물학적 성은 고정되어 있지만 여성성과 남성성에 대한 해석들은 끊임없이 (역사적으로 또 사회적으로 다양하게) 다투고 변한다(〈표 8. 1〉 참조). 젠더란 자연적으로 고정되어 있는 것이 아니라 문화 속

〈표 8.1〉 이원적 젠더 체계

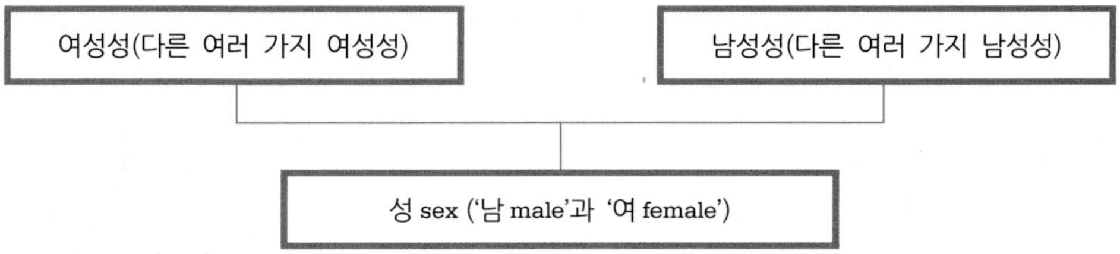

에서 형성되는 것—'신체의 성징에 따라 다니는 문화적 의미들'(Butler, 1999: 10)—이라는 것이 드 보봐르 주장의 요지이다.

그러나 버틀러에 따르면 섹스/젠더로 나누는 이런 모델은 다음과 같은 문제를 안고 있다. 즉, 그것은 오로지 자연적으로 규정되는 두 가지 생물학적 성(남성과 여성)만을 전제하고 있으며, 따라서 이원적 젠더 체계를 만들어내고 고착시킨다는 것이 버틀러의 지적이다. 이러한 입장과는 반대로, 그녀는 이렇게 주장한다. 즉, 생물학에서는 이미 문화적으로 '남'과 '여'라는 성 구분이 이루어져 있으며, 따라서 여성성과 남성성에 대한 특정한 해석이 이미 굳어져 있다. 그러므로 성 sex과 젠더의 구분은 자연과 문화의 구분이 아니다. 왜냐하면 "'성'의 범주 자체가 성별이 구분된, 매우 정치성을 띤 범주이고, 또 자연화되어 있지만 자연적이지 않은 범주"(143)이기 때문이다. 달리 말해서, 젠더의 핵심에 생물학적 '진리'는 없다. 생물학적 성과 젠더는 둘 다 문화적 범주이다.

더욱이 이것은 젠더가 "생물학적 성으로서, 문화에 속하지 않고 자연에 속한다"는 뜻이 아니다. "젠더도 역시 논증적/문화적 수단이다. 다시 말해 '생물학적 성의 본성'이나 '자연적 성'이 논증이나 문화 이전의, 다시 말해 정치적으로 중립적인 모습의 성으로 생산되고 확립되어 문화가 작용할 수 있도록 하는 것이 또한 젠더이다. …… 그리고 이런 방식으로 …… 논증 이전의 영역인 성의 이원성을 버리고 …… 생물학적 성의 대립구조와 그 내적 안정성을 효과적으로 확보하게 된다"(11). 버틀러가 설명하고 있듯이, "이러한 성의 구분이 성을 나눌 경제적 필요에 적합하고 또 성을 나누는 제도를 더 윤택하게 하는 것을 제외하고는 사람의 신체를 남녀의 성별로 나눌 아무런 이유가 없다"(143). 그래서 그녀는 이렇게 주장한다. 즉, "사람은 여자 woman로 태어나는 것이 아니라 여자로 되어간다. 그러나 또한 사람은 여성 female으로 태어나는 것이 아니라 여성이 되어간다. 그러나 한층 더 근본적으로 말한다면, 사람은 그가 원한다면 남성도 여성도 아닐 수 있고 또 남자도 여자도 아닐 수 있다"(33).

버틀러에 따르면, 젠더는 생물학적 성을 나타내는 것이 아니라 일종의 문화적 성과물이다. 이런 의미에서 "젠더는 반복되는 신체의 양식화 stylization이며, 또 아주 섬세한 조절의 틀 속에서 이루어지는 일련의 반복행위이다. 그리고 이는 곧 존재의 자연성이나 실체의 현상을 표출할 수 있는 기회를 공고히 하는 행위이다"(43~44). 달리 말한다면, 젠더의 정체성은 그것을 자연적이라고 여기는 믿음 속에 문화적인 것이 축적되어 이루어진 것이다. 결국 "인간은 모름지기 누구나 인정할 만한 명료한 기준에 부합하는 성별화가 이루어짐으로써 비로소 명료한 모습을 띠게 된다"(22).[8] 여성성과 남성성은 '자연'의 모습이 아니다. 그것들은 "문화적 수행이며, 여기서 '자연성'은 논리적 실행을 통해 구조화된다. …… 즉, 그것들은 자연적인 것, 본원적인 것, 그리고 필연적인 것의 창조적 소산이다" (xxviii~xxix). 하지만 젠더가 문화적 구성물이라고 말한다고 해서 그것이 젠더가 실제의 물질적 신체를 구성한다고 말하는 것은 아니다. '성 sex'의 이면에는 언제나 물질적인 생명활동이 존재한다. 구성되는 것은 전(前)담론 혹은 담론 이전의 prediscursive 신체가 아니라 이와 같은 신체의 '성 sex'이다.

---

8) 버틀러(1999)는 문화적인 지적 능력을 통해 신체, 젠더(gender), 욕망 등이 자연화된다는 것을 지적하기 위해 '성을 나누는 모체(heterosexual matrix)'라는 용어를 사용한다. "…… 젠더에 대한 이해 능력을 지배하는 담론적/인식적인 모델이 신체도 조리가 있고 유의미하다는 것을 전제하기 위해서는 반드시 영속적인 젠더(남성성은 남성을 표현하고 여성성은 여성을 표현하는)를 통해 표현되는 영속적인 성(sex)이 존재해야만 하며, 그리고 젠더는 강제적인 이성애의 실천을 통해 대립적으로 또 위계적으로 정의된다"(194).

버틀러의 젠더 성취 이론은 오스틴 J. L. Austin(1962)의 수행적 언어이론 theory of performative language을 발전시킨 것이다. 오스틴은 언어를 두 가지 유형, 즉 사실을 진술하는 서술적 언어와 수행적 언어로 나눈다. 서술적 언어는 기술하는 descriptive 언어이다. '하늘이 푸르다'는 말은 서술적 언어의 한 예라고 할 수 있다. 한편 수행적 언어는 단순히 기존의 것을 기술하는 것이 아니라 어떤 무엇이 생겨나게 하는 것이다. '나는 이제 여러분들이 부부임을 선언한다'는 말은 이에 대한 정확한 예이다. 이 말은 어떤 것을 기술하는 것이 아니라, 어떤 일이 생겨나게 하는 것이다. 다시 말해서, 적절한 인물이 그 말을 하면, 혼자인 두 사람이 결혼한 커플이 되는 것이다.

버틀러는 젠더가 대체로 이러한 수행적 언어와 같은 방식으로 작용한다고 주장한다. 그녀가 설명하듯이, "젠더의 표현 배후에 젠더의 정체성이 존재하는 것은 아니다. 젠더의 정체성은 그것의 결과라고 일컫는 바로 그 '표현'을 통해 수행적으로 구성되는 것이다"(Butler, 1999: 33).

우리 모두가 접하는 최초의 수행적 언어 행위 중 하나가 바로 다음과 같은 언명이다. 즉, "그것은 소녀이다" 혹은 "그것은 소년이다". 소년이나 소녀라는 명사를 사용하는 것은 전-인간인 '그것'을 젠더의 주체로 바꾸어 놓는다. 여기서 수많은 수행적 행위 중 첫 번째인 어린이의 신체는 문화적으로 이해되고 있다. "그것은 소녀이다" 혹은 "그것은 소년이다"라는 언명에는 규칙과 규제가 따르기 마련인 것이다. 이를테면 우리는 "어린 소년은 이렇게 행동하고, 어린 소녀는 저렇게 하지 않는다" 등등의 규칙을 따르고 복종할 것으로 예상한다. 달리 말해서, 인식의 발언으로 보이는 것은 사실상 구성물의 한 계기이다. 즉, '그것'은 하나의 주체(남성 혹은 여성)로 되고, 그에 따라 끊임없는 주체화 과정을 시작한다. 그리고 이러한 과정에서 '그것'은 문화적으로 이해 가능한(사회적으로 용인되는) 남성다움 혹은 여성다움의 규범을 따르도록 요구를 받는다. 그러므로 우리의 성 gender 정체성은 이와 같은 수행의 계기들을 선행할 수 없다. 오히려 성 정체성은 그것의 결과이다. 그러므로 나를 소년이라 부르는 것은 나의 성 정체성을 밝히는 것이 아니다. 나를 그렇게 부르는 것은 그것—나의 사회적 '가능성'의 국면들을 기획하고 구상하는 하나의 산물—을 내가 속한 하나의 주체로서 생산한다.

하지만 "그것은 소녀이다" 혹은 "그것은 소년이다"라는 말에서 그것을 이해하기 위해서는 반드시 이미 존재하는(즉, 우리는 "그것은 소녀이다" 혹은 "그것은 소년이다"라는 말을 하기 위해 그것이 어떤 의미인지를 이미 알고 있어야만 한다) 문화적으로 이해 가능한 이해의 구조에 따를 수밖에 없다. 그러나 이보다 앞서, 이해의 구조는 이와 같은 언명이 만들어져 있기를 요구한다. 즉, 그것은 생물학적 차이 때문에 사람을 남자와 여자로 나누는 것에 이미 동의해 온 하나의 세계에 순응하는 행위인 것이다. 매번 이런 일은 일어나는데, 그 언명은 이전의 언명을 인용하고 있으며, 그리고 그것이 그 자체에 권위와 타당성을 부여해주는 이와 같은 이전의 언명을 인용하고 있다는 것은 엄연한 사실이다. 버틀러는 이를 '인용의 누적 citational accumulation'(1993: 12)이라고 부른다.

그녀의 논의 중 이 부분은 오스틴의 수행적 언어이론을 확장시킨 자끄 데리다 Jacques Derrida의 입장에 의존하고 있다. 데리다는 이렇게 묻는다. 즉, "수행적 발화 performative utterance의 형식이 '코드화된' 발화나 반복적인 발화를 되풀이하지 않고서도, 다시 말해서 내가 배를 진수시키거나 결혼식을 시작하면서 개회사를 하기 위해 언명하는 그 형식이 반복적인 모델과 일치하는지 여부를 확인할 수 없는 경우에도, 수행적 발화가 성공적으로 이루어질 수 있는가?(1982: 18)" 왜 그것이 이해되는지, 왜 그것이 권위와 타당성을 갖는지, 왜 그것은 순응을 요구하는지, 각 언명의 힘은 곧 이전의 인용이 갖는 무게이다. 더욱이, '그것'이 그 자체에 부여된 성 정체성의 사회적 규범을 따르는 것이 불가피한 것처럼, 이 첫 번째 인용은 앞으로 이루어질 지속적인 인용 과정의 시작이다. 그녀가 설명하고 있듯이, "우선은 수행성을 단독의 '행위'나 의도적인 '행위'로 이해하기보다는 오히려 반복적이고 인용하는 행위로 이해해야만 하며, 이러한 행위를 통해 담론은 그것이 지칭하는 효과를 만들어낸다"(Butler 1993: 2). 그러므로 우리의 성 정체성은 "선택의 산물이 아니라 규범의 불가피한 인용이며, 규범의 복합적인 역사성은 규율과 규제의 제 관계로부터 분리될 수 없다”(232). 부모나 패션, 교육제도, 미디어 등의 담론을 포함한 다양한 담론들이 모두 우리가 성 규범의 반복과 인용에 따를 수밖에 없다는 것을 확증하기 위해 결합될 것이다. 이리하여 젠더 수행은 이미 존재하고 있는 성적 자아(필시 생물학적으로 보증된)에 대한 환상을 만들어낸다.

버틀러의 수행 개념은 연극 연기의 한 형식으로서의 수행 개념과 혼동해서는 안 된다. 이 개념에서는 드러나는 정체의 연극성 이면에 보다 근본적인 정체가 그대로 남는다. 젠더 수행은 자발적인 실천이 아니다. 그것은 끊임없는 반복적 기술의 과정이다. 다시 말해서 “젠더 수행은 규정적인 성적 조직체제의 강제적이고 반복적인 실천을 떠나서는 이론화될 수 없으며 …… 선택하는 주체를 전제하는 것도 아니다”(Butler, 1993: 15). 사라 E. 친 Sarah E. Chinn(1997)은 그 과정을 다음과 같이 아주 훌륭하게 정리해주고 있다.

> 젠더가 강압적이라는 것을 우리가 인정한다면, 그것은 잘 알려진 것이다. 다시 말해서 그것은 우리 자신들이다. 젠더를 자연화하는 결과는 젠더가 자연 그대로를 느낀다는 것을 의미한다. 심지어 젠더는 수행적이라는 것을, 우리의 주체성 자체는 젠더 수행을 통해 구성된다는 것을 이해하는 것은 젠더를 전혀 본능적인 것으로 느끼지 않는 것이다. 우리의 정체성은 우리 자신의 젠더의 성공적인 수행에 달려 있다. 책과 영화, 텔레비전, 광고, 부모의 명령이라는 문화적 군수물자들이 완비되어 있으며, 이러한 수행을 확실히 하기 위한 그에 필적하는 감시가 (이념적으로) 무의식화되어 있고 성공을 거두고 있다(306~307).

버틀러(1999)가 설명의 모델로서 ‘변장’을 선택한 것은 일부 비평가들이 생각한 것처럼, 그녀가 그것을 “젠더 전복의 한 사례”(xxii)로 여겼기 때문이 아니다. 오히려 그 이유는 “그것이 젠더 자체를 확립하는 의미작용의 몸짓을 아주 잘 보여주기 때문이다”(xxviii). 변장은 규범적인 이성애적 젠더 수행이 지닌, 그 허울 좋고 위장된 통일성과 가상적 일관성을 보여준다. 버틀러가 설명하고 있듯이,

"젠더를 모방할 때 변장은 젠더의 모방구조 자체와 그 우연성을 함축적으로 보여주고 있다"(175). 변장하고 있다는 것은 본래의 자연적인 성 자체를 흉내내는 것이 아니라, "원본의 신화 자체를 모방하는 것"(176)[9]이다. 그녀가 설명하듯이,

> 젠더의 속성들이 …… 표현적이지 않고 수행적이면, 그 속성들이 흔히 그것들이 표현하거나 드러내고 있다고 말하는 그 동일성을 구성할 것이다. 표현과 수행의 차이는 결정적이다. 젠더의 속성들과 행위들, 즉 신체가 그의 문화적 의미를 보여주거나 생산하는 다양한 방식들이 수행적이라면, 행위나 속성을 측정할 수 있는 동일성이 미리 존재하지는 않을 것이고, 또 참이나 거짓, 젠더의 실제 행위나 왜곡된 행위 등도 없을 것이며, 그리고 참된 젠더의 주체성이라는 전제는 상투적인 픽션임이 드러날 것이다. 젠더의 실체가 계속적인 사회적 수행에 의해 만들어진다는 것은 곧 본질적인 성 sex 개념 자체와 참되고 영속적인 남성성이나 여성성도 역시 전략의 일부로서 구성된다는 것을 의미한다. 여기서 전략이란 젠더의 수행적 성격과 그리고 남성성의 지배와 강제적인 이성애의 제한된 틀 바깥에서 젠더의 지형을 넓힐 수 있는 수행 가능성을 속이는 전략이다 (180).[10]

9) 이는 버틀러가 에스터 뉴턴(Esther Newton, 1999)의 변장에 관한 연구를 활용하고 있는 것인데, 뉴턴의 주장은 "아이들은 그들이 어떤 성적 대상을 정확히 선택하기 이전에 성의 역할을 배운다는 것이다. 달리 말한다면, 소년은 오로지 소녀만을 사랑하고, 또 소녀는 오로지 소년만을 사랑하는 것임을 아이들이 이해할 수 있기 이전에 이미 자신이 소년인지 아니면 소녀인지를 알게 된다고 뉴턴은 생각한다"(108). 해롤드 비버(Harold Beaver, 1999)는 이렇게 말한다. 즉, "'자연적인' 것이란 이성적인 것도 아니요 동성적인 것도 아니며, 다만 욕망일 따름이다. …… 욕망이란 만유인력, 즉 몸에서 몸으로 끌려가는 자석과 같은 것이다"(161).

10) 에스터 뉴턴(1972)은 이렇게 말한다. 즉, "만일 성-역할(sex-role) 행위가 '잘못된' 성에 의해서 이루어질 수 있다면, 논리적으로 그것은 '올바른' 성에 의해서도 역시 이루어지며, 결코 생득적이지 않다는 결론이 나온다"(103).

버틀러(2009)는 아레타 프랭클린 Aretha Franklin의 노래, 「넌 나를 자연의 여인처럼 느끼게 해 you make me feel like a natural woman」[11]를 예로 들고 있다.

> 그녀는 얼핏 보아도 자신의 생물학적인 성에 잠재된 어떤 자연적 가능성을 활성화하고 있는 것처럼 보이는데, 이는 곧 이성을 확인할 수 있는 대상이라고 해야 할 '여성'의 문화적 입장에 그녀 스스로 관여함으로써 이루어지는 듯하다. 그러므로 그녀의 '성 sex'에 깃든 어떤 것이 이성간의 무대에서 널리 알려져 있고 또 신성시되는 그녀의 젠더를 통해 표현되고 있다. 생물학적 사실과 본질로서의 '성' 사이에는, 즉 젠더와 섹슈얼리티 사이에는 어떤 단절이나 손상도 없다. 아레타가 너무나 기쁜 나머지 그녀의 자연성을 강화하는 듯이 보이지만, 역시 그녀도 완전히 역설적으로 다음의 사실, 즉 그런 강화는 결코 확실한 것이 될 수 없다는 것, 다시 말해서 자연성의 결과는 단지 이성간의 확인이 이루어지는 그 순간의 결과일 뿐이라는 사실에 무척 마음을 쓰고 있는 듯하다. 결국 아레타는 '넌 나를 자연의 여인처럼 느끼게 해'라고 노래한다. 이는 이 노래가 일종의 은유적 표현이자 속임수이며, 이성간의 변장이라는 세속적 수법을 통해 만들어지는 존재론적 환상에 터무니없이 잠시 동안 참여하는 것이나 다름없다는 것을 암시하고 있다(2009: 235).

만일 버틀러(1999)가 주장하는 것처럼 "젠더의 실체가 계속적인 사회적 수행을 통해 창조"(180)된다면, 그 창조를 위한 중심무대는 필시 문화적 소비일 것이다. 미셸 워너 Michael Warner(1993)는 게이문화와 특수한 소비양식의 관계를 지적했다. 이런 관계는 문화의 정치경제학(12장 참조)에 대해 재고하기를 요구한다.

---

11) "넌 나를 자연의 여인처럼 느끼게 해"는 게리 거틴(Gerry Gottin), 캐롤 킹(Carole King), 제리 웩슬러(Jerry Wexler)의 글이다. 이 노래에 대한 캐롤 킹의 녹음은 그녀의 앨범 「태피스트리(Tapestry)」에 실려 있다. 아레타 프랭클린의 버전은 그녀의 최고 히트앨범에 실려 있다.

그가 설명하고 있듯이,

> 소비문화와 가장 눈에 띄는 가시적 게이문화의 공간들 사이에는 밀접한 연관이 있다. 이를테면 그것들은 바, 디스코텍, 광고, 패션, 브랜드 이름, 동일시, 대량문화 캠프, '혼성 교제' 등이다. 흔히 볼 수 있는 이러한 게이문화를 보더라도, 그것은 결코 선진 자본주의에 벗어나 있는 것이 아니며, 또 많은 좌파 사람들이 몹시 거부하는 명백한 저 선진 자본주의적 특징들과 어긋나는 것도 아니다. 포스트-스톤월 도시 게이 남성들은 상품냄새에 배어 있다. 우리는 늘 자본주의 냄새를 풍기며, 따라서 대다수 사람들이 상상하는 것보다 한층 더 변증법적으로 볼 수 있는 자본주의 이론을 바란다(xxxi).

이와 마찬가지로 코리 K. 크리크머 Corey K. Creekmur와 알렉산더 도티 Alexander Doty(1995)도 "우리가 동성애적이라고 일컫는 것의 정체는 자본주의의 소비문화와 함께 생겨난 것이었다"(1)고 말한다. 이들은 특히 게이와 레즈비언이 가졌던 대중문화와의 특수한 관계에 주목했다. 말하자면 게이와 레즈비언도 "완전히 파괴적인 것이 아니라면, 대중문화의 생산물과 그 메시지를 수용하고 있다"는 것이다. 크리크머와 도티에 의하면, 게이와 레즈비언은 "그들이 어떻게 그 자신들의 대립적 정체를 부정하거나 상실하지 않고서 주류문화에 접근할 수 있을까, 어떻게 동화되지 않고 그 문화에 참여할 수 있을까, 또 동성애적 쾌락이나 의미와 거리가 먼 것으로 일컬어지고 있는 가공물이나 경험 속에서 어떻게 즐거움을 찾아내고 또 그것들로부터 긍정적인 의미를 만들어낼 수 있을까를 걱정하고 고려하면서, 대안적 태도나 교섭을 통해 대중문화를 수용하고 있는 것이다"(1~2). 달리 말하면 크리크머와 도티가 설명하고 있듯이, "중요한 문제는 대중문화를 넘어설 수 있는 방법, 즉 대량문화 안에 입지를 가지면서도 그것의 동성애 혐오적이고 homophobic 이성애 중심적인 heterocentrist 정의(定義)나 이미지, 분석용어들을 받아들이지 않는 그런 시각을 유지할 수 있는 방법이다"(2).

알렉산더 도티(1995)가 주장하듯이 "대량문화를 수용하는 동성애는 …… 일관성이나 그 강도의 정도가 다양하다는 점에서는 여느 사람들과 다를 바 없다"(73). 그의 설명대로, 동성애적 해석은 꼭 게이와 레즈비언에게 한정되는 것은 아니며, "이성 사이라는 것을 금방 알아볼 수 있는 사람들끼리도 동성애적인 순간을 경험할 수 있는 것이다"(같은 곳). 도티가 사용하는 '동성애' 개념은 "하나의 유동적인 공간을 나타내기 위한 것이며, 그 공간은 반-정상적인(동성애적인) 문화의 생산과 수용의 모든 측면을 표현하기 위한 것이다. 그렇다면 이러한 '동성애 공간'은 문화를 생산하거나 문화에 반응할 때마다 동성애자의 위치가 다양하게 유동적으로 확립될 수 있다는 것을 인정하고 있다"(73). 도티가 말하는 '동성애 공간'은 그가 설명하듯이 "엄밀하게 비-정상적 anti-straight인 공간이라기보다는 반-정상적 contra-straight인 공간"(83)으로 보는 것이 최상이다.

> 동성애자의 위치나 동성애적인 해석, 그리고 동성애적 쾌락은 이성적 · 정상적인 입장에 의해 창조되는 것 내부에 나란히 공존하는 수용 공간의 일부이다. …… 그러나 때때로 동성애적 수용의 활동이 비교적 윤곽이 뚜렷한 성적 주체의 본질적인 범주들 — 즉, 대부분의 사람들이 그 밑에서 작용하는 그런 범주들 — 을 벗어나 있다. 당신은 「붉은 강 Red River」이나 「부츠 캐시디와 해춤추는 젊은이 Butch Cassidy and the Sundance Kid」와 같은 영화에서 당신 스스로가 레즈비언이나 혹은 순수한 한 여성처럼 남자친구에 대한 게이의 성애를 동성애적으로 경험하거나, 아니면 마치 게이 남자처럼 「러번과 서리 Laverne and Shirly」, 「케잇과 앨리 Kate and Allie」에 몰두할 수 있을 것이다. 또는 「금발의 소녀들 The Golden Girls」은 여성들 사이의 애정관계를 명시화하는 것에 비하면 정상으로 규정되는 상반되는 성의 확인과는 별로 상관이 없다. 동성애적 해석은 선택적인 해석이 아니다. 이를테면 소망을 담은 해석이거나 자의적인 해석이거나 혹은 사실을 지나치게 추론하는 해석이 아닌 것이다. 그것들은 대중문화와 그 독자들 속에서 줄곧 경험되어 온 동성애의 복합적인 영역을 확인하고 명시화하

는 데서 빚어진 결과이다(83~84).

그러므로 동성애적 해석은 사람들의 섹슈얼리티와 거의 연관이 없다.

더 읽어야 할 책들

Srorey, John(ed.), *Cultural Theory and Popular Culture : A Reader*, 4th edition, Harlow : Pearson Education, 2009. 이것은 이 책의 자매편이며, 2018년에 출판된 제5판은 내용적으로 더욱 보완된 것이다. 이 책과 자매지는 대화형 웹사이트(www.routledge.com/cw/storey)를 통해 뒷받침되고 있다. 이 웹사이트에는 학생들에게 도움이 될 만한 유용한 자료들이 실려 있다.

Ang, Ien, *Living Room Wars : Rethinking Media Audiences for a Postmodern World*, London: Routledge, 1995. 이 분야를 선도하는 지식인들의 에세이들을 모은 책이다.

Barrett, Michele, *Women's Oppression Today : Problems in Marxist Feminist Analysis*, London : Verso, 1980. 이 책은 마르크스주의와 페미니즘 양측의 분석양식을 종합시키고자 한 시도라는 점에서 대중문화를 공부하는 이들에게 보편적 관심을 준다. 가장 흥미 있는 것은 3장 「이데올로기와 성의 문화적 생산」이다.

Brunt, Rosalind and Caroline Rowan(eds), *Feminism, Culture and Politics*, London : Lawrence & Wishart, 1982. 페미니즘 분석양식을 설명하는 에세이 모음집, 특히 미셸 바레트의 「페미니즘과 문화정치의 정의」를 볼 것.

Burston, Paul and Colin Richardson(eds), *A Queer Romance : Lesbians, Gay Men and Popular Culture*, London : Routledge, 1995. 동성애이론의 시각에서 대중문화를 보는 에세이를 모은 흥미로운 책이다.

Creekmur, Corey K. and Alexander Doty(eds), *Out in Culture : Gay, Lesbian, and Queer Essays on Popular Culture*, London : Cassell, 1995. 동성애 혐오적이고 이성애 중심적인 입장을 반대하는 시각에서 현대 대중문화를 본 에세이들을 모은 책이다.

Easthope, Antony, *What a Man's Gotta Do : The Masculine Myth in Popular Culture*, London : Paladin, 1986. 남성성이 현대 대중문화에 재현된 방식에 대한 유용하고 재미있는 설명들이 있다.

Franklin, Sarah, Celia Lury, Jackie Stacy(eds), *Off Centre : Feminism and Cultural Studies*, London : HarperCollins, 1991. 문화연구의 영역에서 이루어진 페미니즘 연구에 대한 훌륭한 모음집.

Geraghy, Christine, *Women and Soap Opera : A Study of Prime Time Soaps*, Cambridge : Polity Press, 1991. 숖(soap) 오페라에 대한 페미니즘 분석을 이해하기 쉽게 쓴 입문서.

Jeffords, Susan, *The Remasculinization of America : Gender and the Vietnam War*, Bloomington and Indianpolis : Indiana Universty Press, 1989. 이 책은 베트남전쟁의 패배라는 위기 이후 미국문화가 다시 남성화되기 위해 엄청난 노력을 기울였다는 주장을 하기 위해 여러 대중적 텍스트에 나타난 남성성 표현을 살펴보고 있다.

Macdonald, Myra, *Representing Women : Myths of Feminity in Popular Media*, London : Edward Arnold, 1995. 여성들이 대중매체의 영역을 넘어서 논의되고 가시적으로 구성되는 방식을 소개한 책이다.

McRobbie, Angela, *Feminism and Youth Culture*, London : Macmillan, 1991. 대중문화에 대한 페미니즘 분석의 선두적 인물들의 연구를 선별하여 실은 것.

Pribram, Deidre E.(ed.), *Female Spectators : Looking at Film and Television*, London : Verso, 1988. 영화와 텔레비전 대중문화의 상이한 측면을 살펴보는 유용한 에세이 모음집.

Thornham, Sue, *Passionate Detachments : An Introduction to Feminist Film Theory*, London: Edward Arnold, 1997. 영화연구에 대한 페미니즘의 기여를 소개한 책이다.

CULTURAL THEORY AND POPULAR CULTURE
AN INTRODUCTION

09

'인종', 인종차별과 재현

09

'Race', racism and representation

'인종', 인종차별과 재현

이 장에서 나는 '인종 race' 개념과 영국에서 인종차별 racism이 역사적으로 어떻게 발전되어 왔는가를 살펴보고자 한다. 그 다음 나는 인종 재현 racial representation의 특수한 체제, 즉 에드워드 사이드의 오리엔탈리즘 분석에 대해 검토할 것이다. 나는 미국의 베트남전쟁에 관한 할리우드의 설명을 활용하고, 또 제1차 걸프전의 징병모집에 미친 그것의 잠재적 영향을 대중문화에서 오리엔탈리즘의 한 예로서 활용할 것이다. 이 장은 '백색도(白色度)'과 그리고 문화연구와 인종차별반대주의에 관한 짧은 논의로 끝을 맺는다.

'인종'과 인종차별

'인종'에 관한 논의에서 첫 번째로 주장하는 것은 인간의 종 human race[1)]은 하

1) 초기 형태의 인류('호미닌, hominins')가 지금의 아프리카에 처음 등장한 것은 250만 년 전이다. 약 10만 년 전에 호모 사피엔스(Homo Sapiens, 우리의 직계 조상)의 작은 집단이 아프리카에서 이동했다. 이 집단은 점차 지구 전역으로 이주하여 살게 되었다. 일정 기간 동안 초기 인류는 아프리카를 떠나 인간을 닮은 최소한 다른 두 휴머노이드 종, 즉 네안데르탈인(Neanderthal) 및 데니소바인(Denisovan)과 공존했으며, 이 두 휴머노이드는 모두 멸종했다. 일부 현생 인류는 우리 조상이 이 두 휴머노이드와 결합하여 자식을 가졌다는 것을 입증하

나라는 것이다. 인간 생물학 human biology은 사람을 다른 '인종들'로 나누지 않는다. 사람을 다른 인종들로 나눠야 한다고 주장하는 것이 곧 인종차별이다. 달리 말해서, '인종'은 문화적, 역사적 범주이며 피부색으로 사람을 차별화하는 방식이다. 중요한 것은 그처럼 다르지 않지만, 그것이 어떻게 의미화되는가, 다시 말해서 사회적 및 정치적 위계체계(4장과 6장 참조)의 측면에서 그것이 어떻게 의미화되는가 하는 것이다. 이는 사람들은 피부색이 다르고 모습도 다르다는 것을 부인하는 것이 아니라, 이러한 차이는 아무런 의미가 없다는 것을 주장하는 것이다. 그 의미는 만들어진 것, 즉 의미화된 것일 수밖에 없는 것이다. 게다가 피부색이 머리카락 색이나 눈동자 색깔보다 더 중요하다고 해야 할 이유가 없다. 달리 말해서 인종차별은 생물학적이기보다는 오히려 의미화의 문제이다. 폴 길로이 Paul Gilroy는 이렇게 말한다. 즉,

> 우리가 알고 있듯이 피부색이란 아무런 의미가 없으며, 그것은 극히 제한적인 생물학적 근거를 가질 뿐이라는 사실을 인정한다면, '인종주의적인' 기표의 신축성과 공허함뿐만 아니라 우선 그것들을 기표로 전환하기 위해 행해질 수밖에 없었던 이데올로기적 작업을 강조하는 의미화 이론들과 연결될 수 있는 가능성이 열리게 된다. 이러한 관점은 '인종'을 열린 정치적 범주로 규정하는 정의를 강조한다. 왜냐하면 그것은 어떤 '인종'의 정의가 효과적일지를 결정하고, 또 그들이 참고 견디거나 아니면 활력을 상실하고 말 상황을 결정하는 싸움이기 때문이다(2002: 36).

는 유전자를 가지고 있다. 하지만 현재 이 세계에 있는 사람들은 이 작은 이주집단의 후손이든가 아니면 아프리카에 남았던 그들과 동류인 호모 사피엔스의 후손이든가 둘 중 하나이다. 그러므로 단 하나의 종인 인간 종이 존재하더라도 사람들을 흔히 '조상 집단들'로 불리는 생물지리학적 무리의 개체군 중첩이라는 집단으로 분류하는 것이 가능하다(이 조상 집단들에게 나타나는 차이는 수많은 세월 동안 동일한 기후와 동일한 식습관을 경험한 것에서 비롯된 것이었다).

이것을 관념론의 형식으로 오인해서는 안 된다. 차이는 그것이 의미화되든 되지 않든 존재한다. 그러나 어떻게 그것이 의미화되는냐 하는 것은 생물학의 문제라기보다는 언제나 정치와 권력의 산물이다. 길로이가 지적하듯이, "'인종'이란 사회적으로, 정치적으로 구성될 수밖에 없으며, 정교한 이데올로기적 작업은 자본주의 발전의 특징이었던 '인종차별화'의 다른 형식들을 확립하고 유지하기 위해 행해지는 것이다. 이를 인정하면 '인종'이 정치적으로 타당하게 받아들여졌던 다른 역사적 상황들을 비교하고 평가하는 것이 훨씬 더 중요해진다"(35). 마찬가지로 헤이즐 로즈 마르쿠스 Hazel Rose Markus와 폴라 M. L. 모야 Paula M. L. Moya가 지적하듯이,

> 인종은 사람들이 가지고 있거나 존재하는 어떤 것이 아니다. 오히려 그것은 사람들이 행하는 일련의 행위이다. 좀 더 구체적으로 말하자면, 인종은 역사적으로 유래되어 제도화되는 사상과 실천의 역동적인 시스템이다. 물론 인종 행위에 수반되는 과정은 때와 장소가 달라짐에 따라 여러 가지 다른 형식들을 취한다. 하지만 인종 행위는 언제나 인지 가능한 신체적 및 행동적 특성에 근거한 창조적인 집단을 수반하며, 차별적인 권력과 특권을 이와 같은 특성과 결합시키는가 하면, 그 다음 그 결과로 초래된 불평등을 정당화한다(2010: x).

우리는 개별적으로 또 제도적으로 인종 행위를 한다 do race('인종은 일련의 행위'이므로 '인종'은 '인종 행위를 하다' 혹은 '인종을 행하다'는 말과 동의어이다 : 역주). 사람을 생물학적으로 발현되는 것으로 추정되는 본질적이고 불변하는 특성으로 환원시킬 때마다 우리는 인종 행위를 하고 있다. 나의 처는 중국인이다. 중국 사람들은 불가사의하다(이해하거나 해석하기 힘들다)는 통속적인 고정관념이 있다. 그녀는 중국인이기 때문에 불가사의함은 그녀의 성격이 갖는 본질적인 생물학적 측면이라고 생각하는 것은 곧 인종 행위를 하는 것이다. 다시 말해서 그녀의 성격이나 행동의 양상을 마치 그녀가 지닌 중국성 Chinese-ness의 고정된

생물학적 표현인 것처럼 설명하는 것이다.

이런 시각에서 보면, 대중문화에서 '인종' 분석은 그것이 의미화될 수밖에 없는, 그리고 의미화될 수 있는 여러 가지 다른 방식들—개인과 제도가 인종 행위를 하는 여러 가지 다른 방식들—을 조사하고 탐구하는 것이 될 것이다.

스튜어트 홀이 지적하듯이, 서구의 '인종' 및 인종차별의 역사에는 세 가지 중요한 계기가 있다(Hall, 1997b). 그것들은 노예와 노예무역, 식민주의와 제국주의, 그리고 1950년대의 탈(脫)식민지화에 따른 이민이다. 다음 장에서 나는 노예와 노예무역이 어떻게 '인종'과 인종차별을 둘러싼 일반 대중의 최초의 세부적인 논의를 불러일으키게 되는가에 초점을 맞출 것이다. '인종'과 인종차별이라는 용어와 그에 대한 가정들이 처음으로 공식화되었던 것이 바로 이 논의였다. '인종'과 인종차별이 자연적이거나 필연적인 현상이 아님을 이해하는 것이 중요하다. 그것들은 역사를 가지고 있으며, 인간의 작용과 상호작용의 결과이다. 하지만 그것들이 필연적인 것처럼, 다시 말해서 문화의 산물이 아니라 자연에 근거를 두고 있는 것처럼 보이는 경우가 더러 있다. 또한 폴 길로이가 주장하듯이,

> 소심한 사람들에게는 '인종'의 절대적인 지위를 하나의 개념으로 감수함과 동시에 인종차별을 어쩔 수 없이 영원히 짊어지고 가야 할 원죄와도 같은 것으로 감내하는 것이 인종차별이 없는 더 나은 세상을 전망하고 만들어내는 창조적 노동보다 훨씬 더 쉬운 일이다. …… 인종차별의 권력을 정치에 선행하는 것으로 받아들이지 않는다면, 그리고 그것을 단순히 정치적 고찰로서는 결코 부합할 수 없는 여러 가지 방식으로, 그리고 여러 가지 형태로 인간의 의식과 행동을 형성하는 불가피한 자연의 힘으로 보지 않는다면, 진행 중인 이 연구는 다시 '인종'과 인종차별을 사회적 및 정치적 현상으로 볼 필요가 있다(xx).

길로이에 따르면, 인종 간 차이에 대한 과장된 측면들을 해방적인 일상으로 환원시키고, "'인종'이란 전혀 특별한 것이 아니고, 다만 인종차별이 지속되는 한

에서만 의미가 있는 가상의 실체"(xxii)라는 것을 부언할 필요가 있다. 달리 말해서 인종차별이 없다면 '인종'이라는 개념도 전혀 의미가 없을 것이다. 인종이라는 개념을 살아 있게 하는 것은 바로 인종차별이다. "혼합된 것은 진부하다는 생각, 그리고 이 나라(영국)의 명랑하고 사교적인 문화가 전복적인 일상성을 지니고 있다는 것"을 인정할 필요가 있다. "이런 문화에서는 '인종'이란 아무런 의미가 없으며, 인종차별은 오랜 세월의 제국주의 역사가 낳은 잔재일 따름이다"(xxxviii).

인종차별의 이데올로기: 그 역사적 출현

윤리가 다른 집단들이 있는 한, 무지와 공포에서 비롯된 외국인 혐오증은 존재하기 마련이었다는 주장이 가능하긴 하지만, '인종'과 인종차별은 매우 독특한 역사를 가지고 있다. 영국에서 인종차별은 노예와 노예무역에 대한 변호로서 발전한다. 피터 프라이어 Peter Fryer(1984)가 지적하듯이, "한때 영국의 노예무역, 영국의 사탕생산농장 노예, 그리고 영국의 제조업이 삼중으로 이익을 챙기는 인터로킹 시스템 interlocking system을 가동하기 시작했을 때, 경제원리는 전적으로 이러한 고대 신화의 단편들과 다소간 인종차별의 이데올로기, 즉 인종의 신화로 꾸며진 전제를 그 바탕에 깔고 있다"(134). 달리 말한다면, 처음에 인종차별은 방어적 이데올로기로 등장하며, 이는 노예와 노예무역의 경제적 이익을 지키기 위한 것이었다.

인종차별 이데올로기의 발전에 있어서 주요 인물은 농장주이면서 재판관인 에드워드 롱 Edward Long이다. 롱은 그의 저서『자메이카의 역사 *History of Jamaica*』(1774)에서 흑인은 백인에 비해 열등하다는 생각을 널리 퍼트렸다. 이는 노예와 노예무역은 훌륭한 제도였다는 것을 표명하는 것이었다. 그의 출발점이 되는 주장은 흑인과 백인 사이에는 절대적인 인종 구분이 있다는 것이다.

> 나는 흑인과 백인은 별개의 종이라고 믿는 데는 아주 유력한 이유들이 있다고 생각한다. …… 우리가 나머지 인류와 다른 그들의 차이점을 곰곰이 생각해보면 …… 결코 그들이 동일한 인류의 다른 종이라고 단정해서는 안 된다. …… 오랑우탄이 지적 능력에서 흑인 종족에 비해 전혀 열등한 것처럼 보이지 않는다. 그들 중 일부를 보면 오랑우탄과 흑인은 매우 밀접한 관련이 있는 친족임에 틀림이 없다. 그들 사이에는 사랑을 나누는 성교가 빈번할 것이며 …… 확실히 두 인종은 음탕한 기질에 있어서도 완전히 일치한다(Fryer, 1984: 158~159).

찰스 화이트 Charles White(1795)도 같은 주장의 글을 썼다. 즉, "저러한 설명에 따르면, 백인 유럽인들은 대체로 짐승의 야수성에서 벗어나 있으며, 사람 가운데서도 가장 아름다운 종으로 간주될 수 있다. 지적 능력 면에서 그의 탁월성은 어느 누구도 의심하지 않을 것이다. 그리고 이러한 그의 능력은 또한 다른 모든 인종에 비해 우월하게 타고났다는 사실이 앞으로 밝혀질 것으로 나는 확신한다"(168).

에드워드 롱의 인종차별주의는 분명히 성적인 불안과 염려를 통해 실증되고 있다. 1772년에 출판된 팸플릿을 보면 인종차별주의가 노동자계급의 여성을 경멸하는 그의 태도와 혼합되어 있다. 그는 이렇게 말한다. 즉,

> 영국에서 하층 계급의 여성들은 흑인을 매우 좋아한다. 더없이 야수적이기 때문이다. 그들은 법이 허용한다면 그들 스스로를 말이나 나귀와 결합시킨다. 이러한 여성들에 의해 그들은 대체로 수많은 피를 가지게 된다. 그러므로 몇 세대를 거치는 동안 영국인의 피는 이처럼 혼합되어 오염될 것이고, 그리고 인생의 성쇠의 형세에서 보면, 이 혼합물은 심지어 중산층에 이어 상위계층에 이르기까지 널리 확산될 것이고, 마침내 국가 전체가 피부색이 혼합되어 있고 비천한 정신을 지닌 포르투갈이나 무어사람과 같은 꼴이 될 것이다(157).

이와 마찬가지로, 사무엘 에스트윅 Samuel Estwick은 『니그로의 원인에 대한 고찰 *Considerations on the Negroe Cause*』(1772)에서 이렇게 주장한다. 즉, '혼탁한 오염에서 영국인의 피를 지키기 위해서는'(156) 흑인이 영국으로 들어오는 것을 막아야만 한다. 필립 씩니스 Philip Thicknesse도 1778년의 글에서 비슷하게 주장한다. 즉,

> 수세기를 거치는 동안 그들은 하늘 아래 가장 나쁜 인종으로서 이 나라에 급속히 퍼져나갈 것이다. …… 런던은 엄청난 수의 흑인들로 넘쳐나고 …… 이 나라의 모든 도시에, 아니 거의 모든 마을마다 원숭이와 같은 흑백 혼혈아와 유해한 인종을 보게 되며, 대단히 위험해진다. …… 이 나라에서 태어난 사람과 흑인의 피가 섞이는 것은 대단히 큰 해악을 끼치는 중대사이다(162).

이러한 주장을 노예폐지 운동과 연결시킨 것이 1792년에 쓴 존 스캐터굿 John Scattergood의 글이다. 그는 이렇게 주장한다. 즉, 노예제도가 끝나게 되면, '전 세계 곳곳에서 온 흑인들이 이리로 떼 지어 몰려들어, 이 나라 태생의 사람들과 뒤섞여 일반 국민들의 피를 오염시킬 뿐 아니라 범죄와 범죄자들은 더 늘어날 것이다. 그리고 영국을 잡종 혼혈아와 부랑자, 방랑자들이 들끓는 전 지구의 하수구로 만들 것이다'(164).

1764년에 출판된 ≪런던 크로니클 *London Chronicle*≫지에 실린 한 편지는 이민에 관한 오늘날의 논쟁에서 서서히 퍼져나가는 그 메아리를 발견하게 되는데, 이 편지는 너무 많은 흑인 노예들이 영국으로 몰려드는 것에 관한 것이다.

> 그들이 우리 국민들 중 너무나 많은 사람들의 자리를 채우게 될수록 우리들은 엄청나게 많은 생계 수단들을 빼앗기게 되고, 그 때문에 한 종족을 위하여 자국민의 인구를 줄이게 된다. 그들이 우리와 혼합되는 것은 수치스러운 일이며, 그들의 관행은 백인들의 관행처럼 그렇게 다양하거나 본질적이지 않다. …… 그들은 결코 국민의 일부로 간주될 수 없다. 따라서 그들을 공동체 내로 들어

> 오게 하는 것은 공동체의 대다수가 진정한 주체들일 때, 그리고 모든 점에서 선택하고 싶을 때 아주 작은 구실을 할 수 있을 따름이다. …… 어떤 구제책이 아주 사악한 재앙에 대한 치료약으로 쓰이고, 그들이 더 이상 들어오지 못하도록 전면 수입금지하면서 그런 일이 행해질 때가 최상이다(155).

노예와 노예무역에 직접 가담하지 않더라도 그것이 많은 사람들에게 경제적 이익을 안겨준다면, 인종차별에 대한 새로운 이데올로기가 노예와 노예무역을 통해 직접적인 경제적인 이익을 얻지 못하는 사람들에게 급속히 확산될 것이다. 예를 들어, 스코틀랜드 출신의 철학자 데이비드 흄 David Hume은 백인과 유색인종의 차이에 대해 아주 명확한 태도를 취했다. 1753년의 글에서 그는 이렇게 말한다.

> 나는 흑인들과 그리고 일반적으로 다른 모든 종류의 사람들(넷 혹은 다섯 종류가 있다)이 백인에 비해 열등하게 타고난 것이 아닌가 생각한다. 백인 이외에 어떤 유색인들도 문명화된 나라를 가진 적이 없었다. …… 만일 이러한 종류의 사람들 사이의 차이가 본래부터 타고난 것이 아니라면, 한결같은 이 불변의 차이가 이토록 많은 시대의 많은 나라에서 일어날 리가 없다. …… 자메이카에서는 실제로 한 흑인을 재주와 학식이 많은 사람이라고 말한다. 하지만 그는 몇 마디 말을 잘 구사하는 앵무새처럼 아주 보잘것없는 성취 때문에 칭찬을 받고 있는 것 같다(152).[2]

19세기에는 인종을 우수한 백인과 열등한 타자로 나누는 것이 당연시되었다. 이러한 천부적인 차이 때문에, 백인 유럽인들이 지구의 도처에 식민지를 건설하는 것이 정당하게 여겨질 뿐이었다. 게다가 프라이어가 지적하듯이, "인종차별은

---

2) 흄은 수학을 전공한 캠브리지 대학 출신의 프란시스 윌리엄즈(Fancis Williams)를 지칭하고 있다.

소수 특별한 사람들에 국한되는 것이 아니었다. 사실상 19세기 영국의 과학자들과 지식인들은 누구나 흰 피부를 가진 사람들만이 사유하고 지배할 수 있는 능력을 지니고 있다는 사실을 당연하게 받아들였다"(Fryer, 1984: 169). 인종차별주의가 결정적으로 과학의 지지를 잃어버리게 되는 것은 아마 제2차 세계대전 이후일 것이다.

19세기에는 인종차별주의가 식민지 정복을 신의 섭리처럼 보이게 했다. 토마스 칼라일 Thomas Carlyle이 쓴 1867년의 글에 따르면, "창조주는 '흑인'의 지위를 노예로 지정했다"(Fryer, 1984: 172에서 인용). 남아프리카와 우간다에서 신민지 통치자로 일을 했던 해리 존스턴 경 Sir Harry Johnston(1899)은 이렇게 주장했다. 즉, "흑인은 누구나 타고난 노예이며", 그들은 "뜨거운 태양 아래서, 그리고 타는 듯한 열악한 열대 기후환경에서도 열심히 일할 수 있는" 천부적인 능력을 지니고 있다(173). 뜨거운 태양과 열악한 기후가 감당하기 힘들었을지라도, 백인 유럽인들은 고통과 권리침해 가능성에 관해 깊은 관심을 기울이지는 않는다. 예를 들어, 필립 커틴 Philip Curtin이 '일반적인 서구 …… 의사(擬似)-과학적인 pseudo-scientific 인종차별주의의 핵심 인물들 중 한 사람'(1964: 377)이라고 말한 로버트 녹스 Robert Knox 박사는 이 점에 관해 매우 낙관적이었다. 즉, "이 검은 피부의 인종은 우리에게 어떤 의미의 존재일까? …… 그들이 더욱더 자진해서 방해가 되지 않도록 처신하면 할수록 더 좋다. …… 다른 모든 동물들과 마찬가지로, 그들 인종의 본성에 따라 어떤 제한된 생존과정이 정해진다면, 그들이 어떻게 멸종하든 별 문제가 되지 않는다"(Fryer, 1984: 175에서 인용).

녹스는 분명히 극단적인 인종차별주의자이다. 가정적이긴 하지만 문명화의 사명을 근거로 제국주의를 정당화하는 제임스 헌트 James Hunt의 입장은 조금은 덜 극단적이다. 1863년 런던인류학협회 Anthropological Society of London를 창설한 헌트는 이렇게 주장한다. 즉, 비록 "흑인들이 지적으로 유럽인에 비해 열등할지라도, 그들이 다른 어떤 경우보다도 유럽인에게 자연스럽게 복종할 때 한층 더 인도적인 대우를 받게 된다"(177). 그가 설명하고 있듯이, 사실 '흑인은 다만 유럽인들을 통해서만이 개화되고 인간다워질 수 있다'(같은 곳).[3] 식민지 관리였던 조셉 체임벌린 Joseph Chamberlain(1895)은 이러한 논의를 놀라울 정도로 잘 요약해주고 있다. 즉, "나는 영국인이 이 세상에서 인종들을 통치하는 가장 위대한 인종이라고 믿고 있다. 내가 이렇게 말하는 것은 공허한 허풍이 아니라 광활한 영토를 관리하면서 이루었던 성공적인 성과를 통해 보여주고 입증한 사실이다. …… 따라서 영국인의 미래에는 어떤 한계도 없다고 나는 믿는다"(183).[4]

오리엔탈리즘

에드워드 사이드 Edward Said(1985)는 탈식민지이론의 기본 텍스트들 중 하나에서 동방 the Orient, 즉 '오리엔탈리즘'에 대한 서양의 담론이 어떻게 동양에 관한 '지식'을 만들어냈는지를 보여준다. 또 그 '권력-지식'의 관계 체계가 어떻게 서양의 '권력'에 이득을 주도록 만들어졌는지도 보여준다. 사이드에 의하면 "동방은 유럽이 조작한 것이다"(1). '오리엔탈리즘'이라는 용어는 유럽과 동방의 관계를 기술하기 위해 사용한 용어이며, 특히 "동방이라는 상반되는 이미지, 사상, 개성, 경험을 통해 유럽(또는 서양)을 정의하는 데 쓰이는"(1~2) 용어이다. 그는 또한 "유럽 문화가 동방(문화)을 (자신의) 대용물이나 심지어 일종의 감춰진 자아로 대비하여 구분함으로써 권력과 자기 정체성을 획득하게 되었다는 것을 보여주려고 노력한다"(3).

3) '인종'과 인종차별은 재현과 사회적 행위와 상호작용으로 나타나는 것만은 아니다. 그것들은 또한 우리 정신의 내면에도 서식하고 있다. 이에 대한 논의는 프란츠 파농(Franz Fanon)의 *Black Skin, White Mask*(1986) 참조.

4) 체임벌린의 말은 토니 블레어(Tony Blair)의 수상 사임 연설에서 이상한 반향으로 울린다. '이 나라는 복 받은 나라이다. 우리의 가장 내밀한 생각에서도 영국은 특별하다. 세계가 그것을 알고, 우리도 그것을 알고 있다. 이 나라는 지구상에서 가장 위대한 나라이다'(Storey, 2010b: 22에서 인용).

> 오리엔탈리즘은 동방을 다루는 통합적 제도로 분석되고 토론될 수 있다. …… 이를테면 동방에 대해 서술하고, 정당한 관점을 만들고, 묘사하고, 가르치고, 규정하고, 또 지배함으로써 동방을 다룰 수 있는 것이다. 한마디로 오리엔탈리즘은 동방을 지배하고, 재구성하고, 그에 대해 통치권을 행사하는 서양의 방식이다(같은 곳).

달리 말한다면, '이데올로기적 가상의 체계'(321)이며 권력의 문제이다. 그것은 서양이 동방에 대해 그 자체의 헤게모니를 계속 유지하기 위한 메커니즘 중 하나이다. 이는 부분적으로 서양과 동방은 절대적인 차이가 있다는 주장과 통해 있다. 달리 말해서 "서양은 …… 합리적이고, 선진적이고, 인도적이고, 탁월하며, 동방은 비정상적이고, 미발달 상태이고, 열등하다"(300)는 것이다.

이 모든 것이 대중문화 연구와 어떤 관계가 있는가? 사이드가 옹호하는 푸코의 관점이 타잔 이야기나 제국주의적 허구들을 더 쉽게 이해하는 방법일 것이며, 이를 확인하는 것은 어려운 일이 아니다. 기본적으로 두 개의 제국주의적 책략 구조가 있다. 첫 번째는 인종주의적 신화가 말해주듯, 정글의 원시적 힘에 항복하여 '야성으로 돌아가는' 백인 식민주의자들의 이야기이다. 「어둠의 속 Heart of Darkness」과 「지옥의 묵시록 Apocalypse Now」에 나오는 쿠르츠가 그런 인물이다. 한편, 그의 종족으로부터 물려받은 유산 덕분으로 정글과 그 주민들 위에 군림하는 백인들의 이야기가 있다. 「타잔」(소설, 영화, 신화)은 이러한 제국주의적 허구의 고전적 재현이다. 오리엔탈리즘의 시각에서 보면 이 두 이야기는 정복당한 식민지역과 그 지역사람들에 대한 것보다, 제국주의적 정복의 야욕과 고충에 대해 훨씬 더 많은 이야기를 한다.

이러한 접근방식은 결국 관심의 초점을 그 이야기들이 무엇에 대한 것이고, 또 어디서 일어났느냐보다는 그 신화들이 그것의 생산자들과 소비자들에게 어떤 '기능'을 하느냐로 옮겨놓는다. 이로 말미암아 그 이야기가 아프리카나 아프리카인들에 대한 이야기일 것이라는 순진한 생각을 갖는 사람은 거의 없으며, 결국 유럽인들과 미국인들의 이야기에 초점을 맞추게 된다. 결과적으로 이야기가 '어떻게' 풀려 나가는가보다는 '왜' 그런 이야기가 성립되었는가로 관심을 돌려놓으며, 또 이야기에 등장하는 사람들보다 이야기를 하고 이야기를 듣는 사람들에게 주의를 기울이게 만든다.

할리우드의 베트남전쟁, 즉 미국의 베트남전쟁을 이야기하는 방식은 여러 면에서 독특한 오리엔탈리즘 형태에 대한 고전적 예이다. 패배의 침묵보다는 오히려 베트남에 대해 이야기해보자는 기만적인 선동이 거기에 깔려 있었다. 미국에서 가장 인기 없던 전쟁이 상업적 면에서 무척 인기 있는 것이 되었다. 미국은 더 이상 베트남에 대한 '권한'이 없지만, 미국의 베트남전에 대한 서양의 설명에 대해서는 계속 권한을 유지하고 있다. '합작회사'나 다름없는 할리우드가 베트남을 다루는 방식이란 베트남에 대해 '진술하고, 묘사하고, 가르치고, 또 그 관점을 규정하는 것'이다. 할리우드는 미국과 '상반된 이미지'로서의 베트남, 대용물이나 심지어 '숨은 자아 같은 존재'로서 베트남을 다시 만들어내고 있다. 이런 면에서 할리우드는 다른 담론행위와 노래, 소설, 텔레비전 시리즈 등과 함께 베트남에 대해 매우 강력한 담론체계를 만드는 데 성공했으며, 이런 지속적인 '진실의 의식(儀式)'을 통해 미국과 전 세계에 "베트남에서 일어난 일들은 베트남 자체 때문에 일어났다"는 것을 표명하고 있다. 이 다양한 담론체계들은 베트남에 '대한' 것이 아니다. 그것은 곧 베트남에 대한 대다수 미국인들의 '경험'이다. 그들이 사실상 전쟁 그 자체가 되고 있는 것이다.

이러한 오리엔탈리즘의 시각에서 보면 할리우드의 재현이 참이냐 거짓이냐(역사적인 면에서 정확하냐 아니냐)는 전혀 문제가 되지 않는다. 문제는 그들이 유통시키고 있는 '진리 체계'(6장에서 논의한 미셸 푸코)이다. 이런 관점에서 보면, 할리우드의 권력은 부정적인 힘, 즉 부정하고, 억압하고, 부인하는 힘이 아니다. 반대로 그것은 오히려 생산적인 힘이다. 권력에 관한 푸코의 관점이 할리우드의 권력에 관해서도 참이다.

> 우리는 권력의 결과를 부정적으로 보는, 즉 '배제'시키거나 '억압'하고 '검열'하며 '발췌'하고 '가장'하며 '은폐'한다는 생각을 당장, 그리고 영원히 버려야만 한다. 오히려 권력은 현실을 만들어내고, 대상의 영역과 진리의 의식(儀式)을 만든다(1979: 194).

더욱이 푸코가 지적하듯이, "각 사회는 저마다 그 나름의 진리 체계, 즉 진리의 '일반 정치학'—그 사회가 받아들여 '진리'로 작용하는 담론의 유형들—을 가지고 있다"(2002a: 131). 이를 근거로 하여 나는 이제 세 가지 내러티브 패러다임에 대해 간단히 말하고자 한다. 이는 1980년대 할리우드 베트남전쟁을 특징지은 이해 모델이자 '진리 체계'이다.[5]

첫 번째 내러티브 패러다임은 '배반으로서의 전쟁'이다. 이것은 다른 무엇보다도 우선 나쁜 지도자에 대한 담론이다. 예를 들어, 「지옥의 7인 *Uncommon Valor*」, 「대특명 1 *Missing in Action I*」, 「대특명 2 *Missing in Action II*」, 「대특명 3 *Braddock: Missing in Action III*」, 「람보 2 *Rambo: First Blood Part II*」 등에서는 정치가들이 미국의 베트남전 패배 때문에 비난받고 있다. 람보(실베스터 스탤론)에게 작전중에 실종된 미군을 수색하기 위해 베트남으로 되돌아가라고 할 때, 그는 아주 비통한 심정으로 이렇게 묻는다. "이번에는 우리가 이길까요?" 달리 말한다면 정치가들이 승리할 수 있도록 해줄까요?

두 번째 패러다임은 전장에서의 허약한 군 지휘능력에 관한 담론이다. 예를 들어, 「플래툰 *Platoon*」과 「전쟁의 사상자들 *Casualties of War*」에서 패배는 무능한 군 지휘능력의 결과임을 보여주고 있다. 세 번째는 민간의 배반에 관한 담론이다. 「커터스 웨이 *Cutter's Way*」와 「람보 *First Blood*」는 둘 다 전쟁의 성과는 배반적인 태도를 보인 참담한 고향의 모습이었다는 것을 보여준다. 다시 람보의 말이 그 징후를 보여준다. '이제 다 끝났다'는 트라우만 대령의 말을 들었을 그는 이렇게 말한다.

---

5) 이에 대한 보다 상세한 논의는 Storey(2002b, 2010a)를 참조하라.

> 끝난 것은 아무것도 없다. 당신은 전쟁을 끝내지 않았다. 그것은 나의 전쟁이 아니었다. 당신은 나에게 요청했고, 그리고 나는 이기기 위해 해야만 했던 일을 했다. 그러나 어떤 사람은 우리의 승리를 원치 않았다.

흥미롭게도 이 범주에 드는 영화들은 모두 그 구성의 핵심이 상실이다. 「지옥의 7인 *Uncommon Valor*」, 「대특명 1, 2, 3 *Missing in Action I, II, III*」, 「람보 2 *Rambo: First Blood Part II*」, 「전쟁포로 *Pow: The Escape*」 등에서 상실한 것은 전쟁포로이다. 「커터스 웨이 *Cutter's Way*」와 「람보 *First Blood*」, 「7월 4일생 *Born on the Fourth of July*」에서 상실한 것은 자존심이고, 「플래툰 *Platoon*」과 「전쟁의 사상자들 *Casualties of War*」에서 상실한 것은 순결이다. 이러한 다양한 상실들은 더 큰 상실을 전치시킨 징후들임에 분명하다. 이를테면 베트남전쟁에서의 미국의 패배처럼 이제야 간신히 그 실상을 거명할 수 있는 것의 전치가 그런 것이다. 미군 포로들이라는 말의 사용은 이러한 전치 전략에서 가장 이데올로기적으로 부담이 되는 것이다. 그것은 일어날 수 있는 세 가지 유력한 정치적 효과를 제공하는 것처럼 보인다.

첫째, 미국이 여전히 베트남전쟁을 장악하고 있다는 신화를 받아들이는 것은 거슬러 올라가 애초의 전쟁 개입을 정당화하기 시작하는 것이다. 만일 베트남인들이 너무나 야만적이라서 전쟁이 종결된 이후에도 수십 년간 포로들을 붙잡아둬야 한다면, 그들이 미군 병력의 전면적인 개입이 당연하다고 확신하는 것과 마찬가지로 전쟁에 대한 죄의식을 느낄 필요가 없다.

둘째, 수전 제포드 Susan Jeffords(1989)가 말하는 이른바 '상실의 여성화 feminization of loss'(145) 과정이다. 다시 말해서 미국의 패배를 비난하는 사람들은 그들이 비애국적인 시위자들이든, 냉담한 정부, 나약하고 무능한 군 지휘자이든 아니면 부패한 정치인들이든 언제나 상투적인 여성성으로 표현되고 있다. "미국의 지배적인 문화에서 여성과 관련된 상투적인 특성들은 나약성, 우유부단, 의존성, 강렬한 감정, 비폭력, 협상, 예측불가능성, 기만 등이다"(145). 제포드의 주장은 영화의 전시행방불명자 순환에서 완벽하게 보여주고 있으며, 이런 영화에서 정치인들의 여성적인 협상 자세는 '남성성', 즉 귀환하는 참전용사에 대한 실제적인 접근태도와는 반대 방향으로 작동한다. 그 함축적인 의미는 '남성의' 힘과 외골수적 태도는 전쟁에서 승리를 가져올 것이지만 여성의 유약성과 이중적 태도는 상실과 실패를 안겨준다는 것이다.

셋째, 무엇보다 중요한 것은 이 영화들이 어떻게 상실과 실패로 간주되었던 것을 유일하게 실종된 그 무엇으로 바꿔놓았는가 하는 것이다. 패배는 미군 포로를 찾아 구출하는 승리로 바뀐다. 1983년 「지옥의 7인」이 뜻밖의 성공을 거두자 ≪뉴욕 타임즈≫ 기자가 그 영화 관객들을 인터뷰한 적이 있었다. 한 영화 관람객이 그 영화가 흥행에 성공한 이유를 아주 명쾌하게 말해주었다. 즉, "우리가 베트남전쟁에서 승리했다"(H. Bruce Franklin, 1993: 141에서 인용).

두 번째 내러티브 패러다임은 '전도된 군사력 증후군'이다. 이는 기술력을 앞세운 막강한 미국의 군사력을 전도시키는 내러티브 기법이다. 미군의 막강한 파괴적 능력의 장면들 대신에 오히려 한 개인이 무수한 월맹군이나 민족해방전선의 베트콩들과 싸우는 내러티브를 수없이 보여준다. 「대특명 1, 2, 3」, 「람보 2」, 「플래툰」 같은 영화들은 모두 미국인 혼자서 압도적인 다수와 맞서 싸우는 장면들을 담고 있다. 가장 유명한 예가 바로 활과 화살만으로 무장한 람보이다. 하지만 「플래툰」은 이러한 내러티브 전략을 또 다른 차원에서 받아들인다. 중요한 장면을 예로 든다면, '선량한' 엘리어스 상사가 무수히 많은 월맹군에게 쫓기고 있는 장면이다. 그는 고뇌하는 예수 그리스도의 모습처럼 양팔을 벌리고 완전히 쓰러질 때까지 쉴 새 없이 총격을 받는다. 카메라는 그의 임종의 고뇌에 대한 비애감을 강조하기 위해 느리게 움직인다. 영국에서 이 영화가 상영될 때는 한걸음 더 나아가 '십자가에 못 박혀' 고뇌하는 엘리어스의 모습이 담긴 포스터를 만들었다. 그 이미지 위에는 '최초의 전사자는 순결하다'는 글이 적혀 있다. 순결의 상실은 현대 전쟁의 실체에 대한 재현으로, 또한 동시에 잔인하고 무자비한 적들과 대항하는 미국의 공명정대한 활약상으로 나타난다. 이 포스터에 다음과 같은 이데올로기적 의미가 담겨 있는 것이 분명하다. 즉, 미국이 공정한 역할을 하지 못했다면,

앞으로는 모든 분쟁에서 승리를 위해 강인한 자의 역할이 절실할 것이라는 의미가 불을 보듯 명확하다는 것이다.

세 번째 내러티브 패러다임은 '전쟁의 미국화'이다. 내가 이 말을 통해 지적하고 싶은 것은 베트남전쟁의 의미가 할리우드의 베트남전쟁(미국 내의 다른 곳에서는 문화적 생산)에서는 완전히 미국적 현상으로 되어버렸다는 것이다. 이것은 소위 말하는 '제국의 자기도취'의 한 예이다. 말하자면 미국이 중심이고 베트남과 베트남 사람들은 다만 미국의 비극을 연출하기 위한 배경에 지나지 않으며, 그들의 근원적인 잔인성은 곧 미국의 순결의 상실이라는 것이다. 좋은 비극이 응당 그렇듯이, 그것은 애초부터 운명의 지시를 따를 수밖에 없다. 그런 일이 정말 일어났다. 할리우드의 베트남전쟁은 린다 디트말 Linda Dittmar과 진 마이초드 Gene Michaud가 말하는 '불가사의의 신비감'(1990: 13)을 잘 보여준다. 불가사의의 신비감에 대한 가장 주목할 만한 예는 미국에서 출시된 「플래툰」 비디오 버전 오프닝 장면이다. 그것은 당시 크라이슬러 자동차회사 회장의 짤막한 추천사로 시작된다. 시청자는 숲속 빈터를 지나 지프차 쪽으로 가고 있는 그를 본다. 그는 지프차가 있는 곳에 도착하여 지프차에 기대어 잠시 쉬다가 카메라를 향해 연설한다.

> 이 지프차는 노르망디, 안찌오, 과달카날, 한국, 베트남 전쟁 등 전쟁의 유물로서 박물관 전시품입니다. 나는 앞으로 더 이상 전쟁용 지프차가 만들어지지 않기를 희망합니다. 이 영화 「플래툰」은 전쟁 기념물이 아니라, 진정 어느 누구도 알 수 없었던 시기와 장소에서 싸웠던 사람들, 다시 말해서 부름을 받아 갔다는 사실만을 알았던 사람들에 대한 기록입니다. 처음 콩코드에서 머스켓총을 쏘았을 때부터 메콩강 삼각주의 쌀 재배 논에 이르기까지 똑같았습니다. 다시 말해 그들은 부름을 받았고 그리고 그들은 갔습니다. 저것이 바로 진정한 의미에서 미국의 정신입니다. 우리가 이 정신을 이해하면 할수록 우리는 그만큼 더 저 정신을 살린 사람들을 존중하게 됩니다(Harry W. Haines, 1990: 81에서 인용).

이 담론은 다만 미국의 생존을 설명하고 있을 뿐이다. '고향으로 돌아가는 것' 외는 길이 없다. 그것이 미국의 비극이며, 미국과 미국인들은 다만 그 비극의 희생자일 뿐이다. 신화는 「플래툰」이 끝나갈 무렵 크리스 테일러의 해설을 통해 불분명하게 표현되고 있다. 테일러는 전쟁터의 시체와 죽어가는 사람들을 뒤로 하고 이륙하는 헬리콥터 활주로에서 뒤돌아보고 있다. 사무엘 바버 Samuel Barber 가 2백만 명 이상의 베트남인들이 죽은 전쟁에 관하여 사실은 별 뜻도 없으면서 심리학 용어를 지껄여대는 듯한 말투로 이야기할 때, 그의 침통하면서도 매우 아름다운 「현을 위한 아다지오 Adagio for Strings」는 그 목소리의 억양과 리듬을 이렇게 구술하는 것처럼 보인다. 즉, "이제 되돌아보며 나는 이렇게 생각한다. 우리는 적과 싸운 것이 아니었다. 우리는 우리 자신과 싸웠다. 적은 바로 우리 안에 있었다." ≪타임 매거진 *Time Magazine*≫(1987년 1월 26일)의 영화 평론은 이러한 주제를 반영하여 다음과 같이 상술하고 있다. 즉,

> 정확히 20년 전 미국을 정신병적 증상에 빠트렸던 그 전쟁으로 되돌아온 것을 환영한다. 갑자기 우리나라가 좌우로, 흑백으로, 어머니와 아버지로, 부모와 자식으로 분열되었다. 그 나라 전쟁의 역사가 존 웨인의 전쟁영화처럼 읽히는 나라에서는 — 공정한 사람들이 처음으로 불굴의 공명정대한 역할을 통해 대미를 장식했던 나라에서는 — 이러한 양극화가 못마땅했다. 미국인들은 그들 스스로와 싸웠으며, 양쪽 모두 졌다.

이러한 시나리오에서 「플래툰」의 역할은 미국이라는 국가의 정신분열을 치유하는 것이다. 이 영화는 베트남인들이 배제된 전쟁 이야기를 고쳐 쓰고 있을 뿐 아니라, 또한 반전운동에 대해서도 고쳐 쓰고 있다. 호전적인 정치와 반전적인 정치는 전쟁에서 어떻게 싸우는 것이 최선의 싸움이고 최선의 승리이냐를 논의할 때 서로 다른 입장으로서 재연된다. '선량한' 엘리어스 상사와 제퍼슨 에어플레인의 '경찰관'에게 귀를 기울이고 마리화나를 피우는 사람이 이끄는 집단은

품위 있고 영광스럽게 전투하기를 바라지만, '나쁜' 반스 상사와 멀 해거드 Merle Haggard의 노래 「철날 때도 됐지 Oki from Muskogee」를 즐겨 들으며 술 마시는 사람이 이끄는 집단은 어떻게 해서든 전쟁에서 이기는 방향으로 싸우기를 원한다. 우리에게 이것은 미국을 산산이 찢어놓는 본질적인 갈등이었다는 것을 믿도록 한다. 그리고 반전운동은 전쟁에서 어떻게 싸우는 것이 최선의 싸움이고 최선의 승리이냐에 대한 갈등으로 해소되었다는 것이다. 마이클 클라인 Michael Klein이 주장하듯이, "전쟁은 비극적인 실수로서, 실존적인 모험으로서, 혹은 미국의 백인 영웅이 그의 정체성을 발견해가는 통과의례로서 탈(脫)문맥화되고 신비화된다" (1990: 10).

나는 할리우드의 베트남전쟁에서 주도적인 내러티브 패러다임 중 세 가지를 간단히 살펴보았지만, 미국의 관객들(혹은 여타의 관객들)이 이것들을 아무런 문제의식 없이 소비했다거나 혹은 소비하고 있다는 말을 하고 싶은 것이 아니다. 내가 주장하는 것은 오직 하나, 즉 할리우드가 특수한 진리 체계를 만들어냈다는 것이다. 그러나 (다른 모든 문화적 텍스트나 문화행위와 마찬가지로) 영화는 의미화될 수밖에 없다(12장 참조). 할리우드의 베트남전쟁이 어느 정도 그것의 '진상'을 말하게 했는지를 밝히기 위해서는 소비에 대한 고찰이 반드시 필요하다. 이것은 우리에게 텍스트의 의미를 넘어, 텍스트의 담론과 '소비자'의 담론이 만나면서 만들어질 수 있는 의미에 집중하도록 할 것이다. 「플래툰」의 진정한 의미를 확인하는 것은 전혀 문제가 되지 않기 때문이다. 소비에 초점을 맞추는 것은 「플래툰」의 정치적 효과를 탐구하는 것이다. 만일 문화적 텍스트가 (정치적으로 혹은 다른 면에서) 효과적인 것이 되려면, 그것은 반드시 사람들의 삶과 관계를 맺어야만 한다. 다시 말해서 문화적 텍스트는 사람들이 누리는 '살아 있는 생활문화'의 일부가 되어야만 하는 것이다. 할리우드의 베트남전쟁에 대한 형식적인 분석이 영화산업이 어떻게 전쟁을 용기와 배반이라는 미국의 비극으로 명시화했는지를 지적할 수 있을지 모르지만, 이는 우리에게 그것이 용기와 배반의 전쟁으로 소비되어 왔다는 것을 말해주는 것은 아니다.

할리우드의 베트남전쟁에 관한 민족지적인 연구가 없어서, 나는 전쟁에 대한 할리우드식 설명의 효과와 유통에 대한 단서를 제공해주는 두 가지 증거를 지적하고자 한다. 첫 번째는 제1차 걸프전이 고조될 때 조지 부시 대통령의 연설이며, 두 번째는 할리우드와 여타의 전쟁 재현에 관한 미국의 베트남전쟁 참전용사들의 언급이다. 그러나 분명히 이러한 요소들은 그 자체만으로도 흥미로운 것이지만, 전쟁이 일상생활에서 문제가 될 때 전쟁에 대한 할리우드의 설명이 지배적인 것이 되어 왔다는 결정적인 증거를 제공하는 것은 아니다.

제1차 걸프전이 임박할 때, ≪뉴스위크 *Newsweek*≫(1990년 9월 10일)는 심각한 표정을 한 조지 부시 대통령의 사진을 표지에 실었다. 사진 위 신문 1면의 톱 제목은 이랬다. "이 전쟁은 또 다른 베트남전쟁이 되지는 않을 것입니다." 이 제목은 부시 대통령의 연설문에서 발췌한 것이었다. 즉, "지금 나라 안에 또 다른 베트남전쟁에 대한 불안과 걱정이 있다는 것을 나는 잘 알고 있습니다. 확실히 말씀드릴 수 있는 것은 …… 이 전쟁은 또 다른 베트남전쟁이 되지는 않을 것입니다." 또 다른 연설문에서 부시 대통령은 재차 미국 국민들에게 '이 전쟁은 또 다른 베트남전쟁이 되지는 않을 것'이라고 확신했다. 하지만 이번 연설에서는 그 이유를 설명했다. 즉, "우리 군은 전 세계에서 가능한 한 최상의 지원을 받을 것입니다. 그들에게 한 손을 등 뒤에 숨긴 채 싸우라고 요구하지는 않을 것입니다"(≪데일리 텔레그래프 *Daily Telegraph*≫, 1991년 1월).

이 연설에서 부시 대통령은 전직 대통령인 리처드 닉슨이 '베트남 신드롬'(1986)이라 불렀던, 이른바 미국의 정치적·군사적 자아상에 늘 따라다니는 유령을 잠재우고자 했다. 그에 따르면, 과거 미국의 대외정책은 '국가 이익을 위한 무력 사용'을 망설였기 때문에 '괴상하게 뒤틀리고 말았다'(13). 또 다른 베트남전쟁에 대한 불안과 걱정은 미국인으로 하여금 '미국의 무력에 대해 …… 수치심을 느끼고 강해지는 것에 대한 가책'(19)을 느끼게 만들었다.

내가 인용한 두 연설에서, 그리고 다른 수많은 다른 연설에서 부시 대통령은 1980년대 미국의 수많은 강력한 목소리들이 '고귀한 주장이 배반당한 베트남전쟁 – 미국의 비극'이라는 가장 강력한 전쟁의 의미를 만들어내고자 했다는 것을 명확하게 밝히고 있었다. 예를 들면, 1980년 대통령 선거운동 중에 로날드 레이건은 베트남 신드롬을 종결지으려는 시도로 다음과 같이 선언했다. 즉, "베트남 신드롬은 우리의 주장이 사실상 고귀한 주장이라는 것을 인정했던 때이다"(John Carlos Rowe and Rick Berg, 1991: 10에서 인용). 더욱이 레이건은 이렇게 주장했다. 즉, "저 전쟁에서 싸웠던 사람들에게 이렇게 말합시다. 앞으로는 두 번 다시 젊은이들에게 목숨을 잃을지도 모를 전장에 나가 싸우라고 말하지 않을 것이며, 우리 정부는 승리하자는 것이 두렵다고"(Stephen Vlastos, 1991: 69에서 인용). 1982년(미국의 마지막 전투부대가 베트남을 떠난 지 거의 10년) 워싱턴에서 베트남 참전용사 기념비 제막식이 있었다. 레이건 대통령은 미국인들이 '베트남전쟁은 정당한 주장이었다는 것을 인식하기 시작했다'(Barbie Zelizer, 1995: 220에서 인용)고 말했다. 1984년(미국의 마지막 전투부대가 베트남을 떠난 지 11년) 베트남 참전 무명용사 매장식이 있었다. 장례식장에서 레이건 대통령은 이렇게 말했다. 즉, "미국의 영웅이 고향으로 돌아왔습니다. …… 그는 그의 사명과 책무를 다했습니다. 그리고 믿음직한 그의 애국심은 우리를 압도하고 있습니다"(Rowe and Berg, 1991: 10에서 인용).

1985년(미국의 마지막 전투부대가 베트남을 떠난 지 12년) 뉴욕시가 베트남전쟁 참전용사를 위한 첫 번째 '귀국 환영' 축하행진을 개최했다. 정치적 수사와 국가적 차원의 기념이 효과적으로 혼합된 이 행사에는 미국의 베트남전쟁의 의미에 관한 새로운 '여론'을 정착시키려는 분명한 의도가 있다. 그것은 1980년 레이건의 성공적인 대통령 선거운동에서 시작되어 1991년 제1차 걸프전 승리 이후 부시의 승리주의와 더불어 막을 내린다. 그러므로 걸프전이 고조되어갈 무렵 부시 대통령이 미국 국민들에게 베트남전쟁을 기억하라고 말했을 때, 대다수 미국인들이 떠올린 그 기억들은 그들이 영화관에서 경험했던 전쟁, 즉 용기와 배반의 전쟁에 대한 기억들이었다. 할리우드의 베트남전쟁은 갈수록 지배적인 성격을 띤 미국의 베트남전쟁에 대한 기억을 예행하고, 부연하고, 해석하고, 되풀이하기 위한 자료들을 제공해 왔었다.

이것은 전쟁의 실제 '사실들'과는 별로 관련이 없는 기억이었다. 간단히 말해서, 미국은 전 세계에서 유례가 없는 가장 강력한 화력을 베트남에 배치했다. 할리우드의 이야기들은 베트남의 광범위한 지역에 살포된 고엽제, 네이팜 폭탄, 토벌 작전, 무차별 포격 지대, 대량 폭탄 투하 등은 다루지 않았다. 예를 들어, 1972년 일명 '크리스마스 폭격' 작전 중 미국은 하노이와 하이퐁에 독일이 1940년부터 1945년까지 영국에 투하한 폭탄보다 더 많은 폭탄을 투하했다(Franklin, 1993: 79). 전체적으로 볼 때, 미국은 베트남에 세 차례 다량의 폭탄 투하를 했는데, 이는 제2차 세계대전 중 전 세계에서 투하된 전체 폭탄과 맞먹는 양이었다(Pilger, 1990). 1967년 존슨 대통령에게 보낸 제안서에서 로버트 맥나마라 국방장관은 이렇게 적었다. 즉, "후진국인 작은 나라를 굴복시키려고 그 나라의 장점에 대해 열띤 논쟁을 벌이는 동안, 세계 최강의 무력이 한 주에 1천 명의 민간인(그가 계산한 미국의 폭탄 투하로 인한 희생자 수)을 살해하거나 심각한 상해를 입히는 광경은 그리 좋아 보이지 않는다"(Martin, 1993: 19~20에서 인용). 이것을 보면 미국은 한 손을 등 뒤에 숨긴 채 싸우지는 않았다는 부시의 주장은 전혀 신빙성이 없어 보인다.

할리우드 베트남전쟁의 소비에 관한 두 번째 예는 미국의 베트남전쟁 참전용사들의 말이다. 마리타 스터컨 Marita Sturken이 말하듯이, "어떤 참전용사들은 그들의 기억들 중 어떤 것들은 그 출처가 어딘지 — 그들 자신의 경험인지, 다큐멘터리 사진들인지, 아니면 할리우드 영화인지? — 망각해버렸다고 말한다"(1997: 20). 예를 들어, 베트남전쟁 참전용사인 윌리엄 아담스 William Adams는 이렇게 말한다. 즉,

> 「플래툰」이라는 영화가 처음 상영되었을 때, 많은 사람들이 나에게 이런 질문을 던졌다. "전쟁이 진짜로 저러했는가?" 나는 대답할 말이 없었다. 부분적으로 그 이유는, 아무리 생생하고 실감난다 하더라도 영화는 결국 영화이고, 전쟁은 전쟁 그 자체일 뿐이기 때문이다. 하지만 대답을 찾지 못한 또 한 가지 이유는,

> 실제로 일어났던 일이 지금은 내 마음 속에서 내가 그 일어났던 일에 대해 말해 왔던 것과 완전히 뒤죽박죽이 되어 본래 경험이 사라져버렸기 때문이다. 이런 점에서 볼 때, 이것은 단편적이고, 심지어 고통스럽기조차 하다. 그러나 그것은 또한 나의 기억을 더듬어가는 시금석이기도 하다. 베트남전쟁은 더 이상 확정된 사건이 아니다. 오히려 그것은 공동으로 함께 써 나가는 유동적인 각본이다. 다시 말해서 그것은 상충하기도 하고 변하기도 하는 우리 자신에 대한 우리의 관점을 끊임없이 갈겨쓰고, 지우고, 다시 쓰는 각본이다(Sturken, 1997: 86에서 인용).

이와 마찬가지로, 학자이자 베트남전쟁 참전용사인 마이클 클라크 Michael Clark는 1985년 뉴욕 거리에서 색종이 테이프를 뿌리며 시행되었던 베트남전쟁 참전용사 귀국환영 축하 행진이 그 행진에 대한 매스컴의 보도 및 그 행진의 의미 맥락을 제공하는 듯한 할리우드 영화들과 더불어 어떻게 전쟁에 대한 특수한 기억 — 치명적인 결과를 초래할 수 있는 기억 — 을 만들어내게 되었는가를 말하고 있다. 즉,

> 그것들은 내내 전쟁에 대한 우리의 기억을 구성해 왔다. …… 그것들은 지난 10년 동안 향수에 대한 위안으로 끝나는 것을 거부해 왔던 상처를 깨끗이 치유해 왔으며, 또 죄의식과 불신을 의무와 긍지로 바꿔놓았다. 그리고 아주 의기양양하게 그것들은 다음 전쟁에서도 싸우게 될 참전용사들의 아주 성공적인 광경을 우리에게 보여주었다(Clark, 1991: 180).

더욱이 클라크가 애써 강조하듯이, "베트남전쟁에 대한 기억은 제국주의적 야망에 대한 저항을 지적하지 못해 왔으며, 이제 그것은 다음에는 잘 하기를 바라는 미미한 훈계로 바뀌고 말았다"(206). 이런 걱정들은 첫 번째 걸프전이 종결되었을 때 부시 대통령의 승리주의를 통해 충분히 그 정당성이 입증되었다. 그 당시 그는

마치 그 전쟁이 다른 이유에서가 아니라 오직 정신적 상처의 기억을 극복하기 위해 싸웠던 것처럼 호언장담하며 이렇게 말을 잇는다. 즉, "하느님께 맹세코, 우리는 베트남 신드롬을 단 한 번에 완전히 날려버렸다"(Franklin, 1993: 177에서 인용). 이러한 언급에 대해 ≪뉴욕 타임즈≫(1993년 11월 2일)는 다음과 같은 제목의 논설을 실었다. "베트남 신드롬은 끝났는가? 다행히도, 그것이 페르시아 만에 묻혔다." 미국의 실패와 분열의 징표인 베트남은 페르시아 만 사막에 묻혀버렸다. 베트남 신드롬을 날려버렸다는 것(할리우드 베트남전쟁의 도움을 받아)은 국가를 오래된 유령과 불신으로부터 해방시켰다는 말일 것이다. 다시 말해서 미국을 다시금 다음 전쟁에 대해 만반의 태세가 되어 있는 강한 나라로 만들었다는 것이다.

백색도(白色度)

세계 인구의 측면에서 백인은 큰 비중을 차지하는 것은 아니다. 하지만 권력과 특권의 측면에서 그들은 우세한 색깔이다. 물론 이것은 모든 백인이 권력과 특권(예를 들어, 백색의 정도를 나타내는 백색도 whiteness는 언제나 사회적 계급, 성 gender과 섹슈얼리티와 연결된다)을 가지고 있다는 의미는 아니다.[6)]

백색의 권력은 어느 일면 '인종'과 민족성이라는 범주 바깥에 존재하는 것처럼 보인다. 인종과 민족성이라는 범주는 백인이 아닌 사람들에게만 적용되는 듯하다. 백색도는 일종의 인간 규범으로 존재하는 것처럼 보이며, 이 규범에서 보면 여러 인종과 민족성은 일탈이다. 리처드 다이어 Richard Dyer(1997)가 설명하고 있듯이,

6) 백색도(whiteness)는 사회적 계급이나 성(gender)(그리고 사회적 차별의 다른 표시들)으로만 나누어지는 것이 아니다. 그것은 또한 백색의 정도 그 자체의 차이에 의해서도 나누어진다. 이를테면 백색에 해당하는 사람이 역사적으로 다른 여러 시기에 다른 대응책을 마련하는 것이다.

> '단지 인간'으로 존재하는 지위 이상으로 유력한 지위는 없다. 권력을 요구하는 것은 인류의 공동체적 일치에 대해 말할 권리를 요구하는 것이다. 인종적인 사람들은 그렇게 할 수 없다. 그들은 오로지 그들의 인종에 대해서만 말한다. 하지만 비-인종적인 사람들은 한 인종의 관심사를 표명하지 않기 때문에, 그들은 그렇게 할 수 있다. 백색의 경주를 바라보는 시선의 요점은 권력의 지위와 그것이 지닌 온갖 불평등과 억압, 특권, 그것이 유발하는 고통들로부터 그들/우리를 벗어나게 하고, 이 세계에서 그들/우리가 말하는 권한을 이해함으로써 그들/우리를 그 지위로부터 벗어나게 하는 것이다(2).

백색(혹은 백색도)의 규범적 권력을 이해하기 위해서는 반드시 우리는 백색의 생물학을 잊고, 그것을 문화적 구성물로, 즉 '자연적'이고 '규범적'이고 '보편적'인 것으로 주어지는 것으로 생각해야만 한다. 그러므로 백색을 그토록 강력한 것으로 만드는 것은 그것이 지배적인 신체의 색깔 이상이기 때문이다. 그것은 눈에 보이지 않는 인간의 규범으로서 작동하며, 다른 민족성으로 그들 자신을 평가하도록 하는 것은 이 규범에 반하는 것이다. 간단히 말해서 백인이 백인으로 표현되는 경우는 드물다. 그들은 민족성이 없는 사람일 뿐이다. 예컨대 우리는 이런 경우를 언제든지 볼 수 있는데, 백인 작가에 대한 글을 읽으면서, 그는 한 사람의 작가로 묘사될 것이다. 만일 그가 흑인이라면 그는 흑인 작가라고 묘사될 것이다. 흑색은 종족의 표시인 반면에 백색은 그냥 인간의 표시일 뿐이다. 또한 어떤 흑인이 말할 때는 그녀가 다른 흑인들을 대신하여 말하는 것으로 예상되는 반면에, 백인은 한 사람의 개인으로서 말하거나 전 인류를 향하여 말하고 있다. 흑인이 논의 대상이 될 경우 그들은 흑인으로서 논의되는 반면에, 백인이 논의 대상일 경우 그들은 인간으로서 논의되고 있다. 이리하여 백색이 지니는 종족으로서의 비가시성은 그것을 정상적인 인간이라는 위치에 두게 된다. 또한 다이어의 말을 빌린다면, "인종적 재현의 수준에서 보면 …… 백인은 하나의 특정한 인종이 아니라 그들은 곧 인간 종이다"(3).

대다수 백인들은 그들 자신을 민족성과 '인종'의 측면에서 중립적이고 정상적이라고 생각한다. 그들은 다른 사람들의 민족적 기원에 대해서는 언급하지만, 그들은 여전히 눈으로 볼 수 없는 비가시적 존재이다. 백인 영국인이 '민족적 의상'이나 '민족적 음식'이라는 말을 접할 때, 그 말이 영국의 의상이나 영국의 음식을 가리킨다면 어안이 벙벙할 것이다. '인종적'이지 않음으로써 그들은 인간종이 된다. 이러한 권력과 그 특권을 종식시키기 위해서는 우리는 백색을 또 다른 민족성의 표시로 보아야만 한다. 차이를 주목하는 것은 문제가 안 된다. 문제는 어떻게 우리가 문제이거나 문제가 아닐 수도 있는 차이를 의미화하는가 하는 점이다.

그러므로 백색에 대한 논의를 포함하지 않는 '인종'과 민족성에 관한 모든 논의는 언제나 자기도 모르게 무심코 백색의 권력과 특권에 기여하는 것이 될 것이다. 그 이유는 백색의 권력과 특권은 눈으로 볼 수 없는 그것의 비가시성, 그야말로 인간과 정상으로서 그것이 지닌 명확한 보편성을 통해 뒷받침되고 있기 때문이다. 한마디로 말해서 백인은 '자연적'이고 '정상적'인 것처럼 보인다. 백색이 또 다른 인종(혹은 민족)의 표시라는 것이 널리 확인되기까지 이는 변함이 없을 것이다.

반-인종차별주의와 문화연구

대중문화에 대한 페미니즘과 마르크스주의의 접근방식을 통해 강조했듯이, '인종'과 재현의 논의가 인종차별주의의 심각한 비인간적 담론을 비난하는 윤리적 의무를 수반하는 것은 불가피하며, 극히 정당한 일이다. 이 점을 염두에 두고, 나는 두 가지 문제에 대한 다음과 같은 간단한 논의와 인용으로 이 장을 마무리하고자 한다. 첫 번째 인용의 출처는 스튜어트 홀이고 두 번째는 폴 길로이 Paul Gilroy이다.

> 문화연구가 꼭 해야 할 일은 다르게 살아가는 타자의 능력으로 우리의 삶과 그리고 우리가 살고 있는 사회를 줄기차게 반-인간화하는 것이 무엇인가를 이해하기 위해 지적 자원의 측면에서 발견할 수 있는 모든 것을 결집하는 것이다. 문화연구의 메시지는 학자와 지식인을 위한 것이지만, 다행히도 그 외 대다수 일반 사람들을 위한 것이기도 하다. …… 어떤 무능한 지식인도, 또 당당하게 21세기를 맞이하기를 바라는 어떤 대학도 오늘날 세계가 고민하고 있는 인종과 민족성의 문제를 결코 냉정하게 외면할 수 없다고 나는 확신하고 있다(Hall, 1996e: 343).

> 우리는 두려움이나 악의 없이 낯선 사람들과 친밀하게 무난히 잘 살아보려는 의욕적인 노력에 제대로 대처하기 위해 어떤 통찰과 성찰이 점점 더 차별화되어 가는 사회와 불안한 개인들에게 실제로 도움을 줄 수 있는지를 알 필요가 있다. 우리는 낯선 사람들의 낯선 부분이 희미해지고, 다른 차원에서 보면 같다는 것이 인정되고 의미화될 수 있도록 같다 혹은 다르다고 하는 잣대가 과연 생산적으로 바뀔 수 있는지를 고찰할 필요가 있다. 또한 우리는 20세기 고통의 역사에 대한 신중한 배려가 근본적으로는 같다는 점에서 타자와 평화롭게 화해하고 받아들이기 위한 자원들을 어떻게 제공할 수 있는가에 대해서도 고찰할 필요가 있다. …… 다시 말해서 인간들은 본래 다른 점보다 같은 점이 더 많으며, 대체로 우리는 서로서로 소통이 가능하다는 것이다. 그리고 서로의 가치와 존엄성, 그리고 본질적인 동일성을 인정한다면 그것이 우리 자신이 바르게 행동하기를 바랄 경우 우리의 행동방식을 제한할 것이다(Giloy, 2004: 3~4).

문화연구는 이성적이고 지적인 다른 모든 전통의 연구와 마찬가지로 인종차별주의를 타파하는 데 지적인 면에서, 그리고 모범적으로 도움을 주게 마련이다. 그리고 이렇게 함으로써, '종족'이란 장구한 세월동안 잘못 사용되어 온 역사적 범주에 지나지 않고, 또 오늘날 의미로는 그냥 인류에 불과한 그런 세상이 되도록 돕게 된다. 하지만 1987년에 길로이가 말했듯이, 20년이 지났는데도 저런 경우는 더 많아졌으며, 저런 순간이 오기까지,

> '인종'은 반드시 분석적 범주로서 유지되어야만 한다. 그 까닭은 그것이 생물학적 혹은 인식론적 절대자와 일치하기 때문이 아니라, 집단적 정체성이 전통에 뿌리를 둠으로써 획득하게 되는 권력에 대한 탐구를 가리키기 때문이다. 백인의 인종차별주의와 흑인의 저항이라는 형식을 취하고 있는 이러한 집단적 정체성은 오늘날 영국에서 가장 휘발성이 높은 불안정한 정치세력들이다(2002: 339).

더 읽어야 할 책들

Srorey, John(ed.), *Cultural Theory and Popular Culture : A Reader*, 4th edition, Harlow : Pearson Education, 2009. 이것은 이 책의 자매편이며, 2018년에 출판된 제5판은 내용적으로 더욱 보완된 것이다. 이 책과 자매지는 대화형 웹사이트(www.routledge.com/cw/storey)를 통해 뒷받침되고 있다. 이 웹사이트에는 학생들에게 도움이 될 만한 유용한 자료들이 실려 있다.

Baker, Houston A. Jr, Manthia Diawara and Ruth H. Lindeborg(eds), *Black British Cultural Studies : A Reader*, Chicago : University of Chicago Press, 1996. 매우 흥미로운 에세이 모음집.

Dent, Gina(ed.), *Black Popular Culture*, Seattle : Bay Press, 1992. 매우 유용한 에세이 모음집.

Dittmar, Linda and Gene Michaud(eds), *From Hanoi To Hollywood : The Vietnam War in American Film*, New Brunswick and London : Rutgers University Press, 1990. 할리우드 베트남전쟁에 관한 연구의 가장 훌륭한 모음집.

Dyer, Richard, *White : Essays on Race and Culture*, London : Routledge, 1997. 백색과 문화에 대한 최고 수준의 설명서이다.

Fryer, Peter, *Staying Power : The History of Black People in Britain*, London : Pluto, 1984. 훌륭한 책이다.

Gandhi, Leela, *Postcolonial Theory : A Critical Introduction*, Edinburgh : Edinburgh University Press, 1998. 탈-식민 이론에 관한 훌륭한 입문서이다.

Gilroy, Paul, *There Ain't No Black in the Union Jack*, London : Routledge, 1987/2002. '인종'을 다루는 고전적인 문화연구들 중 하나이다.

Gilroy, Paul, *The Black Atlantic*, London : Verso, 1993. '문화 절대주의'에 대한 훌륭한 논의이다.

Markus, Hazel Rose and Paula M. L. Moya, *Doing Race : 21 Essays for the 21st Century*, New York : Norton, 2010. '종족 행위'에 대한 훌륭한 논문 모음집.

Pitcher, Ben, *Consuming Race*, London : Routledge, 2014. 일상생활에서 '인종'의 역할에 대한 아주 흥미로운 설명이 담겨 있다.

William, Patrick and Laura Chrisman(eds), *Colonial Discourse and Post-Colonial Theory : A Reader*, Harlow : Prentice Hall, 1993. 탈-식민 이론에 관한 흥미로운 에세이 모음집.

10

포스트모더니즘

10

Postmodernism

포스트 모더니즘

포스트모던 상황

포스트모더니즘 postmodernism은 대중문화에 대한 학문적 연구의 안팎에서 두루 쓰이고 있는 용어이다. 즉, 이 말은 팝음악 저널리즘에서부터 후기자본주의나 다국적 자본주의의 문화적 상황에 대한 마르크스주의적 분석에 이르기까지 다양하게 쓰이고 있다. 안젤라 맥로비(1994)가 지적하듯이,

> 포스트모더니즘은 다른 지적 범주들에 비해 훨씬 빨리 다양한 분야로 침투해 들어갔다. 예술사의 영역에서부터 정치이론이나 청소년 문화잡지, 음반 표지, 최신 유행 패션잡지 ≪보그 *Vogue*≫에 이르기까지 널리 퍼졌다. 내가 보기에 이는 단순한 취향의 변화 이상의 어떤 것을 가리키는 듯하다(13).

그녀는 또한 "포스트모더니즘에 대한 최근의 논의들은 대중문화 분석에 대해 긍정적인 유인으로 작용하기도 하지만 또한 유용한 면도 있다"(15)고 주장한다. 아무튼 포스트모더니즘이 하나의 개념으로서 계속 왕성하게 증식하고 있는 것만은 틀림없는 사실이다. 딕 헵디지(1988)는 이 용어가 사용되어온 방식들을 이렇게 정리하고 있다.

> '포스트모던 postmodern'이라는 것이 방의 장식이나 건물 디자인뿐만 아니라, 영화, 음반의 제작, 실험 비디오, 텔레비전 광고, 미술 다큐멘터리나 이들 사이의 '상호 텍스트적' 관계, 패션잡지나 비평 전문지의 페이지 디자인, 인식론에 있어서 반목적론적 경향, '존재론적 형이상학'에 대한 공격, 일반적인 감각의 약화, 전후 베이비 붐 세대가 중년의 환멸을 맞이하는 집단적 절망과 병적인 현상, 반성의 '궁지', 수사학적 형용, 표피성의 증식, 상품 물신주의에서의 새로운 단계, 이미지나 부호, 스타일에 대한 매혹, 문화적·정치적·실존적 파편화의 과정과 그 위기, 주체의 '탈중심화', '대서사에 대한 불신', '의미의 내부 파열', 문화적 위계질서의 붕괴, 핵 파멸의 공포, 대학의 쇠락, 마이크로 테크놀로지의 기능과 영향, '미디어'로 향한 사회경제적 전환, '소비주의'와 '다국적' 국면, 터전의 상실이나 그 자체의 포기(비판적 지역주의) 혹은 일반적으로 시간성의 축 대신 공간성의 축이 대치되는 것에까지 모든 것을 다 (더욱 단순하게는 '포스트'라고까지 줄여 쓰는) 일컫는다면, 이는 분명 대단한 유행어라는 사실이 확실해진다(2009: 429).

이 책의 목적을 감안해서 나는 대중문화 연구와 관련된 부분에 국한하여 포스트모더니즘을 언급하고자 한다. 이를 위해 나는 1950년대 후반과 1960년대 초반 미국과 영국에서 포스트모던 이론이 처음 발전하는 과정과 함께 장 프랑스와 리오타르 Jean-Francois Lyotard, 장 보드리야르 Jean Baudrillard, 프레드릭 제임슨 Fredric Jameson의 이론에 초점을 맞춘다. 이는 포스트모던 문화의 두 예라고 할 수 있는 팝 음악과 텔레비전에 대한 논의로 이어진다. 그리고 포스트모더니즘의 세 가지 일반적인 양상들, 즉 절대적 가치 기준의 붕괴, 세계화의 문화, 융합 문화에 대한 논의로 이 장을 마무리할 것이다.

1960년대 포스트모더니즘

'포스트모던'이란 말은 1870년대(Best and Kellner, 1991)부터 문화적 의미로 사용되었지만, 1950년대 말에서 1960년대 초에 이르러서야 비로소 오늘날 우리가 이해하는 포스트모더니즘이 시작되었다. 이를테면 수잔 손탁 Susan Sontag(1966)과 레슬리 피들러 Leslie Fiedler(1971)의 글에 나오는 '새로운 감성'(Sontag, 1966: 296)이라는 개념은 고급문화와 대중문화의 구분이 무너지면서 생긴 새로운 다원주의를 가리킨다. 이는 모더니즘의 표준화된 기능에 대항하려는 감성이면서 동시에 모더니즘의 반란이 규범화되어버린 것에 대한 또 하나의 반란이자, 모더니즘이 현대 자본주의 세계의 고급문화로서 누리는 공식 지위에 대한 공격이다. 그 공격의 화살은 모더니즘의 정신보다는 그것이 박물관이나 아카데미에서 규범화, 박제화되어버렸던 현상을 겨냥하고 있다. 요컨대 모더니즘의 비판적이고 자유분방하던 힘이 사라져버린 것을, 그리고 중산층에게 충격과 반감을 안겨주던 그 능력이 사라진 것을 안타까워하는 것이다. 피카소나 제임스 조이스, T. S. 엘리어트, 버지니아 울프, 브레히트, 스트라빈스키 등의 작품은 부르주아 사회의 가장자리에서 비판의 소리를 드높이기는커녕 충격과 교란의 힘마저 상실한 채 오히려 고전화되고 규범화되어버렸다. 모더니즘 문화는 부르주아 문화가 되어버렸다. 모더니즘이 지녔던 그 전복의 힘은 아카데미와 박물관에서 고갈되었고, 오늘날의 전위 avant-garde는 도리어 투쟁의 대상으로 남아야 할 제도와 규범이 되어버린 것이다. 프레드릭 제임슨(1984)이 지적하듯,

> 이것은 포스트모더니즘이 등장한 것에 대한 가장 그럴듯한 설명이다. 1960년대의 젊은 세대들은 이전에는 반항적이었던 모더니즘 운동을 죽어버린 고전—다른 맥락에서 한 말이긴 하지만 마르크스(1977)의 말을 빌리면 '살아 있는 자의 두뇌를 악몽처럼 짓누르는 것'—으로 대면하게 되었기 때문이다(56).

제임슨(1988)은 포스트모더니즘이 태어난 배경을 다음과 같이 설명한다.

> 모더니즘의 고전들이 반항적인 위치에서 지배적인 위치로 바뀐 사실뿐 아니라 그것들이 대학이나 박물관, 화랑은 물론 그 설립 재단들마저 다 정복한 데다가 …… 여러 고급 모더니즘이 동화되어 규범으로 자리잡고 또 우리 할아버지 세대에게 충격적이며 비방거리이고 추하고 부조화적이며 비도덕적, 반사회적으로 느껴지던 모든 것이 약화되고 동화되었기 때문이다(299).

문화를 연구하는 사람들에게 가장 중요한 것은 "역사적으로나 인간적으로 쇠퇴하기 시작한 아놀드의 문화 개념"(Sontag, 1966: 299)을 버리고 새로운 감성을 갖는 것이다. 그래야만 "'높은' 문화와 '낮은' 문화의 구분은 갈수록 무의미해질 것"(302)이라는 주장이 가능하기 때문이다. 이런 점에서 새로운 감성은 모더니즘의 문화적 엘리트주의로 보이는 것에 대해서는 거부반응을 보이기 마련이다. 모더니즘은 대중문화를 자주 인용하고 모방함에도 불구하고, 근본적으로는 모든 대중적인 것에 대해 깊은 불신을 가지고 있다. 박물관과 아카데미로 모더니즘이 편입된 것도(모더니즘의 원래 속성인 부르주아 속물주의에 대한 반감에도 불구하고) 계급사회의 엘리트주의와 밀접한 동반관계에 있었기 때문이다. 그러므로 1950년대 후반과 1960년대의 포스트모더니즘은 이런 모더니즘의 엘리트주의에 대한 민중주의적 공격이라 할 수 있다. 그것은 안드레아 후이센 Andreas Huyssen (1986)이 말한 "커다란 분할 …… 즉 고급예술과 대중문화의 범주적 구분을 고집하는 담론"(viii)을 거부하려는 움직임의 시작이었다. 후이센은 또 "이러한 분할을 통해 대중문화와 모더니즘 사이의 거리가 얼마나 벌어졌는가에 따라 우리 자신의 문화적 포스트모더니티 postmodernity가 측정될 수 있을 것"(57)이라고 말한다.

1950년대와 1960년대의 영미 팝 아트도 대중문화/고급문화의 구분을 단호히 거부했다. 이들은 문화를 '인간의 생각과 표현의 정수'라고 한 아놀드의 정의(2장 참조)를 거부하고, 그 대신 윌리엄즈가 '총체적인 삶의 방식'(3장 참조)이라고 한 인류학적 정의를 더 선호했다. 영국의 팝 아트는 1950년대 영국의 암울한 상황 속에서 미국을 동경했으며, 로렌스 앨로웨이 Lawrence Alloway가 그 첫 이론가였다. 그의 설명에 따르면,

> 예술가들은 영화, 광고, 공상과학소설, 팝음악 등 대량생산된 도시문화를 수용하기 시작했다. 대부분의 지식인들은 상업문화에 대해 편견을 갖고 있었지만, 우리에게는 그런 편견이 없다는 것을 깨달았으며, 오히려 그와는 반대로 이런 문화현상을 받아들이고 상세한 토론을 벌이고 즐겁게 소비했다. 이런 토론의 결과 중 하나가 바로 팝문화를 '도피주의'나 '순수 유흥', '휴식'의 영역에서 끌어내어 진지한 예술로 받아들이자는 것이었다(Frith and Horne, 1987: 104에서 인용).

팝 아트의 이론화에 가장 중요한 인물은 앤디 워홀 Andy Warhol이었다. 워홀은 상업미술과 비상업미술의 구분을 거부하며, "상업미술이 진짜 미술이고 진짜 미술이 곧 상업미술"(109)이라고 보았다. 그의 주장에 따르면, "'진짜 미술'이란 단지 그 시대 지배계급의 취향(그리고 재산)에 의해 정해질 따름이다. 이것은 상업미술이 '진짜 미술'만큼 좋다는 것이며, 차이가 있다면 그 가치가 다른 사회집단이나 다른 지출의 형태에 의해 규정된다는 것뿐이다"(같은 곳).

물론 고급문화와 대중문화를 뒤섞는 워홀의 방식을 기만적이라고 반박할 수 있다. 그 아이디어나 재료가 어디에서 왔든, 일단 화랑에 전시되면 화랑이라는 그 배경과 분위기로 말미암아 미술이 되고, 고급문화가 되는 것이다. 존 록웰 John Rockwell은 이런 현상이 의도된 바도 아니고 필연적인 귀결도 아니라고 주장하면서, 미술은 사람이 무엇을 미술로 인식하느냐에 달려 있다고 한다. 다시 말해서, "워홀이 브릴로(Brillo－설거지용 수세미의 한 상표 : 역주) 포장박스를 미술관에 쌓아놓았다고 해서 갑자기 미술이 되는 것은 아니다. 그러나 워홀은 그렇게 했고, 또 그렇게 함으로써 그는 당신이 슈퍼마켓에 가는 것조차도 예술적 체험으

로 여기도록 부추긴다. 결과적으로 그는 당신의 생활을 향상시켰으며, 어느 누구든 원하기만 한다면 예술가일 수 있는 것이다”(120).

후이센(1986)은 팝 아트와 대중문화의 관계와 그 전모를 제대로 파악하려면, 그것을 미국의 대항문화와 영국의 언더그라운드를 잇는 폭넓은 문화적 맥락에서 이해할 수밖에 없다고 말한다. 즉, “넓은 의미에서 팝은 포스트모던 개념이 처음 발생한 배경이 되었다. 그 시초부터 오늘날까지 포스트모더니즘의 가장 중요한 경향은 대량문화에 대한 모더니즘의 적대감에 도전하는 것이다”(188).

이렇듯 포스트모더니즘은 적어도 부분적으로는 고급 모더니즘 범주의 경직성을 거부하는 세대로부터 나왔다고 할 수 있다. 고급문화/대중문화의 구별에 집착하는 것은 늙은 세대의 고루한 사고방식으로 간주되었고, 이처럼 경계가 붕괴하는 징표는 팝음악과 미술의 만남으로도 나타난다. 예컨대, 피터 블레이크 Peter Blake는 비틀즈의 「서전트 페퍼스 론리 하트 클럽 밴드 Sergeant Pepper's Lonely Hearts Club Band」를 디자인했고, 리처드 해밀튼은 비틀즈의 「화이트 앨범 White Album」을, 그리고 앤디 워홀은 롤링 스톤즈의 「스틱키 핑거즈 Sticky Fingers」 앨범을 디자인했다.

이와 마찬가지로, 우리는 팝음악 그 자체에서 드러나는 새로운 진지함을 예로 들 수도 있다. 그것은 밥 딜런 Bob Dylen과 비틀즈와 같은 연주자들의 작품에서 가장 두드러지게 나타난다. 그들의 작품 속에는 새로운 진지함이 깃들어 있으며, 그들의 작품은 이전의 팝음악을 다루는 것과는 다른 방식으로 진지하게 받아들여져야 한다.

후이센은 또한 1960년대 미국의 포스트모더니즘이 이보다 훨씬 이전 유럽 아방가르드의 어떤 측면과 깊은 관계가 있음을 간파했다. 다시 말해서 미국의 대항문화 — 베트남전쟁에 대한 반대, 흑인의 평등권에 대한 지지, 고급 모더니즘의 엘리트주의에 대한 거부, 제2의 페미니즘 물결, 문화적 실험주의, 대안 연극, 해프닝, 러빈 Love-in, 일상에 대한 예찬, 사이키델릭 예술, 애시드 록 acid rock(1970년대 중반에 유행한 록의 한 경향으로서, 사이키델릭한 로큰롤 음악 : 역주) 그리고 애시드 원근주의 acid perspectivism(Hebdige, 2009) — 가 “아방가르드 전통의 마지막

장"(Huyssen, 1986: 195)이라는 것을 발견한 것이었다.

1970년대 후반에 이르러 포스트모더니즘 논의는 대서양을 건너게 되었다. 이제 우리는 두 사람의 프랑스 문화이론가가 말하는 '새로운 감성'에 대한 견해를 살펴보고, 그 다음 미국으로 다시 되돌아와 제임슨이 말하는 포스트모더니즘과 후기 자본주의의 지배적인 문화를 살펴보고자 한다.

장 프랑스와 리오타르

리오타르 Jean-Francois Lyotard(1984)는 『포스트모던 조건 *The Postmodern Condition*』을 출간하여 포스트모더니즘 논쟁에 크게 기여하였으며, 이 책은 1979년 프랑스어로 출판되어 1984년에 영어로 번역되었다. 이 책은 포스트모더니즘 논쟁의 기폭제로 작용했으며, 여러 측면에서 포스트모더니즘이란 용어를 널리 확산시켰다.

리오타르에게 있어서 포스트모던 조건의 특징은 서구사회의 지적 위기이다. 이 위기는 '대서사 metanarratives에 대한 불신'이며, 리오타르의 표현을 따르면 '정당화 legitimation라는 대서사 장치의 폐기'(xxiv)이다. 이 말은 보편적 이야기(대서사)를 추구하는 포괄적이고 총체화하는 틀을 일체 거부하는 우리 당대의 광범한 경향을 가리킨다. 이는 곧 마르크스주의, 자유주의, 기독교 신앙 등에 대한 거부라고 할 수 있다. 리오타르에 따르면 대서사는 포함과 배제를 통해 동질화하는 힘들로서 작용하며, 이질성을 질서의 영역으로 편입시키고, 보편적 원리 및 목표라는 이름하에 다른 담론들과 다른 목소리들을 묵살하고 배제시켜버린다. 포스트모더니즘은 모든 보편적 대서사의 특권적 진리가 몰락했음을 알리는 징후이며, 달리 말하면 문화적 차별성에 근거하여 차이를 주장하는 주변의 다양한 목소리가 늘어나고, 동질성보다 이질성이 부상하고 있음을 입증하는 것이다.[1)]

1) 리오타르의 포스트모던 조건에서 종교적 근본주의의 부활을 밝혀내고 그 위치를 규정하기

리오타르가 특히 주목한 것은 과학적 담론과 지식의 지위와 그 기능이다. 리오타르가 보기에 과학이 중요한 것은 계몽주의사상으로부터 부여받은 그 역할 때문이다.[2] 과학에 주어진 소임은 과학적 지식의 축적을 통해 인류의 점진적 해방을 이루는 데 중심역할을 하라는 것이었다. 이를테면 과학은 인간해방의 왕도에서 다른 서사들을 조직하고 가치를 부여하는 대서사의 지위를 얻었던 것이다. 그러나 리오타르가 지적하듯이, 제2차 세계대전 이후 과학의 대서사 기능은 눈에 띄게 줄어든다. 이제 과학은 더 이상 절대적 지식과 자유를 향해 인류의 편에 서서 진보의 발걸음을 재촉하는 것으로 보이지 않는다. 과학은 길을 잃었고 그 "목표는 진리가 아니라 이제 효율성 performativity"(46)에 있다. 고등교육도 이와 비슷하게 "이상을 실현하는 데 있지 않고 숙련된 기술자를 만드는 데"(48) 봉사하게 된다. 요컨대 지식은 그 자체가 목표라기보다는 목표를 위한 수단으로 간주되기에 이른 것이다. 과학과 마찬가지로 교육도 효율성에 의해 평가되고, 점점 더 권력의 구미에 맞게 형태가 잡혀갈 것이다. 교육은 "그것이 진실인가?"라는 질문에는 더 이상 대답하지 않고, 오로지 "쓸모가 있는가?", "얼마만큼 가치가 있는가?", "팔릴 가능성이 있는가?"(51)와 같은 질문만을 귀담아 듣는다. 포스트모던 교수법은 가르치는 것이 진실이냐 거짓이냐에 대한 관심이나 걱정은 전혀 없이, 모름지기 지식을 어떻게 문화적 및 경제적 자원으로 활용할 수 있는가를 가르칠 따름이다.

리오타르를 마무리하기 전에 이러한 문화적 상황변화에 대해서 리오타르가 어떤 탐탁지 않은 반응을 보였는지 살펴볼 필요가 있다. 리오타르는 포스트모던 조건에서 대중문화(우리 시대의 일반문화)는 "뭐든지 좋다"는 식의 문화이며, 취향은 관계없고 돈이 가치의 유일한 척도인 '쇠퇴'의 문화라고 말한다(79). 그가 보기에 한 가지 다행인 것은, 포스트모던 문화가 우월한 모더니즘 문화의 종말이

는 어렵다.

2) 계몽주의에 대한 비판적 소개는 Porter(1990) 참조.

아니라 새로운 모더니즘이 도래하는 징조라는 점이다. 포스트모더니즘은 새로운 모더니즘을 만들어내기 위해 과거의 모더니즘과 단절하는 그 무엇이다. "어떤 작품이든 포스트모던할 때에 비로소 모던해질 수 있다. 그러므로 포스트모더니즘이란 종점에 도달한 모더니즘이 아니라 발생 초기의 상태이며, 그 상태가 지속되고 있는 것이다"(같은 곳).

스티븐 코너 Steven Connor(1989)는 『포스트모던 조건』이 "오늘날 우리의 학문적 지식과 제도가 처한 상황의 위장된 알레고리"(41)로 기록될 수 있다고 주장한다. 리오타르의 "포스트모던 조건의 분석은 어떤 의미에서 지식인의 무용성에 대한 분석이기도 하다"(같은 곳). 리오타르는 그 자신이 '부정적 영웅주의'라고 부른 동시대 지식인의 문제를 잘 파악하고 있다. 그의 말대로 지식인들은 '1960년대에 아카데미에 쏟아졌던 폭력과 비판'(Connor, 1989: 41) 이후로 그 권위를 잃어버렸다. 이안 챔버스 Iain Chambers(1988)는 다음과 같이 말한다.

> 포스트모더니즘 논쟁은 …… 대중문화와 그 미학, 그리고 그 직접적 가능성이 이전에는 허용될 수 없었던 영역으로 불규칙하게 진입하는 현상으로 인식될 수 있다. 이론과 학문적 담론이 체계는 없지만 더 넓은 문화적 생산과 지식의 대중적 네트워크 network와 직면하게 된 것이다. 지식을 설명하고 퍼뜨리는 지성인의 특권이 위협받거나 그의(항상 '그', 즉 남성이었다) 권위가 재조정되고 있다. 이런 현상은 부분적으로나마 최근의 모던 프로젝트 modern project — 특히, 마르크스주의 — 의 자기 변호와, 포스트모더니즘의 두드러진 아류들 중 하나인 싸늘한 허무주의를 어느 정도 설명해준다(216).

포스트모더니즘은 안젤라 맥로비 Angela McRobbie의 말대로 새로운 지식인 집단에게 자치권을 부여해주었다. 다시 말해서 "그들의 목소리가 있기는 했지만 역사적으로 (모더니스트의) 가부장적이고 또 제국주의적이기도 한 그 숙련된 대서사 때문에 들리지 않았던 것이다"(15). 게다가 코베나 머서 Kobena Mercer(1994)가

주장하듯이,

> 문화의 영역에서 가장 큰 목소리가 전혀 쓸모없게 되어버린 것이나 다름없는 반면에, 분산되어 있던 아프리카, 카리브, 아시아 사람들의 목소리와 그들의 주체적 행위가 부상하여, 식민주의 이후 영국의 경계로부터 서서히 빠져나오는가 하면, 마침내 진부한 확신과 합의된 '진리'를 뒤집게 되고, 그리하여 새롭게 보고 이해하는 법을 개척해 나간다. '낡은 것이 사라지고 새로운 것이 탄생하지 못한'(Gramsci, 1971), 그야말로 한 역사가 물러선 역사적 황혼 속에서 특수한 삶의 방식이 새로이 열리고 있는 것이다(Mercer, 1994: 2).

장 보드리야르

스티븐 베스트 Steven Best와 더글라스 켈너 Douglas Kellner(1991)에 따르면, 장 보드리야르 Jean Baudrillard는 "영어권에서 큰 스승의 지위에 오른 인물이었다"(109). "보드리야르가 가장 두드러진 포스트모던 이론가들 중 한 사람으로 떠올랐다"(111)는 말이다. 그는 결코 아카데미의 테두리 안에 머물지 않았다. 그의 글과 인터뷰 내용들이 많은 대중잡지에 실렸다.

보드리야르의 주장에 따르면 사회적 · 경제적 발전단계에서 "경제 또는 생산의 영역과 이념이나 문화의 영역을 분리하는 것은 더 이상 불가능하다. 그 이유는 문화적 생산물, 이미지, 재현은 물론 심지어 우리의 느낌이나 심리구조까지도 경제의 일부가 되어버렸기 때문이다"(Connor, 1989: 51). 이는 서구사회에 이미 상품생산 사회로부터 정보생산 사회로 옮겨가는 역사적 변천이 일어났다는 사실로도 부분적으로 설명될 수 있다고 그는 말한다. 『기호의 정치경제학 비판 *For a Critique of the Political Economy of the Sign*』에서 그는 이를 "연금술적 metallurgic 사회에서 기호적 semiurgic인 사회로의 변화"(1981: 185)라고 표현한다. 그러나 보드리야르가 보기에 포스트모더니즘은 단지 기호의 문화라기보다는 '시뮬라크라 simulacrum'의 문화이다.

'시뮬라크라'는 원본 original이 없는 동일한 복제물이다. 이미 4장에서 기계 복제가 미술작품의 아우라를 파괴했다고 보는 벤야민의 견해를 살펴본 바 있다. 보드리야르의 주장은 바로 이 원본과 복제의 구분 자체가 이제는 소멸했다는 것이다. 그는 그 과정을 '시뮬라시옹 simulation'이라 부르며, 이는 CD나 영화를 예로 들어 설명될 수 있다. 예컨대, 누가 스티브 얼 Steve Earle의 「이제 혁명이 시작된다 The Revolution Starts Now」 복사판을 하나 샀다면 원본을 구입했다고 말하는 것 자체가 무의미할 것이다. 마찬가지로 영화 「이터널 선샤인 The Eternal Sunshine of the Spotless」을 뉴캐슬에서 보았다면, 똑같은 영화를 상하이나 베를린에서 본 사람과 비교해 누가 원본을 보았는지 말할 수 없는 것이다. 두 경우 모두 원본이 없는 복제물의 전시를 보았다 할 수 있는데, 사실상 영화나 CD는 원본이 없는 복제물만을 보고 듣는다. 영화는 다른 시간, 다른 순서로 촬영된 필름을 편집해 만든 구성물이고, CD의 음악 녹음도 또한 똑같이 다른 시간, 다른 순서로 녹음된 소리들을 편집해서 만든 구성물이다.

보드리야르(1983)는 시뮬라시옹을 "원천이나 실재 없이 실재적인 것의 모형들에 의해 만들어진 것, 즉 과잉현실 hyperreal"(2)이라고 말한다. 과잉현실은 포스트모던 조건의 특징적 양식이다. 과잉현실의 영역에서는 시뮬라시옹과 '실재'의 구분이 내부적으로 무너지고, 실재와 가상의 경계가 끊임없이 서로 충돌하며 붕괴되어 간다. 그 결과 현실과 시뮬라시옹이 아무런 차이가 없는 것으로, 다시 말해 양자가 끝없는 원형 궤도를 따라 작동하는 것으로 경험된다. 시뮬라시옹이 실재 그 자체보다 더 실재적인 것으로—"진실보다 더 진실되게"(록그룹 유투(U2)의 노래 중에서)—경험되는 경우가 자주 있다. 영화 「플래툰 Platoon」이 베트남전쟁 재현의 현실성을 판정하는 일종의 기준이 되어버린 경로를 한번 생각해보라.

과잉현실의 증거는 어디에든 있다. 사실 우리가 살고 있는 사회 자체가 과잉현실이다. 우리가 살고 있는 사회가 어떤 사회인가? 텔레비전 연속극의 등장인물에게 편지를 써서 결혼을 청하거나, 그들의 어려움을 동정하거나, 살 곳을 마련해주겠다거나 아니면 그저 어떻게 지내고 있는지 안부를 물어보거나 하는 그런 사람들이 살고 있는 사회이다. 텔레비전에서 악역을 맡은 사람들은 길거리에서 개과천선하지 않으면 큰 코 다칠 것이라는 경고를 받기 일쑤이다. 텔레비전의 의사, 변호사, 탐정들은 충고와 조언의 요구를 다반사로 받는다. 나는 텔레비전에서 영국 중부 호수지역의 아름다움에 대해 감탄하는 미국 관광객을 본 적이 있는데, 그는 적당한 칭송의 말을 고르다가 "마치 디즈니랜드 같아요"라고 했다. 1990년 초에 한 지방경찰은 운전자들의 속도위반을 단속하기 위해 종이 경찰차를 고안해 내기도 했다. 최근 어느 지방의 이태리 레스토랑에 갔을 때, 그 주인은 식당이 진짜 이태리답다 Italianicity는 걸 입증하기 위해 영화 「대부」의 주인공 말론 브란도의 사진을 걸어놓고 있었다.

버스를 타고 도시를 둘러보며 관광을 하는 뉴욕 방문객들에게 뉴욕은 도시 그 자체가 아니라 「섹스 앤 더 시티 Sex and the City」에 나오는 뉴욕이다. 흑인 운전자 로드니 킹 Rodney King을 구타한 네 경찰관이 풀려난 후 일어났던 로스앤젤레스의 폭동이 영국의 신문에는 '로스앤젤레스의 무법천지 LA Lawless', '로스앤젤레스 전쟁 LA War' 등의 표제로 소개되었다. 이 표제는 1965년 이 도시에서 일어났던 와츠 Watts 폭동과의 역사적 관련성을 나타낸 것도 아니며, 또 군중들이 외쳤던 "정의 없이는 평화도 없다"는 구호의 의미와도 무관한 것이다. 신문 편집인들은 오히려 미국의 텔레비전 연속극인 「로스앤젤레스의 법 LA Law」에서 펼쳐지는 가공의 스토리와 관련시키고 있다. 보드리야르(1983)는 이런 현상을 "텔레비전의 현실세계로의 용해, 현실세계의 텔레비전으로의 용해"(55)라고 부른다. 정치인들은 점점 더 이것을 이용하여, 유권자들의 환심을 사기 위해 '사진찍기' 정치학 politics of 'photo opportunity'에 의존하게 된다.

1980년대 중반 뉴욕에서 열린 도시 미술 워크숍 City Art Workshop은 특별 프로그램으로 미술가들에게 빈 건물이 모여 있는 지역에 벽화를 그리게 했다. 이들은

THE EXPRESS
MONDAY MARCH 30, 1998 35P
JUSTICE FOR DEIRDRE
Campaign to free jailed Street star
● PAGES 20&21

[사진 10.1] 과잉현실(hyperrealism)의 예

지역주민들과 상의한 후, 식품점이나 신문 가판대, 세탁소, 레코드 가게 등 그 지역에 없는 것들을 그리는 데 합의하였다(Frith and Horne, 1987: 7). 이런 예는 앞서 말한 가짜 경찰차가 진짜를 대신하는 경우나 이미지가 실재를 대신하는 것과 같은 것이다. 사이먼 프리스 Simon Frith와 하워드 혼 Howard Horne(1987)이 쓴 노동계급 청소년의 주말에 관한 글도 같은 맥락이다.

> 이들에게 진짜 휴가를 갔다온 것처럼 만들어준 것은 탠 The TAN(선탠의 일종)이다. 일광욕을 한 것처럼 말이다. 그러나 이들 중 어느 누구도 겨울 휴가를 즐기지 못했다(이들은 테빗 Tebbit 세대이다). 이들은 미용실, 이발소, 헬스클럽에서 겉모양만 치장한다. 매 주말마다 비 내리는 황량한 요크, 버밍햄, 크류에 모여 휴가를 다녀온 것처럼 행동하기보다는 마치 휴가광고에 출연한 것처럼 행동한다. 이것이 그야말로 진짜로 시뮬라크라가 아니겠는가.(182).

1998년 「코너네이션 가(街) Coronation Street」의 등장인물인 데어드레이 러키드의 구속사건은 필시 이런 과잉현실의 고전적 예일 것이다(사진 10.1 참조). 이 신문은 마치 이 사건이 '실생활'에서 일어나기라도 한 것처럼 똑같이 사건내용을 다루고 또 그녀의 석방운동을 벌였다. ≪데일리 스타 *Daily Star*≫지는 '웨더필드인에게 자유를'이란 캠페인을 착수하면서 독자들에게 항의의 뜻을 전화나 팩스로 보내줄 것을 요청했다. 그들은 또한 독자들을 위해 차창에 붙일 수 있는 무상 광고지도 제작했다. ≪선 *Sun*≫지는 독자들에게 그들의 청원을 표시하도록 요구하면서 특별히 제작한 캠페인 티셔츠를 팔기도 했다. ≪엠피 *MP*≫지들은 곤경에 처한 데어드레이에 대해 동정적인 태도를 보였다. ≪스타 *Star*≫지는 ≪노동당 엠피≫지 프레이저 켐프가 의도적으로 내무장관 잭 스트로우에게 한 말을 인용했다. 그 말은 이랬다. "나는 내무장관에게 끔찍할 정도의 오심(誤審)이 벌어졌다고 말했다. 내무장관께서 정의를 굳게 지켰다면 이미 데어드레이는 석방되었을 것이다." 의회에도 질문들이 쏟아졌다. 길거리 광고지들은 (늘 그랬듯이) 신문 사설을 인용하면서 영합했다.

이 모든 것에도 불구하고 나는 어느 정도 신뢰를 갖고 다음과 같이 말할 수 있다고 생각한다. 즉, 놀라울 정도로 많은 사람들이 데어드레이 러키드의 구속에 대해 분개하고 또 그녀의 석방을 축하했는데, 이는 그녀가 실존인물이냐 아니냐, 누가 그녀를 불법으로 감옥에 보냈느냐 따위와는 무관한 일이었다. 그녀의 존재, 그리고 그들이 알고 있는 그녀는 실제 연속극에 등장하는 실제 인물(25세 가량의)이다. 그리고 이는 수백만의 시청자가 시청하는 매주 3회 방영되는 연속극이다. 그녀가 중요한 문화적 존재(그리고 중요한 문화적 실재)로 되어버린 까닭이 바로 여기 있다. 만일 과잉현실이 어떤 의미를 갖는다면, 그것은 어떤 확실한 징표로써도 가상과 실재를 구분하는 사람들의 능력에 좌우되지는 않는다. 일부 보드리야르주의자들이 시사하듯이 이는 사람들이 더 이상 가상과 실재의 차이를 말할 수 없다는 뜻이 아니라, 둘을 구분하는 일부 방식들이 점점 무의미해져 가고 있다는 말이다. 왜 이런 일이 벌어지게 되었는지가 중요한 문제이다. 그러나 나는 과잉현실주의가 그 해답을 우리에게 주고 있다고 생각하지는 않는다.

그 해답은 존 피스크 John Fisk(1994)가 지적했듯이, 포스트모던 미디어는 "실재의 이차적 재현"을 제공하는 것이 아니라, "그것이 중개하는 실재에 영향을 미치거나 그 실재를 만들어낸다"(xv)는 사실과 관련되어 있다. 이벤트가 이루어지려면 미디어의 역할은 단순히 미디어 자체의 능력에 머물지 않는다는 것을 그는 잘 알고 있다. 미디어 이벤트가 성립되기 위해서는 반드시 공중과 미디어를 성공적으로 접합(4장에서 논의한 그람시의 의미)해야만 한다. 공중과 미디어의 관계는 복합적이지만, '포스트모던 세계에서 확실한 것은 '중요한' 이벤트는 모두 미디어 이벤트라는 사실이다. 피스크는 심슨 O. J. Simpson의 사건을 예로 들고 있다. 즉,

> 텔레비전에서 추적 장면을 시청하던 그 지역 사람들은 최후의 대결이 벌어지는 심슨의 집으로 달려가지만, 실제 사건은 매개된 사건을 대신하는 것이 아니라 그것을 보완한다는 것을 알고서 그들의 휴대용 텔레비전의 내용을 받아들였다. 자신들의 텔레비전에서 스스로의 모습을 지켜보면서도 그들은 그들 스스로에게 손을 흔들었다. 왜냐하면 포스트모던 사람들에게는 실제 사람 livepeople과 미디어의 사람 media-people이 무차별적으로 동시에 존재한다는 것이 아무런 문제가 되지 않기 때문이다(xxii).

시청자들은 미디어가 단순히 뉴스를 전달하고 보급시키는 데 그치는 것이 아니라 뉴스를 생산한다는 사실을 똑똑히 알고 있었다. 심슨 사건에 대한 뉴스의 일부가 되기 위해서는 단순히 그 현장에 있는 것만으로는 불충분하며 반드시 텔레비전상의 그 자리에 있어야 한다. 이는 곧 '실제' 사건과 그 미디어 재현 사이에 더 이상 명확한 구분이 없다는 것을 의미한다. 예컨대 심슨 사건은 그 당시 텔레비전이 미디어 사건으로서 재현했던 그 '실제' 사건과 구별하기 힘들다. 텔레비전에서 전개되는 사건의 전말을 지켜본 시청자들은 누구나 그것이 법정 참관자들 및 텔레비전 시청자들을 위한 것임을 알고 있다. 카메라라는 존재가 없었다면 이는 전혀 별개의 사건이었을 것임에 틀림없다.

보드리야르(1983)는 디즈니랜드를 과잉현실의 예로 들면서, 그것을 "시뮬라

시옹의 모든 얽히고설킨 질서를 보여주는 완벽한 모델"(23)이라고 부른다. 디즈니랜드가 성공한 것은 미국인들에게 환상적인 현실도피가 가능하다는 것을 보여주는 그 능력 때문이 아니라, 그들 자신도 모르게 '진짜' 미국에 대한 응집된 경험을 할 수 있도록 해주기 때문이다.

> 디즈니랜드는 디즈니랜드가 바로 '진짜' 나라, 즉 '진짜' 미국의 모든 것이라는 사실을 감추기 위해서 존재한다(이는 마치 완전한 형태의 사회도 감옥과 다를 바가 없다는 것을 숨기려고 감옥을 부각시키는 것과 같다). 디즈니랜드가 상상의 세계로 묘사되는 것은 그 외의 세계가 진짜임을 믿게 하려는 이유에서이다. 그런데 사실상 그 주위의 로스앤젤레스나 미국도 더 이상 진짜가 아니며, 그것들도 과잉현실과 시뮬라시옹의 질서에 따르고 있을 뿐이다. 현실의 거짓 재현(이데올로기)은 이제 더 이상 문제가 아니며, 오히려 진실이 더 이상 진실이 아니라는 사실을 감추는 것이 문제이다(25).

그는 이를 디즈니랜드의 사회적 '기능'이라고 설명한다. 디즈니랜드는 "우리로 하여금 어른들은 '현실'세계 어디에든 있음을 믿도록 하기 위해, 그리고 실제 어린이다움은 어디에든 있다는 사실을 숨기기 위해 존재하는 유아적 세계"(같은 곳)를 의미한다. 그는 '워터게이트 사건' 보도 또한 거의 대부분 똑같은 방식으로 이루어졌다고 주장한다. 즉, 그런 일이 미국 정치에서 흔해 빠진 사실이라는 것을 감추기 위해 스캔들로 보도되어야만 했던 것이다. 이것이 곧 그가 "재생의 목적을 위한 스캔들의 시뮬라시옹"(30)이라고 부른 예이다. 다시 말해서 이는 "시뮬라시옹의 스캔들로 다 죽어가는 도덕적 원칙을 재생하려는 것이며 …… 가상으로 현실을 증명하고 스캔들로 진실을 입증하려는"(36) 시도이다. 런던 금융시장을 움직이는 어떤 사업가의 활동에 대한 최근의 폭로도 보드리야르가 말하는, 이른바 자본주의의 '무자비한 냉혹성, 상상을 초월하는 잔혹성, 근본적인 비도덕성'(28~29)을 감추려는 목적에서 스캔들로 보도되어야 했던 것이다.

보드리야르의 분석은 대체로 확실성의 붕괴나 '진리'라는 대서사의 해체에 관한 리오타르의 핵심 주장을 지지한다. 신, 자연, 과학, 노동계급 등은 인간이 의지할 수 있는 진리와 확신의 중심 터전으로서의 권위를 상실했다는 것이다. 그 결과로 실재로부터의 후퇴가 아니라 실재의 과잉현실 속으로의 붕괴를 초래했다. 그가 말하듯, "실재가 더 이상 늘 그러했던 것이 아닐 때, 향수가 그 전체 의미를 떠맡는다. 근원에 대한 신화나 실재에 대한 기호가 폭발적으로 증가하며 …… 실재와 그에 대한 지시물들이 광적으로 쏟아진다"(12~13). 이것은 그가 규정하는 두 번째 역사적 변환의 한 예이다. 모더니티는 폴 리쾨르 Paul Ricoeur(1981)가 '의심의 해석학 hermeneutics of suspicion'[3]이라고 부른 그 시대였다.

의심의 해석학이란 현상의 저변에 있는 실재에서 의미를 찾으려는 것이다. 이런 사고방식을 가진 예로서 흔히 마르크스와 프로이트(4장과 5장 참조)가 인용되고는 한다. 그리하여 과잉현실성은 그것이 정치적인 것이든 문화적인 것이든, 재현의 법칙을 문제삼게 마련이다. 만일 현상의 뒤에든 밑에든 어디에도 실재가 없다면 과연 무엇을 재현이라고 부를 수 있을 것인가? 예컨대 「람보 *Rambo*」는 베트남에 대한 미국적 사고의 한 형태를 재현한 것이 아니라 바로 베트남에 대한 미국적 사고의 한 형태이다. 요컨대 재현은 실재로부터 따로 떨어져 있는 것도, 실재를 감추거나 왜곡하는 것도 아닌 바로 실재 그 자체로서 존재한다. 보드리야르가 제안한 포스트모던의 혁명은 숨어있는 의미를 거부하는 혁명이다. 이는 자주 논의되는 문제이다. 그러나 우리가 디즈니랜드와 워터게이트에 대한 그의 설명을 다시 떠올린다면, 그는 과연 전통적인 이데올로기 분석 — 현상 배후의 '진리' 발견 — 에 비해 더 많은 이야기를 하고 있는 것일까?

보드리야르는 그가 논하는 사회적·문화적 변화에 대해서 상반되는 두 가지 태도를 취한다. 한편으로 그는 이 변화를 환영하는 것처럼 보인다. 다른 한편으로 그는 이를 문화적 고갈의 한 형태라고 말한다. 남아 있는 것이라고는 고작 끝없는

3) Ricoeur(1981) 참조.

문화적 반복뿐이다. 나는 보드리야르가 취하는 입장의 진실을 일종의 자포자기적인 찬양으로 간주한다. 로렌스 그로스버그 Lawrence Grossberg는 이를 "피할 수 없기 때문에 나온 찬양, 권력을 포기한 상태의 허무주의적 경향"이라고 말하는데, 그 까닭은 "진정한 투쟁의 가능성이 전혀 보이지 않기 때문이다"(175). 존 더커 John Docker(1994)는 한층 더 비판적이다. 즉,

> 보드리야르는 고전적 모더니스트의 서사와 역사를 방향도 없는 한 가닥 쇠퇴에 대한 이야기라고 말한다. 그러나 20세기 초 수준 높은 교양을 갖춘 모더니스트들은 과거의 가치들이 먼 훗날 싹이 트고 다시 성장할 것이라는 희망을 품고 그것들을 보존하는 전위나 문화적 엘리트를 꿈꿀 수 있었지만, 죽어가는 엔트로피의 세계를 바라보는 보드리야르의 시각에서는 저런 희망조차 보이지 않는다. 심지어 이성적인 논증형식으로 묘사하는 것조차 불가능하다. 왜냐하면 이는 이성의 공동체가 잔존하고 있음을 전제하는 것이기 때문이다(105).

프레드릭 제임슨

프레드릭 제임슨은 미국의 마르크스주의 문화비평가이며, 포스트모더니즘에 관해서 비중 있는 글을 많이 쓴 사람이다. 제임슨이 다른 이론가들과 다른 점은 포스트모더니즘의 가장 훌륭한 이론적 틀이 마르크스주의나 신마르크스주의라고 주장하는 데 있다.

제임슨은 포스트모더니즘은 단지 특정한 문화의 스타일이라기보다는 '시대구분의 개념'(1985: 113)이라고 강조한다. 포스트모더니즘은 다국적 또는 후기 자본주의의 '지배문화'라는 것이다. 제임슨의 이러한 주장은 에르네스트 만델 Ernest Mandel(1978)이 자본주의를 '시장자본주의', '독점자본주의' 그리고 '다국적 또는 후기 자본주의' 세 단계로 나눈 것에 기반을 두고 있다. 자본주의의 세 번째 단계

에는 “여태껏 상업화되지 않았던 분야에 가장 순수한 형태의 자본이 침투”(Jameson, 1984: 78)하는 현상이 나타난다. 제임슨은 만델의 3단계 구분을 그의 문화발달 3단계와 대비시키는데, 그 각각의 단계가 바로 ‘리얼리즘’, ‘모더니즘’ 그리고 ‘포스트모더니즘’(같은 곳)이다.

또한 제임슨은 어떤 시기의 사회구성은 항상 세 개의 문화적 계기, 즉 ‘지배적인 것’, ‘부상하는 것’ 그리고 ‘잔여의 것’이 복합적으로 구성된다는 윌리엄즈(1980)의 주장도 빌려온다. 윌리엄즈의 주장은 역사가 한 시기로부터 다른 시기로 바뀐다고 해서 반드시 한 문화가 흔적 없이 사라지고 거기에 새 문화가 들어서는 것은 아니라는 것이다. 역사의 변화가 단순히 다른 문화양식들의 상대적인 위치 변화만을 가져올 수도 있는 것이다. 따라서 하나의 사회구성체 내에는 여러 가지 문화양식들이 존재하지만 그 중 하나만이 지배적인 것이 될 뿐이다. 바로 이런 시각을 기반으로 제임슨은 포스트모더니즘이 다국적 또는 후기 자본주의의 ‘지배문화’라고 주장한다(모더니즘은 잔여의 것이며, 부상하는 것은 무엇인지 확실치 않다).

포스트모더니즘이 서구 자본주의 사회의 지배문화라는 것이 확실하다면, 제임슨에 있어서 다음 단계는 포스트모더니즘의 본질적인 특징들을 정리하는 일이다. 우선 무엇보다 포스트모더니즘은 혼성모방 pastiche의 문화, 즉 ‘역사적 암시의 자족적 유희’(Jameson, 1988: 105)이다. 혼성모방은 흔히 패러디 parody와 혼동되는데, 이는 둘 다 모방과 흉내의 성격을 가지고 있기 때문이다. 그러나 패러디는 어떤 기준이나 관습으로부터의 일탈을 흉내내거나 조롱하는 것으로 ‘배후 동기’를 가지고 있지만, 혼성모방은 일탈할 기준이나 관습이 존재할 여지조차 없는 ‘텅 빈 패러디’이거나 ‘공허한 복제’이다. 그가 설명하고 있듯이,

> 혼성모방은 패러디와 같이 기묘한 가면의 모방이며 죽은 언어로 말하는 것이지만, 패러디가 갖는 배후 동기 없이 그런 흉내만 희미하게 내는 것이다. 풍자적 충동이나 웃음도 없으며, 잠시 빌려온 비정상적 언어 외에는 아직도 건강한 정

상적 언어가 존재하리라는 믿음조차 없다. 그래서 혼성모방은 텅빈 패러디이다 (1984: 65).

포스트모던 문화는 순수한 창의성의 문화라기보다는 '인용'의 문화이다. 다시 말해서 그것은 다른 문화 생산물에서 다시 태어난 문화이다.[4] 그러므로 포스트모던 문화는 "얇고 깊이가 없는, 새로 나타난, 문자 그대로 경박한"(60) 문화라고 할 수 있다. 또 '잠재적' 가능성이 없는 표면과 이미지의 문화이기 때문에 그 해석의 에너지를 다른 이미지, 다른 표면, 상호 텍스트성의 교류에서 빌려올 수밖에 없다. 이것이 바로 포스트모던 혼성모방의 세계, 즉 "더 이상 스타일의 혁신이 불가능하고, 남은 것은 모두 가상의 박물관에 소장된 스타일들의 목소리로 그 스타일들의 가면을 쓰고 말하기 위해 죽은 스타일들을 모방한 것이다" (1985: 115).

제임슨은 그가 '향수 영화 nostalgia film'라고 부른 것을 혼성모방의 대표적인 예로 들고 있다. 1980년대와 90년대의 영화들인 「백 투 더 퓨처 1, 2」, 「페기 수의 결혼 Peggy Sue Got Married」, 「럼블 피시 Rumble Fish」, 「엔젤 하트 Angel Heart」, 「블루 벨벳 Blue Velvet」 등은 모두 이 범주에 속한다. 제임슨이 보기에 이 영화들은 1950년대 미국적인 양식과 분위기의 특징을 되살려내고 있다는 것이다. 제임슨에 따르면, "미국인들에게 최소한 1950년대는 상실된 욕망의 대상 — 범미국주의 pax-Americana의 안정과 번영만이 아니라 초기 로큰롤 음악이나 청소년 갱과 같은 반문화적 충동의 때 묻지 않은 순진성 — 이 특권으로 남아 있다"(1984: 67). 이 영화들은 단지 역사적 영화의 다른 명칭에 불과한 것이 아니라고 그는 주장한다. 이는 제임슨의 목록에 「스타워즈」가 포함된 사실로도 증명된다. 사실 미래에 관한 영화가 과거에 대해 향수를 불러일으킨다고 하면 이상하게 들리겠지만, 제임슨이

4) 18세기 오페라에서는 혼성모방이 아주 일반적이었다. Storey(2006, 2010a) 참조.

보기에 "「스타워즈 Star Wars」는 환유적으로 …… 향수 영화인데 …… 그 까닭은 과거를 그대로 재현했기 때문이 아니라, 지난 시대의 특징적인 예술품의 느낌과 모습을 재현하고 있기 때문이다"(116).

「레이더스 : 잃어버린 성궤를 찾아 Raiders of the Lost Ark」, 「로빈훗, 도둑들의 왕 Robin Hood: Prince of Thieves」, 「미이라 2 The Mummy Returns」, 「반지의 제왕 Lord of the Rings」과 같은 영화도 과거를 환유적으로 환기시킨다는 점에서 비슷하다. 그러므로 향수 영화는 한편으로는 과거의 양식과 분위기를 재현하지만 동시에 과거를 바라보는 어떤 방식을 재현하기도 한다. 제임슨이 볼 때 정말로 의미심장한 것은 이런 영화들이 '진짜' 과거를 되살리거나 재현하는 것이 아니라, 언제나 과거의 문화적 신화나 고정관념으로 대충 때우고 있다는 사실이다. 이런 영화들은 그가 말하는 이른바 '거짓 리얼리즘'을 제공하는데, 이는 곧 다른 영화에 대한 영화 또는 다른 재현에 대한 재현(앞서 살펴본 보드리야르의 시뮬라시옹과 상통한다)이다. 이런 영화에서는 "'진짜' 역사가 미학적 양식의 역사에 밀려나게 된다"(1984: 67). 이리하여 역사는 "과거의 모든 스타일을 마구 먹어치우고는, 무질서하게 양식의 암시를 늘어놓는, 역사주의"(65~66)에 의해 말살되는 것이다. 여기서 우리는 「트루 로맨스 True Romance」, 「펄프 픽션 Pulp Fiction」, 「킬 빌 Kill Bill」과 같은 영화를 예로 들 수 있다.

역사적으로 두 번째 양식으로 연결되지 못한 것을 제임슨은 문화적 '정신분열증'이라고 말한다. 그는 이 표현을 라캉이 말하는 언어적 혼란, 즉 기표들 사이의 일관된 관계가 이루어지지 못함을 일컫는 바로 그 의미의 맥락에서 쓰고 있다(5장 참조). 정신분열증은 시간을 연속적인 흐름(과거/현재/미래)으로 경험하는 것이 아니라, 언제나 현재로서 경험하는데, 이 현재에는 다만 과거의 침입이나 미래의 가능성이 가끔씩 흔적으로 남을 따름이다. 관습적인 자기 자신(항상 시간의 연속성 안에 위치한 자신)을 상실한 것에 대한 '보상'으로 현재를 더 강렬하게 느끼는 것이다. 제임슨은 그것을 이렇게 설명한다. 즉,

> 시간의 지속성이 붕괴함으로써, 현재의 체험이 강렬하고도 놀랍도록 생생해지면서 '물질화'된다. 세계는 정신분열자 앞으로 아주 강렬하게 다가오는데, 그 세계는 신비하고도 억압적인 감정을 동반하면서 환각적 에너지로 불타오르는 세계이다. 그러나 바람직한 경험으로 보이는 것들 — 지각의 강화 또는 일상의 단조롭고 낯익은 주위 환경이 육감적 · 환각적으로 강렬해지는 것 등 — 이 여기서는 상실 또는 '비현실'로 느껴진다(1985: 120).

포스트모던 문화를 정신분열적이라고 부르는 것은 그것이 역사에 대한 감각을(그리고 현재와는 다른 미래에 대한 감각을) 상실했다고 말하는 것과 다르지 않다. 그것은 '역사적 건망증'을 앓고 있는 문화, 영원한 현재의 불연속적 흐름에 갇혀 있는 문화이다. 모더니즘의 시간 중심의 문화는 포스트모더니즘의 공간적 문화에 그 자리를 내주었다.

짐 콜린스 Jim Collins(2009)는 최근의 영화에서 비슷한 경향을 확인하고서 이를 '일반성이 위로 부상하는 형태'(470)라고 말한다. 다른 영화들을 '인용하는' 대중영화들은 의식적으로 영화의 다른 장르로부터 빌려오거나 관련을 맺는다. 콜린스의 입장이 제임스보다 더 신뢰가 가는 것은 '에이전시 agency'에 대한 그의 주장 때문이다. 그의 주장은 이런 영화들이 접근하는 대상은 온갖 일에 구미를 느끼는, 이른바 기의 변조 bricolage의 멋을 아는 관객들, 즉 이런저런 기의 변조의 형식들을 즐기는 사람들이라는 것이다. 게다가 이런 영화의 형식들은 참된 역사성을 지니지 못한다는 것이 제임슨의 주장인 데 반하여, 오히려 피터 브루커 Peter Brooker와 윌 브루커 Will Brooker(1997a)는 "새로운 역사적 의미"를 읽어내고 있다. 그 의미란 이를테면 "상호 텍스트적인 인식을 공유하는 즐거움, 서사적 인습에 젖어 있는 연극의 비판적 효과, 등장인물과 문화의 고정관념, 향수의 수동성이 아닌 그 힘 등이다"(7). 피터 브루커와 윌 브루커는 쿠엔틴 타란티노 Quentin Tarantino의 영화들을 예로 들면서 이렇게 주장한다.

> (이 영화들은) 싫증난 인습이나 지쳐 빠진 관객들을 부활시키고 있는 것으로 간주될 수 있다. 이를테면 '혼성모방'과 같은 것에 비해 능동적인 향수와 상호 텍스트적인 탐색의 가능성을 훨씬 높여주고 있으며, 이제 혼성모방은 재생공장으로 더 깊이 침잠해 들어갈 수밖에 없다. 우리는 '혼성모방' 대신으로 '개정'이나 '재고'를 염두에 두어야 하며, 그것도 관객이 경험하는 입장에서, 즉 '한층 역동적이고 다양한 일련의 역사' 속에서 일정하게 일반화된 '감각구조'를 '부활' 혹은 '재편'하는 측면에서 고려되어야 한다(같은 곳).

피터 브루커와 윌 브루커는 "긍정적으로 '삶을 되돌려 놓는 것', '새로운 것을 만드는 것'이라고 해야 할 …… 재생의 미학"(Brooker and Brooker, 1997b: 56)을 표방하는 타란티노의 작업방식에 주목하고 있다.

콜린스(2009)에 따르면, 서구사회에 대해 포스트모더니즘이 주장하는 것은 단순히 옛것을 새것으로 대체하는 데 그칠 것이 아니라 새것과 함께 순환하도록 옛것을 재생해야 한다는 것이다. 그의 설명대로 "텍스트와 기술의 지속적인 확장은 둘 다 그 '배열' — 포스트모던한 문화적 삶의 틀을 이루는 갖가지 기호들의 지속적인 순환과 재순환 — 에 대한 반성이자 소중한 기여이다"(457). 그는 "이렇듯 전경으로 부상한 의식 과잉의 상호 텍스트적 특성은 관객의 역량과 서사적 기술의 변화와, 또 [포스트모던 문화] 안에서 이루어지는 오락과 문화적 소양의 근본적인 변화를 반영하는 것이다"(460). 콜린스의 주장에 따르면, 이에 대한 귀결로서 "이제 서사적 행위는 동시에 두 가지 차원에서 — 등장인물의 모험에 관하여, 또 당대의 문화생산의 배열 속에서 이루어지는 텍스트의 모험에 관하여 — 동시적으로 작용하게 된다"(464).

포스트모더니즘이 다국적 후기 자본주의 '지배문화'라는 주장에 은연중 나타나듯이, 제임슨이 강조하는 마지막 요점은 포스트모더니즘이 구제불능의 상업적 문화라는 것이다. 자본주의의 상업문화를 조롱하는 모더니즘과는 달리 포스트모더니즘은 그에 저항하기보다는 "소비 자본주의의 논리를 복제하고 재생산하며 보강한다"(1985: 125). 여기서는 "예술의 생산도 …… 일반적으로 상품생산에 통합되는"(1984: 56) 과정의 중요한 일부가 된다. 이제 문화는 더 이상 자본주의 사회의 경제행위를 은폐하는 이데올로기가 아니라, 오히려 그 자체가 하나의 경제행위이며, 그것도 아마 가장 중요한 경제행위라고 해야 할 것이다. 변화된 문화상황은 문화정치학에 심대한 영향을 끼칠 수 있다. 더 이상 문화를 이데올로기의 재현이나 경제적 현실의 비물질적 반영으로 보아서는 안 된다. 오히려 지금 우리가 목격하고 있는 것은 고급문화/대중문화 경계가 무너지는 것은 물론 문화영역과 경제행위의 구분조차도 무너지고 있다는 사실이다.

제임슨에 의하면 "위대한 모더니즘의 유토피아적이고 '고상한 진지성'에 비교해 볼 때, 포스트모더니즘 문화의 특징은 그 '본질적인 사소성'에 있다(85). 게다가 이것은 '사회의 사회주의로의 변형'(같은 곳)을 방해하는 문화이다. 제임슨은 이러한 도덕적 판단은 부적절한 것('범주의 오류')이라고 거부하면서도, 또 변증법적 접근을 주장하는 마르크스(이는 포스트모던 문화를 긍정적인 발전으로도 또 부정적인 발전으로도 볼 수 있을 것이다)를 인용하면서도, 결국 대중문화에 대해서만큼은 정통 프랑크푸르트학파적 비판으로 되돌아오고 있다. 고급문화/대중문화 경계의 포스트모던적 붕괴는 모더니즘의 '비판적 공간'을 희생시키고서야 비로소 얻어진 것이다. 이 비판적 공간의 파괴는 문화의 소멸에서 비롯된 결과가 아니다. 그것은 오히려 제임슨이 말하는 '폭발'에 의해서 이루어졌다.

> '폭발', 즉 사회영역 안에서 놀랄 만한 문화의 팽창이 일어나 경제적 가치에서부터 국가권력과 집행, 심지어 심리구조에 이르기까지 사회생활의 모든 것이 아직은 이론화되지 않은 어떤 오리지널한 의미에서 '문화로' 바뀌었다고 말할 수 있다(89).

포스트모더니즘이 그 이전의 사회문화적 시기와 구별되는 것이 바로 이러한 전반적인 일상생활의 '문화화' 또는 '예술화'이다. 포스트모더니즘은 '비판적 거리'를 허용하지 않는 문화이다. 이제는 더 이상 합병되거나 변절될 여분의 비판적 공간도 남아 있지 않기 때문에 '합병' 또는 '변절'에 대한 주장이 무의미해지는 것이다. 이는 결국 프랑크푸르트학파의 비관주의가 최고로 심화된 형태이다(4장 참조). 로렌스 그로스버그(1988)는 경제에 대해 다음과 같이 비판적인 목소리를 내고 있다.

> 제임슨은 …… 후기 자본주의의 공간 구성을 이해하기 위해서는 새로운 '지도'가 필요하다고 말한다. 대중은 지배 이데올로기에 기만당하는 말 못하고 수동적인 문화적 중독자일 뿐이며, 이데올로기를 이해하고 저항의 터전을 만들어줄 수 있는 유일한 사람인 비평가의 리더십만 믿고 반응할 따름이다. 기껏해야 대중은 대응할 수 없는 그 자신들의 무능력을 표명하는 게 고작이다. 그러나 비평가가 없으면, 희망이 없다는 그들 자신의 이러한 절규조차도 스스로는 듣지 못한다. 그 누군가가 지성과 저항의 비판적 모델에 대한 지도를 제공하기 전까지는, 그들은 그렇게 희망 없이 남아 있을 것이다(174).

제임슨의 위치를 프랑크푸르트학파의 비관주의적 전통에 둘 수 있을지 모르나, 어떤 의미에서 그는 프랑크푸르트학파의 중심인물 중 한 사람인 허버트 마르쿠제 Herbert Marcuse 만큼 포스트모던하지는 않다. 그 자신이 말한, 소위 '긍정적 문화 affirmative culture'(2장에서 살펴보았듯이, 문화 혹은 문화적 공간은 '문화'와 '문명'의 분리를 통해 드러난다)에 대한 마르쿠제(1968b)의 논의는 분리된 영역으로서 문화의 역사적 출현에 대한 제임슨의 깊은 관심을 거의 반영하지 않는다. 그가 설명하듯이,

> 긍정적 문화라는 것은 그 자체의 발전과정을 통해 독립적인 가치영역(이 또한 문명화보다 우월한 것으로 간주된다)이라고 해야 할 정신적인 내적 세계의 문명화로부터 떨어져 나오게 된 부르주아 시대의 문화를 의미한다. 그것의 기만

> 적 특징은 무조건 긍정될 수밖에 없는 보편적 구속력을 지니는 세계, 언제나 더 좋고 더 가치 있는 세계를 주장하는 데 있다. 그것은 일상적으로 생존투쟁이 벌어지는 실제 세계와 본질적으로 다르지만, 누구나 개인적으로 실제 상태를 전혀 바꾸지 않고도 스스로 '내면적으로' 실현가능한 세계이다(95).

긍정적 문화는 일상생활의 평범한 일들을 지속시켜 갈 수 있도록 하기 위해 우리가 우리 자신의 원기를 회복하고 쇄신시키기 위해 들어갈 수 있는 영역이다. '긍정적' 문화는 새로운 현실을 창안해낸다. 다시 말해서, "명백한 통일성과 명백한 자유의 영역이 생존을 위한 적대적인 관계들이 안정되고 진정될 것으로 여겨졌던 문화 내에서 구성되었던 것이다"(96). 봉건주의로부터 자본주의 출현으로 야기되는 문제들, 평등과 정의 그리고 진보에 기반한 사회의 출현으로 야기되는 문제들은 '긍정적' 문화 영역의 일상적 세계로부터 점점 더 밀려나게 된다. 종교에 관한 마르크스와 엥겔스(1957)의 입장과 마찬가지로, 마르쿠제(1968b)는 생존의 고통을 무마시켜 참아내도록 해주는 참기 어려운 상황을 만들어낸다고 주장한다.

> 긍정적 문화의 기만적인 사회적 소임들 가운데 하나는 열악한 삶을 살면서 동시에 이와 같은 생존을 참아낼 수 있기 위해 행복을 바라는 참기 어려운 변덕스러움의 이러한 모순에 기반하고 있다. 이러한 삶에서 해결책이란 환상에 불과하다. 그리고 해결의 가능성은 정확히 말하면 환상으로서의 예술적 미의 특성에 기초하고 있다. …… 하지만 이러한 환상은 …… 현재 상태에서 만족감을 안겨주는 실제적인 효과가 있다(118~124).

어떤 것이 현재 상태에서 만족감을 안겨준다는 것은 마르크스주의자가 어떤 것이 끝나는 것에 대해 애석한 마음을 버리지 못하는 것과 같은 의미는 아니다. 더욱이 제임슨이 주장하듯이 그 종말이 진정 사회주의 사회로의 이행을 가로막고 있는 것일까? 사실은 그 정반대 주장이 가능할 것이다.

에르네스토 라클라우와 샹탈 무페(2001)는 포스트모더니즘에 관한 제임슨의 분석 가운데 몇 가지는 함께 하지만, 제임슨과 달리 그들은 에이전시의 가능성을 인정하고 있다.

> 오늘날 개인은 노동력의 판매자로서 자본에 종속될 뿐 아니라 문화, 여가시간, 질병, 교육, 성, 죽음 등과 같은 다양한 사회적 관계들에 편입됨으로써 또한 개인은 자본에 종속된다. 자본주의적 관계들을 벗어나는 개인의 영역이나 집단생활의 영역은 사실상 존재하지 않는다. 하지만 이 '소비사회'는 다니엘 벨 Daniel Bell이 주장했듯이 이데올로기의 종말을 초래하지도 않았으며, 또 마르쿠제가 염려했던 일차원적 인간도 만들어내지 않았다. 오히려 반대로 수많은 새로운 투쟁들이 새로운 형태의 종속에 맞서, 그것도 새로운 사회의 중심부에서 저항을 표명해 왔다(161).

또한 라클라우와 무페는 "매스컴 수단들의 확장과 결부된 새로운 문화 형태들"을 지적하기도 한다. "그것들은 …… 전통적인 정체성을 뿌리째 뒤흔드는 …… 새로운 대량문화를 가능하게 한다. 다시 말해서, 이 경우 그 효과들은 부인하기 힘든 대량화 및 획일화의 효과와 더불어 불분명하게 나타나며, 미디어에 기반한 이러한 문화는 또한 불평등을 전복시키기 위한 강력한 요소들을 내포하고 있다"(163). 이는 반드시 '물질적인' 평등의 증대를 가져왔다는 의미는 아니다. 그럼에도 불구하고,

> 미디어 활동의 불가피한 결과라고 해야 할 문화적 민주화는 낡은 신분 형태들에 기반한 특권들에 대해 따지고 문제삼는 계기가 되었다. 소비자들, 심지어 더 많은 집단들에 비해 그들의 능력이 다르지 않다는 것을 주장함으로써, 계속 유지되는 현실적인 불평등들을 거부하도록 재촉하게 된다. 이러한 '민주적인 소

비문화'는 낡은 종속의 형태들에 대한 거부 움직임에 중요한 역할을 해 왔던 새로운 투쟁의 출현을 자극해 왔다. 이를테면 미국에서 일어난 흑인 민권운동이 바로 그런 경우였다. 젊은이들의 현상이 특히 흥미로우며, 그들이 대항운동의 새로운 핵심이 될 것임은 의심의 여지가 없다. 새로운 필수품들을 만들어내기 위해 그들은 점점 새로운 소비자 범주로 구축되고, 이는 사회가 그들에게 제공할 형편이 못 되는 재정적 자율성을 추구하도록 그들을 자극한다(164).

포스트모던 팝음악

포스트모더니즘과 대중문화 연구는 여러 가지 문화형식과 문화적 산물들, 즉 텔레비전, 뮤직비디오, 광고, 영화, 팝음악, 패션, 뉴미디어, 낭만적인 사랑 등을 그 대상으로 삼을 수 있다(Storey and McDonald, 2014a, 2014b, Storey, 2014). 여기서는 텔레비전과 팝음악 두 가지만 살펴보고자 한다.

제임슨에 따르면 모더니즘적 팝음악과 포스트모더니즘적 팝음악은 분명한 차이가 있다. 이를테면 비틀즈, 롤링 스톤즈는 전자에 속하며, 펑크 록(예컨대, 클래쉬 Clash)과 뉴 웨이브(예컨대, 토킹 헤즈 Talking Heads)는 후자라고 할 수 있다. 앤드류 굿윈 Andrew Goodwin(1991)은 제임슨의 이런 구분이 성립할 수 없다는 점을 타당하게 지적했다. 굿윈의 주장은 제임스가 짧은 기간 안에(팝음악 문화가 '리얼리즘', '모더니즘', '포스트모더니즘'으로 급속히 진보해 왔다는 것) 모더니즘의 기간을 설정하고 다시 그에 상응하는 포스트모더니즘의 시기를 내세우지만, 이는 어쩐지 만족스럽지가 못하다는 것이다. 굿윈이 설득력 있게 설명하듯이, 비틀즈와 롤링 스톤즈는 이 두 그룹이 클래쉬나 토킹 헤즈와 다른 만큼이나 그들도 서로 다르다. 차라리 비틀즈와 토킹 헤즈를 음악적 '격식과 재능' 면에서 그리고 롤링 스톤즈와 클래쉬를 '정통성 authenticity'의 측면에서 구분하고 비교하는 것이 훨씬 쉬울 것이다.

굿윈은 팝음악과 그 문화를 포스트모던한 것으로 볼 만한 근거를 여러 개 찾아냈다. 그 중에서도 '샘플링 sampling'을 가능하게끔 했던 테크놀로지 발전이 가장 많이 언급된다. 그는 그것이 어떤 포스트모던 이론들과 병행하고 있다는 사실이 흥미롭고 시사적인 것임을 인정하기는 하지만, 그런 관계가 결코 정확한 것은 아니라고 믿는다. 이러한 주장 때문에 샘플링으로 활용될 수 있는 여러 방식들을 종종 놓치게 된다. 그의 설명대로 "텍스트적 통합은 '텅빈 패러디'만으로는 잘 이해될 수 없다. 그러므로 혼성모방 이외에 오늘날의 팝이 원래 텍스트로부터 그 내용을 훔쳐와 어떻게 반대하고, 예찬하고, 고무하는가를 보여주는 또 하나의 범주가 우리에게 필요하다"(173). 또한 우리는 "당대의 팝에서 샘플링 기술이 과거를 역사화하는 기능"(같은 곳)과 샘플링이 "역사나 진본성에 호소하기 위해 사용되는"(175) 여러 가지 방식들을 알아 둘 필요가 있다. 게다가 향수가 역사를 대신한다는 제임슨의 주장과 관련해서는 "사운드와 스타일의 인용이 동시대의 문화를 역사화시킨다는 사실이 자주 간과되어 왔다"(같은 곳). 아마도 랩음악이 이런 방식의 샘플링을 이용하는 가장 좋은 예일 것이다. 미국의 흑인문화 이론가인 코넬 웨스트 Cornel West(2009)는 흑인들의 문화적 표현에 대한 가장 전형적인 예가 무엇이냐고 물었을 때 '음악과 설교'라고 말했다. 그는 계속해서 이렇게 말했다. 즉,

> 랩은 흑인 목회와 흑인 음악의 전통을 결합시키고, 교회의 예배 분위기를 거리의 아프리카적 복합 리듬으로 대치하기 때문에 독특하다. 엄청난 접합성 articulateness이 아프리칸 드럼리듬, 아프리칸 펑크 funk를 통해 리듬화되어 미국의 포스트모던 생산물이 된다. 여기에는 고통을 표현하는 어떤 주체도 없으며, 대신 과거와 현재를 넘나들며 이질적인 것을 새로이 만들어내는, 파편화된 주체가 있을 따름이다. 말과 글과 음악을 스타일로 결합시키는 것도 한 본보기가 되는데 …… 이는 부분적으로 흑인 빈곤층 청소년들의 반항적 에너지가 분출되어 밖으로 드러난 모습이다. 반항의 에너지가 미국사회의 정치적 무기력으로

인해 문화적인 형태로 분출될 수밖에 없는 것이다(386).

이것은 랩음악이 포스트모던 혼성모방의 예라고 하는 제임슨의 주장을 거부하는 것이다. 그 인용의 상호 텍스트적 유희는 예술적 소진 때문이 아니라, 이들의 존재를 부정하는 문화적 레퍼토리에서 찾아낸 파편을 효과적으로 조합하려는 것이다. 이것은 예술적 폐허에 쌓인 모더니즘의 파편이 아니라, 적대적인 문화 내에서 목소리를 높이기 위해 조합된 파편들, 즉 묵살과 부인을 도전과 저항으로 바꾸어놓는 것이다.[5]

포스트모던 텔레비전

텔레비전에는 팝음악처럼 그 '이후 post'라고 할 만큼 이전에 존재했던 모더니즘 시기가 없었다. 그러나 짐 콜린스(1992)의 지적대로 텔레비전은 포스트모던 문화의 '진수'로 간주되는 경우가 자주 있는데, 이는 텔레비전의 텍스트 text와 콘텍스트 context의 특징들 때문이다. 만일 우리가 포스트모더니즘을 시뮬라시옹의 영역으로 보는 부정적 입장을 취한다면, 텔레비전은 그에 대한 확실한 예가 될 것이다. 시뮬라시옹의 과정이란 복잡다단한 세상을 깊이 없고 진부한 시각 이미지의 끊임없는 흐름으로 축소시키는 것이다. 이와 달리 포스트모더니즘을 긍정적으로 본다면, 텔레비전의 시각적 · 언어적 행위는 아마도 상호 텍스트성과 '급진적 절충방식' (Charles Jenks in Collins, 1992: 338)으로 불리는 포스트모던 문화의 '세련된 기의 변조 Bricoleur'(Collins, 1992: 337)를 조장하고 도와주는 역할을 한다고 해야 할 것이다. 예컨대, 「트윈 픽스 Twin Peaks」[6] 같은 텔레비전 연속극은 기의 변

5) 이 책과 관련된 포스트모던의 표본에 대한 흥미로운 예를 보려면 그래니트 카운터토포스(Granite Countertops)의 '하이 데피니션(High Definition)'을 들어보라.

조된 시청자집단을 따로 만들어내고, 또 이러한 기의 변조를 찬양하는 시청자들이 이 프로를 다시 보게 된다. 콜린스에 따르면,

> 포스트모던의 절충방식은 경우에 따라서는 각 프로그램에서 미리 짜인 선택에 불과할지도 모른다. 그러나 그것은 미디어에 익숙한 사회의 테크놀로지로 형성되어 있다. 그래서 텔레비전은 포스트모던의 다른 주제와 마찬가지로 하나의 장 site — 다양하고 상반되는 문화적 메시지들이 교차하는 곳 — 으로 인식되어야만 한다. 이 기의 변조와 절충방식의 상호 의존성을 인식해야만 포스트모던 문화의 생산 및 수용 관계의 심오한 변화를 이해할 수 있게 된다. 수용이 의미 생산의 또 다른 형태가 될 뿐만 아니라, 생산까지도 점점 더 과거의 경쟁적인 재현의 형태들을 재접합함으로써 수용의 한 형태가 되는 것이다(338).

텔레비전에 대한 포스트모던한 접근방식에서 또 하나의 특징은 텍스트의 분석과 '경제' 분석을 분리한 것이다. 텔레비전이 비난받는 것은 상호 텍스트적 유희와 과격한 절충방식에서 나온 기호학적 세련성 때문이 아니라, 오히려 그 절망적인 상업성 때문이다. 콜린스는 「트윈 픽스」를 포스트모더니즘과 텔레비전 관계의 서로 다른 줄기들을 함께 묶는 수단으로 이용한다. 「트윈 픽스」를 선택한 까닭은 그것이 "텔레비전 포스트모더니즘의 다양한 차원을 전형적으로 보여주기" (341) 때문이다. 그는 이 시리즈의 포스트모던한 성격은 상호 연관된 몇 가지 요소들, 즉 데이비드 린치 David Lynch의 영화감독으로서 평판, 연속극 스타일의 특징, 그리고 상업적인 상호 텍스트성(관련 상품, 예를 들어 『로라 팔머의 비밀일기 *The Secret Diary of Laura Palmer*』) — 에 연유한다고 주장한다.

---

6) 2017년에 「트윈 픽스」가 복원되어 다시 텔레비전과 넷플릭스(Netflix)에서 상영되었다. FBI 특수 요원 데일 쿠퍼 Dale Cooper(카일 맥라클란 Kyle MacLachlan)이 다시 한 번 연기)는 25 년 전 홈커밍 퀸 homecoming queen이던 로라 팔머 Laura Palmer의 살인 사건을 조사한 적이 있었던 마을로 돌아간다.

상업적 차원에서 볼 때 「트윈 픽스」는 정규 텔레비전 방송이 시청자를 대하는 태도에 있어 새로운 시대를 열었다. 시청자를 동질적인 대중으로 보는 대신에, 각기 다른 광고주들의 관심을 끄는 여러 부분—나이, 계급, 성, 지리, 민족성, 인종—으로 나누어진 갈래로 보는 전략의 일환으로 이 시리즈가 활용된 것이다. 대중에 호소하려면 광고시장의 여러 영역들로 팔려나갈 수 있도록 각양각색의 갈래들을 결합하는 노력이 뒤따라야 한다는 것이다. 최소한 이런 시각에서 볼 때 「트윈 픽스」의 중요성은 비디오나 유선 텔레비전, 영화 등에 끌려 정규 텔레비전을 보지 않을 관객, 소위 '여피 yuppie' 세대의 마음에 호소하기 위해 세워진 판매 전략을 이용한 것이다.

콜린스는 이 시리즈를 선전한 그 방식으로 이를 설명하려고 한다. 첫째는 지적 매력이었다—린치는 감독으로서, 「트윈 픽스」는 '아방가르드 텔레비전'으로서. 그리고 그 다음은 연속극으로서의 「트윈 픽스」의 매력이었다. 이 두 측면은 곧바로 포스트모던 해석방식으로 합쳐지고, 그럼으로써 이 시리즈가 "영화이기도 하고 연속극이기도 한 것처럼"(345) 보이게 했다. 이와 같은 마케팅 기법은 최근 수많은 텔레비전 프로그램의 광고에 활용되어 왔다. 「위기의 주부들 Desperate Housewives」, 「섹스 앤 더 시티 Sex and the City」, 「식스 핏 언더 Six Feet Under」, 「소프라노스 The Sopranos」, 「로스트 Lost」, 「매드 맨 Mad Man」, 「보드워크 엠파이어 Boardwalk Empire」, 「여총리 비르기트 Borgen」, 「브릿지 The Bridge」, 「왕좌의 게임 Game of Thrones」, 「브레이킹 배드 Breaking Bad」, 「더 와이어 The Wire」, 「킬링 The Killing」 등이 대표적인 예들이다.

「트윈 픽스」(그리고 이와 유사한 텔레비전 프로그램들)의 마케팅은 드라마 자체의 다의적 전개방식에 의해 보완되고 유지된다. 콜린스의 표현대로 이 시리즈는 '대단히 절충적'(같은 곳)이다. 이를테면 공포영화, 경찰시리즈, 공상과학류, 연속극 등의 전통적 방식을 모두 사용할 뿐만 아니라, 또한 그 방식들이 여러 가지 다른 방식으로—직접적인 것에서 패러디까지—특정 장면에서 동원되기 때문이다. 콜린스는 또한 "장면 내부 및 그 사이사이에서의 …… 색채 변화"(같은 곳)를 지적하기도 한다. 이것이 어떤 비평가들에게 「트윈 픽스」를 단순한 '캠프 camp'로 일축해버리도록 한 이유가 되었다(캠프 - 표현되는 내용과 어울리지 않는 과장이나 비꼼 : 역주). 그러나 그것은 결코 단순한 캠프가 아니다 — 무엇이든 결코 단순한 것일 수 없다. 그것은 한순간 시청자에게 패러디적인 거리감을 주다가도 어느덧 강한 친근감을 주기도 하고, 또 끊임없이 우리의 기대를 농락하기도 한다. 이것은 린치의 영화 테크닉에서는 이미 잘 알려진 측면이기도 하지만, 다른 한편으로는 "텔레비전 오락에 나타나는 변화와 그에 대한 시청자들의 참여"(347)를 반영하는 독특한 면모이기도 하다. 콜린스가 설명하듯이,

> 시청자가 이런 동요와 병치에서 쾌감을 느끼는 것은 텔레비전에 몰두하는 관객의 '유예적' 특성을 보여주는 것인데, 이것은 「트윈 픽스」 한참 이전에 이미 있었던 것이다. 언술적 기록이나 일반적 관습에서 계속되는 동요는 「트윈 픽스」만을 묘사하는 것이 아니라 유선 텔레비전의 화면을 오르내리는 장면들에 대해서도 마찬가지이다. 다른 점이 있다면 「트윈 픽스」를 보면서 시청자들은 아이로니컬한(역설적인) 위치를 드나들도록 고무되는 것이 확실한 반면에, 다른 연속극(낮시간이나 밤시간의)은 시청자로 하여금 감정적 공감이 아이로니컬한 거리감으로 유사한 동요 과정만을 맛보게 하는 것이다. 관람하는 태도는 더 이상 상호 배타적인 것이 아니라 끊임없이 교차된다(347~348).

언술적 기록이나 일반적 관습에서의 이러한 동요는 최근 수많은 텔레비전 프로그램의 아주 중요한 요소이다. 또한 「위기의 주부들」, 「섹스 앤 시티」, 「식스 핏 언더」, 「매드 맨」, 「왕좌의 게임」, 「브레이킹 배드」, 「소프라노스」 등이 두드러진 예들이다. 「트윈 픽스」와 포스트모더니즘의 연관을 이해하는 핵심은 곧 다음이다. 즉, 「트윈 픽스」가 여타 연속극과 다른 것은 시점의 변화를 유도한 것이 아니라, "이런 동요와 텔레비전 시청의 유예적 성격을 명백히 드러낸 데 있다. …… 그리고 그것은 텔레비전이 만들어내는 복수(複數) 주체의 입장을 받아

들이지 않는다. 말하자면 텔레비전 텍스트에서 가장 큰 즐거움이 바로 그 유예이며 그것 자체에 탐닉하는 것"(348)이라는 점만을 받아들이고 있다(여기서 말하는 '유예 suspended'란 대상이 페니스의 대체물임을 알면서도 자신의 믿음을 유예하여 그것을 실제 대상으로 믿는다는 프로이트의 이론에서 따온 말이다. 시청자는 텔레비전이 현실이 아니라는 것을 알면서도 일시적으로 그것을 현실로 받아들인다 : 역주).

움베르토 에코 Umberto Eco(1984)는 포스트모던 감성을 하고자 하는 말이 '이미 말해진 말'임을 알고 있는 것으로 표현되는 감성이라고 말했다. 그는 어떤 연인이 사랑하는 애인에게 "나는 너를 미치도록 사랑한다"고 말하지 못하는 사람을 예로 들고 있다. 그 말 대신 그는 이렇게 말한다. 즉, "바바라 카트랜드 Barbara Cartland(영국의 소설가 : 역주)가 말했듯이, 나는 너를 미치도록 사랑한다"(39). 이제 우리가 점점 더 미디어로 충만한 세계에 살게 된다면, 콜린스(1992)의 주장대로 '이미 말해진' 것은 '아직도 말해지는' 것이 된다(348). 예를 든다면, 텔레비전은 위성이나 유선방송의 성장으로 말미암아 생긴 공백을 메우려고 그 자체의 축적된 과거를 재생하는데, 그 재생의 방식에서 우리는 이것을 확인할 수 있다.[7] 이는 제임슨의 포스트모던 '구조' 앞에서 우리는 절망할 수밖에 없다는 뜻이 아니라, 오히려 '에이전시'와 '구조'라는 두 용어를 명심해야 한다는 것이다. 궁극적으로 이 용어는 언제나 '접합'(4장 참조)의 문제이다. 콜린스는 접합의 상이한 전략들에 대한 예를 다음과 같이 제시하고 있다. 즉,

> CBN(Christian Broadcasting Network)과 니컬로디언 Nickelodeon은 둘 다 50대 후반과 60대 초반을 대상으로 연속극을 방영하지만, 전자는 구태의연한 방식의 가족오락을 모델로 삼는가 하면, 후자는 우리 모두 알고 있어도 한 번도 그 이전에는 실제로 있어 본 적이 없는, 미국 가정생활의 별난 환상을 조롱하기 위해

7) DVD 박스 세트의 시장 확대가 이러한 발전에 기여해 왔음에 틀림없다.

서투르게 모방하는 내레이터의 목소리, 슈퍼그래픽, 재편집 등과 같은 수단을 통해 과장하고 꾸밈으로써, 오늘날의 가정에 웃음거리를 제공하고 있다(334).

예를 들어 음악이나 영화, 광고, 패션, 그 외의 여러 가지 일상생활 문화에서도 이와 비슷한 일이 일어나고 있음은 의문의 여지가 없다. 이는 고급문화/하위문화, 과거/현재, 역사/향수, 가상/실제의 구분이 전반적으로 무너져버렸다는 표시가 아니다. 오히려 이런 구분(1960년대에 처음 주목되었고, 그리고 지금까지 점점 더 주목을 받았다)이 점차 덜 중요하게 되고, 희미해지고, 당연하게 여겨지지 않는다는 징표이다. 그러나 이것은 물론 이런 구분이 사회적 차별의 특수한 전략을 위해 접합되거나 활용될 수 없다는 뜻은 아니다. 그렇지만 다른 무엇보다도 우리는 이런 변화를 피상적으로 다루는 것만은 경계해야 한다. 언제나 우리는 무엇이, 왜, 누구를 위해 접합되고 있는가, 그리고 어떻게 그것이 항상 다르게, 다른 맥락에서 접합되는가를 눈여겨보아야 한다(12장 참조).

포스트모더니즘과 가치 다원론

포스트모더니즘은 문화적 가치의 문제를 둘러싼 오랜 확신들을 무너뜨리고 말았다. 특히 포스트모더니즘은 왜 어떤 텍스트들은 정전(正傳)으로 인정을 받는 반면에 다른 것들은 흔적 없이 사라지는가, 다시 말해서 왜 특정한 텍스트들만이 '세월의 시험을 통과하는가'의 문제를 쟁점화해 왔다. 이 물음에 대답하는 수많은 방식들이 있다.

첫째, 평가를 거쳐서, 윌리엄즈가 '선별적 전통'(3장 참조)이라 불렀던 것의 일부가 된 문화적 텍스트는 다양하고 지속적인 해석들이 유지될 수 있을 정도로 다의적이어야 한다는 입장이 있을 수 있다.[8] 이런 접근방식이 갖는 문제점은 힘의 문제를 무시하고 있는 것처럼 보인다는 점이다. 그러므로 "누가 어떤 맥락에서 어떤 힘으로 해석을 하고 있는가?"라는 문제를 설정할 수 없다. 한마디로 오로지 특정한 사람들만이 문화적 산물과 그 텍스트의 재생산을 보증할 만한 힘과 문화적 권위를 소유하고 있다는 것을 어떻게 단순히 텍스트가 지닌 그 다의성의 효과만으로 설명될 수 있는가를 알기 어려운 것이다.

문화연구는 다의성에서 출발하기보다는 오히려 힘에서 출발해야 할 것이다. 간단히 말해서, 텍스트는 그것이 문화 권력을 가진 사람들의 필요와 욕구를 충족시키기 위해 선택된 것이라면 그것의 생산 국면을 유지해 나갈 것이다. 그것의 생산 국면을 유지해 나간다면 문화 권력을 가진 다른 세대들의 필요와 욕구를 충족시키기 위해서도 그것을 이용할 수 있게 된다. 윌리엄즈(2009)가 지적하듯이, 선별적 전통은 "계급 이익을 포함한 수많은 특수한 이익이나 관심의 영향을 받고" 있다. 그러므로 윌리엄즈의 선별적 전통은 아놀드가 말한 '인간의 생각과 표현의 정수'(2장 참조)보다는 오히려 "이익과 가치에 대한 그 현대적 체계에 상응한다고 해야 할 것이다. 왜냐하면 그것은 절대적인 체계가 아니라 끊임없이 되풀이되는 선택과 해석이기 때문이다"(38~39). 특수한 사회적 및 역사적 맥락에 따라 표명되고 접합되는 특수한 이익과 관심들(일반적으로 다른 이익과 관심들)이 언제나 선별적 전통의 성격과 특징을 규정한다. 이런 점에서 선별적 전통의 구성은 지식을 지키는 문제이면서 동시에 비판적 탐구의 지형을 마련하는 것과도 연관되어 있다.

선별적 전통이 어떻게 문화 권력을 지닌 사람들의 사회적·정치적 관심에 반응하면서 형성되고 또 재형성되는가를 보여주는 것은 어렵지 않다. 우리는 페미니즘, 동성애이론, 탈식민주의 이론 등이 문학 연구에 미친 영향을 염두에 두지 않을 수 없다. 여성 작가들과 게이 작가들, 그리고 식민지 출신의 작가들이 제도 문학의 일부가 되어 온 것은 그들의 가치가 갑자기 문학 분야에 대한 제3자적인

8) Easthope(1991)와 Connor(1992), 그리고 두 사람의 가치에 관한 논쟁이 실린 *Textual Practice*, 4(3), 1990과 5(3), 1991을 참조. 또한 Frow(1995)를 참조.

시야에서 인정을 받았기 때문이 아니라 권력이 저항에 부딪혔기 때문이다. 심지어 선택된 문화적 텍스트들이 여전히 동일하게 남아 있을 때조차도 그들이 평가받는 이유와 그 평가방식은 변할 것임에 틀림없다. 그러므로 텍스트가 한 역사적 순간에서 다음 순간으로 넘어가면 동일한 텍스트일 수가 없다.[9)] 포 톱스 Four Tops의 노래가사가 말하듯이, 약간이라도 문맥의 차이가 나는 것이다. 즉, "똑같은 옛날 노래이지만/그러나 당신이 떠난 이후로는 의미가 달라졌어요."[10)] 혹은 춤추기와 무관한 말로 옮기더라도, 그 텍스트는 결코 본래의 가치 그대로일 수는 없으며, 오히려 그것은 언제나 가치 — 다양한 가치들 — 의 해석과 구성작업이 일어나는 장으로서 존재한다.

물론 우리가 가치를 문화적 생산물이나 텍스트의 탓으로 돌릴 때 우리는 이것이 우리에게만 해당되는 가치라고 말하고 있는 것은 아니다. 우리가 가치를 평가할 때는 문화적 생산물이나 텍스트는 다른 사람에게도 가치 있는 것이라는 생각이 함축되어 있다. 일부 평가형식들이 안고 있는 문제는 타자의 공동체는 다른 모든 가치 있는 공동체를 압도하는, 문화적인 면에서 절대적 권위를 가진 이상적인 공동체라고 주장하는 데서 비롯된다. 그들은 타자들은 모두 자신들이 평가한 것(이는 보통 평가하지 않을지라도 가치의 측면에서 나은 것이다)을 소비한다고 주장하는 것이 아니다. 오히려 그들은 판단을 위해 그들의 문화적 권위에 대한 자신들의 판단과 절대적 인식을 맹목적으로 주장하고 있다(2장의 '문화와 문명'의 전통에 대한 논의를 참조).[11)]

포스트모더니즘의 가치문제로 돌아가다 보면 피에르 부르디외(1984)가 이에 대해 깊은 관심을 가졌다는 것을 알 수 있었다. 1장에서 지적했듯이, 부르디외는 문화의 차이(텍스트나 실천행위로 이해하든 또는 생활방식으로 이해하든)는 지배

9) Tomkins(1985)와 Smith(1988) 참조.

10) The Four Tops, 'It's The Same Old Song', *Four Tops Motown Greatest Hits*, Motown Record Company.

11) Storey(2003) 참조.

집단과 종속집단 사이의 투쟁에서 아주 중요한 위치를 차지한다고 주장한다. 그는 독단적인 취향과 독단적인 삶의 방식이 어떻게 끊임없이 정당한 취향과 정당한 삶의 방식으로 변형되는가를 보여주고 있다. 따라서 문화의 소비는 사회적 차별성을 만들어내고 정당화하는 수단이자 또 사회적 층성을 보장하는 수단이기도 하다.

부르디외의 의도는 '가치'의 위치를 일상적인 경험세계 속에 (재)설정하려고 하는 것인데, 이는 내가 휴일 여정이나 혹은 독특한 양식의 의상을 '평가'할 때도 그렇고, 또 T. S. 엘리어트의 시나 폴 로브슨 Paul Robeson의 노래, 혹은 신디 서먼 Cindy Sherman의 사진이나 게빈 브라이어즈 Gavin Bryars의 음악을 '평가'할 때도 마찬가지이다. 이런 평가는 결코 단순한 개인의 취향문제가 아니다. 문화적 가치는 사회적 차별성을 확인하고 유지하면서 사회적 층성을 지속시키는 기능을 한다. 차이는 문화소비의 학습양식들을 통해 생겨나며, 이 양식들은 '자연적인' 문화적 선택으로 내면화되는가 하면, 또한 자연적인 문화적 능력의 증거로서 해석되고 변용된다. 그리고 궁극적으로는 사회지배의 형식들을 정당화하기 위해 쓰인다. 지배집단의 문화적 취향은 일정한 제도적 형태로 주어지고, 그런 다음 능숙한 이데올로기의 날랜 연기로써 이렇듯 제도화된 문화에 들어맞는 그들의 취향을 그들 자신의 문화적 우월성, 그리고 궁극적으로는 그들의 사회적 우월성에 대한 증거로 내세우게 된다. 이러한 문화적 차별화는 결국 사회적 차별과 분리를, 나아가 사회적 계층화를 생산하거나 재생산한다. 그리고 이는 사회적 지배집단과 피지배집단의 차이를 확립하는 수단이 된다. 그러므로 문화적 공간을 생산하거나 재생산하는 것은 결국 사회적 공간을 생산하거나 재생산하는 것이다.

부르디외의 목적은 자명한 사실, 즉 계급이 다르면 문화적 취향이나 사는 방식이 다르다는 것을 증명하려는 것이 아니라, 문화적 차별화가 권력의 형식들을 유지하고 정당화하는 과정들, 나아가 경제적 불평등에 그 뿌리를 내리도록 조종하는 그 과정들을 확인하고 따져보는 데 있다. 그는 현실적인 차별성에 그렇게 많은 관심을 둔 것이 아니라, 오히려 지배집단들이 어떻게 이 차이를 사회적 재생산의 수단으로 활용했는가에 관심을 쏟았다. 수많은 표준들의 예고된 붕괴가 오늘날 새로운 포스트모던 시대에 소위 '양질의' 미디어에서 리허설처럼 이루어지고 있는데, 이는 사회적 차이를 만들어내고 규정하기 위해 문화를 활용할 수 있는 기회가 점점 더 찾기 어려워지고 있다는 것을 말해준다. 마치 파바로티와 구레츠키 H. M. Gorecki가 팝스 레코드 판매 순위에서 최상위를 차지하고, 프리미어 리그 축구가 발레나 오페라에 못지않게 비싸게 되는 것처럼 말이다.

문화를 연구하는 이들에게 포스트모더니즘의 가장 중요한 의미는 고급문화와 대중문화 사이에 어떤 절대적인 범주적 차이도 존재하지 않는다는 사실을 어렴풋이나마 알게 되었다는 것이다. 이것은 어떤 문화적 텍스트나 산물이 다른 문화적 텍스트나 산물에 비해 '더 좋을' 수 없다는 말이 아니다. 오히려 그것은 우리가 참고할 수 있는 용이한 길잡이, 다시 말해서 우리를 위해 자동적으로 선악을 구별해주는 길잡이가 존재하지 않는다는 뜻이다. 어떤 이는 이런 상황을(심지어 이런 상황에 대한 기술까지도) 공포 혹은 전율 — 기준이나 표준의 종말 — 로 간주한다. 이와 반대로 고정된 가치범주들에 의지할 길이 없이, 늘 우발적이라면, 그리고 우리의 소임이 선악을 분별하고, 편리한 것과 구식을 그리고 진보적인 것과 반동적인 것을 구별하는 일이라면 가혹한 기준을 요구하기 마련이다. 존 퍼케트 John Fekete(1987)가 지적하듯이,

> 모더니즘과 대비한다면 결국 포스트모더니즘은 유일하면서도 전부인 선-신-돈 Good-God-Gold이라는 기준이 없어도, 정말 자본주의적인 기준이 하나도 없어도 평온하게 헤쳐나갈 준비태세를 갖추게 될 것이다 — 아니면 최소한 그 전조라도 보일 것이다. 말하자면 한때는 저급한 것으로 내버려두었던 재고목록들이 모두 가치 증식의 수단이 된다는 것을 익히고 배우면서 그런 태세를 갖추어 갈 것이다. …… 우리에게는 가치 다원론을 살리는 더 좋은 방법과 더 나쁜 방법이 있다는 믿음이 필요하며, 또 그 믿음을 확정할 필요가 있다. 모든 암소를 동일한 색으로 보기 위해서는 한밤중에 다 잃는 꼴이 된다. 그러나 물려받은 보

> 증서에 대한 그릇된 과신을 버리고 제한된 논거들만으로도 문제의 그들에 대한 책임을 짊어지고 여유롭게 배워나가리라는 전망은 믿음을 가진 이에게는 더 다채롭고, 더 신중한 문화, 사람들이 소망하는 더 너그러운 문화를 약속하고 있는 것이다. 그리고 이런 문화는 가치와 의미 사이의 얼룩진 관계로부터 즐거움을 자아낸다(17).

퍼케트의 주장은 '새로운 포스트모던 감성'의 탄생에 즈음하여 수잔 손탁(1966)이 주장한 것과 크게 다르지 않다.

> 새로운 감성은 교만하리만큼 다원적이다. 이는 살을 도려내는 듯한 진지성에도 몰두하지만 또한 동시에 장난이나 위트 wit, 그리고 향수에도 몰두한다. 이는 또한 지극히 역사-의식적이며, 그 과도한 열의는 아주 급속하고 열광적이다. 이 새로운 감성의 유리한 위치에서 보면 기계의 아름다움, 수학문제를 푸는 것이나 재스퍼 존즈 Jasper Johns가 그린 유화의 아름다움, 고다르 Jean-Luc Godard 감독 영화의 아름다움, 그리고 비틀즈의 인간미와 그 음악의 아름다움 등은 똑같이 접근이 쉬운 것들이다(304).

글로벌 포스트모던

흔히 세계가 포스트모던해지고 있다고들 말하는데, 이는 곧 포스트모던의 점진적인 세계화 globalization를 가리킨다. 특히 세계화와 문화에 대한 논의에서 세계화를 바라보는 지배적인 관점은 세계가 미국적인 '지구촌 global village'으로 바뀌는 것을 세계화로 보는 것이다. 다시 말해서 그것은 곧 모든 사람이 미국식 억양의 영어로 말하고, 리바이스 청바지를 입고, 랭글러 셔츠를 걸치고, 코카콜라를 마시고, 맥도날드 햄버거를 먹고, 마이크로소프트사의 소프트웨어가 깔린 컴퓨터

[사진 10.2] 코카콜라의 중국 식민화

로 검색을 하고, 록이나 컨트리 뮤직을 듣고, MTV와 CNN 그리고 할리우드 영화와 「댈라스」 재방송을 즐겨보고, 버드와이저 맥주를 병째로 마시고 말보로 담배를 피우면서 향후 월드시리즈의 전망을 토론하는 지구촌을 말한다. 이런 시나리오에서 세계화란 지구 곳곳에 미국 문화를 받아들이게 하는 것이다. 다시 말해서 미국의 상품들이 토착문화를 효과적으로 무너트리고 그 '지역' 주민들에게 미국적인 생활방식을 강요하는 문화로 작용함으로써 결과적으로 미국 자본주의의 경제적 성공이 세계화의 버팀목이 되고 있는 것이다. [사진 10.2]는 이를 아주 간명하게 보여준다. 이것은 중국 국민들이 코카콜라 가게로 들어가 작은 코카콜라 사람들로 되어가는 것을 묘사한 조각의 사진이다. 세계화에 대한 이러한 관점은 최소한 세 가지 문제를 안고 있다.

세계화를 문화적으로 미국화(美國化)되어 가는 것으로 보는 관점의 첫 번째 문제점은 그것이 매우 축소된 문화 개념으로 작용한다는 것이다. 다시 말해서 '경제적' 성공은 곧 문화적 주입(注入)과 동일하다고 보는 것이다. 달리 말해서, 미국 회사의 제품들이 전 세계 대부분의 시장에 성공적으로 진출하는 것은 곧 명백한 '문화적' 성공이라고 보는 것이다. 예컨대, 미국의 사회학자 허버트 쉴러 Herbert Schiller(1979)는 이렇게 주장한다. 즉, 미국의 회사들이 지구 곳곳에 제품을 성공적으로 진출시키는 능력이 지구적 차원의 미국 자본주의 문화를 만들어내고 있다. 미디어 기업들의 역할은 "그들의 팬들이 전반적으로 시스템 내의 것들에 대해 매력을 느끼게 만들고 또 그러한 애착을 강화시키는 그들의 이미지, 메시지, 신념, 사고방식 등을 심어주는"(30) 프로그램들을 만들어내는 것이다.

이러한 입장에는 두 가지 문제가 겹쳐져 있다. 첫 번째는 간단히 상품과 문화를 동일시하는 것이다. 다시 말해서 상품이 정해지면 문화의 세부 정보를 예측할 수 있다는 것이다. 존 톰린슨 John Tomlinson(1999)이 저적하듯이, "이러한 상품이 완전히 지구적 차원의 모습을 지녔다는 그 자체만으로 자본주의적 단일 문화로 집중되는 수렴현상의 징표라고 여긴다면, 이는 문화를 물질적인 재화로 환원시키는 무척 빈약한 문화 개념을 사용하고 있는 것이다"(83). 삶의 방식으로서 미국식 자본주의를 활성화하는 방향에서 상품을 이용하고, 의미화하고, 평가하는 것이 바로 그런 경우이다. 하지만 이는 단순히 시장 침투와 문화적 혹은 이데올로기적 침투를 동일시함으로써 확립될 수 있는 것은 아니다.

이러한 입장의 또 다른 문제는 논의 자체가 상품은 고유한 가치와 남다른 의미를 갖고 있으며, 이러한 가치와 의미가 수동적인 소비자들에게 강요되거나 부과된다는 주장에 대한 확고한 믿음을 지니고 있다는 점이다. 달리 말한다면, 논의가 세력의 작용이나 흐름에 대한 아주 믿기 힘든 설명으로 전개되고 있다는 것이다. 이는 단순하게 지구적 차원의 지배적인 문화가 보다 허약한 '지역' 문화에 성공적으로 침투해 들어갈 것으로 보는 것이다. 다시 말해서 이는 사람들을 그들이 소비하는 상품으로부터 곧바로 직접적으로 흘러나오는 문화적 의미의 수동적 소비자들로 보는 것이다. 경제적 성공과 문화적 성공을 동일시하는 것은 내가 '생산 결정론의 양식'이라 부르고자 하는 것의 영향하에 있는 것이다. 다시 말해서 어떤

[그림 10.1] 낯설고 다르다는 것

것이 만들어지는 방식이 그것이 어떤 의미를 가질 수 있는지 혹은 그것이 어떤 가치를 지니는지를 결정한다는 것이다. 이러한 분석은 언제나 다음과 같은 말을 넌지시 내비치고 싶어 하는 것처럼 보인다. 즉, '에이전시'는 언제나 '구조'에 의해 압도당하게 마련이고, 소비는 한낱 생산의 그림자에 불과하며, 애호자의 협상은 픽션이고 환상은 다만 경제적 권력게임 안에서만 일어난다. 게다가 '생산결정론의 양식'은 그 자체를 급진적인 문화정치의 한 형태로 나타내고자 하는 사고방식이다. 하지만 너무나 흔한 일이듯이 이것은 일종의 정치이며, 이런 정치에서 볼 때 권력에 대한 공격은 어떻게 '타자'는 언제나 '문화적 봉이고 앞잡이'인가에 대한 자기본위적인 이야기에 지나지 않는다(4장과 12장을 참조).

세계화를 문화적으로 미국화하는 것이라고 보는 관점의 두 번째 문제점은 타자성, 즉 '낯설고 다르다 foreign'는 것에 대한 극히 편협한 생각을 가지고 있다는 점이다. 이는 다른 무엇보다도 낯설고 다르다는 것은 언제나 민족적(혹은 국가적) 차이의 문제라고 가정하고 있다. 하지만 낯설고 다르다는 것은 또한 계급의 문제일 수도 있고, 또 민속이나 성 gender, 섹슈얼리티, 세대, 혹은 다른 사회의 다른 시장의 문제일 수도 있다(그림 10.1 참조). 게다가 낯설고 다른 것이 다른 나라로부터 수입된 것이라면 이미 계급이나 세대에 의해 확립된 차이 못지않게 낯설고 다른 것일 수 있다. 더욱이 그 수입된 것은 그 '지역'의 주도적인 세력관계에 대해서도 사용될 수 있다(사진 10.3과 그림 10.2 참조).

[사진 10.3] '국가가 없다고 상상해 봐.'

[그림 10.2] '국가가 없다고 상상해 봐.'

힙합 hip hop의 수출로 생겨난 일들이 바로 이런 경우일 것이다. 힙합의 세계적인 성공으로 어떤 일이 벌어졌는가? 가령 남아프리카공화국, 프랑스, 중국이나 영국의 랩 가수들(그리고 힙합의 애호가들)은 미국의 문화적 제국주의의 희생자들인가? 그들은 다국적 음악산업의 문화적 봉이고 앞잡이들인가? 남아프리카공화국, 프랑스, 중국이나 영국의 젊은이들이 어떻게 힙합을 전유하고 사용(私用)해왔는가를 보면 더욱더 흥미롭다. 그들은 그것을 그 지역의 필요와 요구에 맞게 사용했다. 달리 말해서, 단지 힙합이 그들에게 어떤 영향을 미치는가의 측면만을 지켜보는 것보다는 그들이 힙합으로 무엇을 하는가를 주목해보는 것이 더 흥미로운 것이다. 미국의 문화는 계속 영향을 미치고 있다. 그리고 그것은 지배적인 민족문화로 인식될 만한 공간을 만들어내기 위해 사용되고 있다.

낯설고 다르다는 것에 대한 이러한 매우 제한적인 개념이 갖는 또 다른 문제점은 언제나 '지역'을 국가와 동일시한다는 점이다(그림 10.1 참조). 게다가 양자 사이에는, 그리고 그들과 지배문화(즉, '그 국가 혹은 민족') 사이에는 상당한 충돌과 갈등이 있을 수 있다. 그러므로 세계화는 지역문화의 확립에 도움이 될 수도 있고 지역문화를 망치는 데 일조할 수도 있다. 다시 말해서 세계화는 지역문화를 제 위치에 있게 할 수도 있고 또 갑자기 그 위치를 벗어난 것처럼 느끼게 할 수도 있는 것이다. 예컨대 1946년 스페인 성직자들의 모임인 톨레도 주교 대회는 '갈수록 심해지는 여성들의 풍기문란'을 어떻게 대처할 것인가를 두고 걱정하는 성명서를 내놓았다. 그들이 보기에, 이는 "대체로 영화를 통해 도입되는 미국의 관습들 때문이며, 젊은 여성들을 독립하게 하여 가정을 파괴하며, 그들에게 여성적인 모습을 잃게 하고 가정을 불안정하게 만드는 이국적인 관행들을 통해 미래의 배우자와 어머니에 대해 회의적인 생각을 갖게 했다는 것이다"(Tomlinson, 1997: 123에서 인용). 스페인 여성들은 생각이 달랐을 것이다.

세계화를 문화적 미국화로 보는 이러한 모델의 세 번째 문제점은 미국의 문화를 획일적이고 단일한 것으로 본다는 점이다. 심지어 세계화를 한층 더 경계하는 설명에서조차도 일반적으로 미국 문화로 불리는 단일 문화를 확인 가능하다고 가정한다. 예를 들어 조지 리처 George Ritzer(1999)는 이렇게 주장한다. 즉, "우리가 세계의 다양한 문화를 계속 지켜보면 대다수의 문화들, 어쩌면 거의 모든 문화들이 결국은 미국의 수출에 영향을 받을 것이다. 다시 말해서 미국이 사실상 모든 사람들의 '제2의 문화'가 될 것이다"(89).

문화적 미국화로서의 세계화는 문화들은 세계화로 진입하는 치명적인 순간까지는 서로 영향을 미치지 않도록 밀봉된 명확한 '모놀리식 monolithic'한 실재들로 정렬될 수 있다고 전제한다. 이러한 관점에 대해 얀 니더반 피터세 Jan Nederveen Pieterse(1995)는 이렇게 주장한다. 즉, 문화적으로 미국화되는 것을 세계화로 보는 것은

> 문화적 역류 현상, 즉 비(非)서양의 문화가 서양에 영향을 미쳐 왔다는 것을 간과하고 있다. 이는 또한 세계화하는 추진력의 양면성을 가볍게 보는가 하면 서양 문화를 받아들이는 지역의 역할 — 예컨대 서양적인 요소들을 현지인들이 먼저 받아들이는 것 — 을 무시하고 있다. 이는 비서양의 문화들이 서로 영향을 끼치고 있다는 것을 간과하고 있다. 이는 문화가 서로 만날 수 있는 여지를 남겨놓지 않는다 — 이를테면 월드 뮤직 world music과 같은 '제3의 문화'의 발전. 이는 서양문화의 동질성에 파묻혀 있어, 우리가 문화의 흐름을 잘 살펴보면 서양과 서양의 문화산업들이 수출한 수많은 것들이 문화적으로 혼합된다는 사실이 금방 드러나는데도 그것을 못보고 있다(53).

게다가, 한 예로 세계에서 히스패닉계의 사람들이 세 번째로 많은 것이 미국이라는 점을 고려한다면 단 하나의 '모놀리식 monolithic'한 미국 문화의 부과가 곧 세계화라는 생각은 완전히 달라지기 시작한다. 또한 미국독립혁명 300년이 되는 2076년 무렵에는 북아메리카 원주민과 아프리카인, 아시아인, 라틴계 사람들이 미국 국민의 과반수가 될 것으로 추정되고 있다.

홀(1996b)은 포스트모더니즘은 '전 세계의 꿈이 어떻게 미국이 되는가에 관

한 것'(132)이라고 말한 적이 있었다. 만일 이것이 사실이라면, 우리는 모두 우리의 소비 선택에 따라 전혀 다른 수많은 미국을 꿈꾸고 있다고 해야 할 것이다. 예를 들어, 우리 꿈의 소재가 미국의 대중음악, 지리학과 기하학, 가치, 이미지, 스타일에 있다면, 그것이 블루스, 컨트리, 댄스, 민속, 헤비메탈, 재즈, 랩, 로큰롤, 1960년대 록, 솔 soul 등에 있는 경우와 완전히 다를 것이다. 최소한 음악의 각 장르는 계급, 젠더, 인종, 민족성, 섹슈얼리티, 세대 등에 따라 전혀 다른 정치적 표현을 만들어내게 될 것이다. 이것을 인정한다면 미국 문화처럼 강력한 문화일지라도 문화는 결코 획일적이고 단일할 수 없다는 것을 인정해야 한다. 사이드(1993)가 말하듯이, "모든 문화는 서로 관련되어 있다. 혼자 순수한 문화는 존재하지 않으며, 모두가 잡종이고, 혼성이며, 차별화되어 있다. '모놀리식'한 것은 없다"(xxix). 더욱이,

> 오늘날에는 순수하게 하나인 것은 없다. 이제 인디언이나 여성, 혹은 이슬람교도나 미국인과 같은 라벨 Labels은 단지 논의의 출발점에 지나지 않는다. 잠시만 실제 경험을 주시해보면 이들은 금방 지나가버린다. 제국주의는 문화와 정체성의 혼합을 세계적 수준에서 합병하고 정리했다. 하지만 그것이 안겨준 아주 역설적인 최악의 선물은 사람들로 하여금 오직 그들만이 유일한 백인 혹은 흑인 혹은 서양인, 혹은 동양인임을 믿게 했다는 점이다(407~408).

흔히 세계화를 단순히 미국 문화의 주입이라고 하지만 그것은 이보다 훨씬 복잡하고 모순적이다. 우리가 세계 여행을 해보면 미국 상품의 상표들을 외면할 수 없다는 것은 분명한 진실이다. 하지만 상품이 문화와 동일하다는 것은 결코 진실이 아니다. 세계화는 균질화하는 힘과 이질화하는 힘이 서로 밀물과 썰물처럼 오가는 것이며, 또 '지역'과 '세계'가 만나 어울리는 것이다. 달리 말한다면, 수출되는 것은 언제나 이미 존재하는 것과의 관계에서 자신의 자리를 잡는다. 다시 말해서 수출된 것이 토착문화와 통합을 이루듯이, 수출은 곧 수입이 된다. 그리고 이는

결국 그 '지역'의 문화 생산에 영향을 미치게 된다. 이엔 앙(1996)은 홍콩 영화산업의 쇠퇴를 회복시켜준 중국 광둥의 쿵푸 영화들을 예로 들고 있다. 이 영화들은 광둥의 가치와 '서양의' 내러티브가 혼합되어 있다. 그녀가 설명하고 있듯이,

> 문화적으로 볼 때 이 경우에 '외래의 것(낯설고 다른 것)'과 '토착적인 것'을, 그리고 '제국주의적인 것'과 '정통적인 것'을 구별하기 힘들다. 밖으로 드러나는 것은 아주 독특하고 경제적으로 다양한 잡종 문화 형식이기 때문이다. 이런 형식에서는 세계적인 것과 지역적인 것이 불가분리적으로 얽혀 있으며, 결과적으로 이는 지금까지 '광둥'의 브랜드로 널리 경험되어 온 문화를 현대적으로 되살리는 것이 된다. 달리 말하면, '지역적인 것'으로, 따라서 '정통적인 것'으로 간주되는 것이라고 하더라도 그것은 고정된 내용이 아니라, 변화하는 소재이며 수입된 문화상품들을 자국화한 결과로서 변형된 것이다(154~155).

세계화로 말미암아 세계가 점점 더 좁아지고, 새로운 형식의 잡종 문화들이 생겨나고 있지만, 다른 한편으로는 그것이 세계 개념을 해석하는 다양한 입장들의 대립과 충돌을 불러일으키기도 한다. 세계를 향한 새로운 길들이 열린다고 찬양하는 사람들이 있는가 하면, 지역의 '뿌리'를 명분으로 세계화를 거부하는 사람들도 있다. 세계의 흐름에 대해 지역을 강조하는 형식으로 세계화를 거부하는 것은 종교적 근본주의(기독교, 힌두교, 이슬람교, 유대교)의 증대 및 가장 최근으로는 이전의 소련과 유고슬라비아에서 나타난 민족주의의 재연으로 간주될 수 있다. '뿌리'의 주장에 대한 보다 좋은 예는 유럽과 미국에서 벌어지고 있는 가족사 찾기 운동의 폭발적인 증가이다. 이 모든 예들을 보면, 세계화는 현재의 정체성을 안전하게 지키기 위해 더 안전한 과거에서 '뿌리'를 찾는 것을 촉진할 지도 모른다.

세계화는 모순된 결과를 가져오는 복잡한 과정이며, 문화와 권력의 관계를 변화시킨다. 세계화를 이해하는 하나의 방식은 그람시의 헤게모니 개념으로 이해하는 것이다. 헤게모니 이론을 응용하는 포스트-마르크스주의적 문화연구의 관

점에서 보면, 문화는 '정통적인' 것도 아니고 단순히 '위'로부터 주입되거나 강요되는 것도 아니다. 오히려 그것은 이 양자가 '타협하고 절충하면서 평형상태를 이루는 것'(Gramsci, 1971: 161)이다. 다시 말해서 문화는 '아래'로부터의 힘과 '위'로부터의 힘, '상업적인 것'과 '정통적인 것', '지역적인 것'과 '세계적인 것'이 모순적으로 혼합되는 것이며, '구조'와 '에이전시'를 동시에 수반하면서 '저항'과 '합병'의 흔적이 함께 남는다. 세계화도 또한 이런 식으로 이해될 수 있다. 홀(1991)이 지적하듯이,

> 일반적으로 우리가 세계적이라고 말하는 것은 체계적으로 유사한 것을 만들어 내면서 모든 것을 바꾸어놓는 어떤 것, 사실은 특수성을 통해 작동하는 어떤 것, 특수한 공간과 특수한 민족성을 넘어서는 어떤 것, 동원되는 특수한 정체성을 통해 작용하는 어떤 것 등등이 아니다. 그러므로 지역적인 것과 세계적인 것 사이에는 언제나 변증법이 존재하게 마련이다(62).

헤게모니는 복합적이고 모순적인 과정이다. 그것은 사람들에게 '허위의식'을 주입하는 것과는 다르다. 그것은 "헤게모니는 로스앤젤레스에서 포장되어 지구촌으로 보내진 다음 순진한 정신 속에 그 포장을 풀어 놓는다"(Liebes and katz, 1993: xi)는 가설을 채용한다고 해서 설명될 수 있는 것이 결코 아니다. 세계화의 과정을 이해하는 보다 나은 방식은 세계적인 세력의 힘뿐만 아니라 지역의 세력들까지 함께 진지하게 받아들이는 방식이다. 이것은 힘을 부정하는 것이 아니라, 오히려 다음과 같이 주장하는 것이다. 즉, '지역'의 사람들을 그들로서는 결코 이해하기를 기대할 수 없는 과정의 말 못하는 수동적 희생자들로 간주하는 정치, 다시 말해서 대다수에 대한 에이전시를 부정하거나 혹은 기껏해야 특정한 활동을 에이전시의 징표로 인정할 뿐인 정치는 세계적인 힘의 강력한 구조에 대해 큰 어려움을 야기하지 않고서도 존재할 수 있는 정치이다.

융합 문화

포스트모던의 또 다른 하나의 양상은 융합 문화 convergence culture이다. 융합 문화에서는 "옛 미디어와 새로운 미디어가 함께 만나고, 일반 대중의 미디어와 기업의 미디어가 교차하며, 미디어 생산자의 힘과 미디어 소비자의 힘이 예측 불가능한 방식으로 상호작용한다"(Henry Jenkins, 2006: 2). 융합은 서로 다른 플랫폼 platform들의 범위를 관통하는 미디어 콘텐츠의 흐름을 포함한다. 이것은 단순히 새로운 테크놀로지의 문제에 그치는 것이 아니라 소비자의 능동적인 참여를 요구하는 하나의 과정이다.

이 책에서 논의된 대부분의 대중문화가 그렇듯이, 융합 문화는 투쟁과 협상의 장이다. 융합 문화는 '위'로부터 부과되거나 혹은 '아래'로부터 자발적으로 나타나는 어떤 것으로 설명되거나 이해될 수 있는 것이 아니라, 두 세력의 복합적이고 모순적인 결합으로 설명되고 이해되어야 한다. 젠킨스가 지적하듯이,

> 융합이란 …… 기업 주도의 하향식 과정이면서 동시에 소비자 주도의 상향식 과정이기도 하다. 기업이 추진하는 융합은 소비자가 나아가는 융합과 공존한다. 미디어 기업들은 수익의 기회를 늘리기 위해, 그리고 시장을 확대하고, 수요자에 대한 약속을 강화하기 위해 배급 채널들을 관통하는 미디어 콘텐츠의 흐름을 촉진하고 가속화할 수 있는 방법을 연구하고 있다. 소비자들은 미디어의 흐름을 더욱더 완전하게 그들의 통제하에 두기 위해, 그리고 다른 소비자들과 상호작용하기 위해 이와 같은 색다른 미디어 기술들을 활용하는 방법을 연구하고 있다(18).

융합 문화는 세 가지 요소가 만들어낸 결과이다. 첫 번째는 미디어 소유의 집중이다. 일련의 다양한 플랫폼들을 소유하게 되면 생산자들이 이러한 다양한 플랫폼들을 관통하는 콘텐츠를 공급하도록 조장하게 된다. 그러므로 어떤 기업이

영화와 게임에 기반한 게임과 함께 영화에 관한 책을 출판하여, 게임 잡지나 신문을 통해, 그리고 게임의 인터넷 사이트와 휴대폰 회사를 통해 이들의 판촉활동을 하는 것은 하나의 예가 될 것이다.

두 번째는 기술의 변천이다. 이로 말미암아 미디어 콘텐츠를 위한 일련의 새로운 플랫폼이 만들어졌다. 예를 들어, 오늘날 우리는 휴대폰으로 단순히 전화하는 것 외에 수많은 일들을 할 수 있다. 즉, 사진과 영상을 찍고 보내고 수신할 수 있고, 사운드 파일을 보내고 받으며, 텍스트 메시지를 보내고 받으며, 인터넷을 통해 정보를 다운로드하며, '골 얼러츠 goal alerts' 프로그램을 내려받으며, 게임을 즐기고, 휴대폰을 달력이나 계산기 혹은 자명종 시계로 활용한다(Jewitt, 2005 참조).

세 번째는 미디어의 소비자들과 관련이 있다. 예를 들어, 나는 나의 휴대용 컴퓨터에서, 나의 CD나 DVD 플레이어에서, 나의 아이팟 iPod에서, 나의 자동차 라디오에서, 텔레비전이나 라디오에서 내가 좋아하는 음악을 선택해서 들을 수 있다. 동일한 음악이 다른 플랫폼들에서 사용될 수 있지만, 반드시 내가 시스템 작동에 능동적으로 참여해야만 한다. 더욱이 나는 나에게 가장 즐겁고 편리한 플랫폼을 선택한다.

닐 페리만 Neil Perryman(2009)이 지적하듯이, 영국의 SF 텔레비전 시리즈 「닥터 후 Doctor Who」는 "전례가 없을 정도의 규모로 융합 문화를 포함하고 있다"(478). BBC 방송은 이 프로그램을 일련의 다른 플랫폼들, 즉 휴대폰, 팟캐스트 podcasts, 비디오 블로그, 웹사이트, 쌍방향 레드-버튼 어드벤처, 온라인 게임 등에 두로 활용하고 있다. 그뿐만 아니라 BBC 방송은 등장인물들을 다른 맥락으로 해석하는 두 가지 보완 프로그램을 내놓기도 했다. 페리만에 따르면,

> 「닥터 후」는 미디어 융합을 동반한 기술적 및 문화적 변화를 능동적으로 포용한 일종의 프랜차이즈이다. 왜냐하면 그것은 2005년에 우리의 텔레비전 스크린으로 다시 찾아온 것이기 때문이다. 「닥터 후」의 프로듀서들은 폭넓은 미디어

플랫폼들을 가로지르는 진화 발전하는 변화된 스토리텔링 전략을 채용함으로써 하드코어 팬베이스 hardcore fanbase와 주류 관객들 양쪽 모두에게 부가가치가 있는 내용과 복잡한 내러티브를 제공하고자 했다(488).

맺는말

포스트모더니즘은 대중문화 연구의 이론적·문화적 기반을 바꾸어 놓았다. 즉, 그것은 대중문화 연구자의 역할뿐만 아니라 이런 연구의 목표와 우리의 관계가 무엇이며, 누구를 위해 무슨 권위로 우리가 말하는가 등의 많은 질문을 제기한다. 프리스와 혼(1987)이 말하듯이,

> 결국 포스트모더니즘 논의는 의미의 근원에 관심을 가진다. 즉, 의미와 쾌락과의 관계(그리고 다시 그 쾌락의 근원과의 관계)뿐만 아니라, 권력과 권위와의 관계에도 관심을 가진다. 누가 의미를 결정하는가? 누가 해석할 권리를 가지는가? 제임슨과 같은 비관주의자이면서 이성주의자인 사람들은 다국적 자본이라고 대답한다. 레코드, 의상, 영화, 텔레비전 쇼 등은 시장과 시장경제가 결정한 산물일 따름이다. 반면 보드리야르와 같은 비관주의자이자 비이성주의자들은 "어느 누구도 아니다"고 대답한다. 즉, 우리를 둘러싼 기호는 작위적이라는 것이다. 이안 첨버스나 래리 그로스버그 같은 낙관주의자의 대답은 상품을 사고 그것에다 자기 표시를 하는 소비자 자신과 유행을 만드는 이들 stylists, 그리고 하위문화주의자 subculturlists들이라고 말한다(169).

12장은 이런 질문들 중 몇 가지 질문에 대한 해답을 찾기 위해 썼다.

더 읽어야 할 책들

Srorey, John(ed.), *Cultural Theory and Popular Culture : A Reader*, 4th edition, Harlow : Pearson Education, 2009. 이것은 이 책의 자매편이며, 2018년에 출판된 제5판은 내용적으로 더욱 보완된 것이다. 이 책과 자매지는 대화형 웹사이트(www.routledge.com/cw/storey)를 통해 뒷받침되고 있다. 이 웹사이트에는 학생들에게 도움이 될 만한 유용한 자료들이 실려 있다.

Appignansesi, Lisa(ed.), *Postmodernism*, London : ICA, 1986. 포스트모더니즘에 관한 에세이 모음(대부분 철학적인 측면에서), 맥로비의 글 '포스트모더니즘과 대중문화'가 중요하다.

Best, Steven, and Douglas Kellner, *Postmodern Theory : Critical Interrogations*, London : Macmillan, 1991. 포스트모더니즘에 대한 논의를 소개하는 것이 특출하다.

Boyne, Roy and Ali Rattansi(eds), *Postmodernism and Society*, London : Macmillan, 1990. 포스트모더니즘 논의의 중요 논점에 대해 소개하는 훌륭한 글도 포함한 유용한 에세이 모음집이다.

Brooker, Peter and Will Brooker(eds), *Postermodern After-Images : A Reader in Film, Television and Video*, London : Edward Arnold, 1997. 매우 훌륭한 입문의 글들이 실린 에세이 모음집이다.

Campbell, Neil, Jude Davies and George McKay, *Issues in Americanization*, Edinburgh : Edinburgh University Press, 2004. 미국화의 개념과 관련된 다양한 주제를 다룬 매우 훌륭한 에세이 모음집. 서론이 탁월하다.

Collins, Jim, *Uncommon Cultures : Popular Culture and Postmodernism*, London : Routledge, 1989. 매우 흥미로운 책으로, 대중문화를 포스트모더니즘에 관한 논쟁의 범주에 둔다.

Connor, Steven, *Postmodernist Culture : An Introduction to Theories of the Contemporary*, Oxford : Basil Blackwell, 1989. 포스트모더니즘에 대한 포괄적 소개와 대중문화에 대한 유용한 토론이 있다.

Docker, John, *Postmodernism and Popular Culture : A Cultural History*, Cambridge :

Cambridge University Press, 1994. 이 책의 목적은 모더니스트 이론의 한 세기가 20세기 대중문화를 이해해 왔던 그 방식을 따져보는 데 있다.

Featherstone, Mike, *Consumer Culture and Postmodernism*, London : Sage, 1991. 소비문화와 포스트모더니즘에 대한 흥미로운 사회학적 논의에서 필독서이다.

Hebdige, Dick, *Hiding in the Light*, London : Comedia, 1988. 주로 포스트모더니즘과 대중문화의 문제에 관련된 에세이 모음집. 필독서이다.

Jenkins, Henry, *Convergence Culture : Where Old and New Media Collide*, New York : New York University Press, 2006. '융합 문화'의 출현에 관한 주요 저서.

Morris, Meaghan, *The Pirate's Fiancee : Feminism, Reading, Postmodernism*, London : Verso, 1988. 이론과 분석 양면에 걸친 에세이 모음집. 필독서이다.

Ross, Andrew(ed.), *Universal Abandon : The Politics of Postmodernism*, Minneapolis : University of Minnesota Press, 1988. 해당 분야에 대한 흥미롭고 쉬운 가이드.

Wood, Tim, *Beginning Postmodernism*, Manchester : Manchester University Press, 1999. 어떤 것이 포스트모더니즘이냐에 대한 논의를 소개하는 최상의 입문서일 것이다.

11

대중문화의 물질성

11

The materiality of popular culture

대중문화의 물질성

물질성

이 장에서는 물질문화 material culture로서의 대중문화를 살펴보고자 한다. 우리가 그것을 어떻게 정의하든 많은 대중문화는 물질적 형태를 취하고 있다. 이 점을 설명하기 위해서는 임의로 몇 가지 예만 들어보아도 된다. 즉, 휴대폰, 옷, 결혼반지, 연하장, 장난감, 자전거, CD(디스크와 플레이어), 자동차, 게임 콘솔, 텔레비전, 라디오, 스포츠 용품, 컴퓨터, 태블릿 컴퓨터(아이패드를 포함한), 잡지, 책, 영화, 축구장, 나이트클럽, 술집 등등. 청년 하위문화 youth subcultures는 대중문화에 가시적으로 드러나는 물질성 materiality의 대표적인 사례이다. 우리가 청년 하위문화를 이해하는 방식은 언제나 그들이 소비하는 대상의 물질성을 통해서이다. 언제나 특효약(선호하는 약물)이 있고, 특정한 복식(服飾)문화와 그들이 차지하는 사회적 공간이 있으며, 분위기 있는 특정한 음악이 있다. 청년문화가 사회에 광범위하게 보이는 것은 곧 이와 같은 서로 다른 형식의 물질성들이 결합하기 때문이다. 그러나 이것은 청년 하위문화에만 해당되는 것은 아니다. 대체로 사람들의 삶은 물질적 대상들로 충만하다. 우리는 물질적 대상들과 다양한 방식으로 상호작용한다. 우리는 그것들을 생산하고 소비하며, 또 그것들을 교환한다. 우리는 그것들에 대해 이야기하고 그것들을 감상한다. 우리는 우리 자신들에 관한 일을 말하기 위해 그것들을 이용한다. 나는 내 컴퓨터에 이런 말들을 입력하고, 여러분은 여러분의 수중에 있는 책에서 그 말들을 읽는다. 이와 같은 다른 형태의 물질성이 우리의 의사소통을 가능하게 했다. 만일 내가 당신을 알고 있다면, 나는 당신에게 나의 노트북으로 이메일을 보낼 것이고, 당신은 휴대폰으로 문자 메시지를 답장으로 보낼 것이다. 그리고는 우리는 버스나 기차, 혹은 택시를 타고 술집으로 가서 몇 병의 맥주나 한두 병의 와인을 함께 마실 것이다. 이와 같은 서로 다른 다양한 방식으로 우리의 접속은 우리 주변의 물질성으로 말미암아 가능하게 되고 또 그것에 의해 제약을 받는다.

때로는 어떤 대상의 물질적 성능 때문에 우리의 행동이 바뀌기도 한다. 자동차가 그 대표적인 예다. 그것은 쇼핑 shopping의 대중문화 — 쇼핑하는 방식뿐만 아니라 쇼핑하는 주체 — 에 근본적인 변화를 가져왔다. 자동차는 쇼핑의 사회적 관습을 바꾸어놓았을 뿐 아니라 도시 내 상업지역 시설물의 형태도 바꾸었다. 자동차가 널리 보급되지 않았다면 교외의 쇼핑센터는 상상조차 하기 힘든 일이다. 쇼핑센터에는 가게와 쇼핑객도 많지만 또한 그에 못지않게 항상 넓은 주차공간이 있다. 또 다른 대표적인 예는 휴대폰이다. 휴대폰은 일상생활의 여러 모습들을 변화시켰다. 요즈음은 어느 도시를 가나 시내 중심가를 걷다 보면 휴대폰으로 통화를 하거나, 문자를 보내거나, 사진을 찍거나, 음악을 듣는 사람을 쉽게 볼 수 있다. 문자 메시지는 또한 로맨틱한 연인관계에 큰 변화를 가져왔다(Storey and McDonald 2014a, 2014b; Storey 2014 참조). 그리고 휴대폰 카메라는 셀프 포트레이트 self-portrait을 대중화시켰다. 소위 '셀피 selfie(Self-Picture의 줄임말, 스마트폰 등으로 찍은 자신의 사진: 역주)'를 가능하게 만든 것이다.

대중문화의 물질성을 이론적으로 다루는 여러 가지 방식들이 있지만, 여기서는 다만 세 가지, 즉 행위자-네트워크 이론 actor-network theory, 문화연구, 그리고 물질문화 연구를 간단히 살펴보고자 한다.

행위자로서 물질성

행위자-네트워크 이론에 따르면, 대중문화는 사람들이 행위하고 상호작용하는 것만을 가리키는 것이 아니다. 사람들은 물질적 대상과 더불어 행위하고 상호작용하며, 또 서로 상호작용하는 물질적 대상들과도 행위하고 상호작용하는데, 이 모든 것이 곧 대중문화이다. 우리의 활동은 대부분 다양한 종류의 물질적 대상들을 통해 매개되어 있다. 우리가 연주회나 축구경기에 갈 때 버스나 아니면 승용차를 타든, 술집에 있는 친구를 만나기 위해 정장이나 아니면 캐주얼웨어를 입든, 파티에 가서 와인이나 아니면 냉수를 마시든, 민속클럽에서 라거 에일 lager ale이나 아니면 리얼 에일 real ale을 마시든, 휴일에 텐트에서 잠을 자든 아니면 호텔에서 잠을 자든, 이 다른 물질적 대상들이 우리의 행위나 상호작용의 실현에 미치는 영향은 다르다. 그리고 그것들이 이처럼 다르게 영향을 미치기 때문에, 행위자-네트워크 이론은 그것들을 '행위자 actor'(Latour, 2007: 71)로 간주한다. 물질적 대상은 행위하지 않는다고 생각하는 사람들이 있다. 이러한 생각에 반대하면서 브루노 라투르 Bruno Latour는 이렇게 주장한다. 즉, "영향을 미침으로써 형세나 상태를 변화시키는 모든 것은 행위자다. …… 그러므로 어떤 행위자에게 다만 다음과 같은 질문을 던지면 된다. 즉, 그것은 다른 어떤 행위자가 행위하는 동안 영향을 미치는가 혹은 아닌가?"(같은 곳) 우리가 호텔이 아니라 텐트에서 자려고 결정한다면 매우 색다른 휴가를 맞이할 것이다. 텐트나 혹은 호텔은 우리의 휴가라는 드라마에서 배우(행위자)가 되는 셈이다. 민속클럽에서 리얼 에일을 안 마시고 라거 에일을 마시면, 사람들은 우리를 민속클럽에 올 자격이 없다고 생각할 것이다(리얼 에일은 전통적 방법으로 만들고 저장한 맥주 : 역주). 사회적 신뢰의 드라마에서는 라거 에일과 리얼 에일은 배우(행위자)가 된다. 그러므로 우리가 대중문화의 물질성을 설명하려고 한다면 반드시 인간과 비(非)인간 행위자 모두의 행위와 상호작용을 인정해야만 한다. 달리 말한다면, 대중문화에 대한 우리의 경험은 부분적으로 물질적 대상의 사용과 더불어 구성되고 실현된다.

행위자들 간의 상호작용은 항상 네트워크networks에서 이루어진다. 달리 말하면, 하나의 사물을 이해하려면 반드시 그것을 다른 것과의 관계 속에서 보아야만 한다. 즉, 그것을 네트워크의 일부로 보아야만 하는 것이다. 이미 지적했듯이, 이러한 네트워크는 인간과 비인간 모두를 포함할 경우가 많을 것이다. 하지만 네트워크는 언제나 수행된 네트워크이다. 네트워크에서 물질적 대상이 차지하는 위치는 결코 당연하거나 자연적인 것이 아니다. 다른 경우에는 그것이 다른 네트워크에 있을 수도 있다. 게다가 그것은 어떻게 어떤 것이 그것이 처한 상황에 따라 그것의 일시적인 의미와 의의를 결정하는 일정한 네트워크 안에서 연기하거나 혹은 연기하도록 되어 있는가를 보여준다. 예를 들어, 어떤 공공도서관이 지역 공동체의 사진들을 전시할 경우, 이것들은 그 각각의 관계에서, 그리고 전시공간이나 지역사회와의 관계에서 일시적으로 존재할 것이다. 비록 다른 사진작가들이 다른 목적으로 찍었을지라도 갤러리는 그 사진들을 모두 이처럼 그 주제와 목적의 차이가 사라져버린 네트워크 안에 둘 것이다. 그 사진들은 모두 전시 관객들에게 그 지역에 관해서 말해주기 때문에 의의가 있는 것이다. 일단 그 공공도서관을 벗어나게 되면 그 하나하나의 사진들은 다른 네트워크로 되돌아갈 것이다. 이와 마찬가지로, 바닷가 카페에서 한 여자가 한 남자에게 한 병의 맥주를 건넬 경우 그것은 하나의 네트워크 안에 있지만, 판매대에 있는 남자가 그 여자에게 팔았을 경우는 전혀 다른 네트워크 안에 있다. 그리고 다른 점원이 그것을 챙겨 갔다면 그것은 또 다른 네트워크에 놓이게 될 것이다. 이 각각의 시나리오에서 한 병의 맥주는 전혀 다른 드라마에서 연기하고 있다.

물질적 대상은 매개자와 중개자 둘 다일 수 있다. 중개자 intermediaries는 의미를 변화시키지 않고 전달하는 반면에 매개자 mediators는 "의미를 바꾸고, 번역하고, 왜곡하고, 조정한다. …… 그리고 매개자도 어차피 전달하기로 되어 있다"(39). 우리는 대부분의 미디어 기술을 처음에는 매개자로서 접하게 된다. 즉, 처음에는 그 기술을 제대로 사용할 줄 모르다가 그것이 기술력 부족이라는 우리의 드라마에서 배우(행위자)가 되면서 저절로 유의미하게 된다. 하지만 우리가 그 기술을 완전히 익히게 되면 그것은 중개자 자리에 앉게 된다. 만일 그 기술이 실패하게 되면, 그것은 잠재적으로 다시 매개자가 되어 우리의 일상생활이라는 무대에서 한 번 더 배우(행위자)가 될 수 있는 여지를 남기게 된다. 예를 들어, 내가 강의할 때 내가 사용하는 파워포인트와 마이크는 강의실에서 학생들과 나 자신을 매개한다. 즉, 우리 사이의 상호작용이 이루어지려면 이 두 가지 기술은 기본적이다. 달리 말해서, 우리들 사이의 상호작용은 특정한 기술들을 내포하며, 이 기술들은 중개자로서의 역할에 그치는 것이 아니라 매개자 역할을 한다. 파워포인트에 하나의 다이어그램이 있는 것과 그 다이어그램이 설명되지 않은 것은 다르다. 이와 마찬가지로, 한 병의 맥주는 바닷가 카페에서 마시고 있는 다른 음료들과 마찬가지로 잠재적으로 하나의 중개자이다. 그러나 그 여자는 그 남자가 그 맥주가 교제를 시작하려는 시도임을 알고 있다는 것을 알기 때문에, 그것은 두 사람 모두에게 휴가지 로맨스의 잠재적 시작을 알리는 매개자가 되는 것이다.

네트워크는 “일련의 행위들이며, 여기서는 참여자 각각이 완전한 매개자로 간주된다”(128). 네트워크 안에서는 모든 행위자가 행동한다. 즉, 네트워크는 중개자들 사이의 움직임이 아니라 매개자들 사이의 움직임이다. “행위자들이 중개자로서가 아니라 매개자로서 간주되는 그 순간부터 그들은 분명히 사회적 행동을 하게 된다”(같은 곳). 네트워크는 중개자들 간의 인과관계의 이동이 아니라 행위자들이 다른 행위자들을 행동하게 만드는 일련의 접속들이다. 한 병의 맥주가 가지고 있는 물질성은 휴가지 로맨스의 시작을 결정하는 것이 아니라 그 가능성을 알리는 기호이다. 한 병의 맥주를 건네는 것과 로맨스의 가능성 사이에는 어느 정도 관련(잠재적 네트워크)이 있지만, 그것은 평범한 인과관계는 아니다. 한 병의 맥주는 바닷가 카페에서 일어날 수 있는 교제라는 드라마에서 연기하고 있는 것이다. 그것은 대중문화와 일상생활이 우리의 분석에 충분히 가시적으로 드러나게 되는 인간과 물질적인 것의 상호작용을 인정하는 것이다. 라투르에 따르면,

> 예컨대, 화장실에서 순서를 외치는 것, 시멘트와 물의 화학적 결합, 손으로 밧줄을 움직이는 도르래의 힘, 동료가 준 담배를 피우려고 성냥을 켜는 것 등등 인간의 행동과정은 어떤 것이든 몇 분 안에 서로 겹치거나 엮인다. 이런 경우 물질적인 것과 사회적인 것을 아주 합리적으로 구분하려고 한다면, 그것은 곧 집단적인 행동이 어떻게 가능한가에 대한 모든 탐구를 일부러 애매하게 만드는 꼴이 될 것이다(74).

달리 말해서, 만일 우리가 일상생활을 이해하고 있고, 또 대중문화를 일상생활의 중요한 특징으로 이해하고 있다면, 우리는 물질적 대상들의 역할을 제대로 인정해야만 한다. 라투르가 주장하고 있듯이, 우리는 사회적인 것과 물질적인 것을 분리되어 있는 별개의 범주로 생각해서는 안 된다. 물질적인 것과 사회적인 것은 둘 다 서로 겹치고 얽혀 있다. 다시 말해서 그것은 인간 대 인간, 사물 대 사물, 인간 대 사물의 행위이자 상호작용들이고, 이것들이 대중문화의 물질성을 가시화하고 있다.

의미와 물질성

지금까지의 이야기는 모두 어떻게 물질적 대상이 항상 인간의 실천에 의해 의미가 각인되는가 하는 것은 제외시켜 놓고 있다. 4장에서 지적했듯이 문화연구에서 말하는 문화는 곧 실현된 의미화 시스템 realized signifying system이다. 물질적 대상들이 우리를 둘러싸고 있으며, 우리는 그것들과 상호작용하고, 또 다른 사람들과 상호작용하기 위해 그것들을 사용한다. 물질적 대상들은 우리가 살아가는 갖가지 이야기를 통해서 우리와 동행하고 있으며, 우리의 감정과 사유의 소재가 되고 있다. 그러나 그것들은 언제나 실현된 의미화의 특정한 체제 내에서 이렇게 한다. 대중문화는 결코 사물의 물질성 그 자체는 아니다. 언제나 의미와 물질성,

사회적 실천이 함께 얽혀 있는 것이 대중문화다. 이러한 혼합은 스마트폰에 쓰인 문자 메시지, 사람의 몸이 만들어내는 뮤지컬 사운드, 벽에 그려놓은 그래피티 graffiti, 아이들이 좋아하는 장난감 등과 같이 다양한 형태를 취한다. 롤랑 바르트 Roland Barthes가 이와 유사한 다른 사례들에 관한 글을 쓸 때 그는 이렇게 말한다. 즉, 그것들이 지닌 공통점은 그것들이 기호라는 것이다(1995: 157). “내가 거리 — 혹은 인생의 길 — 를 걸으면서 이와 같은 대상들을 만날 때, 제대로 이해하지 못한 상태에서 하나의 동일한 활동 — 특정한 독해의 활동 — 이 필요하면 나는 그것들 모두에게 그것을 적용한다”(157). 달리 말한다면, 바르트가 만난 물질적 대상들 역시 기호들이다. 그것들은 물질성을 가지고 있지만 또한 그것들은 의미를 가지고 있다. “사회에 속한 모든 것은 의미를 가지고 있다”(182)고 주장한다는 점에서 문화연구와 바르트는 같다. 즉, 그것들은 “인간이 사물에 의미를 부여한다”(179)는 사실을 통해 변화되어 왔다. 그러므로 우리 주변의 물질적 대상들은 그 스스로 의미를 만들어내거나 표명하지 않는다. 그것들은 반드시 의미화될 수밖에 없고, 그것들이 어떻게 의미화되는냐 하는 것은 곧 우리가 그것들을 어떻게 생각하고, 어떻게 평가하고, 어떻게 사용하고 있는가를 알려준다.

물질적 대상들이 언제나 기호나 사회적 관계의 상징적 재현 그 이상이긴 하지만, 그것이 우리에게 무엇이냐 하는 것은 의미와 물질성, 사회적 실천을 수반하는 특정한 문화를 떠나서는 생각할 수 없다. 그것들은 결코 사물 자체가 아니다. 오히려 그것들은 언제나 실현된 의미화의 특정한 체제와 관련하여 표현되거나 설명된다. 그리고 이러한 체제는 특정한 유형의 사회적 실천을 가능하게 할 뿐 아니라 또한 그것에 제약을 가한다. 휴대폰, 옷, 축구공, 식탁, CD, 잡지광고 — 이 모든 것이 공통적으로 가지고 있는 것은 물질성과 사회적 실천에 의해 생겨난 의미이다. 그것들이 문화의 사례가 될 수 있는 것은 바로 이와 같은 결합 때문이다. 그러므로 문화는 우리가 ‘가지고 있는 have’ 어떤 것이 아니라 우리가 ‘행동하는 do’ 어떤 것, 즉 물질성과 사회적 실천으로 실현되는 의미의 사회적 생산과 재생산이다. 의미의 존재 근거는 사물의 물질성이 아니라, 어떻게 사물이 재현이라는 사회적 실천을 통해 유의미하게 구성되는가에 달려 있다. 이 책에서 여러 번 언급했듯이, 세계와 그 내용은 어차피 의미화될 수밖에 없다. 다시 말해서 이것은 물질적 사물의 실재성을 부정하는 것이 아니라 오히려 다음과 같이 주장하는 것이다. 즉, 이러한 사물들은 그것들이 재현이라는 사회적 실천을 통해 의미화되기까지는 무언(無言)의 상태다. 이러한 주장은 가끔 사물의 물질성을 부정하는 것으로 오해받기도 한다(종종 고의나 악의적으로). 그러나 분명히 대상의 물질적 성질은 문화적으로 구성되는 것이 아니다. 구성되는 것은 문화 속에 새겨지는 그것의 위치와 표시이다. 물질성은 그것이 인간의 행위에 의해 의미화되기까지는 아무 말 없이 문화 바깥에 존재한다. 하지만 물질성이 아무 말 없이 존재한다는 말은 물질성은 존재하지 않는다는 말과 동일하지 않으며, 또한 물질성이 의미화되는 방식을 가능하게 하거나 제한하지 않는다는 말과 동일하지도 않다. 달리 말하면, 문화는 의미를 물질성과 결합시키는 사회적 실천이다.

문화연구는 물질적 대상들을 단순한 의미의 문제로 축소시킨다는 주장이 종종 있다. 그 반대가 사실상 참이다. 즉, 물질적 대상이 축소되는 것이 아니라, 그것이 인간의 문화에서 차지하는 의미까지도 포함하므로 사실상 더 확장되고 있는 셈이다. 문화연구는 언제나 사물의 사용에 관심을 기울여 왔으며, 또 이러한 관심은 그것의 물질성에 대한 검토와 고려를 포함하고 있었다. 4장에서 나는 중국에서 명함을 주고받는 것을 예로 든 적이 있었다. 이 예에서 문화는 단순히 사회적 행위만을 가리키는 것도 아니고, 또 명함의 물질성이나 혹은 명함과 행위의 의미만을 가리키는 것도 아니다. 의미와 물질성과 사회적 실천이 서로 얽혀 있는 것이 문화다. 게다가 중국에서 명함을 주고받는 것은 단순히 의미의 재현이 이루어지는 상징적 수행 a symbolic performance이 아니라, 의미가 발생하고 실현되는 수행적 사건 a performative event이다(8장 참조). 이와 마찬가지로 결혼반지는 결혼제도를 상징하지만, 결혼반지를 끼는 행위도 역시 이러한 제도를 아주 잘(수행적으로) 표현하고 있다. 나의 아내와 나는 다른 식사 도구를 사용하면서 성장했다. 그녀는 젓가락을 그리고 나는 나이프와 포크를 사용했다. 이러한 물질적 차이는 우리가 먹는 음식에 영향을 미쳤다. 젓가락으로 식사가 가능하기 위해서는 음식재료와 요리방법이 다르고, 또 음식을 차리는 방식도 아주 다르다. 무엇을 먹느냐 하는 것과 그것을 먹는 경험은 전혀 다르다. 그러나 젓가락이나 혹은 나이프와 포크가 이런 것들을 결정하는가, 아니면 그것이 그것들을 사용하는 그들의 문화인가? 나의 부모는 나에게 나이프와 포크 사용법을 가르쳤다. 음식은 이런 방식으로 먹어야 하기 때문이다. 나의 아내는 그녀의 부모로부터 젓가락 사용법을 배웠다. 음식은 이런 방식으로 먹어야 하기 때문이다. 젓가락이나 혹은 나이프와 포크가 이런 가르침을 행한 것은 아니었다. 식사예절 문화의 오랜 전통을 따랐던 부모가 가르침 — 실현된 의미화 시스템 — 을 행했다. 젓가락이나 나이프와 포크가 다른 전통에 속한다는 것은 중요하지 않다. 중요한 것은 그 각각의 전통은 사회적 실천을 통해 가능하게 되는 물질성과 의미의 얽힘에 의존하고 있다는 사실이다.

물질적 대상은 사회적 실천을 통해 유의미한 것으로 실현될 수밖에 없다. 물건을 만들어내는 인간의 제작행위는 사물을 문화적 대상물로 변형시키는 것을 의미하는데, 이것이 바로 그런 과정이다. 달리 말해서 그것은 문화적으로 구성될 수밖에 없는 것이다. 그러나 앞에서 이야기했듯이, 이 '문화적 구성'이라는 말의 의미를 잘못 이해하는 경우가 많다. 분명히 그것은 어떤 실재를 만들어낸다는 의미가 아니다. 예를 들어, 자연은 문화적 구성물이지만, 이것은 문화가 실제 사물, 즉 우리가 나무, 강, 산이라 부르는 것들을 만들어낸다는 의미는 아니다. 우리가 나무, 강, 산이라고 부르는 것들은 그것들이 문화적으로 구성되는 것 외에 진정한 물질적 성질을 가지고 있다. 그것들은 다만 문화라는 프레임 frame 안에 존재하고 있을 뿐이고, 또 그런 의미에서 그것들은 문화적 구성물이 아니다. 인간의 문화와 접하기 이전에는 그 나무는 나무로 존재하지 않았다. 그것은 살아 있는 유기체로 존재했다. 문화적으로 구성된 것은 이 살아 있는 유기체가 아니라 그것을 나무라는 개념으로 표현한 개념화였다. 시간이 지날수록 이 개념화는 이를테면 예술가, 소설가, 식물학자, 시인 등의 담론의 결과로서 점점 더 깊고 풍부해졌다. 그러므로 문화적 구성은 물질적 대상을 만들어낸다는 의미가 아니다. 오히려 그것은 물질적 대상이 어떻게 의미화되는가, 문화로 불리는 이른바 실현된 의미화의 특정한 체제 내에서 물질적 대상이 어떻게 유의미한 것으로 이해되는가를 지적하고 있다. 물질적 세계는 항상 문화의 프레임을 벗어나지 않는다(이것이 물질적 세계에 대한 우리의 경험, 그것에 대한 우리의 이해, 그리고 물질적 세계와 접하면서 우리가 던지는 질문들을 결정한다 — 이런 의미에서 그것은 문화적 구성물이다). 그러나 물질적 세계가 존재한다는 것(물질적 세계의 존재론)은 의문의 여지가 없다(이것은 문화적 구성물이 아니다).

나는 숲 가까이 살고 있으며, 그 숲을 걸으면 몽상에 잠기기에 정말 매혹적인 곳이다. 하지만 나는 그 황홀한 마력이 나무 자체의 고유한 힘이라고 생각하지 않는다. 나무의 종류나 크기, 모양이 이러한 마법을 가능하게 하고 또 영향을 미친다는 사실은 의문의 여지가 없다. 그러나 나는 그것들이 이러한 마력을 만들어낸다고는 생각하지 않는다. 내가 볼 때 그 마력은 나무와 인간의 문화가 얽힌 결과이다. 그 마법은 숲의 존재에 의존하고 있지만, 그 마법이 실제로 펼쳐질 수 있도록 만드는 것은 오로지 숲이 일반적으로 의미화되는 방식, 그것들이 의미 체계로 실현되어온 방식 — 동화, 어린이 모험담, 공포물 등등 — 때문이다. 예를 들어, 리틀 레드케이프 Little Redcape(5장 참조)가 길을 벗어나지 말라는 말을 들었을 때, 이러한 경고로 당장 어떤 상상이 떠올랐을까? 그때 떠오르는 상상은 우거진 숲이 지닌 서사적 함축 때문에 떠올리게 되는 위험과 흥미의 가능성과 연결되어 있다. 비록 그것이 문화 바깥에 존재하긴 하지만 이런 의미에서 숲은 분명히 문화적 구성물이다. 하지만 구성되는 것은 나무들 그 자체가 아니라 그 나무들의 의미이다. 이것은 곧 다음을 의미한다. 즉, 우리가 숲속으로 들어가 만나는 숲은 이미 의미와 얽혀 있는, 의미화되어 있는 숲이다. 숲은 쉴 수 있는 참 좋은 곳이라는 단순한 생각조차도 문화적 구성물이다. 그러므로 우리가 어떤 것을 문화적 구성물이라고 말할 때, 우리는 문화가 그것을 만들어냈다고 말하는 것이 아니다. 우리가 말하는 것은 그것이 무엇을 의미하는가, 그리고 그것이 어떻게 유의미한 것으로 이해되는가 하는 것은 전혀 자연적인 것이 아니라는 점이다. 이것은 언제나 특정한 문화 — 실현된 의미화 — 가 작용한 결과이다. 하지만 반복해서 말하건대 물질의 실재성은 의미화의 결과가 아니지만, 우리에게는 언제나 실현된 의미로 존재하며, 문화연구가 문화라고 부르는 것이 바로 이것이다. 문화는 사회적 실천에 의해 가능하게 되는 이와 같은 의미화와 물질성의 얽힘 entanglement이다.

달 moon을 문화적 구성물이라고 말한다면 약간 우스꽝스럽게 들릴지도 모른다. 틀림없이 달은 지구와 동일 주기로 회전하는 자연적인 천체가 아닌가? 그렇다. 하지만 인류사가 시작되는 그 무렵부터 사람들은 달을 쳐다보며 의미를 부여해 왔고, 그리하여 노래, 시, 이야기, 회화, 신화 등으로 재현되는 문화적 대상물이 되었다. 의미와 물질성을 엮어서 달을 문화적으로 구성해 왔던 것은 바로 이와 같은 의미화에 기인한다. 그러나 이러한 재현, 이러한 의미화의 양식들이 물질적 존재로서의 달, 즉 40억 년이나 사람보다 먼저 등장한 달의 존재를 구성하는 것은 아니다. 이와 마찬가지로 우주 the universe라 불리는 우주는 문화적 구성물이다. 그것은 우주로서 의미가 부여된 인간의 문화이다. 하지만 이것은 우리가 우주라고 부르는 것이 의미화와 별개로 존재한다는 사실을 부정하는 것은 아니다. 달리 말해서 우리가 우주라고 부르는 것은 그것이 의미화되기 이전에 존재하지만, 그것은 우주라는 이름으로(즉, 인간 문화의 한 양상으로) 존재하는 것은 아니었다. 정밀한 눈으로 물질적 대상을 볼 경우에는 그것의 부인할 수 없는 물질성과 그것의 다양한 의미를 구분하지 않을 수 없다. 아무리 우리의 정밀한 시선이 그것의 다양한 의미를 주목한다고 하더라도 그것의 명백한 물질성을 부정하는 것은 결코 아니다. 이것은 문화와 물질적 세계를 혼동하는 것이 아니다. 달의 물질성은 인간의 문화가 없어도 충분히 존재할 수 있다. 달을 문화적 구성물이라고 말한다고 해서 달을 우리가 만들어낸 문화라고 주장하는 것은 아니다. 오히려 그 말은 다음과 같이 주장하는 것이다. 즉, 달이 무엇을 의미하는가, 그리고 이와 같은 의미화가 어떻게 달과 우리의 관계를 구성할 수 있도록 하는가 하는 것은 언제나 문화의 문제다. 달은 분명히 실재하지만, 우리에게 그 실재성은 의미와 얽혀 있으며, 이러한 의미는 달과 우리의 상호작용을 나타낸다. 일단 그것이 우리의 시선에 포

[사진 11.1] 혁명을 시작하라.

착되고 나면 그것은 문화적 대상물 — 대중문화의 유의미한 대상 — 이 된다. 그것은 이 순간 이전에도 완벽하게 존재했다. 하지만 그것이 인간 문화의 일부로 존재하기 시작한 것은 오직 이 순간부터이다.

내가 2008년에 회의 때문에 항구도시 타라고나 Tarragona에 있었을 때, 포로 로마노 Roman Forum의 발굴현장을 둘러보고 있었다. 문득 나는 한쪽 벽을 유심히 보았는데, 유리로 가려져 있었다. 무슨 이유냐고 내가 물었을 때, 스페인 내전 Spanish Civil War이 시작될 무렵 제작된 몇 개의 그래피티를 보존하기 위해서라고 했다(사진 11.1 참조). 그 그래피티가 그려지고 얼마 후 누군가가 그것을 벽돌담 뒤편에 숨기기 위해 애를 썼던 것이다. 발굴이 이루어지면서 벽돌담이 제거되자 그 그래피티가 발견되었다. 그 이후 보존 결정이 내려지고, 관광객에게 관람이 허용되었다. 문화의 한 사례인 그 그래피티는 최소한 네 가지 국면에 놓여 있다. 이 각각의 국면에서 그래피티의 물질성은 거의 그대로이지만, 그 그래피티가 나타내는 의미는 달라질 뿐 아니라 두드러질 정도로 크게 변한다. 이 각각의 국면에는 각기 다른 사회적 실천이 작동하고 있다. 제작할 당시인 첫 번째 국면은 누군가가 벽에 그 글을 쓰려고 결심했던 시기다. 날짜를 보면 이때는 스페인 내전이 시작된 그날 밤이었다. 카탈로니아어 Catalan로 쓴 그 말을 번역하면 '혁명을 시작하라 Begin the Revolution'이다. 혁명을 촉구하는 것은 아주 심각한 상황이거나 아니면 허세를 부리는 행동의 전형이다. 두 번째는 가장 흥미로우면서 또한 정치성이 가장 분명하게 드러나는 국면이다. 누군가가, 즉 글을 쓴 사람이거나 아니면 다른 사람이 그 그래피티를 숨기기로 결심했다. 우리는 이 은폐행위를 여러 가지로 추정할 수 있다. 그 시기는 파시즘이 이미 승리했거나 거의 승세를 굳혔을 때였다. 파시스트들이 파괴하는 것을 막기 위해 그 그래피티를 감추었다. 벽돌로 그 그래피티를 숨기려고 수고했지만 그 일로 말미암아 그 사람은 잠재적 위험에 빠진다. 그 사람은 이러한 위험을 감수했다. 왜냐하면 그 말이 저항의 증거로 남아 파시즘이 몰락한 다음 사람들이 그것을 읽기를 바랐기 때문이다. 세 번째 국면은 그 그래피티가 발견되었던 시기다. 파시즘은 사라졌으며, 발굴자들은 그 말을 저항세력이 스페인 내전에서 승리한 역사적 증거라고 보았다. 네 번째 국면은 관광의 측면으로서 포로 로마노에 관광을 와서 우연히 그것을 접한 나처럼 사람들에게 관람이 허용된 시기였다. 이 각각의 국면에서 물질성, 즉 그래피티의 네 가지 물질성은 크게 변하지 않지만, 그것이 나타내는 의미는 완전히 다르다. 그리고 이와 같이 변화하는 그것의 의미는 언제나 사회적 실천의 결과이다.

의미가 없는 물질성

물질문화를 연구하는 사람들은 문화연구가 사물의 의미에 초점을 맞추려고 사물의 물질성을 무시한다고 비난하는 경우가 종종 있다. 문화연구와는 반대로, 그들은 사물이 인간에 의해 의미화되기 이전에 이미 유의미한 것으로 이 세계에 존재한다고 생각하는 것처럼 보인다. 물질문화 연구는 물질적 대상을 오로지 그 자체로만 받아들이는 것을 당연시하는 듯하다. 이러한 분석은 다음과 같은 사실을 인식하지 못하고 있다. 즉, 우리에게 물질적 대상이 존재하는 것은 언제나 그것이 문화로 실현되어 있다는 점에서, 그리고 이러한 실현은 언제나 의미를 내포한다는 점에서이다. 물질문화 연구에 따른다면 인간이 의미를 만들어내는 것은 언제나 자연적인 의미 natural meaning가 구성되고 난 다음에 일어나는 이차적 과정이다. 하지만 자연적인 의미란 존재하지 않으며, 오로지 의미는 인간의 실천을 통해서만 만들어진다. 의미는 발견되기를 기다린다고 해서 발견될 수 있는 것이 아니다. 그것은 인간이 만들어낸 것이다.

폴 그레이브스 브라운 Paul Graves-Brown은 이렇게 주장한다. 즉, "만일 의미가 사물을 읽어내거나 '해석'하는 것에 불과하다면 이해를 위한 공통된 기반은 존재할 수 없다." 나는 이를 문화연구에 대한 잘못된 비판이라고 생각한다. 그는 마치 이해를 위한 우리의 공통된 기반이 사물의 물질성에 의해 만들어지는 것으로 추정하는 듯하다. 그것들은 그것들 나름의 의미를 만들어낸다는 것이다. 하지만 물질성은 특정한 사회적 실천으로 의미화되기까지는 무언의 상태다. 그러므로 말이 없는 무언의 상태에서는 이해를 위한 어떠한 공통 기반도 나올 수 없다. 그것은 오로지 우리가 공유하고 있는 의미 실현의 공유 체계를 통해서만 나타날 뿐이며, 물질적 대상은 이와 같은 체계를 통해서 비로소 그 위치가 정해지고 유의미하게 된다. 달리 말하면, 이해를 위한 우리의 공통 기반은 물질적 대상과 우리가 함께 존재하는 의미 실현의 체계로부터 나온다. 게다가 의미 실현의 체계는 언제나 힘에 의해 조직되고 구성된다. 우리가 4장과 6장에서 살펴보았듯이, 우리는 그 힘을 '이데올로기 ideology'(알튀세르), '공통감각 common sense'(그람시), '진리 체계 regime of truth'(푸코)라 불렀다. 그러나 사회적 행동을 체계화하고 규제하는 이러한 의미들은 사물의 물질성에서 생겨나는 것이 아니다. 그것들은 특정한 방식으로 사물을 의미화하는 권력자들로부터 나온다. 물질문화 연구는 사물 그 자체가 의미를 나타내는 것으로 생각하거나 의미화를 그다지 중요하지 않은 것으로 여기는 듯하다. 우리가 문화와 권력의 관계를 이해하려고 할 경우 이러한 입장은 둘 다 전혀 도움이 되지 않는다.

다니엘 밀러 Daniel Miller의 물질문화 연구를 위한 짧은 선언문(Miller, 2009)에서, 그는 동화 「벌거벗은 임금님 The Emperor's New Clothes」[1])을 왜 기호학(겉으로 보기에 이것은 문화연구의 코드 code인 것처럼 보인다)이 물질성을 제대로 이해할 수 없는가를 보여주는 수단으로 활용하고 있다. 덴마크 작가 한스 안데르센 Hans Christian Andersen의 이 동화는 1837년에 처음 발간되었으며, 재봉사인 두 사기꾼이 스스로 임금에게 찾아와 입을 자격이 없거나 어리석은 사람에게는 보이지 않는 아주 멋진 옷을 만들어주겠다고 제안하는 내용의 이야기다. 물론 그런 옷은 존재하지 않는다는 것이 금방 밝혀진다. 그러므로 사람들은 임금님이 벌거벗고 있다는 것을 인정하든가 아니면 임금님이 아주 멋진 옷을 입고 있는 척하든가 하나를 선택한다. 자격이 없는 것으로 보일까봐 두려워서 임금님과 신하들은 이 멋진 옷을 찬양한다. 어리석게 보이고 싶지 않은 그 나라 백성들도 같은 선택을 한다. 임금님이 벌거벗었다는 사실을 외친 것은 어린 소년뿐이다.

밀러에 따르면, 기호학은 옷이 '우리의 내면 깊이 자리한 실제의 자아나 진실한 자아'(2009: 13)를 나타낸다고 생각한다. 짐작컨대 기호학은 옷을 '참된 존재의 내면적 핵심을 드러내는 것이거나 혹은 드러내지 못하는 것으로'(같은 곳) 간주한다. 내면적 자아라는 개념에 영웅처럼 이의를 제기하면서 밀러는 저 동화의 참된 의미는 다음과 같다는 결론을 내린다. 즉, "옷의 부재를 통해 드러난 것은 임금님의 내면적 자아가 아니라 그의 표면상의 허영심이다"(같은 곳). 그러므로 우리에게 저 동화는 '자만과 허영에 대한 교훈을 다룬 이야기'(같은 곳)이다. 기호학자들이 실제로 옷을 통해 드러나는 내면적 자아에 대한 믿음을 가지고 있는지는 확실치 않지만, 문화연구의 관점에서 안데르센의 동화에 대한 전혀 다른 독해가 이루어질 수 있다고 나는 생각한다.

1) 이 이야기는 온라인에서 찾아볼 수 있다. 즉, http://www.andersen.sdu.dk/vaerk/hersholt/TheEmperorsNewClothes_e.html.

어린 소년이 알아챈 것을 제외하고는 임금님과 신하들, 그리고 그 나라 백성들은 모두 '공통감각'이라는 실현된 의미화 시스템, 즉 권력을 쥔 임금님의 지위가 무조건 당연시되는 의미 시스템의 덫에 빠져 있다. 하지만 그가 벌거벗었다는 것을 (그 자신의 어리석음의 결과로서) 인정하는 것은 곧 이러한 권력의 정통성을 위태롭게 하는 것이다. 우리가 4장에서 살펴보았듯이, "어떤 사람이 왕이 되는 단 한 가지 이유는 다른 사람들이 그에게 복종하기 때문이다. 반대로 그들은 그가 왕이기 때문에 그들이 복종한다고 생각한다"(Marx, 1976c: 149). 임금님이 옷을 입지 않은 것은 이와 같은 관계의 파괴를 자초하는 것이며, 임금님은 하늘이 내린 선물이고 만백성의 주인이라는 잘못된 인식을 종식시키는 것이다. 임금님은 실제로 벌거벗고 있으며, 백성을 다스릴 그의 권한에는 천부적인 요소가 전혀 없다는 사실이 밝혀진 것이다. 슬라보예 지젝이 설명하고 있듯이,

> '왕이 되는' 것은 '왕'과 그의 '국민' 사이에 이루어지는 사회적 관계의 네트워크의 결과이다. 그러나 — 그리고 여기에 페티시즘적인 오인이 있는 것이지만 — 이와 같은 사회적 유대의 참여자들에게 그 관계는 반드시 뒤바뀐 형태로 나타난다. 즉, 그들은 그들이 왕을 극진하게 모시는 국민들이라고 생각한다. 마치 왕이 되는 결정은 왕이라는 인물의 '천부적' 자질이기라도 한 것처럼, 왕은 그의 국민들과의 관계를 떠나 이미 그 스로로 왕으로 존재하기 때문이다(1989: 20).

달리 말한다면, 임금님이 벌거벗고 있는 것은 이와 같은 오인의 조짐을 보이고 있는 것이다. 여기서 그리고 다른 경우에도 옷이 문화적인 것은 그것이 내적 자아를 대신하기 때문이 아니라 자아가 생겨나거나 재현되는 방식의 한 부분이기 때문이다. 이 점을 이해하기 위해서는 의미나 물질성에 주의를 기울여야 함은 물론이거니와 또한 의미와 물질성이 사회적 실천에 의해 서로 얽히게 되는 방식에 대해서도 주의를 기울여야만 한다. 물질성에만 초점을 맞추거나 아니면 의미만

주목한다면 권력관계에 의해 이와 같은 얽힘 entanglement이 이루어지는 수많은 방식들을 간과하게 될 것이다.

밀러가 주장하듯이, "물질문화에서 우리가 관심을 기울이는 것은 …… 사물이 사람을 만드는 방식이다"(2009: 42). 나는 '옷이 사람을 만든다(옷이 날개다) clothes maketh the man'는 말에 동의하지 않지만, 이러한 만듦은 언제나 그리고 근본적으로 실현된 의미화나 사회적 실천과 불가분의 관계에 있다. 우리는 이것을 이미 임금님의 이야기에서 확인했다. 달리 말하자면, 사물을 사용하는 것은 언제나 그 사물의 의미와 얽히게 마련이다. 하지만 밀러는 여전히 "우리는 옷을 재현의 한 형식으로, 인간의 기호학적 표시나 상징으로 간주할 수 없다"(40)는 입장만을 고수하고 있다. 우리가 옷을 다름 아닌 재현의 형식으로, 인간의 기호학적 표시나 상징으로 간주할 수 없다는 것이 참이지만, 옷은 재현의 한 형식이고, 인간의 기호학적 표시이며 상징이라는 것도 또한 언제나 참이다. 전자냐 아니면 후자냐가 결코 문제가 아니다. 그것은 언제나 둘 다이다. 다시 한 번 우리는 의미와 물질성과 사회적 실천의 얽힘을 인정하지 않을 수 없는 것이다. 밀러가 학생을 드레스 코드 dress code로 본 것은 이러한 얽힘을 인정할 수밖에 없는 명백한 사례라고 할 수 있다. 그는 캠브리지 대학에서 그의 부인을 만났을 때 그는 평상복을 입고 있었다는 것을 예로 들고 있다. "내가 나의 처를 동료 학우로서 만났을 때, 내가 입은 바지는 위쪽으로는 끈이 달려 있고 하단에는 U자 모양의 단이 붙어 있었다"(14).

밀러가 캠브리지에서 입은 의복양식은 꽤나 특수한 의미를 지닌다. 그것은 지식인들은 지적 능력에 관심을 기울일 뿐 그들이 입는 옷에는 신경을 쓰지 않는다는 상당히 보수적인 중산층 계급의 사고를 보여주는 가시적인 표시이다. 이런 식의 복장은 무심한 태도의 표시가 아니라 아주 세련된 소탈함의 표시 — 장래에 지식인이 될 진지한 학생의 아주 고전적인 이미지와 일치 — 이다. 그러나 이러한 드레스 코드는 특권이나 특혜가 주어지지 않는 장소에서도 발견할 수 있다. 밀러가 캠브리지 대학에서 입었던 것과 비슷한 옷차림을 한 사람들은 어느 도시에서든 쉽게 발견할 수 있다. 하지만 그 사람들에게서 세련된 소탈함을 찾아보기는 힘들다. 오히려 대안 부재와 마약과 알코올의 충동 때문에 사람의 겉모습에 치중하는 무능함만 더 늘어나고 있음이 보일 따름이다. 두 경우에 드레스 코드는 동일하지만 각 경우의 문화적 의미, 즉 물질성과 의미와 사회적 실천의 얽힘은 극과 극으로 다르다. 드레스 코드는 동일하지만 그 의미는 전혀 다르다. 만일 우리가 그 옷의 물질성만을 주목한다면 우리는 특권층인 캠브리지 대학생들의 문화와 조지 오웰 George Orwell이 말한 '빈털터리 노숙자 down and out'[2]의 불가피한 절망의 차이를 이해할 수 없을 것이다. 옷의 물질성을 특정한 의미화 실현의 체계에서 파악하지 않고 오로지 그것의 물질성만을 주목한다면 아주 빈약하게 이해하는 꼴이 될 것이다. 더욱이 물질성과 의미와 사회적 실천의 얽힘에 주목한다면, 우리는 드레스 코드에서부터 왜 학생들은 그들의 방식대로 옷을 입는가, 전 세계 7대 경제대국이 왜 사람들을 길거리 아무데서나 잠을 자게 하는가 등 보다 폭넓은 질문으로 나아갈 수 있는 분석의 출발점에 서게 된다.

그러므로 '문화는 물질에서 나온다'(Miller, 2009: 54)는 말은 다만 부분적으로 참일 뿐이다. 문화가 물질에서 나온다고 할 때 그 물질은 언제나 의미 및 사회적 실천과 얽혀 있는 물질이다. 물질문화 연구는 시종일관 사물의 물질성을 서술하는데, 이는 항상 의미의 문제를 다루는 것은 피상적이라는 주장을 동반하게 마련이다. 물론 여기에는 다음과 같은 아이러니가 있다. 즉, 물질성에 대해 이야기할 수밖에 없는 흥미로운 일은 전부 항상 그것의 의미에 관한 것이다. 예를 들어, 오페어 au pair(언어 · 풍습 등을 배우기 위해 집안일을 도와주고 숙박과 식사를 제공받는 여자 유학생 : 역주)에게 배당된 그 많은 방에 선택되는 가구가 왜 백색 멜라민 이케아 IKEA 가구인가를 설명하려고, 밀러는 재빨리 말이 없는 물질성으로부터 의미의 문제로 옮겨간다.

2) George Orwell, *Down and Out in Paris and London* 참조.

> 오페어 자체가 그런 것과 마찬가지로, 일반적으로 백색 멜라민 이케아 가구는 비싸지 않고, 또 전반적으로 젊고 현대적인 기풍의 유럽 취향인 것으로 알려져 있으며, 한마디로 깨끗하고 기능적이고 효율적인 것이 특징이다. 지속성이 있으면서 또 아주 쉽게 교체할 수 있기를 바라는 것이다(90).

이와 같은 분석에 대해 우리가 어떻게 생각하든 상관없이, 그것은 백색 멜라민 이케아 가구가 의미하는 것으로 보이는 일련의 추정에 의존하고 있다. 한마디로 그것은 물질성과 의미와 사회적 실천의 얽힘에 의존하는 오페어의 방에 대한 하나의 분석이다.

지구촌 세계의 물질적 대상들

서로 다른 문화가 동일한 물질적 대상을 함께 사용하고 있을 때 왜 문화적 차이가 생겨나는 것일까? 그 차이는 함께 사용하고 있는 이 물질적 대상 때문에 생겨나는 것이 아니라, 그 대상의 의미가 다르고 또 사회적 실천을 통해 이와 같은 의미가 실현되는 방식이 다르기 때문에 생겨난다. 다른 사회에서 온 사람들이 동일한 물질적 대상을 사용하는 경우가 많지만 그 의미는 무척 다양한 것이다(10장 참조). 밀러의 코카콜라 Coca-Cola에 대한 이야기는 아주 훌륭한 예다. "어디에 가도 코카콜라가 있지만 그 의미는 각 지방마다 조금씩 다르다"(9). 이러한 차이를 만들어내는 것은 그것의 물질성이 아니라 특정한 사회적 실천을 통해 그것이 의미화되는 방식이다. 그 음료의 물질성은 언제나 의미와 얽혀 있다.

코카콜라는 달콤한 탄산음료 이상의 것을 선사하고 싶어 한다 — 그것을 마시면 미국적인 지구촌에 입장할 자격을 부여한다. 이러한 아이디어를 가장 잘 나타내고 있는 것이 아마 1971년의 텔레비전 광고일 것이다. 200명의 젊은이들이 해가 뜨는 언덕 위에서 각자 몇 가지 버전의 민족의상을 입고 제각기 코카콜라 병을 들고 뉴 시커스 New Seekers와 함께 다음과 같이 노래하는 것이 특징이었다.

나는 세상에 집을 한 채 사주고 싶어 그리고 그 집을 사랑으로 채우고 싶어
사과나무와 꿀벌들 그리고 눈처럼 하얀 산비둘기도 기르고
나는 세상에 완벽한 하모니로 노래하는 법을 가르치고 싶어
나는 세상에 코크를 사주고 싶어 그리고 늘 함께 있고 싶어
이건 진심이야

I'd like to buy the world a home and furnish it with love
Grow apple trees and honeybees and snow-white turtle doves
I'd like to teach the world to sing in perfect harmony
I'd like to buy the world a Coke and keep it company
It's the real thing [3)]

이것은 파라다이스로 오라는 아주 매력적인 초대장일 수 있다. 그리고 그 파라다이스는 곧 미국적인 지구촌이다. 하지만 이것은 그 음료의 보편적인 의미는 결코 아니다. 예컨대 중국에서는 그것이 미국의 제국주의를 의미할 수 있다(10장의 [사진 10.2]를 참조). 또 그것은 자본주의적 현대화의 약속을 의미하거나 혹은 단순히 (신선한 생강과 함께 끓이면) 음료가 감기를 낫게 한다는 것을 의미할 수도 있다. 그 음료가 가지고 있는 물질성은 하나이지만, 그것이 놓인 사회적 실천의 상황에 따라(누가 그리고 어디서 그것을 마시고 있느냐에 따라) 그것이 나타내는 의미는 달라진다. 코카콜라의 상징적인 병 모양과 독특한 글씨체는 전 세계적으로 잘 알려져 있다. 이것은 분명한 사실이다. 하지만 이러한 세계적인 위상을

3) 이 비디오는 유튜브(YouTube)에서 찾아볼 수 있다. https://www.youtube.com/watch?v=ib-Qiyklq-Q

[사진 11.2] 중국의 크리스마스

이해하기 위해서는 그것의 물질성을 넘어서지 않을 수 없다. 즉, 반드시 그것을 물질성과 의미가 서로 얽히고 사회적 실천에 의해 활성화되는 문화의 대상으로 다루어야 한다.

물질성이 다양한 의미와 서로 얽혀 있는 것에 대한 또 다른 예는 전 세계적으로 성황리에 벌어지는 크리스마스 축제이다. 공식적으로 무신론을 표방하는 중국이라는 나라에서 기독교 축제가 갈수록 더 많이 보인다. 이것은 기독교에 대한 관심이 높아지고 공식적인 무신론이 약화되었다는 표시는 분명히 아니다. 우리에게 보이는 것은 크리스마스의 기독적인 의미는 전혀 없는 하나의 축제이다. 신흥 백화점들의 홍보를 통해 사람들의 소비를 부추기려고 크리스마스가 완전히 다른 목적에 맞게 변해버린 것이다. 축제가 물질적인 함정으로 몰아가는 것도 비슷한 양상이지만([사진 11.2를 참조), 그것이 의미하는 것과 그리고 이러한 의미가 사회적 실천을 구성하는 방식은 가령 영국에서 사람들이 생각하는 그것의 의미(Storey, 2010a 참조)와는 전혀 다른 것이다.

문화는 세계를 의미화하는 것이다. 그것이 중요한 것은 의미화가 사회적 실천을 구성하고 규제하기 때문이다. 이와 같은 문화의 개념은 사물이 지닌 그 물질성의 존재를 부정하는 것이 아니라 오히려 다음과 같이 주장한다. 즉, 이러한 물질성은 무언의 상태이고, 그 자체의 의미를 표명하지 않으며, 따라서 그것은 언제나 권력관계에 얽혀 있는 인간의 작용에 의해 의미화된다. 어떤 것이 의미화되는 방식은 언제나 사물의 물질성 그 자체에 의해 가능하게 되고 또 제약을 받긴 하지만, 문화는 단지 물질성만의 속성은 아니다. 그것은 의미와 물질성과 사회적 실천이 서로 얽혀 있는 것이다. 서로 다른 다양한 맥락의 다양한 의미들이 사회적 실천과 얽혀 있는 것이 문화다. 달리 말하면 문화는 결코 무언의 물질성만은 아니다. 그것은 언제나 사회적이고 물질적이며 기호론적이다.

더 읽어야 할 책들

Srorey, John(ed.), *Cultural Theory and Popular Culture : A Reader*, 4th edition, Harlow : Pearson Education, 2009. 이것은 이 책의 자매편이며, 2018년에 출판된 제5판은 내용적으로 더욱 보완된 것이다. 이 책과 자매지는 대화형 웹사이트(www.routledge.com/cw/storey)를 통해 뒷받침되고 있다. 이 웹사이트에는 학생들에게 도움이 될 만한 유용한 자료들이 실려 있다.

Barthes, Roland, *The Semiotic Challenge*, Berkeley : University of California Press, 1995. 기호론과 물질성에 관한 몇 가지 주요 논문들이 실려 있음.

Baudrillard, Jean, *The System of Objects*, London : Verso, 2005. 이 장에서 논의하고 있지는 않지만, 이것은 물질적 대상들에 관한 아주 영향력 있는 설명이다.

Berger, Arthur Asa, *What Objects Mean*, Walnut Creek, CA : Left Coast Press, 2014. 물질

성에 대한 다양한 이론들을 소개하고 있는 매우 훌륭한 입문서.

Bryant, Levi R, *The Democracy of Objects*, Michigan : Open Humanities Press, 2011. 물질적 대상들을 철학적으로 설명하는 매우 흥미로운 해설서.

Dant, Tim, *Material Culture in the Social World*, Milton Keynes : Open University Press, 1999. 물질성과 문화를 둘러싼 쟁점들을 소개하는 아주 훌륭한 입문서.

Latour, Bruno, *Reassembling the Social*, Oxford : Oxford University Press, 2007. 행위자-네트워크 이론 접근방식의 창시자가 쓴 행위자-네트워크 이론에 대한 훌륭한 입문서.

Marx, Karl, *Early Writings*, Harmondsworth : Penguin, 1992. 물질적 삶의 생산능력이 문화연구에서 대체로 물질성에 관한 연구의 토대가 된다는 마르크스의 이론. Preface to '*A Contribution to a Critique of Political Economy*' 참조.

Miller, Daniel, *Stuff*, Cambridge : Polity Press, 2009. 물질문화 연구에 대한 명쾌한 설명서.

CULTURAL THEORY AND POPULAR CULTURE
AN INTRODUCTION

12

대중의 정치학

12

The politics of the popular

대중의 정치학

나는 이 책에서 문화이론과 대중문화의 관계와 그 역사에 대한 윤곽을 그려보려고 하였다. 나는 주로 이론적·방법론적 측면들과 그 관계의 의미에 초점을 맞추었는데, 내가 보기에 이 방식이야말로 이 주제를 소개하는 데 가장 효과적인 듯하다.[1] 그러나 이 방식이 한편으로는 대중문화 이론이 생겨난 역사적 배경을 무시하고, 다른 한편으로는 대중문화의 생산과 재생산의 정치적 관계를 소홀히 할 수도 있다는 점 또한 잘 알고 있다(이러한 배경이나 정치적 관계들은 어디에 분석의 역점을 두느냐의 문제이지, 따로 분리된 별개의 '계기들'은 아니다).

나는 대중문화가 여러 가지 다른 방법으로 채워지고 비워지고 또 접합되고 재접합되는 이념적 논쟁의 장이며 변화무쌍한 개념이라는 것을 보여주려고 노력하였다. 물론 문화연구의 전 역사를 충분히 보여줄 수는 없었다. 그러나 이렇듯 불완전하고 부분적이지만 대중문화 연구가 상당히 진지한 작업 — 진지한 정치적 작업 — 이라는 것을 확인시켜줄 수는 있었다.

---

1) 이 책은 주제별로 이해하기 쉽게 쓰려고 애쓴 입문서이지만 또한 새로운 것을 소개하고 있다는 점에서 또 다른 의미의 입문서이기도 하다. 다시 말해서, 여기서 논의된 모든 연구들은 이전에 나온 것들이지만, 그것은 문화이론과 대중문화의 전통으로서 기존에 있었던 일련의 연구는 아니라는 말이다. 이 책의 독창성은 이와 같은 연구를 대중문화를 이해하기 위한 한 방편으로 활용하고 있다는 점이다.

예컨대 짐 맥기건 Jim McGuigan(1992)은 이렇게 주장한다. 즉, 우리 시대 문화연구에서 대중문화 연구는 심각한 패러다임의 위기에 처해 있다. 이는 '문화적 민중주의 cultural populism'의 현 정치학에서 가장 두드러진 현상이다. 맥기건은 문화적 민중주의를 "보통 사람들의 상징적 경험과 실천이 소위 진정한 '문화 Culture'(대문자 C로 표현되는 문화)보다 분석적으로나 정치적으로나 더욱 중요하다는 대중문화 연구자의 이론적 추정"(4)이라고 정의한다. 이 정의에 따르면 맥기건이나 나 자신도 사실 문화적 민중주의자나 다를 바 없다. 어쨌든 맥기건의 의도는 이러한 문화적 민중주의에 도전하는 것이 아니라, 문화소비에 대한 역사적·경제적 이해도 없이 해석의 전략에만 열중하는 '무비판적 민중주의의 표류'(같은 곳)에 도전하는 것이다. 그는 문화연구가 문제의식을 권력의 물질적 관계라는 맥락에 두지 않고, 협소하게 해석의 문제로만 국한시켜버렸다고 주장한다.

맥기건의 주장에 따르면, 문화적 민중주의는 소비를 너무 중시하고 대중의 해석을 무비판적으로 예찬함으로써 "질적 판단이 위기를 맞게 되었다"(79). 이 말은 판단의 절대적 기준이란 더 이상 존재할 수 없다는 뜻이다. 이제 '좋고' '나쁜' 것은 말하기에 달렸다. 그는 문화적 민중주의가 부추기는 포스트모던적 불확실성을 비난하면서, "미학적·윤리적 판단을 이 토론에 다시 개입시키는 것이야말로 문화적 민중주의가 무비판적으로 표류하는 것을 막고, 나아가 소비자 멋대로의 주권과 질적 개념을 논박하지 못한 그 무능을 치유하는 실질적 대안"(159)이라고 주장한다. 포스트모더니즘의 지적 불확실성에 불만을 표하면서, 그는 모더니즘적 지식인의 온전한 권위—보통사람이 알지 못하는 것을 명확하고 이해하기 쉽게 만들어주는—로 복원하기를 바란다. 그가 추구하는 것은—문화는 '인간의 생각과 표현의 정수'라는(모더니스트들이 말하는 문화)—아놀드의 확신으로 돌아가는 것이다. 그는 이를테면 대학교수는 배우지 못한 사람들을 절대적 도덕과 미학적 가치의 불꽃으로 이끌면서, 영원한 문화의 불꽃을 지키는 수호자이기를 바라는 것이다. 그래서 학생들은 그 불꽃을 다루는 전문적인 수호자가 만든 지식체계를 수동적으로 소비하는 역할을 맡게 되는 것이다.

내가 보기에 문화적 민중주의가 어떤 텍스트나 산물을 '좋다', '나쁘다'고 판단하기를 거부하는 것은 하나의 위기가 아니라 그 외에도 고려할 만한 의문사항이나 기준이 있을 수 있다는 사실(10장 참조)을 흔쾌히 인정하는 것이다. '좋다' 혹은 '나쁘다'고 하는 것은 맥락에 따라 끊임없이 변한다. 더욱이 미학적으로 '좋다'는 것이 정치적으로는 '나쁜' 것이 될 수도 있고, 또 미학적으로 '나쁜' 것이 정치적으로는 '좋은' 것일 수도 있다. 추상적인 확실성을 요구하는 절망적인 덫에 걸려 있기보다는, 이 문제에 대한 진정한 해답을 오로지 의미나 의미의 맥락 속에서만 찾을 수 있다는 사실을 인정하는 것이 훨씬 생산적이다. 그러나 이보다도 더 생산적인 것은 문화연구가 상품의 본질에 대한 사변적인 가치판단에 대한 미련을 버리고, 그 대신 사람들이 그 상품에 관심을 갖고 그로부터 무언가를 만들어 내는 그 시점에 초점을 맞추는 일이다. 내가 생각하기로는 이것들이 더 흥미로운 문제이다. 절대적인 기준으로 돌아가자고 주장하는 이들은, 지금은 너무 혼란스러우니 보통사람들에게 무엇이 가치 있고 어찌하여 그런 것인지를 말할 수 있었던 그 확고한 권위를 돌려달라고 말하는 것이나 다름없다.[2)]

> 신(新)수정주의가 끊임없이 주장하면서 정교하게 구축한 이론에 따른다면, 보통사람들은 의미 있는 행위를 위해 현재 상황에서 사용 가능한 상징적 자원을 쓴다는 것이다. 그래서 인간을 이런 곤경 — 스스로 곤경에 처한 것을 알든 모르든 — 에서 해방시키기 위한 프로젝트도 그 문제설정을 이 근본적인 통찰에 근거해야 한다. 경제적 착취, 인종문제, 성차별과 억압 등이 존재하는 것은 사실이지만, 피착취자, 소외집단, 억압된 자들은 이에 충분히 대처하고 있으며, 더구나 존 피스크나 폴 윌리스 Paul Willis의 주장에 따른다면, 그들은 세상에 대해 그들

2) 레너드 코헨(Leonard Cohen)의 노래 <미래(The Future)>는 이 점을 완벽하게 표현하고 있다. 'Give me back the Berlin Wall, Give me Stalin and St Paul/ I've seen the future, brother: it is murder.'

> 나름의 감각과 생각을 갖고, 주어진 것에서 많은 즐거움을 취하며 아주 잘 꾸려 나간다는 것이다. 오히려 이러한 일상생활의 미시정치학에는 너무 많은 사건이 일어나고 있어서, 한때 대중문화 비판자들에게 매혹적이었던 더 나은 세계에 대한 유토피아적 약속이 그 신뢰성을 송두리째 잃어버린 것이 명백하다(171).

이 대부분은 사실이 아니다. 대표적인 예로 든 피스크조차도 유토피아를 찬양한다기보다는, 착취와 억압의 세계를 이해하고 그들 나름의 공간을 마련하려는 투쟁을 찬양한다. 맥기건은 쾌락을(이를 찾아내고 예찬하는 것도) 근본적 의미에서 반혁명적이라고 보는 것같다. 즉, 보통사람들의 의무와 역사적 운명은 혁명이 성취된 후 영광의 아침에 맥기건과 같은 도덕적 좌익이 무엇을 즐겨야 하는지 가르쳐줄 때까지 고통받으며 조용히 기다려야 한다는 이야기처럼 들린다. 페미니스트들은 오래 전에 이미 이러한 사고의 공허함을 노출시켰던 경제적 토대에 대해 안이하게 생각하는 것을 거부했다. 이것은 단순히 다음과 같은 주장, 즉 관객이 의미를 만든다는 것은 정치적 변화의 필요성을 거부한다는 깊은 의미를 담고 있다는 주장과는 경우가 다르다. 우리는 급진적 정치성향을 버리지 않으면서도 상징적인 저항을 예찬할 수 있는 것이다. 이것이 바로 앙이 주장하는 핵심내용(8장 참조)이기도 하다.

지금부터는 맥기건이 무비판적 문화민중주의자들 중 가장 큰 '죄인'들로 지칭한 존 피스크와 폴 윌리스의 최근 저작의 핵심적인 특성을 살펴봄으로써, 여태껏 한쪽으로 치우친 논쟁에 어떤 문제들이 있는가를 설명해 나갈 것이다. 설명을 보다 쉽게 하기 위해 피에르 부르디외의 이론에서 개진된 바 있는 '문화의 장 cultural field'과 '경제의 장 economic field'이라는 두 가지 새로운 개념을 소개하고자 한다.

문화의 장

일반적으로 문화적 민중주의로 무비판적으로 표류하게 만든 주범으로 존 피스크를 꼽고 있다. 맥기건이 말하듯이, "피스크의 입장은 …… 바로 영국 문화연구의 결정적인 쇠퇴를 보여주는 전조이다"(85). 말하자면 피스크가 해석의 공간을 확보하기 위해 경제적·기술적 기반을 계속 희생시켜 왔다는 것이다. 한마디로 피스크는 문화연구의 순수한 해석학적 경향을 초래한 죄인이다. 이를테면 그가 텔레비전 연구를 '일종의 주관적 이상주의'(72)로 전락시키고 말았다는 비난을 받는 것이 그 단적인 예이다. 말하자면 대중의 해석이 제일이고 항상 진보적이라는 입장인데, 이는 성차별이나 인종문제에는 별 관심이 없을 뿐더러 또한 경제적·정치적 관계를 기반으로 삼지도 않는다. 그에 대한 비난을 간단히 말하면 대중문화를 무비판적으로 무조건 예찬하고 있다는 것이다. 피스크는 헤게모니 이론이 무너지고 난 다음 소위 맥기건이 비판하는 '신수정주의'적 문화연구가 처한 상황을 가장 잘 보여주는 예이다. 앞에서도 지적했듯이, 신수정주의는 문화연구를 소비의 해석모델로만 보려는 경향으로서, 문화연구 발전에 있어서 가장 최근의 것이며 주로 쾌락, 임파워먼트 empowerment, 저항, 대중적 차별 등을 주제로 삼고 있다. 그러므로 이는 "비판적 입장으로부터의 후퇴"(75)를 대표한다고 할 수 있다. 정치적으로는 좋게 보아도 기껏해야 '소비자 주권'을 외치는 자유주의의 비판 없는 메아리일 뿐이고, 나쁘게 보면 지금의 '자유시장' 이데올로기에 무비판적으로 동조하는 것이다.

그러나 피스크는 대중문화에 대한 자신의 입장을 '신수정주의'라고 한 것은 정확한 표현이 아니라고 주장한다. 또한 그는 그의 연구에 대한 공격으로 볼 수 있는 두 가지 전제에 대해서도 단호히 거부한다. 첫째로 그는 "자본주의 문화산업은 다양한 것을 생산해내지만 한결같이 자본주의 이념을 지향하기 때문에 다양성이라는 것도 결국 허구"(Fisk, 1987: 309)라는 견해를 거부한다. 또한 "'대중 the people'은 '문화적 봉이고 앞잡이'이며 …… 따라서 문화산업 생산자들의 경제적,

문화적, 정치적 자비에 의존할 수밖에 없는 수동적이고 분별없는 구제불능의 대중 mass"(같은 곳)이라는 견해도 인정하지 않는다. 이와 반대로 오히려 그는 동시적인 두 가지 경제, 즉 재정적인 경제와 문화적인 경제에서 순환되는 상품들로 구성되는 것이 대중문화라고 주장한다.

> 재정적 경제의 작용은 모든 문화적 요소를 잘 설명할 수는 없지만, 모든 연구에 고려 대상은 되어야 한다. …… 그러나 문화적 상품은 재정적 의미만으로는 제대로 설명될 수가 없고, 그 대중성에 필수적인 상품의 순환은 이와 평행하는 경제 — 문화적 경제 — 속에서 일어난다(311).

그러므로 재정적 경제가 주로 교환가치에만 관심을 두는 반면에, 문화적 경제는 "의미, 쾌락, 사회적 정체성과 같은"(같은 곳) 사용가치에 초점을 맞춘다. 둘은 서로 구분되지만 관계가 있으며, 또 상호작용도 일어난다. 피스크는 「힐 스트리트 블루스 Hill Street Blues」의 예를 드는데, 이 텔레비전 프로그램은 MTM이 만들어서 NBC에 팔았다. NBC는 다시 이 프로그램을 후원한 벤츠 자동차회사에 그 관객을 팔았다. 이 모두는 재정적 경제에서 일어나는 일이다. 문화적 경제에서 이 시리즈는 (NBC에 팔리기 위한) 상품에서 (관객을 위한) 생산자로 변한다. 같은 방법으로, 시청자는 (벤츠 회사에 팔리기 위한) 상품에서 (의미와 쾌락의) 생산자로 변한다. 피스크는 "문화적 경제에서 '생산자로서의 시청자'의 힘은 상당히 크다"(313)고 말한다. 피스크는 시청자의 힘에 대해서 이렇게 말한다.

> (시청자들의 힘은) 재정적 경제에서의 부(富)의 순환과 똑같은 방식으로 문화적 경제에서 의미의 순환이 이루어지는 것이 아니라는 사실로부터 나온다. 의미란 소유하기가 더 어렵고 (그러므로 다른 사람들을 소유에서 배제시키기도 어렵다) 다루기도 어렵다. 왜냐하면 의미와 쾌락의 생산은 상품생산과 다르기 때문이다. 또 문화적 경제에서 소비자의 역할은 경제교환 선상의 끝이 아니라는 것

도 그 이유가 된다. 의미와 쾌락은 생산자와 소비자 사이의 뚜렷한 구분 없이 그 내부에서 순환한다(같은 곳).

소비자의 힘은 생산자들이 도대체 어떤 것이 잘 팔릴지를 예측하지 못한다는 데서 나온다. "열세 개의 레코드 중 열두 개는 이윤을 남기지 못하며, 텔레비전 연속극도 별로 다르지 않다. 또 돈깨나 들인 영화가 적자를 보는 것도 예사이다(「타이타닉호를 건져라 Raise the Titanic」가 바로 그 아이러니한 예로, 이 영화는 그 제작사인 류 그레이드 Lew Grade 거대기업을 거의 '침몰'시킬 뻔했다)"(같은 곳). 이런 실패를 막기 위해 문화산업은 관객을 끌기 위한 여러 가지 상품의 '레퍼토리'를 만들어낸다. 그러나 문화산업 쪽에서는 관객을 상품 소비자로 흡수하려 하지만 관객은 그 문화적 텍스트를 자신의 목적에 맞게끔 바꿔버린다. 피스크는 호주 원주민 시청자들이 어떻게 「람보」를 자기들의 정치적·문화적 투쟁에 맞게끔 저항적인 인물로 전용했는가를 예로 든다. 또 이스라엘에서 「댈라스」를 보는 소련 출신 유태인들이 이 드라마를 '자본주의의 자아비판'(320)[3]으로 보는 것도 그 예가 된다.

피스크는 서구사회에서 힘없는 집단이 권력에 저항하는 방법은 두 가지라고 말한다. 하나는 기호학적인 것이고 다른 하나는 사회적인 것이다. 전자는 주로 의미, 쾌락, 사회적 정체성에 관심을 두는 반면 후자는 사회경제체제의 변형에 몰두한다. "둘은 서로 밀접한 관계가 있으면서도 상대적으로 독립되어 있다"(316). 대중문화는 '전적으로 그렇진 않지만' 대체로 기호학적 권력의 영역에서 작동한다. 대중문화는 "동질성과 이질성 사이에, 또는 합의와 충돌 사이에서 일어나는 투쟁"(같은 곳)에 개입하고 있다. 이런 의미에서 대중문화는 관객들이 끊임없이 '기호학적 게릴라 전투'(316)를 벌이는 기호학적 전쟁터이다. 이를테면 그것은 흡수 합병하려는 세력과 저항하는 세력이 충돌하는 전장이자, 또 강요받는 의미, 쾌

---

3) 피스크는 이 말을 Liebes and Katz(1993)에서 인용.

락, 사회적 정체성과 기호학적 저항에서 형성된 의미, 쾌락, 사회적 정체성이 부딪치는 전쟁터이다. 이는 또한 끊임없는 갈등 속에서 "헤게모니를 쥔 동질성의 세력이라면 언제나 이질성의 저항과 만나기 마련인"(Fisk, 1989a: 8) 장소이기도 하다. 피스크의 이런 기호학적 전쟁 시나리오에서 두 경제는 투쟁의 양편으로 갈라지는데, 재정적 경제는 합병과 동질성의 세력 쪽에 그리고 문화적 경제는 저항과 이질성의 세력 쪽에 서게 된다. 피스크에 따르면, 기호학적 저항은 이데올로기적 동질성을 지향하는 자본주의를 침해하는 효과가 있으며, 종속적 의미는 지배적 의미에 도전하여 결국 지배계급의 지적·도덕적 지도력이 도전받게 된다. 피스크는 그의 입장을 다음과 같이 단호하면서도 명확히 밝히고 있다.

> 나는 대중문화를 투쟁의 장으로 보며, 지배세력의 권력을 인정하면서도 이 세력과 싸우고, 피하고, 저항하는 대중적 전략에 더 많은 관심을 갖는다. 나는 합병의 과정만을 추적하는 것이 아니라, 그 합병의 노력을 있게끔 만드는 대중의 생동력과 창의력에 대해 관심을 쏟는다. 지배 이데올로기의 음흉한 행위에 집중하기보다는 그 이데올로기가 그토록 자체 유지를 위해 힘쓰도록 만드는 일상의 저항과 탈출을 이해하려고 더 노력한다. 이런 접근은 대중문화를 잠재적으로, 또 실질적으로 진보적인(급진적이지는 아닐지라도) 것으로 본다. 그리고 사람들의 열정과 생명력에서 사회변화의 가능성뿐 아니라 그것을 추구하려는 행동의 동기까지도 발견하기 때문에 기본적으로는 낙관적이기도 하다(20~21).

피스크는 또한 대중문화의 위치를 피에르 부르디외(1984)가 말한 '문화의 장'에 두고 있다(113-120). 요컨대 지배적 혹은 공식적 문화와 대중문화의 문화적 투쟁이 벌어지는 곳이 바로 이 문화적 장이며, 그것은 경제적·기술적 결정요인들로부터 분리되어 있는 것이 아니라, 결국은 이 요인들에 의해 굳어지게 된다. 사회적인 것 외에 역사적으로 '진정한 문화(대문자 C로 시작되는 문화)'를 위한 독특한 공간—문화의 장—을 창조하려는 것은, 부르디외가 보기에 계급권력을 문화적·예술적 차이로서 정당화하고 보강하려는 목표에(최소한 그 결과로 봐서는) 따른 것이다. 문화적 장의 계급관계는 두 가지 구분을 축으로 구성되어 있는데, 그 하나는 지배계급과 종속계급의 구분이며, 또 하나는 지배계급 내에서 높은 경제적 자본을 가진 측과 높은 문화적 자본을 가진 측의 구분이다. 경제권력보다 문화적인 것에서 권력을 행사하는 측은 "이러한 특별한 능력의 사회적 가치를 올리기 위해 문화의 장 안에서 그 희소가치를 높이려고 끊임없는 투쟁을 벌인다. 이들이 문화적 민주주의를 지향하는 집단에 항상 저항할 수밖에 없는 것은 바로 이런 이유 때문이다"(220).[4]

1장에서 본 바와 같이(또한 10장도 참조), 부르디외(1984)에 있어서는 '취향'의 범주가 '계급' 표시의 기능을 한다(여기서 '계급'이란 사회경제적 범주이기도 하고 특정한 질적 수준이기도 한 이중의 의미이다). 취향의 위계질서 맨 꼭대기에 위치한 것은 기능보다 형식을 중시하는 '순수한' 예술적 시선이지만, 이는 역사적인 고안물일 따름이다. '대중적 미학'은 이를 뒤집어 형식보다 기능을 더 중요시한다. 결국 대중문화는 실행성에 관한 것이고 고급문화는 사색과 관조 contemplation에 관한 것이며, 따라서 고급문화는 재현에 관한 것이고 대중문화는 무엇이 재현되는가에 관한 것이다. 부르디외가 설명하듯이 "지식인은 재현된 것보다 재현 그 자체, 즉 문학이나 연극, 그림 등을 신뢰하지만 보통사람들은 다르다. 이들은 자신들을 지배하는 재현이나 관습이 재현된 것을 '순진하게' 믿게끔 허락해주기를 기대한다"(5).

미적 거리(심미적 거리감) aesthetic distance는 결과적으로 기능의 거부이며, 그것은 '무엇'보다는 '어떻게'에 집착한다. 이는 식사에 대해 평가할 때 값싸고 배

4) 내가 몸담고 있는 대학에 약간 다른 인상을 풍기기는 해도 생각이 같은 두 친구가 있었는데, 공정하게 말한다면 그들은 그들이 「닥터 후」를 장기간 열심히 청취해 온 것에 대한 많은 조롱을 참고 견뎌왔는데, 최근에는 밖으로 확연히 드러나는 그 텔레비전 시리즈에 대한 새로운 인기에 분노를 표시해 왔다. 이 새로운 쾌락의 민주주의가 확실하게 포진된 「닥터 후」에 대한 그들의 독점적 '소유'를 위협하는 것으로 보였던 것이다.

불러서 좋다는 것과 그 식사가 어떻게, 어디서 서비스되느냐에 따라 판단이 달라지는 것과도 유사하다. '순수한' 미적 혹은 세련된 시선은 문화의 장과 동시에 생겨나며, 미술관은 바로 그것이 제도화된 것이다. 일단 미술관에 들어가면, 미술은 (미술이란 사실 이외에는) 그 이전의 모든 기능을 상실한 채 순수한 형식이 되어버린다. "작품들이 원래는 무척 다르거나 심지어 상충하는 기능을 가졌음에도 불구하고 (이를테면 십자가상, 주물 fetish, 피에타상, 정물 등) 이렇게 나란히 놓고 보면 기능보다는 형식을, 주제보다는 테크닉에 주의할 것을 은연중에 요구한다"(30). 예컨대 화랑에 전시된 비누광고는 예술의 예가 되는 반면에 동일한 광고가 잡지에 실리면 상업의 예가 되는 것이다. 이런 차이의 효과가 바로 "성(聖)변화 transubstantiation에 버금가는 일종의 존재론적 승진 ontological promotion"(6)을 가져오게 만든다.

부르디외가 말하듯이, "'순수한' 시선은 그와 대조되는 '소박한' 시선에 대한 설명 없이는 쉽게 설명될 수 없다"(32). 소박한 시선이란 물론 대중의 미적 시선인데,

> 이는 예술과 인생이 연결되어 있음을 긍정하는 것, 따라서 형식이 기능에 종속됨을 의미하는 것이며 …… 고급예술의 출발점인 거부를 거부하는 것, 예컨대 평범한 기질이나 성향을 특별한 예술적 기질이나 성향과 명확히 분리시키는 것이다(같은 곳).

순수와 대중적 소박성의 관계는 말할 것도 없이 평등한 것이 아니라 지배와 피지배의 관계이다. 게다가 부르디외가 주장하듯이, 대중미학과 순수미학은 권력관계와 접합되어 있다. 예술의 '코드'를 읽어내는 문화적 자본이 없다면 우리는 그 문화적 자본을 가지고 있는 집단이 잘난 체할 때 어쩔 도리가 없는 것이다. 문화의 본질이 자연적(내재적)인 것으로 간주되면 그것은 곧바로 사회적 관계를 정당화하는 데 사용된다. 이리하여 "예술이나 문화의 소비는 사회적 차별을 정당

화하는 사회적 기능을 완수하려는 사전 포석"(7)이 되는 것이다. 이것이 부르디외가 '자연적 취향의 이데올로기'라 부른 차별의 작용이다. 그 이데올로기의 요점은 진정한 '감상'이란 평범한 대중과는 다른, 천부적으로 재능 있는 소수만이 가능하다는 것이다. 오르테가 이 가세트 Ortega y Gasset가 정확하게 표현했듯이, "예술은 회색빛 대중 속에서 '가장 뛰어난 이들'이 서로 알아보고 인정하게끔 하고, 그 사명, 즉 수적으로는 작지만 다수에 대항해 싸워야만 하는 그 자신들의 소명을 인식하도록 만든다"(31). 미적 관계들은 권력의 사회적 관계들을 꼭 닮는 동시에 그것들의 재생산을 돕는다. 부르디외가 지적하듯이,

> 미적 편협성은 매우 폭력적일 수 있다. …… 정통의 문화를 소유하고 있다고 생각하는 집단이 가장 참지 못하는 것은 구별되어야 할 취향들이 신성 모독적으로 결합되는 것이다. 이것은 예술적 정통성을 독점하기 위한 예술가나 전문가들의 투쟁이 보기보다 덜 순수하다는 것을 보여준다. 예술에 대한 투쟁에는 어느 것에나 생활예술의 방식에 대한 부담이 동반되어 있는데, 이는 인위적인 생활방식을 합법적인 생활방식으로 바꾸고, 다른 모든 생활방식을 인위적인 것으로 간주해버리는 것이다(57).

여타 이데올로기적 전략과 마찬가지로 "자연적 취향의 이데올로기가 그럴듯하고 효율적인 것처럼 보이는 것은 …… 문화적 선택양식의 차이를 본질적 차이로 바꾸어 실재적 차이를 자연적인 것으로 만들어버리기 때문이다"(68).

부르디외의 연구에 깊이 의존하고 있는 한 논문에서 폴 윌리스(1990)는 이렇게 주장한다. 즉, '예술'을 미학적으로 감상하는 것은 이미 예술을 인생에서 분리시키고, 기능보다 형식을 중시하는 '내적 과잉제도화 internal hyperinstitutionalization'(2)를 겪은 것이다. 이것은 곧 예술 자체와 그 '감상자들'을 '교양 없는 대중 mass'과 분리시키려는 시도이다. 또 부분적으로 이는 예술과 교육(공식적인 것과 비공식적인 것을 다 포함한 가장 넓은 의미)의 필연적인 관계를 부정하는 것이며, 이

는 곧 미적 감상이 바탕을 이루는 필수지식의 생산과 재생산을 부정하는 것이다. 이런 관련성을 부정하다 보면, 미적 감상 능력은 배울 수 있는 것이 아니라 타고난 그 무엇으로 간주된다. 그러나 문제는 그들이 지식을 접하지 못했다는 것, 즉 고급문화의 형식적인 질을 감상하는 데 필요한 코드를 교육받지 못했다는 것이 아니라, 그들이 "스스로 무식하고 무감각하다고 느끼게 하고, 또 진짜 '감상'할 줄 아는 자들이 지닌 그 섬세한 감성이 그들에게는 결여된 것처럼 여기게 만든다는 점이다. 그들에게 '재능'이나 '타고난 재주'가 없는 것은 확실하며, 극소수 엘리트만이 '예술'을 창작하고 예술활동을 할 수 있다는 것이다"(3). 이로 말미암아 일상생활 속에서 문화를 만들어내는 사람들은 자신들을 비문화적인 존재로 간주하게 된다. '내적 과잉제도화'라는 전략에 맞서, 윌리스는 '토대의 미학'을 내세운다. 토대의 미학은 보통사람들이 세계를 문화적으로 이해하는 과정이며, "수용된 자연적·사회적 세계가 그들에게 인간적인 것으로 변화되고, 제아무리 사소한 것이라도(심지어 상징에 지나지 않을지라도) 스스로 통제할 수 있도록 하는 방법"(22)이다.

> 토대는 창조의 터전이다. 다시 말해서 의미들이 상징이나 실천에 귀속되고 거기에서 상징이나 실천이 선택되고 재선택되고, 또 더욱 적합하고 특수한 의미를 상기시키기 위해 강조되고 재구성되는 과정의 창조적 터전이다. 이런 역동적인 작용은 인식적이기도 하지만 감정적이기도 하다. 작용할 만한 토대가 많으면 그만큼 많은 미학이 있게 된다. 토대의 미학은 일상의 보통문화를 일구어내는 자양분인 것이다(21).

토대의 미학적 가치는 문화적 텍스트나 실천에 고유하게 깃들어 있는 것도 아니며, 또 그 형식의 보편적인 질에 내재해 있는 것도 아니다. 오히려 '감각적·정서적·인식적인'(24) 소비행위(텍스트나 실천이 전용되고 '활용'되어 문화가 만들어지게 되는 방식) 속에 각인되어 있다. 이는 창의성을 생산행위에서만 찾고 소비는 예술적 의도의 인식이나 오해에 불과하다고 주장하는 사람들과 반대되는 관점이다. 이에 대해 윌리스는 소비를 상징적 창조행위로 볼 것을 주장한다. 윌리스의 “기본 요지는 …… ‘메시지’란 ‘보내고’ 또 ‘받고’ 하는 것이라기보다는 …… 수용과정에서 형성된다는 것이다. …… 이는 곧 ‘보낸 메시지’의 커뮤니케이션이 ‘만들어진 메시지’의 커뮤니케이션으로 대체되는 과정이다”(135). 문화적 커뮤니케이션은 더 이상 타인의 목소리를 듣는 과정이 아니다. 토대의 미학에 따르면 상품이란 사용가치에 따라 소비되어 문화로 만들어지는 것이지, 텍스트나 생산물의 내재적·반역사적 가치에 따라 소비되는 것이 아니다. 토대 미학에서 의미나 쾌락은 ‘사용 중에 생산하는’ 행위에 앞서 미리 결정될 수 있는 것이 아니다. (텍스트 분석이나 그것의 생산양식에 대한 분석에 근거하여) 평범하고 재미없는 것으로 판단된 상품이나 텍스트가 오히려 그것을 사용하는 도중에, 즉 특정한 맥락의 소비로 인해 문화적으로 아주 소중하다는 판단이 이루어질 수도 있는 것이다. 윌리스의 입장은 형식적인 질의 판단에 의존하는 텍스트주의 textualism나 생산관계에 따라 판단하는 정치경제학적 문화해석을 다함께 거부하고 있다. 소비라는 ‘상징적인 작업’은 결코 단순한 생산관계의 반복도 아니며, 또한 학교에서 가르치는 기호학적 확실성을 직접 확인하는 것도 아니다.

> 사람들은 상업과 문화상품의 소비에 자신들의 정체성을 부여하기도 하고, 또 거기서 정체성이 형성되기도 한다. 그들은 상거래를 통해 경험, 느낌, 사회적 지위나 소속감을 갖게 된다. 따라서 그들은 필연적으로 창의적인 상징적 압력을 행사하는데, 이는 단지 문화상품을 이해하는 데 그치지 않고 이를 통해 학교, 대학, 생산, 이웃, 성, 인종, 계급, 나이에 따라 경험하는 모순이나 구조의 의미까지도 함께 알기 위한 것이다. 이 필연적이고 상징적인 작업의 결과는 문화상품의 원래 의도와는 크게 다를 수 있다(21).

프랑스 문화이론가 미셸 드 세르토 Michel de Certeau(1984, 2009)도 소비행위,

혹은 그 자신의 표현대로 '제2의 생산'(2009: 547)을 밝히기 위해 '소비자' 개념에 주목한다. 그는 이렇게 말한다. 소비란 "우회적이고 분산되어 있지만, 그러나 눈에 띄지 않게 아무 소리도 없이 어디에나 침투한다. 왜냐하면 소비는 생산을 통해 자신을 드러내는 것이 아니라, 지배적인 경제질서에 따라 쏟아지는 생산물들을 사용하는 그 방식들을 통해 자신을 드러내기 때문이다"(546). 세르토에 따른다면 문화의 장은 문화생산의 '전략 strategy'과 문화사용(소비 혹은 제2의 생산)의 '전술 tactics' 사이에 (눈에 띄지도 않고 아무 소리도 없이) 벌어지는 끊임없는 투쟁의 장이다. 문화비판은 반드시 "활용의 과정에 숨겨진 …… 생산과 제2의 생산 사이의 …… 같은 점과 차이"(547)[5]에 주목해야 한다. 그는 실제 텍스트의 소비는 '무단침입 poaching'이라고 말한다. 이를테면 "독자들은 여행객들이라는 것이다. 그들은 마치 유목민들이 그들의 경작지도 아닌 벌판을 멋대로 침입하듯이 다른 사람 소유의 대지를 마구 돌아다닌다"(1984: 174).

이렇듯 독서를 '무단침입'으로 보는 것은 텍스트의 '메시지'는 일방적으로 독자에게 전달되는 것이라는 이론적 입장을 정면으로 반박하는 것이다. 이런 접근방식은 문화소비의 과정을 근본적으로 잘못 이해하고 있다고 그는 주장한다. 말하자면 "'동화'는 반드시 흡수한 것을 '닮아가는 것'이고, 어떤 것과 닮지 않았다는 것은 그것을 자기 나름대로 전용 혹은 재전용하고 있는 것이라고 가정하는 오류를 범하고 있는 것이다"(166).

5) 제2의 생산 '전술'의 예는 이런 것이다. 즉, 나의 부모들은 언제나 노동당에 투표를 했지만, 최근 수년 동안 선거 때마다 그들은 변함없이 따로 투표를 했다. 그 이유는 이렇다. 즉, 나의 아버지는 언제나 지역 의회의 보수당 당원들이 대형 회색 벤틀리 자동차로 투표소에 데려다 주는 것을 맘에 들어 했다. 나의 어머니는 더럼시의 탄광지대에서 있는 광산촌에서 태어나 자랐으며, 1926년 총파업의 쓰라린 여파를 몸소 겪었다. 그래서 그는 보수당원의 벤틀리 자동차를 탈 기미만 보여도 싫어했다. 그녀는 "나는 저 차를 타고 죽는 것을 보여주고 싶지 않다"고 말했다. 나의 아버지는 월터 그린우드(Walter Greenwood)의 소설 『실직 중의 연애(*Love on the Dole*)』에 잘 묘사되어 있는 샐퍼드 도시 지역에서 평범한 삶을 살면서 성장했다. 그는 보수당의 차를 타고 가서 노동당에 투표하는 것은 정말 웃기는 일이라고 주장했다.

텍스트를 무단침입하는 행위는 언제나 텍스트 생산자의 '성경적 경제학 scriptural economy'(131~176)과 갈등의 소지를 안고 있으며, 그들의 제도적인 대변자들(전문 비평가들이나 대학 교수 등)은 저자 혹은 텍스트적 의미의 권위를 내세우며 '공인되지 않은' 의미의 생산이나 유통을 제한하고 규제하는 역할을 한다. 이런 점에서 세르토의 '무단침입'이라는 개념은 전통적인 해석 모델에 대한 도전이다. 전통적인 해석 모델에서는 해석의 목적이 저자나 텍스트의 뜻을 수동적으로 받아들이는 것이다. 이는 곧 해석이 '옳고' '그름'의 문제로 환원되는 모델이다. 그는 어떻게 텍스트가 함축하고 있는 숨은 의미가 교육적인 면에서 특정한 권력관계의 유지에 일조하게 되는가에 대한 흥미로운 주장을 내놓고 있다.

> 이런 가설은 소비자들에게 복종을 강요한다. 왜냐하면 그들은 말 없는 풍요로운 지식의 보고를 마주 대할 때면 언제나 불성실 혹은 무지의 오류를 저지르기 때문이다. …… 작품 속에 숨겨진 '지식의 보고'는 일종의 의미로 충만한 보석상자라고 하겠는데, 이는 독자들의 생산성에 근거하지 않는 것이 분명하며, 오히려 그 자체의 텍스트와의 반응을 과신하는 사회적 제도에 근거하고 있다. 독서란 이를테면 그 자체가 스스로의 도구로 되는 (교사와 학생 사이의 ……) 힘의 관계에 의해 덧인쇄되는 것이나 다름없다(171).

이것은 곧바로 "교사가 '부여한' 의미로 학생들을 업신여기듯이 내몰거나 아니면 그들을 그쪽으로 교묘히 유도하는"(172) 교사의 행위를 만들어낼 수 있다.[6] 이것을 흔히 '텍스트적 결정론 textual determinism'[7]이라고 하는데, 어떤 것의 가치는 그 자체 안에 내재해 있다고 보는 관점이다. 이런 입장은 결국 어떤 문화적 산물이나 텍스트를 섣불리 판단하여 아카데믹한 시선으로 관심을 둘 만한 것이 못 된다

6) 앤디 메드허스트(Andy Medhurst, 1999)는 이러한 교육방식을 '포교적 강요'(98)라고 했는데, 내 생각으로는 아주 정확한 표현으로 여겨진다.

7) Storey(1999) 참조.

는 식의 연구태도를 초래할 수 있다. 이런 사고방식에 대해 나는 이렇게 주장하고 싶다. 즉, 진정한 문제는 연구 대상이 아니라 그 대상을 연구하는 방법이다.

일상생활은 대체로 소비행위에 대한 세르토의 설명을 예증하는 것으로 볼 수 있으며, 사실 소비행위란 열렬히 애호하는 문화를 소비하는 것이나 다름없다. 청년 하위문화와 함께 열렬히 애호하는 사람들, 즉 팬들은 필시 대중문화의 산물이나 텍스트에 대한 가장 눈에 띄는 관객들일 것이다. 근년에 들어 팬들이 문화연구의 비판적 시야로 들어오는 경우가 늘어났다. 전통적으로 팬들은 조롱거리나 병리현상 둘 중의 하나로 취급되어 왔다. 졸리 젠슨 Joli Jenson(1992)에 따르면, "팬에 관한 문헌에는 일탈의 이미지가 늘 붙어다닌다. 팬 fan이란 (그 어원에 따라) 예비 광신자 fanatic로 규정되는 것이 마땅하다는 것이다. 이는 열광한다는 것이 위험에 가까울 정도의 과도한 행위로 간주되고 있다는 것을 의미한다"(9). 젠슨은 팬 병리현상의 두 가지 전형적인 유형을 '사로잡힌 개인들'(주로 남성)과 '히스테리적인 무리'(주로 여성)라고 말한다. 그녀의 주장에 따르면 둘 다 독특한 해석과 '인정받지 못한 모더니티에 대한 비판'의 소산이며, 둘 다 팬을 '사회적 기능장애의 심리학적 징후'(같은 곳)로 보고 있다. 팬들은 모던한 삶의 위험한 '타자들' 가운데 하나인 것이다. '우리'는 건전하고 바람직하며, '그들'은 강박적이고 히스테리적이다.

이것은 타자에 관한 또 하나의 담론이다. 팬덤 fandom은 '타자들'이 행하는 것이다. 이것은 다음과 같이 이해될 수 있다. 즉, 팬덤은 대중의 문화활동에 해당되는 것인 반면에, 지배집단은 문화에 대한 관심과 취향, 그리고 선호성을 갖는다. 게다가 젠슨이 지적하듯이, 이런 담론에는 문화의 계급적 차별성을 유지·관리하려는 목적이 담겨 있다. 이는 필경 지배집단의 취향을 대중의 취향과 구별해주는 그 숭배의 대상을 통해 강화된다고 해야 할 것이다.[8] 그러나 그것은 또한 감상의

8) 젠슨(1992: 19~20)의 다음과 같은 주장은 매우 그럴듯하다. 즉, 베리 매니로우(Barry Manilow)의 팬이 될 수 있는 것과 꼭 마찬가지로 제임스 조이스(James Joyce)의 팬이 되는 것도 충분히 가능한 일이다.

방법을 통해서도 유지된다고 할 수 있다. 말하자면 대중은 감정적으로 지나치게 쾌락을 즐기는 반면에 지배문화는 언제나 바람직한 미적 거리를 유지하며 절제하고 있는 것이다.[9]

대중문화 연구에서 팬 문화에 대한 최근의 가장 흥미로운 설명은 필시 헨리 젠킨스 Henry Jenkins(1992)의 『텍스트의 무단침입자 *Textual Poacher*』일 것이다. 팬 공동체(배타적인 것은 아니었지만 대부분 백인 중류층 여성)에 대한 민속지학적 ethnographic 연구에서 그는 팬덤을 "아카데믹한 애호가이면서 …… 동시에 열광적인 자"로 보고 있다. "전자는 대중문화에 대한 특정 이론이나 비판적·민속지학적인 문헌들을 이용하는 사람들이며, 후자는 특수한 지식과 그 공동체의 전통으로 다가가는 사람들이다"(5).

팬 해석의 특징은 강렬한 지적·정서적 함축이다. "텍스트에 접근하는 것은 팬이 그것에 소유당하기 위해서가 아니라 오히려 팬이 그것을 보다 더 폭넓게 소유하기 위해서이다. 오로지 미디어 내용을 일상생활의 영역으로 통합함으로써만이, 다시 말해서 그 의미나 소재들과 밀접한 연관을 맺음으로써만이 팬들은 그 픽션을 제대로 소비할 수 있고, 또 그것을 실제적인 자원으로 만들 수 있다"(62). 텍스트 결정론은 텍스트 자체가 그것을 읽는 방법을 결정한다는 것이며, 이런 입장에서 보면 독자는 특수한 이데올로기적 담론 속에 놓여 있는 것이다. 이런 결정론에 반대하면서 젠킨스는 이렇게 주장한다. 즉, "독자는 미리 구성된 픽션의 세계로 이끌려 들어가는 것이 아니라 텍스트의 소재들로부터 창조된 세계로 들어가는 것이다. 여기서 독자가 미리 설정한 가치는 서사구조가 선호하는 가치 못지않게 중요한 것이다"(63).

팬들은 텍스트를 그냥 읽는 것이 아니라 계속해서 다시 읽는다. 이로 말미암아 텍스트-독자의 관계에 아주 깊은 변화가 일어난다. 다시 읽는 것은 롤랑 바르

9) 고전음악과 오페라의 관객들은 반드시 이를 소비하는 미적 양식을 배워야만 한다. Storey(2006, 2010a) 참조.

트(1975)가 말한 이른바 '해석학적 코드'의 기능을 약화시킨다(해석학적 코드란 텍스트가 계속 읽고 싶은 욕망이 생기도록 문제를 설정하는 방법이다). 그러므로 이런 식의 다시 읽기는 독자의 주의를 '무슨 일이 일어날 것인가'로부터 '어떻게 그 일이 일어나는가'로 바꿔놓는다. 다시 말해서 독자의 관심이 인물 상호간의 관계, 이야기 주제, 사회적 지식과 담론 생산으로 옮겨가는 것이다.

대체로 독서가 개인적 차원에서 이루어지는 독자적 행위인 데 반하여, 팬들은 텍스트를 공동체의 구성원으로서 소비한다. 팬 문화는 공중(公衆)이 의미생산과 독서행위를 전개하고 유통시키는 것이다. 팬들은 다른 팬들과의 의사소통을 위해 의미를 만들어낸다. 그 의미들을 공중이 전개하고 유통시키는 것은 팬 문화의 재생산에 아주 중요하다. 젠킨스가 설명하듯이, "팬덤의 조직은 일종의 이론과 비평의 단체이며, 일반 텍스트에 대한 온갖 해석과 평가가 벌어지고, 토의되고, 교섭되는 조직화된 공간이자 또 독자들이 매스 미디어의 성격과 그에 대한 그 자신들의 관계에 대해 꼼꼼히 따져보는 자리이다"(86).

팬 문화는 열광하는 독자들의 단체인 것만은 아니다. 그들은 또한 능동적인 문화생산자들이기도 하다. 젠킨스는 팬들이 그들이 좋아하는 텔레비전 쇼를 다시 읽고 고쳐쓰는 rewrite 열 가지 방식에 주목한다(162~177).

1. **전후 맥락 고쳐보기** Recontextualization : 방송하는 이야기의 틈새를 메우거나 특정 행위에 대해 설명을 덧붙이기 위해 만들어진 소품이나 단편, 그리고 소설들.
2. **시간 지평의 확장** : 방송하는 이야기에 드러나지 않는 인물들의 배후 이력을 제공하거나 방송하는 이야기가 펼치는 시점을 초월하여 미래의 전개를 시사해주는 소품이나 단편, 그리고 소설들.
3. **초점 재정합** Refocalization : 이는 글을 쓰는 팬들이 중심인물들로부터 보조인물들로 초점을 옮길 때 일어난다. 예를 들면, 여성이나 흑인 작중 인물들을 텍스트의 가장자리에서 중심 무대로 옮기는 것이다.

4. **도덕적 재정립** : 일종의 초점 재정합으로서 방송하는 이야기 속의 도덕질서를 뒤바꾸는 것이다(악한이 선량한 자로 된다). 때로는 도덕질서는 그대로이지만 이제부터 이야기가 악한의 관점에서 전개되는 경우도 있다.
5. **장르 바꾸기** : 이를테면 공상과학 이야기에 나오는 인물이 연애 이야기나 서부극에 다시 등장하는 것을 말한다.
6. **교차 출연** Cross-overs : 어떤 텔레비전 프로그램의 작중 인물을 다른 프로그램에 데뷔시키는 것. 예를 들면 「닥터 후」의 작중 인물이 동일한 이야기에서 「스타워즈」의 인물로 나오는 것이다.
7. **작중 인물 전위** Character dislocation : 어떤 작중 인물을 새로운 이야기 상황에서 새 이름과 새로운 성격의 인물로 바꾸는 것.
8. **등장인물화** Personalization : 글을 쓰는 사람이 그들이 선호하는 텔레비전 프로그램에 개입하는 것. 예를 들면, 글을 쓰는 당사자가 자신을 작중 인물에 포함시켜 단편소설을 쓰는 경우이다. 그러나 젠킨스가 지적하듯이 팬 글쓰기의 이러한 하위장르는 팬 문화의 영역에서도 대체로 고무적인 것이 못 되었다.
9. **감동의 강화** : 예컨대, 좋아하는 작중 인물이 감정적 차원에서 위기를 겪는, 소위 '고뇌-안도'의 이야기 줄거리를 만들어내는 것.
10. **에로틱화** Eroticization : 작중 인물의 생활 가운데 에로틱한 측면을 부각시켜 이야기하는 것. 팬 글쓰기라는 하위장르에서 가장 잘 알려진 것이 필시 '슬래쉬 픽션 slash fiction'이라고 하겠는데, 그 명칭이 이렇게 불리는 까닭은 그것이 동성끼리의 관계를 묘사하기 때문이다(이를테면 커크/스파크 Kirk/Spock의 경우처럼).

팬들은 팬 픽션 이외에도 선호하는 프로그램의 이미지를 대중가요가 깔린 사운드트랙의 새로운 시퀀스로 편집하여 뮤직비디오를 만들기도 한다. 또 이들은 팬 미술을 만들어내고, 팬 잡지 fanzine도 만든다. 그리고 이들은 '휠킹 filking'에 몰두한다(휠킹이란 프로그램이나 작중 인물 혹은 팬 문화 그 자체에 관한 노래 — 휠크 가요 filk song — 에 맞춰 글을 쓰거나 연주하는 것을 말한다). 이들은 텔레비전 방송을 선호하는 프로그램으로 되돌리거나 흥미로운 프로그램으로 바꾸기 위해 조직적인 캠페인을 벌이기도 한다.[10] 세르토의 주장을 되풀이하면서 젠킨스는 이렇게 말한다. "팬들은 그들이 약탈한 것들을 대안 문화공동체 건설을 위한 토대로 삼고 활용하는 일을 계속 유지하려는 무단침입자들이다"(223).

휠킹에 관한 논문에서 젠킨스는 팬과 '문다니아 Mundania'(열광적인 팬들이 아닌 평범한 일반독자들이 살아가는 세계) 사이에 나타나는 휠크 가요 내부의 보편적인 대립현상에 주목한다. 두 세계의 차이는 단순히 반응 강도의 차이가 아니다. "팬들은 일상생활의 가치나 규범들과 대립해 있으며, 평범한 문다니아 세계의 사람들에 비해 한층 더 여유롭고, 보다 강열하게 느끼며, 또 한층 더 자유롭고 더 깊이 생각하는 사람들이다"(268). 게다가 "팬들은 …… 평범한 가치와 행위를 거부하고, 강한 감동을 맛보고 열정적으로 쾌락에 파묻힐 수 있는 공간을 마련한다. 팬이 존재한다는 것은 곧 소비문화의 진부한 형태들에 대한 비판이 존재한다는 표시이다"(283).

그가 특히 팬 문화에 대해 권리를 부여하려는 움직임을 발견한 것은 '수많은 미국인들을 구경꾼으로 변모시키고 있는 세력들로부터' '보다 참여적인 문화'를 만들어내려는 그들의 노력과 투쟁이다(284). 팬 문화에 권리를 부여하는 것은 상품이 아니라, 그 상품으로 팬들이 무엇을 하는가에 따라 권리가 주어진다. 젠킨스는 이렇게 설명한다.

> 내가 주장하고 있는 것은 팬들이 감싸는 텍스트에 대해 뭔가 특별한 권력이 부여되어 있다는 것이 아니다. 오히려 내가 주장하는 것은 팬들이 텍스트를 그들

10) 「닥터 후」 팬들이 어떻게 그 프로그램을 텔레비전에 복귀시키는 데 기여했는지에 관한 논의는 Perryman(2009)를 참조하라.

> 의 구체적인 삶에 동화시켜 나가는 과정에 그들이 그 텍스트들로써 행하는 것에 대해 권한을 부여하는 어떤 것이 존재하게 된다는 것이다. 팬덤이 찬양하는 것은 특별한 텍스트가 아니라 특별한 해석이다(단순한 해석만으로는 양자 사이의 분명하고 정확한 차이를 유지하기란 불가능하다)(같은 곳).

하위문화를 해석하는 고전적인 문화연구 모델을 회고해보면, 팬 문화라는 것은 일상적인 것을 거부하려는 노력이라는 것이 젠킨스의 주장이다. 청년 하위문화가 스스로를 가부장적 지배문화에 대항하는 것으로 보는 반면에, 팬 문화는 자신들을 '문다니아'의 수동적인 일상문화와 대립해 있는 것으로 규정한다.

로렌스 그로스버그(1992)는 팬 문화의 '하위문화적 모델'을 매우 타당하게 비판하고 있는데, 그의 입장에서 보면 "팬들은 수동적인 소비자들인 대다수 관객들 가운데 극소수의 엘리트로 구성되어 있다"(52).

> 그러므로 팬은 언제나 끊임없는 투쟁상태에 있으며, 다양한 권력구조와 싸울 뿐만 아니라 또한 엄청난 규모인 미디어 소비자들과도 싸운다. 그러나 팬덤에 대한 이런 엘리트적 관점은 대중문화의 형식과 그 관객들 사이에 존재하는 복합적인 관계들을 제대로 조명할 수 없다. 우리는 누구나 팬과 소비자의 차이를 인정하기는 하지만, 단순히 전자를 찬양하고 후자를 배격하는 식으로 그 차이를 이해하는 것은 아니다(같은 곳).

이와 마찬가지로 하위문화적 분석은 언제나 평범을 배격하고 비범을 찬양하려는 태도를 취했다. 평범과 비범은 이를테면 '저항적' 스타일과 관행적인 '양식' 사이의 대립과 같은 것이다. 하위문화는 청년을 저항적인 면에서 표현하고, 대다수 청년들이 젖어 있는 수동적이고 상업적인 취향을 적극적으로 거부한다. 한때 이런 저항은 단체로 모여서, 분석을 중지하고 다음의 '위대한 거부'를 기다리는 방법을 제시하기도 했다. 게리 클라크 Gary Clarke(1990)는 영국의 많은 하위문화이론 가운데 런던-센트리드니즈 London-centredness에 주목하는데, 그것은 런던지역의 청년 하위문화 현상으로서 하위문화의 합병을 대변해주는 대표적 사례이기 때문이다. 그 역시도 청년 하위문화에 대한 고전적인 문화연구의 주류를 형성하고 있는 엘리트주의의 특정한 문화 수준을 인지하고 있음은 당연한 일이다.

> 대체로 나의 주장은 극소수 사람들의 비정상적인 스타일에 초점을 맞추는 하위문화의 문헌은 무난하게 단체를 이루고 있는 듯한 노동자계급의 휴식에 대해서도 비슷한 태도를 취한다는 것이다. 이는 예컨대 하위문화 활동을 벗어난 것으로 여겨지는 청년들 — 비록 가장 '순수한' 노동계급 청년들이 동일한 음악이나 스타일, 하위문화 활동을 즐긴다고 할지라도 — 을 혐오하고, 또 '정통성'이 없는 그램 glam, 디스코, 테드 리바이블 ted revival과 같은 집단적인 열광에 대해서는 경멸하고 있음에 틀림없다. 사실 그 바탕에는 '대량문화'(이는 그로부터 일탈하는 사람들에 대한 관심을 자극한다)에 대한 멸시와 모욕이 깔려 있는 것처럼 여겨진다. 그리고 대량문화는 프랑크푸르트학파의 마르크스 연구에서 유래하며, 영국의 전통에서는 『교양의 효용』에서 대량문화에 대한 공포로 묘사되기에 이른다(90).

만일 하위문화적 소비가 문화연구에서 관심 영역으로 남아 있다면, 미래의 분석은 이를 흡수·합병의 결정적인 계기로 보기보다는 '스타일의 비약적인 발전을 그것의 출발점으로'(92) 삼아야 한다는 것이 클라크의 주장이다. 한걸음 더 나아가 문화연구는 "모든 청년의 활동에" 초점을 맞추어 "문화와 사회적 관계들 속에서 연속성과 비연속성을 파악하고 또 모든 청년을 위해 이런 활동이 갖는 의미를 찾아내야 한다"(95).

경제의 장

지금은 미디어와 커뮤니케이션 분야를 전공하는 사람들(교수들이고, 거의 전부가 남성들이고, 문화연구 영역 밖이다)의 글이나 학술논문을 지칭하는 장르가 있다. 그런데 이 장르가 끊임없이 게재하고 발표하려고 전념하는 의제는 곧 문화연구가 그것이 여전히 정치적으로 믿을 만하다면 당장 정치경제학의 연구방법들을 전적으로 수용할 수밖에 없는 것이다.[11] 맥기건(1992)은 초기에 진지한 자세로 이 장르를 개척한 대표적 인물이라는 평가를 받았다.

> 내가 보기에 오늘날의 문화연구를 문화의 정치경제학으로부터 분리시키는 것은 연구분야에서 가장 부적절한 처사들 가운데 하나였다. 그 문제의 핵심은 사실상 경제적 환원주의의 공포를 전제하는 것이었다. 그 결과 소비문화의 폭넓은 경제적 역동성과 미디어 제도들에 대한 연구는 거의 이루어지지 않았고, 단순히 같은 범주로 묶어버림에 따라 결국 문화연구의 설명능력과 사실상의 비판능력을 심각하게 손상시키는 결과를 초래했다(40~41).

니콜라스 간햄 Nicholas Garnham(2009)도 같은 주장이다. 즉, "문화연구의 기획은 오로지 정치경제학과 연결된 다리가 재건될 경우에만 성공적으로 추구될 수 있다"(619). 문화연구의 영역에서 소비에 관한 연구는 소비의 기능성들을 제한하는 생산의 결정적인 역할을 간과함으로써 소비자들의 힘을 지나치게 과대평가해왔거나, 혹은 그런 식으로 논의가 이어지고 있다.

그렇다면 정치경제학이 문화연구에 제공할 수 있는 것은 무엇인가? 피터 골

---

11) 문화연구와 문화의 정치경제학 사이의 열띤 논쟁에 관해서는 다음을 참조하라. *Critical Studies in Mass Communication*, 12, 1995. 그리고 또한 다음도 참조하라. Storey, John(ed.), 'Part Seven' of *Cultural Theory and Popular Culture: A Reader*, 4th edn, Harlow: Pearson Education, 2009.

딩 Peter Golding과 그레이엄 머독 Graham Murdock(1991)은 그 원칙과 과정을 이렇게 정리하고 있다. 즉,

> 비판적 정치경제학이 바라보는 시각의 특징은 …… 대중적 의사소통(대중문화도 포함해서)의 상징적·경제적 차원의 상호 교류에 정확히 초점을 맞추고 있다는 점이다. 우리는 문화생산의 재정과 조직을 운용하는 갖가지 방식들이 공적 영역 내의 다양한 담론과 재현에, 그리고 이에 대한 관중의 접근에 어떻게 출처가 분명한 결과를 남기게 되는지 보여주고자 한다(15).

문화산업이 극소수의 개인이나 기관들에 의해 통제되거나 사유화되어 있다면 이런 문제들을 거론하는 것은 분명히 중요하다. 문화산업의 권력이 공적으로 드러나는 가시적 위치를 넘어 곧잘 뻗어나가는 것은 오늘날 매우 흔한 일이다. 영화제작사로 알려진 한 회사가 그 영화를 바탕으로 한 책을 독점하는 회사를 가지고 있고, 또 그 회사는 그 영화의 영화음악과 그 영화의 논평이 실린 신문과 잡지를 독점하고 있다. 이와 같은 '시너지 효과'는 우리가 보고 읽고 듣는 것 이상으로 특정의 문화산업에 엄청난 권력을 안겨준다.

하지만 문화의 정치경제학은 이러한 문제들을 어떻게 다루고 있는가? 위의 인용된 말에서 의미심장한 낱말은 (그 '용법'과 '의미'가 특별한 용어인) '접근'이다('접근 access' : public access에서 비롯된 말로서 상업화된 독점 대중매체에 저항하는 운동 : 역주). 이것이 바로 경제적 차원에서는 강하지만 상징적 차원에서는 약한 이 방식의 한계이다. 골딩과 머독의 주장에 따르면 "전복적인 소비를 낭만적으로 예찬하는" 윌리스나 피스크의 이론은 "지배관계를 지탱해주는 매스 미디어의 이데올로기적 작용에 대한 문화연구의 오랜 관심과는 전혀 맞지 않는다"(17). 이 주장에서 특히 두드러지는 것은 윌리스와 피스크에 대한 비판이 아니라 문화연구의 목표에 대한 가정이다. 이들은 초점을 지배와 조작에 정확히 맞추지 않으면 문화연구는 그 소임을 다할 수 없다고 말한다. 거기에는 오로지 낭만적

예찬과 이데올로기적 힘의 인식이라는 두 가지 입장만이 있게 되는데, 후자만이 진지한 학문적 추구라는 것이다. 이데올로기적 조작에 저항하는 사람들을 보여주려는 모든 시도 또한 낭만적 예찬이 아닌가? 좌익 비관주의나 도덕적 좌익만이 정치적·학문적 진지함의 유일한 보증수표인가?

문화분석에 대한 비판적 정치경제학의 구상은 텍스트와 문화적 행위에 대한 세부적 접근과 그 이용 가능성을 타진해보는 것 이상을 넘어서지 않는 것처럼 보인다. 그들이 이들 텍스트와 행위가 실제 무엇을 의미하는지(텍스트적으로), 혹은 실제로 사용(소비)될 때 어떤 의미가 생기는지에 대해 고려한 흔적은 어디에도 보이지 않는다. 골딩과 머독이 지적하듯이,

> 텍스트적 해석과 미디어 사용의 절충에 관해 집중하는 최근의 문화연구에서는 주로 관객의 역할에 대한 연구가 이루어지고 있는데, 이와는 대조적으로 비판적 정치경제학의 시각은 경제체제 내에 위치한 사람들의 전체적 위치와 그 사람들의 다양한 반응을 연결시키고자 한다(27).

이 말은 텍스트 자체의 특수한 물질적 내용은 문제가 되지 않으며, 또 관객의 참여와 협상이라는 것도 단지 경제적 영향력의 게임 안에서 가상적으로 움직이는 허구에 지나지 않음을 시사하고 있다.

대중문화의 텍스트 및 그 실천적 행위들을 그것들의 실상을 규정하는 경제적 제 관계의 장 안에서 파악하는 것도 중요한 일이지만, 그 다음에 관객의 전용 및 사용이라는 중요한 문제를 분석하는 작업이 뒤따르지 않으면 그 역시도 충분한 것이 못된다. 포스트-마르크스주의의 헤게모니 이론은 그나마 아직도 양쪽 모두를 시도하는 반면에, 비판적 정치경제학 이론은 좋은 의도일지는 모르나, 모든 것을 경제적 요인으로만 일축하는 것처럼 보인다.

정치경제학 이론을 가장 불편하게 만드는 것은 자본주의 시장에 대한 윌리스의 태도이다. 특히, 그는 자본주의의 이윤추구가 일상문화의 새로운 형식들이 생

산될 수 있는 상황이나 조건을 만들어낸다고 주장한다.

> (자본주의 외에는) 아무도 이 영역을 알아보지 못했으며 유용한 상징적 재료를 공급하지도 못했다. 그런데 문화적 장의 상업적 자본가들이 무언가 중요한 것을 발견했으며, 이는 비록 그 자신들을 위한 것이었다 할지라도, 분명 역사적 인식임에는 틀림없다. 이는 소중한 것이며, 환원할 수 없는 것이다. 상업적인 문화형식들은 과거 어느 때보다 상징적 작업에 유리한 많은 재료가 있는 — 우리가 그 재료를 어찌 생각하든 — 현재의 역사적 상황을 만들어내는 데 기여했으며, 이제 우리는 이러한 역사적 상황으로부터 벗어날 길이 없다. 이로부터 상업적 상상력이나 공식 문화의 상상력에서는 꿈도 꾸지 못했던 형식들이 나오는데, 바로 이 형식들이 일상문화를 만드는 것이다(1990: 19).

자본주의는 획일적인 체계가 아니다. '구조'라는 것이 모두 그렇듯이, 자본주의도 그것이 속박하면서 동시에 조장한다는 점에서 모순적이다. 예컨대, 어떤 자본가가 최근의 청년 하위문화를 한탄할 때, 다른 자본가는 경제적 동기로 그 활동을 환영하며 그들이 원할 만한 상품을 공급하기 위해 만반의 태세를 갖춘다. 자본주의 시장체계에서 일상문화의 가능성을 만들어내는 것이 바로 이와 같은 모순들이다.

> 상업과 소비주의는 일상생활의 상징적 삶과 행위를 전례가 없을 정도로 팽창시켰다. 일상문화의 도깨비가 상업주의의 부주의에 의해 유리병 바깥으로 빠져나온 것이다. 그것을 다시 집어넣지 않고 그 도깨비가 어떤 소원을 들어줄 것인가 하고 두고 보는 것이 바로 우리의 상상 재료이다(27).

이것은 윌리스가 보기에 정치경제학적 이론의 옹호자뿐만 아니라, 많은 사람이 싫어할 것으로 여겨진다. 즉, "문화적 해방의 가능성이 일상적인 것들을 통해 최소한 부분적으로는 서로 맞지 않는 경제구조로 향하고"(131) 있다는 말이다. '문화적 해방'이란 말은 사실 '공식 문화'의 헤게모니와 결별한다는 점 이외에는 구체적으로 무엇을 뜻하는지 확실치 않다. 그러나 분명한 것은 그가 시장을 "스스로에 대한 비판재료를 공급하는 모순 때문에"(139) 그 의도와 왜곡에도 불구하고 일상문화 영역의 상징적 창의성을 촉진시키는 것으로 본다는 점이며, 정치경제학적 이론은 여전히 이 점을 극도로 싫어하고 있다.

> 사람들은 시장에서 자신들을 속박하는 가능성과 동기만이 아니라 자신의 발전과 성장 가능성도 함께 찾는다. 속마음을 뒤집어 보여주고 온갖 수모를 당하면서도 이 가능성과 동기들은 눈에 보이는 다른 어떤 대안보다도 많은 것을 약속한다. …… 토대의 미학에 직면해서는, 현대 '소비자의 정체성'이란 단순히 시장이 공급한 텍스트나 산물에 의해 '각인된 입장'을 앵무새처럼 되풀이하는 것이라는 말만으로는 충분치 않다. 물론 시장은 문자 그대로의 문화적 권리를 부여하는 곳은 아니다. 약간의 선택이 있다면, 그것은 문화적 의제를 정하는 힘일 것이며, 이는 결코 선택 이상은 아니다. 그럼에도 불구하고 시장은 그 어디에서도 제공할 수 없었던 모순적인 권력을 부여하고 있다. 이것은 다수를 위한 문화적 해방에서 최선은 아닐지 몰라도, 최소한 더 나은 길로 인도하는 과정이 될 수는 있을 것이다(160).

문화산업은 상품을 공급하고 사람들은 그것으로 문화를 만드는데, 자본주의와 마찬가지로 문화산업 자체도 획일적이거나 비-모순적이지 않다. 최초의 문화산업인 19세기 멜로드라마에서부터 20세기의 가장 강력한 문화산업이라고 해야 할 팝음악에 이르기까지, 문화상품들은 여러 방식으로 '접합'되어 왔고, 또 이를 통해 '더 나은 미래를 열어가고 있다.'

예를 들면, [사진 12.1]은 맨체스터에 있는 퀸즈극장 Queen's Theatre(상업적인 오락을 제공하는 상업적인 장소)에서 편익을 위해 제작한 포스터이다. 이 포스터

QUEEN'S THEATRE.

The Manager having granted the use of this Theatre, the Public, and especially the Members of Trade Societies, are respectfully informed that

A BENEFIT

WILL BE GIVEN, IN AID OF THE FUNDS FOR THE SUPPORT OF THE

LONDON BOOKBINDERS.

On THURSDAY, JUNE 27th, 1839,

The Performances will commence with Buckstone's highly Popular and Celebrated DRAMA, of

THE WRECK ASHORE;

OR, THE ROVER'S BRIDE.

WINTER.

"Then came old January wrapped well | Yet did he quake and quiver like to quell;
In many weeds to keep the cold away; | And blow his nayles, to warm them if he may;

Miles Bertram, Squire of Moatley .... Mr. PRESTON
Walter Barnard, a young Farmer .... Mr. WATKINS.
Captain Grampus .... (a Smuggler) .... Mr. HARDING.
Jemmy Starling, (a country lad) .... Mr. TAYLOR.
Marmaduke Magog .... (Parish Constable) .... Mr. WESTON
Andrew....Mr. SMITH. | Thomas...Mr. FRANCIS | William..Mr. JONES
Lieut. Pressgang, ... Mr. WILLIAMS. | Sailor, ... Mr. THOMAS.
Alice, (beloved by Miles and Walter) .... Mrs. WESTON.
Bella, ... Miss E. M. DURET. | Lucy, ... Miss GATES.
Dame Barnard, ... Mrs. HARGREAVE. | Villagers, &c.
Alice, ... Mrs. WESTON

Act 2nd.

A LAPSE OF FIVE YEARS IS SUPPOSED TO TAKE PLACE.

SUMMER.

"And after he came Jolly June arrayed
All in green leaves, as he a player were."—SPENCER.

Captain Bertram .... Mr. PRESTON. | Farmer Plowfield .... Mr. GATES.
Walter Barnard (a Sailor) .... Mr. WATKINS. | Andrew .... Mr. SMITH.
Grampus (an Outcast) .... Mr. HARDING. | Thomas .... Mr. FRANCIS.
Jemmy Starling (a married man) .... Mr. TAYLOR. | William .... Mr. JONES.
Marmaduke Magog, (Parish Beadle) .... Mr. WESTON.
Blackadder....Mr. THOMAS. | Barbelot (a Frenchman)....Mr. Mc. GREGOR. | Jack Avery Mr. BIRD. | Smith....Mr. WILSON.
Culverdine .... Mr. MATTHEWS.
Alice.....Mrs. WESTON | Bella (a Bride)......Miss E. M. DURET. | Lucy......Miss GATES | Mrs. Starling ...... Miss E. GATES.

A COMIC SONG BY MR. WESTON.

By desire, THE BATTLE OF MINDEN will be Recited, by Miss CLARA HARDING.

A Favourite Dance, 'The Highland Fling,' by Miss E. GATES

A POPULAR SCENE FROM SHAKSPEARE'S TRAGEDY OF

OTHELLO,

Othello .... Mr. PRESTON | Iago .... Mr. B. STOTT.

To be followed by a Novel Entertainment embodying a series of beautiful TABLEAUX OR LIVING PICTURES, consisting of Delineations of

THE PASSIONS,

By Mr. HARDING.

FEAR.
Illustration—Maternal Love.
ANGER.
Illustration—Wat Tyler and his Daughter.
DESPAIR.
Illustration—Ugolino's Dungeon.

HOPE.
Illustration—The Father's Return
REVENGE.
Illustration—The Battle Hour,
JEALOUSY.
Illustration—The Surprise.

MELANCHOLY.
Illustration—The Letter.
CHEERFULNESS.
Illustration—The Vintage.
FINALE.
Allegorical Group—Mount Parnassus.

SONG, THE WOLFE, BY Mr. THOMAS, FOR THIS NIGHT ONLY.

BY DESIRE,

A PAS SEUL, BY MISS CLARA HARDING.

THE WHOLE TO CONCLUDE WITH THE

SWISS COTTAGE,

Nantz Teik (a young farmer) .... T. TAYLOR.
Max (a Swiss Soldier) .... Mr. M. WATKINS.
Lisette Geierstein (Sister to Max) .... Miss E. MARIE DURET
Louise .... Miss GATES. | Janet .... Mrs. HARGRAVE.
Swiss Peasants.

Boxes, 3s.—Upper Boxes, 2s. 6d.—Pit, 1s. 6d.—Gallery, 6d.

Tickets to be had at the Sun Inn, Long Millgate; Roe Buck, Castle Field; Royal Emporium, Ancoats Lane; Railway Inn, Deansgate; Farriers' Arms, Star Yard; Black-Moor's Head, Old Church Yard; and all the Trade Society Houses.

John Swindells, Printer, Prince's Court, Market Street.

[사진 12.1] 동맹파업하고 있는 제본업자들을 위하여

는 극장이 런던 내 제본업자 파업을 돕는 행사를 위해 얼마나 헌신하고 있는가를 보여준다.[12] 또 하나의 의미심장한 예는 넬슨 만델라가 1990년 석방된 이후에 대중에게 선보인 최초의 모습인데, 이는 팝음악 관중들(팝음악이라는 상품화된 생산물의 소비자들)에게 감사하는 연주회에 참석하기 위한 것이었다. 왜냐하면 그들이 후원자로 나섰기 때문이다.[13] 위의 두 예는 자본주의와 자본주의적 문화산업은 획일적이고 비-모순적이라는 생각에 이의를 제기하고 있다.

윌리스도 또한 소비의 결과는 반드시 생산의 의도를 반영하기 마련이라는 가정은 단순하고 유치한 것이라고 주장한다. 테리 러블 Terry Lovell(2009)이 강조하듯이, 마르크스의 연구(1976c)에 따르면 자본주의 상품에는 사용가치와 교환가치라는 양면이 있다. 사용가치란 "사람들의 욕구를 만족시키는 상품의 능력"(539)을 가리킨다. 이런 욕구는 "본능적으로 생기기도 하고 기호에 의해 생겨나기도 한다"(같은 곳)고 마르크스는 말한다. 상품의 교환가치는 그 상품이 시장에서 팔릴 수 있는 돈의 액수이다. 러블도 지적했듯이, 윌리스가 주장하는 요지는 "상품의 사용가치는 상품을 실제 사용해보기 전에는 알 수 없다"(540)는 것이다. 게다가 러블이 말하듯이 대중문화로 만들어지는 상품이란,

> 그것을 구입하고 사용하는 개개인에 따라 사용가치를 지니는데, 이는 그 상품을 만들고 판매하는 자본가나 전체 자본주의가 말하는 사용가치와 다르다. 사람들은 부르주아 이데올로기에 스스로를 내맡기기 위해 이런 문화적 상품을 구입하는 것이 아니라 …… 굳이 분석하거나 연구하지 않아도 예측이 가능한 다양하고 상이한 욕구를 만족시키기 위해서 구입한다. 구입자에게 있어서 문화상품의 사용가치가 부르주아 이데올로기로서 자본주의에 대한 그 유용성과 동등하리라는 보장은 없다(542).

12) Storey(1992, 2010a) 참조.

13) Storey(1994) 참조.

우리가 구입하는 거의 모든 것이 경제적으로 자본주의 시스템을 재생산하는데 기여한다. 하지만 우리가 구입하는 모든 것이 반드시 우리를 확실한 자본주의 이데올로기의 주체가 되도록 기여하는 것은 아니다. 가령 내가 반-자본주의 시위에 가담할 경우, 나의 교통수단이나 음식, 숙박 등은 모두 내가 타도하고자 하는 자본주의 시스템의 재생산에 기여하는 것이다. 그러므로 전부는 아닐지라도 대체로 나의 소비가 '자본주의적'이지만, 이것이 내가 반-자본주의적으로 되는 것을 막지는 못한다. 교환가치와 사용가치 사이에는 언제나 잠재적 모순이 놓여 있다.

자본주의적 생산의 주된 관심은 잉여가치(이윤)를 지향하는 교환가치이다. 이는 물론 자본주의가 사용가치에 무관심하다는 것이 아니라, 사용가치가 없으면 상품이 팔리지 않는다는 뜻이다(그래서 수요를 자극하기 위해 모든 노력을 경주한다). 한편, 개개 자본가들의 잉여가치에 대한 요구가 전체로서의 체제의 이데올로기적 요구를 희생하는 경우도 자주 있다는 의미도 된다. 마르크스는 자본주의 체제에서 일어나는 대부분의 모순들을 거의 꿰뚫고 있었다. 노동자들이 경제의 높고 낮은 파고에 보다 잘 견디기 위해서는 저축을 해야 한다는 부르주아의 요구에 대해 언급할 때, 그는 '생산자로서 노동자'와 '소비자로서 노동자' 사이에 존재하는 긴장에 대해 이렇게 지적한다. 즉,

> 모든 자본가들은 그들이 고용한 노동자들만이 저축할 것을 요구하는데, 그 까닭은 그들이 자신에 대해 노동자 위치에 있기 때문이다. 그러나 그들 외의 다른 모든 노동자는 그에게 소비자가 되기 때문에 전혀 문제가 되지 않는다. 그러므로 (저축을 격려하는) 온갖 '성실한' 발언에도 불구하고, 그는 그의 상품을 매력적으로 보이게 꾸미고, 끊임없이 속삭이듯이 새로운 것이 필요하지 않느냐고 꼬이는 등 노동자들에게 소비를 부추기는 갖가지 방안을 강구한다(Marx, 1973: 287).

이 상황은 특정 자본과 전체로서의 자본주의 사이의 긴장관계로 말미암아 더욱 복잡해진다. 공통된 계급적 이해는 — 별다른 금지나 검열만 없다면 — 잉여가치를 추구하는 특정 자본의 이해에 뒤이어 두 번째 자리를 차지하게 마련이다.

> 만일 지배 이데올로기에 도전하거나, 심지어 그것을 전복시키는 문화상품을 생산함으로써 잉여가치가 얻어진다면, 그런 상품의 생산에 투자하려는 것이 특정 자본의 이해관계이다. 해당 계급으로부터 집단적 압력이나 금지가 없는 한, 개인 자본가의 잉여가치 추구는 전체 자본주의의 이익에 반하는 문화적 생산으로 이어질 수도 있는 것이다(Lovell, 2009: 542~543).

이 가능성을 탐구하기 위해서는 생산과 대비되는 소비에 특별히 주목해야 한다. 이는 물론 정치경제학적 이론, 즉 제대로 된 분석을 위해서는 반드시 기술적·경제적 결정론에 입각한 설명이 이루어져야 한다는 주장을 반박하는 것이 아니다. 그러나 강조해두어야 할 점은 소비에 초점을 맞추려면 실제 경험하는 소비 그 자체에 맞추어야지, 생산과의 관계에서 일어나는 소비에 초점을 맞추어서는 안 된다는 것이다.

자본주의적 소비관계를 공격하는 도덕적·비관주의적 좌익에서는 중요한 점을 간과하고 있는데, 그것은 곧 이 전복을 정당화하는 것이 자본주의시장에서 생긴 소비자의 선택이 아니라 바로 자본주의적 생산관계라는 사실이다. 이 점은 또한 윌리스도 지적하였다. 도덕적 좌익 및 좌익 비관주의는 (양이) 많으면 항상 (질이) 떨어진다는 엘리트적이고 반동적인 주장에 스스로 갇혀버리는 사태를 초래하고 말았다.

문화산업의 힘과 그 영향력을 구별하는 것은 중요하다. 이 두 가지 힘은 자주 융합하기는 하지만 결코 같은 것은 아니다. 정치경제학적 이론의 문제점은 이 둘이 동일한 것이라고 간주하는 경향이 너무 잦다는 것이다. 워너 브라더스 Warner Bros는 다 알다시피 자본주의 상품을 다루는 강력한 다국적 자본의 음반회사이다.

그러나 이 사실이 확인되었다고 해서 무엇이 달라지는가? 예컨대, 그것이 워너 브라더스의 생산물이 자본주의 이데올로기를 지니고 있다는 뜻인가? 이를테면 REM은 그 반대로 생각하고 말할지 모르지만, 진정 그들이 한낱 자본주의 이데올로기의 납품 상인일 뿐인가? 그렇다면 그들의 음반을 사고, 공연을 보는 것은 결과적으로 자본주의 이념을 사는 것이 되고, 자본주의 음반회사의 최면에 걸려 자본주의의 주체로 재생산되어 더 많은 돈을 쓰고 더 많은 이데올로기의 소비를 바라게 되는가?

이러한 접근방식의 문제점은 그것이 상품생산은 자본주의 교환가치에 따라 이루어지는 반면에 상품소비는 사용가치에 기반해서 행해진다는 것을 충분히 인식하지 못하고 있다는 사실이다. 실은 평행한 두 가지 경제, 즉 사용의 경제와 교환의 경제가 존재한다. 그리고 한쪽만을 연구한다고 해서 다른 한쪽까지 다 이해할 수는 없는 것이다. 소비를 생산의 영역에서 이해해서도 안 되고, 또 생산을 소비에 입각해서 해석해서도 안 된다. 물론 이 둘을 분리시키는 것보다는, 정말로 유의미한 분석이 이루어질 수 있도록 서로 연결하는 것이 더 어려운 일일 것이다. 어쨌든 대중문화를 연구할 때, 소비상품의 레퍼토리에 관심을 둔다면 생산이 주요 관심사가 될 것이고, 특정 텍스트나 생산물에 대한 쾌락에 흥미가 있다면 주요 관심사는 소비가 될 것이다. 두 가지 경우 모두 그 접근방식은 해답을 찾는 질문에 의해 결정될 것이다. 충분한 시간과 재원이 있어서 이상적인 연구의 조건이 마련된다면, 생산과 소비가 변증법적으로 연결되기 전까지 문화분석은 미완의 과제로 남아야 할 것이지만, 현실적인 연구 여건에서 이것은 쉬운 일이 아니다. 이런 배경에서 볼 때, 정말 대중문화 분석에서 타당한 것은 오로지 정치경제학적 방법론뿐이라는 정치경제학의 주장은 사실이 아닐 뿐만 아니라, 오히려 환원적인 왜곡으로 흐르거나 아니면 끝내는 문화연구의 목을 조르는 꼴이 되고 말 것이다.

포스트-마르크스주의 문화연구: 다시 찾아온 헤게모니

문화연구에서 정치경제학적 비판이 중요한 까닭은 그것이 주장하는 내용 때문이 아니라, 자체적으로는 해답을 찾지 못할 것이 자명한데도 하나의 문제에 집중적인 관심을 보이기 때문이다. 그 문제란 일상생활에서 이루어지는 문화적 행위의 '존재 조건들'에 대한 분석적 관점을 어떻게 지탱할 것인가 하는 것이다. 정치경제학이 옹호하는 분석양식의 문제점은 그것이 문화형성 과정의 시초 beginning만을 역설하고 있다는 점이다. '시초에는 경제에 의해 결정된다'(45)는 스튜어트 홀(1996c)의 말을 빌리면, 그들이 무엇을 말하는가를 이해하기가 훨씬 쉬워진다. 경제적 조건들이란 엄연히 존재하며, 경제적 환원주의가 두렵기는 하나 당장은 어쩔 도리가 없다.

그러나 중요한 것은 단순히 이러한 조건들을 상세하게 나열하는 것이 아니라 어떻게 이러한 조건들이 상품의 레퍼토리를 만들어내는가를 이해하는 일이다. 또한 사람들이 상품을 선택해서 전용하거나 활용하여 문화를 만들어내는 다양한 방식들을 이해하는 것도 필요하다. 달리 말하면 '구조'와 '에이전시'의 관계를 이해하는 것이 요구된다는 것이다. 그 관계의 어느 일면을 포기해서는 제대로 그 관계를 이해할 수 없다. 수많은 문화연구자들이 '경제적인' 설명에서 이미 등을 돌려버렸다는 홀(1996d)의 지적은 분명히 옳다. 그러나

> 경제결정론을 포기한 결과 얻은 것은 경제적 관계와 그 결과를 따져볼 수 있는 여러 가지 대안적 방법이 아니라 …… 오히려 대량의, 거대한, 의미심장한 비난과 거부를 초래하고 말았다. 이를테면 이런 식이다. 가장 넓은 의미의 경제는 한때 생각했던 것처럼 궁극적으로 실제의 역사 흐름을 결정적으로 규정하는 것이 아니므로 도대체 경제라는 것은 존재하지도 않는단 말인가!(258)

홀의 말에 따르면 이는 "매우 심각하고 …… 또 매우 무력한 이론화의 실패이

며 …… 이로 말미암아 개념적으로 그 영역을 충분히 잘 지탱해 갈 수 있었던 패러다임을 훨씬 약화시키고 말았다"(같은 곳). 따라서 '존재 조건들'에 대한 재고는 불가피하다. 그러나 '접근'을 전용이나 사용과 동일한 것으로 주장하고, 또 우리가 꼭 알아야 할 텍스트의 성격이나 소비에 대해서는 생산이 모두 말해줄 것이라고 가정하는, 그런 류의 정치경제학적 분석으로 되돌아가자는 것이 아니다. 또한 그것은 정치경제학으로 통하는 다리를 건설하자는 것도 아니다. 맥로비를 포함한 여러 사람이 밝혔듯이, 1970년대 이래 문화연구에서 가장 믿을 수 있고 일관된 이론적 초점이었던 헤게모니 이론으로 다시 돌아갈 필요가 있다.

맥로비는 포스트모더니즘과 포스트모더니티에 대한 논쟁이 이전의 이데올로기와 헤게모니에 대한 친숙한 논쟁을 대체하면서 문화연구가 급격히 변모했다는 것을 인정한다. 그녀는 문화연구가 두 갈래의 반응을 보였다고 주장한다. 한편으로는 마르크스주의의 확실성으로 회귀할 것을 주장하는 사람들이 있고, 다른 한편으로는 소비문제로 돌아가는 쪽이 있었다(이는 쾌락이나 의미를 너무 배타적으로 이해했다). 맥로비가 볼 때, 어느 면에서 이것은 1970년대 후반, 1980년대 초의 구조주의/문화주의 토론을 되풀이하는 것이고, 마르크스(1977)의 변증법(우리는 역사에 의해 만들어졌다/우리는 역사를 만든다)의 한 측면을 다른 측면에다 대고 견주는 것과 같은 것이다. 맥로비(1994)는 "단순하고 기계적인 토대/상부구조의 모델"로 회귀하는 것도 거부하고, 또 "소비되는 대중적인 것은 무엇이든 대항적이라고 보는 문화적 민중주의의 위험한 발상"(39)에 대해서도 거부한다. 오히려 그녀는 '그람시적 문화분석의 확장'(같은 곳)을 제안하면서, "문화산업이 공급하는 대중문화의 산물에다 생명을 불어넣는 산 경험"(27)을 연구목표로 삼는 문화인류학적 분석으로 돌아갈 것을 종용한다.

포스트-마르크스주의의 헤게모니 이론에서 최고의 장점은 생산과정과 소비행위 사이에 변증법이 있다고 보는 것이다. 소비자는 생산을 결정하는 여러 조건의 결과로서 나온, 물질적 존재로서의 텍스트나 생산물과 항상 대면한다. 그러나 같은 방식으로, 문화적 텍스트 및 생산물은 사용 중에 여러 가능한 의미를 생산해내는 소비자와 대면하게 되는데, 그 텍스트나 생산물의 물질성이나 그 생산의 방법, 관계만으로는 이를 읽어낼 수가 없다.[14)]

대량문화의 이데올로기

여기서 우리는 지금 우리(우리 모두)가 다국적 자본주의가 지배하는 세계에 살고 있음을, 그리고 앞으로도 계속 그럴 것임 ― 그람시가 말했듯, '지식인의 비관주의, 의지의 낙관주의'(Gramsci, 1971: 175) ― 을 인정하고 출발해야 한다. 우리는 우리 자신들 ― 앞서가는 지식인뿐만 아니라 모든 사람들 ― 을 능동적인 문화 참여자로 볼 필요가 있다. 이를테면 선택과 거부, 의미 생산, 가치 부여를 통해 참여하고 있는 것이다. 이는 결코 '의미작용의 정치학'을 망각해버렸다는 뜻이 아니다. 우리가 놓치지 말아야 할 것은(이 부분에서 나는 앙 Ang에 동의한다) 쾌락이 정치적이기는 하지만 쾌락과 정치는 별개임을 제대로 인식하는 일이다. 「위기의 주부들」이나 「소프라노스」와 같은 드라마가 나의 정책을 결정하지도 않으며, 또 나를 더 좌익적으로 혹은 덜 좌익적으로 만드는 것도 아니다. 쾌락과 정치는 별개의 것이라서 왜곡이나 부정, 도피에 대해 웃고 즐길 수 있지만, 동시에 그것들을 왜곡, 부정, 도피라고 말하는 정치적 입장을 지지할 수도 있다.

우리는 현실에 대한 상이한 해석 사이에 존재하는 차이를 인식하고, 이해하고 또 쟁점화하기 위해서 서로를 가르쳐야 하며, 또 저마다 다른 정치적 입장을 요구할 수 있음을 알아야만 한다. 이것은 페미니즘이나 사회주의적 문화정치의 종말, 혹은 종족과 계급, 성, 젠더 등의 재현을 둘러싼 투쟁의 종말을 의미하는 것이 아니다. 오히려 이것은 문화소비의 양식이 개인의 도덕적·정치적 가치를

---

14) 게이(Gay) 등이 개발한 '문화의 흥행' 모델은 포스트-마르크스주의의 문화연구에 큰 기여를 하고 있음에 틀림없다.

규정한다고 주장하는, 허약한 '문화와 문명'의 문제의식과의 결별을 의미한다.

여러 면에서 이 책은 앙이 말하는 이른바 '대량문화의 이데올로기'에 관한 것이다. 이 이데올로기에 맞서 무비판적 문화민중주의를 옹호한다는 비난을 감수하면서 나는 소비의 쾌락과, 소비에서의 쾌락의 양식들을 제시하고자 하였다. 궁극적으로 대중문화는 문화산업이 제공하는 상품과 상품화된 것들을 소재로 하여 만들어진다는 것이 내 주장이다. 내 말을 포스트-마르크스주의적 문화연구에 비추어 풀이한다면, 대중문화의 형성('사용 중에 생산되는 것')[15]은 지배적인 세계관에 맞서는 종속계층의 권한에 속하는 것이다. 그러나 그 권한이 항상 위임되어 있고 또 저항적 성격을 띤다는 말은 아니다. 소비의 수동성을 부정하는 것은 소비가 가끔은 수동적일 경우가 있다는 것에 대한 부정이 아니다. 또 대중문화의 소비자들은 문화적으로 열등하다는 것을 부정하는 것은 문화산업의 조종 의도를 부정하는 것이 아니다. 이는 오히려 대중문화가 사회적 통제를 유지하고 이익을 도모하기 위한, 상업적·이데올로기적 조종으로 망가진 풍경에 지나지 않는다는 주장을 부정하는 것이다.

포스트-마르크스주의의 문화연구는 이러한 사안들을 결정하기 위해서는 생산, 텍스트 성격, 소비 등의 항목에 대해 주목할 필요가 있다고 주장한다. 이것들은 엘리트들이 스쳐지나가듯 가볍게 보아도 일시에 모두 한꺼번에 결정될 수 있는 것들이 아니다. 또한 그것들은 생산의 계기로부터 읽혀질 수 있는 것도 아니다. 그것들은 다만 사용 중에 생겨나는 생산물의 갖가지 의미 맥락의 양상일 뿐이다. 그리고 궁극적으로는 바로 이 사용 중의 생산에서 의미, 쾌락, 이데올로기적 결과, 그리고 합병이나 저항 등의 문제가 (경우에 따라서) 결정된다.

---

15) 마르크스(1976a)의 주장에 따른다면, "모름지기 생산이란 소비를 통해 마지막 완성이 이루어진다. …… 예를 들면, 옷은 그것을 실제로 입을 때만 진정한 의미의 옷이 되고, 사람이 살지 않는 집은 진정한 의미의 집이 아니다. 달리 말한다면, 생산물이란 단순한 자연물과는 구별되는 것으로, 오로지 소비를 통해서만이 생산물다운 생산물이 된다"(19). 이것이 곧 책과 텍스트 사이의 차이이다. 전자는 출판사가 만들어내는 것이고, 후자는 독자에 의해 생산되는 것이다.

이러한 논의는 이 책을 쓰는 동안 더욱 목소리가 커진 대량문화의 이데올로기적 추종자들을 만족시키지는 못할 것이다. 또 영미 미디어가 고급문화의 권위를 위협하는 '정치적 올바름과 복합문화주의에 대한 논의'를 두려워하는 경향도 생각해볼 필요가 있다. 그들은 이 규범을 비판적 사고를 절단해버리기 위해 마치 칼처럼 휘둘러댄다. 또 그들은 위세를 떨며 우리 대부분이 문화라고 부르는 것을 아예 인정하지도 않는다. 요컨대 대중문화(혹은 대량문화)와 고급문화(혹은 그냥 문화)를 이야기하는 것은 단지 '그들'과 '우리'를 구분하는 또 하나의 방식에 지나지 않는다는 것이다. 그들은 그들 배후의 강력한 담론체계의 도움과 권위에 의지하여 발언한다.

우리들 가운데 이러한 의식적 및 무의식적 엘리트주의를 인지하는 사람은 그러한 담론체계를 물리치면서, 오로지 민중주의 이데올로기의 논증적 뒷받침을 통해서만 가끔씩 우리 자신을 발견한다(때로는 이조차도 불확실할 때가 있다). 대중문화의 새로운 교육학이 떠맡아야 할 소임은 한편으로는 속단적인 엘리트주의와 또 다른 한편으로는 무조건적인 반-지식인주의의 경향에 치우치지 않고 연구할 수 있는 방법을 찾아내는 것이다. 비록 이 책이 새로운 연구방식들을 확립하지는 못했다 할지라도, 나는 최소한 그 길로 접근하는 현존 방식들을 도식화하여 대중문화 연구자들이 머지않아 그 진정한 가능성을 찾을 수 있게끔 일조하기를 기대할 따름이다.

더 읽어야 할 책들

Srorey, John(ed.), *Cultural Theory and Popular Culture : A Reader*, 4th edition, Harlow : Pearson Education, 2009. 이것은 이 책의 자매편이며, 2018년에 출판된 제5판은 내용적으로 더욱 보완된 것이다. 이 책과 자매지는 대화형 웹사이트(www.routledge.com/cw/storey)를 통해 뒷받침되고 있다. 이 웹사이트에는 학생들에게 도움이 될 만

한 유용한 자료들이 실려 있다.

Bennett, Tony, *Culture : A Reformer's Science*, London : Sage, 1998. 최근 문화연구의 역사와 실천적 성과를 정리한 에세이 모음집으로 저자는 이 분야의 지도적인 인물들 가운데 한 명이다.

During, Simon(ed.), *The Cultural Studies Reader*, 2nd edn, London : Routledge, 1999. 이 분야의 지도적인 인물들에 속하는 많은 사람들의 자료를 모은 훌륭한 자료집.

Gilroy, Paul, Lawrence Grossberg and Angela McRobbie(eds), *Without Guarantees : In Honour of Stuart Hall*, London : Verso, 2000. 스튜어트 홀의 저작을 다룬 훌륭한 에세이 모음집.

Gary, Ann and Jim McGuigan(eds), *Studying Culture : An Introductory Reader*, London : Edward Arnold, 1993. 이 분야의 지도적인 인물들에 속하는 많은 사람들의 자료를 모은 훌륭한 자료집.

Grossberg, Lawrence, *Bringing it all Back Home : Essays on Cultural Studies*, Durham, North Carolina : Duke University Press, 1997. 이 분야의 지도적인 인물들 가운데 한 사람인 저자가 이론적인 에세이들을 모은 뛰어난 자료집.

Grossberg, Lawrence, *Dancing in Spite of Myself : Essays on Popular Culture*, Durham, North Carolina : Duke University Press, 1997. 문화연구의 주도적인 인물들 가운데 한 사람의 대중문화에 관한 논문 모음집.

Grossberg, Lawrence, Cary Nelson, Paula Treichier(eds), *Cultural Studies*, London : Routledge, 1992. 이 모음집은 40개의 논문(대부분 토론과 함께)으로 구성된, 문화연구의 최근 논쟁에 관한 뛰어난 입문 개설서.

Morley, David and Kuan-Hsing Chen(eds), *Stuart Hall : Critical Dialogues in Cultural Studies*, London : Routledge, 1995. 이것은 매우 훌륭한 책이다. 스튜어트 홀의 에세이와 그와의 대담이 실려 있으며, 아울러 문화연구의 과거와 현재, 그리고 가능적 미래의 이미지를 엮어가고 있다.

Munns, Jessica and Gita Rajan, *A Cultural Studies Reader : History, Theory, Practice*, New York : Longman, 1995. 잘 정리된 흥미로운 에세이 모음집.

Storey, John(ed.), *What is Cultural Studies : A Reader*, London : Edward Arnold, 1996. '문화란 무엇인가?'라는 물음에 여러 가지 다른 방식으로 대답하고 있는 에세이

모음집.

Storey, John, *Inventing Popular Culture*, Malden, MA : Blackwell, 2003. 대중문화라는 개념에 대한 역사적 설명.

Storey, John, *Culture and Power in Cultural Studies: The Politics of Signification*, Edinburgh: Edinburgh University Press, 2010. 이 책의 많은 논의들을 더 상세하게 다루고 있다.

Storey, John, *From Popular Culture to Everyday Life*, London : Routledge, 2014. 이 책은 문화연구의 비판적 초점을 대중문화로부터 일상생활로 옮겨가고 있다.

참고문헌

Adorno, Theodor (1991a), 'How to look at television', in *The Culture Industry*, London: Routledge.
Adorno, Theodor (1991b), 'The schema of mass culture', in *The Culture Industry*, London: Routledge.
Adorno, Theodor (2009), 'On popular music', in *Cultural Theory and Popular Culture: A Reader*, 4th edn, edited by John Storey, Harlow: Pearson Education.
Adorno, Theodor and Max Horkheimer (1979), *Dialectic of Enlightenment*, London: Verso.
Althusser, Louis (1969), *For Marx*, London: Allen Lane.
Althusser, Louis (1971), *Lenin and Philosophy*, New York: Monthly Review Press.
Althusser, Louis (2009), 'Ideology and ideological state apparatuses', in *Cultural Theory and Popular Culture: A Reader*, 4th edn, edited by John Storey, Harlow: Pearson Education.
Althusser, Louis and Etienne Balibar (1979), *Reading Capital*, London: Verso.
Anderson, Perry (1980), *Arguments within English Marxism*, London: Verso.
Ang, Ien (1985), *Watching Dallas: Soap Opera and the Melodramatic Imagination*, London: Methuen.
Ang, I. (1996), 'Culture and communication: towards an ethnographic critique of media consumption in the transnational media system', in *What is Cultural Studies? A Reader*, edited by John Storey. London: Edward Arnold.
Ang, Ien (2009), 'Feminist desire and female pleasure', in *Cultural Theory and Popular Culture: A Reader*, 4th edn, edited by John Storey, Harlow: Pearson Education.
Arnold, Matthew (1896), *Letters 1848–1888*, Volume I, London: Macmillan.
Arnold, Matthew (1954), *Poetry and Prose*, London: Rupert Hart Davis.
Arnold, Matthew (1960), *Culture and Anarchy*, London: Cambridge University Press.
Arnold, Matthew (1960–77), *Complete Prose Works*, Volume III, Ann Arbor: University of Michigan Press.
Arnold, Matthew (1973), *On Education*, Harmondsworth: Penguin.
Arnold, Matthew (2009), 'Culture and Anarchy', in *Cultural Theory and Popular Culture: A Reader*, 4th edn, edited by John Storey, Harlow: Pearson Education.
Austin, J.L. (1962), *How to Do Things with Words*, Oxford: Clarendon Press.
Ball, Vicky (2012a), 'The "feminization" of British television and the re-traditionalization of gender', *Feminist Media Studies* 12 (2).
Ball, Vicky (2012b), 'Sex, class and consumerism in British television drama', in *Renewing Feminism: Stories, Fantasies and Futures*, edited by H. Thornham and E. Weissmann, London: IB Tauris.
Barrett, Michèle (1982), 'Feminism and the definition of cultural politics', in *Feminism, Culture and Politics*, edited by Rosalind Brunt and Caroline Rowan, London: Lawrence & Wishart.
Barthes, Roland (1967), *Elements of Semiology*, London: Jonathan Cape.

Barthes, Roland (1973), *Mythologies*, London: Paladin.
Barthes, Roland (1975), *S/Z*, London: Jonathan Cape.
Barthes, Roland (1977a), 'The photographic message', in *Image–Music–Text*, London: Fontana.
Barthes, Roland (1977b), 'Rhetoric of the image', in *Image–Music–Text*, London: Fontana.
Barthes, Roland (1977c), 'The death of the author', in *Image–Music–Text*, London: Fontana.
Barthes, Roland (1995), *The Semiotic Challenge*, Berkeley: University of California Press.
Barthes, Roland (2009), 'Myth today', in *Cultural Theory and Popular Culture: A Reader*, 4th edn, edited by John Storey, Harlow: Pearson Education.
Baudrillard, Jean (1981), *For a Critique of the Political Economy of the Sign*, St Louis, MD: Telos Press.
Baudrillard, Jean (1983), *Simulations*, New York: Semiotext(e).
Baudrillard, Jean (2009), 'The precession of simulacra', in *Cultural Theory and Popular Culture: A Reader*, 4th edn, edited by John Storey, Harlow: Pearson Education.
Beauvoir, Simone de (1984), *The Second Sex*, New York: Vintage.
Beaver, Harold (1999), 'Homosexual signs: in memory of Roland Barthes', in *Camp: Queer Aesthetics and the Performing Subject: A Reader*, edited by Fabio Cleto, Edinburgh: Edinburgh University Press.
Beck, Ulrich and Elisabeth Beck-Gernsheim (2002), *Individualization*, London: Sage.
Benjamin, Walter (1973), 'The work of art in the age of mechanical reproduction', in *Illuminations*, London: Fontana.
Bennett, Tony (1977), 'Media theory and social theory', in *Mass Communications and Society*, DE 353, Milton Keynes: Open University Press.
Bennett, Tony (1979), *Formalism and Marxism*, London: Methuen.
Bennett, Tony (1980), 'Popular culture: a teaching object', *Screen Education*, 34.
Bennett, Tony (1982a), 'Popular culture: defining our terms', in *Popular Culture: Themes and Issues 1*, Milton Keynes: Open University Press.
Bennett, Tony (1982b), 'Popular culture: themes and issues', in *Popular Culture*, U203, Milton Keynes: Open University Press.
Bennett, Tony (1983), 'Text, readers, reading formations', *Literature and History*, 9 (2).
Bennett, Tony (1986), 'The politics of the popular', in *Popular Culture and Social Relations*, Milton Keynes: Open University Press.
Bennett, Tony (2009), 'Popular culture and the turn to Gramsci', in *Cultural Theory and Popular Culture: A Reader*, 4th edn, edited by John Storey, Harlow: Pearson Education.
Bentham, Jeremy (1995), *The Panopticon Writings*, edited and introduced by Miran Bozovic, London: Verso.
Bernstein, J.M. (1978), 'Introduction', in *The Culture Industry*, London: Routledge.
Best, Steven and Douglas Kellner (1991), *Postmodern Theory: Critical Interrogations*, London: Macmillan.
Bourdieu, Pierre (1984), *Distinction: A Social Critique of the Judgment of Taste*, translated by Richard Nice, Cambridge, MA: Harvard University Press.
Brecht, Bertolt (1978), *On Theatre*, translated by John Willett, London: Methuen.
Brogan, D.W. (1978), 'The problem of high and mass culture', in *Literary Taste, Culture, and Mass Communication*, Volume I, edited by Peter Davison, Rolf Meyersohn and Edward Shils, Cambridge: Chadwyck Healey.
Brooker, Peter and Will Brooker (1997a), 'Introduction', in *Postmodern After-Images: A Reader in Film*, edited by Peter Brooker and Will Brooker, London: Edward Arnold.
Brooker, Peter and Will Brooker (1997b), 'Styles of pluralism', in *Postmodern After-Images: A Reader in Film*, edited by Peter Brooker and Will Brooker, London: Edward Arnold.

Brooks, Peter (1976), *The Melodramatic Imagination*, New Haven, CT: Yale University Press.
Brunsdon, Charlotte (1991), 'Pedagogies of the feminine: feminist teaching and women's genres', *Screen*, 32 (4).
Burke, Peter (1994), *Popular Culture in Early Modern Europe*, Aldershot: Scolar Press.
Burston, Paul and Colin Richardson (1995), 'Introduction', in *A Queer Romance: Lesbians, Gay Men and Popular Culture*, edited by Paul Burston and Colin Richardson, London: Routledge.
Butler, Judith (1993), *Bodies That Matter: On the Discursive Limits of Sex*, New York: Routledge.
Butler, Judith (1999), *Gender Trouble: Feminism and the Subversion of Identity*, 10th anniversary edn, New York: Routledge.
Butler, Judith (2000), 'Restaging the universal', in *Contingency, Hegemony, Universality: Contemporary Dialogues on the Left*, by Judith Butler, Ernesto Laclau and Slavoj Žižek, London: Verso.
Butler, Judith (2009), 'Imitation and gender insubordination', in *Cultural Theory and Popular Culture: A Reader*, 4th edn, edited by John Storey, Harlow: Pearson Education.
Butler, Judith, Ernesto Laclau and Slavoj Žižek (2000), *Contingency, Hegemony, Universality: Contemporary Dialogues on the Left*, London: Verso.
Canaan, Joyce and Christine Griffin (1990), 'The new men's studies: part of the problem or part of the solution', in *Men, Masculinities and Social Theory*, edited by Jeff Hearn and David Morgan, London: Unwin Hyman.
Carey, James W. (1996), 'Overcoming resistance to cultural studies', in *What Is Cultural Studies? A Reader*, edited by John Storey, London: Edward Arnold.
Certeau, Michel de (1984), *The Practice of Everyday Life*, Berkeley: University of California Press, 1984.
Certeau, Michel de (2009), 'The practice of everyday life', in *Cultural Theory and Popular Culture: A Reader*, 4th edn, edited by John Storey, Harlow: Pearson Education.
Chambers, Iain (1986), *Popular Culture: The Metropolitan Experience*, London: Routledge.
Chauncey, George (1994), *Gay New York: Gender, Urban Culture, and the Making of the Gay Male World, 1890–1940*, New York: Basic Books.
Chinn, Sarah E. (1997), 'Gender performativity', in *The Lesbian and Gay Studies Reader: A Critical Introduction*, edited by Andy Medhurst and Sally R. Munt, London: Cassell.
Chodorow, Nancy (1978), *The Reproduction of Mothering: Psychoanalysis and the Sociology of Gender*, Berkeley: University of California Press.
Clark, Michael (1991), 'Remembering Vietnam', in *The Vietnam War and American Culture*, edited by John Carlos Rowe and Rick Berg, New York: Columbia University Press.
Clarke, Gary (1990), 'Defending ski-jumpers: a critique of theories of youth subcultures', in *On Record*, edited by Simon Frith and Andrew Goodwin, New York: Pantheon.
Cleto, Fabio (ed.) (1999), *Camp: Queer Aesthetics and the Performing Subject*, Edinburgh: Edinburgh University Press.
Coleridge, Samuel Taylor (1972), *On the Constitution of the Church and State*, London: Dent.
Collins, Jim (1992), 'Postmodernism and television', in *Channels of Discourse, Reassembled*, edited by Robert C. Allen, London: Routledge, 1992.
Collins, Jim (2009), 'Genericity in the nineties', in *Cultural Theory and Popular Culture: A Reader*, 4th edn, edited by John Storey, Harlow: Pearson Education.
Connor, Steven (1989), *Postmodernist Culture: An Introduction to Theories of the Contemporary*, Oxford: Blackwell.
Connor, Steven (1992), *Theory and Cultural Value*, Oxford: Blackwell.
Coward, Rosalind (1984), *Female Desire: Women's Sexuality Today*, London: Paladin.

Creekmur, Corey K. and Alexander Doty (1995), 'Introduction', in *Out in Culture: Gay, Lesbian, and Queer Essays on Popular Culture*, edited by Corey K. Creekmur and Alexander Doty, London: Cassell.

Curtin, Philip (1964), *Images of Africa*, Wisconsin: University of Wisconsin Press.

Derrida, Jacques (1973), *Speech and Phenomena*, Evanston, IL: North Western University Press.

Derrida, Jacques (1976), *Of Grammatology*, Baltimore, MD: Johns Hopkins University Press.

Derrida, Jacques (1978a), *Writing and Difference*, London: Routledge & Kegan Paul.

Derrida, Jacques (1978b), *Positions*, London: Athlone Press.

Derrida, Jacques (1982), *Margins of Philosophy*, Chicago: University of Chicago Press.

Descartes, Rene (1993), *Meditations on First Philosophy*, London: Hackett.

Disraeli, Benjamin (1980), *Sybil, or the Two Nations*, Harmondsworth: Penguin.

Dittmar, Linda, and Gene Michaud (1990) (eds), *From Hanoi To Hollywood: The Vietnam War in American Film*, New Brunswick, NJ and London: Rutgers University Press.

Docker, John (1994), *Postmodernism and Popular Culture: A Cultural History*, Cambridge: Cambridge University Press.

Doty, Alexander (1995), 'Something queer here', in *Out in Culture: Gay, Lesbian and Queer Essays on Popular Culture*, edited by Corey K. Creekmur and Alexander Doty, London: Cassell.

Dyer, Richard (1990), 'In defence of disco', in *On Record: Rock, Pop, and the Written Word*, edited by Simon Frith and Andrew Goodwin, London: Routledge.

Dyer, Richard (1997), *White: Essays on Race and Culture*, London: Routledge.

Dyer, Richard (1999), 'Entertainment and utopia', in *The Cultural Studies Reader*, 2nd edn, edited by Simon During, London: Routledge.

Eagleton, Terry (1983), *Literary Theory: An Introduction*, Oxford: Blackwell.

Easthope, Antony (1986), *What a Man's Gotta Do: The Masculine Myth in Popular Culture*, London: Paladin.

Easthope, Antony (1991), *Literary into Cultural Studies*, London: Routledge.

Eco, Umberto (1984), *Postscript to The Name of the Rose*, New York: Harcourt Brace Jovanovich.

Engels, Frederick (2009), 'Letter to Joseph Bloch', in *Cultural Theory and Popular Culture: A Reader*, 4th edn, edited by John Storey, Harlow: Pearson Education.

Fanon, Franz (1986), *Black Skin, White Masks*, London: Pluto.

Fekete, John (1987), 'Introductory notes for a postmodern value agenda', in *Life After Postmodernism*, edited by John Fekete, New York: St. Martin's Press.

Fiedler, Leslie (1957), 'The middle against both ends', in *Mass Culture: The Popular Arts in America*, edited by Bernard Rosenberg and David Manning White, New York: Macmillan.

Fiedler, Leslie (1971), *The Collected Essays of Leslie Fiedler*, Volume 2, New York: Stein and Day.

Fiske, John (1987), *Television Culture*, London: Routledge.

Fiske, John (1989a), *Understanding Popular Culture*, London: Unwin Hyman.

Fiske, John (1989b), *Reading the Popular*, London: Unwin Hyman.

Fiske, John (1994), *Media Matters: Everyday Culture and Media Change*, Minnesota: University of Minnesota Press.

Foucault, Michel (1979), *Discipline and Punish*, Harmondsworth: Penguin.

Foucault, Michel (1981), *The History of Sexuality*, Harmondsworth: Penguin.

Foucault, Michel (1989), *The Archaeology of Knowledge*, London: Routledge.

Foucault, Michel (2002a), 'Truth and power', in *Michel Foucault Essential Works: Power*, edited by James D. Faubion, Harmondsworth: Penguin.

Foucault, Michel (2002b), 'Question of method', in *Michel Foucault Essential Works: Power*, edited by James D. Faubion, Harmondsworth: Penguin.

Foucault, Michel (2002c), 'Truth and juridical forms', in *Michel Foucault Essential Works: Power*, edited by James D. Faubion, Harmondsworth: Penguin.

Foucault, Michel (2009), 'Method', in *Cultural Theory and Popular Culture: A Reader*, 4th edn, edited by John Storey, Harlow: Pearson Education.

Franklin, H. Bruce (1993), *M.I.A. or Mythmaking in America*, New Brunswick, NJ: Rutgers University Press.

Freud, Sigmund (1973a), *Introductory Lectures on Psychoanalysis*, Harmondsworth: Pelican.

Freud, Sigmund (1973b), *New Introductory Lectures on Psychoanalysis*, Harmondsworth: Pelican.

Freud, Sigmund (1975), *The Psychopathology of Everyday Life*, Harmondsworth: Pelican.

Freud, Sigmund (1976), *The Interpretation of Dreams*, Harmondsworth: Pelican.

Freud, Sigmund (1977), *On Sexuality*, Harmondsworth: Pelican.

Freud, Sigmund (1984), *On Metapsychology: The Theory of Psychoanalysis*, Harmondsworth: Pelican.

Freud, Sigmund (1985), *Art and Literature*, Harmondsworth: Pelican.

Freud, Sigmund (1986), *Historical and Expository Works on Psychoanalysis*, Harmondsworth: Pelican.

Freud, Sigmund (2009), 'The Dream-Work', in *Cultural Theory and Popular Culture: A Reader*, 4th edn, edited by John Storey, Harlow: Pearson Education.

Frith, Simon (1983), *Sound Effects: Youth, Leisure and the Politics of Rock*, London: Constable.

Frith, Simon (2009), 'The good, the bad and the indifferent: defending popular culture from the populists', in *Cultural Theory and Popular Culture: A Reader*, 4th edn, edited by John Storey, Harlow: Pearson Education.

Frith, Simon and Howard Horne (1987), *Art into Pop*, London: Methuen.

Frow, John (1995), *Cultural Studies and Value*, New York: Oxford University Press.

Fryer, Peter (1984), *Staying Power: The History of Black People in Britain*, London: Pluto.

Gamman, Lorraine and Margaret Marshment (1988), 'Introduction', in *The Female Gaze, Women as Viewers of Popular Culture*, edited by Lorraine Gamman and Margaret Marshment, London: The Women's Press.

Garnham, Nicholas (2009), 'Political economy and cultural studies: reconciliation or divorce', in *Cultural Theory and Popular Culture: A Reader*, 4th edn, edited by John Storey, Harlow: Pearson Education.

Garnham, Nicholas and Raymond Williams (1980), 'Pierre Bourdieu and the sociology of culture: an introduction', *Media, Culture and Society*, 2 (3).

Gay, Paul du, Stuart Hall, Linda Janes, Hugh Mackay and Keith Negus (1997), *Doing Cultural Studies*, London: Sage.

Giddens, Anthony (1992), *The Transformation of Intimacy*, Cambridge: Polity.

Gill, Rosalind (2007), 'Postfeminist media culture: elements of a sensibility', in *European Journal of Cultural Studies*, 10, 147–66.

Gilroy, Paul (2002), *There Ain't No Black in the Union Jack*, London: Routledge Classics.

Gilroy, Paul (2004), *After Empire*, London: Routledge.

Gilroy, Paul (2009), '"Get up, get into it and get involved" – soul, civil rights and black power', in *Cultural Theory and Popular Culture: A Reader*, 4th edn, edited by John Storey, Harlow: Pearson Education.

Gilroy, Paul, Lawrence Grossberg and Angela McRobbie (2000) (eds), *Without Guarantees: In Honour of Stuart Hall*, London: Verso.

Gledhill, Christine (2009), 'Pleasurable negotiations', in *Cultural Theory and Popular Culture: A Reader*, 4th edn, edited by John Storey, Harlow: Pearson Education.

Golding, Peter and Graham Murdock (1991), 'Culture, communications and political economy', in *Mass Media and Society*, edited by James Curran and Michael Gurevitch, London: Edward Arnold.

Goodwin, Andrew (1991), 'Popular music and postmodern theory', *Cultural Studies*, 5 (2).
Gramsci, Antonio (1968), *The Modern Prince and Other Writings*, New York: International Publishers.
Gramsci, Antonio (1971), *Selections from Prison Notebooks*, London: Lawrence & Wishart.
Gramsci, Antonio (2007), *Prison Notebooks*, volume III, New York: Columbia University Press.
Gramsci, Antonio (2009), 'Hegemony, intellectuals, and the state', in *Cultural Theory and Popular Culture: A Reader*, 4th edn, edited by John Storey, Harlow: Pearson Education.
Graves-Brown, Paul (2000), *Matter, Materiality and Modern Culture*, London: Routledge.
Gray, Ann (1992), *Video Playtime: The Gendering of Leisure Technology*, London: Routledge.
Green, Michael (1996), 'The Centre for Contemporary Cultural Studies', in *What is Cultural Studies? A Reader*, edited by John Storey, London: Edward Arnold.
Grossberg, Lawrence (1988), *It's a Sin: Essays on Postmodernism, Politics and Culture*, Sydney: Power Publications.
Grossberg, Lawrence (1992), 'Is there a fan in the house?', in *The Adoring Audience*, edited by Lisa Lewis, London: Routledge.
Grossberg, Lawrence (2009), 'Cultural studies vs. political economy: is anybody else bored with this debate?', in *Cultural Theory and Popular Culture: A Reader*, 4th edn, edited by John Storey, Harlow: Pearson Education.
Haag, Ernest van den (1957), 'Of happiness and despair we have no measure', in *Mass Culture: The Popular Arts in America*, edited by Bernard Rosenberg and David Manning White, New York: Macmillan.
Haines, Harry W. (1990), 'They were called and they went': the political rehabilitation of the Vietnam veteran', in Linda Dittmar and Gene Michaud (eds), *From Hanoi To Hollywood: The Vietnam War in American Film*, New Brunswick, NJ and London: Rutgers University Press.
Hall, Stuart (1978), 'Some paradigms in cultural studies', *Annali*, 3.
Hall, Stuart (1980a), 'Encoding/decoding', in *Culture, Media, Language*, edited by Stuart Hall, Dorothy Hobson, Andrew Lowe and Paul Willis, London: Hutchinson.
Hall, Stuart (1980b), 'Cultural studies and the Centre; some problematics and problems', in *Culture, Media, Language*, edited by Stuart Hall, Dorothy Hobson, Andrew Lowe and Paul Willis, London: Hutchinson.
Hall, Stuart (1991), 'Old and new ethnicities', in *Culture, Globalization and the World-System*, edited by Anthony Smith, London: Macmillan.
Hall, Stuart (1992), 'Cultural studies and its theoretical legacies', in *Cultural Studies*, edited by Lawrence Grossberg, Cary Nelson and Paula Treichler, London: Routledge.
Hall, Stuart (1996a), 'Cultural studies: two paradigms', in *What is Cultural Studies? A Reader*, edited by John Storey, London: Edward Arnold.
Hall, Stuart (1996b), 'On postmodernism and articulation: an interview with Stuart Hall', in *Stuart Hall: Cultural Dialogues in Cultural Studies*, edited by David Morley and Kuan-Hsing Chen, London: Routledge.
Hall, Stuart (1996c), 'The problem of ideology: Marxism without guarantees', in *Stuart Hall: Cultural Dialogues in Cultural Studies*, edited by David Morley and Kuan-Hsing Chen, London: Routledge.
Hall, Stuart (1996d), 'When was the "post-colonial"? Thinking at the limit', in *The Postcolonial Question*, edited by L. Chambers and L. Curti, London: Routledge.
Hall, Stuart (1996e), 'Race, culture, and communications: looking backward and forward at cultural studies', in *What is Cultural Studies: A Reader*, edited by John Storey, London: Edward Arnold.
Hall, Stuart (1997a), 'Introduction', in *Representation*, edited by Stuart Hall, London: Sage.

Hall, Stuart (1997b), 'The spectacle of the "other"', in *Representation*, edited by Stuart Hall, London: Sage.

Hall, Stuart (2009a), 'The rediscovery of ideology: the return of the repressed in media studies', in *Cultural Theory and Popular Culture: A Reader*, 4th edn, edited by John Storey, Harlow: Pearson Education.

Hall, Stuart (2009b), 'Notes on deconstructing "the popular"', in *Cultural Theory and Popular Culture: A Reader*, 4th edn, edited by John Storey, Harlow: Pearson Education.

Hall, Stuart (2009c), 'What is this "black" in black popular culture?', in *Cultural Theory and Popular Culture: A Reader*, 4th edn, edited by John Storey, Harlow: Pearson Education.

Hall, Stuart and Paddy Whannel (1964), *The Popular Arts*, London: Hutchinson.

Harvey, David (1989), *The Condition of Postmodernity*, Oxford: Blackwell.

Hawkes, Terence (1977), *Structuralism and Semiotics*, London: Methuen.

Hebdige, Dick (1979), *Subculture: The Meaning of Style*, London: Methuen.

Hebdige, Dick (1988), 'Banalarama, or can pop save us all?' *New Statesman & Society*, 9 December.

Hebdige, Dick (2009), 'Postmodernism and "the other side"', in *Cultural Theory and Popular Culture: A Reader*, 4th edn, edited by John Storey, Harlow: Pearson Education.

Hermes, Joke (1995), *Reading Women's Magazines*, Cambridge: Polity Press.

Hoggart, Richard (1970), 'Schools of English and contemporary society', in *Speaking to Each Other*, Volume II, edited by Richard Hoggart, London: Chatto and Windus.

Hoggart, Richard (1990), *The Uses of Literacy*, Harmondsworth: Penguin.

hooks, bell (1989), *Talking Back: Thinking Feminist, Thinking Black*, London: Sheba Feminist Publishers.

hooks, bell (2009), 'Postmodern blackness', in *Cultural Theory and Popular Culture: A Reader*, 4th edn, edited by John Storey, Harlow: Pearson Education.

Horkheimer, Max (1978), 'Art and mass culture', in *Literary Taste, Culture and Mass Communication*, Volume XII, edited by Peter Davison, Rolf Meyersohn and Edward Shils, Cambridge: Chadwyck Healey.

Huyssen, Andreas (1986), *After the Great Divide: Modernism, Mass Culture and Postmodernism*, London: Macmillan.

Jameson, Fredric (1981), *The Political Unconscious*, London: Methuen.

Jameson, Fredric (1984), 'Postmodernism, or the cultural logic of late capitalism', *New Left Review*, 146.

Jameson, Fredric (1985), 'Postmodernism and consumer society', in *Postmodern Culture*, edited by Hal Foster, London: Pluto.

Jameson, Fredric (1988), 'The politics of theory: ideological positions in the postmodernism debate', in *The Ideologies of Theory Essays*, Volume 2, London: Routledge.

Jeffords, Susan (1989), *The Remasculinization of America: Gender and the Vietnam War*, Bloomington and Indianapolis: Indiana University Press.

Jenkins, Henry (1992), *Textual Poachers*, New York: Routledge.

Jenkins, Henry (2006), *Convergence Culture: Where Old and New Media Collide*, New York: New York University Press.

Jenson, Joli (1992), 'Fandom as pathology', in *The Adoring Audience*, edited by Lisa Lewis, London: Routledge.

Jewitt, Robert (2005), 'Mobile networks: globalisation, networks and the mobile phone', in *Culture and Power: Culture and Society in the Age of Globalisation*, edited by Chantal Cornut-Gentille, Zaragoza: Zaragoza University Press.

Johnson, Richard (1979), 'Three problematics: elements of a theory of working-class culture', in *Working Class Culture: Studies in History and Theory*, edited by John Clarke et al., London: Hutchinson.

Johnson, Richard (1996), 'What is cultural studies anyway?' in *What is Cultural Studies? A Reader*, edited by John Storey, London: Edward Arnold.

Klein, Michael (1990), 'Historical memory, film, and the Vietnam era', in *From Hanoi To Hollywood: The Vietnam War in American Film*, edited by Linda Dittmar and Gene Michaud, New Brunswick, NJ and London: Rutgers University Press.

Lacan, Jacques (1989), *Four Fundamental Concepts in Psychoanalysis*, New York: Norton.

Lacan, Jacques (2001), *Ecrits*, London: Routledge.

Lacan, Jacques (2009), 'The mirror stage', in *Cultural Theory and Popular Culture: A Reader*, 4th edn, edited by John Storey, Harlow: Pearson Education.

Laclau, Ernesto (1979), *Politics and Ideology in Marxist Theory*, London: Verso.

Laclau, Ernesto (1993), 'Discourse', in *A Companion to Contemporary Political Philosophy*, edited by R.E. Goodin and P. Pettit, London: Blackwell.

Laclau, Ernesto and Chantal Mouffe (2001), *Hegemony and Socialist Strategy: Towards a Radical Democratic Politics*, 2nd edn, London: Verso.

Laclau, Ernesto and Chantal Mouffe (2009), 'Post-Marxism without apologies', in *Cultural Theory and Popular Culture: A Reader*, 4th edn, edited by John Storey, Harlow: Pearson Education.

Latour, Bruno (2007), *Reassembling the Social*, Oxford: Oxford University Press.

Leavis, F.R. (1933), *For Continuity*, Cambridge: Minority Press.

Leavis, F.R. (1972), *Nor Shall My Sword*, London: Chatto and Windus.

Leavis, F.R. (1984), *The Common Pursuit*, London: Hogarth.

Leavis, F.R. (2009), 'Mass civilisation and minority culture', in *Cultural Theory and Popular Culture: A Reader*, 4th edn, edited by John Storey, Harlow: Pearson Education.

Leavis, F.R. and Denys Thompson (1977), *Culture and Environment*, Westport, CT: Greenwood Press.

Leavis, Q.D. (1978), *Fiction and the Reading Public*, London: Chatto and Windus.

Levine, Lawrence (1988), *Highbrow/Lowbrow: The Emergence of Cultural Hierarchy in America*, Cambridge, MA: Harvard University Press.

Lévi-Strauss, Claude (1968), *Structural Anthropology*, London: Allen Lane.

Liebes, T. and E. Katz (1993), *The Export of Meaning: Cross-cultural Readings of Dallas*, 2nd edn, Cambridge: Polity Press.

Light, Alison (1984), '"Returning to Manderley": romance fiction, female sexuality and class', *Feminist Review*, 16.

Lovell, Terry (2009), 'Cultural production', in *Cultural Theory and Popular Culture: A Reader*, 4th edn, edited by John Storey, Harlow: Pearson Education.

Lowenthal, Leo (1961), *Literature, Popular Culture and Society*, Palo Alto, CA: Pacific Books.

Lyotard, Jean-François (1984), *The Postmodern Condition: A Report on Knowledge*, Manchester: Manchester University Press.

Macdonald, Dwight (1998), 'A theory of mass culture', in *Cultural Theory and Popular Culture: A Reader*, 2nd edn, edited by John Storey, Harlow: Prentice Hall.

Macherey, Pierre (1978), *A Theory of Literary Production*, London: Routledge & Kegan Paul.

Maltby, Richard (1989), 'Introduction', in *Dreams for Sale: Popular Culture in the 20th Century*, edited by Richard Maltby, London: Harrap.

Mandel, Ernest (1978), *Late Capitalism*, London: Verso.

Marcuse, Herbert (1968a), *One Dimensional Man*, London: Sphere.

Marcuse, Herbert (1968b), *Negations*, London: Allen Lane.

Markus, Hazel Rose, and Paula M.L. Moya (2010), *Doing Race: 21 Essays for the 21st Century*, Norton: New York.

Martin, Andrew (1993), *Receptions of War: Vietnam in American Culture*, Norman: University of Oklahoma Press.

Marx, Karl (1951), *Theories of Surplus Value*, London: Lawrence & Wishart.

Marx, Karl (1963), *Selected Writings in Sociology and Social Philosophy*, Harmondsworth: Pelican.

Marx, Karl (1973), *Grundrisse*, Harmondsworth: Penguin.

Marx, Karl (1976a), 'Preface' and 'Introduction', in *Contribution to the Critique of Political Economy*, Peking: Foreign Languages Press.

Marx, Karl (1976b), 'Theses on Feuerbach', in *Ludwig Feuerbach and the End of Classical German Philosophy*, by Frederick Engels, Peking: Foreign Languages Press.

Marx, Karl (1976c), *Capital*, Volume I, Harmondsworth: Penguin.

Marx, Karl (1977), *The Eighteenth Brumaire of Louis Bonaparte*, Moscow: Progress Publishers.

Marx, Karl and Friedrich Engels (1957), *On Religion*, Moscow: Progress Publishers.

Marx, Karl and Frederick Engels (1974), *The German Ideology* (student edn), edited and introduced by C.J. Arthur, London: Lawrence & Wishart.

Marx, Karl, and Friedrich Engels (1992), *The Communist Manifesto*, Oxford: Oxford World's Classics.

Marx, Karl and Frederick Engels (2009), 'Ruling class and ruling ideas', in *Cultural Theory and Popular Culture: A Reader*, 4th edn, edited by John Storey, Harlow: Pearson Education.

McGuigan, Jim (1992), *Cultural Populism*, London: Routledge.

McLellan, Gregor (1982), 'E.P. Thompson and the discipline of historical context', in *Making Histories: Studies in History Writing and Politics*, edited by Richard Johnson, London: Hutchinson.

McRobbie, Angela (1992), 'Post-Marxism and cultural studies: a post-script', in *Cultural Studies*, edited by Lawrence Grossberg, Cary Nelson and Paula Treichler, London: Routledge.

McRobbie, Angela (1994), *Postmodernism and Popular Culture*, London: Routledge.

McRobbie, Angela (2004), 'Post-Feminism and Popular Culture', in *Feminist Media Studies*, 4 (3), 255–64.

Medhurst, Andy (1999), 'Teaching queerly: politics, pedagogy and identity in lesbian and gay studies', in *Teaching Culture: The Long Revolution in Cultural Studies*, Leicester: NIACE Press.

Mercer, Kobena (1994), *Welcome to the Jungle: New Positions in Black Cultural Studies*, London: Routledge.

Miller, Daniel (2009), *Stuff*, Cambridge: Polity.

Mills, Sara (2004), *Discourse*, 2nd edn, London: Routledge.

Modleski, Tania (1982), *Loving with a Vengeance: Mass Produced Fantasies for Women*, Hamden, CT: Archon Books.

Morley, David (1980), *The Nationwide Audience*, London: BFI.

Morley, David (1986), *Family Television: Cultural Power and Domestic Leisure*, London: Comedia.

Morris, R.J. (1979), *Class and Class Consciousness in the Industrial Revolution 1780–1850*, London: Macmillan.

Morris, William (1979), 'Art Labour and Socialism', in *Marxism and Art*, by Maynard Solomon, Brighton: Harvester.

Morris, William (1986), *News From Nowhere and Selected Writings and Designs*, Harmondsworth: Penguin.

Morris, William (2003), *News From Nowhere*, Oxford: Oxford World's Classics.

Mouffe, Chantal (1981), 'Hegemony and ideology in Gramsci', in *Culture, Ideology and Social Process*, edited by Tony Bennett, Colin Mercer and Janet Woollacott, Milton Keynes: Open University Press.

Mulvey, Laura (1975), 'Visual pleasure and narrative cinema', in *Screen*, 16 (3).
Myers, Tony (2003), *Slavoj Žižek*, London: Routledge.
Nederveen Pieterse, J. (1995), 'Globalisation as hybridisation', in *International Sociology*, 9 (2), 161–84.
New Left Review (eds) (1977), *Aesthetics and Politics*, London: Verso.
Newton, Esther (1972), *Mother Camp: Female Impersonators in America*, Englewood Cliffs, NJ: Prentice Hall.
Newton, Esther (1999), 'Role models', in *Camp: Queer Aesthetics and the Performing Subject: A Reader*, edited by Fabio Cleto, Edinburgh: Edinburgh University Press.
Nixon, Richard (1986), *No More Vietnams*, London: W.H. Allen.
Nixon, Sean (1996), *Hard Looks: Masculinities, Spectatorship and Contemporary Consumption*, London: UCL Press.
Nowell-Smith, Geoffrey (1987), 'Popular culture', *New Formations*, 2.
O'Connor, Alan (1989), *Raymond Williams: Writing, Culture, Politics*, Oxford: Basil Blackwell.
Orwell, George (2001), *Down and Out in Paris and London*, Harmondsworth: Penguin.
Parker, Ian (2004), *Slavoj Žižek: A Critical Introduction*, London: Pluto Press.
Perryman, Neil (2009), 'Doctor Who and the convergence of media', in *Cultural Theory and Popular Culture: A Reader*, 4th edn, edited by John Storey, Harlow: Pearson Education.
Pilger, John (1990), 'Vietnam movies', *Weekend Guardian*, 24–5 February.
Pitcher, Ben (2014), *Consuming Race*, London: Routledge.
Polan, Dana (1988), 'Complexity and contradiction in mass culture analysis: on Ien Ang *Watching Dallas*', *Camera Obscura*, 16.
Porter, Roy (1990), *The Enlightenment*, Basingstoke: Macmillan.
Propp, Vladimir (1968), *The Morphology of the Folktale*, Austin: Texas University Press.
Radway, Janice (1987), *Reading the Romance: Women, Patriarchy, and Popular Literature*, London: Verso.
Radway, Janice (1994), 'Romance and the work of fantasy: struggles over feminine sexuality and subjectivity at the century's end', in *Viewing, Reading, Listening: Audiences and Cultural Reception*, edited by Jon Cruz and Justin Lewis, Boulder, CO: Westview Press.
Rakow, Lana F. (2009), 'Feminist approaches to popular culture: giving patriarchy its due', in *Cultural Theory and Popular Culture: A Reader*, 4th edn, edited by John Storey, Harlow: Pearson Education.
Ricoeur, Paul (1981), *Hermeneutics and the Human Sciences*, New York: Cambridge University Press.
Ritzer, G. (1999), *The McDonaldization Thesis*, London: Sage.
Rosenberg, Bernard (1957), 'Mass culture in America', in *Mass Culture: The Popular Arts in America*, edited by Bernard Rosenberg and David Manning White, New York: Macmillan.
Ross, Andrew (1989), *No Respect: Intellectuals and Popular Culture*, London: Routledge.
Rowe, John Carlos and Rick Berg (eds) (1991), *The Vietnam War and American Culture*, New York: Columbia University Press.
Said, Edward (1985), *Orientalism*, Harmondsworth: Penguin.
Said, Edward (1993), *Culture and Imperialism*, New York: Vintage Books.
Samuel, Raphael (1981), *Peoples' History and Socialist Theory*, London: Routledge & Kegan Paul.
Saussure, Ferdinand de (1974), *Course in General Linguistics*, London: Fontana.
Schiller, Herbert (1978), 'Transnational media and national development', in *National Sovereignty and International Communication*, edited by K. Nordensteng and Herbert Schiller, Norwood, NJ: Ablex.

Schiller, Herbert (1979), 'Translating media and national development', in *National Sovereignty and International Communication*, edited by K. Nordenstreng and Herbert Schiller.

Shils, Edward (1978), 'Mass society and its culture', in *Literary Taste, Culture, and Mass Communication*, Volume I, edited by Peter Davison, Rolf Meyersohn and Edward Shils, Cambridge: Chadwyck Healey.

Showalter, Elaine (1990), 'Introduction', in *Speaking of Gender*, edited by Elaine Showalter, London: Routledge.

Smith, Barbara Herrnstein (1988), *Contingencies of Value*, Cambridge MA: Harvard University Press.

Sontag, Susan (1966), *Against Interpretation*, New York: Deli.

Stacey, Jackie (1994), *Star Gazing: Hollywood and Female Spectatorship*, London: Routledge.

Stedman Jones, Gareth (1998), 'Working-class culture and working-class politics in London, 1870–1900: notes on the remaking of a working class', in *Cultural Theory and Popular Culture*, 2nd edn, edited by John Storey, Harlow: Prentice Hall.

Storey, John (1985), 'Matthew Arnold: the politics of an organic intellectual', *Literature and History*, 11 (2).

Storey, John (1992), 'Texts, readers, reading formations: *My Poll and My Partner Joe* in Manchester in 1841', *Literature and History*, 1 (2).

Storey, John (1994), '"Side-saddle on the golden calf": moments of utopia in American pop music and pop music culture', in *An American Half Century: Postwar Culture and Politics in the USA*, edited by Michael Klein, London: Pluto Press.

Storey, John (ed.) (1996), *What is Cultural Studies: A Reader*, London: Edward Arnold.

Storey, John (1999), *Cultural Consumption and Everyday Life*, London: Edward Arnold.

Storey, John (2001a), 'The sixties in the nineties: Pastiche or hyperconsciousness', in *Tough Guys, Smooth Operators and Foxy Chicks*, edited by Anna Gough-Yates and Bill Osgerby, London: Routledge.

Storey, John (2001b), 'The social life of opera', in *European Journal of Cultural Studies*, 6 (1).

Storey, John (2002a), 'Expecting rain: opera as popular culture', in *High-Pop*, edited by Jim Collins, Oxford: Blackwell.

Storey, John (2002b), 'The articulation of memory and desire: from Vietnam to the war in the Persian Gulf', in *Film and Popular Memory*, edited by Paul Grainge, Manchester: Manchester University Press.

Storey, John (2003), *Inventing Popular Culture: From Folklore to Globalisation*, Malden, MA: Blackwell.

Storey, John (2005), 'Popular', in *New Key Words: A Revised Vocabulary of Culture and Society*, edited by Tony Bennett et al., Oxford: Blackwell.

Storey, John (2006), 'Inventing opera as art in nineteenth-century Manchester', in *International Journal of Cultural Studies*, 9 (4).

Storey, John (2008), 'The invention of the English Christmas', in *Christmas, Ideology and Popular Culture*, edited by Sheila Whiteley, Edinburgh: Edinburgh University Press.

Storey, John (2009), *Cultural Theory and Popular Culture: A Reader*, 4th edn, Harlow: Pearson Education.

Storey, John (2010a), *Culture and Power in Cultural Studies: The Politics of Signification*, Edinburgh: Edinburgh University Press.

Storey, John (2010b), 'Becoming British', in *The Cambridge Companion to Modern British Culture*, edited by Michael Higgins, Clarissa Smith and John Storey, Cambridge: Cambridge University Press.

Storey, John (2010c), *Cultural Studies and the Study of Popular Culture*, 3rd edn, Edinburgh: Edinburgh University Press.

Storey, John (2011), 'Postmodernism and popular culture', in *The Routledge Companion to Postmodernism*, edited by Stuart Sim, London: Routledge.

Storey, John (2014), *From Popular Culture to Everyday Life*, London: Routledge.

Storey, John, and Katy McDonald (2014a), 'Love's best habit: the uses of media in romantic relationships', in *International Journal of Cultural Studies*, 17:2, 113–25.

Storey, John, and Katy McDonald (2014b), 'Media love: intimacy in mediatized worlds', in *Mediatized Worlds*, edited by A. Hepp and F. Krotz, London: Palgrave, 221–32.

Sturken, Marita (1997), *Tangled Memories: The Vietnam War, the AIDS Epidemic, and the Politics of Remembering*, Berkeley: University of California Press.

Thomkins, Jane (1985), *Sensational Designs: The Cultural Work of American Fiction, 1790–1860*, New York: Oxford University Press.

Thompson, E.P. (1976), 'Interview', *Radical History Review*, 3.

Thompson, E.P. (1976), William Morris*: Romantic to Revolutionary*, New York: Pantheon.

Thompson, E.P. (1980), *The Making of the English Working Class*, Harmondsworth: Penguin.

Thompson, E.P. (1995), *The Poverty of Theory*, 2nd edn, London: Merlin Press.

Tomlinson, John (1997), 'Internationalism, globalization and cultural imperialism', in *Media and Regulation*, edited by Kenneth Thompson, London: Sage.

Tomlinson, John (1999), *Globalization and Culture*, Cambridge: Polity Press.

Tong, Rosemary (1992), *Feminist Thought: A Comprehensive Introduction*, London: Routledge.

Tumin, Melvin (1957), 'Popular culture and the open society', in *Mass Culture: The Popular Arts in America*, edited by Bernard Rosenberg and David Manning White, New York: Macmillan.

Turner, Graeme (2003), *British Cultural Studies: An Introduction*, 3rd edn, London: Routledge.

Vlastos, Stephen (1991), 'America's "enemy": the absent presence in revisionist Vietnam War history', in *The Vietnam War and American Culture*, edited by John Carlos Rowe and Rick Berg, New York: Columbia University Press.

Volosinov, Valentin (1973), *Marxism and the Philosophy of Language*, New York: Seminar Press.

Walby, Sylvia (1990), *Theorising Patriarchy*, Oxford: Blackwell.

Walton, David (2008), *Introducing Cultural Studies: Learning Through Practice*, London: Sage.

Warner, Michael (1993), 'Introduction', in *Fear of a Queer Planet*, edited by Michael Warner, Minneapolis: Minnesota University Press.

West, Cornel (2009), 'Black postmodernist practices', in *Cultural Theory and Popular Culture: A Reader*, 4th edn, edited by John Storey, Harlow: Pearson Education.

White, David Manning (1957), 'Mass culture in America: another point of view', in *Mass Culture: The Popular Arts in America*, edited by Bernard Rosenberg and David Manning White, New York: Macmillan.

Williams, Raymond (1957), 'Fiction and the writing public', *Essays in Criticism*, 7.

Williams, Raymond (1963), *Culture and Society*, Harmondsworth: Penguin.

Williams, Raymond (1965), *The Long Revolution*, Harmondsworth: Penguin.

Williams, Raymond (1980), 'Base and superstructure in Marxist cultural theory', in *Problems in Materialism and Culture*, London: Verso.

Williams, Raymond (1981), *Culture*, London: Fontana.

Williams, Raymond (1983), *Keywords*, London: Fontana.

Williams, Raymond (2009), 'The analysis of culture', in *Cultural Theory and Popular Culture: A Reader*, 4th edn, edited by John Storey, Harlow: Pearson Education.

Williamson, Judith (1978), *Decoding Advertisements*, London: Marion Boyars.

Willis, Paul (1990), *Common Culture*, Buckingham: Open University Press.

Willis, Susan (1991), A *Primer for Daily Life*, London: Routledge.
Winship, Janice (1987), *Inside Women's Magazines*, London: Pandora.
Wright, Will (1975), *Sixguns and Society: A Structural Study of the Western*, Berkeley: University of California Press.
Zelizer, Barbie (1995), 'Reading the past against the grain: the shape of memory studies', in *Critical Studies in Mass Communication*, June.
Žižek, Slavoj (1989), *The Sublime Object of Ideology*, London: Verso.
Žižek, Slavoj (1991), *Looking Awry: An Introduction to Jacques Lacan through Popular Culture*, Cambridge, MA: MIT Press.
Žižek, Slavoj (1992), *Enjoy Your Symptom: Jacques Lacan in Hollywood and Out*, London: Routledge.
Žižek, Slavoj (2009), 'From reality to the real', in *Cultural Theory and Popular Culture: A Reader*, 4th edn, edited by John Storey, Harlow: Pearson Education.

찾아보기

저자소개

존 스토리(John Storey)

영국의 선더랜드 대학교 문화학과 교수이며, 선더랜드 대학교 미디어 문화연구소 부소장을 맡고 있다. 또한 독일의 드레스덴 공대와 오스트리아의 빈 대학교, 그리고 중국의 우한대학교와 허난대학교의 초빙교수를 지냈다.

저서로 『대중문화와 문화이론(*Cultural Theory and Popular Culture*)』, 『문화연구란 무엇인가?(*What is Cultural Studies?*)』, 『문화연구와 대중문화연구(*Cultural Studies and the Study of Popular Culture*)』, 『문화의 소비와 일상생활(*Cultural Consumption and Every Life*)』 등 10여 권의 문화 관련 저서를 출간했으며, 가장 최근의 저서는 『대중문화에서 일생생활까지(*From Popular Culture to Every Life*)』(2014)이다.

역자소개

박만준

부산대학교 철학과를 졸업하고, 동 대학원에서 석사, 박사 학위를 받았다. 현재 동의대학교 철학상담심리학과 명예교수이다.

주요 저서는 『철학』(공저), 『욕망과 자유』, 『상생의 철학』(공저), 『인성론』(공저), 『성의 진화와 인간의 성문화』, 『사회생물학 인간의 본성을 말하다』(공저), 『21세기 다원혁명』(공저), 『마음학: 과학적 설명과 철학적 성찰』(공저), 『고전의 반역』(공저), 『레이먼드 윌리엄스』, 『철학의 향기와 역사 이야기』(공저) 등이 있고,

역서는 『마르틴 하이데거』(존 맥쿼리), 『엄밀한 학으로서의 철학』(E. 후설), 『그리스인의 이상과 현실』(G. L. 디킨슨, 공역), 『헤겔 철학개념과 정신현상학』(N. 하르트만), 『의식과 신체』(P. S. 모리스), 『마르크스주의와 생태학』(라이너 그룬트만, 공역), 『하버마스의 사회사상』(미첼 퓨지, 공역), 『헤겔의 변증법』(N. 하르트만), 『논리학 입문』(어빙 코피), 『대중문화와 문화연구』(존 스토리), 『문화연구의 이론과 방법들』(존 스토리), 『대중문화의 이해』(존 피스크), 『마르크스주의와 문학』(레이먼드 윌리엄즈), 『영화의 이해』(루이스 자네티), 『최초의 인간과 그 이후의 인간』(A. 겔렌), 『신경과학의 철학』(M. 베넷 외), 『대중과 대중문화』(존 피스크) 등이 있다.

대중문화와 문화이론 -제8판-

저　자　존 스토리(John Storey)
역　자　박만준
발행자　한헌주
발행처　도서출판 **경문사**
서울특별시 서대문구 독립문로 21-9
전화 738-7035　팩스 722-4678
이메일　kmsp@korea.com
홈페이지　http://www.kmsp.co.kr
등　록　1995년 11월 9일 제300-1995-138호

2021년 6월 25일 8판1쇄 발행
2023년 8월 31일 8판3쇄 발행

■ **정가 26,000원**　ISBN 978-89-420-0935-0　93330